V&R

Wilhelm Gräb zum 21. August 2008

… dem Gemeinen
einen hohen Sinn,

dem Gewöhnlichen
ein geheimnisvolles Ansehen,

dem Bekannten
die Würde des Unbekannten,

dem Endlichen
einen unendlichen Schein geben …

Novalis

Dietrich Korsch / Lars Charbonnier (Hg.)

Der verborgene Sinn

Religiöse Dimensionen des Alltags

Vandenhoeck & Ruprecht

Bibliografische Information der Deutschen Nationalbibliothek

Die Deutsche Nationalbibliothek verzeichnet diese Publikation in der Deutschen Nationalbibliografie; detaillierte bibliografische Daten sind im Internet über http://dnb.d-nb.de abrufbar.

ISBN 978-3-525-57001-2

Printed in Germany.
Druck und Bindung: ⊕ Hubert & Co, Göttingen

Gedruckt auf alterungsbeständigem Papier.

Inhalt

Vorwort

Der Alltag ist weniger alltäglich, als man denkt. In dem, was uns jeden Tag begleitet, was wir selbst regelmäßig vollziehen, womit wir immer wieder konfrontiert sind, steckt geradezu ein Überschuss an Sinn. Ihn sehen zu lernen, erfordert eine gleichermaßen entspannte und von Handlungsdruck entlastete wie auch gespannte und auf Entdeckungen eingestellte Wahrnehmungshaltung. Sie ergibt sich, wenn auf das im Einzelnen verborgene Ganze geachtet wird. Dieses Buch verfolgt den Anspruch, solche Sinnspuren im Alltag wahrzunehmen und damit dessen höchst anspruchsvolle Verfasstheit ans Licht zu bringen.

Die christliche Religion ist lebensnäher, als man bisweilen vermutet. In diesem Buch wird deutlich, wie aufschlussreich ein am protestantischen Christentum geschulter Blick für die Wahrnehmung der Dimensionen des Alltags ist. Denn die Phänomene, mit denen wir alle Tage umgehen, verlangen aufgrund ihres Sinnüberschusses selbst nach einer Deutung. Die Strukturen dieser Deutungsprozesse sind vielfach religiöser Natur. Denn die Kategorien, die wir benötigen, um das allzu Naheliegende überhaupt in seiner tatsächlichen Gestalt erfassen zu können, sind selbst religiös imprägniert.

Mit dieser doppelten Betrachtungsweise, einmal von Phänomenen des Alltags, einmal von religionshermeneutischen Deutungsbegriffen alltäglichen Lebens ausgehend, betritt dieses Buch eine neue Ebene der Beziehung von gelebter Religion und gegenwärtiger Kultur. Denn es orientiert sich nicht an bereits vorliegenden kulturellen Selbstdeutungen, wie sie etwa in Kunst und Musik, Kino und Theater vollzogen werden. Es richtet stattdessen den Fokus auf die vermeintlich schlichten Gewohnheiten, Begebenheiten und Einstellungen, die unterhalb der schon als kulturell ausgezeichneten Selbstverständnispotentiale die Anpassungsleistung ebenso wie die Widerständigkeit alltäglichen Lebens ausmachen.

Gerade damit will dieses Buch den Blick derer weiten und schärfen, die in vielfältigen Bezügen mit Religion umgehen. Jenseits der – immer schon zu spät kommenden – Debatten, wie man religiösen Sinn in die Wirklichkeit des gegenwärtigen Lebens bringen könne, wird hier der Versuch unternommen, in den Wirklichkeiten des Lebens bereits diejenigen Sinnspuren aufzuzeigen, die nach religiöser Deutung geradezu verlangen.

Damit nehmen die Autorinnen und Autoren Anstöße auf, die Wilhelm Gräb gegeben hat, und führen sie mit Dank für seine Anregungen selbständig weiter. Dass ein wissenschaftliches Werk solche Resonanzen erzeugt, soll den erfreuen und ermutigen, dem sie zu verdanken sind – und Wilhelm Gräb zum 21. August 2008 auf besondere Weise grüßen.

Der Dank der Herausgeber gilt dem Verlag und seinem Lektor Jörg Persch für die Bereitschaft zu der und die freundliche Unterstützung bei der Veröffentlichung dieses Buchs. Ohne die gewissenhafte Arbeit von Christina Klasink, Cornelia Stock, Thomas Thieme und Heike Mevius bei Übersetzungen, Korrekturen und Satz wäre es sicher nicht pünktlich erschienen – einen großen Dank dafür! Jörg Herrmann, Martin Kumlehn und Birgit Weyel sei sehr herzlich für viele konstruktive Anregungen gedankt. Unser größter Dank gilt den Autorinnen und Autoren, die sich der etwas ungewöhnlichen Aufgabe gern und mit viel Energie gestellt haben.

Marburg und Berlin,
im März 2008

Dietrich Korsch
Lars Charbonnier

Dietrich Korsch/Lars Charbonnier

Der verborgene Sinn

Religiöse Dimensionen im Alltag

Einleitung

Kein menschliches Leben ist ohne Sinn. Jeder humane Lebensvollzug nimmt einen Horizont in Anspruch, der ihm Raum zu seiner Verwirklichung verspricht. Alles Leben überhaupt ist davon gekennzeichnet, dass es nur im Hinausgehen über sich selbst sich selbst erhalten kann. Für das menschliche Leben ist charakteristisch, dass es diese Struktur unter den Bedingungen von Bewusstsein realisiert, wie undeutlich dieses auch sein mag. Dabei ist es für den Menschen unvermeidlich, dass er sein Angewiesensein auf Anderes, auf Natur und Umwelt, in der Erwartung lebt, nicht nur im nächsten Atemzug mit sich identisch zu bleiben, sondern auch mit der nächsten Handlung an die vorangehende anzuschließen. Dies alles mit dem Ziel, sowohl auf sich selbst zurückzukommen wie mit sich selbst weiterzukommen. Obwohl jede Handlung ein Risiko darstellt, weil ihr Gelingen nicht schon im Wählen enthalten ist, gilt – aus Erfahrung bewährt wie von Zuversicht getragen – die Vermutung eines Zusammenhangs im unvermeidlichen Übergang von Wollen, Handeln und Vollbringen. Diese Struktur, die so eigenartig und unverwechselbar zum menschlichen Leben gehört, heißt „Sinn“. Ihre Unhintergehbarkeit zeigt sich insbesondere darin, dass die Abwesenheit von Sinn als eine elementare Störung des Lebens empfunden wird; und das ganz unmittelbar, etwa im Falle von Krankheit oder Orientierungslosigkeit: Kann ich noch, was ich will? Hat es überhaupt Sinn, was ich wollen könnte?

Die Sinnhorizonte, die das bewusste Leben im Handeln in Anspruch nimmt, sind jeweils situations- und bereichsspezifisch konkretisiert. Das Verfertigen eines Handwerksgegenstandes bewegt sich in einem anderen Sinnrahmen als das Projekt eines Bildungsprozesses der eigenen Person. Entsprechend sind auch die einzelnen Handlungsschritte genauer normiert oder weiter gefasst, von exakten Abfolgen bestimmt oder mit hinreichend Revisionspotential versehen. In solchem je besonderen Handeln kommt die elementare Sinnhaftigkeit des Lebens als solche in der Regel nicht explizit zur Sprache. Die Sinnerwartung bezieht sich zumeist auf den nächsten Schritt, manchmal auch auf eine längere Handlungssequenz, selten aber auf das Ganze. Die elementare Sinnhaftigkeit offenbart ihren grundbegrifflichen Status zumeist erst der anthropologischen Reflexion. Darum ist der Sinn, so unerlässlich seine Gegenwart für gelebtes Leben ist, auch immer verborgen – nicht nur da, wo seine Abwesenheit empfunden und beklagt wird, sondern auch da, wo er sich, die einzelne Handlung erfolgreich orientierend, einstellt. So betrachtet, ist der Alltag hochgradig von verborgenem Sinn durchzogen.

Dieses Verständnis von Sinn stellt eine gemeinsame Grundannahme der in diesem Buch versammelten Texte dar. Dem verborgenen Sinn auf die Spur zu kommen, ihn sichtbar zu machen, ist die reflexive Aufgabe, der sich die Autorinnen und Autoren annehmen. Sie ist in dreifacher Weise notwendig. Die Sinnhaftigkeit von Lebensvollzügen zu thematisieren macht, erstens, gerade von der Weise bewussten Lebens einen ihm eigentümlichen Gebrauch: Mit Sinn zu leben erfordert, Sinn auch zu artikulieren. Zweitens entsteht aus der Reflexion auf die im jeweiligen Kontext in Anspruch genommenen Sinnstrukturen ein höherer Grad an Verbundenheit, der Vorschein situationsübergreifender Sinnhorizonte. Drittens eröffnet die Benennung solch übergreifender Sinnhorizonte Freiheitspotentiale auch und gerade für diejenigen, die einzelne Handlungsvollzüge vorzunehmen haben, unterscheidet das Handeln vom Nachvollzug vorgeschriebener Bedingungsabläufe, ermutigt zu Variation und Negation – und erfüllt darin den Sinn von Sinn.

Woran aber orientieren sich nun diese Reflexionen selbst? Inwiefern vermögen sie es, ihrerseits Sinnhorizonte zu weiten? Es macht ja gerade die Struktur von Sinn aus, dass in ihm ein Vorgriff auf nicht Geschehenes erfolgt. Insofern kann diese Erweiterung des Sinnes nicht aus den situationsgebundenen Sinnvorgaben allein erfolgen. Sie muss sich vielmehr auf Bündelungen und Verknüpfungen von Sinn beziehen, die in der Geschichte sinnvollen Lebens selbst vollzogen und erprobt worden sind. Sie kann sich selbst orientieren an Thematisierungen des Sinns von Sinn, die in dieser Stufung den Charakter letzter Sinnvergewisserung tragen. Damit erreichen wir die Dimension der Religion: Dass im Medium sinnvollen und sinnbedürftigen Lebens über den Sinn von Sinn und damit über letzten Sinn kommuniziert und reflektiert wird, macht Religion aus. In allen Religionen geschieht genau dies, wenn auch auf stets eigentümliche Weise. Teils, indem sie Sinnhorizonte selbst normieren und damit Sinnentwürfe limitieren; teils, indem sie endliche Sinnentwürfe in kosmische Sinndimensionen weiten, aber damit auch depotenzieren.

Für dieses Buch ist die Überzeugung leitend, dass es die Situationen des Lebens selbst mit ihrer Sinnorientierung sind, auf die hin sich religiöse Sinnentwürfe zu artikulieren haben. Diese Überzeugung hat Konsequenzen für das Verständnis der Religion und der sich mit ihr befassenden Theologie wie für den Umgang mit dem Alltag. Die Religion wird auf die Phänomene des Alltags hin bestimmt. Darum kann sie nicht umstandslos von traditionellen Vorstellungen ausgehen, die durch offenbarungstheologische Prätentionen untermauert werden, sondern muss sich selbst schon in Grundbegriffen humanen Lebens artikulieren. Dem Leben wird somit zugetraut, dass es sich nicht nur auf die jeweils akuten Sinnhorizonte bezieht, die situationsspezifisch nötig sind, sondern in ihnen, das Freiheitspotential von Sinn nutzend, die Sinnhaftigkeit des eigenen Lebens im Ganzen präsent findet – und zwar auch und sogar dann, wenn das akute Sinnempfinden erloschen zu sein scheint. In der Erfassung dessen zeigt sich die gelebte Religion des Menschen. Diese im Sinne einer Hermeneutik der alltäglichen Religionskultur wahrzunehmen, zu beschreiben und kritisch zu reflektieren, ist die Aufgabe der Theologie.

In der Begegnung dieser beiden Perspektiven der Sinnreflexion, der Erweiterung des Lebenssinns und der Konkretisierung des Sinns von Sinn, entwickelt sich das Schnittfeld von Sinnorientierungen, das individuellem Leben die Dimension seiner Unbedingtheit enthüllt. Der Sinn des Alltags ist die Religion, durch die der Alltag seine eigene Sinnhaftigkeit erfüllt. Dieses Schnittfeld aber realisiert sich nur in je eigener, individueller Lebensdeutung. Insofern markieren die Beiträge dieses Buches nichts anderes als dieses Schnittfeld, auf dem jede und jeder sich orientieren kann. Selbstverständlich bleibt keinem von uns erspart, sich auch orientieren zu müssen, wenn wir unser Leben, wie es nötig ist, mit Sinn führen wollen.

Sich dieser Aufgabe der Schnittfeldbeschreibung anzunehmen, haben wir Kolleginnen und Kollegen aus der wissenschaftlichen Theologie sowie ihr nahestehenden Disziplinen und der kirchlichen Praxis eingeladen, und wir freuen uns, dass so viele, sogar zum Teil aus internationalem Kontext, dieser Einladung gefolgt sind; besonders darüber, dass sich auch Soziologen und Philosophen an den Überlegungen beteiligen. Die programmatischen Überlegungen, denen sie alle folgen, speisen sich aus unterschiedlichen Quellen der gegenwärtigen Theologie, der Geistes- und Kulturwissenschaften. Sie verdanken sich entscheidend den Impulsen, die Wilhelm Gräb gegeben hat. Er hat als Praktischer Theologe die Herausforderungen seiner eigenen theologischen Disziplin nicht nur zu Anforderungen an die Theologie überhaupt gestaltet, sondern auch zu Anforderungen an die gesellschaftliche Selbstverständigung über Religion insgesamt erhoben – und er hat dabei den Akzent auf die in der Tat unersetzbare Individualität religiöser Selbstdeutung inmitten einer Pluralität von Alltags- und Religionskulturen gesetzt.[1]

Um die genannten Schnittfelder zu erzeugen, werden in den Beiträgen situationsbezogene Deutung und kategoriale Reflexion zunächst voneinander unterschieden. In der Regel sind sie auch von verschiedenen Autoren ausgearbeitet worden, was sich jeweils in der Gliederung in zwei Hauptteile niederschlägt. Dabei ist die Aufgabe der Anknüpfung an die alltäglichen Phänomene – also jeweils der erste Teil – eher den Kolleginnen und Kollegen zugedacht worden, die historische und systematische Theologie betreiben; diejenigen, die der praktischen Theologie und der kirchlichen Praxis zugehören, haben überwiegend den Ausgang bei den phänomenbedürftigen Kategorien übernommen – und den zweiten Teil verfaßt; Soziologen und Philosophen haben wählen dürfen. Im Idealfall ist dabei ein Dialog entstanden, der die Verknüpfung von Phänomen und Deutung anschaulich macht. Dass dieses Programm nicht in Gänze auf eine einheitliche systematische Linie führt, kann nicht verwundern, ist aber auch gar nicht erwünscht. Von einer Alltagsdogmatik, deren Programm Wolfgang Steck einmal so eindrücklich vorgeschlagen hat und die uns als schlagwortartiger Arbeitstitel in der Vorbereitung diente[2], sind die Texte dieses Buches sicher größtenteils noch weit entfernt. Aber den Blick zu schärfen für das Ineinander von Religion und Alltag, Impulse zu liefern für theologische Theorie und kirchliche Praxis, Einfälle dafür zu vermitteln, religiös alltagskulturell sprachfähiger zu werden – dazu können und sollen sie einen inspirierenden Beitrag leisten.

Anmerkungen

1 Für Literaturhinweise sei verwiesen auf das aktuelle Publikationsverzeichnis Wilhelm Gräbs unter www.religion-und-kultur.de. Exemplarisch genannt sei folgender Titel: Religion als Deutung des Lebens. Perspektiven einer Praktischen Theologie gelebter Religion, Gütersloh 2006.

2 Steck, W., Alltagsdogmatik. Ein unvollendetes Projekt, Pastoraltheologie 94 (2005), 287–307.

Martin Kumlehn

Lebenszeichen der Religion

Religion ist immer und überall. Sie ist ein genuiner Bestandteil menschlicher Kulturpraxis aller Zeiten und Lebensräume. Mit Hilfe der Religion gelingt es dem Menschen, bestimmte Erlebnisse deutend zu verarbeiten, Erlebnisse, die ihn an die Grenzen seines Verstehens, seiner Handlungsmöglichkeiten, seiner positiven Grundeinstellung zum Leben führen. Religion ist „Kontingenzbewältigungspraxis"[1], eine spezifische Kultur des Verhaltens zu denjenigen Phänomenen des Lebens, die wir nicht in der Hand haben, die uns unwillkürlich passieren, die uns schicksalhaft ereilen: Unser eigenes Dasein, die Welt und die Anderen, die Liebe und das Glück, das Unglück und der Tod. Was solcherart als kontingent erlebt wird, als beglückende Sinnverdichtung oder aber auch als schlimmes, scheinbar sinnloses Ereignis, kann dann freilich doch symbolisch artikuliert, sinnstiftend gedeutet und rituell bewältigt werden.

Von Anfang an liegen dabei mythologische, künstlerische, alltagspraktische, philosophische und religionskulturelle Sinnstiftungen nahe beieinander, und sie bleiben auch unter moderngesellschaftlichen Lebensbedingungen, also unter den Bedingungen kultureller Differenzierung und umfassender Pluralisierung gerade des deutenden Umgangs mit der Unverfügbarkeitsdimension menschlichen Lebens auf vielfältige Weise miteinander verknüpft und eng aufeinander bezogen. Die Identifizierung des Religiösen im vielstimmigen Konzert der zeitgenössischen Sinnangebote darf sich schon darum keinesfalls allein auf die Beschreibung und Kritik der im engeren Sinne *kirchlichen* Religionspraxis konzentrieren, sondern muss die Lebenszeichen der Religion auch in anderen kulturellen Zusammenhängen aufzuspüren suchen.[2] Um zu einer möglichst lebens- und erfahrungsnahen Beschreibung der gegenwärtigen religiösen Phänomene in ihrer Vielgestaltigkeit und Uneinheitlichkeit, mit ihren Synkretismen und Widersprüchen, ihren individuell plausibilisierten Symbolen und milieuspezifischen Vorlieben zu gelangen, gilt es den Wahrnehmungshorizont dergestalt zu erweitern, dass alle diejenigen kulturellen Zeichenprozesse ins religionshermeneutische Blickfeld rücken, wo überhaupt „Werte propagiert, Verhaltensweisen empfohlen, Stimmungen erzeugt und Versprechungen gemacht werden, mit denen es um unser Grundverhältnis zum Leben [...], um unsere tiefsten Wünsche und Ängste sowie um die Möglichkeiten ihrer Erfüllung bzw. Abwehr geht."[3] Wahrzunehmen sind die Lebenszeichen der Religion heutzutage also in einer großen Breite. Die Artikulationen der universellen Menschheitsfragen sowie die immer wieder spontan durch Natur- oder andere Katastrophen veranlasste Reaktivierung religiöser Sinnressourcen und Ritualpraktiken stehen dabei ebenso im Fokus des religionshermeneutischen Interesses wie die fest- und alltagskulturellen Verhaltensweisen, mit deren Hilfe die mannigfachen Grenz- und Übergangserfahrungen menschlicher Existenz begangen, gedeutet und verarbeitet werden, Erfahrungen, „in denen die Unverfügbarkeit des Gegebenseins des Lebens" wie auch „seine Endlichkeit bewußt wird, [...] das Uneingelöstsein des Sinnes sich aufdrängt und die Sehnsucht nach Erlösung"[4] zur Darstellung gelangt.

Religion kommt dabei vornehmlich als ein Phänomen der *lebensgeschichtlichen Sinndeutung* des Individuums in den Blick.[5] Biografisch einschneidende Erfahrungen und lebenszyklische Übergänge motivieren in besonderer Weise zu religiöser Deutungspraxis. Doch nicht nur die von Thomas Luckmann so genannten großen ‚Transzendenzen'[6] der je individuellen menschlichen Existenz – Geburt, Krankheit, Katastrophen und Tod – wollen sinndeutend bewältigt werden. Auch die *alltäglichen* Erfahrungszusammenhänge und die kulturellen Muster ihrer pragmatischen wie symbolischen ‚Bewältigung' hinterlassen Spuren des interpretativen Umgangs mit ihnen. Denn schon der ganz normale Alltag des Einzelnen ist geprägt von Grenzüberschreitungen und kleinen ‚Transzendenzen':

> Der neue Tag mit seinen Möglichkeiten und Gefahren, das Aufstehen (mit dem richtigen oder mit dem falschen Bein?!), das Körpergefühl beim Waschen oder Duschen, das Glück neuer Energie und Tatkraft, das Anlegen der zweiten Haut, die Stärkung am Frühstückstisch und der (Zeitungs-)Blick auf das Ganze, die Tagesplanung mit dem Partner und den Kindern, der Blick auf die Uhr (!), die Fahrt zur Arbeit, der Popsong im Autoradio, der die Liebe feiert oder den Verlust betrauert, das Werbeplakat am Straßenrand: „Wohnst du noch oder lebst du schon?", der erste Anruf im Büro, der komische Kollege, der Biobreak, Zeit für Gefühle (?), sich wegbeamen: Urlaubserinnerungen (Sonne, Strand und mehr), das verpasste meeting, schlechte Zahlen, endlich Feierabend, zum Fettverbrennen ins Fitnessstudio, aus dem Radio tönen „die Nachrichten um fünf mit Stefan Schlag: Wieder Selbstmordanschlag in Bagdad", nachher noch shoppen, vielleicht sogar ins Kino (wenn die Kinder uns lassen?!), Zwischenbilanz bei Rotwein und Bier, neue Projekte, im Apfelbaum singt die Amsel ...

Sucht man nach den Lebenszeichen der Religion in der alltäglichen Erfahrungswelt, dann muss man auf die Ebene des „lebendigen Erlebens" des Individuums zurückgehen, denn bereits hier zeigen sich bestimmte „Elemente des Sinns und Verstehens"[7], die dem deutenden Umgang mit dem eigenen Erleben entspringen. Offensichtlich stehen die vielen einzelnen, aneinandergereihten und sich überlagernden Aktivitäten unseres Alltags immer schon „in einem kaum bewußten, mehr gefühlten Zusammenhang mit der persönlichen Grundeinstellung zum Sinn des Lebens schlechthin.“[8] Quelle dieser Sinngrundierung sind in erster Linie die unser Leben begleitenden *Empfindungen und Gefühle*, zu denen wir uns interpretierend verhalten, um sie in das Insgesamt unseres Selbstgefühls und -verständnisses einzuordnen, wodurch wir dann zu verstehen in der Lage sind, welchen konkreten Sinn wir ihnen im einzelnen zu entnehmen bzw. beizulegen haben. Im Fluss des alltäglichen Erfahrungszusammenhangs markieren nämlich die sinnlich und leiblich basierten Empfindungen die stärksten Impulse für die uns jeweils erfüllenden Gefühle und Stimmungen, die dann auch symbolisch artikuliert und deutend verarbeitet sein wollen. Auf der Ebene der Sinne und Gefühle wird die je eigene Lebendigkeit am intensivsten spürbar, werden Lust und Frust unmittelbar empfunden: Vitalität oder Müdigkeit, Behaglichkeit oder Unwohlsein, Streicheln oder Schläge, Genuss oder Überdruss – noch jenseits aller mit diesen Erfahrungen dann unter Umständen verbundenen bzw. sich aus ihnen ergebenden Absichten, Botschaften, Entschlüssen oder Appellen entscheidet sich bereits hier im Wesentlichen, wie sich das Leben jeweils „von innen her“ anfühlt, wie man „drauf ist“. Der Sinn, den einer immer schon „mit seinem Handeln verknüpft, reicht tief in die physiologische Organisation seiner Sinne hinab“[9], er basiert, so könnte man sagen, auf seinem Körpergefühl, auf seiner individuell verfassten Weise, sich selbst und die Welt, in der wir leben, bereits im Modus der sinnlichen Wahrnehmung und körperlichen Präsenz stets auch emotional – positiv oder negativ – deutend zu erschließen: Was passt zu mir? Wie stimmen „innen“ und „außen“ für mich zusammen? Dass das leibhaft-emotiv gegründete Selbstgefühl ganz eng mit dem Deutungssinn zusammenhängt, mit dem wir unser Erleben jeweils versehen, also damit, wie wir uns in bestimmten Situationen *fühlen*, zeigt sich nicht zum wenigsten darin, dass sich die schönen oder die schlimmen Erlebnisse, die Erwartungen oder die Befürchtungen häufig auch *körperlich* bemerkbar machen: Die kurz bevorstehende Ankunft am Urlaubsort lässt das Herz höher (!) schlagen, beim Gedanken an den näher rückenden Zahnarzttermin bekommt man feuchte Hände.

Alltägliche Grenzerfahrungen, die zu einem interpretierenden Umgang mit dem je eigenen Leben veranlassen, sind sodann vor allem Situationen, die mit Neuem, nicht Erwartetem und signifikant Anderem konfrontieren, *Differenzerfahrungen*, die, wie wir im Prinzip wissen, eigentlich in jedem Augenblick des Alltags gemacht werden können, mit denen wir gleichwohl im Normalfall gerade nicht rechnen, die uns darum regelmäßig überraschen. Das müssen durchaus nicht „dramatische Ausnahmesituationen“ sein, vielmehr enthält jede Begebenheit, in der „eine bisher eingespielte Selbstverständlichkeit an ein Anderes stößt“, ein Moment, das den alltägliche Erfahrungszusammenhang potentiell überschreitet: „Die Begegnung mit einem anderen Menschen, das Erlebnis eines ungewohnten und unerwarteten Ereignisses, die Erinnerung an Vergangenes, das Wachwerden eines Wunsches, die Erfahrung eines Traumes."[10] Die im Selbstgefühl gegebene, unser Erleben normalerweise wie selbstverständlich begleitende Vertrautheit mit sich selbst und den eigenen Lebensumständen gerät durch solche Erfahrungen in Fluss, löst emotionale Reaktionen aus und nötigt zu spezifischen Verstehensanstrengungen: Das eigene Leben könnte auch ein anderes sein; in den Augen der anderen Menschen und im Traum *ist* es immer schon ein anderes; es *war* früher einmal ein anderes und es kann in der Zukunft anders *werden*. Indem in solchen Momenten blitzartig die Kontingenz der eingeschliffenen Perspektiven aufleuchtet, der Alltag durchsichtig wird für sein Anderes, eine andere Möglichkeit, eine andere Welt hinein scheint in die vermeintlich in und für sich selbst verständliche Lebenswelt, rückt das eigene Leben als etwas gerade nicht Selbstverständliches, sondern als eine unhintergehbare, je individuell in Angriff zu nehmende *Deutungs- und Gestaltungsaufgabe* in den Blick. Differenzerfahrungen lassen die vielfältigen Optionen, Lebensstile und möglichen Präferenzen der Organisation des Alltags erkennbar werden, für die jeder und jede selbst verantwortlich ist. Sie stellen den Einzelnen somit immer wieder neu vor die unabweisbare Frage nach dem ‚guten' und gerechten Leben, nach dem Handlungssinn seiner alltäglichen Existenz: Worauf kommt es an? Was ist wirklich wichtig? An welchen Werten will ich mich orientieren?

Die „Hermeneutik des täglichen Lebens"[11] lässt drittens Situationen und Erfahrungen genauer ins Auge fassen, die in sich selbst bereits Hinweise auf einen die alltagsweltlichen Erfahrungskontexte überschreitenden *größeren Zusammenhang*, Hinweise auf *das Ganze* also und seinen Sinn enthalten. Hierhin gehört zum einen die elementare Erfahrung der Zeitlichkeit menschlicher Existenz, die sich im Modus der Erinnerung an Vergangenes bzw. im Ausblick auf Zukünftiges einstellt oder sich im zumeist spontanen Bewusstwerden des kontinuierlichen Wandels der Lebensumstände, Menschen und Orte manifestiert, wie es z.B. im erstaunten Ausruf: „Bist du aber groß geworden!", in der Artikulation von Verunsicherung: „Hier sah es früher doch ganz anders aus!", oder auch ganz generell in dem ungläubig-melancholischen Seufzer: „Wie die Zeit vergeht?!" laut wird. Aber nicht nur im Gewahren des unablässigen Wandels, nicht nur als Konfrontation mit der Vergänglichkeit kann das Zeiterleben zu einer spezifischen Deutung, zu einer Erfahrung mit der Erfahrung motivieren, sondern auch und vor allem wenn ein *einzelner* Augenblick, eine *bestimmte* Situation unwillkürlich den Wunsch gebiert: „Verweile doch! Du bist so schön!" Solche Momente instantaner Fülle vermitteln das Gefühl eines existentiellen Herausgehobenseins aus der Zeit, ein Gefühl, das dann symbolisch als Transzendenz-, genauer: als Ewigkeitserfahrung artikuliert wird (vgl. Pred 3,11).

Alltagsweltliche Hinweise auf einen größeren Zusammenhang, auf einen umfassenden Sinn des Lebens finden sich zum anderen überall dort, wo sich Erfahrungen einer konstitutiven Verwobenheit von Individualität und Universalität machen lassen, wo das Einzelne als Teil des Ganzen erfahrbar und die Idee des Ganzen als eine die Existenz des Einzelnen stets begleitende Vorstellung erkennbar wird. In Hinsicht auf die gegenwärtigen Phänomene ist hierbei insbesondere an die exorbitante Ausweitung des individuellen Erfahrungsraumes durch die modernen Unterhaltungs- und Informationsmedien (Zeitungen, Magazine, Radio, Fernsehen, Kino und Internet) zu denken, mit deren Hilfe die räumlichen und kulturelle Distanzen überbrückt, zum Teil sogar aufgehoben werden. Das je eigene (Er-) Leben vollzieht sich im Zeitalter der Massenmedien immer schon vor dem Hintergrund eines scheinbar allumfassenden Erfahrungs- und Interpretationshorizontes menschlicher Existenz. Die medial vermittelte Teilhabe an den Schicksalen der Stars und Sternchen bietet viele Anknüpfungspunkte zur interpretativen Deutung auch der eigenen Biografie, in den televisionär dokumentierten Lebensgeschichten spiegelt sich die eigene Lebenserfahrung, die bildhaft in Szene gesetzten Erzählungen von Gelingen und Scheitern, von Lust und Frust nähren die Sehnsucht nach Bewahrung und Sinn. Der explizit erfahrungs-, ja biografiebezogene Gebrauch, den das moderne Subjekt von den massenmedial inszenierten stories und hypes macht, lässt unschwer erkennen, dass die Medien heutzutage wesentliche Funktionen des Mythos übernommen haben.[12] Erkennbar wird zugleich aber auch, dass die *Frage nach dem Ganzen*, dass die Suche nach dem größeren Zusammenhang aus der Sicht der Medienwelt gerade nicht einfach in die Zuständigkeit der positiven Religionen fällt, sondern ein alle Religionen und Kulturen verbindendes Motiv ist, das die jeweils konkreten, historisch und kulturell bedingten Formen des Religiösen immer auch überschreitet. Ganz in diesem Sinne konstatiert Herbert Grönemeyer in seiner „Stück vom Himmel“ (2007) betitelten Hymne an die Religion:

> Es wird zu viel geglaubt
> Und zu wenig erzählt.
> Es sind Geschichten,
> Sie einen diese Welt.
> Nöte, Legenden,
> Schicksale, Leben und Tod,
> Glückliche Enden,
> Lust und Trost.
> Ein Stück vom Himmel,
> Der Platz von Gott.
> Es gibt Milliarden Farben,
> Und jede ist ein anderes Rot.

Erfahrbar wird ein „Stück vom Himmel“ schließlich auch im Kontext eines spezifischen ästhetischen Erlebens, welches unter Umständen den Zusammenhang des Individuums mit dem Universum intuitiv erfassen lässt: Die grandiose Landschaft, das Lied der Amsel, der Sternenhimmel – solche Naturerfahrungen evozieren manchmal vielleicht eher ein melancholisches Gefühl von Verlorenheit. Sie können aber auch, indem sie eine Art *mystische* Empfindung der All-Einheit vermitteln, augenblicklich evident werden lassen, dass und wie das einzelne Leben eingebettet ist in den Kosmos des Lebendigen.

Die ursprüngliche Erschlossenheit des Subjekts in seinem Selbstgefühl, die unhintergehbare Aufgabe eines eigenen Lebens und die Intuition eines kosmischen Zusammenhangs markieren wesentliche Aspekte menschlichen Daseins. Dass die mit ihnen jeweils verbundenen Deutungsleistungen und Handlungsoptionen seitens der Praktischen Theologie dann mit gutem Recht als ‚Lebenszeichen der Religion‘ wahrgenommen und interpretiert werden können, verdankt sich nun freilich einer historisch wohl einmaligen gesellschaftlichen und geistesgeschichtlichen Konstellation, für die die seit der Aufklärung vollzogene Unterscheidung von Kirche und Religion einerseits sowie von Glaube und Theologie andererseits bei gleichzeitigem Festhalten am Religionsbegriff zur Beschreibung bestimmter kultureller Phänomene kennzeichnend ist. Als Deutungskategorie kultureller Praxis verhilft der Begriff der ‚Religion‘ seither zu einer verstehenden Interpretation derjenigen sprachlichen und rituellen Ausdrucks- und Darstellungsformen individuellen wie gesellschaftlichen Lebens, die sich auf die drei eben erkundeten Erfahrungsbereiche beziehen. Dabei ist freilich durchgängig die Anerkennung des Sachverhalts vorausgesetzt, dass sich auch der Begriff der ‚Religion‘ selbst wiederum dem interpretativen Umgang mit den kulturellen Formen lebensdeutenden Handelns verdankt, ‚Religion‘ mithin selbst auch als ein Interpretament begriffen werden muss. Die Hermeneutik gelebter Religion vollzieht sich stets in der Deutungssphäre eines religiösen Lebens. In diesem Sinne ist dann ‚Religion‘ als eine spezifische Weise der Wahrnehmung zu verstehen, die den Phänomenen ihre Religionshaltigkeit im Grunde überhaupt erst zuschreibt, indem sie in ihnen bestimmte Aussagen und Inhalte wiedererkennt, die ihr im Rahmen ihres eigenen Interpretationskontextes bereits vertraut sind.

Im Christentum finden sich in dieser Hinsicht für alle drei beschriebenen Erfahrungsdimensionen entsprechende sprachliche Symbole und rituelle Ausdrucksformen ihrer deutenden Erschließung und Begehung. Die in der unmittelbaren *Vertrautheit mit sich selbst* spürbare Daseinsgewissheit und Lebensbejahung artikuliert sich hier als eine tief empfundene Dankbarkeit, die sich im Lob des Schöpfers symbolisch verdichtet und in die vertrauensvollen Anrede Gottes als des ‚Vaters‘ aller Menschen mündet. Vertrauen und Dank sind die zentralen christlichen Deutungskategorien der Erfahrung individueller Existenz. Sie manifestieren sich in dem Glauben, von Gott gewollt, geschaffen, begleitet und behütet zu sein. Zeichenhaft sichtbar wird dieser Glaube insbesondere in der rituellen Geste der Segenshandlung, die darum mittlerweile zu Recht in den Mittelpunkt der kirchlichen Kasualpraxis (Taufe, Konfirmation, Trauung, Bestattung) gerückt ist.

Die mit der *Differenzerfahrung* verbundene Frage danach, worauf es wirklich ankommt, die Aufgabe also eines eigenen, selbst verantworteten Lebens, rückt sodann die exemplarische religiöse Existenz Jesu in den Blickpunkt der christlichen Deutungsanstrengungen. Auf ihn als den Anfänger und Vollender des Glaubens (Hebr 12,2) richtet sich die Aufmerksamkeit in besonderer Weise, wenn es um Orientierung und Klarheit für die eigene Lebensführung geht. Die erlösende Kraft, die von ihm als dem *Vorbild wahren Menschseins* ausgeht, hängt offenbar eng mit der von ihm überzeugend vertretenen und vorgelebten Überzeugung zusammen, dass ein Leben aus Gott und im Einklang mit seinen Geboten stets auf der unvertretbar eigenen lebenspraktischen Verwirklichung des unbedingten Sinnvertrauens basiert, wie dies z.B. in seiner Begegnung mit dem reichen Jüngling deutlich wird (Mk 10,17–27). Darüber hinaus lässt die Orientierung an Jesus erkennbar werden, dass ein Glaubens-Leben aus und mit Gott insbesondere auch im Zusammenhang der Erfahrung des Scheiterns und der Schuld keineswegs ein wertloses Leben sein muss. Vielmehr weitet sich im Aufsehen auf den Leidenden, Gekreuzigten und Auferstandenen die religiöse Deutungsperspektive dergestalt, dass gerade auch das scheinbar seinen Sinn verfehlt habende, das vordergründig misslungene Leben also gleichwohl einer grundlegenden Neubewertung teilhaftig zu werden vermag, durch die Umkehr ermöglicht und Versöhnung erfahrbar wird.

Die je und je sich einstellende *intuitive Erfassung des Zusammenhangs* des Ganzen schließlich artikuliert sich im christlichen Credo einer geistgewirkten universellen Lebens-Gemeinschaft, einer allumfassenden Vergebung von Schuld und einer ewigen Anteilhabe am Lebendigen.

So lässt sich das dreiteilige christliche Glaubensbekenntnis als *eine Weise* der religiösen Auslegung der drei genannten Erfahrungsdimensionen menschlichen Lebens interpretieren. Und im Gegenzug wird vor dem Hintergrund der religionshermeneutisch erschlossenen Phänomene alltagsweltlicher Deutungsvollzüge die innere Logik der christlichen Glaubenslehre sichtbar.[13] Denn in der Triade Vater, Sohn und Heiliger Geist sind die Grundfragen menschlicher Existenz nach dem Woher, nach dem wahren Leben und nach dem Wohin symbolisch chiffriert. Ob und wie die hinter diesen Chiffren jeweils verborgenen religiösen Sinnangebote und Deutungspotentiale ihre Kraft zur Erhellung, Vertiefung und Bewältigung auch der zeitgenössischen Lebenserfahrungen dann allerdings tatsächlich entfalten können, hängt wesentlich von der erfahrungsnahen Entschlüsselung und ästhetisch ansprechenden Präsentation ihrer Erzählungen, Bilder, Symbole und Rituale ab. Im Curriculum der Praktischen Theologie ist die gelebte Religion darum niemals bloß Gegenstand kulturhermeneutischer Interpretation, sondern immer auch Aufgabe der konkreten Gestaltung und des praktischen Vollzugs. Denn nur als kulturelle Praxis wird die christliche Religion auch fernerhin Lebenszeichen von sich geben.

Anmerkungen

1 LÜBBE, H., Religion nach der Aufklärung, Graz/Wien/Köln 1986, 149.

2 Beispielhaft in diesem Sinne ist das von FECHTNER, K. u.a. herausgegebene Handbuch Religion und Populäre Kultur, Stuttgart 2005.

3 GRÄB, W., Religiöse Spurensuche in der urbanen Alltagswelt. Oder wie der Sinn christlichen Glaubens neu entdeckt werden kann, in: Klie, T. (Hg.), Spiegelflächen. Phänomenologie – Religionspädagogik – Werbung, Münster 1999, 16–32, 17; vgl. auch GRÄB, W., Sinn fürs Unendliche. Religion in der Mediengesellschaft, Gütersloh 2002, 79ff.

4 DERS., Auf den Spuren der Religion. Notizen zur Lage und Zukunft der Kirche, in: ZEE 39 (1995), 43–56, 53, dann auch in: DERS., Lebensgeschichten – Lebensentwürfe – Sinndeutungen. Eine Praktische Theologie gelebter Religion, Gütersloh 1998, 98.

5 DERS., Religion als Deutung des Lebens. Perspektiven einer Praktischen Theologie gelebter Religion, Gütersloh 2006; die entwicklungspsychologischen Hintergründe beleuchtet SCHWEITZER, F., Postmoderner Lebenszyklus und Religion. Eine Herausforderung für Kirche und Theologie, Gütersloh 2003.

6 Vgl. LUCKMANN, T., Die unsichtbare Religion (1967), Frankfurt a.M. 1991, 166–171.

7 SCHÜTZ, A., Der sinnhafte Aufbau der sozialen Welt. Eine Einleitung in die verstehende Soziologie, Wien 1932, 17f.

8 SCHULZE, G., Die Erlebnisgesellschaft. Kultursoziologie der Gegenwart, Frankfurt a.M./New York [2]1992, 232.

9 GERHARDT, V., Individuum und Religion, in: Weyel, B./Gräb, W. (Hg.), Religion in der modernen Lebenswelt. Erscheinungsformen und Reflexionsperspektiven, Göttingen 2006, 27–45, 39.

10 LUTHER, H., Schwellen und Passagen. Alltägliche Transzendenzen, in: Ders., Religion und Alltag. Bausteine zu einer Praktischen Theologie des Subjekts, Stuttgart 1992, 212–224, 217.

11 SCHÜTZ, A./LUCKMANN, T., Strukturen der Lebenswelt (1952), Bd. 2, Frankfurt a.M. 1983, 157.

12 Vgl. CASSIRER, E., Der Mythos als Lebensform, in: Ders., Philosophie der symbolischen Formen. Zweiter Teil: Das mythische Denken (1925), Darmstadt [9]1994, 183–277.

13 Ähnlich auch STECK, W., Alltagsdogmatik. Ein unvollendetes Projekt, in: PTh 94 (2005), 287–307. Allerdings würde ich in seiner Formulierung, „das dogmatische Wissen [werde] in der religiösen Alltagsreflexion generiert“ (289, Anm. 16) den Ausdruck ‚Dogmatik‘ nicht verwenden, sondern den Begriff der Theologie als Reflexionsform alltagsweltlicher Religiosität vorbehalten.

Religiöse Dimensionen im Alltag:

Phänomene und Deutungen

Peter Dabrock/Isabel Klaus

Geburtstag/Leben

1. Geburtstag

„Wie schön, dass Du geboren bist, wir hätten Dich sonst sehr vermisst“ – manch einer, der Kinder durch evangelische oder anders geprägte Kindertagesstätten hat hindurch ziehen sehen, bekommt beim Hören des allseits beliebten Geburtstagsständchens, in Erinnerung an strahlende Kindergesichter, glänzende Augen; manch anderer rollt innerlich dieselben – zu oft gehört, zu leierhaft eingängig die Melodie. Aber kaum einer erfreut sich nicht an der Hingabe, mit der immer neue Generationen von Kleinen das Liedchen – wie es sich wohl gehört – notorisch schief trällern.

Zudem spiegelt der Vers auf wunderbare Weise die Paradoxie seines Anlasses: die Feier der alljährlichen Wiederkehr des Tages, an dem ein Wesen, das lernt, ICH zu sagen, das Licht der Welt erblickt: Geburtstag. Paradox wirkt die Liedzeile, weil ein Individuum, wenn es eben nicht da ist, als eben dieses Individuum auch nicht vermisst, bestenfalls als eine Erwartung von Individualität im Allgemeinen erhofft werden kann; oder das Individuum ist als solches da, dann braucht es eben auch nicht mehr vermisst zu werden. Aber vielleicht sucht die Sprache die aus der Inkongruenz von Zeit-, Sach- und Soziadimension erwachsende Paradoxie, um das Wunder der Individualität zu preisen, um es zu bestaunen, aber auch vor der Möglichkeit des *non esse* („vermisst“) zu erschrecken.

Nicht nur der Vers, sondern auch sein Anlass, das Fest des Geburtstages, ist von eigentümlichen Paradoxien und Ambiguitäten zwischen Individualitätspreisung und sehr allgemeiner, ja, fast herrschaftssüchtelnder Individualitätsvergessenheit, gemeinhin ‚Verallgemeinerung‘ genannt, umwebt: Ein *jeder* freut sich seines Tages, an dem er sich als Jubilar im Mittelpunkt seiner mehr oder minder kleinen oder großen Welt wähnen darf: Glückwünsche, Grußworte, Gebäck, Geschenke, Feier, Fete, Festschrift – alles für einen: „wie schön, dass ich geboren bin ...“ – alles individuell zugeschnitten auf denjenigen, dessen Zeit sich wieder ein Jahresring hinzugefügt hat.

So sehr man ein Individuum am Fest der Individualität ehrt, feiert, und ein jeder dies wohl auch genießt, so wenig selbstverständlich ist die heutzutage geprägte Form des Festes, ja, so sehr gewinnt sie den Rahmen ihres gegenwärtigen Verständnisses auch aus einer das Individuum disziplinierenden Biopolitik, wie man es mit Foucault wohl bezeichnen muss. Auch

Reformation und Kulturprotestantismus haben zu dieser Formgestalt beigetragen. Erfreut man sich jenseits biopolitischer Verdachtshermeneutik doch an diesem Fest, darf man als Protestant nicht ohne Stolz festhalten: Die globale Verbreitung des Geburtstages kann als grandioser Exportschlager des Kulturprotestantismus gewertet werden. Bis er das werden konnte, durchlief das Fest aber in seiner europäischen und vor allem christlichen Geschichte ständige Transformationen zwischen Begeisterung, Abscheu und Disziplinierungswahn – all das wurde dann in das kulturprotestantische Paket gepackt.

Deshalb ein genealogischer Blick zurück: Am Anfang tat sich die junge Christenheit noch überaus schwer mit dem spätantiken Geburtsfest – einem Tag, an dem man nicht sich selbst feierte, sondern den guten Schutzgott, den eigenen *genius*. Man opferte ihm, besser: Der opferte ihm, der es sich leisten konnte. Lange – eben bis in die Neuzeit blieb das Fest der Erinnerung der eigenen Geburt denen vorbehalten, die Bildung und Vermögen besaßen, ihre Erinnerung mit Zeitmaßen zu verknüpfen und sie dann opulent zu zelebrieren wussten. Vor allem die römischen Kaiser und die politische und ökonomische Elite kosteten ihre Geburtstagsparty mit Wein, Weib, Gesang und mit (man verzeihe mir die dem Zitat geschuldete Kasus-Inkongruenz) „panem et circenses" so aus, dass christliche Eiferer wie Tertullian und Origenes nur Abscheu zu empfinden können glaubten. Aber wie so häufig, wenn sich der Wind dreht und die Fahnen sich wenden, wenn die Massen strömen, dann sinkt der Einfluss der Zeloten. Den letzten Zuckungen der Pagankultur, den Feiern des *Natale Solis Invicti*, setzt das selbstbewusst gewordene Christentum nicht mehr religiös-semantische Asketik wie noch ihre früheren Eiferer entgegen, sondern toppt das Event durch ein neues Fest: *Dies natalis Christi*. Muss erwähnt werden, dass eilig das Geburtsfest Christi, als Feier des Besiegers des Unbesiegten, zum Symbol der konstantinischen Urform der später so bezeichneten Allianz von Thron und Altar wurde? Jedenfalls fand über das Fest der Geburt ihres Herren (auch, aber nicht nur – Gott behüte – instrumentalisiert als Fest der spätantiken Zivilreligion) der Geburtstag im Christentum seine feste Heimat. Bald macht den Christen das Geburtstagfeiern wieder so viel Spaß wie den heidnischen Vorfahren. Auch in der Art ihrer Freuden unterscheiden sie sich kaum noch: „panem et circenses" lautet de facto, nicht nur hinter vorgehaltener Hand, auch bei den Christen das Tagesmotto wieder. Schließlich meint der Ravennaer Erzbischof Petrus Chrysologus seine Mitchristen in der Mitte des fünften Jahrhundert ermahnen zu müssen, es nicht allzu bunt zu treiben. Auf gut Deutsch, resp. Latein: Das Fest war eingeführt und erfreute sich großer Beliebtheit – nichts mehr zu spüren von dem immer wieder aufwehenden manichäisch-depressiven Geist mit legitimierender Berufung auf Hiob oder Jeremia, den Tag der eigenen Geburt zu verfluchen. Noch im Mittelalter zeugen zahlreiche liturgische Geburtstagsorationen, dass nicht nur das Leben der verblichenen oder der gegenwärtigen, spirituellen oder weltlichen Herrscher gefeiert wird, sondern auch das eigene – so das Messopfer denn bezahlt werden konnte.

An der beliebten Stereotypie, gern gepflegt nicht von einer noch nicht existierenden Profil- oder Differenzökumene, sondern einer handfesten kämpferischen Kontroverstheologie, dass das Geburtstagsfest eine protestantisch-immanente Welt- und Selbstinszenierung bilde, der gute alte Namenstag dagegen an die Taufe erinnere und den Gläubigen die spirituelle Transzendenzdimension vor das innere Auge trage, ist nicht alles, aber fast alles falsch: Denn das Geburtstagsfest kannte das Christentum, wie gesehen, schon vor der Reformation, das Namenstagsfest ward zudem lange Zeit überhaupt nicht mit der Taufe verbunden. Richtig ist allerdings, dass der Versuch, Geburtstags- und Namenstagsfest gegeneinander auszuspielen, eine gegenreformatorische Profilierungsmaßnahme darstellt – aus heutiger, man mag es mit sonorer Stimme nochmals betonen, *globaler* Sicht mit geringem Erfolg; aber wir können es eingestehen: Vor wenigen Generationen sah das in einigen katholischen Landen noch anders aus.

Heute hat das Geburtstagsfest gesiegt. Vielleicht bewahrt es nach dem Geschmack der meisten mehr von dem, was halt einmal im Jahr festlich zu feiern ist: die Individualität, die eigene, die der Kinder, die der Partner, die – aus was für Gründen – wichtiger Menschen. Der Gedanke an den *genius baptizatus*, den Namenspatron, scheint dieses Gefühl schlechthinniger Individualitätsfreude nicht so zu treffen. Den Evangelischen mag es billig gewesen sein, dass nachtridentinischer Katholizismus sich erstmal absetzen zu müssen meinte, um das Geburtstagsfest als Weltvergötzung zu diskreditieren. Recht war der Reformation die Feier des Geburtstages aber nicht nur, weil man keine Heiligen mehr brauchen wollte, sondern weil man vom *pro me* her nicht weniger zu glauben und zu denken gewillt war, als das Geschenk des eigenen Daseins mit dem guten Schöpfungswillen des himmlischen Vaters zusammenzudenken, wie es Luther so unübertroffen im Kleinen Katechismus, der Urkunde des Bildungsprotestantismus, vorführt: „Ich gläube, daß mich Gott geschaffen hat sampt allen Kreaturn …“

Bis aber das Programm persönlicher *promissio pro me* wieder in der Alltagskultur der kleinen Transzendenzen angekommen war oder – eine Seite des Programms dieses Buches aufgreifend – bis die Dogmatik vom Alltag fast verschluckt schien, wurde noch viel säkulare Struktur der religiösen Semantik beigemischt. Zunächst, so lehrt unter unserem Stichwort das gute alte Grimm'sche Wörterbuch, blieb im Reformationsjahrhundert das Fest noch eine noble Sache, d.h. eine Sache der Nobilität: „die feier war aber damals (und noch länger) nicht bürgerliche sitte, [...] sie scheint erst als nachahmung der hofsitte, wie so vieles, im 17. jh. in bürgerliche kreise vorgedrungen, bei den bauern noch jetzt nicht wirklich heimisch". Damit das Fest dann aber doch überall richtig heimisch werden konnte, bedurfte es eben des – mal wieder auch kulturprotestantisch – vermittelten Willens zur „Vermessung der Welt", oder weniger freundlich formuliert: einer von Foucault so nimmermüde beschriebenen Gouvernementalitätsstrategie modernen Staatswesens, das in demographischer Biopolitik die Untertanen zu erfassen, kontrollieren und disziplinieren trachtete, nicht ohne immer auch der liberalen Rationalität Raum zu geben; dazu brauchte es der Daten nicht wenige, angefangen bei sauberer Kirchbuchführung mit genauem Eintrag der diversen lebensführungsrelevanten Einschnitte: von der Wiege bis zur Bahre ... – eben von der Wiege. Damit war die administrative Grundlage geschaffen, dass auch der einfache Mensch seinen Geburtstag kannte – lange keine Selbstverständlichkeit, heute, außerhalb westlicher Kultur, z.T. noch immer nicht.

Aber nicht nur die statistische Erfassung des Geburtstages, sondern auch das Geburtstagsfest diente bis ins 19. Jahrhundert, weit entfernt von heutigen Eventagenturbeschäftigungsereignissen, dem Disziplinierungskalkül. Im Bürgertum mussten an diesem Tag die – aus unserer Sicht so gesehenen – armen Kinder zeigen, wer denn wohl am besten das spätere Erwachsenenalter simulieren konnte, und dies schon oder gerade jenseits der Entdeckung der Kindheit als eigener Lebensphase. Über die Geburtstagsfeiern der einfachen Leute musste auch damals der Mantel des Schweigens nicht gebreitet werden, weil es nichts zu verhüllen gab.

Ohne Verallgemeinerung auch keine Feier der Individualität, diese Genealogie bringen der Tag und sein Grund wohl nicht hinter sich. Und so feiern wir vor dem Hintergrund wechselvoller Geschichte und Funktionen zwischen Kirche(n) und Kultur, zwischen Disziplinierung und Demokratisierung, nivelliert und stets (fast) neuerfunden, diesen Tag als Festtag individuellen Lebens. Wenn dem so ist, kann man es selbstironisch goutieren, aufmerksam bleiben, wo man mit welcher Fest(un-)kultur doch allzu sehr ins Triviale gleitet – geht das? – und umso beschaulicher fragen, warum wir denn unsere Individualität gerade mit der Erinnerung an den Geburtstag feiern? Warum feiern wir nicht den x-ten Jahrestag unserer Initiation in ... – und nun sind der Phantasie keinerlei Grenzen gesetzt, je nachdem, was in Anspielung auf ein anderes Wort Luthers, diesmal aus dem Großen der Katechismen, die Herzensangelegenheit ausmacht? Warum also Geburtstag als Feier des Lebens?

Damit wären wir bei unserem Nachdenken über den Kindergeburtstagsreim bei dessen Grund angelangt: dem Sinn der Feier der *Geburt* als Feier der Individualität. Vielleicht darf man jetzt endlich von der historischen Genealogie in die deutende Systematik wechseln. Selbstverständlich finde ich jedenfalls den Geburtstag als Individuumstag nicht, denn so wenig

Individualität wie an diesem Tag gibt's vordergründig betrachtet kaum noch – Individualitätsmangel bis hin zur Verwechselung, wie tragischerweise wieder kürzlich auf Neugeborenenstationen vorgekommen. Idealistisch angehauchter Subjektivitätstheorie müsste es doch geradezu als Skandalon erscheinen, diesen Tag, an dem das Ich noch fast nur Substanz ist, fröhlich zu feiern (von Biotechnologen, aber auch katholischen Moraltheologen auf der gemeinsamen und doch so unterschiedlich gestimmten Suche nach dem voranfänglichen Anfang dürfen wir im Rahmen einer *Alltags*dogmatik des Jahres 2008 einmal schweigen). Aber Gott sei Dank (und die Wendung ist nicht nur als Floskel gemeint) kann man die – wie auch immer – sich durchgesetzt habende Tradition, den Einzelnen als Einzelnen am Erinnerungstag seiner Geburt zu feiern, auch anders deuten. Wer sich als Individualität zu verstehen lernt, der wird an diesem Tag, wenn er sich auch nur eine Sekunde vor Augen führt, was Geburt bedeutet, sinnenfälligst an seine Grenzen, an passive Herkünftigkeit, an seine Verletzlichkeit, an seine Angewiesenheit auf andere erinnert; er wird verwiesen auf Beziehung als bleibenden Grund und Ziel von Subjektivität, aber auch auf die aus all dem resultierende Aussicht auf übergroße, wenn auch nicht totale Offenheit jedes neuen Menschenlebens verwiesen (letzteres muss gegen Hannah Arendts Pathos der Natalität als eines gänzlichen Neuanfangs angemerkt werden, der so bedingungslos eben nicht ist, wie uns Genetiker und Sozialpsychologen beibringen). Ohne ein annehmendes: „Ich will, dass Du bist und wirst!" (und die Geschichte der Lebensformen hat gezeigt, dass dies nur in einem ganz kleinen Zeitfenster das Kleinfamilienidyll war) wird sich keine Persönlichkeit entwickeln können. Wer keine Gemeinschaft erlebt, dem wird das Fest des Geburtstages zum traurigsten Tag des Jahres: als Einzelner vereinzelt. Und vielleicht ahnt man im rückblickenden Gehen auf die Zukunft hin – Klees Engel in Benjamin'scher Lesart lässt grüßen –, dass auch bei immer mehr erlebten eigenen Geburtstagen die Angewiesenheit wieder zunehmen wird. So scheint der Geburtstag das Realsymbol des Schlussakkords des „Prinzips Hoffnung": das Aufleuchten dessen, „das allen in die Kindheit scheint und worin noch niemand war".

Auf das letzte, schwülstige Wort Blochs verzichtend, darf man als evangelischer Alltagsdogmatiker vielleicht dagegen halten, dass nicht zuletzt am Geburtstag einen die Hoffnung tröstet und aller Ehren Wert ist, in die öffentlichen Debatten eingespeist zu werden, dass der Einzelne als Einzelner in seiner Verletzlichkeit, seiner Schwachheit, seiner Angewiesenheit auf Andere, seinem von ihm nicht bestimmten Anfang seinen unendlichen Wert hat und behält.

Eben weil wir Individualität menschlich feiern, weil es göttlich gewollt ist, das Individuum von der so verstandenen Geburtlichkeit her begreifen zu dürfen, darum ist der Geburtstag *der* Tag der Dankbarkeit. Eltern danken für das Neue und richten den Kindergeburtstag aus Dankbarkeit für das Geschenk des Lebens aus, obwohl man doch eigentlich jeden Geburtstag zum Muttertag erklären müsste. Dankbarkeit für Gegebenes und erhofft Künftiges, Dankbarkeit, die mit anderen verbindet, die aus der Vereinzelung reißen kann und die zur Gestimmtheit gegenüber dem Dasein überhaupt werden kann, am Geburtstag aber wieder vom Allgemeinen zum Einzelnen führt: „... wie schön, dass Du geboren bist, wir hätten Dich sonst sehr vermisst!"

Peter Dabrock

2. Leben

Anknüpfend an die Gedanken von Peter Dabrock, werde ich nun den Begriff Leben beleuchten. Um thematisch zunächst in Peter Dabrocks Nähe zu bleiben, werde ich einen Lebensbegriff aus der Gesprächssituation kirchlicher Geburtstagsbesuche erheben und diesen dann einem Lebensbegriff gegenüberstellen, den ich mittels einer Webseitenanalyse der verschiedenen Domains von www.leben herausgefiltert habe. Abschließend werde ich skizzenhaft darstellen, welche Bedeutung diese beiden sehr verschiedenen Lebensbegriffe für die kirchliche Praxis haben.

2.1 Leben ist Sinn fürs Endliche

Geburtstagsbesuche sind in vielen Gemeinden ein fester Bestandteil im kirchlichen Alltag. Die Pastorin, der Pastor oder ehrenamtlich Mitarbeitende besuchen ihre Gemeindeglieder in unterschiedlicher Handhabung ab dem siebzigsten, fünfundsiebzigsten oder achtzigsten Lebensjahr.

Aus meiner – wenn auch noch sehr jungen – Erfahrung mit Geburtstagsbesuchen möchte ich nun einige Beobachtungen einfließen lassen. Es gibt zwei Arten dieser Besuche: Entweder trifft man das Geburtstagskind allein an oder es sitzt im Kreise seiner Geburtstagsgäste. Dies hat Auswirkungen auf den Inhalt und die Intensität des Geburtstagsgespräches.

Bei den Geburtstagskindern, die ich im Kreise ihrer Geburtstagsgäste antreffe, ist es nicht immer leicht, mit ihnen selbst ins Gespräch zu kommen. Oftmals beschränkt es sich auf die Gratulation und den Segenswunsch, und die eigentlichen Gespräche führe ich mit den Gästen. Diese Gespräche sind klassischerweise das, was Eberhard Hauschildt als Alltagsseelsorge[1] definiert hat.

Bei denjenigen, die ich allein antreffe, herrscht so viel Ruhe, dass tatsächlich ein Geburtstagsgespräch stattfinden kann. Dabei geht es häufig um die eigene Biografie, darum, wie das Leben verlaufen ist, welche Erfahrungen man gemacht hat, um das Traurige wie das Schöne. Hier bekommt das Geburtstagsgespräch die Dimension eines Lebensrückblickes. Solche Gespräche gehen weit über ein Alltagsgespräch hinaus und entspringen der besonderen Situation des Geburtstages. Die Lebensgeschichte wird in dieser Situation zum Hauptthema der Seelsorge.[2] Oft dient ein lockerer Smalltalk als Einstieg in einen Lebensrückblick. Es wird erzählt, wo man geboren wurde, wie die Kindheit war, in welcher Situation man den Lebenspartner oder die Lebenspartnerin kennen gelernt hat, über die Hochzeit, die Familie und die Arbeit. In diesen Erzählungen werden neben den schönen Episoden auch heikle Themen gestreift, die für das Geburtstagskind schwer zu durchleben waren, wo eigenes Scheitern oder schwere Verluste ausgesprochen werden. Hier zeigen sich Schatten und Dunkelheiten in der Lebensgeschichte. Das sind sensible Gesprächsmomente, die ein sanftes Einfühlen der Seelsorgerin erfordern. Dieses Einfühlen und das darauf Eingehen ist eine langsame und vorsichtige Gesprächsbewegung, die das Geburtstagskind zu einer selbsttätigen Bestätigung, aber auch zu einer Neukonstruktion des Selbstverständnisses führen kann.[3] In einer weiteren Gesprächsbewegung kann dann eine Sinnstruktur des Erlebten aufleuchten.[4]

Der Lebensbegriff bekommt gerade in der Rückschau an Geburtstagen eine besondere Dimension. Er ergibt sich aus dem, was rückblickend als Deutungseinsicht gewonnen und als sinnkonstruktiv festgehalten wird. Die Deutungseinsichten formulieren sich in ganz einfachen Sätzen. Es sind oftmals Wertungen eines Erlebnisses, die zugleich sinnkonstruktiv werden, da sie der Rückblicksperspektive entspringen. Die Deutungseinsichten beziehen sich auf etwas Vergangenes und drücken etwas aus, das bestehen bleibt. Das, was als Bestehenbleibendes ausgesprochen wird, ist dann das, was eine Sinnstruktur aufzeigt, da es zum festen Bestandteil der Lebensgeschichte und ihres Verstehens gehört. Durch die Deutungseinsichten, die aus dem Rückblick entstehen, spricht so ein Bewusstsein für die Endlichkeit und Begrenztheit des eigenen Lebens, und zugleich ein Gewahrwerden der genutzten und nicht selten auch noch bestehenden Möglichkeiten, die einem das eigene Leben bot und bietet.

Leben ist der Begriff, der entsteht, wenn in dem Erlebten ein Sinn entdeckt werden kann. „Ja, das war mein Leben." In diesem Satz drückt sich zweierlei aus: Zum einen laufen mit diesem Satz die wichtigsten zurückliegenden Erlebnisse wie ein Filmstreifen vor dem geistigen Auge der Rückblickenden ab, zum anderen drückt dieser Satz aus, was Leben ist: das Erlebte. Das Erlebte ist von Gefühlen durchwoben. Diese Gefühle sind mit Bildern verbunden. Leben ist eine emotionale Rückschau. Doch nicht nur das: Die emotionale Rückschau aktualisiert sich jeweils in der Gegenwart, so dass Leben vor allem eins ist: Leben ist Gefühl.

Leben will im Erlebten einen Sinn entdecken. Die Sinngebung erfolgt individuell und ist grundlegend für die Deutung des Lebens. Bezogen auf den Religionsbegriff Schleiermachers kann Leben charakterisiert werden als ein Erfühlen des Endlichen im Horizont des Unendlichen.[5] Insofern ist Leben zunächst Sinn fürs Endliche. Eine Religionshermeneutik muss deshalb im Aufdecken des Religiösen diesen Sinn fürs Endliche wahr- und ernstnehmen.

2.2 Leben ist Geschmack fürs Endliche

Eine stärkere Akzentuierung des Lebens durch das Endliche lässt sich mittels einer Websiteanalyse der deutschen, schweizerischen, österreichischen und der Top-Level-Domain von www.leben herausstellen.[6] Hier soll lediglich ein Teil der Ergebnisse und Auswertungen dargestellt werden.

Bevor ich www.leben.de[7] in das Fenster meines Browsers tippte, schwirrten durch meinen Kopf kleine Gedankenbälle, die sich mit großen Hoffnungen trugen. Ich hoffte eine Art Definition zu finden, die über die Definitionen von Wikipedia hinausgeht. Meine Gedankenbälle lösten sich wie Seifenblasen auf, als ich nach der Domaineingabe die Entertaste betätigte und die Seite von www.leben.de geladen wurde. Diese Seite beschreibt sich so: *„Rezepte: Rezept und Kochbuch, Cocktail, Kuchen, Torten und noch mehr: Wellnessportal mit Shop, Reisen, Parties, Termine, Events."* Den Header der Seite gestaltet ein elsässisches Biermixgetränk. Gleich darunter das aktuelle Kochrezept, gefolgt von unendlich vielen weiteren Kochrezepten. In der Hauptnavigation finden sich weitere Seiten: Feng Shui, MP3 Download, News, Reisen, Jobs, Wellness, Parties und Flirt. Das ist das Leben auf www.leben.de: Essen, schöner wohnen, reisen, arbeiten, sich pflegen und amüsieren.

Etwas spannender ist die schweizerische Seite www.leben.ch.[8] Dort landet man nicht gleich in einer deftigen Portion Käsespätzle, sondern auf einer werbungsarmen, übersichtlichen Seite, die sich mit den verheißungsvollen Worten: *„Das Portal für die Aspekte des Lebens. Leben in Glück, mit Liebe und Erfolg"* vorstellt. Per Mausklick kommt man auf eine weitere sehr übersichtliche Seite, auf der man sich der großen Frage stellt, was denn nun eigentlich Glück im Leben bewirkt und wann man glücklich ist. Eine Definition wird sofort geboten: *„Glücklich ist man dann, wenn man mit seiner Aufgabe im Leben zufrieden ist, gesund ist und unter keinem echten Mangel leidet."* Erst dann kommt der Link, der zu den *Aspekten des Lebens* führt. An erster Stelle steht das Event- und Partyangebot, gefolgt von einem

Autoportal und den Rubriken Gastronomie, Familie, Geld, Wellness, Glück, Lebenshilfe und Suchtprävention. Diesen folgen zwei tote Links *Lebensende – Tod* und *Religion – Glauben.* Dann wieder aktive Links mit den Rubriken von Mode über Versicherungen, Jobbörsen bis hin zum Wohnen und Bauen. Ein digitales Branchenbuch. Bezeichnend sind die beiden toten Links.

Die österreichische Seite www.leben.at[9] beschränkt sich auf andere Grundsätze des Lebens. Dies fällt schon in der Hauptnavigation auf, neben den bereits bekannten Rubriken Event und Wellness kommen hier vor allem naturnahe Rubriken zum Tragen: Geographie, Garten, Natur, Reisen, Tiere, Blumen, Tierzubehör. Die Rubrik Leben verwirrt vor allem durch wechselnde Hauptlinks. Die beständigsten Links führen zu diversen Versicherungen, ein anderer nennt sich „Gott liebt Sie!“. Der letzte Link nennt sich „Lebenslauf“ und gibt Bewerbungshilfen. Auch diese Domain ist ein digitales Branchenbuch. Bemerkenswert ist, dass der Link „Gott liebt Sie!“ ausgerechnet zu einer Seite des „Campus für Christus e.V.“ führt. Folgt man diesem Link, findet man den zweiten Teil des Linktitels: *„Gott liebt Sie und hat einen wunderbaren Plan für Ihr Leben.“* Diese, wenn auch leider evangelikale Seite, ist die einzige, die die Beziehung zwischen Leben und Gott auf den Bildschirm zaubert.

Beim Laden der Top-Level-Domain www.leben.org[10], landete ich auf einer ganz einfachen Seite, die von Fulda aus betrieben wird. Sie besteht aus zwei Rubriken. Die erste nennt sich „Freunde und Leben“, die zweite nennt sich „Fahrzeuge und Leben“.

Nachdem ich die verschiedenen Hauptlinks dieser vier Webseiten kategorisiert hatte, konnte ich Kategorien herausstellen, die das Leben ausmachen. Ich nenne diese in der Reihenfolge ihrer Wichtigkeit: Lebensausstattung[11], Leibeswohl[12], Geselligkeit[13] und Seelenheil[14].

Leben definiert sich also zunächst über eine materielle Grundausstattung. Das kann soweit als Basis hingenommen werden, da es mit den Beobachtungen der Alltagswelt übereinstimmt. Ohne diese Grundausstattung wird es schwierig. Damit Leben stattfinden kann, braucht es einen Raum, ein Dach überm Kopf und unter diesem Dach zum Beispiel ein Bett und einen Kühlschrank. Das sind Sachen, die auf den Webseiten nicht erwähnt werden. Statt Autos werden dort keine Betten gehandelt und statt Lebensversicherungen keine Kühlschränke. Das bedeutet, dass die Webseiten von einem gewissen Lebensstandard ausgehen. Man könnte daher sagen, dass sich die Themen dieser Webseiten zum Alltagsleben wie Nahrungsergänzende Vitamin- oder Mineralstoffe zum Essen gesellen.

Die Kategorie „Leibeswohl“ lässt sich am ehesten unter dem Slogan: „Leben hat leider den Beigeschmack des Endlichen!“ bündeln. Darunter fällt nicht nur der Wellnesswahn, der einen alternden Körper als jungen

Körper zu konservieren sucht, oder die Gesundheit, die als Garantin für ein langes Leben gilt, sondern auch der Traum vom Schlaraffenland, mit dem die Eintönigkeit der Alltagsküche durchbrochen werden soll. Der Beigeschmack des Endlichen erscheint hier als etwas sehr Furchterregendes. Willst du Ewigkeit, leb lang und gescheit. Alles richtet sich darauf, die Endlichkeit des Lebens zu dehnen, ja mehr noch, sie zu verunendlichen.

Die Kategorie „Geselligkeit" tönt mit Flirt und Freundschaft und lässt dem geselligen Trieb freien Lauf. Schleiermacher spricht hinsichtlich der Religion auch von einem „geselligen Trieb".[15] Im Angesicht des Endlichen richtet sich der gesellige Trieb darauf, die richtige Partnerin oder den passenden Partner zu finden. Klappt es im realen Leben nicht, sucht man sich das passende Gegenüber in einer Kontaktdatenbank per Auswahlraster.

Die Kategorie „Seelenheil" lässt sich auf den Webseiten nur schwer näher definieren. Zwischen „Feng Shui" und dem „Campus für Christus" liegen zwei tote Links zu Religion und Glaube. Das virtuelle Seelenheil lässt sich allenfalls mit dem Gedanken der schweizerischen Seite füllen, dank derer sich „Zufriedenheit" als Lebenscode herausfiltern lässt.

2.3 Leben ist Sinn und Geschmack fürs Endliche

Leben ist Sinn und Geschmack fürs Endliche im Horizont des Unendlichen. Für die pastorale Praxis ist es wichtig, sich dieses zunächst endlichen Sinn- und Geschmacksgefüges bewusst zu sein, bevor auf das Unendliche ausgegriffen wird. Als Pastorin oder Pastor trifft man mitunter auf Menschen, für die Glück und Zufriedenheit besteht, wenn kein echter Mangel herrscht. Es sind jene, deren Lebensbegriff am ehesten mit dem der Webseiten zu definieren ist. Sie werden die Geburtstagskinder von morgen sein. In einer Geburtstagsbesuchssituation bringt man als Pastorin oder Pastor den christlichen Glauben immer mit zu Besuch. Dies ist einerseits förderlich, da das Gesprächsgegenüber allein durch die Anwesenheit einer Pastorin mit dem Thema Glaube konfrontiert ist und sich auf diese Weise die Perspektive des Glaubens zu dem Lebensrückblick gesellen kann. Hinderlich ist jedoch, dass durch den mitgebrachten Glauben zu leichtfertig und selbstverständlich in christlichen Floskeln geseelsorgt und gepredigt wird. So besteht die Gefahr, in einer kirchlichen Sonderwelt verhaftet zu bleiben, die für andere lebensweltliche Kontexte unverständlich ist. Ich spreche als Seelsorgerin oder Predigerin in ein endliches Sinn- und Geschmacksgefüge hinein. Dafür ist eine Sprache zu gebrauchen, die in diesem Gefüge verständlich ist. Die christlichen Wortverbindungen müssen entfesselt werden, um in der Gegenwart ihren Sinngehalt behalten zu können und um in ganz unterschiedlichen Lebenskontexten verständlich zu sein. Sie brauchen eine gegenwartsbezogene Aktualisierung, eine neue Sprache, um den Sinn fürs Unendliche wecken zu können. Erst so wird ernst genommen, dass die Endlichkeit die bestimmende Wirklichkeit für diejenigen ist, die die Geburtstagskinder von morgen sein werden.

Isabel Klaus

Anmerkungen

1 HAUSCHILDT, E., Alltagsseelsorge – Der Alltag der Seelsorge und die Seelsorge im Alltag, in: Pohl-Patalong, U./Muchlinsky, F. (Hg.), Seelsorge im Plural, Hamburg 1999, 8–16.

2 Vgl. GRÄB, W., Religion als Deutung des Lebens, Gütersloh 2006, 183–203.

3 Ebd., 198.

4 Ebd., 197.

5 Vgl. SCHLEIERMACHER, F.D.E., Über die Religion: Reden an die Gebildeten und ihren Verächtern, Göttingen [7]1991, 49.

6 Dazu habe ich auf das von R. Kammerl entwickelte Methodeninstrumentarium zurückgegriffen, das ich auf die Analyse der Netzstruktur der Website, die inhaltliche Beschreibung der Einzelseiten und der Inhalte beschränkt habe. Vgl. KAMMERL, R., Internetbasierte Kommunikation und Identitätskonstruktion, Passau 2004.

7 www.leben.de, Stand: Januar 2008.

8 www.leben.ch, Stand: Januar 2008.

9 www.leben.at, Stand: Januar 2008.

10 www.leben.org, Stand: Januar 2008.

11 In der Kategorie *Lebensausstattung* hat das Auto besondere Wertigkeit.

12 In der Kategorie *Leibeswohl* haben Wellness und Essen einen besonderen Stellenwert.

13 In der Kategorie *Geselligkeit* haben die PartnerInnenbörsen den höchsten Stellenwert.

14 In der Kategorie *Seelenheil* spielt Zufriedenheit eine zentrale Rolle.

15 SCHLEIERMACHER, Über die Religion, 127.

Folkart Wittekind/Dietrich Korsch

Aufstehen/Sinn

1. Aufstehen

Wir machen die Nacht zum Tag, damit uns das Leben nicht langweilig wird, und müssen hinterher die Tage verschlafen, um wieder fit für den Alltag zu werden. Menschen, die so leben, empfinden es meist als Zumutung, dass Mönche ‚mitten in der Nacht' aufstehen und sich zum Gotteslob versammeln. Nun, Überwindung wird das schon kosten. Doch wie gut es tut, den Übergang von der Nacht zum Tag mitzubekommen, habe ich vergangenen Sommer oft erleben dürfen. Wie eindrucksvoll ist es, wenn die Stadt noch ganz still daliegt, im Frühlicht noch rein und klar erscheint und erst allmählich zum Leben erwacht. Beim Anblick von Menschen, die um diese Zeit aus Diskotheken kommen und mit verdrießlichem Blick darauf warten, dass endlich das Taxi kommt, habe ich mich damals gefragt, ob sie nur ein Fünkchen von dem Wunder wahrnehmen, das sie umgibt.

Soweit die vielleicht typischen, einem Gemeindebrief entnommenen Bemerkungen eines katholischen Pfarrers – typisch insofern, als sie in kultur- und gegenwartskritischer Weise eine christliche, angeblich auf die Mönche zurückgehende Weise der Morgendeutung gegen die (post)moderne Lebenswelt und die durch sie gegebene unheilvolle Alltagserfahrung der Menschen setzen. Diese Entgegensetzung ist aber weder historisch stimmig noch inhaltlich notwendig. Denn die Mönche sind nicht aufgestanden, um Fünkchen eines Morgenwunders wahrzunehmen, und die Feier des morgendlichen Erwachens zum Leben, der Reinheit der Stadt im Frühlicht ist eine moderne Reflexion des Tagesbeginns, genauer eine seit der Aufklärung mögliche und dann in der Romantik mit dem Selbstgefühl des Subjekts verbundene Sinnsetzung. Sind solche fundamentalen Wandlungen aber heute bereits in die „christliche" Deutung des Lebens vereinnahmt, fragt sich, ob nicht auch die Wandlungen innerhalb der Moderne – die Entzauberung des Alltags, die Kritik am schaffenden Tätigsein, die Suche nach Zerstreuung und Vergnügen, das Verlängern der Nacht und die Schwierigkeiten mit dem Aufwachen – Bestandteil einer „christlichen" Sinndeutung des Aufstehens in der Spätmoderne werden können.

Im Folgenden sollen deshalb in überblicksartiger, stark verkürzter Perspektive die wesentlichen Wandlungen nachgezeichnet werden, denen das Aufstehen und die Wahrnehmung der morgendlichen Welt in der Zeit des Christentums unterworfen waren. Gegenwärtige Einordnungen und Weiterentwicklungen des Christlichen bedürfen einer solchen historisch tiefenscharfen, kulturgeschichtlichen Hermeneutik. Als Quelle verwende ich Morgenhymnen, Morgengebete, Morgenlieder und Morgengedichte.

Vom Urchristentum bis zum Spätmittelalter hält sich eine eschatologische Sinngebung des Aufwachens durch. Bereits der Epheserbrief zitiert als einen urchristlichen Hymnus: „Wach auf, du Schläfer, und steh auf von den Toten, und Christus wird dein Licht sein." (Eph 5,14) Der Weckruf gilt dem Glauben angesichts der eschatologisch fortgeschrittenen Zeit. Entscheidend für diese Verwendung ist, dass das Aufwachen zwar als Bild für das Einsetzen der Buße und die Wendung zum Glauben verwendet wird, dass aber diese Verwendung keine Rückwirkung auf den Alltag hat. Die neue Zeit Gottes steht jenseits des irdischen Wechsels von Nacht und Tag, der Wandel geschieht als Loslösung von der irdischen Welt, die Sonne ist Symbol für das ewige Licht Gottes. Der Morgenglanz der Ewigkeit beendet den irdischen Wechsel von Schlafen und Wachen.

Die reformatorische Weise des Morgenlobs nimmt die alte eschatologische Deutung des Aufwachens mit einer neuen kosmologischen Schöpfungstheologie zusammen. Als Ergebnis entsteht daraus eine neue ethische Funktion der Deutung des Tages. Gott hat die Nacht über den Teufel, die Urgewalt des Bösen als der kosmologischen Unordnung, in Schach gehalten, der neue Tag ist die Bestätigung der durch Gott in ihrem Sein geordneten Welt. Auf dem selbstverständlichen Untergrund baut sich aber nun deutlich die dem Menschen zugedachte Ermahnung auf, sich auch im Verlauf des kommenden Tages vor dem Teufel zu schützen – die ethische Steuerung des eigenen Lebens ist das Abbild der Ordnung des Kosmos. So wie Gott die Welt vor der bedrohlichen Finsternis der Nacht geschützt hat, so ist die Hingabe des Gottessohnes an die Welt der Schutz des Menschen vor den Gefahren des Unheils, der Sündhaftigkeit und der weltlichen Verlorenheit.

Die innere Bedeutung der ethischen Ermahnung kippt dabei von der Reformationszeit bis zum 18. Jahrhundert: Zunächst gilt noch im alten Sinne, dass die Menschen im Leben nur Pilger sind, der Tag also nur der notwendige Durchgang zum Abend der Welt ist, dem der Morgen der Ewigkeit, der geistlichen Auferstehung folgen wird. Die ethische Ermahnung dient der Bewahrung der Seele vor dem Eintauchen in die Welt, dient der Abwertung der weltlichen Existenzform angesichts der Jenseitigkeit des wahren Lebens. Gleichzeitig wird aber bereits der Gedanke formuliert, dass das ethische Werk des Tages nicht nur eine Funktion der Weltlosigkeit, der Bewahrung der Seele gegen die Welt, sondern selbst eine Weise der Gott lobenden und ehrenden Existenz des Menschen sein soll. Damit wird die Ethik zum unmittelbaren Bereich der von Gott gegebenen Welt- und Naturordnung, die Bekehrung zu Gott ist keine Flucht aus der Welt in einen höheren Sinn, sondern die bewusste Realisierung des die Natur erhellenden Sonnenlichts als Maßstab eines guten Handelns. Der Anbruch des Tages wird zum Hoffnungszeichen für die Welt, nicht als ihre endzeitliche Überwindung, sondern als reale innerweltliche Wendung zum Besseren.

Mit der Aufklärung verliert das kosmologische Motiv, dass Gott mit dem neuen Aufgang der Sonne die Unordnung des Teufels für einen weiteren Tag abgewendet hat, an Bedeutung. Sei es als naturwissenschaftliche Einsicht in die natürliche Selbsterhaltung aller Dinge, sei es als Zuversicht in Gottes Erhaltung und Vorsehung: Beides steht sich nicht bloß entgegen, sondern führt funktionsäquivalent zu einer Zuspitzung des Erlebens und Deutens des Aufwachens auf den eigenen Tag. Was der Mensch aus dem neuen Tag zur Ehre Gottes machen wird, das steht noch nicht fest, dessen muss er sich jeden Morgen neu (im Gebet) versichern. Damit ist das Sich-Einlassen auf die Welt nicht mehr eine Folge der Jenseitszuversicht oder eine Folge von Gottes schöpferischem Erhalten der Welt, sondern es wird eine unmittelbare Konsequenz des Glaubens. Sinndeutung des Alltags im Gewand eines zweckbezogenen Ethos wird zum direkten Ausdruck des Glaubens. Das irdische Leben selbst wird zur „Gnadenzeit" Gottes, die es durch Handeln zu füllen gilt und durch welches Gottes Anspruch auf die Welt erst erfüllt wird.

Der Durchgang durch die aufklärerischen Ansätze zur theologischen Wahrnehmung der Wirklichkeit als Ort des frommen Lebens ist notwendig, um die gegenüber der urchristlichen Weltflucht gänzlich geänderten Einstellungen der Klassik und Romantik zum Verhältnis von Mensch und Natur bzw. Kosmos zu verstehen. Jetzt wird der Aufbruch am Morgen zum Reflexionsort der Kreativität des Menschen, der Mensch wird zum Mitschöpfer an der Welt. Der Morgen wird zum Erwachen des Selbstbewusstseins als des eigentlichen sinnstiftenden Ortes im Verhältnis des Menschen zur Welt. Frühling, Sonnenaufgang und Morgen gehen mit der österlichen Überwindung des Todes eine enge Verbindung ein. Das Leben der Natur wird zum Bild dieser immer neuen Überwindung des Todes in der eigenen schöpferischen Kraft des Menschen, in Technik und Naturgestaltung, in Entdeckung und Erfindung, in Kunst oder Liebe. Die kosmologische Tradition des Schöpferlobs am Morgen kann aufgenommen werden, aber nur indem sie zugleich umgedeutet wird zum dichterisch-uneigentlichen Bild der Selbstbesinnung des Menschen auf seine Deutungsleistung und Sinnstiftung in der Welt. Der Mensch erreicht reflektierend die Erkenntnis seiner schöpferischen Verwandtschaft mit Gott im Bereich des irdischen Lebens. Das Erwachen am Morgen wird gestaltet als philosophischer Reflexionsweg, der das Wissen um die Sonnenbahn mit der Bahn der eigenen Selbsterkenntnis zusammenführt. Der Ausgriff auf die Transzendenz nennt Gottes Herrschaft als sinnreiches Gegenbild für die Weise menschlicher

Herrschaft in der Welt. So wird der Mensch selbstkritisch auf seine Welt verwiesen.

Die Anschauung des Erwachens und Aufstehens im Anschluss an die Romantik und in der zweiten Hälfte des Jahrhunderts weitet die personale Erlebnisqualität aus zu einem allgemeinen Anspruch auf die individuelle Selbsterkenntnis des Menschen. Beschreibungen werden unspezifisch und allgemein. Das im Angesicht der morgendlichen Natur in selbstbezogener Andacht bebende Herz wird zu einer abrufbaren allgemeinen Denkidee. Damit wird die sinnstiftende Reaktion auf den Schöpfungsvorgang der Morgensonne zur allgemeinen Bewusstheit des Menschseins als Umgang mit der eigenen Individualität. Auf dem kulturellen Hintergrund der Romantik (und ihrer Kritik am funktionalen Alltag, am philisterhaften Leben, an durchorganisierter Urbanität) entsteht die für uns selbstverständliche Verknüpfung von Aufwachen, morgendlicher Natur, Selbsterkenntnis und künstlerisch-sinnstiftender Produktivität des Menschen in der Welt.

Dagegen tritt in den 1920er Jahren eine auf den Alltag ironisch-affirmierend bezogene Form des Umgangs mit der romantischen Verklärung des Morgens auf. Gegen die romantische Überhöhung werden die herausgehobenen Sinnstiftungsmerkmale im Erwachen jetzt auf den realen Alltag – Singleexistenz, Arbeit und Beruf, Wohnsituation, Körperpflege etc. – angewendet. Alltag, Beruf und Liebesleben werden, wenn auch in ironisch gebrochener Weise, als Gegenstände morgendlicher Sinnstiftung akzeptiert. Ihr Fehlen, wie in der Krise der 20er Jahre erlebt, wird nicht als Freiheit, sondern als Krise von Sinn, als Krise insbesondere des ethischen Anspruchs auf schöpferische Tätigkeit gesehen. Die Erfüllung der Pflichten im Alltag wird wichtiger als die ästhetisch-religiöse Selbstbezüglichkeit des Lebens. Der Alltag, die Pflichten, die darin aufgehende Person *sind* der Sinn und der Letztbezugspunkt morgendlicher Sinndeutung. Die romantischen Ideen wie der Einklang mit der Schöpferkraft der Natur und das Selbstbewusstwerden als individuelle Person verlieren dagegen angesichts der mangelnden Gegenzeichnung innerhalb des sozialen Umfelds ihren fassbaren Sinn, selbst die Frage nach Heil und Unheil kann bedeutungslos werden. Der Alltag hat Heil und Sinn in sich aufgenommen, um den Preis, dass eine ‚religiöse' Distanzierung von seinem Misslingen kaum noch möglich ist. Die christliche Interimsethik hat sich durch die Einbeziehung der Sinndeutung in das reale Leben in ihr Gegenteil verkehrt – aber so, dass diese ‚Verkehrung' als Konsequenz aus der Ansage des Heils an die Menschen deutlich wird.

Mit diesen alltagsverhafteten Gedichten der 20er Jahre kontrastieren diejenigen Kriegs- und Nachkriegsgedichte, die jede Sinndeutung in der Welt kulturkritisch aufheben. Damit knüpfen sie direkt an die Verfalls-, Abend-, Herbst- und Todeslyrik des fin de siècle und des Expressionismus an, verknüpfen aber dessen mehr ästhetische Stimmungslage mit dem realen Unheil der Welt und der faktischen Katastrophe. Im Gegensatz zur positiven Deutung des Morgens seit dem christlichen Beginn – als Symbol des Gottestags, als Bestätigung der Schöpfungsordnung gegen den Teufel, als Sinnbild der deutenden Schöpferkraft des Ich in der Welt – wird angesichts der unheilvollen Wirklichkeit die Möglichkeit des Heils prinzipiell unsicher. Gleichwohl gibt es natürlich keinen Weg zurück zur eschatologischen Weltdeutung. Infolgedessen wird die klassisch-moderne Morgendeutung – der sinnvolle und sinnsetzende Zugriff auf die Wirklichkeit und die bejahende Einstellung zum Leben – als unmöglich geschildert. Die Flucht vor dem beginnenden Tag, die Flucht vor der Wirklichkeit, die Flucht vor dem tätigen Ich wird zum Kern der Morgengedanken. Der Schlaf als Zone der Unbewusstheit, als Land der Traumverlorenheit, als vorweggenommener kleiner Bruder des Todes wird zum Ort einer momentanen Bewahrung des Ichs, der allerdings alle metaphysische Bedeutung genommen ist.

Und die Gegenwart? Die Kritik an der unheilvollen Welt ist einem neuen Akzeptieren der Notwendigkeit gewichen, sich mit dem Alltag zu arrangieren. Der Vorgang des Aufwachens selbst rückt in den Mittelpunkt der Aufmerksamkeit. Dabei gilt die Frage dem Gelingen des Übergangs vom Traum zum Funktionieren im Alltag der Welt. Weiterschlafen wäre besser, aber da man nun einmal aufstehen muss, wird ein Arrangement angestrebt, das die wenigsten Verluste im Einlassen auf die Welt mit sich bringt. Das Aufstehen wird zu einem Prozess des Zusammensammelns, in welchem das Bewusstsein bleibt, dass dieses neubestimmte Ich keine eigentliche Substanz hat, dass also die Konstruktion des Alltags-Ichs gegenstandslos bleibt. Die mit dem Aufwachen zusammenhängenden Verrichtungen, Aufstehen, Waschen, Anziehen, Trinken und Essen, werden zu einem langsamen, stückweisen Überkleiden des verlorenen Traumbewusstseins mit Realitätstauglichkeit – ein Vorgang des Verlustes und zugleich der notwendigen Assimilation an eine Welt, zu der es keine Alternative gibt.

So wird das Ich im Aufwachen zu seinem eigenen Schöpfer, im transitorischen Herstellen einer alltagstauglichen, funktionierenden Person. Sinn bezieht diese Schöpfung aber gerade nicht aus ihrem Ziel, aus der am Ende entstehenden ‚Person', sondern aus den erinnerten und unfassbaren Restbeständen eines verlorenen Subjektbereichs. Dabei wäre es falsch, dem modernen Bewusstsein hier ein romantisches, an den Nachtgedanken und -gespenstern hängendes krisenhaftes Selbstgefühl anzudichten. Auch der Zustand des Traums und der Nacht verheißt kein Heil, er bleibt mehr Flucht als Rückzug. Er kann erst recht nicht zur Norm des Alltags gemacht werden. Vielmehr dienen die Rückstände des Schlafes als Steuerelemente des Aufwachprozesses. Das Subjekt, das sich zu sich selbst zusammensetzt, weiß um seine Existenz als ein transitorisches Subjekt. So wird das sich in postmoderner Funktionalität vom naturhaften Morgen, von der Uhr und dem Sonnenaufgang ablösende Aufwachen zum Sinnbild der modernen Seinsweise des Ich: Es existiert im Status des Übergangs, schwebend zwischen Ausprägungen, ohne die es nicht ist und in denen es je für sich trotzdem nie aufgeht. Diese weder durch einen Ausgang noch durch ein Ziel bestimmte, bloß als notwendiges Verlassen eines vorherigen Zustandes bewusstwerdende Tätigkeit macht das Ich aus, sie ist seine bleibende Morgenkreativität im Alltag der Welt. Dieses dauerhafte Aufwachen als Übergang ist freies Schweben über dem Abgrund des Sinns. Es bedeutet Losreißen von Nichttätigkeit als auch Losreißen von Bestimmtheit. Aufwachen wird damit zu einem neuen Symbol: wie in der Romantik als Symbol der Schöpferkraft des Ich, als autonome Selbstbestimmung und Selbstsetzung gegen das Vergehen und die Sinnlosigkeit (um den Preis der Vereinzelung), so jetzt als Symbol dauernder Neuzusammensetzung eines alltagstauglichen Ichs, als Prozess des Übergehens, als transitorischer Moment. Damit definiert das Subjekt seine Alltagstauglichkeit neu, gewinnt eine neue Identität, die sich der Wirklichkeit anpassen und zugleich in ihr bewähren kann. Es zahlt dafür den Preis der Uneigentlichkeit, der inneren Unerkennbarkeit, des dauernden Unbestimmtbleibens für sich selbst im Durchgang durch die Fixierungen des Alltags.

Aufwachen ist das Symbol des Übergangs – nicht von Nacht zu Tag, von Sünde zu Heil, von Unordnung zu Ordnung, von Unbewusstheit zu Bewusstheit, von Passivität zu selbstbestimmter Produktivität, sondern Symbol eines Übergangs, der bei sich selbst bleibt, indem er sich vollzieht. Sinn ist nicht das Ziel des Aufwachens, sondern sein Element. Nur im Übergang ist der Ort des Sinns.

Folkart Wittekind

2. Sinn

2.1 Aufstehen und Sinn

Wer aufsteht, setzt ihn schon voraus, den Sinn. Er ist da, sobald die Augen aufgeschlagen werden und der Körper sich erhebt. Die Augen aufschlagen heißt die Welt neu sehen. Sich erheben heißt sich in der Welt bewegen. Die Beständigkeit der Welt, mit ihr rechnen wir, wenn wir uns in ihr frühmorgens orientieren. Dass nach der Nacht, die gerade vorüber ist, der Tag kommt. Dass auf den Sommer der Winter folgt, wenn auch immer öfter unzeitig. Dass wir oben und unten zu unterscheiden wissen. Dass vorher nicht nachher ist. Dass die Ausdrücke „weil" und „damit" Beziehungen stiften, die tragfähig sind. Das Wort „Sinn" braucht es dafür nicht. Was uns umgibt, womit wir rechnen, was wir ganz selbstverständlich unterstellen und in Anspruch nehmen, das ist schon da. Das liegt vor uns, umgibt uns, hat die Wirklichkeit immer schon geordnet. So dass sie uns nicht verschlossen ist, sondern wir uns in ihr bewegen, mit ihr umgehen, sie, so gut das geht, gestalten. Weil sie schon da ist, die Wirklichkeit, der der Sinn innewohnt, darum können wir sie nicht insgesamt negieren; und wir brauchen sie auch nicht aus uns selbst setzen zu wollen. Wir können den Sinn nur als vorausgesetzt in Anspruch nehmen.

2.2 Die Sinne und der Sinn

Dass es so ist, das hat mit unseren Sinnen zu tun. Augen und Ohren haben uns schon immer in die Welt verstrickt. Sie sind durchlässig für das, was erscheint, sie sind aufnahmefähig für das, was sie umgibt. Sie nehmen Muster und Zusammenhänge, so scheint es, ganz aus sich selbst auf, unwillkürlich, und präsentieren sie uns als nicht von uns gemacht. Das kommt daher, dass Augen und Ohren selbst sinnlich sind. Ohne ihre Sinnlichkeit gäbe es keinen Sinn. Gäbe es die dichte Verknüpfung unserer selbst mit der Welt, unsere Verstrickung in sie hinein, nicht. Was daran aber immer wieder überrascht: dass die Bilder der Augen, die Klänge der Ohren uns selbst erreichen. Das flüchtige Bild, es wird zu unserem Bild. Der vergehende Ton, er hinterlässt in uns eine stabile Bedeutung. Das verdanken wir unserem Gefühl und unserem Verstand, die, ohne dass wir den Zusammenhang auflösen könnten, mit unseren Sinnen verschwistert sind, insofern selbst sinnlich. Als gäbe es eine uns immer schon durchziehende Resonanz, die uns bemerken lässt, dass uns Sinnvolles begegnet – und *als* sinnvoll begegnet. Empfunden und verstanden zugleich. So dass wir davon durchdrungen sind, es aber auch wieder äußern können. Das Bild, das wir wahrnehmen, der Ton, der uns erreicht, werden empfunden und werden bewusst als unser Bild und unsere Bedeutung. Darum dann auch wieder geäußert im Wort, das klingt und Bedeutung trägt. Und wir rechnen darauf, ganz selbstverständlich, dass es so, wie es uns selbst geht, sich auch bei allen anderen Menschen verhält. Dass auch sie über die Sinnlichkeit verfügen, die ihnen Sinn als sinnvoll erscheinen lässt, so dass sie sich selbst als Sinnes- und Sinn-Wesen empfinden. Daher kommt es, dass wir, wenn wir die Augen aufschlagen und uns erheben, nicht nur der Welt, sondern auch anderen Sinn-Wesen in ihr begegnen. Gesteigerter Sinn, Sinn, der sich auf Sinn bezieht, kommt auf uns zu und nimmt uns in sich hinein. Und alles ganz von selbst, jeden Morgen neu.

2.3 Der Sinn und das Sinnen

Sinn ich ihm nach, so zagen meine Kräfte, hat Gellert einmal das Staunen angesichts des Kreuzes Christi ins Wort gefasst. Das gilt auch für den Sinn. Dass wir ihm nachsinnen können, ist ja selbst schon erstaunlich. Dass wir zum Alltäglichen, das uns umgibt, in Distanz treten können, das verblüfft über die Maßen. Dass es mit unserem Eingewobensein in den Teppich der Sinnbezüge nicht sein Bewenden hat. Dass der Sinn *unser* Sinn wird, der nicht nur durch uns widertönt, sondern so durch uns hindurchgeht, dass er zugleich zu uns in Abstand rückt. Was ist, ist nicht alles, was ist. Das ist eine bedeutende Entdeckung. Unser Sinnumgang schließt das eine Sinnvolle ans andere an, vernimmt die Kommunikation über Sinnvolles – und generiert daraus den Unterschied zwischen dem Sinnvollen und dem Sinn. Er entdeckt dabei, daß der Sinn über alles einzelne hinausgeht, an dem sich Sinn versinnlicht. Sinn ist das Potential für alles Sinnvolle, aber die Grenze des Sinnvollen ist nicht zu ziehen. So wenig wir unserer Welt eine Grenze vorschreiben können. Die Entdeckung ist auch darum bedeutend, weil sie diejenigen, die über Sinn als Sinn kommunizieren, in eine eigenartige Distanz zur Welt versetzt, in der sie doch den Sinn empfinden und erfahren. Es ist die Differenz von Wirklichkeit und Möglichkeit. Es ist die Eröffnung von Möglichkeitsräumen. Solcher, die nicht einfach bloß da, unverbunden bleiben, stets mit dem Anschein des Absurden versehen. Sondern der Vorschein von realem Anderssein im Modus der Potentialität. Was ist, ist schon immer auf dem Weg zu anderem Sinn. Ist stets einbeziehbar in neue Sinnzusammenhänge. Wartet geradezu darauf, in solche veränderten Sinnhorizonte eingestellt zu werden und eine neue Sinnkonstellation zum Leuchten zu bringen. Potentialität wird zur Potenz, die Ahnung des Möglichen zum Anreiz des künftig Wirklichen. Diese Entdeckung verändert nicht nur die Welt der Möglichkeiten. Sie verändert auch, ja vor allem, die Sinn-Wesen; macht sie selbst zu Möglichkeits-Wesen. Eröffnet ihnen Potentiale des Handelns und Verhaltens zur Welt. Verspricht ihnen eine veränderte und immer wieder zu verändernde Stellung zur Welt. Verleiht ihnen die Aussicht auf ein neues Bild ihrer selbst im Gegenüber zur Welt. Setzt sie aber auch ins Verhältnis zu anderen Wesen des Sinnes in der gemeinsamen Sinnlichkeit des Weltumgangs.

2.4 Sinnen und Trachten

Sinn in der Sinnlichkeit eröffnet Möglichkeiten. Möglichkeiten der Veränderungen der Welt, aber auch der Menschen in der Welt – und damit der Menschen in der Welt zueinander. Das Feld der Möglichkeiten entfaltet unendliches Potential, ist potentiell unendlich. Wie aber finden sich Strukturen des Sinnes in ihm, so dass die Affirmation von Sinn nicht auf eine Negation des Sinnes hinausläuft? Man sieht: Wo der Sinn reflexiv wird, ist er auch gefährdet. Die Unhintergehbarkeit, in der er zuerst begegnete, transformiert sich in seine Ungesichertheit. Und die ist nicht bloß eine Frage der Reflexion. Sie taucht hart im Raume auf, in der potentiellen Kollision von sinnlich-endlichen Möglichkeiten, die nicht zugleich realisiert werden können. Und sie taucht auf gerade infolge der Sinnhaftigkeit von Kommunikation über die Potentialitäten des Sinnes. Auch dieser Umstand von Sinn geht auf seinen Grund im Sinnlichen zurück. Dass uns unmittelbar Sinnvolles entgegentritt, das zunächst und unvermeidlich ganz auf das eigene Empfinden, das individuelle Gefühl konzentriert ist. Dass der Sinn diese Konnotation nie verliert, ohne sinnlos zu werden. Dass es aber keineswegs unmittelbar gewiss ist, wie denn die unendliche Potentialität des Möglichen an die empfundene Ein- und Eigen-Sinnigkeit des Sinnes anzuschließen sei. Die Optionen, die Visionen, die Wünsche sind zahlreich, und sie sind unbeständig. Dass sie anderen Optionen, Visionen, Wünschen widerstreben, kann nicht überraschen, obwohl wir in der Regel nicht damit rechnen oder es nicht wahrhaben wollen. Da geht es nicht ohne Verabredungen und Verpflichtungen, die die Unendlichkeit des Möglichen von Sinn sinnvoll einschränken. Es liegt auf der Hand, dass diese Einschränkung (die doch gerade erst aufgrund der Unendlichkeit des Möglichen nötig wird!) nicht von der Unmittelbarkeit des anfänglichen Sinnes ausgehen kann; diese ist ja gerade das Prinzip nicht der Einfalt, sondern der Vielfalt. Verabredungen zu Einschränkungen des potentiell Unendlichen, Verpflichtungen zu sinnvollem Handeln, können nur von einem gemeinsamen Sinn-Bewusstsein ausgehen. Also von der Tatsache, dass es erst die Kommunikation über Sinn als Sinn ist, die mit der Vielzahl des Möglichen auch die Notwendigkeit des bestimmten jeweils Einzelnen heraufführt. Dass diese Einschränkung aber schmerzt, kann man nicht wegreden. Die unendliche Sinn-Verheißung kommt ja gerade auf diesem Wege nicht zu ihrer Erfüllung, das unmittelbare Empfinden wird nicht getröstet über den Verlust seiner Potentialität. Das hat zur Folge, dass die Verabredungen, so nötig sie sind und so sehr auf ihrer Einhaltung bestanden werden muss, doch immer nur begrenzt greifen, Verpflichtungen durchbrochen werden. Selbst dann, wenn sie gar nicht von außen auferlegt, sondern mit eigener Einsicht als sinnvoll affirmiert wurden. Wenn einem das aber schon bei sich selbst gewahr wird – wie sollte man sich dann der Verabredungstreue, des Pflichtbewusstseins bei anderen gewiss werden können? Aus keinem anderen Grunde als aus einem erneuten Ausgang beim Anfang: dem Gewahren des Sinnes. Denn so wie der Sinn nicht aus dem Sinnvollen entspringt, an dem er doch erscheint, so wenig ist unser eigenes Sinn-Vertrauen von der Präsenz des einzelnen

Sinnvollen abhängig. Es geht nämlich, wenn wir es überhaupt fassen, schon immer darüber hinaus. Dem einen, diesem einen, das mir den alltäglichen Sinn präsentiert, zu vertrauen, greift auf ein Potential des Vertrauens zurück, das alle Potentialität des Möglichen umgreift. Unmittelbare Sinn-Gewissheit ist umgreifendes Sinn-Vertrauen. Und nur darum, weil ich dieses Sinn-Vertrauen auch bei allen anderen Sinn-Wesen voraussetzen kann und muss, ist die Aussicht auf das Einhalten von Verabredungen zur Begrenzung der unendlichen Sinn-Möglichkeiten im Interesse einer Koordination des Sinnes in seiner Entwicklungsbedürftigkeit und seinem Gefährdetsein, oder: auf den Verpflichtungscharakter der Pflicht, selbst sinnvoll. Dass keiner, dem im individuellen Gefühl der Sinn aufgegangen ist, aus sich selbst alle Möglichkeiten des Sinnes umfasst, bedingt auch, dass es alle miteinander nicht vermögen, einen Gesamt-Sinn zu realisieren. Das ist nicht nur empirisch unmöglich, sondern auch kategorial ausgeschlossen; denn mit der fiktiven Realisierung eines Gesamt-Sinnes ginge die unendliche Potentialität des Sinnes gerade verloren; der Gesamt-Sinn widerspräche sich selbst, mutierte in Unsinn.

2.5 Sinnen und Besinnen

Dies alles zu klären bedarf es des Besinnens, der Aufmerksamkeit des Sinnes auf sich, der Einkehr in den Sinn von Sinn. Die erste Station auf diesem Weg der Einkehr ist das Ablassen. Nicht das Ablassen von der Realisierung von Möglichkeiten; das ist, wenn der Sinn einmal aufgeleuchtet ist, ja unmöglich. Wohl aber das Ablassen von der Verpflichtung, Sinn nur im Realisieren von Sinnvollem zu erzeugen. Darum gründet es, und das ist der zweite Schritt, in der Einsicht in die Genese von Sinn. Dass nämlich der Sinn, der das Handeln ermöglicht, dies doch gerade so und nur darin tut, dass er sich jenseits und vor allem Handeln konstituiert. Wo er das tut, wenn nicht in sinnträchtigen Phänomenen der Welt? Offenbar in mir selbst als einem sinn-empfindlichen Sinn- und Sinnes-Wesen. So dass ich also, in den Sinn von Sinn einkehrend, zu gewärtigen hätte, dass der Sinn in mich eingekehrt ist? Genau so. Es geschieht mir gar nicht, wie von außen zugefügt, dass ich mich in einer Welt des Sinnes befinden, mich in sie hineingestoßen erfahre, so dass ich den Sinn erst über die Begegnung mit diesem oder jenem Sinnhaften erschließen müsste. Er wohnt vielmehr in mir, dieser Sinn, der mich das Sinnvolle in der Erscheinungen der Welt entdecken lässt. Selbstverständlich kommt er mir vor, weil er mir schon immer zugehört, zugewandt ist. Schon *immer* zugehört, zugewandt? Einen Zeitpunkt könnte ich nicht nennen, an dem er mir aufgegangen wäre, das ist wahr. Aber ich verfüge doch auch nicht über ihn, als könnte ich mich entscheiden, ihn zu fassen oder auch nicht. Darum kann er, so sehr ich mich ohne ihn nicht kenne, doch nicht aus mir entstanden sein. Er muss mir zugewandt worden sein, und kein Phänomen in der Welt kann dafür verantwortlich gemacht werden, keine Instanz auch meiner natürlich-sinnlichen Beschaffenheit in der Welt. Ich kann mir die Präsenz des Sinnes auch nicht wie eine Determination meines Daseins vorstellen – denn die zumal würde es ja unmöglich machen, mich auf sie als sie selbst zu besinnen. Gerade die Einkehr macht aber, in ihrem dritten Schritt, damit vertraut, dass die Gegenwart des Sinnes in mir nur als Anwesenheit absoluten Sinnes gedacht werden kann. Damit wird zugleich deutlich, dass eine tatsächliche Trennung von innerem und äußerem Sinn gar nicht durchgreifend möglich ist, so sehr die Unterscheidung geboten bleibt. Ja, gerade infolge dieser Unterscheidung wird der Zusammenhang recht sichtbar. Die Präsenz des Sinnes in mir, als einer inneren Welt unendlichen Sinnes, legt sich immer schon aus in der Erfahrung einer äußeren Sinn- und Sinnenwelt. Allerdings ist darum dann auch die Kommunikation der Eigenart des absoluten Sinnes in seiner durch mich selbst hindurchgehenden Vermittlung in die Welt – wiederum: sinnlich – zu Wort zu bringen. Dass der Sinn unabänderlich in mir zu Hause ist, das muss gerade gegen allen Anschein des Sinn-Ursprungs aus der Welt in der Welt zur Darstellung gebracht werden.

2.6 Sinn und Sinnlosigkeit

Eben diese Durchdringung von innerem und äußerem Sinn ist es, die die Erfahrung der Sinnlosigkeit so abgründig macht. Dass die Konsonanz des Sinnes ausfällt, die Erfahrung des Sinnvollen im einzelnen Endlichen, das Erleben von Sinn in der Kommunikation, das ist nämlich von nirgendwoher zu beheben. Es hilft nicht, auf sinnvolle Zusammenhänge in der Welt zu verweisen, weder auf das Schöne in der Natur noch auf die Verlässlichkeiten der Moral noch auf die Gesetze des Universums. Da fehlt die innere Entsprechung. Es hilf nicht, nach Fünkchen von Rest-Sinn zu suchen, Techniken des Selbstzugangs anzudemonstrieren, das Innere ummodeln zu wollen. Da wird die äußere Bestätigung immer noch vermisst. Das lässt die Sinnlosigkeit so schrecklich dastehen. Auch der Verweis darauf, dass sie doch gerade als so furchtbar bedrängend nur erlebt werden kann, weil sie im Horizont erfüllten Sinnes steht, verschlägt nicht; die zutreffende Logik ersetzt das Erleben nicht. Und doch weist diese Logik auf den einzigen Weg, der bleibt. Denn immerhin gibt es nicht nur die Erfahrung, dass Sinn sich in Sinnlosigkeit verkehrt, sondern auch die entgegengesetzte, dass das Trauma der Sinnlosigkeit sich in neue Sinnerfülltheit transformiert. Wie man sich das vorstellen kann? Wenn denn ausgeschlossen bleibt, dass Sinn als willkürliche Zufügung oder anonyme Determination sich aufklären lässt, dann muss die Erfahrung der Sinnlosigkeit selbst zur konkreten Gestalt des Sinnes gehören. Dann muss zwar im Abgrund des Sinnlosen der Sinn als untergegangen gedacht werden – aber so, dass gerade seine Negation, die Negation des absoluten Sinnes, der Gewinn des konkreten Sinnes ist. Die Geschichte des Sinnes in den Sinn- und Sinneswesen, also die Erfahrung der Gegenwart und der Abwesenheit von Sinn, gehört mithin zum Sinn selbst. In dem Maße, wie über die Gestalt des Sinnes als Sinn kommuniziert wird, wird auch diese Geschichte des Sinnes selbst thematisch, ausgesprochen, von Vorstellungen und Bildern begleitet und bekleidet. Des Sinnes innewerden heißt dann immer auch dieser eigenartigen Unverfügbarkeit des Sinnes gewahr werden, der da ist, weil er es will und weil ich als Sinn-Wesen darin gemeint bin, aber auch nur in der Weise, dass ich in seinem Horizont lebe, ohne ihn mir meinerseits zu eigen machen zu können. Immerhin kann aus der dieser Erfahrung der verlässlichen Kontingenz des Sinnes das Vertrauen erwachen, das letztes Sinn-Vertrauen oder Glauben genannt werden darf.

2.7 Sinn und Aufstehen

Sinn-Vertrauen liegt der Sinn-Erfahrung zu Grunde. Das zeigt sich in Reflexionen auf die Erfahrung selbst, in den Beobachtungen und Gedankengängen, die hier gemacht und gegangen wurden. Davon Gebrauch zu machen, ist aber so einfach wie alltäglich: Morgens aufzustehen.

Dietrich Korsch

Elisabeth Gräb-Schmidt/Frank Thomas Brinkmann

Lächeln/Glück

1. Lächeln

1.1 Exposition im Lande des Lächelns

Es handelt vom „Grund eines sehr merkwürdigen Phänomens, welches, eben wie die Vernunft, der menschlichen Natur ausschließlich eigen ist. Ich meine das Lachen.“[1]

Es wird doziert, dass Denken höher stehe als Ironie und Humor, und das wird von einem Denker doziert, dem der Sinn für das Komische völlig abgeht. Wie komisch![2]

[…] der Teufel ist die Anmaßung des Geistes, der Glaube ohne ein Lächeln, die Wahrheit, die niemals vom Zweifel erfasst wird.[3]

Wie glücklich man sich schätzen kann, darüber schreiben zu können: das Lächeln. Endlich, möchte man beinahe ausrufen, endlich einmal ein Thema ohne jede Ambivalenz! Das Lächeln, ein Thema von geradezu engelsgleich gutem Inhalt. Nicht über einen in stummer Eisigkeit erstarrten Gesichtsausdruck, nicht über ein derbes, grelles Lachen soll hier berichtet werden, nein, das sanfte, leise, verständnis- und teilnahmsvolle, vielleicht sogar vornehme Lächeln ist Gegenstand der Betrachtung. Lächeln: Schon das Wort mag den Lesenden zu einem solchen verleiten, denkt er doch vielleicht an das Lächeln eines lieben Menschen, den er nah oder fern weiß. Was verrät uns aber das allpräsente Lexikon Wikipedia unter dem Stichwort Lächeln?[4]

Das Lächeln ist in der Physiologie ein Gesichtsausdruck, der durch das Spannen der Muskelpartien vor allem in der Nähe der Mundwinkel aber auch um die Augen erzeugt wird. Bei Menschen ist das Lächeln normalerweise ein Ausdruck der Freude, des guten Willens, und dient z.B. der Aufnahme von Kommunikation […]

Auch hier ganz offensichtlich kein Makel. Wer lächelt, ist glücklich und will andere glücklich machen. Wenn auch „das Spannen der Muskelpartien“ nach einiger Anstrengung klingt, auf die Botschaft des Lächelns fällt kein Schatten. Oder doch? Wie heißt es weiter?

[…] Studien haben gezeigt, dass das Lächeln eine normale Reaktion auf bestimmte Stimulationen ist, die unabhängig von der jeweiligen Kultur ist. Es ist keine lernbare Reaktion, sondern wird den Menschen schon von Geburt an mitgegeben […]

Ein universelles Kommunikationsmittel also. Die Weltsprache des Lächelns. Die ganze Welt als ein Land des Lächelns. Das Lächeln muss nicht erlernt, schon gar nicht erkauft werden, sein Vergnügen lächelt nicht nur den Privilegierten, ist einem jeden offen. Lächeln kann und darf jeder. Beruhigt fährt man fort, zu zitieren:

> [...] Bei Tieren wird ein Lächeln oft als Drohung verwendet (die Zähne zeigen) oder aber als Zeichen der Unterwerfung [...]

Das, allerdings, klingt nun weniger freundlich. Das Lächeln, eine Drohgebärde? Oder Ausdruck einer durch brutale Autorität erzwungenen Unterwürfigkeit? Aber was muss uns das Tierreich kümmern, wenn wir in jedem menschlichen Antlitz ein so holdes Menschenlächeln erblicken dürfen? Hat man denn schon jemals von einem hassverzerrten, wutentbrannten „Lächeln" gehört, geschweige denn ein solches zu Gesicht bekommen? Andererseits allerdings ist doch das Genmaterial von Mensch und Schimpanse zu 98,7 Prozent identisch. Und wer hat an dieser Stelle nicht das Bild des bedrohlich zähnefletschenden Affen vor Augen?

Hat das Lachen also auch eine dunkle Seite? Plötzlich schwirren doch auch das müde, schiefe, gequälte und zynische Lächeln als Begriffe umher. Selbst auf das Lächeln kann man sich, so wie es aussieht, nicht verlassen. Ein Lächeln muss nicht immer freundlich sein. Es kann auch falsch sein, auch kann es erzwungen sein, also auch beim Menschen Drohung und Unterwerfung anzeigen.

Emotionsforscher untersuchten die Folgen von beruflich verordnetem Dauerlächeln. Sie stellten dabei fest, dass zwangsweises Lächeln, bei dem man seine tatsächlichen Emotionen unterdrückte, kurzfristig zu Kreislaufveränderungen und auf die Dauer zu Stress und Krankheiten wie Depressionen führte. Lächelnd ruinieren sich demzufolge Tausende, wenn nicht Millionen, Tag für Tag ihre Gesundheit.

1.2 „Auf der Kippe" – Annäherung an das Phänomen

Gibt es also gar nichts, worauf man sich verlassen kann? Mit Sicherheit nicht. Auch das Lächeln hat offensichtlich wie das Lachen Teil an den Ambivalenzen des Lebens. Es ist der Mensch, dem diese Ambivalenzen zugehören. Sie gehören zum Menschen als dem weltoffenen Wesen. Die Ambivalenz der menschlichen Existenz erzeugt die vielfältigen Schattierungen auch des Lächelns und immer evoziert sie den Gegensatz. Mit dem Bild des „in den Bart Lächelns der Wissenschaft" visualisiert Musil[5] das Verschwinden dieses Lächelns in komischem Ernst. Das ungläubige Lachen der Sarah bei der Ankündigung der Geburt des Sohnes in hohem Alter soll beim Leser Unruhe und Angst vor dem ausgelachten und zürnenden Gott hervorrufen. Das befreiende Lachen der Götter im homerischen Götterhimmel zeigt zugleich den hämischen Stolz als dunkle Kehrseite des Glücks an.

Es ist das spezifisch menschliche Dasein, das lacht. Nur der Mensch lacht in dieser Weise, wie auch nur der Mensch reflektiert, wie auch nur der Mensch religiös ist. Denn nur das menschliche Dasein ist durch die Ambivalenz gekennzeichnet, die in der Zweideutigkeit besteht, „eine Synthese von Unendlichkeit und Endlichkeit“[6] zu sein. Das Lachen resultiert aus diesem Widerspruch, der jeden menschlichen Ernst provoziert, verunsichert und den Glauben an die Wahrheit, an das Glück, zu einem Wagnis macht. Dieses Wagnis wird durch das Lachen veranschaulicht. Es kann immer umkippen von einem Extrem zum anderen, von der Freude zum Zynismus, von der liebevollen Umarmung zur Boshaftigkeit.

So ist das Lachen ein Kipp-Phänomen,[7] ein Inkongruenzphänomen, „ein Affekt aus der plötzlichen Verwandlung einer gespannten Erwartung in nichts“[8]. Das Lachen setzt eine enttäuschte Erwartung voraus. Die Komik spielt mit dieser Zweideutigkeit, die so oder so aufgelöst werden kann. Nicht umsonst gewinnt das Lachen in der Philosophiegeschichte gerade zu Beginn der Moderne an Interesse als Reflexionsgegenstand, wo uns plötzlich die Offenheit und Bruchstückhaftigkeit der Gesamtheit unseres Daseins drastisch vor Augen tritt. Einer nach Wahrheit und Einheit strebenden Philosophie hingegen war das Lachen immer suspekt. Misstrauen und sogar den Hass konnte dieses Phänomen für Wahrheitsbesessene auslösen.[9] Doch lässt es sich nicht unterdrücken. Es meldet sich regelmäßig wieder, sei es bei Demokrit und Diogenes in der Antike oder bei Jean Paul, Kierkegaard und Schopenhauer in der Moderne. Es meldet sich immer als Anerkennung der Ambivalenz des Daseins. Dann wird der Ernst des Lebens als nicht durchschaubar, weil widersprüchlich, durchschaut: „Das Komische ist in jedem Lebensstadium zur Stelle (nur dass die Stellung verschieden ist), denn überall, wo Leben ist, ist Widerspruch, und wo Widerspruch ist, ist das Komische zur Stelle.“[10]

Das Übersehen dieses existenziellen Widerspruchs wird gerade in diesem ihrem Versuch als unüberbietbar komisch entlarvt: „Ich bin wirklich erleichtert, dass sich das Universum endlich erklären lässt. Ich dachte schon das Problem läge bei mir.“[11] Die Komik resultiert immer aus der Inkongruenz, aus dem Überspringen von Gegensätzen und Widersprüchlichkeiten, aus deren Ignorieren, die sich dann an jeder Stelle plötzlich bemerkbar machen können. Die Komik als Kipp-Phänomen, die Komik als Spiel mit enttäuschter Erwartung, die Komik als Aufdecken des unauflöslichen Widerspruchs sind Spielarten des reifen Umgangs mit unserer doch so bitterernsten Lebenssituation. So werden Ironie und Humor – etwa bei Kierkegaard – als die adäquate Existenzbestimmung des Menschen festgehalten.[12] In ihrem Verhältnis zum Ernst entscheidet sich, ob die adäquate Existenzbestimmung als Verzweiflung oder als Glaube gedeutet werden kann.

1.3 Ein ernstes Lachen – Alltagsdogmatik

Der Umgang mit den Phänomenen, den Phänomenen des Glaubens, das ist die Aufgabe der Dogmatik. Nach Wilhelm Gräb darf die Dogmatik nicht den Hoheitsanspruch in normativen Fragen für sich beanspruchen. Hierfür sei auch die praktische Theologie zuständig. „Alltagsdogmatik" ist ein Versuch, diesem transdisziplinären Normativitätsanspruch gerecht zu werden. Alltagsdogmatik setzt dabei eine spezifische Reihenfolge voraus, nämlich bei den Phänomenen zu beginnen und in diesen den dogmatischen Lehrbestand wieder zu entdecken. Damit nimmt eine Alltagsdogmatik genau die Zielrichtung auf, die der Dogmatik von ihrem Anspruch her innewohnt: der Erfahrung des Glaubens, mithin den Phänomenen glaubender Hinwendung zur Welt, eine reflektierte Form zu geben.

Kein Thema, kein Phänomen ist hierfür geeigneter als das menschliche Lachen, das, wie gezeigt, in sich schillernd ist, und das in seiner Bandbreite der Ausdrucksmöglichkeiten die Widersprüchlichkeiten und Vielfalt menschlichen Lebens widerspiegelt. Kein Phänomen ist dafür geeigneter, Philosophie und Theologie vom Kopf auf die Füße zu stellen als das Lachen. Bereits die über Thales lachende Thrakerin hat jenen komischen Ernst der Reflexion erkannt.

Darüber hinaus verweist das Phänomen des Lachens die Dogmatik im Sinne einer Alltagsdogmatik auf ihre eigentliche Aufgabe der Deutung menschlichen Lebens. Lachen ist ein Phänomen des Lebens, es resultiert nicht aus der Einheit des Gedankens, nicht aus der einsamen Idee, sondern es ist in der Widersprüchlichkeit der Existenz zu suchen. So gehört zum Ernst immer der Scherz. Um solche Ambivalenz anerkennen zu können, bedarf es jedoch einer freiheitlichen Distanz zum eigenen Leben.

Dafür steht die Ironie. Ohne die freiheitliche Distanz der Ironie verblödet jeder Witz, wie die Suppe durch das fehlende Salz. Das weiß sogar der Volksmund: „Witz komm raus, du bist umzingelt". Solch komikentleerter Witz zeigt sich als Spitze der Borniertheit. Dabei zeigt sich die Borniertheit des Witzes gerade im fehlenden Ernst, wie umgekehrt die Borniertheit des falschen Ernstes sich im fehlenden Witz zeigt. Der so genannte „Bierernst" entbehrt jeden Witzes und wird dadurch lächerlich. In beiden Fällen fehlt die Ironie, die die freiheitliche Distanz zum eigenen Leben anzeigt, die als solche dessen Widersprüchlichkeit festhalten kann. So ist es gerade das Zusammenhalten von Ernst und Scherz, die das Lachen hervorruft. Damit ist aber auch deutlich: Im Lachen wird eine andere Dimension des Menschen eröffnet. Es zeigt sich darin dessen Fähigkeit, Abstand nehmen zu können und gerade so sich zu finden.

Das Abstandnehmen zu sich selbst ist eine Qualität, die Menschen von anderen Lebewesen unterscheidet. Wir nehmen Rollen ein, aber im Lachen lassen wir zugleich die Rollen fallen und der Kern des Menschen, sein Inneres, wird freigelegt. Hier kommt beides zusammen: das Preisgegebensein und das Erkennen unserer conditio humana. Genau darum gibt es unterschiedliche Formen des Lachens, je nachdem auf welche der beiden Brennpunkte der Fokus gelegt wird: schadenfrohes, gemeines, das entblößt, das preisgibt und fröhliches, liebevolles und einvernehmendes Lachen oder Lächeln, das begreift und akzeptieren kann: So ist das Leben.

Lachen ist eine Praxisbestimmung. Es spiegelt unser Verhältnis zur Freiheit. Das Lachen signalisiert das Vollziehen-*Wollen* und doch recht eigentlich nicht das Vollziehen-*Können* unserer Freiheit, weil wir in diesem Vollzug auf Anderes angewiesen sind. Freiheit kommt zu ihrem Vollzug nur aufgrund von Kontingenz. Wir können die Freiheit nicht durch uns selbst begründen. Das ist die unendlich komische Situation unserer endlichen Freiheit und allen Erkennens, das darauf angewiesen ist. Darum gilt: „Charakteristisch für die Heiterkeit ist das Bewusstsein des Abgründigen".[13] Sie ist der konkrete Ausdruck der Ambivalenz unseres Daseins.

Wir haben mithin immer zwei Wege uns dieser unendlich-endlichen Situation unserer Freiheit auf unverstellte Weise zu nähern: das Entsetzen und das Lachen. Beides ist auch vor allem deswegen unverstellt, weil wir es nicht selbst herstellen können, es stellt sich ein. Wir können nicht willentlich lachen. Nirgendwo wird die Falschheit, Verstellung und Verzerrung so schnell sichtbar. Genau darum führt uns das Lachen zu uns selbst. Mit diesem Selbstbezug ist zugleich der Überschritt vom Lachen zum Lächeln vollzogen.

Weil das Lachen immer den Bezug zu seinem es eröffnenden Potential aufscheinen lässt und der Mensch darin seines offenen (Ab-)Grundes gewahr wird, ist das Lachen ein Vorschein unmittelbarer und unverstellter Selbstbeziehung. Diese ist es, die ein Lächeln hervorruft, weil sie ein Vorschein unseres Heil- und Ganzseins ist. Das Lachen ist mithin eine Chance, dieses Heils ansichtig zu werden, es zu antizipieren. Das erklärt auch seine Funktion, gesundheitsfördernd zu sein. Nach Kant gehört das Lachen zu den drei Dingen, die der Mensch braucht, um gesund zu bleiben, neben der Hoffnung und dem Schlaf. Damit bindet Kant das Lachen an eine leibliche Funktion, die zugleich manifestiert, dass Heilsein keine Reflexions-, sondern eine Existenzbestimmung ist, die Seele und Leib umfasst.

Ausdruck dieser Existenzbestimmung ist das Lächeln. Es kennzeichnet den Humor, der die unhintergehbare Offenheit des Daseins erträgt. Anders als die Ironie, die nur auf unsere offene, widersprüchliche Situation der Existenz aufmerksam macht, indem sie belacht oder sich vor ihr ekelt, verweist der Humor bereits auf ein Gegründetsein in einem unvorgreiflichen Grund. Humor deutet auf solches Aufgehobensein *als Möglichkeit.* Ausdruck des Humors ist daher niemals lautes, schallendes Gelächter, sondern das leise, einvernehmlich wissende, zuweilen vornehme Lächeln. Er zerrt nicht die menschlichen Schwächen und Unzulänglichkeiten ans Licht, sondern drückt das liebevolle Wissen darum aus, dass das Leben nun einmal eben so ist, und dass wir im Ertragen unserer conditio humana mit dieser auch versöhnt sein können. Der Humor kennzeichnet die Akzeptanz einer passiven Einstellung zum Spielraum der eigenen Freiheit, des eigenen Selbst- und Personseinkönnens. Das Erkennen eigener Schwächen führt dann nicht zum Zynismus, zum Hass, sondern zum liebevollen Umgang mit den Schwächen, der anderen ebenso wie mit den eigenen Schwächen. „Humor ist, wenn man trotzdem lacht." So bringt es der Volksmund auf den Punkt. Das ist das Wärmende des Humors. Es ist ein Abglanz des unendlichen Geborgenseins, das radikales Wohlgefallen verbürgt, radikales Angenommensein, eine Atmosphäre der Zuwendung, der Mitmenschlichkeit angesichts einer Situation, die geprägt ist durch das Gegenteil: durch Konkurrenz, Eigennutz und Selbstsucht. Der Humor erkennt das. Er kennt das Leben, aber er stellt sich nicht moralisierend darüber, sondern er vermag es, den Menschen aus der Isolierung heraus zu brechen, ihn aus dem Zustand der Selbstentfremdung heraus zu umarmen. So realisiert der Humor glaubhaft die Akzeptanz des Menschen. So vermag er auf das Selbst anrührend zu wirken, es zum Lächeln zu bringen.

Angesichts des Lächelns erblicken wir die Freude am Dasein. Dasjenige Lachen, das zugleich menschlich und göttlich ist, ist daher das Lächeln, das uns zu unserem Selbst führt, weil es die Verstellungen, die unser Selbstsein prägen und die den Zugang zu unserem Selbst verhindern, nicht verstecken muss, sondern anerkennen kann, ohne daran zugrunde zu gehen. Das ist das Zauberhafte eines humorvollen Lächelns. Es ist der Widerschein des Glücks unverstellten Selbstseinkönnens. Das Lächeln lässt die Ambivalenz des Daseins, der wir permanent ausgesetzt sind, die unsere Existenz ausmacht, ins zweite Glied zurücktreten. So ist Glück letztlich das Realisat derjenigen Erfahrung, die die Ambivalenz des Daseins dadurch relativiert, dass sie akzeptiert. Genau darin liegt der tiefere Grund für die Wahrheit, dass Glück genau der Zustand ist, in dem uns etwas anderes wichtiger ist als das eigene Glück. Es ist immer diese Freiheit des Selbst von sich selbst, die als Glück erlebt wird. Glück ist damit im Grunde immer die Freiheit von der Angst, die die Ambivalenz des Daseins in uns erzeugt. Im Glück verstehen und relativieren wir diese Angst als allein zeitliche Bestimmung, die uns in ihrer Vergänglichkeit nichts anhaben kann. Darum ist Glück eine

Bestimmung des Augenblicks oder der Erfahrung der Ewigkeit in der Zeit. Alle Lust will Ewigkeit, aber nur das Glück gewährt sie. Glück ist daher gerade, nun, wenn wir zum Augenblick *nicht* mehr sagen müssen: „Verweile doch, du bist so schön", sondern wenn wir ihn angstlos gehen lassen können als bewahrt für die Zukunft.

Wir können das Glück nicht festhalten, aber wir können seiner je und je im Augenblick teilhaftig werden: Im Lächeln eines Menschen begegnen wir solchem Augenblick als Vorschein der Ewigkeit in der Zeit. Darin liegt die Wahrheit des Sprichwortes: „Das Lächeln ist der kürzeste Weg zwischen zwei Menschen." Es ist auch der einzige Weg, weil nur es unverstellte Wahrheit zulässt und insofern das Gegenüber freimacht.

Elisabeth Gräb-Schmidt

2. Glück

2.1 Vom Lächeln zum Glück – und zurück!

Wie kann der Mensch Freude am Unsinn haben? So weit nämlich auf der Welt gelacht wird, ist dies der Fall; ja, man kann sagen, fast überall wo es Glück gibt, gibt es Freude am Unsinn.[14]

Bist du traurig, hast du Sorgen,
soll ich dir mein Lächeln borgen?
Macht's dich happy, bringt's dir Glück,
gib's mir irgendwann zurück![15]

Manchmal kommt die ganze unverstellte Wahrheit mit einer SMS oder einem Schlager ans Tageslicht – oder zu Bewusstsein: Innerhalb weniger Jahrzehnte scheint es dem modernen Menschen offenkundig gelungen zu sein, sämtliche philosophischen Brocken vergangener Geistesgeschichten und Hochkulturen auf ihre medien- und popkulturelle Sinn- und Praxistauglichkeit hin zu pointieren - und selbst die ambitioniertesten Aphorismen hochaggregierter Entwürfe mühelos zu trivialen Merkversen zu verarbeiten. Das birgt Chancen – und Gefahren. Wo etwa Nietzsches Betrachtungen über das Lachen als „Freude am Unsinn" zu verordneten Gelächtern über Irrsinn, Blödsinn und Schwachsinn oder gar zu ernst gemeinten „Lachtherapien gegen Sorgenfalten" gerinnen, verfehlt der Pfeil der Weisheit sein Ziel. Am Ende wird nicht verstanden, wie ernst es um jene Existenzhaltung bestellt ist, die die nicht sinnergiebigen Partituren des Lebens mit einem

Lächeln zu tragen weiß: Das Menschlich-Allzumenschliche gerät in den Sog von Schlagertexten und Schenkelklopfern, und das wahre Lächeln droht sich in jener wabernden Masse zu verlieren, die von telegenen „Smile – Cheese!"-Imperativen und Chatroom-Emoticons ☺ dominiert werden. Einerseits!

Andererseits könnte sich jedoch an einigen unserer neuen Bonmots – in Abstimmung auf die Theorie vom weisheitlichen Kern eines jeden „echt" guten Witzes – auch zeigen lassen, inwieweit innerhalb der Spaßgesellschaft ernst gemacht werden kann, wenn es gilt, das Kippphänomen in doppelter Hinsicht vor gänzlichem Um- bzw. Überkippen zu schützen: Nicht nur der wiehernden Biertisch-Corona, sondern auch der hyperaktiven Intelligenzia wurde schon das eine oder andere Mal vorgeführt, auf welch dünnem Eise man sich bewegen wird, wenn man ohne Verstand lacht oder ohne Humor denkt.[16] Es wird immer wieder passieren, dass die einen voller Entsetzen nicht mehr belächeln können, wie sich der „umzingelte Witz" nach seiner subtilen (postmodernen) Mutation und Transformation neue Kleider zugelegt hat, während ihn die anderen angesichts seiner evolutionären Anpassungsfähigkeit respektvoll bewundern und in Ehrfurcht vor seiner Reproduzierbarkeit und Performierbarkeit zu verstehen suchen, worin sein besonderer Sinn, sein neuer Humor und sein absoluter Ernst liegen.[17] Worüber die Spaßgesellschaft lacht und lächelt, muss nicht zwingend sinnleer oder witzlos sein: „Bittu traurig, muttu lachen!"[18] kann durchaus von der Pointe des Tages zum Motto des Lebens avancieren, wie etwa auch jene SMS, die endgültig sicherstellt: „Wir lachen nicht, weil wir glücklich sind – wir sind glücklich, weil wir lachen."[19]

Ob man sich nun dieser (oder einer vergleichbaren) Einschätzung anschließt oder nicht – fest steht, dass sie sich nicht an elaborierte Codes koppelt oder auf semantische Komplexität verlässt, sondern über ein populäres Träger- und Verbreitungsmedium kommuniziert (wird). Diesen Sachverhalt gilt es nun eigentlich in das Programm einer Alltagsdogmatik einzuzeichnen, die sich bei der Spurensuche nach bestimmten Phänomenen und Deutungen nicht auf gewisse geistesgeschichtliche Epochen, akademische Diskurse oder bestimmte (Niveau-)Milieus beschränken darf, sondern indirekt anerkennt, dass die wichtigsten Bedenken zum Leben auch in stark trivialisierten, aber gleichwohl kondensierten Formaten vorliegen. Denn diese kleinen Formate und kurzen Wege – etwa der der lexikalischen Internet-Präsentation – sind es, von denen der Mensch Gebrauch macht, zumal er in ihnen „seinen" Sinn wiedererkennt. „Glück" etwa ist nichts anderes als das, was Menschen für Glück halten, wenn sie die Vokabel benutzen (bzw. übersetzen), wenn sie bestimmte Sprich- oder Lehnworte gebrauchen, wenn sie der medialen Darstellung bzw. Codierung (Internet, Film etc.) des „Glücks" aktiv und passiv partizipierend begegnen. Wer etwa den Kalenderspruch vom Lächeln als „kürzester Weg zwischen zwei Menschen" kennt, wird wohl auch den Titel einer Schlagersammlung intellektuell bejahen können, der da heißt: „Jedes Lächeln bringt Glück."[20]

2.2 Vom wörtlichem Glück und der „Bedeutung des Ganzen"

Feliz Navidad! – Bonne chance, quelle plaisir! – Don't worry, be happy!

Genau in diesem Moment musste ich an Thomas Jefferson denken. An die Unabhängigkeitserklärung und unser Recht auf Leben, Freiheit und Glückseligkeit. Und ich weiß noch, wie ich dachte: „Woher hat er gewusst, dass er das Wort Streben da rein packen muss?" Vielleicht ist das Glück etwas, nach dem wir wirklich nur streben können und das wir niemals erreichen, so sehr wir uns auch bemühen. Woher wusste er das? […] Dieser Abschnitt meines Lebens, dieser klitzekleine Abschnitt heißt „Glückseligkeit"![21]

Welche Wertschätzung das „Glück" als etwas offensichtlich ganz Besonderes, Einzigartiges, Bedeutsames und Großes erfährt, aber auch, von welcher Bedeutungsvielfalt des Begriffes man auszugehen hat, lässt schon ein erster Blick auf die Sprachen dieser Welt, insbesondere aber auf das Deutsche erahnen: Rasch nämlich stellen wir fest, dass es für unser „Glück" in anderen Sprachen häufig mehrere äquivalente Wendungen – mit gleichwohl unterschiedlichen Bedeutungsnuancen! – gibt: Im Englischen etwa stoßen wir auf pleasure, luck und happiness, während wir z.B. im Französischen mit fortune, chance, plaisir und bonheur oder auch im Spanischen mit fortuna, suerte, placer und felicidad gleich vier der Thematik angemessene Vokabeln vorfinden können.

Natürlich existieren auch im Deutschen zahlreiche Synonyme, Wortkombinationen, Unterbegriffe und Sprachspiele, die im engeren und weiteren Sinne den Bedeutungshorizont des Begriffes „Glück" ergänzen oder vervollständigen – wenngleich sie allerdings weniger kategorial als vielmehr akzentuell gebraucht werden: Von Begeisterung, Fröhlichkeit, Seligkeit und Wohl ist dann die Rede, oder auch umgangssprachlich von Schwein, Dusel oder Massel. Es gibt die Glücksfee, das Glückskind und die Glückshormone (Endorphine), das Glücksrad, den Glückspilz oder den Glücksritter. Manche Menschen verschreiben sich dem Glücksspiel oder bekommen Glückspillen verschrieben, sie haben eine Glückssträhne oder senden ein Glückwunschtelegramm. Während ein Unglück selten allein kommt, macht Geld allein auch nicht glücklich; Hans im Glück war nicht unbedingt seines Glückes Schmied, aber er hatte stets Glück im Unglück. Vielleicht hatte er aber auch mehr Glück als Verstand, oder war es am Ende doch so, dass er sein Glück mit Füßen getreten hat?

Wie auch immer, all diese Redensarten und Synonyme kaschieren nur zart, dass, wenn das „Glück" selber angefragt wird, den meist drei bis vier quasi-kategorialen Begriffen vieler Sprachen nur der einzige starke „Glücks"-Begriff gegenübersteht. Ein einfaches Experiment verschafft ansatzweise Bestätigung: Wer – wie es in der aktuellen Moderne überaus üblich ist – in der Internet-Suchmaschine „google" einen bestimmten Begriff eingibt, erhält eine Art statistische Auskunft über die Häufigkeit des Vorkommens bzw. der Thematisierung des Genannten. Im Herbst 2007 finden wir für den englischen Sprachraum ca. 178 Millionen Einträge zu luck, 120 Mio. zu pleasure und 65 Mio. zu happiness, während bei den deutschsprachigen Internetseiten das Glück mit 35 Mio. Einträgen die Zufriedenheit (7 Mio.), die Begeisterung (6,3 Mio.), die Fröhlichkeit (635.000) und die Seligkeit (412.000) weitaus eindeutiger auf die Ränge verweist. Allein die Freude (29 Mio.) und die überwiegend mit Sexualität assoziierte „Lust" (66,9 Mio.) nehmen eine vergleichbare Stellung ein, gelten aber gleichwohl kaum als Synonym. Sollten wir nicht infolgedessen davon ausgehen, dass der kategoriale Begriff „Glück" in Alltagskultur, -gebrauch und -wirklichkeit ein summarischer und mehrdeutiger Terminus ist, der auf das Umgreifen mehrerer Subkategorien und Teilrubriken abzielt?[22]

Eine etymologische Rekonstruktion bzw. Herleitung des Glücksbegriffs[23] kann uns, obschon dessen Herkunft am Ende beinahe strittig bleibt, partiell bestätigen: So taucht im Mittelhochdeutschen um 1160 das Wort g(e)lücke auf, das womöglich auf das altniederfränkische gilukki und das mittelniederländische geluc(ke) zurückgeht und – wie i.Ü. auch das englische luck – bestimmte Sprachverwandtschaften mit dem gotisch-angelsächsischen lukan, dem altnordisch-altfriesischen luka, dem angelsächsischen lucan und dem althochdeutschen luhhan zu erkennen gibt. Im Rahmen etymologischer Nachforschungen lässt sich mutmaßen, dass der Begriff gelucke – möglicherweise als eine Ableitung von gelingen bzw. leicht – einerseits Sinnaspekte des lukan (Bestimmung, finaler Beschluss im juristischen Sinne, wortverwandt mit dem deutschen Begriff der endgültig verschließenden Luke) beibehalten konnte, andererseits aber auch eine gewisse Bedeutungsübertragung aus dem altfranzösischen destinée (Bestimmung im schicksalhaften Sinne) erfahren hat. So gesehen bezeichnet Glück zwar genuin und generell die „Art, wie etwas abschließt und endet", dies jedoch konkret und speziell in einer wohlmeinend-positiven Akzentuierung dessen, „was gelingt", weil es „sich leicht und gut (an)trifft" oder „begünstigt" ausläuft.

Wo nun aber diese beiden Grundmotive – zum einen das vom Glück des Tapferen, der eine Sache aus eigener Kraft zum gelungenen Abschluss bringt, zum anderen das vom glücklichen Ausgange, begünstigt durch des Schicksals Mächte – miteinander kommunizieren, bricht nicht allein die Frage nach der rechten Verhältnisbestimmung dieser Ideen auf, sondern auch jene andere Frage nach dem eigentümlichen Seelenzustand, der wohl mit den jeweiligen Erfolgen korrespondiert. Was geschieht, wenn sich Akteure ihres „Glücks“ – ganz gleich welcher Art – bewusst werden? Entspringt dann ein spontanes Glücksgefühl dem Gelingen, oder ist das selige Grundbewusstsein eine Art vorläufiger (weil voraus laufender) Grundgestimmtheit, die sich letztlich allein am (Schein-)Erfolg bestätigt findet? Was war zuerst da – das gemütliche oder gar selige Selbstgefühl als Grundbefindlichkeit oder das Gelingen, auf das die Seele mit kleinen euphorischen Momenten reagiert, die in Summe jene „großen“ Befindlichkeiten in uns ausbilden?

Es zeigt sich, inwieweit „Glück“ zwar als integrale Kategorie identifiziert werden kann, aber vor dem Hintergrund unterschiedlicher Sinn- und Verwendungshorizonte des Begriffs gewissen Ausdifferenzierungen unterzogen werden muss. Drei wesentlich unterscheidbare Zusammenhänge sind es, in denen sich uns das „Glück“ sprachlich und sinnhaft erschließt als

- Glück im Sinne von Glück haben,
- Glück im Sinne einer zeitlich begrenzten Euphorie bzw. einer situationsabhängigen Empfindung von (starken) Glücksmomenten sowie
- Glück im Sinne einer dauerhaften (Grund-)Gestimmtheit bzw. Befindlichkeit.

Recht verstanden bezieht sich dann unser Terminus auf unterschiedliche und zum Teil konkurrierende Sphären: So verweist er einerseits über das gelebte Leben hinaus auf Unverfügbarkeiten (und deren sprachlich-symbolische Codierung etwa über den Begriff der „Schicksalsmächte“), andererseits aber auch auf die Möglichkeit der aktiven Teilhabe bzw. der Inanspruchnahme des Glücks durch denjenigen, der es (erstreben) will. Freilich ist damit wiederum die Frage nach der Grundeinstellung des Selbst berührt: eine Grundeinstellung nämlich, die sich sowohl von der Bescheidenheit als auch vom Ehrgeiz her formatieren lässt – und im Ergebnis einer Selbstzurechnung entweder in die Sphäre der statischen Gemütlichkeit und Zufriedenheit oder aber in die des dynamischen Strebens gleichkommt. So, wie das Lächeln, das Lachen oder das zynische Grinsen als Ausdruck einer Leib und Seele umfassenden Existenzbestimmung gelesen werden kann, und so, wie die Selbstverortung im Lande des Lächelns, des Humors oder der Ironie im Grunde den Charakter einer Selbstbestimmung im Angesicht erfahrener Daseinsambivalenzen hat – so ist dann auch die Art und Weise, wie „Glück“ gedacht, verstanden und angenommen wird, eine persönliche Stellungnahme zum Spielraum von Freiheit und Personsein.

Stellt sich im Ergebnis gar heraus, dass es bei jedem Verständnis, bei jeder Deutung und Bewertung von Glück immer auch um eine Deutung des je eigenen Lebens geht – bzw. um eine Beantwortung der Frage, wer „meine Biografie schreibt"? Dann freilich wird aus unserem kategorialen Begriff ein solcher, der auf seine religionshermeneutische Funktion hin beleuchtet werden kann!

2.3 Vom glücklichen Menschen und dem „Sinn des Lebens"

Was hast Du gegen mich? Ich sehe gut aus, bin intelligent, stets tadellos frisiert, und das Glück ist mir hold![24]

Sagen Sie mal [...] Kennen Sie Bruce Wayne?
Nicht gut. Warum fragen Sie?
Ich habe mich nur gewundert [...] Ist er wohl glücklich?
Er ist zufrieden, Fräulein Caspian. Das ist mehr als viele Menschen haben.[25]

Probier's mal – mit Gemütlichkeit, mit Ruhe und Gemütlichkeit [...][26]

Wann darf sich ein Mensch glücklich schätzen? Oder glücklich nennen? Und was meint er dann damit? Welche Sicht auf das Leben korrespondiert eigentlich mit dieser oder jener Art und Weise, sich oder andere, hier oder dort, als „glücklich" (oder eben nicht glücklich) zu bezeichnen oder zu identifizieren? Wenden wir uns einmal exemplarisch – und aus gegebenem Anlass, versteht sich! – Wilhelm Gräb zu, einem Menschen, der sich auf Lebensdeutung versteht und wohl auch die vielen Facetten des Glückes „am eigenen Leibe" (er)kennt – wie die folgenden vier kleinen Episoden anschaulich machen mögen:

1. Mitte der neunziger Jahre – der Besagte lehrte gerade Praktische Theologie in Bochum – schmückte ein Foto das Regal seines Amtszimmers. Es zeigte ihn auf einer Bank liegend, vor dem Hintergrund eines blauen Himmels, völlig entspannt, halb träumend, dennoch den Blick aus leicht geschlossenen Augen nach oben gerichtet. Wer immer sich für dieses Bild nun interessierte, bekam in badischer Mundart glaubhaft zu verstehen, dass es den Abgebildeten so zeigt, wie er am liebsten ist: (rundum) glücklich!

2. Als der erfolgreiche Theologe einmal in geselliger Runde gefragt wurde, wie er zu dem wurde, was er ist, gab er mit spitzbübischem Lächeln an, dass er viel für seinen Erfolg, aber auch für sein Glück gearbeitet habe. Und müsse es nicht mitunter jenes große Glück geben, das darin besteht, im richtigen Augenblick am richtigen Ort zu sein, um mit den richtigen Menschen zur richtigen Zeit das eine oder andere Bierchen trinken zu können?

3. In seiner praktischen Theologie gelebter Religion beschreibt Gräb Techno als religiöses Ritual, und er tut es, indem er das euphorische Moment kennzeichnet als jenen Augenblick, da Menschen mit schrillen

Schreien und verzückten Gesichtern ihre ekstatischen Kräfte freisetzen.[27] Wie sehr diese Charakterisierung – schrille Schreie inbegriffen – in bestimmten Situationen auf ihn selber zutrifft, weiß jeder, der einmal gemeinsam mit ihm ein wichtiges Fußballspiel angesehen hat.

4. Einer der Filme, die in der praktisch-theologischen Sozietät Bochum sehr intensiv diskutiert wurden, war „Grüne Tomaten"; er zeigt auf verschiedenen Ebenen die Emanzipationsgeschichten mehrerer weiblicher Charaktere, die sich teils von je einengenden gesellschaftlichen Strukturen, teils von ihren jeweiligen männlichen Counterparts frei zu machen suchen. Eine Nebenrolle ist die des Ed; er wird in die Handlung eingeführt als Ehemann, der die – mitunter recht konstruierten – Krisen und Zweifel seiner Gattin liebevoll ignoriert und überspielt, indem er ihre Kochkünste lobt: „Aaaah, hmmmmh, Hühnerböllchen, ganz wie ich sie mag!" Es war Wilhelm Gräb, der diesen Typus Mensch als zu Unrecht unterschätzt aufwertete. Für ihn war „Ed" der beste Charakter des ganzen Films, mit ihm müsse man sich identifizieren wollen, weil er in all seiner anstößigen Gemütlichkeit doch wenigstens „zufrieden" sei – und eine Art Oase des wahren Lebens gefunden habe.

Nun, vier Episoden ergeben weder ein Menschenleben, noch ermöglichen sie die Bestimmung eines Menschen. Aber sie können für (oder gegen) ihn sprechen. Am vorliegenden Beispiel etwa könnte gut aufgezeigt werden, wie sich ein Mensch tatsächlich seiner Ambivalenzen freiheitlich bewusst wird, indem er sich vor dem Hintergrund verschiedener Situationen und Foren stets neu erschließt und positioniert, indem er eine Bestimmung des je seinigen Glückes niemals absolutissime zulässt, sondern stets relativ und relational vornimmt und sich verschiedener Glücksverständnisse bedient. Diese Vielfalt der Möglichkeiten, eine Bestimmung des Glücks realiter vorzunehmen, macht die Glücksfähigkeit aus und verweist jede Art von Glücksbegriff-Absolutismus auf die billigen Plätze.

Wie in gezeigtem Falle schillern in jeder gelungenen praktischen Deutung des Lebens als Glücks-Leben sämtliche Momente der Seligkeit, des erstrittenen Zufallens, der euphorischen Explosion als Ausgleich von Anspannung und Zurückhaltung, der Gemütlichkeit und Zufriedenheit auf, und die Fähigkeit, diese Momente in ein ausgewogenes Verhältnis zu bringen, bestimmt die Intensität des Grund-Glückes in ihrem Verhältnis zur Verzweiflung. Wahrhaft glücklich scheint am Ende nur der zu sein, der sich zwischen den Extremen zu positionieren versteht, zwischen dem so genannt „höheren" Menschen, der von der Glückslust singt, die „tiefe Ewigkeit"[28] will, und jenem gefiederten Antihelden aus Entenhausen, der das Resümee seines Lebens zieht, indem er ausgerechnet die Katastrophe zum Standard erhebt und dem schlechtesten aller erlebten Tage die deutlichste Prägekraft und Relevanz beimisst: „Heut morgen ist mir die Zunge in den Rührfix gekommen, gestern abend ist mir das Seifenpulver in die Rühreier gefallen und vorgestern [...] na ja![29]" Weil aber erster dem ungesundem Wahn („Jetzt bin ich ein Seliger – triff mich ins Herz!"[30]) verfällt oder permanent hektische Selbst-Neubestimmungen in Angriff nimmt, und weil zweiter sich mit einer faulen, poetisch verkapselten, selbstgefälligen Melancholie („Wie das rinnt und rieselt! Dahin, dahin! So zerrinnen die Träume, so verrauscht das Glück![31]") bescheidet oder inszeniert, ist beiden kein Glück beschieden, denn es liegt tatsächlich im Lande des „Lächelns", nicht des K(r)ampfes.

Einer Religionshermeneutik, will sie recht betrieben werden, fällt im Ergebnis eine drei- bis vierfache Aufgabe zu:

- Sie hat die Sinnfacetten des Glücks, wie es von den „Praktizierenden" selbst verstanden wird, nachverstehend (i.e. als Seligkeit, Zufriedenheit, Euphorie o.ä.) zu identifizieren und freizulegen; dabei bleibt stets zu klären, wie dieses Glücks(-selbst-)verständnis entstanden ist, welche (ur)biografischen und persönlichen Fußnoten es enthält und wie es sich wiederum auf die Folgebiografie und -persönlichkeit ausgewirkt hat.
- Sie hat diese Glücksdeutungen auch als sinnbildlich für ganze Lebensdeutungsentwürfe zu verstehen bzw. ihre Gewichtung als Wahl ganzer Lebensprinzipien (s.o. Bescheidenheit oder Ehrgeiz, Schicksal oder Autonomie) zu erkennen.
- Sie hat, sofern sie das Verhältnis von „Glücksverständnis" und „Lebensentwurf" sicherstellen kann, nicht nur zu kommunizieren, was „Glück" und „gelungenes Leben" miteinander zu tun haben könnten, sondern auch religionspraktisch diejenige Kultur zu etablieren, die eine bewusste Empfindung und Reflexion des Daseins als ge-Glück-tes Leben vor dem ausgespannten Horizont einer ebenso bewusst reflektierten Lebenszeit ermöglicht.
- Sie kann, sofern sie ihre Kompetenz auf Raum (Gesellschaft und Kontext) und Zeit (Geschichte und Sinn) hin erstrecken möchte, sowohl die kulturell und sozial vermittelten Sinnideen und Beschreibungen von „Glück" (längsschnittartig) als auch die gesellschafts- und milieuimmanenten Ideenkomplexe von gelungenem „glücklichen Leben" (querschnittartig) rekonstruieren, um sie in ihrem wechselwirksamen Verhältnis zu individuellen Selbstbestimmungen von Glück zu erkennen, gegebenenfalls auch zu korrigieren.

Ist damit denn dann auch unser Thema für die religiöse Praxis in Kirche und Gesellschaft anschlussfähig gemacht? Mit etwas Glück vielleicht schon, und wenn man dann noch dabei lächelt …!

Frank Thomas Brinkmann

Anmerkungen

1 SCHOPENHAUER, A., Die Welt als Wille und Vorstellung. 1. Band, Zürich 1977, 96.

2 KIERKEGAARD, S., Abschließende unwissenschaftliche Nachschrift. Zweiter Teil, in: Gesammelte Werke, Bd. 7, Jena 1910, 3.

3 ECO, U., Der Name der Rose, München 1982, 607.

4 S. im Folgenden http://de.wikipedia.org/wiki/Lächeln (Januar 2008).

5 MUSIL, R., Der Mann ohne Eigenschaften, hg. v. Frisé, A., Reinbek 1978, 301.

6 KIERKEGAARD, S., Die Krankheit zum Tode, hg. v. Richter, L., München 1966, 13.

7 So bezeichnet es Wolfgang Iser, ISER, W., Das Komische – ein Kipp-Phänomen, in: Preisendanz, W./Warning, R. (Hg.), Das Komische. München 1976, 399–401.

8 KANT, I., Kritik der Urteilskraft, hg. v. Lehmann, G., Stuttgart 1971, § 54, 276.

9 Vgl. die eindrückliche Schilderung in Ecos Roman Der Name der Rose (ECO, 589ff).

10 KIERKEGAARD, Die Krankheit zum Tode, 198f.

11 ALLEN, W., Pure Anarchie. Neue Stories, Zürich 2007, Motto auf dem Buchcover.

12 KIERKEGAARD, S., Über den Begriff der Ironie mit ständiger Rücksicht auf Sokrates, hg. u. übers. v. Hirsch, E., Gütersloh 1998, 9f.

13 SCHMID, W., Heiterkeit. Rehabilitation einer philosophischen Begründung, in: DIE ZEIT Nr. 41, 7.10. 1999, 51.

14 NIETZSCHE, F., Menschliches, Allzumenschliches. 1. Band, 213., in: Ders., Werke in drei Bänden, Bd. 1, Darmstadt 1997, 572.

15 Aus einer SMS, vgl. www.gratis-factory.de.

16 Hape Kerkeling hat diesbezüglich eine gewisse Pionierfunktion; seine „Hurz"-Performance ist längst legendär.

17 An dieser Fragestellung scheiden sich die Geister, vor allem, wenn sich die Herren Pocher, Schmidt, Raab oder Barth zur Belustigung des Publikums einfinden. Man denke nur an jene Folge der „Harald Schmidt Show", in der der Entertainer fünf Minuten kostbarer Sendezeit damit zubrachte, sein Getränk umzurühren – bis auch der letzte Showgast im Publikum lachte!

18 Filmzitat aus: Die total beknackte Nuss, Orig.: The Nutt House, USA 1992.

19 Alternativ auch: „Lachen ist das Trampolin des Glücks.", oder „Glück kommt denen zu, die lachen!"; vgl. http://kalender-365.de/sms-sprueche.

20 KIRSTEN, R., Jedes Lächeln bringt Glück, Tyrolis 2001 (CD).

21 Insgesamt aus: Das Streben nach Glück (Orig.: The Pursuit of Happyness), USA 2006.

22 Ein Besuch der Glücks-Homepage www.gluecksarchiv.de bestätigt unmissverständlich diese Vermutung.

23 Vgl. Art. Glück, in: KLUGE, F. u.a., Etymologisches Wörterbuch der deutschen Sprache, Berlin [22]1989, 270.

24 BARKS, C, Das Frühlingspicknick, WDC 117/1 (Zur Zähl- und Zitierweise vgl. www.barksbase.de).

25 BARR, M.W./DAVIS, A. u.a., Batman: Full Circle, DC Comics New York 1991, 73 (Übers. d. Autors).

26 Aus: Das Dschungelbuch (Orig. The Jungle Book), USA 1967.

27 GRÄB, W., Lebensgeschichten – Lebensentwürfe – Sinndeutungen. Eine praktische Theologie gelebter Religion, Gütersloh 1998, 138f.

28 NIETZSCHE, F., Also sprach Zarathustra, in: Ders., Werke in drei Bänden, hg. v. Schlechta, K., Bd. 2, 275–561, 558.

29 BARKS, C., Himmelhoch jauchzend, zu Tode betrübt, WDC 131/1.

30 MEYER, C.F., Gedichte III. In den Bergen, Teil 2, Noch einmal.

31 BARKS, C., Jagd nach der roten Magenta, FC 422/2.

Johann Hinrich Claussen/Jörg Herrmann

Armbanduhr/Zeit

1. Armbanduhr*

Die Kulturgeschichte der Armbanduhr ist noch nicht geschrieben. Das ist bedauerlich, könnte sie doch für Theologen manche Einsicht bereithalten. Denn die Armbanduhr ist ein kleiner Kristallisationspunkt neuzeitlichen Zeiterlebens und Zeitgestaltens. Ihre Geschichte ist eine schöne, wenn auch nicht allzu tiefe Fundgrube, in der sich mancherlei über Emanzipation und Rationalisierung moderner Lebensführung finden lässt.

Früher, in vorneuzeitlichen Epochen war die Obrigkeit, die weltliche und die geistliche, für die Zeit zuständig. Wer die Zeit wissen wollte, musste auf die Ausrufer achten oder zu den Kirchtürmen blicken, die etwa seit dem 13. Jahrhundert mit Uhren versehen waren. Ansonsten galt es, sich an die Natur zu wenden, den Stand der Sonne zu betrachten oder den Mond. Tragbare Uhren kamen fast gleichzeitig mit der Reformation auf. Dabei handelte es sich jedoch um Taschenuhren. Sie sollten die nächsten dreihundert Jahre dominieren, zumindest bei den Männern. Frauen bevorzugten die an einer Kette befestigte Halsuhr. In beiden Fällen war die tragbare Uhr ein Privileg der Reichen, vor allem der Aristokraten, die keiner geregelten Arbeit nachgingen.

Erst im 19. Jahrhundert wurde die Armbanduhr in nennenswerter Zahl produziert. Der Name ist natürlich missverständlich, denn eigentlich handelt es sich ja um eine Handgelenksuhr. Sie sollte im darauf folgenden Jahrhundert zur erfolgreichsten und artenreichsten Uhrengattung werden. Ihren technischen, wirtschaftlichen und kulturellen Durchbruch erlebte sie in den 20er Jahren des 20. Jahrhunderts. Der Erste Weltkrieg war hierfür ein wesentlicher Faktor. Denn noch zur Wende zum 20. Jahrhundert wurde die Armbanduhr fast nur an wohlhabende Damen verkauft. Der „bessere Herr" trug weiterhin eine Westentaschenuhr an einer Kette. Doch dieses Modell wurde zunehmend als unpraktisch erlebt, besonders im Krieg. Die Offiziere im Ersten Weltkrieg hatten Mühe, unter Kampfbedingungen oder bei schlechter Witterung einen schnellen Blick auf ihre Uhr zu werfen, mussten sie diese doch umständlich aus den Innentaschen ihrer Uniform hervorkramen. Und das konnte in einem modern geführten Gefecht fatale

* Für hilfreiche Hinweise sei Christof Jaeger und Gerd Plange herzlich gedankt.

Folgen zeitigen. So setzte sich die Armbanduhr bei den Offizieren durch und wurde anschließend auch bei zivilen Kunden immer beliebter.

Seit den 30er Jahren hatte sie die Taschenuhr endgültig verdrängt. Neben den Militärs trugen zum Erfolg dieser Uhr vor allem die vielen Angestellten bei, die einerseits ein zeitlich strikt geregeltes Berufsprogramm zu absolvieren hatten und die andererseits einer „sauberen" Arbeit nachgingen, bei welcher die Uhr weder großer Hitze, viel Schweiß oder der Gefahr von plötzlichen Erschütterungen ausgesetzt war. Außerdem wurde die Armbanduhr besonders im Sport sehr beliebt, der in dieser Zeit eine Massenbewegung wurde. Ausdauerschwimmer, Langstreckenläufer, Rennfahrer oder Bergsteiger brauchten eine praktische, wasser- und stoßfeste Uhr, um ihre Leistungen und ihr Tempo zu überprüfen. Um der Geschlechtergerechtigkeit willen sei nicht vergessen, dass auch junge Mütter und Kindermädchen auf die Armbanduhr umstiegen, weil Kleinkinder viel zu gern nach der Halskettenuhr griffen und dabei ihr Betreuungspersonal würgten.

Der Massenabsatz der Armbanduhr blieb nicht ohne kulturelle Folgen. Zunächst markierte die Armbanduhr einen Abschied von der alten obrigkeitlich geleiteten und religiös bestimmten Zeitkultur. Jeder Bürger trug nun seine Zeit am eigenen Handgelenk. Er nahm sie selbst in die Hand. Damit verband sich eine gewisse egalitäre Tendenz. Ein eigenes Zeitgerät besaßen nicht mehr nur die oberen Stände, die sie als Renommierstück in ihrer „guten Stube" ausstellten, sondern alle, die einer sauberen – also nicht bäuerlichen oder proletarischen – Arbeit nachgingen. Diese – zumindest für die Angestellten – gewonnene Egalität verband sich mit einer Individualisierung des Zeitbezugs. Fast jeder hatte nun seine eigene Uhr. Die aber zeigte natürlich keine persönlich-besondere, sondern die richtige, allgemeingültige Zeit an, nach welcher das Individuum seine Uhr zu stellen hatte. Damit war offenkundig eine massive Rationalisierung der Lebensführung verknüpft. Der einzelne konnte nun noch weniger über die eigene Tagesplanung verfügen. Er war eingefügt in einen festen Rahmen von Terminen, deren Einhaltung für ihn verbindlich, aber auch möglich war. Seit er eine präzise Zeitmessung stets bei sich führte, schwanden die Möglichkeiten, sich bei Unpünktlichkeit herauszureden. Der Gewinn an eigenem Zeitwissen verband sich mit gesteigerter Zeitdisziplin und Arbeitseffektivität. Dies führte bald zu allerlei, nicht unberechtigten kulturpessimistischen Klagen über die Armbanduhr als „Fessel der Zeit", die aber nicht an der Einschätzung vorbeiführen sollten, dass die neue Uhr eine wichtige Voraussetzung für eine selbstbestimmte, leistungsfähige und erfolgsträchtige Berufstätigkeit bildete.

Man kann der Armbanduhr übrigens auch einen konfessionstheologischen Aspekt zuschreiben, erscheint sie doch als Inbild eines strengen protestantischen Arbeitsethos, während die vergleichsweise behäbige Taschenuhr an katholische Gemütlichkeit erinnert. Es dürfte kein Zufall sein, dass die meisten Uhrenmachermeister Protestanten waren und in den protestantisch geprägten Teilen der Schweiz arbeiteten.

Doch wie es der protestantischen Arbeitsethik insgesamt erging, so geriet auch die Armbanduhr im letzten Drittel des vergangenen Jahrhunderts in eine schwere Krise. Aus dem Fernen Osten wurden in den 70er Jahren mit großem Erfolg Quarzuhren importiert. Sie waren moderner, präziser und billiger. Endzeitpropheten sagten der Armbanduhr deshalb ein baldiges Ableben voraus. Doch dieses traf nicht ein. Eine gegenläufige Entwicklung rettete die Armbanduhr. Gerade im Kontrast zu den technisch überlegenen, aber als stil- und seelenlos empfundenen Quarzuhren gewann die Armbanduhr neue Kunden. Diese sahen in ihr ein letztes Residuum guter alter Handwerkskunst, identifizierten sich mit ihrem hohen Markenwert und kauften sie als hochwertigen, kulturkonservativen Modeartikel. Die klein- und mittelständischen Uhrenbetriebe in der Schweiz und in Süddeutschland konnten die Quarzinvasion aus Japan gut überstehen, was übrigens auch einen ökologischen Nebeneffekt hatte: Es wurden weniger Batterien verbraucht.

Die Armbanduhr hat überlebt, weil sie ihre Funktion gewechselt hat. Sie ist kein zeitgemäßes Zeitmessgerät, schon in den 70er Jahren nicht mehr und schon gar nicht in der Gegenwart von Internet und Smartphone. Die neue Funktion der Armbanduhr besteht darin, keine praktische Funktion mehr zu erfüllen, sondern der Selbstinszenierung ihres Trägers zu dienen. Dem Kunden geht es nicht mehr darum, die Zeit möglichst genau kontrollieren zu können. Er nutzt die Armbanduhr als Lifestyle-Produkt, ein Mittel zur Selbstdarstellung. Die Uhr soll eine Geschichte über ihn erzählen. Ihr Typ und ihr Design signalisieren Wohlstand (Luxusmarken), Sportlichkeit (Taucheruhren, Fliegeruhren) oder technischen Sachverstand (komplizierte Chronographen).

„Wer möchten Sie in den nächsten 24 Stunden sein?“, fragt die Werbung von Patek Philippe – doch wohl ein individueller Charakter. Das soll durch das Tragen einer individuell-charaktervollen Uhrenmarke unterstützt werden. Das Luxusgut Armbanduhr besitzt sein eigenes Ethos. „Man erfreut sich ein Leben lang an ihr, aber eigentlich bewahrt man sie schon für die nächste Generation“, behauptet eine andere Werbung für Patek Philippe. Der moderne Konsument setzt sich als Träger vormoderner Werte in Szene. Er pflegt eine eigentlich veraltete Kulturtechnik, freut sich am täglichen Aufziehen der Uhr als einem schönen Morgenritual und erwirbt einen Wert, der in den Familienschatz eingehen wird. Er besitzt ein Zeitmessgerät, das die Zeit überdauert. Paradox, doch plausibel: Das alte Mittel der Selbstdisziplinierung ist ein Luxusgut geworden, der Inbegriff beruflicher Fortschrittlichkeit hat sich in ein Konsumsymbol der Wertbeständigkeit verwandelt. Diese Strategie hat das Überleben der Armbanduhr gesichert, doch zu einem hohen Preis. Die Produzenten müssen immer mehr in das Marketing für eine Zielgruppe investieren, die kleiner wird, aber beständig bleibt.

Die Armbanduhr lädt natürlich zu allerlei religiösen Assoziationen ein. Ergeht es dem Christentum nicht ganz ähnlich? Eigentlich ist es eine veraltete Kulturtechnik, die keiner mehr wirklich braucht, die aber im Zuge einer neuen Bürgerlichkeit geschätzt und konsumiert wird, weil man sich mit seiner Hilfe als wertbewusstes und wertbeständiges Individuum inszenieren kann? Das wäre eine wenig verlockende Perspektive.

Andererseits zeigt sich am Beispiel der Armbanduhr im Kleinen, was auch für das heutige Christentum bezeichnend ist. Die Moderne ist hochkomplex und paradox. Sie führt dazu, dass Dinge, die einstmals große Bedeutung besaßen, abgelegt und vergessen werden. Sie führt aber manchmal auch dazu, dass scheinbar Überlebtes neue Funktionen annimmt und gerade als Unzeitgemäßes aktuell bleibt. Für die faktische Lebensführung mag manches Andere in einem direkten Sinne relevanter sein, aber damit man sich als Individuum fühlen und eine Ahnung von Lebenssinn sowie Lebensschönheit bewahren kann, bleibt man auf das Alte dauerhaft angewiesen. Wer mit eindimensionalen Säkularisierungstheorien operiert, wird noch manche Überraschung erleben.

P.S.: Bei der Recherche über die Geschichte und Gegenwart der Armbanduhr ist dem Verfasser dieser Zeilen schmerzhaft deutlich geworden, wie unzeitgemäß er ist. Er trägt seit über dreißig Jahren die gleiche Uhr, eine alte, schlichte Omega, die er von seinem Großvater geerbt hat. Er führt also ein monochrones Leben. Seine Uhr trägt er täglich, schaut bei ungezählten Gelegenheiten auf sie, meist zur Terminkontrolle, manchmal auch als Übersprungshandlung. Er trägt und nutzt sie stets und ständig, im Beruf, in der Familie und Freizeit. Nur bei zwei Gelegenheiten legt er sie ab und schaut nicht nach ihr: nachts und im Gottesdienst.

Johann Hinrich Claussen

2. Zeit

2.1 Beschleunigung

Auch wenn die gute alte Armbanduhr heute, wie Johann Claussen es treffend beschrieben hat, zunehmend zu einem Accessoire der Selbstinszenierung geworden ist, zu einem Instrument der Identitätsarbeit zahlungsfähiger

Zeitgenossen vor allem (für die besondere Uhr werden bis zu siebenstellige Summen verlangt und bezahlt!), so ist die Bedeutung von Zeit und Geschwindigkeit zugleich beständig angewachsen. Die Geschichte der Moderne ist nicht zuletzt eine Geschichte der Beschleunigung. Fürchtete man vor gut hundert Jahren noch Hirnerweichung bei Eisenbahngeschwindigkeiten über dreißig Stundenkilometern, so rasen die Expresszüge heute mit der zehnfachen Geschwindigkeit übers Land. Fortbewegung, Kommunikation, Produktion, Konsumption – alles ist schneller geworden. Wir sind im Zeitalter von SMS, Fast Food und Speed Dating angekommen. Ein Termin jagt den nächsten, denn „Termine erzeugen Termine“ (Luhmann). Das Lebenstempo, so sagen einschlägige Untersuchungen, hat sich in den letzten zweihundert Jahren in etwa verdoppelt. Die Vorgaben macht dabei längst nicht mehr ein mechanischer Uhrzeiger, wie er noch in Fritz Langs Film „Metropolis“ (1926) das Diktat der Maschinengeschwindigkeit symbolisierte. Heute geben elektronische Rechengeschwindigkeiten den Takt an und steigen selbst unter dem Druck ökonomischer Effizienz noch beständig an. Datenströme jagen um den Erdball und lassen den menschlichen Körper alt aussehen. Die Kommunikationstechnologien machen das Weltgeschehen rund um die Uhr in Echtzeit verfügbar. Zeitzonen verschmelzen zu einem elektronischen nunc stans ohne Ladenschluss, Sonntagsruhe und Tag-Nacht-Rhythmus.

Bis zu einem gewissen Grad ist auch der Mensch selbst schneller geworden und hat sich an die von ihm geschaffene Technik angepasst. Dennoch müssen Menschen nach wie vor schlafen oder ruhen, auch lassen sich ihre Körperprozesse nicht beliebig beschleunigen. Selbst das vielbeschworene Multitasking stößt an die Grenzen der Biologie: Irgendwann fallen auch demjenigen die Augen zu, der gelernt hat, gleichzeitig zu telefonieren, einen Artikel zu schreiben und einen Film zu sehen.

So kommt es immer öfter zu Dissonanzen zwischen der biologischen Innenzeit und der soziokulturellen Außenzeit, zwischen der Eigenzeit des Körpers und der Natur und dem anhaltenden Beschleunigungsdruck der ökonomisierten und digitalisierten Arbeits- und Lebenswelten. Die Beschleunigung geht dabei, pointiert gesagt, über Leichen. Zur Statistik der Verkehrstoten müssten die Beschleunigungsopfer hinzugerechnet werden.

Doch der Protest hat sich schon formiert: die Rebellion gegen den Bleifuß auf dem Gaspedal. Die Sklaven der Beschleunigung proben den Aufstand: das programmatische Abbremsen und Entschleunigen. Eigenzeit, Zeitwohlstand und Zeitsouveränität werden wiederentdeckt und sind immer mehr Menschen wichtiger als Geld und materieller Luxus. Nicht wenige wollen „downshiften“ und weniger arbeiten, dafür aber mehr leben. Dass sie dann auch weniger Geld haben, nehmen sie gern in Kauf, wenn dabei mehr Zeit für sie selbst und die Familie herausspringt. Initiativen wie der

1990 in Klagenfurt gegründete „Verein zur Verzögerung der Zeit“ suchen „nach neuen Formen des Umgangs mit dem Phänomen Zeit“. Die Mitglieder „verpflichten sich zum Innehalten, zur Aufforderung zum Nachdenken dort, wo blinder Aktionismus und partikulares Interesse Scheinlösungen produziert“. Im Interesse der Gesellschaft, aber auch des Individuums. Denn oft werde erst bei gedrosseltem Tempo Selbsterfahrung wieder möglich, frei nach dem Motto: „Ich verzögere, also bin ich!“ Dem Klagenfurter Verein (www.zeitverein.com) ist es wichtig, klarzustellen, dass er kein „Witzverein“ sei und auch keine „Schlafmützenmentalität“ kultivieren wolle. Es gehe um das rechte Maß. Das muss wohl betont werden. Denn eine generelle Verlangsamung kann mit Sicherheit keine Lösung der globalen Geschwindigkeitsprobleme sein – so wenig wie Fundamentalismus eine geeignete Antwort auf heutige Komplexitäten und Unsicherheiten ist. Die bloße Schelte der Schnelllebigkeit greift zu kurz. Die Protestanten wohlvertraute Predigt des Innehaltens ist zwar oft sinnvoll, am Ende aber doch kein Evangelium für alle Lebenslagen. Die vollständige Abkopplung von der allgemeinen Reisegeschwindigkeit riskiert, alle Anschlüsse zu verpassen. Davon einmal abgesehen: Manchmal muss man auch einfach schnell sein und klug wie die Schlangen. Dann zählt jede Sekunde, dann gilt es, jetzt und hier zu handeln und auch schon mal auf die Überholspur zu wechseln.

Aus theologischer Perspektive scheint mir vor allem die Frage wichtig, ob wir Sklaven der Beschleunigung sind oder ob wir als freie Christenmenschen noch in der Lage sind, Gaspedal und Bremse selbst zu betätigen. Können wir noch bremsen und aussteigen? Sind wir noch selbst am Steuer? Können wir dem Terror der Fristen zur Not trotzen? Können wir, weiter gefasst, noch trödeln und flanieren, Umwege gehen und die Deadlines einfach verstreichen lassen? Wo sind die Zeitoasen und wie kommen wir dahin? Oder anders und konkreter und allgemeiner zugleich: Wann legen Menschen ihre Uhren ab und vergessen die Zeit? Dieser Frage nachzugehen, scheint mir von theologischem Interesse. Denn das vorübergehende Aussteigen kann eine religiöse Dimension haben. Jedenfalls bedeutet es, eine Unterbrechung einzuleiten, eine Zäsur, einen Ausstieg in ein Jenseits der Notwendigkeit der Synchronisation mit anderen und mit der Gesellschaft und damit zugleich einen Überschritt in einen anderen Zustand. Was passiert also, nachdem Peter Fonda in „Easy Rider“ (1969) seine Armbanduhr symbolträchtig in den kalifornischen Sand gepfeffert hat, um seine Maschine dann in Richtung New Orleans zu starten? Was tritt ganz generell an die Stelle des Eingetaktetseins in die Beschleunigung der Arbeits- und Lebenswelten?

2.2 Gegenwart

Selbstvergessenes Beten und Schlafen, Singen und Träumen, könnte man mit Johann Claussen antworten. Eine ekstatische Freiheits- und Naturerfahrung, sagt und zeigt Dennis Hoppers „Easy Rider". Ein Verbundensein mit tragenden und transzendenten Kräften und Dimensionen, ließe sich verallgemeinern. Theologenträume? Ich glaube, solche Erfahrungen sind alltäglicher und häufiger, als es auf den ersten Blick erscheinen mag. Sie werden nur zumeist nicht religiös gedeutet. Es sind die magischen Momente, in denen die Zeit stillzustehen scheint, in denen sich der Augenblick zur Ewigkeit dehnt. Ästhetische Erfahrungen können diese Qualität haben. Bei dieser Art von Erfahrung verweilen wir ganz im Hier und Jetzt der sinnlichen Erfahrung selbst. Wir besinnen uns in einer Weise auf die Gegenwart, die uns die Vergangenheit und die Zukunft ausblenden lässt. „Ästhetische Anschauung ist eine radikale Form des Aufenthalts im Hier und Jetzt", formuliert Martin Seel. Sie hat zugleich ein starkes Transzendenzmoment. Denn sie geht einher mit einem Sichverlieren im Anderen: im Hören der Musik, im Betrachten eines Bildes, in der Anschauung des Sternenhimmels. Es handelt sich um eine immanente Transzendenz, die dabei erfahren wird. Doch sie kann auf die große Transzendenz verweisen, vermag „Sinn und Geschmacks fürs Unendliche" zu vermitteln, kann transparent werden fürs Unendliche. Es liegt darum nahe, ästhetische Erfahrungen religiös zu deuten.

Der Übergang zwischen diesen Perspektiven, das Grenzgebiet mystisch-ästhetischer Erfahrung lässt sich in dem Film „American Beauty" (1999) beobachten. Er erzählt von Lester Burnham, der aus seinem in Konventionen erstarrten Leben wie aus einer langen Anästhesie erwacht. Mit der Unterstützung von Ricky, dem Freund seiner Tochter Jane, entdeckt er einen anderen Blick auf das Leben. Er beginnt, das Schöne zu sehen. Ricky ist dieser Blick schon zur zweiten Natur geworden. Er hat immer eine digitale Kamera dabei, um die Momente der Schönheit festzuhalten. Lesters Tochter Jane, in die er sich verliebt, erzählt er vom Anblick einer toten Obdachlosen, davon, dass es gewesen sei, „als ob Gott dich direkt ansieht". Was man da sehe, will Jane wissen. „Schönheit", antwortet Ricky, Mystiker des Augenblicks der ästhetischen Erfahrung. Einmal zeigt er Jane „das Schönste, was ich je gefilmt habe". Es ist eine im Wind tanzende Plastiktüte. Manchmal sehe er so viel Schönheit auf einmal, dass er es fast nicht ertragen könne, dass sein Herz zu zerspringen drohe. Die Zeit scheint stillzustehen, bis Jane unvermittelt fragt: „Wie spät ist es?" Die volle Konzentration auf die Gegenwart hat sie die Zeit vergessen lassen – was sie auf einmal mit einem kleinen Erschrecken bemerkt. „Wie spät ist es?" Mit der Frage nach der Uhrzeit kehrt Jane in den Modus der Alltagserfahrung zurück, in das Synchronisiertsein mit der Umgebung und ihren Geschwindigkeiten.

2.3 Christliche Zeitverhältnisse

Die Konzentration auf die Gegenwart ist für bestimmte Formen der religiösen Erfahrung typisch. Vor allem für die mystische Erfahrung. Sie zielt ganz auf die Einheit mit dem Göttlichen, auf den Augenblick der Unio Mystica. Aber die auf das Hic et Nunc orientierte Mystik ist nur ein Modus christlichen Zeiterlebens und christlicher Zeitpraxis. Auch Vergangenheit und Zukunft spielen hier eine wichtige Rolle. Man könnte von einer Vielfalt der Zeitverhältnisse sprechen, in der alle Dimensionen des Zeiterlebens ineinander liegen und sich ergänzen. Symbolischen Ausdruck findet diese holistische Konstellation u.a. in der Dramaturgie des Kirchenjahres, das den Bogen zwischen Vergangenheit und Zukunft, zwischen Advent, Weihnachten, Passion, Auferstehung, Pfingsten und Ewigkeitssonntag beständig neu abschreitet. Auch die Siebentagewoche spannt diesen Bogen von der Vergangenheit bis in die Zukunft und interpretiert Herkunft und Zukunft des Menschen, indem sie zum einen an die Schöpfung und das Sabbatgebot der Ruhe am siebten Tag erinnert und zum anderen mit dem Sonntag auf die Auferstehung verweist und die Woche damit in einen eschatologischen Zusammenhang stellt. Die Offenheit der Zukunft ist so betont: Freiheit vom Mythischen und der Wiederholung des Alten.

Lebenspraktisch müsste sich ein christliches Zeitverhältnis wohl durch eine Balance zwischen Erinnerung und hoffnungsvoller Erwartung auszeichnen – eingebettet in eine Praxis der Präsenz im Horizont des Memento Mori. Man könnte auch von einem Endlichkeitsbewusstsein sprechen, das zum Klugwerden verhilft, zu einem reflektierten Umgang mit der eigenen Lebenszeit und den eigenen Möglichkeiten. Man darf und soll also, so lässt sich interpretieren, biblisch-christlich gesehen durchaus einen Plan haben, der es erlaubt, Wichtiges und weniger Wichtiges zu unterscheiden. Die Kürze des Lebens, die Frist, die uns bleibt, verlangt, sich über Prioritäten klar zu werden.

Endlichkeitsbewusstsein heißt aber nicht, nur die verbleibende Zeit auszukosten. Es kann sich auch erinnern. Es schätzt die Unwiederholbarkeit und Einmaligkeit des Gewesenen ebenso, wie es das Gedächtnis des Leidens und der unabgegoltenen Hoffnungen wach hält. Wie hier Gegenwart und Zukunft aus der memoria passionis heraus gestaltet werden können, ist ein eigener großer Themenkreis. An dieser Stelle soll ein Schlaglicht auf die individuelle Glückserinnerung genügen. Christlich scheint mir ein vom unendlichen Wert des Individuellen bestimmtes Verhältnis zur eigenen

Lebensgeschichte, das die melancholische Erinnerung an das Glück der Vergangenheit darum bewahrt, an die pergamentenen Hände der Großmutter, an das Pfadfinderlager, an den nagelneuen Firebird und an die erste Liebe – Momente, die Lester Burnham in „American Beauty“ im Augenblick seines Todes vor Augen hat. In noch anderer Weise als Marcel Proust stehen uns Heutigen bei der Vergegenwärtigung der vergangenen und manchmal verlorenen Zeit die Medien Fotographie und Film zur Verfügung. Sie können die physische Aura des Vergangenen vergegenwärtigen helfen, „Redemption of Physical Reality“ leisten, wie Siegfried Kracauer es formulierte. Auch Lester Burnham benutzt ein Foto, um sich zu erinnern. Es ist ein Familienfoto, das einen glücklichen Moment festhält. Burnham betrachtet es ganz am Ende des Films, nimmt es in der Küche zur Hand und mustert es mit versonnenem Blick. Der Zuschauer sieht, wie sich gerade in diesem Moment eine Pistole von hinten nähert. Mitten hinein in die Erinnerung an vergangenes Glück platzt nur Sekunden später ein tödlicher Schuss. Glückserinnerung und Tod kommen hier mehr zufällig zusammen. Luther empfiehlt in seinem „Sermon von der Bereitung zum Sterben“ hingegen ausdrücklich, den Ängsten in der Stunde des Todes mit der Erinnerung an tröstende und beruhigende Bilder der Gnade zu begegnen, zuallererst mit der Imagination des Christusbildes, des Urbildes der Hoffnung und der Überwindung des Todes.

Variationen des Christusbildes finden sich auch in den Bilderwelten der audiovisuellen Gegenwartskultur. Es sind Bilder, die Zukunft eröffnen können, in denen etwas in die Zukunft Weisendes aufblitzt. Solche Bilder finden sich zum Beispiel in dem Film „Esmas Geheimnis“ der jungen Filmemacherin Jasmila Zbanic aus Sarajewo. Der 2006 in Berlin mit dem Goldenen Bären und dem Hauptpreis der Ökumenischen Jury ausgezeichnete Film erzählt die Geschichte der alleinerziehenden Esma, die mit ihrer 12-jährigen Tochter Sarah in Sarajewo lebt. Esma lässt Sarah in dem Glauben, dass ihr Vater ein Kriegsheld war und sein Leben im Kampf verlor. Sarah freut sich auf die bevorstehende Klassenfahrt. Wenn sie ein Dokument über den Heldentod ihres Vaters vorlegen könnte, müsste sie nicht den vollen Preis bezahlen. Sarah hat sich in den Kopf gesetzt, dieses Dokument aufzutreiben. In einem dramatischen Gespräch konfrontiert ihre Mutter sie schließlich mit der bitteren Wahrheit: Esma wurde im Krieg vergewaltigt und schwanger. In dokumentarisch anmutenden Bildern deutet der Film an, wie Mutter und Tochter am Ende dennoch wieder zueinander finden. Ihrer Liebe gelingt es, die Gewalt und das Trauma zu überwinden. Als Sarah in der Schlusssequenz in den Bus einsteigt, um ihre Klassenfahrt anzutreten, hat eine neue Zeit in ihrem Leben begonnen. Gegenwart und Zukunft sind wieder möglich – nach der schmerzhaften Anerkennung der Vergangenheit auf eine tiefere und wahrhaftigere Weise als zuvor. Auch in dieser Hinsicht ist „Esmas Geheimnis“ ein christlicher Film. Denn der christliche Glaube betont zwar das Heute und das Morgen, aber nicht um den Preis der Verleugnung oder Abspaltung der Vergangenheit. Er bewahrt das Gedächtnis des Leidens, der Schuld, aber auch des Glücks. Und setzt sich im Horizont von Bewahrung, Vergebung und Hoffnung mit dem Vergangenen auseinander. Um so immer wieder im Heute anzukommen, denn heute ist bekanntlich der Kairos, „der Tag des Heils“ (2Kor 6,2b).

Jörg Herrmann

Literatur

AGAMBEN, G., Die Zeit, die bleibt. Ein Kommentar zum Römerbrief, Frankfurt a.M. 2006.
KRACAUER, S., Theory of Films. The Redemption of Physical Reality, New York 1960.
NOWOTTNY, H., Eigenzeit. Entstehung und Strukturierung eines Zeitgefühls, Frankfurt a.M. [2]1989.
ROSA, H. (Hg.), fast forward. Essays zu Zeit und Beschleunigung, Hamburg 2004.
SEEL, M., Ästhetik des Erscheinens, Frankfurt a.M. 2003.

Martin Laube/Thomas Klie

Fehlermeldung/Tätig sein

1. Fehlermeldung

Die ‚Fehlermeldung' ist ein Phänomen des Computerzeitalters. Ausweislich eines Online-Lexikons für EDV-Fachbegriffe handelt es sich dabei um „eine akustische oder visuelle Meldung für den Benutzer, welche einen Hardware-, Programm- oder Bedienungsfehler kennzeichnet. Die akustische Meldung erfolgt über den Speaker im Computer mit einem Piepston, während die visuelle Fehlermeldung auf dem Bildschirm in verschlüsselter oder verständlicher Form angezeigt wird. Benutzer- bzw. Bedienungshandbücher enthalten meist eine dokumentierte Beschreibung des Fehlers".

Auf den ersten Blick scheint die Fehlermeldung damit in die Reihe der viel gepriesenen Vorzüge der modernen Computertechnik zu gehören. Der Makel des selbstverschuldeten Irrens, welcher einst dem Fehler anhaftete, wird zwar nicht getilgt, erscheint aber gleichsam aufgehoben in die objektive Ordnung eines nach festgelegten Regeln funktionierenden und damit Verfahrenssicherheit gewährleistenden Computerprogramms. Die Fehlermeldung verspricht erstens beruhigende Durchsichtigkeit und suggeriert zweitens verlässliche Behebbarkeit des vorangegangenen Missgeschicks. Man müsse nur den in der Meldung selbst angegebenen Schritten folgen, um die Ursache des Fehlers zu entdecken und zu beseitigen. Fehler treiben kein Unwesen und haben keine dramatischen Folgen; sie sind erkannt und damit schon gebannt – so lautet die ebenso verlockende wie trügerische Botschaft der Fehlermeldung.

Doch bei näherem Hinsehen stellt sich die Sachlage ganz anders dar. Das beginnt bereits damit, dass die Fehlermeldung auf verschiedene Arten von Fehlern reagieren kann – Bedienungsfehler, Programmfehler und Hardwarefehler –, ohne dass diese Differenzierung in der Fehlermeldung selbst zum Ausdruck käme. Alle drei Fehlerarten implizieren semantisch eine Zuschreibung von Verantwortlichkeit. Damit nehmen sie eine Grundintuition des Wortes ‚Fehler' auf: Fehler haben einen identifizierbaren Verursacher, sie gehen auf ein adressierbar verschuldetes ‚Verfehlen' zurück – liege dieses nun auf Seiten des Nutzers, des Programms oder des Geräts.

Die Fehlermeldung lässt diese Zuschreibung jedoch entgleiten. Sie entkoppelt geradezu den Zusammenhang von Fehler und Ursache: Zwar wird ein Fehler gemeldet, doch schon das Ansinnen, den Fehler als solchen zu verstehen, wird zumeist rüde enttäuscht – ganz zu schweigen von dem Versuch, aus der Fehlermeldung auf die Ursache des Fehlers zurückschließen zu wollen. Damit aber wird zugleich die zweite Grundintuition des Wortes ‚Fehler' preisgegeben: Fehler sind lokalisierbar und eben damit in ihrer Wirkung beschränkt. In der Regel gelten sie als korrigierbar; sie können behoben werden. Auch schwere Fehler führen, wenn sie als solche erkannt sind, die Unterstellung mit sich, dass ihre Folgen, wenn vielleicht nicht mehr korrigierbar, so doch beherrschbar bleiben. Eben das unterscheidet den ‚bloßen' Fehler von einer Katastrophe.

Die Fehlermeldung jedoch bricht mit dieser semantischen Konvention. Sie beschränkt sich auf die Angabe, dass eine beabsichtigte Anwendung nicht ausführbar ist und unterlässt es gerade, den Grund für diese Störung so zu lokalisieren, dass daraus eine verlässliche Strategie der Fehlerbehebung abgeleitet werden könnte. Wie anders sollte man Fehlermeldungen wie die folgenden verstehen: „Fehler (0x800ccc90)", „Die Datei %1 von %2 konnte nicht aktualisiert werden %1: %2" oder „Rthdcpl.exe – Illegal System DLL Relocation"?

Die Folge ist: Fehlermeldungen blockieren den gewohnten Ablauf eingespielter Handlungsroutinen, sie stören die aufmerksamkeitsentlastete Erwartung an das Funktionieren der Technik und führen schließlich zu zunehmend unkontrollierten Aktivitätskaskaden. Zielgerichtete Tätigkeiten werden abrupt unterbrochen. Was soeben noch als ein einfacher Tastenbefehl erschien, erweist sich plötzlich als unüberwindliche Hürde.

Fehlermeldungen sind die alltäglichen Durchbrechungen des Alltags. Sie irritieren das fragile Ordnungsgefüge von Arbeit und Technik, indem sie aufblitzen lassen, wie sehr die Spontaneität des tätigen Subjekts dem undurchschaubaren Funktionsgeflecht seines ‚persönlichen' Rechengefährten ausgeliefert ist.

Die Ikonographie der Fehlermeldung unterstützt diese Beobachtung. In der Apfel-Welt wurden im Betriebssystem Mac OS Systemfehler durch das Symbol einer Bombe angezeigt (seit Mac OS X ist an die Stelle der Bombe eine sogenannte *kernel panic* getreten). Das Betriebssystem TOS der Atari-Computer verwendete dafür anfangs sogar das Symbol eines Atompilzes. Beide Symbole unterstreichen, dass die Fehlermeldung den plötzlichen und abrupten Abbruch der Tätigkeitsroutine indiziert – und dabei zugleich alle Korrekturversuche ins Daten-Nirvana entschwinden lässt.

Entsprechend heißen Systemfehler im Englischen schlicht und unverblümt ‚stop errors'. Die Erfahrung, welche mit dem Aufscheinen einer Fehlermeldung verbunden ist, wird hier bündig und präzise auf den Punkt gebracht: Nichts geht mehr. Stopp, Ende, Aus. Dieser Zustand findet in Microsoft Windows-Betriebssystemen seine ikonographisch zugespitzte Umsetzung, indem hier nicht mehr einzelne Symbole zum Einsatz kommen, sondern der Systemabsturz als solcher bildlich inszeniert wird. Die Bedienoberfläche des Betriebssystems verschwindet; an ihre Stelle tritt ein leerer blauer Bildschirm, auf dem in weißer Schrift Fehlerinformationen erscheinen. Dieser *blue screen* wird in der Fachsprache zumeist auch als *Blue Screen of Death (BsoD)* bezeichnet. Zur Erläuterung heißt es in einer einschlägigen Online-Enzyklopädie: „Ausgelöst werden diese Meldungen in den häufigsten Fällen nicht durch Fehler in Anwendungsprogrammen, sondern durch Fehler in Gerätetreibern oder in der Hardware. Wird der BSoD nicht von einem Defekt in der Hardware ausgelöst, handelt es sich entweder um einen Programmierfehler, welcher mit Hilfe eines Patches behoben werden kann, oder um einen Fehler in der Softwarearchitektur, welcher bis zum Ende der Lebensdauer des Produktes erhalten bleibt."

Der resignativ getönte Hinweis auf die mögliche Inkorrigibilität mancher Fehler unterstreicht nochmals eine zuvor bereits gemachte Beobachtung: Die Fehlermeldung sollte entlastet werden von der Erwartung, den Fehler nicht nur anzuzeigen, sondern zugleich einen Hinweis zu seiner Beseitigung zu geben. Statt dessen ist eine Fehlermeldung tatsächlich nicht mehr als die Meldung eines Fehlers – ein elektronischer Moratoriumsimpuls, der alle Tätigkeit zum Stillstand zwingt und Anlass gibt zu weit schweifenden Auslassungen über das Schicksal des Menschen im technischen Zeitalter.

Zum Schluss darf jedoch nicht unerwähnt bleiben, dass auch die Gattung der Fehlermeldung selbst nicht frei von Fehlern ist. Damit bestätigt sich Hegels Einsicht in die Negation als Strukturmoment der Wirklichkeit überhaupt. Im online zugänglichen *Museum of Faulty Error Messages* (Moffem) finden sich einige besonders bemerkenswerte Exemplare ausgestellt. So bietet die Apfel-Welt das Exponat einer Fehlermeldung, die im Textteil den erläuternden Hinweis mit sich führt: „Kein Fehler". Vielleicht handelt es sich um den Versuch einer Umsetzung der Figur bestimmter Negation: Alle Fehler erweisen sich dialektisch betrachtet als das negierte Anderssein des Nichtfehlerhaften und haben so Anteil – an der Wahrheit. Microsoft Windows kontert jedoch mit folgender Meldung: „Ein Fehler ist aufgetreten, aber wegen eines weiteren Fehlers kann die Fehlermeldung nicht angezeigt werden." Hier scheint die Gefahr auf, dass auch die Fehlermeldung verstrickt sein könnte in einen allgemeinen Verblendungszusammenhang, der schließlich dazu nötigt, mit der Einsicht zu enden: „Der Fehler ist das Unwahre."

Martin Laube

2. Tätig sein

Wer tätig ist, läuft Gefahr, über seine Fehltaten Meldung zu erhalten. In der Fehlermeldung wird das eigene Tätig-Sein als individuell codierte Praxis reflexiv. Es tritt ins Bewusstsein, dass eine vom Täter unterschiedene Instanz dem zuvor von ihm Durch-, Aus- oder Aufgeführten den „Makel selbstverschuldeten Irrens“ zuschreibt. Eine dergestalt mitgeteilte Lesartenvariation stellt für den naiven, seiner Orthopraxie gewissen Akteur eine Irritationserfahrung erster Ordnung dar. Denn nicht nur der „gewohnte Ablauf eingespielter Handlungsroutinen“ wird blockiert, auch die eigenen Normalitätsvermutungen werden entsichert.

Vorausgesetzt ist hierbei eine Vorstellung von „tätig sein“, die die einigermaßen unproduktive Entgegensetzung von ethisch motiviertem Handlungsbegriff und auf Sinnlichkeit reduziertem Wahrnehmungsbegriff vermeidet. Die in jüngster Zeit in der Praktischen Theologie vermehrt in Anspruch genommenen Theatertheorien entschärfen diese Opposition gleichsam in pragmatischer Hinsicht. Löst man den lange Zeit die Diskussion bestimmenden Handlungsbegriff aus seiner sozialtechnologischen Enge, auf die er vor allem durch die Übernahme humanwissenschaftlicher Konzepte in den 1970er Jahren reduziert wurde, versteht man also *Handlung* nicht in erster Linie als soziologisch bestimmbaren Wahlakt, sondern grundsätzlicher als ein moralneutrales Sich-Verhalten-zu, dann öffnet sich die Praktische Theologie für theatral verfasste Deutungsvollzüge. Form und Inszenierung werden dann zu hermeneutischen Kategorien. Denn im religiös motivierten Ausdruckshandeln drückt sich immer schon gedeutetes Leben aus; es zeigt sich in leib-räumlichen Darstellungen und stellt insofern eine Vermittlungsform zwischen öffentlicher Religion und privater Religiosität dar. Über den ästhetisch re-interpretierten Handlungsbegriff lassen sich diese kulturellen Erscheinungsformen des Religiösen darstellen und analysieren. Verstehen-als-Handeln und Handeln-als-Verstehen werden zu Vollzugsformen einer performativen Hermeneutik.

Anders als im Kosmos des Diskursiven kann eine vollzogene Handlung nicht einfach handelnd dementiert werden. Streng und unbarmherzig signifiziert die performative Logik jedes wie auch immer geartete Handlungsprodukt als Tat-Sache; die Einheit von Tatort, Tatzeit und Täter sind die objektiven Kriterien dieses Tat-Bestands. Fraglich sind allenfalls das Motiv sowie die Folgen und Nebenfolgen der Tätigung. Zwar kann man fehlerbehaftete Taten nicht rückgängig machen, es ist aber möglich, sie im Nachhinein zu relativieren. Entweder man wiederholt seine Tat, womöglich in dem an Derrida geschärftem Wissen, wonach jede Iteration eine Alteration darstellt, oder aber man führt einen Codewechsel herbei und bespricht (oder verschweigt) den monierten Tathergang.

In der der Praktischen Theologie aufgegebenen Praxis begegnen einem beide Varianten. In einem Seelsorgegespräch wird ein zumeist im Zusammenhang mit problematischen Handlungen erfahrenes Defizit besprochen. Das offene Gespräch zwischen Seelsorger und ratsuchenden Menschen gilt als ein zentrales und unverzichtbares poimenisches Medium. Bei aller Wertschätzung, die neuerdings auch die nonverbalen Formen der helfenden Kommunikation erfahren, ist dies durch alle Richtungen und Spielformen der Seelsorge hindurch unstrittig. – Auch im Religions- und Konfirmandenunterricht geht es darum, (religiöse) Tätigkeiten nachträglich zum Gegenstand des gemeinsamen Unterrichtsgesprächs zu machen. Rituale werden problematisiert, Untaten geächtet und Tatmotive bewertet. In der problemorientierten Didaktik-Variante geschieht all dies mit dem Zweck, ein qualitativ neues Tätig-Sein zu initiieren.

Die vornehmste Disziplin der Praktischen Theologie, die Theorie der gottesdienstlichen Tatsphäre, reflektiert demgegenüber auf die iterative Variante. Liturgie lässt sich formal als eine kommunikative Handlungsfolge beschreiben, in der sich ein absichtsvolles und zeichenvermitteltes Geschehen vollzieht. Bedeutung stellt sich hier über die Sequenzialität vorgesehener Handlungen ein. Indem Liturgie gemeinsam aufgeführt, inszeniert wird, kommt das Evangelium leiblich-expressiv zur Darstellung. Der Zeichenprozess umfasst dabei das ganze Spektrum theatraler Zeichen: akustische und kinesische Zeichen, Raum-Zeichen und Zeichen der Erscheinung. Diese Zeichen gruppieren sich im Gottesdienst zu satzähnlichen Sinneinheiten, die untereinander in einem rhythmisch und semantisch geordneten Verweisungszusammenhang stehen. Unter dem Aspekt ihrer Zuordnung innerhalb des Gesamtverlaufs bezeichnet man diese Sinneinheiten in der Liturgik als Syntagmen. So bilden z.B. Credo, Taufakt und Segen als aufeinander folgende Rubriken die konstitutiven Syntagmen einer agendarischen Taufhandlung. Ein „Fehler" innerhalb einer solchen Sequenz kann im Fortgang des Ritus bestenfalls ausgeglichen, nicht jedoch rückgängig gemacht werden. – Doch welche Aktionen haben liturgisch die Qualität von Fehlern?

Ein Blick in die real existierende evangelische Gottesdienst-Szene legt die Vermutung nahe, dass die Rede von einem „Fehler" jeder empirischen Grundlage entbehrt. Alles scheint irgendwie erlaubt und je nach Stimmungs- oder gemeindlicher Großwetterlage auch legitimierbar. Was denk- und machbar ist, also im Horizont pragmatischer Optionen liegt, kann in gottesdienstlichen Tätigkeiten auch Gestalt annehmen. Vulgo gilt, dass in liturgicis Fehler überhaupt nur vermeldet, wen seine „hochkirchliche" Gesinnung zwanghaft auf Handlungsformen behaftet, deren normative Kraft ein gut evangelischer Non-Konformist grundsätzlich in Frage zu stellen hat. Definiert man dagegen einen Fehler semiotisch als unmotivierten Code-Wechsel, der eine „aufmerksamkeitsentlastete Erwartung stör(t)", dann können solche erwartungsirritierenden Belastungen durchaus liturgisch namhaft gemacht und alltagsdogmatisch moniert werden.

Dies lässt sich am Exempel des evangelisch unüblich gewordenen Introitus gut nachvollziehen. Die Gestaltung dieser gottesdienstlichen Initialie hat in der evangelischen Kirche bislang keine wirklich überzeugende Lösung gefunden. Das gilt zunächst für die kirchengeschichtlich ursprüngliche Funktion als Prozessionsmusik (ursprünglich natürlich -gesang) zum Einzug des/der leitenden Liturgen. Im – liturgiehistorisch durchaus fehlerhaften – Normalfall sitzt heute der Pastor bereits auf seinem angestammten Platz und hört sich von dort aus das den ausgesparten Introitus kompensierende Orgelvorspiel an. Aus dem altkirchlich den Einzug kommentierenden Psalmgesang wird auf diese Weise eine religiös zweckfreie sinfonische Ouvertüre, oft kaum mehr als ein tonales Indiz für die Anwesenheit eines Organisten.

Dabei wäre es doch völlig einleuchtend, dass der Gottesdienst mit einem gemeinsamen „Weg in das Leben“ (Josuttis) beginnt: um das Evangelium dramaturgisch in Szene setzen zu können, muss eben zuvor eine Distanz überbrückt werden. Theatertheoretisch wie theologisch *kann* man einen apokopierten Introitus also durchaus als liturgische Fehlform werten. Deutlich jenseits der Fehlertoleranz ist jedoch der verbreitete Abusus zu lokalisieren, nach dem Eingangslied der Gemeinde noch einen biblischen Psalm zu lesen. Denn die Einführung eines „geistlichen Liedes“ bzw. eines „deutschen Psalms“ war nach Luthers „Deutscher Messe“ von 1526 als ein religionsästhetisches Äquivalent zum lateinischen Psalmgesang gedacht. Singt dann auch noch im Anschluss an das Orgelvorspiel, den Gemeindechoral und die Psalmlesung womöglich der Kirchenchor eine Motette, kommt es sogar zu einer dramaturgischen Verdrei-, genau genommen: Vervierfachung des ‚altkirchlichen Eingangsritus‘. Und diese zwar gut gemeinte, aber offensichtlich ungewusste Iteration des Introitus wird in aller Regel vollzogen, ohne dass überhaupt irgendjemand eingezogen ist. In dem genannten Extremfall ist also liturgisch der multiple Eintritt eines Geschehens angezeigt worden, das beim Wort genommen gar nicht eingetreten ist. Eine solche Praxis hat in der Tat allenfalls noch dialektisch „Anteil am negierten Anderssein des Nichtfehlerhaften“.

Thomas Klie

Matthias Lobe/Lars Charbonnier

Müllcontainer/Natur

1. Müllcontainer

In meiner Kindheit gab es noch keine Müllcontainer. Damals wurde der Hausmüll in stählerne Zylinder eingefüllt, die im Keller des Mehrfamilienhauses standen. Zweimal in der Woche kamen die Müllmänner, die sie mit ihrer behandschuhten Hand aus dem Keller herausrollten. Dazu drehten sie die Mülltonnen geschickt, indem sie sie mit der Hand auf dem Deckel führten. Diese drehte sich um ein dort aufgebrachtes kleines Rund aus Metall. Schließlich standen die stählernen Zylinder an der Straße und warteten auf den Müllwagen, in dessen Inneres ihr Inhalt dann entleert wurde. Dazu musste die Müllwagenbesatzung die wartenden Mülltonnen in die Vorrichtung einhängen, die am Müllwagen installiert ist. Nach diesem Vorgang zeigten die Müllmänner dem Fahrer des Müllwagens durch einen kurzen Pfiff an, dass sie fertig waren und es weitergehen konnte. Ihr Platz war auf kleinen Trittbrettern am Ende des Müllwagens, die außen angebracht waren. Mit den Händen hielten sie sich an Metallbügeln fest, um beim nächsten Stopp schnell abspringen zu können. Ein für mich als Kind faszinierendes Geschehen: der Vortrupp mit seinem gekonnten Mülltonnendreh, das Mülltonnenaufsatteln, das manchmal mehrmalige Kippen der Tonne und schließlich der Pfiff, das Aufspringen der Müllmänner und die Weiterfahrt. Am Ende dieser zweimalig in der Woche gehaltenen Liturgie stand die verhalten-einsame Nachsorge des Zurückrollens der geleerten Tonnen in den Keller, die von einem Müllmann alleine etwas später durchgeführt wurde.

Seitdem hat sich viel geändert: Es gibt keine stählernen Mülltonnen mehr – an ihre Stelle sind leichte quadratische Tonnen mit abgerundeten Ecken aus Kunststoff getreten, die zudem Rollen haben und mit einem Aufdruck verbieten: „Keine heiße Asche einfüllen!". Infolge dieser Veränderungen wird es den Verwendern der Mülltonnen auch zugemutet, sie selbst an die Straße zu ziehen – die Farbe des Deckels gibt Auskunft darüber, ob ein Vollservice erkauft ist oder die normale Mitmach-Variante vorliegt. Der Inhalt dieser Tonnen ist längst nicht mehr so vielfältig wie früher. Kam vor Jahrzehnten alles bis auf die großen, sperrigen Teile (der „Sperrmüll") in die eine Hausmülltonne, so findet sich heute nur noch der sog. „Restmüll" darin: nur noch das, was nicht vorher schon durch ein Verfahren, das unter dem Namen „Mülltrennung" inzwischen legendär geworden ist, in andere Kanäle geleitet worden ist. Glas landet im öffentlich aufgestellten Container, Papier wird eigens abgefahren und recycelt, Biomüll hat eine eigene Tonne und Verpackungsmüll, der bestimmten Standards genügt und deswegen den „grünen Punkt" tragen darf, hat ebenfalls seinen eigenen Kreislauf. Batterien, Arzneimittel, Säuren und Lacke gelten sowieso als „Sondermüll" und werden an bestimmten Sammelstellen abgegeben.

Dieser phänomenologische Einstieg macht bereits deutlich, dass sich an einem Gegenstand des Alltags ablesen lässt, wie sich unser Verhältnis zu Schöpfung und Natur in den vergangenen Jahrzehnten gewandelt hat. Vorbei ist die Zeit der wahrhaft katholischen, weil alles umgreifenden Liturgie des Mülltonnenentleerens! Der traditionelle Ritus ist inzwischen sogar verboten und seine Ausübung wird mit Strafe belegt. Das „stählerne Gehäuse", in welchem früher der Abfall verwahrt wurde, ist einem sich in vielfältige Kanäle verzweigenden System gewichen, durch welches der Müll geschickt wird. In einem dem *Aggiornamento* vergleichbaren Neuentdecken der Möglichkeiten, die ein scheinbar so vertracktes Thema wie das des Abfalls darstellt, sind an die Stelle des Monopols „Deponie" inzwischen Rückflüsse, Modifikationen, Aufbereitungen, Wiederverwertungen etc. getreten.

Das Thema „Müll" ist ein schöpfungstheologisches Thema, sofern hiermit Gegenstände gemeint sind, die ihrer Gattung nach dem Bereich des Geschöpflichen zuzuordnen sind. Ihre spezifische Differenz besteht nun darin, dass sie entweder als verdorben oder als kaputt oder als funktionslos für menschliche Subjekte von diesen erklärt werden. Aus dieser Eigenschaft heraus wird der Müll auch abwertend als „Abfall" oder „Unrat" bezeichnet. Das Präfix „un-" bezeichnet im Deutschen bekanntlich nicht eine Verneinung (Unkosten sind auch Kosten!), sondern eine negative Beurteilung des so bepräfixten Gegenstandes (Ärgerliche Kosten!). Ebenso ist „ab-" eine Abstand signalisierte Vorsilbe, wie sich beim „Abort" leicht zeigen lässt. Wird „Müll" also als Abfall oder Unrat verstanden, dann liegt darin eine Abwertung eines Teils der Schöpfung Gottes, von der Leibniz immerhin noch feststellen konnte, dass sie die „beste aller möglichen" sei.

Der Ekel vor der vergammelten Banane oder der Ärger angesichts einer nur noch von Löchern zusammengehaltenen Socke sind menschlich unmittelbar verständlich, ebenso das Bestreben, sich von besagten Gegenständen möglichst schnell zu trennen. Doch mit der Entsorgung des funktionslos Gewordenen muss nicht dessen Ende beginnen, sondern kann auch eine modifizierte Fortexistenz mit anderer Funktion stehen (Humus für neue Pflanzen, Futterstoff für Kissen). Eine solche positive Sicht auf funktionslos gewordene Gegenstände entspräche übrigens ganz und gar der etymologischen Seite des Wortes „Müll", in der sich eine pejorative Festschreibung nicht findet. „Müll“ lässt sich auf das Verb „mahlen“ zurückführen, weshalb der Müller, der das Korn mahlt, so heißt. „Müll“ bedeutet also ursprünglich „Zerriebenes, Zerbröckeltes“ und entbehrt damit der abwertenden Note, die bei „Abfall“ und „Unrat“ so greifbar ist.

Einer gewandelten Sicht auf Gegenstände, die ihre ursprünglich ihnen zugedachte Funktion nicht mehr erfüllen, entspricht es deswegen auch, sie anders zu benennen. Das Wort „Müll“ hat jedoch seinen ehemals neutralen Klang längst eingebüßt, weshalb es sich für eine neutrale oder auch aufwertende Sicht auf Gegenstände dieser Art kaum noch eignet. Diese heißen deswegen heute „Wertstoffe“ – die neukantianisch daherkommende schöpfungstheologische Rehabilitation des ehedem als Unrat verfemten Mülls.

Stellt man die gegenwärtig als bürgerliche Pflicht definierte und als solche auch getreulich ausgeübte Tugend der Mülltrennung einmal in einen größeren schöpfungstheologischen, naturphilosophischen und herrschaftssoziologischen Zusammenhang, dann zeigt sich einmal mehr, wie hilfreich Alltagsthemen zur theoretischen Durchdringung der Welt sind. In Gen 1,28 wird der Mensch bekanntlich in das *dominium terrae* eingesetzt. Stellvertretend für den Schöpfer soll er die Welt beherrschen und kultivieren. So ist dieser Herrschaftsauftrag sowohl als Auftrag zur Unterwerfung im Sinne von Bändigung der Naturgewalten wie auch als Auftrag zur Bewahrung und Kultivierung des Natürlichen zu dessen Fortentwicklung und Verfeinerung verstanden worden. Dieses Changieren zwischen Bekämpfen und Veredeln findet sich auch im Umgang des Menschen mit der Natur durch die verschiedenen Zeitalter hinweg in jeweils spezifischer Gewichtung.

Unter den Bedingungen der Antike war die Natur kein Gegenstand, der des menschlichen Schutzes in irgendeiner Weise bedurft hätte. Im Gegenteil ging es hier eher darum, sie sich klug und respektvoll gewogen zu halten, da ihre Übermacht ohnehin unstrittig war. Das Phänomen des „Naturschutzes“ setzt eine Situation voraus, in welcher eine aggressiv-technizistische Naturwissenschaft sich die Natur unterjocht und zu ihrer Plünderung bestimmt hat, wie Konrad Adam in seinem Buch über „Die alten Griechen“ ausführt. Eben die Situation der Moderne.

Das Verhältnis des Menschen zur Natur im Sinne eines Herrschaftsverhältnisses folgt möglicherweise einer neuen Interpretation der bekannten Maxime: „divide et impera“, womit wir wieder beim Müll, genauer gesagt: bei der Müll*trennung* angekommen wären. Gewöhnlich versteht man den Imperativ als Rat, die Gegner untereinander zu entzweien, um so den eigenen Herrschaftsanspruch leichter durchsetzen zu können. Heinrich Heine hat signifikanterweise die Worte mit „trenne und herrsche“ übersetzt und damit einen Hinweis darauf gegeben, dass dem Menschen eine Beherrschung der Natur nur dann überhaupt gelingen könne, wenn er sie in ihrer Vielfalt und Eigenart achtet. Als ein solcher differenzierender und systematisierender Umgang mit Natur ist mit Sicherheit die Mülltrennung anzusehen. Sie bildet Krone und Abschluss des Kulturschaffens und der Naturbeherrschung des Menschen.

Matthias Lobe

2. Natur

Matthias Lobe beschreibt ebenso unterhaltsam wie eindrücklich, wie der Müllcontainer zu einem Sinnbild für die Herrschaftsausübung des Menschen über die Natur werden kann. Er problematisiert das Verhältnis von Kultur und Natur wie das menschliche Erforschen und Vereinnahmen der Natur im Modus der modernen Naturwissenschaften. Zugleich widmet er sich einem kulturellen Phänomen, das für viele so *natürlich* deutsch ist wie kaum ein anderes: die Mülltrennung. Mit dieser Kulturtechnik der Mülltrennung greift Lobe natürlich einen wesentlichen Aspekt im gegenwärtigen menschlichen Umgang mit der Natur auf, auch wenn Müll streng genommen gar kein Produkt der Natur ist: die Frage nach dem, was es für den heutigen Menschen heißen soll, verantwortlich mit der Natur – deren Teil der Mensch selber ist – umzugehen.

Wenn in diesem zweiten Teil der Müllcontainer auf die Natur hin alltagsdogmatisch überführt werden soll, weitet sich das Verständnisfeld des Begriffs allerdings immens. So zeigt Hartmut Rosenau in seinem TRE-Artikel über die ‚Natur', dass der Begriff bereits rein sprachlich ein Bedeutungskontinuum mit mindestens vier Schwerpunkten bildet: ‚Natur' kann sowohl als *Kontrast- oder Komplementärbegriff* gelten, wie im bereits genannten Beispiel von Natur und Kultur, denkbar sind aber auch Zuordnungen zu Gesetz, Geist oder Gnade (und bereits damit werden theologische Topoi ins Bewusstsein gerufen, die allesamt der Auseinandersetzung in eigenen Büchern bedürfen). Weiterhin bezeichnet der Begriff das „All des Seienden", erhält somit *universalen Anspruch*. Davon unterschieden ist die Bedeutung im Sinne des *Wesens* einer Person oder einer Sache. Schließlich kann mit ‚Natur' auf eine *Norm* verwiesen sein, die in ethischer oder ästhetischer Hinsicht das ‚natürlich' Normale oder Schöne zu bestimmen versucht. Etymologisch stammt der Begriff ‚Natur' aus dem Lateinischen: *natura, nasci* meint das Hervorgehen oder das Werden von etwas in seiner je eigenen Wirklichkeit. Auch das diesem Wort im Griechischen zugrunde liegende φύσις bezeichnet im Unterschied zu dem von Menschenhand Gemachten das Hervorkommen von etwas aus seinem Grund heraus, das aus sich heraus, von sich her Seiende. ‚Natur' meint ursprünglich also das, was uns als Menschen vorgegeben ist, was wir nicht gemacht haben, und ist so

Bedingung zugleich der Möglichkeit und der Grenze unserer menschlichen Existenz.

Im Folgenden will ich gar nicht erst versuchen, die gefährlichen Fahrwasser zu durchqueren, die das theologische Begriffs- und Geschichtsmeer in der Rede von und über die ‚Natur' anbietet, würde der Kurs wohl unweigerlich, wenn auch meist ungewollt, an den Riffen oder Sandbänken mit Namen wie „natürliche Theologie", „Natur und Gnade"; „Pantheismusstreit", „Naturrecht", „Supranaturalismus" oder anderen enden. Implizit werden Positionierungen dennoch nicht auszuschließen sein. Dass es zu unseren wichtigsten Aufgaben als Menschen gehört, die Natur und damit den uns vorgegebenen, von uns nicht herstellbaren Lebensraum zu schützen und nachhaltig zu bewahren, steht außerdem außer Frage. Alles, was getan werden kann, um den Ausstoß von CO_2 zu verringern, um die Ausbeutung von Rohstoffen wie tropischen Hölzern abzustellen, um die Zerstörung von Lebensräumen und Lebensarten zu vermeiden usw., muss getan werden., und zwar von jedem einzelnen Menschen.

Matthias Lobe hat deutlich gemacht, wie sehr der Müllcontainer nicht nur zu einer eindrücklichen und nachhaltigen Kindheitserfahrung, sondern auch zur vertiefenden Auseinandersetzung mit der Welt führen kann. Das Anliegen dieses Buches ist der Versuch, genau solche Erlebnisse, Gegenstände und Erfahrensweisen des Alltags für die religiösen Dimensionen transparent zu machen. Neben allem, was zum Verhältnis von Mensch und Natur, von wissenschaftlichem und verantwortungsvollem Verstehen und Umgang zu sagen wäre, zur theologischen Deutung im Großen, ist die Natur für das Individuum im Alltag des eigenen Lebens vor allem ein Ort, der potenziert für die Auseinandersetzung mit sich selbst, der eigenen und fremden Welt und schließlich darin und danach immer wieder auch für die Frage nach Transzendenz steht –in vielen Beiträgen dieses Bandes finden sich dafür Beispiele. Auch der alltägliche Weg zur Arbeit im ICE zwischen Hildesheim und Berlin kann ein Ort für solche Erfahrungen sein:

Wie in einem großen Flachbild-Fernseher rauscht die Natur im Fenster des ICE an mir vorbei. Es ist noch dunkel um 8 Uhr an diesem Januarmorgen, insofern sind es eher einzelne Lichter aus Häusern und an Straßen, die vorbeirauschen, und nicht die Natur. Diese kommt zum Vorschein, und das ist ein seltenes Glück des regelmäßigen Pendlers (sofern es nicht zu Verspätungen führt), als der Zug auf freier Strecke zum Stehen kommt. Mit „meinem" Wagen genau auf einer Brücke über einem Kanal. So zeigt das Fenster die geraden Linien des Wassers, das spiegelglatt da liegt, umrahmt von den Bäumen am Ufer, und in der Ferne geht genau über dem Wasserlauf die Sonne goldgelb auf. Einfach nur überwältigend schön. Für einen Moment verliere ich die zu korrigierende Arbeit aus dem Sinn, spüre dem Gefühl von Geborgenheit nach, das sich unweigerlich in mir einstellt. Der Frieden, der in diesem Moment liegt, lenkt meine Gedanken zu einem Lied: „Die güldne Sonne / voll Freud und Wonne / bringt unsern Grenzen / mit ihrem Glänzen / ein herzerquickendes, liebliches Licht. / Mein Haupt und Glieder, / die lagen darnieder; / aber nun steh ich, / bin munter und fröhlich, / schaue den Himmel mit meinem Gesicht.“ (Paul Gerhardt, EG 449) Hinter der Sonne steht mehr, als ich sehen kann, das Ganze der Welt steht mir vor Augen, und darin die Frage nach ihrem Grund, nach Gott als ihrem Schöpfer. Und nicht nur mir scheint dieser Ausschnitt der Natur nahe zu gehen: Es wird tatsächlich etwas ruhiger im Abteil, fast alle blicken in die gleiche Richtung. Natur ist Konzentration auf das, was uns vorgegeben ist, was wesentlich ist ... „Meine Damen und Herren, wie wäre es jetzt mit einem Croissant und einem frisch gebrühten Kaffee?“ – Der Zugchef scheint leider in seinem Wagen über den Kanalblick hinaus auf der anderen Seite des Uferwalls zum Stehen gekommen zu sein, er hat Anderes, für ihn in seiner ihm vorgegebenen Aufgabe ebenfalls nicht Unwesentliches im Kopf, und leider hat er die nötigen Mittel, auch alle anderen aus ihren meditativen Gedanken zu reißen. Eine recht merkwürdige Situation, denke ich, während der Zug schon wieder anrollt: Ein Bild der Natur erweckt nicht nur in mir Gefühle tiefer Geborgenheit, Wesentlichkeit und religiöser Gestimmtheit, und das, während ich in einem der schnellsten und modernsten Verkehrsmittel dieser Erde sitze, das minutengenau computergestützt die Natur ins Abseits stellt.

Angesichts solcher Erfahrungen verwundert es nicht, dass in vielen Predigten der Spaziergang im Wald oder der schöne Sommermorgen als Beispiele für vieles, was uns gut tut und die Welt in Gottes Augen darstellen soll, herhalten muss. Tatsächlich ermöglicht mir die Natur eine gesteigerte Auseinandersetzung mit mir selbst, indem sie mich entweder zur Ruhe bringt, etwa beim Anblick der Weite des Meeres, oder mich aus der eigenen engen Welt heraushebt, wenn ich in den Bergen einen Gipfel erklommen habe.

Dabei sind Naturerfahrungen zunächst natürlich ästhetische Erfahrungen. Wie alle ästhetischen Erfahrungen können sie für den einzelnen Menschen auch zu religiösen Erfahrungen werden. Beiden Erfahrungsweisen wohnt das Element der Befreiung des Subjekts aus seiner Selbstbezogenheit inne, die Selbsttranszendierung. Der Einzelne wird involviert, hineingezogen in Prozesse der intensiven, zweckfreien Teilhabe am Absoluten, die sprachlich kaum wirklich beschreibbar sind. „Ist das schön!“ ist der treffende Satz, in all seiner allgemeinen Ungenauigkeit. Zur religiösen Erfahrung wird diese ästhetische Erfahrung, wenn die Deutungskategorien für dieses Erfahren des Absoluten religiös werden. Im Fall der Natur z.B., wenn ich von einem Schöpfer sprechen kann, der diese Welt in seinen Händen hält. Und so ist es insbesondere die Natur, die einen Raum kreiert, der zu gesteigerter Selbst-, Welt- und Gotteserfahrung führen kann. Die Natur ist in besonderem Maße ein Ort solch religionsproduktiver Erfahrungen, indem sie Geborgenheit genauso wie Freiheit, Ordnung ebenso wie den Geschmack des Wilden, Grenzenlosigkeit wie radikale Abhängigkeit spürbar werden lässt. Es ist, mit Schleiermacher und seinen „Reden“ gesprochen, „die Anschauung des Universums“, die den „Sinn und Geschmack für das Unendliche“ weckt.

Natürlich ist es nicht überraschend, dass Friedrich Schleiermacher seinen Begriff der Religion genau an diesen Erfahrungen festmacht. In seiner Zeit galt die Natur als Spiegel der Seele. Wobei etwa die Bilder Caspar David Friedrichs veranschaulichen, dass dabei nicht nur an positive Erbauung gedacht ist, sondern auch an das Unbekannte, das erschrecken kann. Für Schleiermacher ist das Wesen der Religion diese „Anschauung des Universums", zeigt sich „die innere Gewissheit der schlechthinnigen Abhängigkeit alles Endlichen von Gott" in diesem Gewahrwerden des „All-Einen des endlichen Seins":

> Das fromme Selbstbewusstsein, vermöge dessen wir alles, was uns erregt und auf uns einwirkt, in die schlechthinnige Abhängigkeit von Gott stellen, fällt ganz zusammen mit der Einsicht, daß eben dieses alles durch den Naturzusammenhang bedingt und bestimmt ist. (Der christliche Glaube, § 46)

Schleiermacher findet auf diese Weise einen Weg, frommes Selbstbewusstsein und gesteigertes Interesse an einer vernünftigen Durchdringung der Welt zusammendenken zu können. Durch seine klare Abgrenzung zu Metaphysik und Moral und seine radikale anthropologische Verortung der Religion in die Innerlichkeit des Subjekts besiegelt er damit zugleich das Ende der klassischen natürlichen Theologie, die neben der Offenbarung im Wort die Offenbarung in der Natur zu verfolgen und verstehen suchte.

In diesem Verständnis Schleiermachers liegt nun tatsächlich ein weiterer genuin religiöser Grund für das radikale Eintreten zum Schutz und Erhalt der Natur: Wenn wir diese wesentliche Dimension unseres Menschseins, die als Gefühl schlechthinniger Abhängigkeit ihren Anschauungsgegenstand in den ihr vorgegebenen Dingen findet – präziser: durch diese angeregt wird –, müssen wir dieses Vorgegebene, dieses Wesentliche bewahren. Wenn der Mensch die Natur zerstört, vernichtet er nicht nur rein äußerlich seine Existenzgrundlage, er zerstört zugleich den wesentlichen Erfahrungsraum für die Bildung seines religiösen Bewusstseins, das doch zu seinen Grunddimensionen gehört.

Für die Praxis in Kirche und Gemeinde lassen sich aus diesen Überlegungen einige Folgerungen ziehen, lapidar und zugleich klassisch ausgedrückt: „Zurück zur Natur!". In einigen Bereichen vor allem der religionspädagogischen Arbeit werden bereits Konzepte verfolgt, die es Kindern und Jugendlichen erlauben, intensive Naturerfahrungen zu machen. So führen viele Konfirmandenfreizeiten in die Alpen oder andere Gebirgsregionen, die zum Wandern und vor allem zum Klettern einladen. Erfahrungen in der Gruppe, im Lernen von Vertrauen auf die eigenen Fähigkeiten (durchaus auch mit gewollten Überraschungen „Das hab ich geschafft?!") und auf andere Menschen, werden ebenso forciert wie Erfahrungen in und damit zugleich immer auch mit der Natur. Aus der Erlebnispädagogik wurden viele Anregungen aufgenommen, die auch bei Tagesveranstaltungen, etwa beim Ausflug in den Hochseilgarten, ganz ähnliche Effekte hervorbringen können. Auch für ältere Gemeindegruppen sollten Begegnungen mit der Natur mutiger gesucht und bei Bedarf dann auch thematisiert werden. ‚Bei Bedarf' ist insofern natürlich wichtig, als dass gerade Naturerfahrungen zerredet und damit in ihrer klärenden, befreienden Kraft zerstört werden können. Aber warum sollte eine regelmäßige Wanderung nur der Sportverein anbieten dürfen? Warum dürfen immer nur Jugendliche zum Kanu-Fahren nach Schweden? Viele Erfahrungen haben gezeigt, dass gerade für die sträflich vernachlässigte Männerarbeit in der Gemeinde solche Aktionen in und mit der Natur große Potentiale freisetzen.

Dabei muss es gar nicht nur um das Erfahren des mir in der Natur Vorgegebenen gehen. Bei Klöstern etwa erfreuen sich sogenannte „ora et labora"-Tage großer Beliebtheit. Nicht wegen des liturgischen Rahmens, sondern vor allem weil gemeinsam in den Gärten und Anlagen der Klöster gearbeitet wird. Gerade auf dem Land sind Kirchen und Pfarrhäuser nach wie vor von Gärten umgeben, die zumindest im Frühjahr und Herbst einen Tag intensiver Arbeit gut vertragen können – auch hier werden Natur-Kultur-Erfahrungen möglich, die zugleich in andere Erfahrungsdimensionen ausgreifen können.

Aus diesen Naturerfahrungen können religiöse Erfahrungen werden, die zu tieferer Einsicht über das Wesen des eigenen Lebens, über die Welt um einen herum – beseelt und unbeseelt –, sowie damit zugleich immer auch über das Wesen Gottes als Schöpfer und Bewahrer dieser Welt verhelfen. Zurück zur Natur!

Lars Charbonnier

Literatur

ADAM, K., Die alten Griechen, Berlin ²2006.

KLUGE, F., Etymologisches Wörterbuch der deutschen Sprache, Berlin/New York ²¹1975.

ROSENAU, H., Art. Natur, in: TRE Bd. 24, Berlin/New York 1994 98–107.

SCHLEIERMACHER, F.D.E., Über die Religion. Reden an die Gebildeten unter ihren Verächtern, hg. v. Otto, R., Göttingen ⁸2002.

DERS., Der christliche Glaube (1830/31), hg. v. Redeker, M., Berlin/New York 1999.

Jörg Metelmann/Sergio Sorrentino

Surfen/Freizeit

1. Surfen

Die postmodernen Theorien können, so hat der Überwachungstheoretiker David Lyon festgehalten, als mentale Übersetzung der technischen Revolution durch das Internet (damals noch Arpanet) gelesen werden. In umgekehrter Entsprechung hat sich die sportliche Praxis des Wellenreitens als Metapher für kollektive Lebensformen etabliert, die weiter zunehmend durch den Gebrauch moderner Kommunikationswege geprägt werden. Das Surfen ist dabei nicht nur die Praxis des mehr oder weniger zielgerichteten Navigierens im Internet, sondern hat sich als Modus der Zeit- und Raumgestaltung auch in das gelebte Leben der Individuen übersetzt, das durch die „virtuelle Welt" des World Wide Web imaginär (mit McLuhan: prothetisch) erweitert wird.

Voraussetzung dafür ist unter anderen die Ausdifferenzierung von Lebensstilen im Zuge der fortschreitenden Individualisierung zumindest im westlichen Kulturraum. Seit der frühen Neuzeit, mit Luther über die Aufklärung des „Sapere aude" bis in die Moderne und ihre späte Parallelaktion der Postmoderne haben sich die oder der Einzelne als Referenzpunkt der Sinnschöpfung etabliert und in Größe und Elend des notwendigen Selbst-Managements ausagiert. Die Not einer fortschreitend als „unrettbar" (so Ernst Machs um 1900 populäres Diktum zum „Ich") wahrgenommenen Existenz zu wenden, ist nichts, was man tun oder eben auch lassen kann. Die spätestens nach dem Ende der großen Erzählungen knappe Ressource Sinn muss immer wieder angezapft und pfleglich behandelt werden, um die reflexiv gewordene Extension des Menschen, seine bewusste Abständigkeit zu instinkthaften Vollzügen, zu bearbeiten.

Das Surfen in seinen Praxisformen markiert dabei den Weg des spielerischen Gleitens durch diese Offenheit des Seins und kann metatheoretisch als Fortsetzung der Homo-ludens-Anthropologie gesehen werden. Der Spieleinsatz in einer westlichen Welt nach Gottes Tod hat sich dabei nur scheinbar verringert: Dem Verlust des Seelenheils, der dem gläubigen christlichen Sünder drohte, ist das Verwirken der Möglichkeiten des mundanen, post- oder patchwork-religiösen Seins gewichen, das mit dem Tod endgültig wird. Schlimmer noch als die Hölle scheint dem zeitgenössischen Menschen das schlichte Aufhören des Multi-Optionsraums, zu dem sich eine entbettete Kultur gewandelt hat. Da ganz wie in Kafkas prophetischem Romanfragment „Der Process" dauernd ein Urteil über das Gelingen des Lebens gesprochen wird bzw. gesprochen werden könnte, sind Moral und Ethik zu alltäglichen Schlüsselthemen, zum „Preis der Moderne" (Höffe) geworden.

Entsprechend harsch und exhibitionistisch als Kehrseiten des Leichten und lustvoll Entborgenen kommen die Aushandlungsprozesse des Guten, Wahren und Schönen mitunter daher. Die Beschreibungen der „Ästhetisierung der Lebenswelt" (Bubner) und der „Ästhetik der Existenz" (Foucault, Schusterman) haben dabei die Priorisierung des Scheinens, der Maske und des Multiplen vor Sein, Antlitz und Eigentlichkeit betont. Zygmunt Bauman hat in seiner Soziologie der Ambivalenz diese Lebensform(en) als Tourismus beschrieben, womit wie beim „Surfen" wiederum eine Metapher verwendet und theoretisch produktiv gemacht wird (und Teil der allgemeinen Bewegung, des Diskurses ist). Der Tourist surft durch eine Vielzahl von Welten, die er jeweils zur Steigerung seiner ästhetischen Erfahrung, sowohl in der Aisthesis wie auch Reflexion, an sich heranlässt, sich darin aufhält, spürt, bedenkt und dann ohne weitere Konsequenzen wieder verlässt. Man hat ja dafür bezahlt, so Bauman in seiner Invektive, dass sich jedwede ethische Einstellung zum Erlebten verbietet.

Hier kommt das Thema Konsum ins Spiel (siehe auch Sergio Sorrentino): Gebrauch und Genuss von Waren, die das Wiederholungsbedürfnis steigern. Dabei lässt sich die Reihung als Verschiebung lesen, vom Gebrauch zum Genuss der Waren, deren lustvoller Aneignung. Und feststellen, dass sich die Warenförmigkeit heute weit über das täglich Brot in die Sphären des Brotes des Lebens erweitert, indem ganze Welten und Weltzugangsweisen per Mausklick und iPod buchbar werden. Weil sich die Individuen in ihrer Religion des Selbst häufig nicht mehr als mit einem göttlichen Funken beschenkte Wesen, sondern als weiße Seiten eines ehemals lesbaren Buches der Natur erleben, geht es auch nicht mehr um den gottgefälligen Ge- und Verbrauch des gegebenen Lebens, sondern die hastige Akkumulierung möglichst vielfältiger Arten und Weisen des Daseins. Die „Ich-AG", also das Selbst als Unternehmung mit Investitionsrisiken und selbstbestätigenden Profitmaximierungen, muss dabei geschickt zwischen unterschiedlichen Sinn-Angeboten auswählen, die auf dem Markt der letzten und vorletzten Dinge in den Browser-Auslagen liegen. Die Themenläden haben sich globalisiert, was kaum etwas so nachvollziehbar dokumentiert wie die westliche Tendenz zu Patchwork-Religiositäten und Synkretismen, also die Mischkulturen im Feld der Kosmisierungen.

Hier rücken des Weiteren die Bereiche Zeitmanagement, Wissensgesellschaft und mobile Kultur in den Blick. Die Soziologen Hörning, Ahrens und Gerhard haben eine dreiteilige Typologie komplexer Zeitbearbeitung erstellt, die die vorherrschenden Lebensstile der Jetztzeit abbilden soll. Nicht so sehr der „zeitjonglierende Spieler“ oder der „kommunikationsbesorgte Skeptiker“ sind hier von Interesse, sondern der „technikfaszinierte Wellenreiter“, in dem sich ein auf Machbarkeitsdenken, Zeiteffizienz und Neuigkeitsimperativ gerichtetes Wirtschafts- und Privatsubjekt spiegelt. Der Wellenreiter sieht Technik als optimalen Problemlöser für die Aufgabe, aus einer gewachsenen Zahl von Optionen unter zunehmendem Entscheidungsdruck in knapperer Zeit das bestmögliche persönliche Ergebnis zu machen. Er surft dabei von Technikinnovation zu Technikinnovation, um stets hohe Erwartungssicherheit über die für planbar erachtete Zukunft zu behalten: Auftretende Kontrolllücken, Unwägbarkeiten oder gar Verzögerungen wird die nächste Generation Blackberry sicherlich in den Griff bekommen. Wertschätzung der Technik ist die Basis eines Lebensstils, der sich als Fortsetzung eines sehr klassischen Linearismus des modernen Fortschrittsdenkens verstehen lässt.

Aufgabe des skizzierten Mitspielers in der beschleunigten Welt ist die Prozessierung und Generierung von Wissen, und auch hier findet sich das Surfen an einschlägiger Stelle. Es ist, wie der Mathematiker Mazzola treffend behauptet, der präzise Ausdruck des Gesetzes „Ich verweise, also bin ich“. Wissen ist zu verstehen als je aktuell zu leistende Ordnung von Information durch Verweis, und der Punkt in Raum und Zeit, an dem dies geschieht, ist die Topik des Aristoteles, darauf aufbauend die „topica universalis“ des Barock und schließlich heute das Vernetzungs- und Verweissystem der Hyperlinks. Die dreidimensionalen Feldbilder der Enzyklopädien ebenso wie die verblüffend ähnlich aussehenden Bildschirm-Oberflächen organisieren Wissen als Netzwerk von Punkten, die aufeinander Bezug nehmen – verbildlicht im „Pointer“ bei Präsentationen oder ähnlichem, nachvollziehbar gemacht in den Navigationsprotokollen der Browser, die die Spur des Surfens festhalten, um ja nicht den einmal aufwändig gefundenen neuen Bedeutungszusammenhang wieder zu verlieren.

Die enorme Mobilisierung der globalisierten Welt drückt sich neben den vervielfältigten Zeitformen und ausufernden Verweisketten datenbankgestützter Wissensökonomien vor allem in der realen Bewegtheit von Gegenständen (Gütern) und Körpern aus (wobei sowohl Daten wie auch Menschen „migrieren“). Betrachtet man sich Orte des Durchgangs wie etwa Küsten oder auch Flughäfen näher, fallen weniger die Unterschiede als vielmehr die Ähnlichkeiten zwischen denen auf, die freiwillig oder eben notgedrungen mobil sind. Wie Holert und Terkessidis in „Fliehkraft“ eindrucksvoll beschrieben haben, kreuzen sich die Wege von Touristen und Migranten an vielen Stellen und belegen damit die totale Freisetzung und Flexibilisierung des Individuums im (neoliberalen) Kapitalismus. Sennett hatte darauf schon Anfang der siebziger Jahre hingedeutet, als er in seiner

Studie „Tyrannei der Intimität“ über die Psychologisierung des Stadt- und Öffentlichkeitsraums das vermeintlich verwurzelte bürgerliche Ich als „Flüchtling“ bezeichnete. In dieser total werdenden „Deterritorialisierung“ (Deleuze) fallen auch die Bereiche von Selbsterhaltung und Muße (vgl. Sergio Sorrentino) lokal zusammen, sind doch die gleichen Strände oder Häfen Orte des verzweifelten Kampfes ums Überleben wie auch der genussgerichteten Arbeit an der Entspannung. Werden die Migranten aufgegriffen und abgeschoben, treiben sie wenig später in neuen „Flüchtlingswellen“ an anderen Küsten wieder an Land wie der Tourist auf seiner Luftmatratze. Allerdings dürfte in Zukunft auch in Europa das Modell der „gated community“ wieder eine deutliche Trennung zwischen Zonen des Wohlstands und der Pauperisierung ziehen.

Diese Trennungen sind schließlich auch im Bereich der Arbeit und Arbeitstheorie selbst zumindest weniger markant geworden. Populäre Publikationen wie etwa „Wir nennen es Arbeit“ (Friebe/Lobo) zeugen von ins Wanken gekommenen Wunschstrukturen und Definitionsmonopolen. Freiberufler, Geistarbeiter, Vertreter der immateriellen Ökonomie, Anhänger von Grundeinkommen und andere mehr oder weniger unterbezahlte („Urbane Penner“) Akteure der Wirtschaft des Unsichtbaren wollen angeblich nichts so wenig wie den klassischen 9-bis-5-Job, der vermeintliche Sicherheit (bis zur betriebsbedingten Kündigung) für den oftmals kreativ unbefriedigenden Einsatz von Lebenszeit bietet. Der Ausdruck „Wir nennen es Arbeit“ allein macht schon unmissverständlich deutlich, dass es keine Verbindlichkeit bei der Einteilung in *negotium* und *otium* mehr geben muss (aber je nach Milieu natürlich weiterhin gibt). Das Surfen von Tätigkeit zu Tätigkeit, die im alten Sinne dem Reich des Notwendigen („Brötchen verdienen“) angehören, ist partiell zum Ausdruck der kreativen Freiheit geworden und unterläuft somit die klare Dichotomisierung. Umgekehrt hat sich etwa in der Form von Freizeit-Stress ein Phänomen der „alten“ Arbeitswelt in den Wachstumsmarkt Freizeitgestaltung geschoben.

Zu guter Letzt hat das Surfen auch die Theorie und Textgestaltung selbst verändert. Die Synergetik unterschiedlicher Denkweisen zu erproben und zu nutzen, hat nach der Diskreditierung der großen inhaltlichen Theorie-Erzählungen (die Systemtheorie sei hier als formal-prozessuale Globaltheorie, eben als „Hegel ohne Weltgeist“ verstanden) Konjunktur und führt unter Umständen zu unvermuteten Herangehensweisen und Ergebnissen. War etwa dem Verfasser anfangs der Zusammenhang von Freizeit und Surfen nicht ganz klar, so kann er sich diesen jetzt zumindest in Teilen gut erklären. Aber das ist gegebenenfalls eben auch nur eine schnell weitergleitende Diskurs-Welle, die sich am Strand bricht, in dessen Sand das Antlitz des Menschen verschwand.

Jörg Metelmann

2. Freizeit

2.1

Freizeit ist eine Zeit, die frei ist von etwas und zu etwas. Aber wovon ist diese Zeit frei und vor allem wozu? Allererst muss man das Folgende sagen. Freizeit ist eine Zeit, die wir nicht mehr der Arbeit, den materiellen Bedürfnissen unseres alltäglichen Lebens widmen. Es ist die Zeit, die wir nicht mehr für die „negotia" unseres Lebens spenden. Eine Befreiung von dieser Arbeit macht einen Zeitabschnitt frei, den wir gemeinhin *Freizeit* nennen. Aber wozu ist diese Zeit frei? Dies ist die entscheidende Frage. Die Antwort sollte so lauten: Es ist die Zeit für die Kultivierung des Selbst, die Ausbildung des menschlichen Verhältnisses und die Ausbildung des Verhältnisses zu Gott.

2.2

Schon in der biblischen Tradition der *shabat* gilt als die Zeit der Ruhe von jeglicher Tätigkeit, die Anstrengung und Arbeit erfordert. Er wird im allgemeinen *Zeit der Ruhe* genannt. In ihr hört der Herr (JHWH) mit seinem schaffenden Werk auf. Es ist die Zeit, in der auch die Menschen mit ihren Werken aufhören sollen, um, den Herrn nachahmend, die Zeit der *Segnung* und der *Heiligung* zu genießen. Das meint, dass sie diese Zeit im Gebrauch und im Genuss der Güte ihrer Werke und in der Heiligung ihres gesamten Daseins verbringen sollen.

Genauer bestimmt, ist die Zeit der Ruhe eine Zeit, in der die Güte und das Vergnügen erlebt werden, mit denen unser Dasein gesegnet und geheiligt ist. Wir dürfen die Sache so vielleicht ausdeuten: *Segnung* weist auf die Güter des Lebens hin, die aus der ethischen, ästhetischen und religiösen Ausrichtung der Menschen entstehen, d.h. aus den *otiis* (nicht *negotiis*), die sie vornehmen. *Heiligung*, auf der anderen Seite, weist besonders auf das Verhältnis der Menschen zu Gott hin, das sie erfahren bzw. ausbilden.

Etwas Derartiges ergibt sich aus dem biblischen Konzept des *Jubeljahres*. Dieses ist ja auch eine Zeit der Ruhe, allerdings zugespitzt in Bezug auf die sozialen und sozusagen ökologischen Verhältnisse. Die ganze Gesellschaft bzw. das Volk Gottes kehrt in der Ruhe des Jubeljahres zu den ursprünglichen Verhältnissen des irdischen Lebens zurück, die keine Erpressung, Anstrengung und Gewalttätigkeit erleiden, so wie sie sich in den üblichen Zuständen der gesellschaftlichen und irdischen Bezüge darstellen.

2.3

Allerdings wird in der durch das Christentum geprägten Gesellschaft diese Befreiung der Zeit hauptsächlich durch den Tag des Herren (die *dies dominica*) ausgedrückt, und dann auch durch die Feiertage des liturgischen Jahres, die allerdings ihrerseits den Verlauf der alltäglichen Zeit kennzeichnen und sozusagen seinen Rhythmus betonen. Der Tag des Herren (dem auch die Feiertage gleichgestellt werden) ist zwar der Tag der Segnung und der Heiligung gemäß der biblischen Tradition, der ganz frei ist von den niedrigen Arbeiten (den *serviles labores*); diese sind Arbeiten, die Anstrengung, Mühe und Schweiß erfordern und deshalb keine Kräfte für den Genuss des Besten des Lebens zulassen. Selbstverständlich ist im Rahmen dieser christlich ausgeprägten Gesellschaft das Beste des Lebens all das, was sich auf die *Heiligung* und die *Segnung* bezieht.

In diesem durch das Christentum ausgeprägten Zeitalter bildet sich allmählich ein Unterschied zwischen dem *Werk* und der *Tat* aus, d.h. zwischen der Arbeit (*negotium*) des den Bedürfnissen unterstellten Menschen und der Tätigkeit (*otium*) des für die wertvollen Werke befreiten Menschen. Während das *Werk* (*labor*) die niedrige Stufe des Handelns ausmacht, wird die *Tat* (*actio*) als die höchste Stufe der menschlichen Handlung bewertet. Das erstere gehört sich für die Leute, die auf den niedrigen Stufen der Gemeinschaft leben und im Dienste der materiellen Bedürfnisse der Gesellschaft arbeiten (vor allem das Bauernvolk und die Handwerker), deshalb ihre Kräfte und ihren Schweiß aufwenden; die letzte bezieht sich auf das Handeln derer, die, von den Bedürfnissen des irdischen Lebens befreit, sich ruhig und frei den würdigsten und wertvollen Werken der menschlichen Existenz widmen können. Der Tag des Herrn trägt wie die Feiertage wesentlich dazu bei, diesen sozialen Abstand in der Weise der Freizeit auszugleichen, sodass alle Mitglieder der Gemeinschaft den Genuss der Blüte des Lebens zu erleben vermögen.

2.4

Jedenfalls kommt diese entzweite Struktur der alten, christlich geprägten Gesellschaft auch noch in der bürgerlichen Gesellschaft vor. Darin aber kündigen sich zwei erhebliche Änderungen an, die tiefgehende Wandlungen in der Gesellschaft auszeichnen. Zum einen hebt ein Säkularisierungsprozess an, durch den die Werke der Heiligung allmählich an den Rand der Freizeit rücken und immer mehr durch Ausnutzung und Verbrauch ersetzt werden. Zum anderen wird die Freizeit allmählich aus der Dimension der Gemeinschaft in diejenige des Individuums verschoben. Deswegen wird die

Befreiung der Zeit und deren Genuss immer mehr eine Sache des einzelnen abgesonderten Individuums. Darin zeigen sich alle die Züge an, die die Freizeit im Rahmen der bürgerlichen Gesellschaft aufweist.

Hier gewinnt der Feiertag den Vorzug über den Tag des Herrn; das ist eine Art Säkularisierung des letzteren. Deswegen wandelt sich die Zeit der Ruhe aus der Mühe und Anstrengung des alltäglichen Lebens in die Zeit der Feier und der Erholung um. Daraus entstehen die oben genannten neuen Züge der Freizeit in der bürgerlichen Gesellschaft. Sie ist zuerst darum Feierzeit, weil sie die Erholung der Arbeitskräfte zulässt. Denn werden diese Kräfte durch Arbeit und Anstrengung verschwendet, dann müssen sie wieder nachgeholt werden. Feierzeit ist dann zweitens die Zeit, in der die Einzelnen die erzeugten Waren nutzen und konsumieren können. Damit wird auch ein wesentliches und unabdingbares Kettenglied der Warenproduktion in Gang gesetzt, das allerdings zugleich deren Endziel ausmacht. Drittens hat die Feierzeit auch noch einen sozusagen ideologischen Zug. Es ist die Zeit, in der die soziale Unterdrückung verschleiert wird, indem sich die freie Energie der Individuen sowie die feierliche Kreativität der Gruppen austoben dürfen. Auf diese Weise wird man die Erpressung und Bedrückung des alltäglichen Lebens vergessen bzw. verdrängen können.

In unseren säkularisierten westlich-christlichen Gesellschaften ist deshalb die Freizeit die Zeit des Konsums und der Ferien. Es ist zuerst die Zeit des tatsächlichen Konsums von Waren jeglicher Art, von den mehr materiellen zu den vorzüglich immateriellen und virtuellen, denjenigen, die einen symbolischen Wert mit sich tragen. In diesem weitgehenden Konsum wird die Freizeit hauptsächlich genutzt. Im Sinne des alten, lateinischen Ausdrucks *vacare negotiis* (in Geschäften aufgenommen werden) meint das, dass die Menschen ganz vom Suchen nach Verbrauch und Genuss der Dinge in Anspruch genommen sind, die ihren Bedürfnissen entgegenkommen. Auf der anderen Seite jedoch sind diese Dinge dazu erzeugt, um ihre Bedürfnisse zu vielfältigen und immer weiter zu fördern. In diesem Ineinandergreifen von Dingen, Bedürfnissen und Warenproduktion entsteht eine eigene Industrie der Freizeit, die ganz allgemein unsere heutige Gesellschaft (die den Namen der kapitalistischen Gesellschaft verdient) kennzeichnet.

Es kommt ein anderer Aspekt hinzu, den wir durch den lateinischen Ausdruck *vacare a negotiis* (von Geschäften befreit werden) bezeichnen können, der sich in den entgegengesetzten Sinn wendet. Damit wird der Zustand der Menschen angedeutet, die Ferien bzw. Urlaub haben. Freizeit ist die Zeit, die frei und dann verfügbar dafür ist, sich den Geschäften der Alltäglichkeit zu entziehen, da in der Alltäglichkeit die Zeiten so bedrängend sind, dass den Leuten keine Zeit für sich selbst und für den Genuss der Dinge gelassen wird. Freizeit ist dann die Art und Weise, um aus den Sorgen und Geschäften des alltäglichen Lebens herauszukommen. Was auch dazu beizutragen vermag, das alltägliche Leben erträglich zu machen und keinen Ausbruch der zerstörenden Kräfte der Individuen und Gruppen zu veranlassen.

2.5

Zweifelsohne könnten wir diese Analyse ausführlicher fortsetzen. Da sich aber unsere Rede vorzüglich darauf ausrichtet, die Vollzüge unserer Erfahrung in der Alltäglichkeit des Lebens zu untersuchen, habe ich einen anderen Weg eingeschlagen. Es handelte sich darum, das zu erhellen, wie einige kleine Gruppen von Leuten aus meiner sozialen Umgebung die Freizeit erleben. Auf diese Weise folgt man vielleicht eher der genaueren Methode einer „Alltagsdogmatik". Hier fragt man unbefangen nach den Erlebnissen des alltäglichen Lebens, um dann die Strukturen unserer menschlichen Erfahrung entsprechend ausdeuten zu können. Wenn die Zeit eine tranzendental-existentiale Struktur des Menschen ist, indem sie sein In-der-Welt-sein ausspricht, so wird man nicht darum herumkommen, in die Faktizität unserer alltäglichen Erfahrung einzudringen. Auf diesem Wege können wir die Erlebnisse der Freizeit auf dem konkreten Boden der heutigen pluralistischen Gesellschaften erhellen. Darin vielleicht spüren wir nochmals die Keime der alten biblischen Erfahrung der Zeit der Segnung und der Heiligung, die uns durch die christliche Tradition oder die herkömmliche Gesellschaft überliefert worden sind.

Deshalb habe ich drei Arten von Gruppen gebeten, eine Diskussion über das Thema Freizeit zusammen zu führen. Die Diskussion war darauf abgezielt, dass zwei Fragen beantwortet werden sollten. Zuerst, was die Teilnehmer als Freizeit auffassen; dann wie sie faktisch ihre Freizeit erleben. Die befragten Gruppen sind insgesamt drei. Die eine besteht aus Mitgliedern einer der Basisgemeinden, die dem kritischen Flügel des Katholizismus angehören und die noch weiterhin vom zweiten Vatikanischen Konzil inspiriert sind. Die andere ist eine Gruppe von jungen Leuten einer parochialen Gemeinde unserer Stadt. Sie besteht hauptsächlich aus sehr glaubensverpflichteten Personen, die aber eine eigene, der Parochialgemeinde parallel laufende Gruppe ausmachen. Die letzte Gruppe besteht vornehmlich aus Leuten, die einem von ökologischen, pazifistischen und solidaristischen Zielen gekennzeichneten Verein angehören. Alle diese Gruppen sind ziemlich gleichartig in ihrer sozialen Zusammensetzung: sie bestehen hauptsächlich aus Leuten gemischten Alters; in der zweiten obengenannten Gruppe sind die jungen Leute die Mehrheit; in den beiden übrigen machen fast ausschließlich die Erwachsenen die Mitglieder aus. Doch fast alle Mitglieder der drei Gruppen sind gebildete Leute: entweder Studenten oder Personen mit akademischem Abschluss.

Nun fasse ich im Folgenden die wichtigsten Punkte zusammen, die sich aus der Diskussion mit diesen verschiedenen Gruppen ergeben haben.

a) Die Freizeit ist durch einen unterschiedlichen Rhythmus gekennzeichnet. Während die übliche Zeit unserer Alltäglichkeit als bedrängend erfahren wird, wird die Freizeit als frei von solcher Bedrängnis erlebt. Deswegen scheint es, als ob sie nicht verginge, sondern als ob die Zeit zur Ruhe käme. Weiterhin erscheint unsere freie Zeit Gelegenheit dafür zu bieten, das Tun und Lassen zu vollziehen, das uns mitten in unseren Geschäften nicht zugelassen ist. Dann wird all den Dingen, Handlungen und Zuständen genug Raum gegeben, die gewöhnlich als Verschwendung der Zeit erscheinen. In dieser Hinsicht wird die Freizeit als offen für die Dimensionen der menschlichen Existenz erlebt, die keinen Platz in der vergehenden Zeit unserer Alltäglichkeit finden, obgleich sie der Blüte des menschlichen Lebens zuzugehören scheinen.

b) Sehr eng damit zusammenhängend ist ein weiterer Aspekt: Freizeit eignet sich vor allem dazu, die Ausbildung des Geistes zu veranlassen. Damit ist die Entwicklung aller derjenigen Fähigkeiten gemeint, denen im Alltag fast keine Gelegenheit für ihren Vollzug geboten wird. Dazu sind Fantasie, Sinn, Einbildungskraft, Gedächtnis, Gedanken zu zählen, nämlich die Fähigkeiten, deren Ausführung und Vollzug die höhere Stufe menschlicher Existenz bildet. Nicht von ungefähr handelt es sich um Fähigkeiten, denen mitten in unserem geschäftigen Leben keine Bewertung zukommt, so wie gegenüber den produktiven Leistungen der Arbeit und des tätigen Lebens die Ausbildung des Geistes ganz gering geschätzt wird. Als ob all das zu der verlorenen Zeit zu zählen sei. Und dem herrschenden Muster bzw. dem Wertmesser unserer Gesellschaft gemäß ist die Zeit wesentlich Geld, das seinerseits die Welt regiert. Findet man aus der drängenden Zeit unserer Alltäglichkeit Zeit genug, um Freundschaft zu pflegen, Musik zu genießen und zu machen, Dichtung zu genießen, Natur anzuschauen, gute Bücher zu lesen, dann wird Freizeit am intensivsten erlebt.

c) Hervorragende Aufmerksamkeit kommt der Pflege der Natur zu, sei es die gefährdete Natur unseres Zeitalters oder die durch unsere künstliche Welt entfernte Natur unserer heutigen Erfahrung. Daraus entstehen verschiedene Einstellungen im Bezug auf die Natur, die aber das Vorgehen der erlebten Freizeit erfüllen. Zum einen ist Natur die Umwelt, die als Gegenstand einer respektvollen Betrachtung angesehen wird. Sie muss davor bewahrt werden, dass die Menschen ihr durch ihr Eindringen zu schaden vermögen. Deshalb ist die natürliche Welt fast ausschließlich da, um angeschaut und durch Gefühle von Verschmelzung mit ihr genossen zu werden. Zum anderen aber wird Natur als der große Organismus betrachtet, der von

Menschen vielfältig verletzt wird; deshalb verlangt sie Pflege und Sorge, für die viele Menschen eine Fülle an Zeit hingeben. Zum dritten zielt die Freizeit vorzüglich darauf ab, die Erkenntnis, Entdeckung und den sinnlichen Vollgenuss der natürlichen Welt zu steigern. Dabei knüpft sich zugleich die zugespitzte Wahrnehmung der ursprünglichen Grundlage an, der sich unser Sein in der Welt verpflichtet fühlt. Es ist nicht die gekünstelte Welt unsere angemessene Heimat, sondern erst recht die natürliche Welt. Selbstverständlich hat dieser Standpunkt weitgehende Auswirkungen auf unsere Lebenserfahrung. Er kann sogar unsere Erfahrung der Zeit umlenken, vom Gefühl der verlorenen Zeit (die Zeit, die nicht für unsere Geschäfte ausgenutzt wird) zu dem der erlebten Zeit und des Vergnügens an der natürlichen Welt. Es liegt allerdings nahe, dass diese drei Aspekte eines Verhaltens zur Natur im Konkreten des faktischen Lebens miteinander verknüpft sind und sich schwer unterscheiden lassen.

d) Freizeit ist weiterhin die Zeit, die wir als befreit von Zwang und Nötigung erfahren. Die Zeit unserer beschäftigten Alltäglichkeit bringt Nötigung und Zwang mit sich. Dann diktieren wir nicht selbst die Zeiten unseres Handelns, sondern es ist ein anderer, der das tut. Nutzen wir dagegen die Freizeit aus, dann sind wir es, die uns selber die Zeiten diktieren; und dann fühlen wir uns befreit vom Gewicht des Zwanges und zugleich bereit zu den Dimensionen des Lebens, die uns Lust und Vergnügen verschaffen. Es liegt allerdings nahe, dass man auch mitten in seinem beschäftigten Leben dieses Lustgefühl gewinnen darf, indem man selber ist es, der die Zeiten seiner Handlung diktiert.

Überlegen wir einmal Folgendes: Die Zeit der Lust ist eine *billige* Zeit; die Zeit der Arbeit ist eine *teure* Zeit. Es ist offenbar, dass wir hier einen berühmten Ausdruck von Dietrich Bonhoeffer benutzen, doch vielleicht scheinbar im umgekehrten Sinne. Bonhoeffer bezieht sich auf den Bereich der Gnade, die höchst anspruchsvoll ist und deshalb vom Glaubenden viel Fleiß und Eifer in der Nachfolge Christi verlangt. Die *teure* Zeit umgekehrt nimmt darauf Bezug, dass diese Zeit die Herkunft der *teuren* Waren ist, d.h. der Dinge, die Arbeit und Schweiß verlangen und dann den Bereich des Geldes und des ökonomischen Wertes begründen. Auf der anderen Seite ist die *billige* Zeit ganz außerhalb des Bereiches der Waren und der ökonomischen Güter. Sie ist die Zeit der Lust und des Unentgeltlichen. Dagegen ist die Zeit der Produktion und des Konsums erst recht eine Zeit, die nur eine von außen her hervorgebrachte Lust veranlassen kann. Daher kommt der Eindruck, als ob diese *billige* Zeit die heutige Quelle der Segnung in der menschlichen Existenz sei, worin man ein Echo des biblischen Wortes in unserem säkularisierten Zeitalter nachzuempfinden scheint.

e) Ein weiteres Erlebnis der Freizeit besteht darin, dass sie die Logik des Spiels entfaltet. Sie ist eine vom Ziel des Wertes und des Geldes entbundene Logik. Auf ähnliche Weise ist die Freizeit nicht eindimensional wie die Zeit der Warenproduktion bzw. des Konsums, zu dessen Logik weitgehend auch noch die Freizeit selber in unserer heutigen Gesellschaft reduziert wird. Die Freizeit ist vielmehr offen zu mehreren Möglichkeiten, und das eben zeichnet das damit zusammenhängende Gefühl von Freiheit aus. Im Bereiche der Freizeit sieht es so aus, als ob unser Handeln ganz auf das Selbst ausgerichtet sei und auf die vielfältigen Ansprüche des Daseins; weit entfernt davon, dass man dabei nichts zu tun hat, ist es die Zeit, in der man sehr intensiv mit sich selbst zu tun hat. Deswegen erscheint sie nicht als *gestohlene* Zeit, wie die *teure* Zeit der Arbeit und des Konsums, sondern vielmehr als geschenkte Zeit für die Ausbildung des Selbst.

In einem Bilde des zeitgenössischen Künstlers Salgado erscheinen zwei Figuren, eine Mutter und ihr Kind, die mitten in der Flucht aller übrigen Leute (vielleicht wegen eines tragischen Ereignisses) sich fest in die Augen anschauen. Beide Figuren stellen offenbar eine Metapher der Freizeit in der heutigen, äußerst beschäftigten und bedrohten Welt dar. In diesem Sinne innerhalb unserer echten Erfahrung ist die Freizeit zugleich die Zeit der Kreativität und der Befriedigung sowie der Aktivität und der zwanglosen Initiative; dagegen ist die beschäftigte Zeit, auch noch die Freizeit als Warenproduktion und Konsum, zugleich die Zeit des zwangsläufigen Handelns und der Passivität. Sogar die Zeit der Unterhaltung, die so weitgehend in unserer Medienkultur gesteigert wird, bietet solche Zeichen der *gestohlenen* Zeit. Sie steigert unsere Passivität in der Mitteilung auf; deswegen trägt die Entdeckung der Freizeit in unserer Alltäglichkeit dazu bei, einen entschiedenen Abstand vom Fernsehen und dessen allerlei Unterhaltung zu nehmen. Sonach in der hier dargestellten Erfahrung wird die Freizeit insgesamt auf Unentgeltlichkeit, Befriedigung, Kreativität, auf frei gebildete Vielfältigkeit ausgerichtet.

Sergio Sorrentino

Literatur

BAUMAN, Z., Flaneure, Spieler und Touristen: Essays zu postmodernen Lebensformen, Hamburg 1997.

BUBNER, R., Ästhetische Erfahrung, Frankfurt a.M. 1989.

FRIEBE, H./LOBO, S., Wir nennen es Arbeit. Die digitale Boheme oder intelligentes Leben jenseits der Festanstellung, München 2006.

HÖFFE, O., Moral als Preis der Moderne. Versuch über Wissenschaft, Technik und Umwelt, Frankfurt a.M. 1993.

HOLERT, T./TERKESSIDIS, M., Fliehkraft. Gesellschaft in Bewegung – von Migranten und Touristen, Köln 2006.

HÖRNING, K.H./AHRENS, D./GERHARD, A., Zeitpraktiken: Experimentierfelder der Spätmoderne, Frankfurt a.M. 1997.

SENNETT, R., Verfall und Ende des öffentlichen Lebens: Die Tyrannei der Intimität, Frankfurt a.M. 1990.

SCHUSTERMANN, R., Kunst leben – Die Ästhetik des Pragmatismus, Frankfurt a.M. 1994.

Claus-Dieter Osthövener/Jan Hermelink

All Inclusive/Urlaub

1. All Inclusive

Die markige Werbung „All Inclusive“ ist längst nicht mehr auf die altbewährten und immer wieder gern gebuchten Urlaubsangebote beschränkt. Auch Mietwagen oder neuerdings auch *webspace*, vorzugsweise zum „Knallerpreis“, werden mit diesem Lockmittel angepriesen. Und wo der lautstarke Lobpreis allgegenwärtig wird, müssen natürlich würdige Nachfolger gesucht werden, denn eine Steigerung ist ja bekanntlich immer möglich. Wer also bereits das „All Inclusive“ als das schlechthin alles umfassende Angebot verstanden hatte, darf sich seit Neuestem von dem Versprechen des „Ultra All Inclusive“ eines Besseren belehren lassen.

Nur Pedanten werden einwenden, dass sich „Alles“ nicht mehr steigern lässt. Denn schon ein flüchtiger Blick in ein Lehrbuch der formalen Logik belehrt darüber, dass Allaussagen stets bezogen sind auf eine ganz bestimmte Menge von Elementen. „Alles, von dem gilt, dass …“ ist mit drin im Preis. Da es sich vorwiegend um den Urlaub handelt, der hier so schlagend beworben wird, verwundert es nicht, das es sich bei diesen Elementen vorzüglich um Essbares handelt, auch Trinkbares, versteht sich.

Zu Zeiten, da man noch nicht so genau wusste, dass man möglichst viele Mahlzeiten über den Tag verteilen sollte und daher schlichte drei Essenstermine für ausreichend hielt, hieß das einmal „Vollpension“. Diese etwas behäbige Variante des „All Inclusive“, schon als rein sprachliche Komposition betrachtet noch mit dem geradezu alteuropäischen Charme einer deutsch-französischen Freundschaft versehen, machte sich ja ebenfalls bereits mit Vollständigkeitsansprüchen wichtig, vor allem natürlich gegenüber dem minderen Angebot einer „Halbpension“. Das auf jede Art von umfassender Daseinsvorsorge verzichtende bloße Frühstück schließlich durfte sich nur noch als ein nicht-deutsches „garni“ kundtun, was so viel bedeutet wie „mit dem Nötigsten versehen“ und das schier gar keinen Charme zu versprühen vermag. Als urig kerndeutsche Version hatte einst sogar ein „Rundum-Sorglos-Paket“ Konjunktur, freilich kein Esspaket, sondern ein sorgsam geschnürtes Bündel von Reiseversicherungen. Immerhin ist auch hier der nachgerade geometrisch gerundete Ganzheitsaspekt greifbar, ein später Nachfahre der vollkommenen Kugelform des Seins bei Parmenides.

Doch was ist es denn der Sache nach, was diese sämtlichen, sei es deutschen, französischen oder heute eben in weltläufigem Englisch daherkommenden Werbesprüche so attraktiv macht, dass ein jeder gerne zugreift? Auf den ersten Blick freilich ist es nur zu verständlich, dass die umfassende Versorgung mit lebensnotwendigen Gütern (Cocktails beispielshalber) ein verlockendes Angebot darstellt. So mancher dürfte beim entspannten Einverleiben aller angebotenen Köstlichkeiten allmählich selber der parmenideischen Kugelgestalt verdächtig nahe kommen. Und da es sich zumeist um einigermaßen umgrenzte Areale handelt, innerhalb derer das exklusive Inklusivangebot gilt, darf man mit der beruhigenden Maxime seine Tage verbringen: „Was immer Dir an Nahrungsmitteln begegnet: verleibe es Dir ein!“ So formuliert bringt sich wohl jedem sogleich die alte Sage vom Schlaraffenlande in Erinnerung, die ja in leicht märchenhafter Form einen frühen Niederschlag der „All Inclusive“-Mentalität darstellt. Die auch damals schon, leider, ganz ausschließlich dem Leibeswohl sich verpflichtet wusste, immerhin aber, als eine vormoderne Form des Wellness-Hotels, ein ‚Jungbad‘ vorzuweisen hatte.

Doch bevor derlei Beobachtungen in melancholisch kulturpessimistische Klagen abgleiten, die ja seit jeher eine nur allzu vergleichbare Inklusionsmelodie anstimmen („*Alles* ist eitel“), soll doch auch das sublimere Ganzheitsverlangen gewürdigt sein. Denn nicht nur im Konsumgüterbereich findet sich ja die „All Inclusive“-Mentalität, sondern auch in den feineren Gefilden der Kultur, den höheren Sphären des Lebens und Strebens. Am prägnantesten hat es wohl wieder einmal Richard Wagner auf den Punkt gebracht, der bekanntlich der Idee eines Gesamtkunstwerks anhing, also dem „Ultra All Inclusive“ des abendländischen Kunstwollens, unter dem es bei diesem Künstler ja selten abging. Doch finden wir hier auch einen bedenkenswerten, ja recht eigentlich bedenklichen Aspekt der genannten Einstellung ebenfalls deutlich markiert, wenn Wagner in seinem ‚Kunstwerk der Zukunft‘ schreibt:

> Das große Gesammtkunstwerk, das alle Gattungen der Kunst zu umfassen hat, um jede einzelne dieser Gattungen als Mittel gewissermaßen zu verbrauchen, zu vernichten zu Gunsten der Erreichung des Gesammtzweckes aller, nämlich der unbedingten, unmittelbaren Darstellung der vollendeten menschlichen Natur.

Man sieht, es ist ein zweifellos gewalttätiger Zug, der da mit dem Totalitätsanspruch einhergeht. Von einer individuierenden Funktion der Exklusion, von der heute so gern die Rede ist, findet sich da nichts, sondern nur das alles in sich aufsaugende, instrumental einbindende Ganze, dem alles Einzelne zwar inkludiert ist, ansonsten aber gar nicht mehr *als* Einzelnes in Betracht kommt. Es kommt eben entscheidend auf die Art und Weise der Inklusion an, wenn das „All Inclusive“ gewürdigt werden will. Wagner schwebte immerhin noch ein gegliedertes Ganzes vor, eine organisch aufeinander bezogene Mannigfaltigkeit, während sich derlei Feinheiten dem heutigen Aggregieren des im Pauschalpreis Inbegriffenen wohl nicht mehr ohne weiteres nahelegen. Doch schon damals zeigte es sich, dass angesichts derartig ausschließlicher Unbedingtheitsprätentionen Missverständnisse aller Art nicht ausbleiben konnten. Kein Wunder also, wenn Wagner im Blick auf eine neu zu gründende Zeitschrift seinen Freund Franz Liszt beschwört: „Vor allem aber auch nichts von dem unglücklichen ‚Gesamtkunst‘ in den Titel!!!“ (16. August 1853).

Wo das Unbedingte weilt, ist die Religion nicht fern. Und so müsste es denn ein Wunder sein, wenn nicht auch die eine oder andere religiöse Dimension des „All Inclusive“ sich aufweisen ließe. Und selbstverständlich wird immer fündig, wer da nur fleißig sucht. Nun ist die Theologie mit Prädikaten des Großen und Ganzen noch nie sparsam gewesen. Gott, Mensch und Welt – die klassischen Themen menschlicher Selbstauslegung bieten genügend Raum für das ‚Eins und Alles‘. Nun soll jedoch als der eigentliche theologische Ort der umfassenden Inklusion hier einmal nicht der vielleicht nahe liegende Gottesgedanke vorstellig gemacht werden, sondern ein nur allzu menschliches Phänomen. Da wir uns auf dem Felde des Angelsächsischen bewegen, darf wohl nun auch einer der sprachmächtigsten Sänger dieses Kulturgebiets zum Zuge kommen: John Milton. In seinem ‚Paradise Lost‘ findet sich der gesuchte Gedanke an höchst prominenter und vor allen Dingen an schwindelerregend folgenreicher Stelle, wenn es nämlich über den ins Paradies eingedrungenen Satan heißt:

For now, and since first break of dawn the Fiend, / Mere Serpent in appearance, forth was come, / And on his Quest, where likeliest he might find / The only two of Mankind, but in them / The whole included Race, his purpos'd prey“ (Book 9).

„Whole included“ – so ist es. Nicht weniger als das gesamte menschliche Geschlecht ist es, das dem Bösen hier in die Hände fällt, in Gestalt zweier nahezu (aber eben nur: nahezu) unschuldiger Menschenwesen. Und so ist der Sündenfall ganz gewiss das umfassendste „All Inclusive“-Angebot, das jemals gemacht wurde, nun endgültig durch kein ‚Ultra‘ oder ‚Mega‘ mehr steigerungsfähig. Und wen wird es wundern, dass es auch hier – ums Essen ging.

„All Inclusive“ erweist sich damit als eine typische Paradiesesformel. Doch hängt ihr auch eine letzte Uneindeutigkeit an, die in einer gewissen Spannung zum ‚Alles in Einem‘ zu stehen scheint. Denn sie beschreibt sowohl, wie im Fall des Schlaraffenlandes, das Paradies selbst, kann aber auch, wie zuletzt gesehen, die Vertreibung aus ihm bedeuten. Und schließlich, das ist die in der Neuzeit vorherrschende Perspektive, wird die umfassende Inklusion nur zeitweise und als Unterbrechung des Alltags in Anspruch genommen, sei es nun im mediterranen Urlaubs-Club oder in Bayreuth. Damit erst gewinnt sie die für das moderne Individuum so unverzichtbare Exklusivität, die mitunter sogar im Fernsehen gezeigt wird. Nicht das umfassende All, in dem man allenfalls ertrinken und versinken kann, ist der Gegenstand der zumeist jährlich sich meldenden Sehnsucht, sondern das ‚kleine' Paradies, nett gelegen an meeresumrandeten oder eben auch grünen Hügeln, dem man sich für eine bestimmte Zeit vertrauensvoll überlässt. Ein Paradies, in dem sowohl Anreise wie Abreise von vornherein im Preis mit inbegriffen sind.

Claus-Dieter Osthövener

2. Urlaub

In einer Festschrift zum 70. Geburtstag eines prominenten Praktischen Theologen fragte Wilhelm Gräb vor gut zehn Jahren nach „lebensdeutenden und -orientierenden Sinnmustern" außerhalb kirchlich praktizierter und theologisch vermessener Religion – und er fand sie nicht zuletzt in der Urlaubswerbung.[1] „Robinson. Zeit für Gefühle" – in diesem TUI-Clubreisen-Katalog macht Gräb „die Motive der das Glücksverlangen thematisierenden Urlaubsreligion" namhaft: die „heilsame Unterbrechung des Alltäglichen", die Grenzerfahrung, der Urlaub als Schwellenraum, in dem es „etwas zu erleben gibt. Das kann gefährlich sein. Es steht aber auch die Erfahrung in Aussicht, dass das Leben in dem, was es bislang zu erfahren gab, nicht aufgeht".[2]

Je umfassender, je unentrinnbarer die Rationalität der Industriegesellschaft erscheint, desto mehr soll wenigstens der Urlaub an die Grenze führen: in die Berge oder an den Strand, an die (südwestlichen) Ränder Europas oder weit darüber hinaus. Und je umfassender, je unentrinnbarer Berufs- und Privatleben individualisiert werden, desto mehr stellt der Urlaub vor allem eine Erweiterung des Ich in Aussicht. Was seit dem 18. Jahrhundert das Ziel adliger Bildungsreisen war, wird nun zur massenhaften Sehnsucht: die Horizontüberschreitung, die „Bereicherung des eigenen Ich"[3], ja seine Verwandlung: *Rekreation*.

Gräb hat seinerzeit gezeigt, wie vielfältig in der Urlaubswerbung „von Deutungsmustern der biblischen Überlieferung Gebrauch gemacht" wird[4]: Neben die Bilder vom Paradies treten Anspielungen auf den Exodus, auf Tempelprozessionen und heilige Mahlzeiten. „Bewundernswert, wie sie es versteht, Wasser in Wein zu verwandeln", dichtete die TUI. Der Urlaub zeigt sich „als rituale Weihehandlung", als – temporäre – „Gegenwart des ganzen ungeteilten Daseins"[5]. Im gedeuteten Urlaubserlebnis findet Schleiermachers Begriff der religiösen Erfahrung eine aktuelle Konkretisierung – ‚alles in einem'.

2.1 Übergänge – begrenzt

Der religiöse Charakter von Urlaubserfahrung und -erwartung lässt sich – so Gräb – mit Victor Turners Begriff der „Mußegattungen" erläutern. Aus verpflichtenden „liminalen" Ritualen werden in der Moderne vielfältige, individuell zu nutzende „liminoide" Zwischenräume: Diese Transformation von Transzendenzerfahrung zeigt sich nicht zuletzt am Phänomen des Kurzurlaubs, der zu Ostern, Pfingsten und auch zu Weihnachten an die Stelle des kirchlichen Gottesdienstes tritt.

Mittels anderer Religionstheorien kann etwa der Festcharakter des Urlaubs akzentuiert werden, in dem sich exzessive und affirmative Impulse verbinden, oder sein Spiel mit alternativen Rollen: Urlaub erscheint als „heiteres Übungsfeld" für die wesentlich fragmentarische Existenz in der Postmoderne – so sieht es Albrecht Grözinger im Anschluss an Henning Luther[6]. Im Übergang, in der passageren Existenz des Reisens verbindet sich der Schmerz über die Enttäuschungen und Verletzungen des Alltags mit der Sehnsucht nach einer Erfüllung, von der alle Beteiligten wissen, dass sie hier und jetzt nicht zu erlangen ist.

Claus-Dieter Osthövener hat oben gezeigt, dass „All Inclusive" als neuzeitliche Formel für das Paradies nur gelten kann, wenn die *Exklusivität*, wenn die Grenze des Paradieses im Blick bleibt. Ohne Rückflug wird der Urlaub zum Exil. Ohne Bruch, ohne Fraktur wird aus der Sehnsucht nach dem Unbedingten ein Schrecken ohne Ende.

2.2 „Missionarische Gelegenheit"

In der Gegenwart erscheint der Urlaub religiös aufgeladen, seine Deutung bedient sich nicht selten biblischer und christlicher Semantik. Damit ist die Frage, wie die Kirche auch und gerade hier ein „Ort religiöser Deutungskultur" (Gräb) werden kann, freilich allererst gestellt.

In einem EKD-Beitrag zur „Urlaubs-Seelsorge im Wandel"[7] weist Wolfgang Huber darauf hin, wie sehr die Kirche hier in Konkurrenz zu zahlreichen weiteren religiösen und nichtreligiösen Akteuren steht.

> Die evangelische Kirche wird daher im Umfeld von Tourismusindustrie, Freizeitangeboten und Urlaubsevents nur dann eine relevante Stimme haben, wenn sie bei ihrem eigenen Auftrag bleibt, nämlich die Barmherzigkeit Gottes verkündigt. Der barmherzige Gott, der in Jesus Christus begegnet und in Schöpfung und Erlösung

erfahren wird, ruft den Menschen in eine Freiheit, die er sich niemals selbst kaufen, erarbeiten oder aber auch in der Gestalt von Ferien erkaufen kann. [...] Die Kirche erinnert so in der ‚schönsten Zeit des Jahres' an die Verheißung des Glaubens, dass Gott die Sehnsüchte der Menschen aufnimmt und korrigiert, bestätigt und vertieft. – Diese Sehnsüchte anzusprechen und als religiöse, geistliche Sehnsucht auf Gott zu beziehen, ist die missionarische Möglichkeit des kirchlichen Handelns an den Urlaubsorten.[8]

Das Stichwort „missionarisch" provoziert zunächst Widerstand. Steht das Verständnis des Urlaubs als „missionarische Gelegenheit"[9] nicht in der Gefahr, das unverfügbare Handeln Gottes in den Dienst der kirchlichen Institution zu nehmen? Der argumentative Duktus des zitierten Textes, der mit der Kirche beginnt wie endet, scheint dies nahezulegen – auch wenn in dem EKD-Beitrag mehrmals auf die Spannung hingewiesen wird, in der gerade die Kirchengemeinden an großen Urlaubsorten stehen: zwischen dem Anspruch der Residenten auf enge Gemeinschaft und dem Leitbild konsequenter Gastfreundschaft. Diese (produktive) Spannung zwischen Gemeindekirche und ‚Kirche bei Gelegenheit' gehört wesentlich zur Signatur der Volkskirche – auch und gerade ‚zu Hause'.

Gleichwohl ist Huber dort Recht zu geben, wo er angesichts der manifesten Konkurrenz religiöser Deutungsangebote (auch) im Urlaub nach einer *inhaltlichen Bestimmung* des kirchlichen Handelns fragt. Diese Bestimmung mag hier zu knapp und pauschal formuliert sein – aber dass das deutende Handeln im Namen des Glaubens „die Sehnsüchte der Menschen aufnimmt und korrigiert", hat auch Wilhelm Gräb der Kirche immer wieder eingeschärft. Angesichts einer religiösen Deutungspraxis, die Gott „mit den erfahrenen Glücksmomenten in der eigenen Lebensgeschichte identifiziert"[10], die daher auch und gerade im Urlaub nur auf Momente paradiesischer Erfüllung setzen kann („alles in einem" – „und zwar sofort"), ist kritisch festzuhalten:

Dem Selbstverständnis christlichen Glaubens ist schließlich das Kreuz eingezeichnet. [...] Christlicher Glaube kann deshalb auch vor diesen im Grunde immer unehrlichen Verklärungen des Lebens bewahren, weil er weiß, dass Gott [...] auch in das Unglück, das Scheitern, in Tod und Sterben eingegangen ist.[11]

Ganz in diesem Sinn hat Claus-Dieter Osthövener oben darauf hingewiesen, dass das moderne Programm des „All Inclusive" latent gewalttätig ist, wenn es sich seiner eigenen *Begrenztheit* nicht kritisch bewusst bleibt. Zum Paradies gehört, aus Sicht christlicher Anthropologie, der Sündenfall immer schon dazu – und dieser findet in den Exzessen um Essen und Trinken nur einen, keineswegs harmlosen Ausdruck. Wie lassen sich auf dieser kreuzestheologischen Spur Urlaubshoffnungen und -ansprüche deuten, ohne sie zu denunzieren, aber auch ohne sie nur einfach, oberflächlich zu bestätigen?

2.3 „Uncollected"

So heißt eine Installation der beiden skandinavischen, in Berlin lebenden Künstler Michael Elmgreen und Ingar Dragset, die in der Frankfurter Ausstellung „All inclusive. Die Welt des Tourismus" (Frühjahr 2008) gezeigt wurde[12].

In einem ansonsten leeren Raum steht ein kreisförmiges Gepäckband, ca. vier Meter im Durchmesser, wie man es – wenn auch nicht in der runden Form – von jedem Flughafen kennt: eine rotierende, schwarze Gummibahn in einem kniehohen Aluminiumrahmen; in der Mitte ein etwas höherer Metallzylinder, aus dem ein weiteres Band die Gepäckstücke auf die Umlaufbahn befördert. Auf dem Band befindet sich eine einzelne, dunkelblaue Segeltuchtasche mit der üblichen Kennzeichnung des Zielorts durch eine Schlaufe aus weißem Papier. Das Band mit der Tasche rotiert im üblichen Tempo, endlos und still.

Die Installation ruft die Erinnerung an das Warten am Gepäckband wach: ein Schwellenraum, der zu jeder Ankunft auf dem Flughafen gehört. Immer ist dieses Warten auch von der Sorge begleitet, das eigene Gepäck könnte nicht mitgekommen sein. Man kennt das vergebliche Stehen am gleichförmig, ewig rotierenden Band – der Übergang verzögert sich, der Aufenthalt auf der Schwelle wird beschwerlich. Das Gepäckkarussell weckt die Angst, die Rückkehr in den Alltag nicht (mehr) zu schaffen.

Hier aber kehrt sich die Situation um: Nicht das Gepäck fehlt, sondern die zugehörige Person. Ist sie nicht mitgenommen worden aus dem Urlaub („uncollected"), wollte sie dort bleiben, ist sie vielleicht sogar gestorben, so dass diese Tasche nur ein Überbleibsel ist – eine Reliquie? Das kann durchaus ein Hoffnungsbild sein: Auf der letzten Reise brauche ich nichts mehr, bin aller Dinge ledig. Zum Urlaub gehört ja – darauf hat Horst Opaschowski hingewiesen – auch eine gewisse Todessehnsucht:[13] Rückkehr ins Paradies, endgültiges Entkommen aus dem Alltag, „Abschalten", „die Seele baumeln lassen" – das kann man sehr abgründig verstehen.

Aber eine andere Phantasie ist gegenwärtig stärker: Wurde die Tasche vielleicht absichtsvoll platziert, gezielt gerade hier zurückgelassen? Panik kann aufkommen – bis dahin, dass der Flughafen geräumt wird. Das Gepäckstück evoziert Angst vor unfassbarer Gewalt, die den Urlaubsort verwüstet oder die – etwa in Zügen oder Bahnhöfen – alle Bewegung, alle Übergänge radikal zum Stehen bringt.

Zum Urlaub gehören sehr abgründige Dimensionen; die Sehnsucht, endlich „All Inclusive" zu leben, ist begleitet von der Angst, aus dem Paradies vertrieben zu werden – durch totalitäre Gewalt oder durch eigene Nachlässigkeit. Plötzlich ist man nicht mehr mitgekommen, gehört nicht mehr dazu – „uncollected".

2.4 Der Fremdheit Raum geben

Wie lassen sich die Sehnsüchte aufnehmen, die mit dem Urlaub verbunden sind, und zugleich seine Untiefen zur Sprache bringen? Entgegen dem gegenwärtigen Trend, das kirchliche Handeln in Strategien zu fassen und die Praktische Theologie für deren Optimierung haftbar zu machen, sei hier festgehalten: Die Kirche wird auch im Schwellenraum des Urlaubs immer schon in Anspruch genommen, und zwar als *Anwalt des Fremden*. Dazu drei Hinweise.

Gerade am Urlaubsort werden *Kirchengebäude* – auch Kirchen anderer Konfessionen – häufig besucht, aus touristischen wie aus anderen, verborgenen Gründen. In einer synodalen Kundgebung hat die EKD formuliert:

> Kirchen „haben eine Ausstrahlungskraft weit über die Gemeinden hinaus, denen sie gehören. Wer eine Kirche aufsucht, betritt einen Raum, der für eine andere Welt steht. [...] Kirchen sind Orte, die Sinn eröffnen und zum Leben helfen können, Orte der Gastfreundschaft und der Zuflucht. Sie sind Räume, die Glauben symbolisieren [...].“[14]

Kirchen stehen für eine andere Welt, auch für einen anderen Glauben. Im Urlaub, fern von der eigenen Welt, gewinnen sie damit an Attraktivität. Diese andere Welt mag in der Fremde beheimaten; sie markiert aber stets auch die Dimension der Fremdheit, die dem Evangelium vom Kreuz eigen ist. Dieser *evangelische Kontrast* sollte in der Kirche erkennbar sein, etwa durch Eintragungen zeitgenössischer Kunst oder durch die Möglichkeit, auf Gebetswänden die eigenen Ängste und Hoffnungen zu artikulieren. Nur eine Kirche, die auch dem – mitunter abgründigen – Befremden Raum gibt, wird im Urlaub beheimaten können.

Zu erinnern ist weiterhin an den Dienst der Kirche an Reisenden – von der (ökumenischen) Bahnhofsmission über die Seelsorge an Flughäfen bis zu den Auslandsgemeinden, deren Arbeit nicht zum Wenigsten darin besteht, Gestrandete (!) und Verlorene zu bergen. Dieser Dienst, diese *Diakonie in der Fremde* zeichnet sich dadurch aus, dass sie gerade nicht primär missionarisch interessiert ist, sondern ungeteilt nach den Lebensbedürfnissen der Reisenden fragt, ihnen Ruhe- und Rückzugsorte bietet. Gleichwohl kann (kann!) gerade dieses unbedingte Interesse am Anderen auf einen Gott hinweisen, der im Kreuz Jesu in das Scheitern eingegangen ist.

Schließlich sei hingewiesen auf eine ausdrücklich religiöse Form des Urlaubs, die in der Gegenwart überraschend an Bedeutung gewonnen hat: das *Pilgern*. Das Interesse an ‚evangelischen‘ Pilgerfahrten, ja an Einrichtung eigener Pilgerwege ist an die Landeskirchen zunächst eher von außen, durch Gruppen oder einzelne Autoren herangetragen worden[15]; erst allmählich werden in den betroffenen evangelischen Kirchen und Gemeinden

Konzepte der Pilgerbegleitung entwickelt. Dabei steht die Kirche derzeit – wieder einmal – in der Gefahr, einem Trend hinterherzulaufen, also gleichsam ‚Pilgern All Inclusive' anzubieten, mit umfassender Betreuung vom Reisesegen über Herbergen aller Komfortklassen bis zum ‚Schnupperpilgern' für wenige Stunden.

Auch hier kann das kirchliche Handeln die Sehnsucht „Ich bin dann mal weg" (Hape Kerkeling) aufnehmen *und* vertiefen durch eine Begleitung, die eher Fragen stellt als Antworten gibt, die eher das Fremde akzentuiert als das Gewohnte zu bedienen – und die vor allem ganz davon absieht, beurteilen zu wollen, mit welchen Gründen, Zielen und Einsichten die Einzelnen ihren Pilgerweg gehen. Indem die Kirche ihre Gäste aus der Herberge auch und gerade *entlässt*, bewahrt sie sich davor, mit dem Paradies verwechselt zu werden.

Jan Hermelink

Anmerkungen

1 GRÄB, W., Lebensgeschichtliche Sinnarbeit. Die Kasualpraxis als Indikator für die Öffentlichkeit der kirchlichen Religionskultur, in: Drehsen, V. u.a. (Hg.), Der ‚ganze Mensch'. Festschrift Dietrich Rössler, Berlin/New York 1997, 219–240, hier 237f.

2 Ebd.

3 Ebd., 238.

4 Ebd., 237.

5 Ebd., 234.

6 Zitiert nach LIENAU, D., Tourismus, in: Gräb, W./Weyel, B. (Hg.), Handbuch Praktische Theologie, Gütersloh 2007, 419–430, hier 425.

7 Fern der Heimat: Kirche. Urlaubs-Seelsorge im Wandel. Ein Beitrag der EKD zu einer missionarischen Handlungsstrategie, hg. v. KIRCHENAMT DER EKD, Hannover 2005 (EKD-Texte 82).

8 Ebd., 7 (Vorwort des EKD-Ratsvorsitzenden).

9 Ebd., 6 u.ö.

10 GRÄB, Lebensgeschichtliche Sinnarbeit, 239.

11 Ebd.

12 Die Ausstellung wurde in der Schirn Kunsthalle Frankfurt a.M. vom 30. Januar bis zum 4. Mai 2008 gezeigt. Die Installation ist abgebildet im Katalog: All Inclusive. Die Welt des Tourismus/A Tourist world, hg. v. ULRICH, M./HOLLEIN, M., Köln 2008, hier 24f.

13 Vgl. die Hinweise in Fern der Heimat: Kirche, 17.

14 Kundgebung der EKD-Synode in Leipzig 2003, zitiert nach: NÜCHTERN, M., Kirche bei Gelegenheit des Urlaubs, in: PrTh 42 (2007), 130–139, hier 136.

15 Vgl. etwa GUNDLACH, J., Zwischen Loccum und Volkenroda. Ein Pilgerbuch, Hannover 2005.

Hartmut Ruddies/Inken Mädler

Dessert/Körper

1. Dessert

1.1

„Denken macht traurig – Suppchen macht lustig". Zwischen diese beiden Eckdaten eines masurischen Sprichwortes könnnen die Reflexionen gespannt werden, die man zum Thema „Essen und kulturelle Identität" angestellt hat.[1] Denn alle Reflexionen zum Komplex Essen/Trinken erinnern daran, dass sich hier biologische Notwendigkeit und symbolträchtige Realität verbinden. *Was* wir essen und *wie* wir essen – das ist auch noch in Situationen äußerster Not eine Frage der Wahl. Nicht alles darf und kann gegessen und getrunken werden, das Essen und Trinken war und ist von den verfügbaren Lebensmitteln genauso abhängig wie von kulturspezischen und religiösen Speiseverboten und Verzehrtabus, von kulinarischen Gewohnheiten, Tischsitten und Festbräuchen. Das Essen und das Trinken haben in der *longue durée* von den Ursprungsmythen menschlicher Ernährung bis zum Raffinement hochzivilisierter Menüarrangements einen Gestaltwandel erfahren, dessen kulturelle Implikationen geradezu Momentaufnahmen der verschiedenen Kulturstufen gestatten. „Sage mir, was und wie Du *isst* – und ich sage Dir, wer und was Du *bist*."

1.2

Essen und Trinken waren für die archaisch-magische Vorstellungswelt zwiespältige Vorgänge.[2] Der Mensch, der sich die Dinge einverleibt, *beherrscht* sie einerseits bis zur Vernichtung. Andererseits liefert er sich ihnen aus: Denn die Dinge haben ihr *Eigenleben*. Die Pflanze oder das Tier, die der Mensch isst, wirken mittelbar in ihm fort, indem sie ihn stärken oder schwächen. Die Flüssigkeiten, die er zu sich nimmt, wirken unmittelbarer: Das klassische Beispiel ist der Wein. Der berauschte Mensch besitzt nicht mehr seine eigene Seele, sondern ist erfüllt von der des Weins bzw. des Wein-Gottes.[3]

Diese Zwiespältigkeit des Essens und Trinkens wurde offenbar früh und wird bis heute durch Rituale eingefangen und neutralisiert. Mahleröffnungsformeln und Trinksprüche, Regeln und Rituale des Anbietens und Erwiderns gestalten das zwiespältige Essen und Trinken genauso wie die Speiseabfolgen und die Rituale der Trinkrunden – so als könnte man sich nicht sicher sein, dass das Essen und mehr noch das Trinken die zivilisierten Schichten des Bewusstseins wegspülen könnte, die sich auf jene archaischen Schichten gelegt haben, in denen Rausch und Verbrüderung, aber auch Aggressivität und Vernichtung *noch* zusammenspielen konnten.

1.3

Etwa seit dem 18. Jahrhundert hat die Esskultur in Europa Formen gefunden, in denen die Zwiespältigkeit der Nahrungsaufnahme gebändigt, gefestigt und gestaltet wurde. Spätestens seit dem Rokoko hat sich die Kultur des Ess- und Trinkgeschirrs im *Service* mit korrespondierenden *Kelchen* und im *Menü* mit fein abgestimmten *Gängen* und *Gangfolgen* in nicht völlig durchbestimmten, aber ritualähnlichen Formen des Genusses in einer neuen gestischen Kultur realisiert. Das Ensemble der Tassen und Untertassen, der Teller und Gedecke, der Gänge und Gangfolgen bildet im Bürgertum und im Adel die Möglichkeit zu hochentwickelten Formen der *Selbstinszenierung*, mit denen die Zwiespältigkeit der Nahrungsaufnahme dauerhaft gebannt werden sollte. Mit einem bestimmten Kanon von Handgriffen im Umgang mit den Servicen und ihren Teilen und mit einer bestimmten Abfolge von Menüteilen und Menüsequenzen wurde ein Kanon von Gesten herausgebildet, mit denen soziale und kulturelle *Erkennungszeichen* bürgerlich-adeliger Kultur herausgebildet wurden.[4] Diese französisch ausgerichtete Esskultur hat sich Ende des 19. Jahrhunderts mit dem Namen und dem Werk des Pariser Hoteliers Georges Auguste Escoffier verbunden.[5]

Seit der Gründerzeit nach 1871 strahlte diese Sitte des festlichen Essens in Deutschland bis in das mittlere und sogar das kleinere Bürgertum aus; bis etwa um die Jahrhundertwende waren gewaltige Speisefolgen (10–12 Gänge) und reich ornamentierte Menükarten – vermittelt über die bürgerlichen Kochbücher – im gehobenen deutschen Bürgertum wenigstens einige Male im Leben präsent.[6]

Als im Jahre 1888 Kaiser Wilhelm II. den Thron bestieg, wollte der junge Regent auch ein Zeichen *kulinarischer* Selbstbehauptung setzen: Die Menükarten am preußischen Hof, die seit Friedrich dem Großen in Französisch abzufassen waren, mussten nun in deutscher Sprache verfasst werden. In der deutschen Küche der Abgrenzung wurde mit kräftiger Unterstützung im liberal-konservativen Bürgertum aus dem „Menü“ die „Speisefolge“, und das „Dessert“ wurde zum „Nachtisch“ – aber das Kopfprodukt der nationalkulinarischen Sprachreform verdrängte nicht die Kultur des festlichen, nach wie vor am Menü orientierten internationalen Speisens.

Nach 1900 verschwanden diese Formen hochbürgerlicher Esskultur in Deutschland zunehmend in den Strudeln lebensreformerischer Gesinnung: heute sind sie noch verlässlich präsent in den Grand Hotels zwischen Paris, Rom, Berlin und St. Petersburg.

1.4

Das Menü gilt als Symbol der „europäischen Hochküche“ seit dem 18. Jahrhundert.[7] Es war und ist aber bis heute auch ein Medium, um nationale und regionale Vielfalt zu erproben. In der Kulturgeschichte des Essens und Trinkens hat es deshalb einen paradigmatischen Stellenwert, weil es darauf verweist, dass jede sinnvolle ethnologische und kulturgeschichtliche Nahrungsforschung ihre unterste funktionale Einheit in der *Verzehrsituation* hat. Nicht der Fisch an sich, sondern die Mahlzeit, bei der er gegessen wird, steht im Mittelpunkt der Betrachtung. Denn: Das Element „Mahlzeit“ ist zu allen Zeiten, bei allen Sozialgruppen und in allen Regionen menschlicher Geschichte vorhanden und erlaubt Aussagen über den funktionellen Rahmen des Essens bzw. des Speisens.[8] Insofern sind Mahlzeiten und Speiseordnungen tatsächlich – wie Friedrich Nietzsche behauptete – „Offenbarungen über Kulturen“.[9] Das gemeinsame Essen mit seiner sozialen und kulturellen Rahmung ist in einem der Ausdruck und das Erlebnis der faktischen menschlichen Verhältnisse, die Protestation gegen die Vereinsamung, die Friedlosigkeit und den Streit und die Antizipation wirklicher friedlicher menschlicher Verhältnisse: „Ein Mensch beim Essen ist ein gut Gesicht.“ (Carl Zuckmayer)[10]

1.5

Das *Menü* gibt der kultivierten Verzehrsituation einen Spannungsbogen, der ein Reflex der *reflektierten Leiblichkeit* ist. Nur auf den ersten Blick ist das Menü ein Sättigungsmahl: Vom Amuse-gueule über das Hors d'oeuvre bis zum Dessert entfaltet sich ein Spiel, in dem Luxus und Notwendigkeit, Regelhaftigkeit und Freiheit ihren gemeinsamen Ausdruck finden. Es ist das Gegenprogramm zum vulgärpädagogischen Allgemeinplatz: „Was Du Dir eingebrockt hast, musst Du auch aufessen!“

Das *Dessert* als Krönung des Menüs ist ebenso überflüssig wie mehr als notwendig: Es ist das donum superadditum, in dem sich Bodenständigkeit und Transzendenz treffen. Das Dessert im Pariser Ritz-Carlton konnte mit dem Titel „grande surprise francaise“ angepriesen werden, das kulinarische Pendant im Grand Hotel Europe in St. Petersburg wird als „miracle de Russe“ angeboten.

Es ist wohl kein Zufall, dass sich seit den Zeiten von Georges Auguste Escoffier die europäische Restaurantkritik an den Sternen orientiert, um die Güte eines Restaurants auszumitteln. Daneben erhält sich die decouvrierende Bezeichnung eines Spitzenrestaurants als Fresstempel, in der sich die Vorstellung einer menschlichen Gemeinschaft erhält, die ihre natürliche Umwelt mit dem Bereich der Götter frevelhaft oder hoffnungsvoll zu verbinden trachtet.

Hartmut Ruddies

2. Körper

2.1 Corpus

Hoc est enim corpus meum – seit Anbeginn des Christentums markiert diese rituelle Formel, im Abendmahl millionenfach wiederholt, die Zugehörigkeit zur christlich geprägten Kultur, und zwar unabhängig von den jeweiligen Formen, in denen das, was hier zugeeignet wird, angeeignet oder besser inkorporiert wird: Das ist mein Leib, der für euch gegeben wird – damit ihr eins werdet mit mir und einig seid untereinander in dem einen Leib Christi, der sich Kirche nennt. Ob diese Inkorporation die Bedeutung einer tatsächlichen Wandlung hat oder einer Teilhabe qua Erinnerung, stets ist Corpus, verdichtet in sinnlicher Form, Mittelpunkt und Ausdruck, Fluchtpunkt und Eindruck körperlicher Vergewisserung des eigenen Daseins und darin zugleich Verkörperung des Unkörperlichen: Ein Paradox in se, Vergegenwärtigung des Abwesenden durch Vernichtung im Anwesenden; ein Geschehen, das auf den alltäglichen Prozess der Nahrungsaufnahme rekurriert und diesen vielfach transfiguriert.[11]

2.2 Körper haben – Leiblich sein

Es gehört zu den Grundtatsachen menschlicher Existenz, dass wir uns sowohl im Modus subjektiv empfundener Leiblichkeit spüren können als die, die ausgedehnt in Raum und Zeit anwesend sind, und dass wir uns zugleich von dieser leibfundierten Anwesenheit reflexiv distanzieren und als einen

Körper neben anderen betrachten können. Berührung der eigenen, leiblich erfahrenen Hand mit der anderen Hand, was das Gefühl der Fremdheit auszulösen vermag, steht paradigmatisch für diese konstitutive Ambivalenz. Im Ineinander von objektivierendem Körperbezug und subjektivem Leib erwächst der Doppelcharakter dessen, was menschlicher Corpus ist. Das unterscheidet ihn von der Art und Weise, wie Tieren ihr Körper zueigen ist. Das Einssein mit dem eigenen Leib, von dem Tiere nicht wissen, dass es ihrer ist, den sie aber spüren, ist dem Menschen versagt. Er „bewohnt seinen Leib wie eine Hülle, ein Futteral", steht in keinem unmittelbaren, sondern vielfach vermittelten Verhältnis zu sich selbst und ist so gezwungen, „mit seinem Körper in Streit" zu leben, „auch wenn er weiß, dass es sein eigener Leib ist, der ihm dazwischen kommt."[12] Leibbewusstsein, d.h. das Bewusstsein in diesem spezifischen Körper zu existieren, ist nicht per se zueigen, sondern allererst anzueignen. Sich als unverwechselbare leibfundierte Existenz zu erleben, ist nicht naturgegeben, sondern der kulturell vermittelten Aneignung aufgegeben.

Die Kulturanthropologin Mary Douglas hat diese Einsicht unter dem Stichwort der zwei Körper, des physischen und des sozialen näher ausformuliert. Körper als ein soziales Gebilde bedingt die Art und Weise, in der er als physisches Gebilde wahrgenommen wird und umgekehrt. Der beständige Austausch von Bedeutungsgehalten des sozialen und physischen Körpererlebens prägt die kulturellen Kategorien, die Leiberfahrung determinieren. Vom Körperbild bis zur Körperpflege, von den Regeln der Nahrungsaufnahme bis zum Rhythmus von Schlafen und Wachen – ein ‚natürliches' Verhalten gibt es hier nicht, da alle körperlichen Aktivitäten des Menschen in enger Korrelation mit kulturellen Vorstellungen des Körpers stehen.[13]

Das Dessert als Teil eines kulturell geformten Alimentierungsprozesses macht diesen Sachverhalt anschaulich. Zwar ist der Erhalt auch des menschlichen Körpers auf Prozesse der Inkorporation angewiesen, denn Essen ist zunächst eine biologische Notwendigkeit. Was jedoch wie, wann, wo und mit wem verzehrt wird, die Fragen zielen auf das anthropologische Spezifikum: Zwischen körperlicher Notwendigkeit von Nahrungsaufnahme und kulturell überformter Speisenfolge in gustatorisch-ästhetischer Stilisierung liegen Welten: Auch die Ernährung entfaltet sich in der Polarität von physiologisch elementarer Inkorporation und der Somatosemantik der Mahlzeit.

2.2.1 Leibliche Sättigung und Oralität

Die Nahrungsaufnahme gehört zu den wichtigsten leibfundierten Handlungen des Menschen, weshalb die alimentäre Tätigkeit des Essens auch für die Bewertung psychophysischer Prozesse konstitutiv ist. Die Psychologie nennt die früheste Phase menschlicher Entwicklung, die sich um Mundregion und Nahrungsaufnahme zentriert, die orale Phase. In ihr entscheidet sich, ob auch später noch den Prozessen der Einverleibung ein stabiles, leibfundierten Selbst korreliert. Angewiesen zu sein auf Muttermilch, stellt jeden menschlichen Säugling von Anfang an in eine soziale Interaktion, die ihn nicht nur mit physiologisch wichtigen Elementen, sondern auch mit ‚narzisstischer' Zufuhr, sprich mit dem Gefühl, geliebt zu werden, versorgt. Auf die Relevanz dieser Interaktion für die Entwicklung des Urvertrauens hat insbesondere Erik H. Erikson hingewiesen: Das Neugeborene lebt und liebt mit dem Mund, die Mutter durch ihre Brust. In dieser Primärerfahrung leiblicher Sättigung verdichten sich Wärme, Geborgenheit, Einheit und Glück, sie werden quasi mit inkorporiert.[14]

Folglich datiert hierin auch jene charakteristische Ambivalenz alimentärer Handlungen, die sich im Konflikt zwischen der Lust, zu verschlingen, und der Angst(lust), verschlungen zu werden, entfaltet. Die enge Verschränkung von Essen mit Liebe versus Hass, von Hunger oder Sättigung mit Macht und Ohnmacht, konvergiert – so sie misslingt – in Essstörungen wie etwa Magersucht und Bulimie. Sowohl übertriebene als auch verweigerte Einverleibung von Nahrung zeichnet für eine gestörte Beziehung von Innen und Außen und ein entsprechend verstörtes Erleben des eigenen leiblichen Selbst.[15] Diese pathologische Symptomatik bringt zudem eine weitere Ambivalenz der Alimentation zum Ausdruck: Dem Erhalt der eigenen leibfundierten Existenz korrespondiert in tragischer Korrelation die Vernichtung dessen, was jeweils einverleibt wird; liebevoller Zuwendung und Sorge korreliert per se ein notwendig aggressives Moment, das sich bereits im ersten schmerzhaften Biss des zuvor nur saugenden Säuglings zum Ausdruck bringt. Der riskante Akt der Inkorporation ist so gesehen immer auch von Gewalt gekennzeichnet und mit Schuld verbunden.[16] Weshalb die kulturellen Überformungen alimentärer Prozesse durch Bedeutungszuschreibungen aller Art, die Semiotisierung von Speisen und die Symbolisierung von Akten der Nahrungsaufnahme auch Formen des Umgangs mit den genannten Ambivalenzen darstellen. Gilt doch die Gleichung: Keine Alimentation ohne soziale Interaktion und damit einhergehende Inkulturation.[17]

2.2.2 Koch- und Esskultur

Das Dessert als krönender Abschluss eines opulenten Mahls ist semiotisch betrachtet Teil eines kulinarischen Syntagmas, des ausgefeilten Menüs, wobei diese Terminologie nicht zufällig dem französischen Sprach- und Kulturraum entstammt: Gilt die französische Küche doch nach wie vor als der Zenit kulinarischer Kompetenz, wie jüngst der Kinohit Ratatouille einem breiten Publikum dargelegt hat. Nach wie vor ist diese cultura culinaria frankophon determiniert: Hier wird zwischen dem ‚gourmet' und dem

,gourmand' fein unterschieden, hier haben Starköche wie Paul Bocuse die Kochkultur revolutioniert, hier entwickelte sich der Stand der professionellen Restaurantkritik, und hier besteht nach wie vor gesellschaftlicher Konsens darüber, dass kulinarische Kompetenz nicht nur nach den Sternen greift und quasi himmlische Geschmackserlebnisse ermöglicht, die für Außeralltägliches im Alltag zeichnen, sondern auch irdische Sterne verdient. So wundert es kaum, dass auch die wissenschaftliche Beschäftigung mit Prozessen der gesellschaftlichen Konstitution, sozialen Integration und Distinktion unter anderem auf die Analyse alimentärer Handlungen zurückgreifen. Auch sie sind Ausdruck[18] von Prozessen der Zivilisation[19] und Parameter lebensstilfundierter Milieubildung[20].

Doch zurück zum Dessert als Teil eines Menüs. Noch vor der Vorspeise, dem Hors d'oeuvre, d.h. dem, was außerhalb des eigentlichen (Kunst-) Werks liegt, eröffnet das sogenannte Amuse-gueule, wahlweise mit Gaumenkitzel oder Maul-Freude zu übersetzen, eine Mahlfolge, deren Spannungsbogen in der Hauptmahlzeit kulminiert, die ihrerseits vom Dessert abschließend flankiert wird. Im Rekurs auf die Semantik der Sinne, die hier zum Ausdruck drängt, werden Geschmackserlebnisse, d.h. gustatorische Vollzüge zeitlich ausdehnt, räumlich diversifiziert, ästhetisch inszeniert und als Spannungsbogen komponiert. Aus dem Mahl als Mittel zur Sättigung, dessen pragmatischer Zweck außerhalb seiner selbst liegt, ist ein Selbstzweck geworden, dessen Bedeutung sich in sich selbst verzehrt. Eine Unterscheidung, die auch dann, wenn Überfluss vorausgesetzt wird, letztlich eine Frage des Geschmacks, ja des Stils ist: „Halt' den Mund und iss deinen Müll!", mit dieser Maxime ihrer Gattung hat die gustatorisch hochbegabte Ratte Ratatouille nicht weiter leben können und daher begonnen, so der Film, sich in feinen Unterschieden von ihrer Sippe zu distinguieren und durch ihre Kochkultur individuell zum Ausdruck zu bringen. Als Kunstwerk verstanden, kann also auch ein Dessert zum Kulminationspunkt von Ausdrucksstil und Symbolkultur werden, der sich in dem verkörpert, was genussvoll einverleibt werden wird.

2.2.3 Zur Semantik der Mahlzeit

Der scharfsinnige Beobachter Loriot hat in einem Sketch zum Dessert die prekären Prozesse sozialer Interaktion im Rahmen alimentärer Handlungen beispielhaft skizziert: Ein gerecht geteilter Kosakenzipfel kann selbst gute Freunde für immer entzweien und verkörpert so seinerseits eine der zentralen soziologischen Koordinaten der Nahrungsaufnahme, die sich in der Polarität von Ich und Du, von Individualisierung und Vergemeinschaftung vollzieht und durch Genuss, Geschmacksgedächtnis und Ernährungsstil vermittelt wird. Was Loriot im schrägen Blick auf Alltagskultur karikierend unterbricht, hat Georg Simmel wissenschaftlich wie folgt bestimmt:

In seiner Soziologie der Mahlzeit betrachtet er die Korrelation zwischen der Sozialisierung von Einzelnen zu einer Tischgemeinschaft und der zeitgleichen Differenzierung dieser Gemeinschaft in Individuen, wie sie unter anderem in der Semantik des gedeckten Tischs zum Ausdruck gelangt. Die zum Erhalt der biologischen Existenz aller notwendige Tätigkeit der Nahrungsaufnahme ist paradoxerweise zugleich das Egoistischste, was es gibt, das „am unbedingtesten und unmittelbarsten auf das Individuum Beschränkte", denn anders als das, was einer denkt, weiß, sieht und redet, kann das, was einer exklusiv verzehrt, dem anderen nicht mehr mitgeteilt werden. Und doch wird in der Tischgemeinschaft dieses Ur-Egoistische „zum Inhalt gemeinsamer Aktionen", das soziologische Gebilde der Mahlzeit entsteht, das gerade an die exklusive Selbstsucht des Essens eine Häufigkeit des Zusammenseins, eine Gewöhnung an das Vereinigtsein knüpft.[21] Greifbares Symbol dieser Korrelation von Integration und Differenzierung, von Abgrenzung und Vereinigung ist zum einen der Esstisch, der die Anwesenheit aller Einzelnen auf eine gemeinsame Mitte zentriert und dennoch jedem seinen eigenen Sitzplatz belässt, und zum anderen das hochgradig ausdifferenzierte Essgeschirr, das einzelnen Mahlteilnehmern ihre jeweilige Portion am gemeinsamen Essen exklusiv abgrenzt und doch die Zugehörigkeit aller zu ein und derselben Gemeinschaft darin markiert, dass alle von ein und demselben Service essen, im wechselseitigen Verhältnis der Einzelnen zum Ganzen.[22]

In einer qualitativ-empirischen Studie zu alimentären als implizit religiösen Handlungen hat Adrian Portmann eben diesen Sachverhalt bestätigen können, erwies sich doch die Kategorie der Gemeinschaft als die zentrale Bedeutung alimentärer Handlungen in lebensweltlicher Verankerung. Im „unheimlich starken Gefühl des Zusammengehörens" beim Mahl verkörpert sich in durchaus ritualisierter Form nach wie vor jene Erfahrung von Liminalität, die Victor Turner als ‚communitas' bezeichnet hat. Sie zielt auf zwischenmenschliche Beziehungen, vermittels derer die ‚Einverleibung' Einzelner in eine umfassendere Gemeinschaft als Erweiterung des eigenen leiblichen Seins erlebt werden kann: „Das gemeinsame Essen ist, wenn es gut geht, eine Potenzierung der Beziehung, die die Gefühle für die Freundschaft und für das Eingebettetsein verstärkt [...] die erlebte, imaginierte oder erhoffte Gemeinschaft."[23]

2.3 Ein Leib?

Diese Bedeutung, die dem Gemeinschaftsaspekt alimentärer Handlungen auch in der Gegenwart zukommt, gewinnt angesichts der postmodernen Entwicklung besondere Brisanz: Alltägliche Nahrungsaufnahme ist vielfach gerade durch gegenläufige Trends zum Essen außer Haus, zum Essen en passant oder zur Singlemahlzeit bestimmt, und oft genug wird Tischgemeinschaft nur virtuell erfahren, wenn sich der Chips kauende Fernsehzuschauer als Mitglied jenes Kochensembles erfährt, das medial vermittelt ins Wohnzimmer tritt. Nimmt die Sehnsucht nach leibfundierter Gemeinsamkeit, nach Sinn- und Geschmackgemeinschaft also in dem Maße zu, wie die Häufigkeit gemeinsamer Mahlzeiten im Alltag abnimmt? Um an den Beginn dieser Ausführungen zurückzukehren: Entspricht auch der Wunsch nach häufigerer Feier des Abendmahls bei gleichzeitiger Renaissance des Einzelkelchs der hier skizzierten, ambivalenten Entwicklung?

Georg Simmel hat das christliche Abendmahl als jene einzigartige Form der leibfundierten Vergemeinschaftung bestimmt, in der gerade nicht „jeder ein dem anderen versagtes Stück des Ganzen zu sich nimmt, sondern ein jeder das Ganze in seiner geheimnisvollen, jedem gleichmäßig zuteil werdenden Ungeteiltheit“ inkorporiert, weshalb hier „das egoistisch Ausschließende jedes Essens am vollständigsten überwunden“[24] wird. Erlebte, imaginierte und erhoffte Gemeinschaft als echte communitas, als ungeteilte Teilhabe an dem einen Ganzen, das ist die bleibende Bedeutung des Abendmahls und seine transfigurierende Kraft, jene zu einem Leib zu verkörpern, denen diese Erfahrung im Alltagsleben zunehmend abhanden zu kommen droht.

Inken Mädler

Anmerkungen

1 Vgl. die Übersicht bei BORGEAUD, P., Art. Essen/Trinken in: RGG[4] Bd. 2, Tübingen 1999, Sp. 1589f.

2 Vgl. SCHIVELBUSCH, W., Das Paradies, der Geschmack und die Vernunft. Eine Geschichte der Genußmittel. München 1980, bes. 179ff.

3 HAMDORF, F.W., Dionysos-Bacchus. Kult und Wandlungen des Weingottes. München 1986.

4 TEUTEBERG, H.J. (Hg.), Essen und kulturelle Identität: Europäische Perspektiven. Berlin 1997, 197ff.

5 SPIEKERMANN, U., Europäische Küchen. Eine Bestandsaufnahme, in: Das gemeinsame Haus Europa. Handbuch zur europäischen Kulturgeschichte. Hg. v. Köpke, W./Schmelz, B., München 1999, 801ff.

6 Vgl. NIPPERDEY, T., Deutsche Geschichte 1866 – 1918. Bd. 1: Arbeitswelt und Bürgergeist, München 1990, 125ff.

7 SPIEKERMANN, Europäische Küchen, 811.

8 PACZENSKY, G. VON/DÜNNEBIER, A. (Hg.), Kulturgeschichte des Essens und Trinkens, München 1997, 296ff.

9 NIETZSCHE, F., Morgenröte. Gedanken über die moralischen Vorurteile (1881), jetzt in: SW. KSA. Bd. IV, Berlin 1980, 45.

10 ZUCKMAYER, C., Das Essen, in: Der ewige Brunnen. Ein Hausbuch deutscher Dichtung. Ges. u. hg. v. Reiners, L., München 1976, 593f.

11 Siehe: NANCY, J.-L., Corpus, Berlin 2003, 10f.

12 PLESSNER, H., Philosophische Anthropologie, Frankfurt a.M. 1970, 230. Siehe auch: TAYLOR, C., Leibliches Handeln, in: Metraux, A./Waldenfels, B. (Hg.), Leibhaftige Vernunft. Spuren von Merleau-Pontys Denken, München 1986, 194–217. Sowie: WALDENFELS, B., Das leibliche Selbst. Vorlesungen zur Phänomenologie des Leibes, Frankfurt a.M. 2000.

13 DOUGLAS, M., Die zwei Körper, in: Ritual, Tabu und Körpersymbolik. Sozialanthropologische Studien in Industriegesellschaft und Stammeskultur, Frankfurt a.M. 1986, 99–123.

14 ERIKSON, E.H., Identität und Lebenszyklus, Frankfurt a.M. 1973, 63.

15 ZAUNER, J., Einverleibung und Individuation, in: Josuttis, M./Martin, G.M. (Hg.), Das heilige Essen, Stuttgart 1980, 83-94.

16 Detailliert dazu: JOSUTTIS, M., Essen, in: Ders., Der Weg in das Leben. Eine Einführung in den Gottesdienst auf verhaltenswissenschaftlicher Grundlage, Gütersloh 1991, [2]1993, 247–297.

17 Siehe dazu: DOUGLAS, M., Deciphering a Meal, in: Implicit Meanings, London/Boston 1975, 249–275.

18 BARTHES, R., Pour une psycho-sociologie des l'alimentation contemporaine, in: Annales 16 (1961), 977–986.

19 Zur Kulturgeschichte des Essbestecks und seine Rolle beim Fleischverzehr siehe: ELIAS, N., Über den Prozess der Zivilisation. Soziogenetische und psychogenetische Untersuchungen, Frankfurt a.M. 1997, 248–265.

20 BOURDIEU, P., Die feinen Unterschiede. Kritik der gesellschaftlichen Urteilskraft, Frankfurt a.M. 1999.

21 SIMMEL, G., Soziologie der Mahlzeit, in: Soziologische Ästhetik, Darmstadt 1998, 183–190, 183.

22 Siehe dazu: MÄDLER, I., Tischlein deck' dich, in: Althans, K./Dies./Schoppelreich, B. (Hg.), Inmitten von Lust und Last. Frauenalltag und Religiosität, München 2000, 135–147.

23 PORTMANN, A., Kochen und Essen als implizite Religion. Lebenswelt, Sinnstiftung und alimentäre Praxis, Münster 2003, 166ff.

24 SIMMEL, Soziologie der Mahlzeit, 184.

Arnulf von Scheliha/Detlef Lienau

Fitnessstudio/Gesundheit

1. Fitnessstudio

Vorbei sind die Zeiten, da Fitnessstudios eine elitäre Angelegenheit für sonnengebräunte Mittdreißiger mit Waschbrettbauch waren. Heute ist Fitness zum Volkssport geworden, hat sich das Feld in der „Muckibude" geweitet: Die Bodybuilder trainieren „Titanische Trapezmuskeln", Berufstätige versuchen die Haltungsschäden der Büroarbeit auszugleichen und Senioren den Gang zur Rheumaliga herauszuschieben. Nach mancher Operation ersetzt das Fitnessstudio als Rehabilitationsmaßnahme den Gang zur Krankengymnastik. Andere steigern hier ihr Leistungs- und Genussvermögen sowie ihr Erscheinungsbild, letztlich ihre Vitalität.

Fitness hat Ursprünge in der Lebensreform-Bewegung ab Ende des 19. Jahrhunderts, wurde ab den 1960ern aus den USA reimportiert und erlebte ab den 1980ern mit Fitnessstudios einen Boom. Bekannte Vertreter sind Jane Fonda für die Aerobic und Arnold Schwarzenegger für das Bodybuilding. Im Gegensatz zum Vereinssport sind Fitnessstudios oft individualisiert und kommerzialisiert. In Großbritannien z.B. gibt es aber auch ein flächendeckendes staatliches Angebot von Fitnessstudios, was das öffentliche Interesse an diesem Thema signalisiert.

Die kulturtheologische Rückbindung eines solchen Lifestyle-Themas der Gegenwart an die christliche Dogmatik versteht sich nicht von selbst, sondern erfordert einige Zwischenüberlegungen, die hier vorangestellt werden, bevor das Thema im engeren Sinne unter den Gesichtspunkten von Selbststeigerung und Selbstbezüglichkeit behandelt wird.

1.1 „Alltagsdogmatik" – Methodische Reflexionen

Im modernen Protestantismus versteht man unter „Dogmatik" nicht wie einst die Reproduktion einer *doctrina sacra*, sondern die auf die jeweilige Gegenwart bezogene gedankliche Rechenschaft vom Grund und Inhalt des christlichen Glaubens. Wegweisend bis heute ist Friedrich Schleiermachers erfahrungstheologischer Ansatz, der den Glauben als Ausdruck des christlich-frommen Selbstbewusstseins entfaltet und sich dabei an den Grundsätzen der evangelischen Kirche orientiert. Bedeutsam für das Thema „Alltagsdogmatik" ist der von Schleiermacher vorgesehene enge Zusammenhang von Dogmatik und Sittenlehre, der sich zwar nicht in seinen Veröffentlichungen, aber in seiner akademischen Lehrtätigkeit niedergeschlagen hat. In seiner christlichen Sittenlehre zielt Schleiermacher auf die Analyse des christlichen Ethos, wie es sich im verstetigten Handeln der Christen niederschlägt. Hier ist die Kirche *ein* wichtiger sozialer Ort, aber dazu treten weitere soziale Gegebenheiten, die das alltägliche Leben bestimmen und in denen sich das christliche Bewusstsein realisiert, indem das eigene Leben gedeutet und gestaltet wird. Schleiermacher selbst hat in erster Linie die Familie, die freie Geselligkeit (Zivilgesellschaft) und den Staat vor Augen. Diese sozialen Formationen werden christlich interpretiert und nach den Maßgaben der christlichen Sozialideen gestaltet.

Schleiermachers Analyse der sozialen Manifestationen des Glaubens mutet heute etwas traditionell an. Aber die damalige Gesellschaft war noch nicht so komplex wie die heutige.

Im 20. Jahrhundert war es vor allem Paul Tillich, dessen Kulturtheologie die Impulse Schleiermachers aufgegriffen hat. Sein Versuch einer sinntheoretischen Identifikation christlich-religiöser Substanz war an den Phänomenen der Hochkultur und an sozialen Konstellationen interessiert. An den Phänomenen der Massenkultur (z.B. dem Sport und den neuen Medien gegenüber) ging Tillich aber vorüber. Dem modernen Individualismus gegenüber hegte er stets ausgesprochene Reserven. An einer „Alltagsdogmatik" war er daher nicht interessiert.

Gleichwohl ist es methodisch möglich, die Interpretation des christlichen Bewusstseins auch auf die Alltagskultur und neue Sozialformen, die Ausdruck der zunehmenden sozialen Differenzierung und Individualisierung der Lebensführung sind, zu beziehen. Daher ist das Programm einer Alltagsdogmatik sinnvoll, wenn es nicht gegen seine notwendige Rückbindung an die institutionelle Säule christlicher Überlieferung ausgespielt wird. Denn die soziale Differenzierung lebt von der bleibenden Interdependenz der ausdifferenzierten Teilsysteme und auch die religiösen und sozialen Individualismen sind substanziell nur möglich in bleibender Spannung zur institutionellen Vorformatierung des (religiösen) Lebens.

Grundsätzlich muss es also nicht aussichtslos sein, die religiös-ethische Dimension von körperlicher Fitness am sozialen Ort des Fitnessstudios zu identifizieren. Dies gilt jedenfalls dann, wenn – wie problemlos unterstellt werden kann – auch Christinnen und Christen ihren Körper fit zu halten versuchen und es zu ihrem Ethos gehört eine solche Einrichtung aufzusuchen. Auch die alltagsdogmatische Interpretation des „Fitnessstudios" geschieht hier nach den Grundsätzen der evangelischen Kirche, aber fokussiert einen Aspekt der *vita christiana*, der insbesondere mit der leiblichen Konstitution des eigenen Lebens befasst ist und einen sozialen Ort sucht, an dem dieses leibliche Für-Sich vermittelt und sozial gestützt wird, aber auch Risiken birgt und Gefährdungen unterliegt.

1.2 Auf dem Weg zu einer ganzheitlichen Anthropologie

Das Bedürfnis nach körperlicher Fitness setzt die mentale Überwindung des schroffen Hiatus von Seele und Körper voraus, den die christliche Religion zunächst im Zuge ihrer dogmatischen Hellenisierung geerbt hatte. An ebenso prominenter wie repräsentativer Stelle kann man am Beispiel von Martin Luthers Freiheitsschrift erkennen, wie diese Differenz von innen heraus zu überwinden ist. Im zweiten Teil des Traktates „Von der Freiheit eines Christenmenschen" gibt er drei Gründe an, warum sich der Christenmensch nicht mit der Freiheit des inneren Menschen begnügen kann, sondern den äußeren Menschen vom inneren Menschen her regieren soll. Das Ziel der Argumentation ist im zweiten der den Traktat insgesamt eröffnenden Doppelthese bereits vorgegeben. „Der Christenmensch ist ein dienstbarer Knecht und jedermann untertan". Es geht also um die Begründung der christlichen Pflicht zur Nächstenliebe, für die der Leib als Instrument verwendet werden soll. Aber Luther nennt noch zwei weitere Argumente für die Zusammengehörigkeit des inneren und des äußeren Menschen. Einmal verweist er auf Adam und Eva im Paradies. Das Urelternpaar hätte auch nicht die Hände in den Schoß gelegt, sondern habe körperlich gearbeitet. Arbeit sei ein göttliches Gebot und daher ist der eigene Leib zu diesem Zweck in den Dienst zu nehmen. Schließlich aber sei, so Luther in den Thesen 20 und 21, ganz grundsätzlich der Leib dem inneren Leben gleichförmig zu machen. Der äußere Mensch soll der Seele des inneren Menschen entsprechen und muss ihm daher ähnlich werden. Es ist das Motiv einer ganzheitlichen Anthropologie, das hier aufscheint. Der Leib ist Ausdruck der inneren Verfassung des Menschen.

Körperliche Ertüchtigung und Sport, „Leibesübungen", sind Phänomene der Neuzeit. Sie begegnen zu einer Zeit, als die soziale Differenzierung weit fortgeschritten ist. Sport gibt es erst dann, als für breitere gesellschaftliche Kreise der Körper nicht mehr unmittelbar und vollständig für den Kampf gegen die Natur zur Erhaltung der Kultur und zur Beschaffung der notwendigen Lebensmittel durch Arbeit benötigt wird. Diese Entwicklung beginnt im ausgehenden 18. Jahrhundert und nimmt erst im 19. Jahrhundert größeren Stil an. Zugleich darf bei dieser Entwicklung der nicht unproblematische Zusammenhang der vom Staat geförderten „Leibesübungen" und der Militarisierung der Gesellschaft nicht übersehen werden. In der Tradition protestantischer Theologie ist es wiederum Schleiermacher gewesen, der in seiner Philosophischen Ethik eine ganzheitliche Anthropologie vertritt und auf den sittlichen Wert der „Gymnastik“ verweist, weil sich im trainierten Körper die innere und soziale Natur des Menschen ausdrücke.

Aber das sind nur Vorspiele. Erst die technische Unterstützung im Erwerbsleben, in der Herstellung der Lebensmittel und in der Lebensführung haben die Menschen im 19. und 20. Jahrhundert in der westlich-nördlichen Hemisphäre vom Druck harter körperlicher Arbeit entlastet. In der Dienstleistungsgesellschaft sind die Menschen nicht mehr (oder zunehmend weniger) industrielle Arbeiter, sondern professionelle Dienstleister und profitieren selbst von Dienstleistungen, die ihnen das Leben erleichtern. Erst jetzt wird die Frage nach dem Körper und seiner Betätigung neu aktuell. Sport, Fitness und Wellness sind einige der gegenwärtig virulenten Antworten, die dazu gegeben werden. Sie drücken aus, dass das Verhältnis zum eigenen Körper nicht allein durch die Notwendigkeit zur Selbsterhaltung bestimmt ist, sondern Ort der Selbstbestimmung und Ausdruck eines veränderten Gesundheitsverständnisses ist.

Die christliche Aneignung der Idee eines selbst gestalteten Aufbaus der leiblichen Dimension des Selbstverhältnisses ist durch die genannten Motive von Ganzheitlichkeit höchstens prädisponiert. Sie wird nämlich durch die an die Leiblichkeit gebundene Erbsündenlehre klassischen Zuschnitts konterkariert. Eine Umstellung wird erst möglich, als in der Theologie der Aufklärungsepoche Umakzentuierung im Menschenverständnis vorgenommen und die klassischen Supranaturalismen, die die Lehre vom Urstand – Fall – Erbsünde bestimmen, durch die These von der Bestimmung des Menschen substituiert werden. Insbesondere Johann Gottfried Herder ist es gewesen, der die Idee des *dominium terrae* nach Gen 1,27ff umfassend neu ausgelegt und ausdrücklich auch auf die empirischen Rahmenbedingungen desjenigen Bildungsprozesses bezogen hat, den der Mensch zu durchlaufen hat und den er im Vollsinn erst im und durch den Glauben vollendet. In der Dogmatik des 20. Jahrhundert ist diese Idee insbesondere durch Emanuel Hirsch und Wolfhart Pannenberg anthropologisch entfaltet worden. Die Bestimmung des Menschen bezieht sich dabei auf die freiheitliche Entfaltung der eigenen Anlagen zum Aufbau individueller Identität, die sich in interaktiven Anerkennungsprozessen mit anderen Individuen vollzieht. Der „Sünde“ wird in diesem Lehrzusammenhang ihr schicksalhafter Verhängnischarakter genommen. Sie wird jetzt gedeutet als ein wesentlicher Faktor in jenem Bildungsprozess. Sie gilt insofern als unausweichlich, weil der Einzelne in dem notwendig sozial vermittelten Bildungsprozess zur Entfaltung der eigenen Potenziale regelmäßig von seiner Bestimmung abgelenkt wird bzw. sich ablenken lässt. Sünde ist damit eine am Sozialzusammenhang auftretende geistige ebenso wie leibliche Erfahrung.

Für diesen Zusammenhang ist wichtig, dass diese schöpfungstheologische Bestimmung zur Selbstbildung auch den Leib, und d.h. auch die regelmäßige und systematische Bemühung um seine Fitness einschließen *kann.* Denn die Selbstbildung des Menschen im Sinne der These von der Bestimmung zur Ausfaltung der ihm eigenen Potenziale ist eben kein rein spiritueller Vorgang, sondern schließt neben den sozio-kulturellen Rahmenbedingungen auch das Verhältnis zum eigenen Leib ein, das nicht anders als durch Selbstbestimmung aufgebaut werden kann. Denn wenn es bei der Bestimmung des Menschen um die Entfaltung der je eigenen Anlagen geht und ein Mensch mit musikalischem Talent durch stetiges Üben einen Bildungsprozess anstrengt, der diese Begabung entfaltet und verfeinert, so kann – freilich auf einem weit weniger subtilen Gebiet – auch die körperliche Fitness zum Gegenstand von Selbstbildung werden. Sie vollzieht sich in diesem Fall als Selbstgestaltung durch sportliche Übungen zur partiellen Selbstüberwindung mit dem Ziel von leiblicher Selbststeigerung.

1.3 Alltagsdogmatische Erwägungen zu „Fitness" und „Fitnessstudio"

Auf dem Gebiet der Fitness bzw. des Fitnessstudios stellt sich wie in allen anderen Sphären des Freiheitslebens mikroskopisch das religiöse Problem der Anerkennung von Kontingenz und ihrer reflexiven Vermittlung mit der immer schon in Anspruch genommenen Autonomie. Im Blick auf die eigene körperliche Konstitution geht es weniger um die Anerkennung des Gegebenseins des Leibes, sondern um sein „Wie". Ich muss mit *meinem* Leib, der eine bestimmte und eben keine andere Verfassung hat, leben. Dadurch werden die Freiheitsspielräume eingeschränkt. Aber noch immer bleiben viele, ja sehr viele Möglichkeiten zur Gestaltung des äußeren Menschen, von denen auch in der Regel mehrere gleichzeitig wahrgenommen werden, wie man an den Beispielen Hygiene, Schmuck, Mode, Frisur und eben physische Fitness gut klarmachen kann.

Unter der Bedingung von De-Uniformierung des sozialen Lebens und Pluralität der Lebensführung ist damit klar, dass die alltagsdogmatische Reflexion leiblicher Selbstbildung sich weder auf den Modus der Selbstbildung noch auf das mögliche Resultat des Bildungsprozesses beziehen kann. Gegenstand der alltagsdogmatischen Analyse ist vielmehr das Bewusstsein dessen, der sich in diesem Sinne zum Aufbau physischer Fitness im Fitnessstudio bestimmt. Kriterium ist dabei – gemäß der oben erwähnten „Grundsätze der evangelischen Kirche" – die im und durch den Rechtfertigungsglauben mögliche Integration von Freiheit und Kontingenz. Es gilt dann einerseits: Das Freiheitsmoment darf nicht gegen die Kontingenz ausgespielt werden. Keinen Körper haben zu wollen ist Unsinn, klassisch gesprochen: Unglaube. Sich durch Fitness einen anderen Körper antrainieren zu wollen ist Hybris. Denn auch der trainierte Körper, selbst der durch

Anabolika behandelte Körper, bleibt immer *mein* Leib, dessen einstigen Verfall der Einzelne erleben wird. Andererseits darf das Freiheitsmoment nicht ausgelöscht werden. Fälle von Trägheit und weitgehendem Sich-Hängen-Lassen sind nicht ungewöhnlich und verdienen Kritik aus medizinischer, pädagogischer und alltagsdogmatischer Perspektive, sofern sie zu einem vollständigen Verzicht auf jede Form leiblicher Selbstbildung tendieren. Dann handelt es sich um die problematische Form der *resignatio*. Alltagsdogmatisch freilich relevanter und empirisch häufiger als diese Grenzfälle sind die Gefährdungsrisiken, denen die Selbstbestimmung zu leiblicher Selbstbildung im Vollzug ausgesetzt ist. Das erste Gefährdungsrisiko hängt mit der sozialen Natur von Bildungsprozessen im Allgemeinen und mit dem Fitnessstudio als sozialem Ort des Fitnesstrainings im Besonderen zusammen. Die soziale Vermittlung von Vorbildern und insbesondere das Diktat bestimmter Fitnessideale etwa durch Werbung können manipulativ wirken und Züge vollständiger Fremdbestimmung annehmen, dann etwa, wenn vom Einzelnen das Maß des ihm körperlich Möglichen aus den Augen verloren wird und an den Geräten Anstrengungen unternommen werden, die den mitgebrachten Voraussetzungen nicht entsprechen. Insofern hat die Institution des Fitnesstrainers auch für den Einzelnen im Fitnessstudio eine wichtige konstruktiv-kritische Bedeutung. Neben diesem Heteronomie-Risiko begegnet uns auch die klassische *concupiscentia*. Sie kann dort identifiziert werden, wo die Beschäftigung mit der körperlichen Fitness so sehr in das Zentrum der Persönlichkeit rückt, dass die Bestimmung zur Bildung in jenem umfassenden Sinne aus dem Blick gerät. Die reflexive Vermittlung der Selbstbestimmung zu körperlicher Fitness mit den anderen notwendigen Perspektiven im Prozess der Ausfaltung der individuellen Potenziale wäre in diesem Fall gestört, der innere Mensch würde vom äußeren Menschen und seinem Begehren gesteuert und das wäre die Situation, die Luther zu Beginn seiner Freiheitsschrift vorausgesetzt hatte und im Glauben wieder in die richtige Ordnung gesetzt findet.

Die Idee einer ganzheitlichen Anthropologie, das Motiv der freien Selbstbildung als Selbststeigerung und die mit Fitness verbundenen Aspekte von Selbstbezüglichkeit leiten also die folgenden Konkretionen.

Arnulf von Scheliha

2. Gesundheit

Fitness – so die landläufige Ansicht – dient der Gesundheit. Zugleich ist es Indikator eines sich wandelnden Verständnisses von Gesundheit. Viele

Besucher suchen nicht nur die Wiederherstellung elementarer Körperfunktionen wie Bewegungsfähigkeit, Schmerzreduktion und Vorbeugung oder Kurieren von Haltungsschäden, sondern darüber hinaus die Steigerung des Wohlbefindens. Es geht also nicht um Wiederherstellung eines neutralen Nullpunktes, der weder von Krankheit noch von expliziter Vitalität geprägt ist, wie es ältere Gesundheitsbegriffe anstrebten. Danach wäre Gesundung ein abschließbarer Prozess, der mit der Beseitigung negativer Indikatoren an ein Ende gekommen ist. Fitness steht vielmehr für einen Gesundheitsbegriff (wie ihn etwa auch die WHO definiert), der Gesundheit nicht negativ als Abwesenheit von Krankheit, sondern positiv beschreibt: Sie ist der „Zustand eines vollkommenen körperlichen, seelisch-geistigen und sozialen Wohlbefindens." Wie in der Wellness geht es in der Fitness nicht um ein erträgliches Mittelmaß, sondern um kontinuierliche Optimierung. Gesundheit beschreibt nicht nur die Abwesenheit von Krankheit, sondern einen Zustand, in dem man voller Energie und Vitalität ist. War Gesundheit in der Vergangenheit meist ein unbewusster Zustand (das Fehlen von Schmerzen gibt keinen Anlass, über sein Befinden nachzudenken), wird sie nun zu einem „aktive(n) Sichwohlfühlen, das Bewusstsein entspannt zu sein, die Verwandlung eines spontanen Zustandes der Leibvergessenheit in eine methodisch anzugehende Aufgabe."[1] Ziel ist das immer stärkere Ausschöpfen der Potentiale zu höherer Lebensqualität.

Gesundheit als umfassende Lebensqualität ist prinzipiell ganzheitlich auf Körper, Geist und Seele bezogen. Auch Fitness ist inzwischen mehr als rein körperlich orientiert und integriert Fragen des Selbstbildes und der sozialen Verortung. So sehr die Grenzen zur Wellness verschwimmen, lassen sich doch unterscheidende Tendenzen ausmachen: Wellness gewichtet die mentalen selbstreflexiven Momente stärker. Wellnessbäder etwa bieten kaum Möglichkeiten der Bewegung, während die Eigenwahrnehmung optisch, thermisch und haptisch stimuliert wird. Es geht expliziter um Selbstwahrnehmung und -gewissheit, neudeutsch Mindness und Selfness. Sie lässt sich beschreiben als aktive reflexive Wahrnehmen des eigenen Sich-Wohlfühlens („sich selbst als die Quelle des eigenen Vergnügens zu erleben"[2]). Während Wellness eine Überwindung des Widerspruchs von Gesundheit und Genuss verspricht, ist Fitness ein herausforderndes Tätigsein, unangenehme Schinderei, schweißtreibende Leistung. Diese typisierende Gegenüberstellung von Selbstwahrnehmung und Handeln, Hedonismus und Askese geht ineins mit einer eher weiblichen Dominanz in der Wellness und einer männlichen besonders bei den zum Bodybuilding tendierenden Formen der Fitness.

2.1 Fitness als Selbststeigerung

Fitness, so suggeriert der Begriff, sucht die Steigerung des eigenen Leistungsvermögens. Das körperliche Potential soll durch Muskelaufbau und Konditionstraining erweitert werden. Dies trifft sicherlich auf Besucher zu, die den Besuch als Äquivalent zur Krankengymnastik ärztlich verordnet bekommen haben und denen es um die (Rück-)Erlangung elementarer körperlicher Leistungsfähigkeit etwa nach Operationen geht. Der massive Aufbau der Muskelmasse im Bodybuilding ist jedoch für die Leistungsfähigkeit eher dysfunktional. Hier geht es mehr um die Ausformung eines bestimmten Selbstbildes. Selbstbild ist dabei zuerst eine ästhetische Kategorie: Ein bestimmtes Schönheitsideal kraftvoller Männlichkeit wird verfolgt.[3] Wettkämpfe der Bodybuilder werten nicht die Funktionstüchtigkeit, sondern das äußere Erscheinungsbild der Muskulatur.

Das dabei zur Schau getragene Männlichkeitsideal (Frauen sind deutlich unterrepräsentiert) zeigt die Selbstdisziplin des Athleten. Er hat seinen Körper eigenverantwortlich unterworfen, kontrolliert sich und kann sich selbst seinen Vorstellungen gemäß formen. Nicht nur die Muskeln, nicht primär physiologische, sondern mentale Kompetenzen werden trainiert, der eiserne Wille. „Trainieren heißt vor allem Vergewaltigung, Folterung, Überwältigung des eigenen Leibes, heißt Wüten gegen das schwache Fleisch *und* gegen den vielleicht unwilligen Geist."[4] Ein fitter Körper verweist auf einen freien rationalen Agenten, der sich selbst zu managen weiß. Obwohl der Idealtypus des Körpers als gesellschaftlich geprägtes Muster vorgegeben ist, erscheint der eigene Körper als Produkt der Selbstformung und nicht als Resultat verinnerlichter Zwangsverhältnisse. Der athletische Körper wird zum Symbol des Sieges des eigenen Willens: Alles ist unbegrenzt form- und steigerbar. Immerhin gibt es 128 bildbare Muskelpartien. Dabei sind die Übungen eingebettet in Messungen von Gewicht, Muskelumfang und Kondition, die wiederum an Standards wie dem Body Mass Index abgeglichen werden. Quantifizierbare Daten ermöglichen, subjektive Empfindungen in generalisierte Schemata, also objektivierbare Kategorien einzuordnen und sich so in einem (normativ) gegliederten Feld zu positionieren. Fitness ist somit als System tätiger Selbstverbesserung zu beschreiben, die zugleich subjektiv gewollt und an objektiven Vorgaben orientiert ist. Objektiven Status gewinnen die Vorgaben auch dadurch, dass sie von psychologischen, sport- und ernährungswissenschaftlichen und anderen Experten verfasst sind, naturwissenschaftlichen Anspruch erheben und rationale, nachvollziehbare Wege zum Erlangen der Idealbilder nennen können.

Bei aller Widersprüchlichkeit der Expertisen über Methoden der Fitness bleibt doch der Kern der Botschaft erhalten: Du kannst deinen Körper im

Griff haben, ihn manipulieren und kontrollieren, du bist autonomer Herr deiner Selbst. An die Stelle ärztlicher Verordnung und Kontrolle tritt die Selbstverantwortung, die im Sinne der neoliberalen Risikogesellschaft den Einzelnen für immer weitere Bereiche seines Lebens haftbar macht. Die Imperative von Fitness und Wellness haben eine hohe Plausibilität: Sie sind in der Vielfalt ihrer Ausprägungen flexibel und ermöglichen dem Einzelnen durch Selbststeuerung seinen gesellschaftlichen Status und sein Wohlgefühl selbst zu bestimmen - gegen die Pflicht zur Selbstbestimmung ist schwer etwas einzuwenden. Wer sich dem verschließt, weigert sich, als autonomes Subjekt zu handeln und für sich zu sorgen. Diese verbreitete Argumentation übersieht jedoch, dass die Ressourcen der Selbstermächtigung ungleich verteilt sind und die angebotenen Muster gesellschaftliche Machtverhältnisse widerspiegeln. Über die vermeintliche Unmittelbarkeit der Leiblichkeit können kulturelle Muster, die dieses Erleben steuern, unbemerkt die Identität bestimmen: „Was im eigenen Erleben als unwillkürlich, unverfügbar und natürlich erscheint, bedarf einer langen, in der Regel unbewusst verlaufenden Einübung in kulturelle Codes.“[5] Die leibliche Identitätskonstruktion ist somit ambivalent: Neben dem subjektiven Autonomiegewinn ermöglicht sie kaum kontrollierte Manipulationen.

2.2 Fitness als Selbstbezug

Fitness ist Teil einer umfassenderen gesellschaftlichen Orientierung hin zur Körperlichkeit, die Identität stärker in subjektiver körperlicher Erfahrung verankert und ein rein instrumentelles Verhältnis zum Körper ergänzt. Das Training unterwirft den Körper und macht ihn zugleich zum Ankerpunkt der eigenen Identität. Der Unterwerfungscharakter wird in Fitnessstudios besonders deutlich. Anders als bei der Wellness geht es nicht um die angenehme Lust, sondern innere Widerstände sollen überwunden, besonders im Bodybuilding soll die Grenze des Schmerzes ignoriert werden. Diese Steigerung der Selbststeuerung geht einher mit einer Steigerung der Fremdsteuerung. Eine Vielzahl von Ratgebern fungiert als Transmissionsriemen gesellschaftlicher Muster. Lebenshilfeliteratur und -zeitschriften nennen Vorbilder, Bewertungsmaßstäbe und Techniken und machen die Verschränkung von Subjektivierung und Normierung sichtbar. Sie bieten Muster idealer Deutung und Formung des Körpers an, die als Anleitung zur Selbstverbesserung dienen. Diese „werden in performativen Akten der Aufrufung und Re-Inszenierung durch, in und auf den Körpern zur Darstellung gebracht.“[6] Die Ratgeber suggerieren, dass das leibliche Kapital unendlich gesteigert, permanent akkumuliert werden kann. Diese Identität wird für sich und andere glaubhaft, wenn sie unmittelbar erlebt wird, wenn also der Inszenierungscharakter nicht sicht- oder spürbar wird. Gerade wer durch Ratgeber von der Rückkoppelung des Verhaltens („Freundliche Mimik verleiht innere Wärme“, „Ein muskulöser Körper gibt mentale Selbstsicherheit“) weiß und sie gezielt einsetzt, muss besondere Aufmerksamkeit darauf verwenden, die eigene Image-Arbeit (vor sich und anderen) unsichtbar zu machen, um sie als gültige Aussage über seine Befindlichkeit deuten zu können.

Hier ist darum auch vom Körper- zum Leibbegriff zu wechseln. Diese Unterscheidung ist an der Differenz von Selbst- und Fremderfahrung, Innen- und Außenperspektive festzumachen. In der Fremderfahrung begegnen wir uns als Körper, also als Objekt, Faktum und Tatsache. Selbsterfahrung hingegen enthält das Element der Reflexivität und kritisiert die mit dem Begriff des Körpers gegebene Entfremdung, Instrumentalisierung und Manipulation des Menschen. „Die Selbsterfahrung, in der der Leib gegeben ist, ist das leibliche Spüren bzw. der Leib ist die räumliche Verteilung dieses Spürens selbst“.[7] In der Erfahrung der eigenen Leiblichkeit wird man seiner selbst unmittelbar gewiss. Der Leib wird zum Fundament der eigenen Identität, die in spezifischen Formen der leiblichen Wahrnehmung genauer bestimmt werden kann. Strengere Formen der Fitness bemächtigen sich des eigenen Leibes, indem sie ihn bezwingen. Bildlich geht es hier um die Eroberung einer Burg, in den zur Wellness tendierenden Formen hingegen um das Aufgehobensein im harmonischen Zuhause des eigenen Leibes. Im Loslassen verschwinden Grenzziehungen, im regressiven Wohlfühlen überlässt man sich den Empfindungen des eigenen Leibes. In jedem Fall genügt es nicht, dass der Körper störungsfrei funktioniert. An die Stelle des „Schweigens der Organe“ tritt das aktive Sich-Fühlen, das Bewusstsein der eigenen – wie auch immer bestimmten – Leiblichkeit, die erst das Material der Selbstvergewisserung liefert.

2.3 Zusammenfassung

Fitness kann als Zuspitzung eines nicht zu vernachlässigenden Aspektes im Selbstverhältnis aufgefasst werden, weil der Leib den Aufbau individueller Identität wesentlich mitbestimmt. Fitness ist Ausdruck eines Freiheitsbewusstseins, das im Training seine leiblichen Voraussetzungen thematisiert und aus sich heraus gestaltet. Dieser Gestaltungswille strebt, wie alle sportlichen Anstrengungen, nach Selbststeigerung, der schließt das Ausschöpfen der eigenen Möglichkeiten ein, er sucht die große körperliche Anstrengung und genießt neben dem Erfolg die anschließende Erschöpfung. Dass darin die libertas christiana nicht vollständig aufgeht, sondern spezifisch erst in ganz anderen Zusammenhängen zu sich selbst kommt, holt das Glaubensbewusstsein ein. Denn der Glaube ist diejenige mentale Balance, die die unterschiedlichen Dimensionen menschlichen Freiheitslebens integriert und damit den humanen Bildungsprozess vollendet. Das Fitnessstudio kann ein Faktor zur Stabilisierung jener Balance sein. Denn einerseits hilft der Coach, das rechte individuelle Maß zu finden. Andererseits macht dieser nicht selten unwirtlich gestaltete soziale Ort den Übergangs- und Kompensationscharakter körperlicher Fitness deutlich. Denn wer wollte sein ganzes Leben im Fitnessstudio verbringen?

Detlef Lienau

Literatur

GRÄB, W. Sinnfragen. Transformationen des Religiösen in der modernen Kultur, Gütersloh 2006.

HERDER, J.G., Ideen zur Philosophie der Geschichte der Menschheit, hg. v. Bollacher, M., Frankfurt a.M. 1989.

PANNENBERG, W., Anthropologie in theologischer Perspektive, Göttingen 1983.

SCHELIHA, A. von, „Dogmatik, ‚ihre Zeit in Gedanken gefaßt'? Die dogmatische Aufgabe zwischen historischer Kritik und christologischer Gegenwartsdeutung, in: Systematische Theologie heute. Zur Selbstverständigung einer Disziplin, hg. v. Deuser, H./Korsch, D., Gütersloh 2004, 60–84.

SCHLEIERMACHER, F.D.E., Die christliche Sitte nach den Grundsätzen der evangelischen Kirche im Zusammenhange dargestellt, hg. v. Jonas, L., Berlin ²1884.

TILLICH, P., Die religiöse Lage der Gegenwart (1926), in: Gesammelte Werke Bd. X, 9–53.

Anmerkungen

1 GRECO: M.: Wellness, in: Bröckling U./Krasmann, S./Lemke, T. (Hg.), Glossar der Gegenwart, Frankfurt a.M. 2004, 293–299, 294.

2 Ebd.

3 Vgl. HONER, A., Bodybuilding als Sinnsystem. Elemente, Aspekte und Strukturen, in: Sportwissenschaft 15/1985/2, 155–169, 160.

4 Ebd, 157.

5 DUTTWEILER, S., Body-Conciousness. Fitness – Wellness – Körpertechnologien als Technologien des Selbst; in: Widersprüche 3/2003: aufgerufen am 06.01.2008 in der Internetversion ohne Seitenangaben unter http://widerspruech e-zeitschrift.de/article1027.html.

6 Ebd.

7 BÖHME, G., Leibsein als Aufgabe: Leibphilosophie in pragmatischer Hinsicht, Zug 2003, 13.

Jörg Lauster/Michael Meyer-Blanck

Fußballstar/Orientierung

1. Fußballstar

Am 19. November 1969 fieberten in dem legendären Maracanã-Stadion in Rio de Janeiro 100.000 Zuschauer gemeinsam einem einzigen Ereignis entgegen: dem 1000. Tor von Edison Arantes do Nascimento, von aller Welt Pelé genannt. Gellende Pfiffe musste sich der Torwart gefallen lassen, gegen den Pelé spielte, weil er tat, was seine Aufgabe war: Er hielt die Torschüsse des Stars. Die Ungeduld im Stadion wuchs. Wider alle Natur des Fußballs zog der pflichtbewusste Tormann gar den Zorn seiner eigenen Anhänger auf sich. Sie fürchteten das Ereignis zu verpassen. Schließlich hatte der Schiedsrichter ein Einsehen und gab einen Elfmeter, den Pelé verwandelte. Aus Anlass seines tausendsten Tores läuteten in ganz Brasilien – so heißt es – die Glocken, der Staatspräsident rief einen Feiertag aus und zu guter Letzt erinnerte eine Sonderbriefmarke an den Rekord. Reichlich viel Aufwand für etwas, was doch gemeinhin nur als schöne Nebensache bezeichnet wird.

1.1 Kleine Phänomenologie des Fußballstars

Ein Star ist dem Himmel näher als der Erde – das sagt schon der Name, und das gilt auch und gerade für den Fußballstar. Gleichwohl ist ihre Zahl keineswegs so unermesslich wie die der Sterne am Himmel. Geradezu das Gegenteil ist der Fall. Sehr viele Menschen spielten und spielen Fußball, sehr viele Menschen spielten und spielen sicher auch sehr gut Fußball – und doch: Außergewöhnliche Fußballstars gibt es nur wenige, die ganz großen Gestalten lassen sich gar an einer Hand abzählen. Ein Fußballstar ist nichts Alltägliches.

Was den Fußballstar gleich einem Felsen aus dem Meer sehr guter Fußballer herausragen lässt, ist jenes ‚gewisse Etwas', ein *Surplus*, ein Mehrwert und Überschuss an Gaben und Fähigkeiten, die man mehr ahnt als erklären kann. Perfekte Techniker gibt es allein in einem Fußballland wie Brasilien wie Sand am Meer. Doch dem dreifachen Weltmeister Pelé sagte man darüber hinaus nach, dass er so etwas wie einen siebten Sinn hatte. Er konnte offensichtlich ahnen, wohin Ball und Mitspieler sich bewegten. Mit unfassbarer Geschmeidigkeit schien von seinem Fuß der Ball aus möglichen und vor allem aus unmöglichen Lagen wie von selbst mit Leichtigkeit immer wieder den Weg ins Tor zu finden. Franz Beckenbauer, der größte Star des deutschen Fußballs, konnte mit magischem Auge einen Ball über 80 Meter schlagen, der sich dann entgegen dem physikalischen Bewegungstrieb eines Balles wie ein nasser Sack millimetergenau und willenlos vor die Füße des vollkommen frei stehenden Mitspielers legte – und das alles mit einer stilsicheren Eleganz, wie man sie so vorher und nachher bei den allseits gefürchteten deutschen Fußballpanzern nicht mehr sah. Diego Armando Maradona ließ seine Gegenspieler – allesamt Profifußballer auf bisweilen Weltklasseniveau – wie Slalomstangen stehen. Der Ball schien auf seinem Schuh zu kleben. Wem diese unio mystica zwischen Spieler und Ball nicht reichte, dem bescherte der kleine Argentinier dann noch ein Kopfballtor im Duell mit einem zwei Köpfe größeren Engländer. Dieses legendäre Tor bei der Weltmeisterschaft 1986 ist aufschlussreich für die begrenzte Reichweite vernünftiger Aufklärung bei wundersamen Begebenheiten. Alle Welt konnte in den nüchternen Zeitlupenaufnahmen sehen, dass eine Hand im Spiel war. Maradona sprach kryptisch von der Hand Gottes. Fest steht, dass aller Fernsehaufklärung zum Trotz sein wundersames Tor zu den skurrilsten und originellsten Toren der Fußballgeschichte zählt.

Pelé, Beckenbauer, Maradona zählen zu den ganz Großen – bei ihnen musste man immer auf alles gefasst sein. Das Unmögliche war stets möglich. Aber auch ein einziges Spiel kann einen Star auf die Welt bringen. Im besten Spiel seiner Karriere, dem Achtelfinale bei der WM 1990 zwischen Holland und Deutschland, verkörperte Jürgen Klinsmann die Eigenschaft der Allgegenwart. Mit einem schier unglaublichen Laufpensum und einer unfassbaren physischen Präsenz zermürbte er quasi im Alleingang die Weltklasse-Abwehr der Holländer. Übermenschlich erschienen die Kräfte des Mannes. Die italienische Gazetta dello Sport sprengte eigens für die Bewertung dieser Leistung ihre Notenskala von eins bis sieben und gab Klinsmann eine acht.

Es muss nicht nur der Tanz um und mit dem Ball sein. Oliver Kahn erhob sich zum Star durch bloße Willenskraft. Schon 2001 schien es, als habe er mit unbändigem Willen zum Sieg die valencianischen Elfmeter im nervenaufreibenden Elfmeterschießen „getötet", um Bayern München zum Sieg in der Championsleague zu verhelfen. Bei der WM 2002 führte er – und das dürfte bis dato einmalig gewesen sein – als Torwart eine spielerisch mittelmäßige Mannschaft ins Finale. In den Medien zählte man auf, wie viele definitiv unhaltbare Torschüsse der gegnerischen Mannschaft er gehalten hatte. Sein Ehrentitel ‚Titan' war geboren. Außer Frage steht, dass Kahns unbändiger Siegeswille ansteckend wirkte. Dass dann ausgerechnet der Unfehlbare im Finale den spielentscheidenden Fehler beging, ist freilich von einer Grausamkeit, wie sie sich griechische Tragödiendichter nicht schlimmer hätten ausdenken können. Das ist die Kehrseite des Stars.

Zu den reizvollsten Konstellationen des Fußballspiels gehört die Wechselwirkung von Einzelerscheinung und Kollektiv. Starensembles von elf wirklichen oder noch schlimmer: von sich dafür haltenden Stars bieten meist klägliche Vorstellungen. Es ist die Mannschaftsleistung, die über Sieg und Niederlage entscheidet. Letztlich geheimnisvoll bleibt, wie sich diese Leistung der Gemeinschaft aus der Antriebskraft einzelner Individuen speist. Dass dabei jedenfalls die Mannschaft dann der eigentliche Star ist, dies ist keineswegs eine Erfindung des Sommermärchens von 2006. Schon das Wunder von Bern lebte davon.

1970 standen sich in einem der denkwürdigsten Spiele der Fußballgeschichte im Halbfinale der WM in Mexiko Italien und Deutschland gegenüber. Dramatisch genug war, so glaubte man, dass Schnellinger mit seinem Tor in der Schlusssekunde die Verlängerung erzwang. Doch was dann kam, überbot alle Erwartungen. Deutsche und Italiener lieferten sich einen Schlagabtausch, der noch heute seinesgleichen sucht. Erst gingen die Deutschen in Führung, dann nach dem Ausgleich die Italiener. Aber auch diese Führung konnten die Deutschen nochmals ausgleichen – beide deutschen Tore in der Verlängerung schoss übrigens Gerd Müller – bevor dann schließlich Italien das entscheidende Tor erzielte. Fünf Tore fielen in der Verlängerung. Keine Mannschaft gab je auf in diesem Spiel, sie kämpften auch noch aus vermeintlich aussichtsloser Situation, Franz Beckenbauer z.B. mit Armschlinge, weil das Auswechselkontingent erschöpft war. Die Zuschauer im Azteken-Stadion in Mexico-City, so sagt man, erhoben sich von ihren Plätzen und verneigten sich mit standing ovations vor den Spielern. Noch heute erinnert eine Gedenktafel im Stadion an dieses Spiel aus Respekt vor dem Siegeswillen, dem Sportsgeist und der Kraft dieser beiden Mannschaften, die erstens den Zuschauern grandiose Unterhaltung boten, die zweitens mit beharrlicher Willenskraft nie aufgaben und die drittens damit ein schönes Bild davon auf den Platz warfen, wie Menschen sich selbst gerne sehen: mutig, tapfer und mit Glanz und Größe auch noch in der Niederlage.

1.2 Kulturpessimistische Zwischenbemerkung: Der Untergang des Stars?

Fußballstars gibt es natürlich noch immer. Ronaldo, Ronaldinho und allen voran Zinédine Zidane haben die letzten Jahre des Weltfußballs bestimmt. Doch fällt dem geschulten Fußballhistoriker auf, dass die Leuchtkraft dieser Stars flackert. Jeder der Genannten hat immer wieder ausnahmslos traumhafte Fußballkunst aufscheinen lassen, doch gab es auch Spiele, bei denen sie in schwarzen Löchern verschwanden. Das mag auch früher so gewesen sein, aber es drängt sich der Eindruck auf, dass das Verhältnis von Licht und Schatten immer ausgewogenere Dimensionen annimmt. Es wird geargwöhnt, dass dafür die Veränderungen des Fußballs verantwortlich sind. Fußball ist in der Tat in den letzten Jahren bisweilen ein sehr athletischer und strategischer Sport geworden, sozusagen eine Art Schach mit durchtrainierten Astralkörpern. Die moderne Raumdeckung hat für das Aufleuchten individuellen Genies wenig Sinn. Kulturpessimisten wähnen daher schon, der Fußball habe „eine Grenze der ästhetischen Optimierung überschritten".[1] Man muss sich diesen Unkenrufen nicht anschließen, eine Transformation in der Gestalt des Fußballstars ist gleichwohl nicht zu übersehen. Fußballfremdes gewinnt in der medialen Repräsentierung an Dominanz.[2] Schweini und Poldi begeistern im Teenie-Outlook ihre Altersgenossen. Luis Figo, ein zweifelsohne begnadeter Fußballer, dürfte seinen Weltruhm doch auch dadurch erlangt haben, dass sich in seinem Blick eine Jahrhunderte währende Tradition portugiesischer Saudade und Melancholie in Mark und Bein berührender Weise verdichtet. David Beckham, der schillerndste Fußballstar der Gegenwart, verdankt seinen Ruhm trotz seiner gelegentlich genialen Begabung für Freistöße vornehmlich einer glamourösen Selbstdarstellung. Dazu gehören eine berühmt-schrille Dame an seiner Seite ebenso wie lackierte Fingernägel und die sich an diesem Phänomen entzündende Diskussion um Metrosexualität. Das sind zweifelsohne wichtige Fragen, gleichwohl, sie lassen den Fußballstar als Sportsmann, Kämpfer und Ballkünstler in einem nostalgischen Licht erscheinen.

1.3 Der Fußballstar: personifizierte Alltagsdurchbrechung

Fußball ist eine alltägliche Sportart, vielleicht eine der alltäglichsten auf der Welt. Fußballzuschauer und Fans wissen davon ein Lied zu singen. Es gibt Spiele, ja manchmal ganze Turniere von unsäglicher Langeweile und spielerischer Bedeutungslosigkeit, bei denen am Ende allein das Ergebnis zählt. Otto Rehhagel ist der Großmeister dieser Art des Fußballs. Das sind dann Spiele und Turniere ohne Stars. Vor jedem Turnier wird daher nichts sehnlicher erwartet als die Erscheinung eines Stars. Denn im Dunstkreis des Stars – sei es die Mannschaft, sei es das Individuum – wird das Alltägliche durchbrochen. Der Fußballstar ist personifizierte Alltagsüberwindung und Alltagsdurchbrechung. Das macht ihn zum Star und dafür wird er verehrt. Der Fußballstar hält den Zuschauern einen Spiegel vor, wozu Menschen in der Lage sind. Er bringt Licht in das Dunkel und schafft so Orientierung. Freilich, Alltagsüberwinder sind für die Orientierung im Alltag nur bedingt zu gebrauchen. Sicher verkörpert der Star eine soziale Komponente, er verwirklicht den Traum vom sozialen Aufstieg. Doch zeigen sich die Stars auch als allzu menschliche Wesen. Gewonnenes Vermögen zerrinnt ihnen wie Wasser zwischen den Fingern, sie kämpfen gegen Drogensucht und Übergewicht und verfangen sich in den erotischen Fallstricken betrieblicher Weihnachtsfeiern.

Auf dem Platz und mit dem Ball hingegen lässt der Fußballstar alles Banale und Triviale hinter und unter sich. Er spielt fantastische Dribblings, er schlägt traumhafte Pässe, er lenkt ein Spiel nach unsichtbaren Gesetzen. Bei alledem tut er vor allem dies: Er domestiziert den an sich unverfügbaren Flug und Lauf eines Balles, er gibt seinen gestaltlosen und zufälligen Bewegungsbahnen Form, Schönheit und Ziel. Der Fußballstar zelebriert Epiphanien im Alltag des Sports.

Diese inszenatorische Kraft hat dem Fußballstar und dem Fußball an sich religiöse Attribute eingetragen. Theologen haben versucht, Fußball als religiösen Vollzug zu entlarven und dem Fußballstar die Funktion religiöser Mittlergestalten zuzuweisen. Selbst Autoren wie Hans Ulrich Gumbrecht, die an solchen Überlegungen sicher kein Interesse haben, müssen es sich gefallen lassen, wenn sie von dem ästhetischen Zauber des Fußballs und des Sports sprechen, als „religiöse Denker wider Willen“[3] bezeichnet zu werden. Gegen diese voreilige Gleichsetzung von Fußball und Religion spricht vieles, es fehlt entscheidend die subjektive Selbstbeschreibung als religiöser Vollzug.[4] Vor allem aber nimmt diese eindeutige Zuweisung dem Fußballstar seinen wirklichen ‚metaphysischen‘ Charme. Dieser liegt vor allem in der fehlenden Eindeutigkeit. Der Fußballstar zieht ästhetische Kategorien auf sich,[5] doch besinnt man sich bei seiner Ausdeutung als Gesamtkunstwerk rasch darauf, dass es nur ein Spiel ist. Er erweckt religiöse Assoziationen als religiöser Heros mit übernatürlichen Kräften und vor allem als Mittlergestalt des Heiligen, doch entwindet er sich dieser Deutung zugleich, weil er eben doch nur ein Mensch ist, der nach einem Ball tritt. Sein Charme besteht darin, dass er vage und unbestimmt eine andere Dimension des Daseins aufleuchten lässt und sich geradezu im Moment des Aufleuchtens eindeutigen ästhetischen und religiösen Deutungszuweisungen entzieht. Der Fußballstar macht in einem einfachen Spiel die Welt auf etwas anderes hin durchsichtig, er lässt ein Mehr aufscheinen, das sich beim begrifflichen Zugriff jedoch gleich wieder entwindet. Der Fußballstar verkörpert die bezirzende, ergreifende aber auch erschütternde Zweideutigkeit des Alltags im Modus des Spiels und genau darin liegt sein Reiz und seine Attraktion: der Fußballstar ist eine zwielichtige Gestalt.

Jörg Lauster

2. Orientierung

2.1 Fußball und Orientierung

Fußballstars geben Orientierung. Denn sie verkörpern einen attraktiven Lebensentwurf mit Erfolg, gutem Einkommen und öffentlicher medialer Aufmerksamkeit einerseits und mit archaischen, ursprünglichen männlichen (jedenfalls mehrheitlich – inzwischen auch weiblichen) Ritualen andererseits: Der Fußball erschließt Kampf und Sieg, Schmach und Niederlage, Glück im Bestehen von beidem und den Rhythmus von körperlicher Anspannung und Entspannung, an denen es einem sonst in der arbeitsteiligen Mediengesellschaft mangelt (und der doch für das Wohlbefinden von großer Bedeutung ist). Die Verbindung von Medialität und Archaischem ist etwas typisch Spätmodernes (Postmodernes). Denn solange der Kampf ums Dasein mit Körperkräften ausgetragen werden musste, gab es nicht den Kompensationsbedarf durch eine Freizeit mit anstrengenden Kämpfen (bzw. mit der Beobachtung inszenierter Kämpfe). Der Fußball kann als die Erfolgsgeschichte des 20. Jahrhunderts bezeichnet werden – von England verbreitete sich das Spiel seit dem 19. Jahrhundert über die ganze Welt. Aufgrund der explosionsartig vermehrten medialen Möglichkeiten nimmt inzwischen die Mehrheit der Menschheit an der Fußball-Weltmeisterschaft Anteil. Selbst in vermeintlich fußballfreien Zonen wie den USA und Asien ist kein Halten mehr. Insofern ist die Orientierung an Fußballstars auch ein Lehrstück medialer Globalisierung, bei dem der Fußball bisherigen „global players" Konkurrenz macht. Der Lizenzgeber der WM in Deutschland hatte 205 Fernsehanstalten in aller Welt unter Vertrag genommen: Die WM ist ein globales Fest.

In seinem italienischen Ursprung (lange vor dem Siegeszug in England im 19. Jahrhundert) in Florenz hatte das Spiel einen städtischen Festcharakter, vergleichbar vielleicht mit dem „Palio" in Siena: Die ursprünglich 27 Spieler waren in Livree gekleidet und stammten aus den besten Familien – unter ihnen waren Lorenzo il Magnifico, Allessandro de Medici und Maffeo Barberini, der spätere Papst Urban VIII. (1568–1644, Papst von 1623–1644; dieser Barberini-Papst fiel durch lange Ausritte im Quirinal und Vatikan auf und erfreute sich einer „eisernen Gesundheit").

Die Florentiner Spielzeit dauerte vom Dreikönigstag bis zur Fastnacht, umfasste also die Epiphanias- und Karnevalszeit. Dieser frühe Fußball, dessen Regeln 1580 von Giovanni di Bardi veröffentlicht wurden, vermittelte demnach eine für jeden sichtbare Orientierung hinsichtlich der Schichtung der städtischen Gesellschaft, die so im Jahreslauf erkennbar wurde.

Die Fußball-Festwochen zu Beginn des Jahres waren also ein Teil jener Darstellung, die nach Schleiermacher[6] mit der Gemeinschaft selbst gleichursprünglich ist. Hier war es nicht der Star, sondern das Stadtviertel und die führende Familie, die den Bestand der realen und der symbolischen Ordnung und damit soziale Orientierung verkörperten.

Heute haben sich die Orientierungsleistungen durch den Fußball grundlegend verändert. Fußball orientiert das Freizeitverhalten und die Freizeitgespräche von großen Teilen der Bevölkerung. Die Nachricht vom Wechsel Jürgen Klinsmanns als Cheftrainer zu Bayern München beschäftigte im Januar 2008 auch die Seitengespräche in theologischen Hauptseminaren. Wenn Väter und Söhne Schwierigkeiten haben, miteinander zu reden, dann finden sie über das Thema „WM", „EM" oder „Bundesliga" einen gemeinsamen Ausgangspunkt fürs Gespräch. Fußball orientiert die Kommunikation, die Wahrnehmung der Zeit und den Gebrauch der Medien. Und schließlich geben die Persönlichkeiten der Stars Orientierungsmuster für die Gestaltung des eigenen Erfolgs: kämpfen wie Jürgen Klinsmann, authentisch sein wie Oliver Kahn, bescheiden und erfolgreich wie Miroslav Klose, einfach nur nett und locker und alles klappt („und fertig") wie bei Lukas Podolski.

Es wäre nun albern, in einem theologischen Beitrag die Fußballstars in Analogie zu Heiligen zu betrachten; von diesen Parallelisierungen von Fußball und Religion halte ich nichts. Aber dennoch haben die Fußballstars für den Menschen eine vergleichbare Funktion wie die Heiligen: Sie sind nicht unbedingt Vorbilder, denen man nacheifert. Aber dennoch bieten sie wie die Film- und Musikstars Muster von Lebensorientierungen, deren Erfolgs- oder Misserfolgsgeschichte man mit Neugier und Sympathie betrachten kann, so dass man engagiert bei der Sache sein kann, ohne selbst – wie in der Realität – betroffen zu sein. (Fußball-)Stars helfen zur Lebensorientierung, weil man durch sie auf dem Wege der teilweisen Identifikation mit Lebensträumen experimentieren kann.

2.2 Kleine Phänomenologie der Orientierung

Orientierung gehört zu den Grundphänomenen des Lebens. Jede Lebenssekunde enthält unzählige Möglichkeiten: Aufstehen, Sitzenbleiben, Essen, Trinken, Telefonieren, Ausgehen, Menschen aufsuchen, Medien konsumieren, einen Brief schreiben etc. Jeden Moment benötige ich eine Orientierung an einem Gesamtplan meiner Tätigkeit: Ich will erst noch diesen Teil des Manuskriptes beenden, dann erst beginnt der Rest des Tages mit dem üblichen Feierabendprogramm, damit ich morgen hier weitermachen kann, so dass der Terminplan für die Fertigstellung des Buches eingehalten werden kann. Ich orientiere den persönlichen Umgang mit meinem Arbeitsplan weiterhin an Absprachen und Verlässlichkeit und damit an einer zielgerichteten Wertschätzung für Kollegen und unter dem Verzicht auf momentane Eingebungen (wie Kopfweh, Müdigkeit, Ideenlosigkeit bei einem ungewohnten Thema wie diesem etc.).

Erst recht wenn ich meinen Schreibtisch verlasse und mit anderen kommuniziere, benötige ich eine Orientierung an bestimmten Kommunikationsmustern. Meinem marokkanischen Nachbarn werde ich nichts erzählen von meinem Manuskript über Fußball und Orientierung, weil das nicht zu unseren Gesprächsthemen gehört – wir sprechen eher über die Kinder (oder zurzeit von WM oder EM über Fußball). Wer hingegen mich, meine Arbeit und meinen Arbeitsrhythmus gut kennt, wird in etwa verstehen, wie ich die Aufgabe zu bewältigen suche, auch wenn sie/er nicht vom Fach ist. Wenn ich schließlich meiner Frau oder einem gut bekannten Kollegen davon erzähle, benötige ich eine ganz andere Orientierung; diese wird sachlich und persönlich zugleich sein und zugespitzt auf die gemeinsame Verstehensgeschichte. In keinem Fall werde ich einfach chronologisch erzählen, dass ich um 15.45h begonnen habe, um 16.15h eine erste Skizze entworfen und dann pro Minute so etwa eine Zeile geschrieben habe etc. Die Wahrnehmung meiner eigenen Textproduktion muss an einem vorausgesetzten Sinn orientiert sein – erst recht dann, wenn ich jemand anderem davon berichte.

Wir müssen uns an einem gemeinsamen Verstehensrahmen orientieren, wenn wir miteinander sprechen. Dazu gibt es dann ein jeweils angemessenes Maß an Nähe und Distanz, an thematischer Begrenzung und an erzählerischer Ausschmückung u.a. Bei jeder Kommunikation wählen wir situativ das Passende aus und spitzen so das Erzählte zu.

Theoretisch formuliert: Wenn wir uns an einem Adressaten orientieren wollen, unterliegt unsere Erzählung einem *Fokussierungszwang* („Warum erzählst Du mir das eigentlich?“) und einem *Kondensierungszwang* („Nun komm’ mal auf den Punkt!“). Durch diese Form der Erzählung schaffen wir immer eine Verbindung von *Historie* einerseits (wer will schon wissen, was genau ich beim Schreiben dieses Textes nebenbei getan habe – davon schweige ich!) und *Fiktion* andererseits. Durch Kondensation und Fokussierung schaffe ich eine solche Art von Konsistenz, die es dem tatsächlich Beobachtbaren nach gar nicht gab – mithin eine „Verdichtung“ der Tatsachen und damit eine Fiktion.

Nicht umsonst meinte Paul Ricœur, dass das Zeitempfinden des Menschen aus dem Gewahrwerden dieses Überganges von der Historie zur Fiktion und umgekehrt herrührt. Die Grundorientierung an seiner Zeit wird dem Menschen klar, wenn er sich als Schöpfer von Historie und von Fiktion begreift. Im Erzählen schaffen wir unsere Zeit. Unsere Auswahl, Zuspitzung und Schöpfung von Wirklichkeit (Fokussierung und Kondensation) schafft keine andere Welt, aber sie erschafft diese Welt als eine andere, die uns im Erzählen in ihrem Zeitlichsein verstehbar wird. Ganz groß gesagt: Ohne Orientierung gibt es keine Zeit und damit keine Welt, weil die Erzählung die Bedingung der Möglichkeit zeitlichen Existierens ist.

2.3 Religiöse Orientierung

Religion, so lässt sich nun einfach sagen, ist die Frage nach der Orientierung der Orientierungen des Menschen, also etwa nach der Bedingung der Möglichkeit des Zeitlichen. Ein Beobachten der Nicht-Zeit steht dem Menschen nicht zur Verfügung, ebenso wenig wie die Beobachtung der Welt außerhalb des eigenen Leibes. Wenn wir unseren Leib verlassen, sind wir beobachtungsunfähig geworden – dann haben wir „unsere Sinne nicht mehr beieinander". Religion kann man darum – neben vielen anderen Beschreibungen, wie etwa „die Frage nach dem Transzendenten", „das Innewerden des Ganzen des Lebens", „die Beobachtung des nicht Beobachtbaren" vom Lebensvollzug her auch so beschreiben: Religion ist das, was unsere Orientierungen orientiert.

Diese Orientierung der Orientierung hat eine zweifache Grundgestalt. Sie ist erstens ein Gefühl, ein Empfinden für die Welt und für uns selbst. Die Orientierung besteht in einem Grundempfinden, dass wir so sind, wie wir sind und dass wir gerade so, in unserer Bestimmtheit und „Geworfenheit" frei sind: „Alles prüfe der Mensch, sagen die Himmlischen, / daß er, kräftig genährt, danken für Alles lern / Und verstehe die Freiheit, / Aufzubrechen, wohin er will." (Friedrich Hölderlin, Lebenslauf)

Das Gefühl aber der abgründigen Freiheit ist – wie Alles bei uns Menschen – schwankend, von Schicksalswendungen oder schlicht von Tageszufällen abhängig. Darum braucht der Mensch die Zeichen des Religiösen, in denen er seine Orientierung aufbewahrt oder wiederfindet, in denen sein Gefühl der Freiheit und des Getragenseins gestärkt oder unterstützt wird, in denen seine wechselnden emotionalen Zustände immer wieder einmünden in das Grundgefühl, als Person gemeint, gewollt und in die Verantwortung seiner eigenen Freiheit gestellt zu sein, in religiöser Sprache: von Gott geliebt und beauftragt zu sein.

Diese zeichenhafte Grundorientierung seines Gefühls vollzieht der Mensch in konzentrierter Form im Gebet. Und der Begriff der „Orientierung" ist bekanntlich nichts anderes als das Lehnwort für die Ostung, wie sie beim Gebet vollzogen wird. Der Mensch wird seiner Gottesbeziehung inne, indem er seinen Leib zeichenhaft zum kommenden Licht hin ausrichtet – und nicht zur Finsternis. (Die Ostung, die sich im Christentum am

Ende des zweiten Jahrhunderts durchsetzte, unterschied erst ab diesem Zeitpunkt die Christen von den – erst von nun an ausschließlich in Richtung Jerusalem betenden – Juden.) Das Gebet braucht Orientierung im mehrfachen Sinne.

Glaubende Orientierung kann aber auch durch andere Zeichen erfolgen: durch Worte, die die Gefühle neu sortieren; durch Musik, die nicht die Welt, aber die Wahrnehmung der Welt verändert; durch Kunst, die im Wahrnehmen den Prozess des Wahrnehmens gegenwärtig macht und so die ständige Nötigung zu eigenen Orientierungsleistungen präsent hält: Kunst nötigt zur Kunst der Wahrnehmung und damit zum Verstehen der Grundlagen des eigenen Verstehens.

Über das Verhältnis von zeichenvermittelter und unmittelbarer Gefühlswahrnehmung kann man dabei trefflich streiten (und ich habe das mit Wilhelm Gräb auch schon getan). Für mich sind Zeichen und Gefühl gleichursprünglich wie unsere Leiblichkeit. Wir fühlen nur in und mit unserem Leib und damit fühlen wir immer zeichenvermittelt. Ohne Leib und ohne Zeichen gibt es für mich keine Religion; und ohne die Sprachen der (von Nazareth und Gethsemane ausgehenden) Tradition gibt es keinen (christlichen) Glauben. Sprachen und Zeichen orientieren unser religiöses Gefühl, das sonst diffus wird wie so mancher Tag unseres Lebens, an dem unser Gefühl für das Ganze verdunstet in den unsteten, uns umtreibenden Emotionen.

2.4 Noch einmal: Fußball

Ohne Leiblichkeit gibt es keine Religion – und was wäre leiblicher als der Fußball (selbst noch im Sessel – man denke an das Elfmeterschießen gegen Argentinien am 30.06.2006). Und doch: Nicht jede intensive Leiblichkeit ist Religion. Die Frage nach dem Ganzen des eigenen Gefühls wird vom Fußball nicht primär und dauernd präsent gehalten. Insofern legen religiöse *und* fußballbegeisterte Menschen – gerade *wegen* der Parallelen – Wert auf die Unterscheidung. Woran jemand sein Herz hängt, so Martin Luther im „Großen Katechismus" von 1529, das ist sein Gott. Das „Herz" aber ist nicht alles das, wofür man sich begeistert. Das „Herz" schlägt für das, was das Leben als Ganzes ist. Bei Managerseminaren ist die Frage beliebt: Was soll einmal bei Ihrer Verabschiedung über Sie gesagt werden (die härtere Variante lautet: auf Ihrer Beerdigung)? Da geht es nicht mehr nur um berufliche Ziele, Bilanzen, Expansionen, sondern um das, was einen als Menschen ausgemacht hat, um das, was einer abgesehen von seiner Funktion für andere war, was er selbst, eben was sein „Herz" war. Da erst ist man bei der eigentlich religiösen Frage. Hinzu kommen der Zufall, das Glück, Anfang und Ende des Lebens, die Frage des Lebens nach dem Tode, sowie schließlich – im Beruf wie im Privatleben – die eigene Schuld. Niemand wird ernstlich behaupten, dass diese großen, eigentlich religiösen Fragen vom Fußball beantwortet werden wollen.

Der qualifizierteste theologische Beitrag zum Thema stammt darum meines Wissens von Oliver Kahn. Ihn hörte ich einmal in einem Interview über die launische Gnade des „Fußballgottes", welcher irgendwann wieder einmal für – oder war es gegen? – die „Bayern" gewesen war, mit der schlichten Antwort: „Es gibt keinen Fußballgott. Es gibt nur einen Gott, den, der mir die Kraft gibt, meine Leistung zu bringen." Recht hat er.

Michael Meyer-Blanck

Literatur

BRINKMANN, F.T., Art. Sport, in: Gräb, W./Weyel, B. (Hg.), Handbuch Praktische Theologie, Gütersloh 2007, 395–406.

LUHMANN, N., Die Religion der Gesellschaft, hg. v. Kieserling, A., Frankfurt a.M. 2000.

MEYER-BLANCK, M., Religion mit Substanz! Zu Wilhelm Gräbs Bestimmung der Religion in der Mediengesellschaft, in: EvTh 61 (2003), 468–479.

PASTOR, L. VON, Geschichte der Päpste, Band XIII,1, Freiburg i.Br. 1928.

RICŒUR, P., Zeit und Erzählung, Bd. III, München 1991 (darin: Die Überkreuzung von Historie und Fiktion, 294–311).

SOOSTEN, J. VON, Die Tränen des Andreas Möller. Sportwelten, Leibesübungen und religiöse Körpersymbolik, PTh 86 (1997), 13–25.

WALLRAFF, M., Die Ursprünge der christlichen Gebetsostung, ZKG 111 (2000), 169–184.

Anmerkungen

1 GUMBRECHT, H. U., Lob des Sports, Frankfurt a.M. 2005, 129.

2 GRÄB, W., Sinn fürs Unendliche. Religion in der Mediengesellschaft, Gütersloh 2002, 133ff.

3 GUMBRECHT, Lob des Sports, 169.

4 Vgl. LAUSTER, J., Fußball – Spiel des Lebens? Anmerkungen zum Zusammenhang von Fußball und Religion, in: Hütig, A./Marx, J., (Hg), Abseits denken, Kassel 2004, 69–78, 74ff; auch MEYER-BLANCK im Folgenden.

5 Vgl. dazu GRÄB, W., Lebensgeschichten – Lebensentwürfe – Sinndeutungen. Eine praktische Theologie gelebter Religion, Gütersloh 1998, 104ff.

6 SCHLEIERMACHER, F.D.E., Die christliche Sitte nach den Grundsätzen der evangelischen Kirche im Zusammenhang dargestellt, Nachdruck der 2. Aufl. Berlin 1884, neu hg. v. Müller, W.E., Waltrop 1998, 510.

Walter Sparn/Hans-Günter Heimbrock

Zug verpasst!/Kontingenz

1. Zug verpasst!

„Zug verpasst ... wie ärgerlich! Ich hab mich noch so beeilt!“ Ja ja – wenn ich zehn Minuten zu spät am Gleis bin und den Zug wider Erwarten noch erwische, weil die Bundesbahn mal wieder Verspätung hat – ärgerlich!? Im Allgemeinen ist Unpünktlichkeit schon ärgerlich, aber im Besonderen gar nicht, denn ich bin ja erleichtert, dass dieser Zug nicht pünktlich abfuhr. Das ist, so ärgerlich meine Unpünktlichkeit sein mag, ein glücklicher Zufall, nicht wahr? Gewiss: nur für mich, denn die Pünktlichen ärgerten sich vielleicht schon über den unpünktlichen Zug, der ihre berechtigte Erwartung an eine pünktliche Abfahrt enttäuscht hat. Mit dem Zufall ist das so eine Sache, es kommt wohl darauf an, wen er trifft und in welcher Erwartung. In Afrika sagt man übrigens nicht: „Ich habe den Bus (Züge gibt's da weniger) verpasst“, sondern: „Der Bus hat mich zurückgelassen“. Als ich das hörte, fragte ich mich innerlich, mit welchem Recht man so beleidigt sein könne; aber objektiv, im Blick auf den beobachtbaren Vorgang, ist der afrikanische Spruch genau so richtig wie mein „Zug verpasst“, das die Verantwortung für den dummen Zufall mir selbst zuschreibt.

Nun habe ich also den Zug verpasst. Mist, was nun? Na, einen Kaffee wenigstens, und eine paar Minuten Ruhe schaden ja auch nichts, wo ich mich doch so gestresst habe ... Ach ja, atme doch mal durch, herunter von einhundertachtzig auf normal. Mal die Zeitung aufschlagen, ein bisschen nachdenken, in die Luft gucken. Ja, das und das wollte ich doch schon lange mal gründlicher überlegen, da kommt mir doch eine tolle Idee ... Ein solches Entschleunigungs-Szenario kann natürlich auch anders laufen, man trifft unvermutet einen alten Freund, man sieht die Frau seines Lebens et cetera. Na so ein Zufall!! Aber auch wenn es nicht gerade dieser ist, verwandelt sich der ärgerliche Zufall von vorhin in – ja in was? In eine offenere Situation mindestens, in der ich vielleicht sogar glückliche Zufälle wahrnehme und zulasse. Jetzt bin ich am Zug ...

Mit dem Zufall ist das also so eine Sache, ist überhaupt etwas dran? Was wir Zufall nennen, kann der Sache nach alles Mögliche sein, von einem tragischen Ereignis, in das ich verwickelt bin und nie wieder gut machen kann, bis hin zu einem völlig unvermuteten Geschenk des Himmels, von dem ich irgendwann hinterher fast sicher bin, dass es für mich bestimmt war. Man sagt dann: „Es musste wohl so sein" – „musste"? Es war doch Zufall, keine Notwendigkeit! Oder doch auch das? Will etwa jemand freiwillig den entscheidenden Augenblick, das Glück, das Leben verpassen?

Angesichts des Stichworts „Notwendigkeit" wird die Sache mit dem Zufall schon ein bisschen klarer. Wenn am Zufall etwas dran ist, dann auf jeden Fall deshalb, weil wir ein Ereignis *relativ zu etwas anderem* als „Zufall" erleben und eine Zeitlang auch so einschätzen. Was ist dieses andere? Der Ärger beim Zugverpassen kann so groß sein, dass wir es glatt vergessen, aber es ist eigentlich ziemlich klar: Relativ zu unseren Erwartungen, dass etwas so und nicht anders geschieht (nämlich dass wir pünktlich am Gleis sind und dass der Zug fahrplanmäßig fährt), reden wir, wenn es anders kommt (siehe oben) von einem ärgerlichen oder dann später vielleicht auch von einem glücklichen Zufall. Was geschah, ist abgesehen von unseren Erwartungen völlig notwendig, wenn „notwendig" heißt, dass alle erforderlichen und zureichenden Bedingungen für das Ereignis gegeben waren. Uns das waren sie natürlich, sonst wäre es ja nicht geschehen.

Die Sache mit dem Zufall ist in Wahrheit eine Sache unserer *Erwartungen.* Wie berechtigt sind sie? Im Falle sowohl meiner Unpünktlichkeit (schlecht) als auch der des Zuges (gut) sollten solche Erwartung eher niedrig gehängt werden. Denn dass ich mein Tun und Lassen, Denken und Fühlen immer an die chronologische Zeit anpasse, sollte ich nicht allzu kühn von mir erwarten. Eine perfekte Synchronisation wäre auch gar nicht wünschbar, weil ich dann ein ganz unfreier Mensch wäre, ein Automat. Auch im Blick auf die Pünktlichkeit des Zuges der Bundesbahn sollten solche Erwartungen, jedenfalls zurzeit, nicht allzu hoch gehängt werden, so schwer es uns fällt, sie nicht doch wie ein verbrieftes Recht einzuklagen. Anlässlich des Heißgetränks, das man bei großer Verspätung kulanterweise erhält, könnte man sich jedoch in Erinnerung rufen, dass die Bundesbahn nur mit Menschen funktioniert, für die der vorige Satz gilt; und er gilt auch für technisch zu hundert Prozent durchautomatisierte Atomkraftwerke. Vorneweg ist alles geregelt, Zufälle sind ausgeschlossen – hinterher ist man klüger. War ein dummer Zufall ...

Nun ja, die Bundesbahn ... Gibt es aber nicht doch verlässlichere Instanzen unserer Erwartungen, die nichtmenschliche Natur zum Beispiel oder, wenn diese Natur uns schon mit Tsunamis und Hurrikanen überrumpelt, die Naturgesetze, denen auch diese so genannten Katastrophen folgen? So ist es, aber was sagt uns das? Nichts. Denn die Ereignisse, die der regulären Einrichtung der Natur folgen, sind weder gut noch böse, sie schicken uns weder ärgerliche noch glückliche Zufälle zu. Aber auch abgesehen von seiner moralischen Neutralität ist das Naturgeschehen keineswegs unzufällig im Sinne von lückenlos determiniert notwendig, wie nicht erst die Quantenphysik festgestellt hat. Seit alters hat die Philosophie, d.h. hier die (in der

Theologie vorausgesetzte) Physik im sublunaren, d.h. in dem unterhalb der Mondsphäre befindlichen Bereich des Werdens und Vergehens vielfältige Kontingenzen ausgemacht; daher wollte sie hier nicht invariante Gesetze, wie sie am Himmel zu beobachten waren, sondern nur Regeln des „oft" oder „meistens" aufstellen. Inzwischen gilt die Himmelsphysik auch auf Erden, aber die Kontingenz-Annahme ist nichtsdestoweniger bewahrheitet, nämlich auf die gesamte Physik ausgeweitet worden.

Kann man dann noch sagen, der Zufall sei eine Sache unserer Erwartungen? Gewiss gibt es auch unabhängig davon (etwas ungenau kann man sagen: objektiv) Kontingenzen, aber auch sie existieren nicht im Voraus, sondern sind, was sie sind, erst mit und nach ihrem Eintreten. Auch hier macht es einen großen Unterschied, ob wir auf den erwarteten Gang der Dinge vorausschauen, oder ob wir hinterher den tatsächlichen Gang der Dinge betrachten, bestätigend („es musste ja so kommen") oder verwundert („so ein Zufall"). Von Zufall sprechen wir zwar auch im Voraus, aber nur im Allgemeinen („zufällig könnte es anders laufen"), ein bestimmtes Ereignis nennen wir Zufall immer erst im Nachhinein. Der zeitliche Unterschied zwischen der Position *ex ante* und der *ex post* ist also wesentlich für die Unterscheidung von notwendig und zufällig. Auch das haben schon unsere philosophischen und theologischen Altvorderen klar zum Ausdruck gebracht: Omne esse, quando est, necesse est esse – alles (auch das zufällig Eingetretene) ist, wenn es einmal eingetreten ist und existiert, notwendig so, wie es ist, nämlich im gegebenen Augenblick alternativlos so. Deshalb haben jene Denker nie bloß von Kontingenz gesprochen, sondern immer korrelativ von Notwendigkeit. Beide, *necessitas* und *contingentia*, sind zusammen ein Attribut des Seienden als solchen. Das konkret Existierende ist entweder insgesamt oder in bestimmten Aspekten notwendig oder aber zufällig. Das kann auch in den lutherischen und reformierten Schulmetaphysiken der Frühen Neuzeit nachlesen; die kritizistisch gereinigte Metaphysik der späten Neuzeit und die neueste Analyse der Sprachlogik haben das bekräftigt.

So weit so gut – wenn da nicht noch ein Problem herumgeisterte, das man bis heute weder recht fassen noch auch sicher loswerden kann. Wir leben sichtlich in einer Welt, in der es sowohl subjektiv und objektiv zufällig eingetretene als auch subjektiv und objektiv („mit an Sicherheit grenzender Wahrscheinlichkeit") notwendig eingetretene Ereignisse gibt. Und was ist mit dieser Welt im Ganzen? Ist sie notwendig oder zufällig? Vorsicht, das ist keine Arbeitsbeschaffungsfrage für Spekulierer! Die Frage redet abstrakt, wird veranlasst aber durch die höchst konkrete Sorge um die Verlässlichkeit der Welt, in der wir uns alltäglich bewegen, und zwar in eine – und da hilft die Kenntnis aller Naturgesetze gar nichts – noch unbekannte Zukunft. Vieles mag mit „mit an Sicherheit grenzender Wahrscheinlichkeit“ auch morgen so sein und ablaufen wie heute, z.B. zyklische Ereignisse wie der nächste Sonnenaufgang. Aber damit können wir uns noch nicht hinreichend orientieren und kommen wir noch nicht durchs Leben, das in seiner unumkehrbaren Folge von Ereignissen, die so oder ganz anders ausfallen („zufallen“) können, doch, vorsichtig gesprochen, Verunsicherung auslösen kann. Fällt der Himmel ein? fragt nicht nur Obelix; nach heftigen Irregularitäten fragen das alle irgendwie und fragen sogar, selbst wenn sie (vermeintlich) gar nichts glauben, wie der Schöpfergott diese Welt so voller unliebsamer Überraschungen hat einrichten können. In gläubigeren Zeiten war man damit zufrieden, dass Gott ein Zeichen an den Himmel gesetzt hatte für sein Versprechen, dass keine Sintflut mehr käme; seine vorausschauende Fürsorge für den Gang der Dinge und speziell für die Menschen, Gottes weise *providentia* würde die Aberrationen des bösen Zufalls und Unfalls in Grenzen halten.

Es waren aber durchaus noch gläubige Zeiten, denen diese Zusage als noch zu ungewiss erschien und die ein bisschen mehr Notwendigkeit herbeidachten. Die schon erwähnten metaphysischen Meisterdenker taten das auf eine anscheinend plausible Weise: Sie erklärten Gott für den Inbegriff notwendigen Seins, ein Sein ohne die geringste Spur von Werden, Veränderlichkeit oder gar Zufälligkeit in sich. *Deus est esse summe necessarium*, Gott ist höchst notwendiges Sein, es verändert sich nicht, schon gar nichts passiert da zufällig, es fehlt ihm nichts, es kann nicht enttäuscht werden, kurz: Gott ist vollkommen glücklich. Jene Theologen und Philosophen hatten natürlich auch ihre Bibel gelesen, die Gott bekanntlich als ziemlich veränderlich, ja als mit sich uneins beschreibt; er bereut manches getan zu haben, ja wird gerade da, wo er sich gleich bleibt, nämlich seinen Geschöpfen treu bleibt, etwas ganz anderes als er war, er wird Mensch. Die allzu reinliche Abtrennung des Zufälligen von Gott, so fanden andere Theologen und Philosophen, übersieht aber den völlig unvermeidlichen Zufallsfaktor auch für Gott: der *Mensch in seiner Freiheit*, der Mensch, der dies so, jenes anders und auch gründlich falsch, ja selbstzerstörerisch macht. Nicht wenige Philosophen zogen daraus den Schluss, dass auch Gott nicht vor dem bösen Zufall schützen könne, und schafften ihn ab; die Mutigen unter ihnen fordern einen Nihilismus der Stärke, in dem der Mensch zu allem, was da komme, was einen hochhebt oder auch tötet, begeistert Ja sagt. Viele Theologen, die nun doch nicht vom Tod Gottes durch Menschenhand sprechen wollten, zogen immerhin den Schluss, dass Gottes Leben genauso zufällig ablaufe wie unseres, dass Gott, nachdem er das Schöpfungsabenteuer und das Risiko freier und fehlbarer Menschen nun einmal eingegangen sei, dann ebenso ohnmächtig sei wie wir, und dass es für beide in der weiteren Zukunft darauf ankomme, alles zu tun, was das Leben in dieser Welt erträglich mache und schließlich, so Gott will, sogar gut.

„So Gott will" – will er es denn, kann er es wollen und tun? Auch hier ist das, was wir als bösen oder absurden Zufall ansehen, von unseren Erwartungen ans Reguläre abhängig. Die Frage ist also, was wir von Gott erwarten und mit Fug und Recht erwarten dürfen. Gott gegenüber (oder der Welt im Ganzen gegenüber, das macht hier noch keinen Unterschied) ist es ein Denk-, nein, ein Lebensfehler, sicherheitshalber in der binären Logik von Zufall und Notwendigkeit zu verharren, d.h. völlige Sicherheit herzustellen mittels der vorausgehenden Verdrängung des Zufälligen. Das Ergebnis dieser Voraus-Versicherung ist schon lange bekannt: Was dann kommt an Bösem und Absurdem, ist eben Schicksal. Das aber ist bekanntlich blind und dumm. Mit etwas Tremolo in der Stimme veredeln wir das gerne und sprechen von einem „tragischen" Unglücksfall auch dann, wenn *ex ante* vor allem mehr Verantwortung im Verhalten gefragt gewesen wäre. Der Preis jener Vorwegversicherung durch ein „ehernes Gesetz" ist die dunkle Bodenlosigkeit, in der das unglücklich gelebte Leben womöglich stoisch klaglos entsorgt wird. „Glücklich ist, wer vergisst, was doch nicht zu ändern ist ..." – auch das kann man „Kontingenzbearbeitung" oder, mit einem verblüffend eingängigen Wort eines zeitgenössischen Philosophen, „Kontingenzbewältigungspraxis" nennen.

Wenig lebensfreundlich ist das doch, genauer besehen nicht einmal lebensnah. Realistischer ist es (jetzt kann ich nur für Gläubige sprechen), die Erwartungen an Gott nicht in einem notwendigen Wesen und Verhalten Gottes festzumachen, sondern an seinen *Versprechen*, wie sie uns überliefert sind und grosso modo bewährt scheinen. Zusagen, Versprechen, das ist allerdings viel *weniger als notwendig*, ist aber sehr viel *mehr als zufällig*; im Falle Gottes ist es das Äußerste, was wir bekommen können. Es hat, das gebe ich zu, zwei Nachteile: Zum einen können wir nicht immer sogleich oder bald sagen, ob etwas unvermutet Eintretendes ein böser oder ein glücklicher Zufall ist. Das zu entscheiden, braucht einige Verhandlung mit Gott und mit sich selbst: Es braucht das *Beten*. Zum anderen können wir nicht *ex ante* unsere zukünftige Lebensgeschichte als Blaupause schreiben, die dann nur noch in Taten umgesetzt werden müsste, sondern müssen zufrieden sein, sie jeweils *ex post* zu schreiben und wieder umzuschreiben: Es braucht das Leben im erinnernden und erwartenden *Jetzt*.

Der Weg von Gott zur Bundesbahn ist also nicht weit. „Zug verpasst, wie ärgerlich!" Nicht so hektisch, hier ist ein Plätzchen zum Beruhigen, zum Innehalten, zum erneuten Einstimmen in die Zeit und zur gelassenen Erwartung dessen, was sie bringen mag. Wer weiß, der ärgerliche Zufall erweist sich vielleicht als glücklicher Zufall, im Kleinen vielleicht, vielleicht auch im Großen. Es muss ja nicht gleich der Mann fürs Leben sein, ein *kairos* ist es allemal. Kairos, das erfüllte, mit Leben trächtige Jetzt ist übrigens das biblische Wort für Kontingenz, die wir als aus Gottes Hand kommend annehmen. Und anstelle des schräg-lustigen Worts „Kontingenzbewältigungspraxis“ sollten wir, eingedenk der Schwindelanfälle unserer Freiheit, nicht allzu selten das Wort „Gottvertrauen“ in den Mund nehmen. Man lese 2. Korinther 6,2!

Walter Sparn

2. Kontingenz

2.1

Wie Religion und Leben zueinander gehören und sich zugleich signifikant unterscheiden, darüber wird in allen theologischen Fächern seit geraumer Zeit heftig diskutiert. Insbesondere im Hinblick auf ihren Gegenstand der „gelebten Religion“ muss Praktische Theologie daran regen Anteil nehmen, insofern sie, wie ein Dogmatiker jüngst konstatierte, in ihrer Arbeit insgesamt „von der Orientierungsbedürftigkeit religiösen Lebens und dem Lebensbezug der Theologie“[1] als Voraussetzungen lebt. In der Arbeitsteilung innerhalb der theologischen Disziplinen nimmt die Praktische Theologie diesen Lebensbezug so wahr, dass sie theologische Erkenntnisbildung nicht von einem abstrakt allein aus der Tradition gewonnenen Begriff vom „wahren Leben“ ableitet, sondern zugleich stets im Durchgang durch konkrete Phänomene der Lebenspraxis zu formulieren sucht.

„Zug verpasst!“ das ist zweifellos ein Phänomen des alltäglichen Lebens. „Kontingenz“ ein recht abstrakter Begriff. „Zug verpasst! – Kontingenz“ – wie passen diese zwei Größen in ihrer Spannung unter die Horizonte von Leben und Religion? Das Thema enthält zwei Größen, die sachlich wie sprachlich wie von ihren unterschiedlichen Situierungen her inkompatibel erscheinen. Ist „Zug verpasst!“ mehr als eine metaphorische Floskel aus dem Reich der lockeren, spontan gebrauchten Alltagssprache, also aus der Sphäre der vorvertrauten und nicht weiter in Frage gestellten Lebenswelt? Der Welt, in der nun mal alles so ist, wie es ist, dem „Reich der unmittelbaren Evidenzen“ des Erlebten (Husserl). Dass der Ausdruck „Zug verpasst!“ einen religiös relevanten Sachverhalt im Sinne von reflexiver Distanzierung zum Alltag signalisiert, das wird auf Anhieb wenigen Lesern in den Sinn kommen.

„Kontingenz“ dagegen war schon für die Aristotelische Philosophie ein gewichtiges Problem, das Stoff für gelehrte Traktate abgab. Der hier avisierte Sachzusammenhang hat sich dann im Verlauf der abendländischen Philosophie zu einem Haupt- und Staatsbegriff der Ontologie entwickelt, weit über harmlose Varianten modallogischer Gedankenspielerei von „möglich“ zwischen wahr und falsch hinaus. Wenn heute jemand „Kontingenz“ sagt, dann hören andere gleich ein ganzes Theorieprogramm, und auch eine theoretische Verortung von Religion. Die Palette der Möglichkeiten erschöpft sich dabei keineswegs in einer systemtheoretischen Analyse der Funktion von Religion als Kontingenzbewältigung sensu N. Luhmann[2] samt ihrer höchst problematischen religionshistorischen Verhältnisbestimmungen von Ritual und Dogmatik. Wie immer, die „Analyse kontingenzbewältigender Aspekte von Religion auf personaler und sozialer Ebene durch die Religionswissenschaft und ihre Nachbardisziplinen, insbesondere Religionssoziologie und Religionspsychologie, mündet dann in Versuche zur Theorie der Religion als Grundlage und spezifische Ausformung von Sinnstiftung in Lebenswelt und Gesellschaft.“[3]

Eine ebenso fundierte wie wirksame Konzeption Praktischer Theologie der Gegenwart nimmt der Sache nach auf solche Bestimmung von Religion Bezug und ordnet in kulturhermeneutischer Dimensionierung der Theologie die Grundaufgabe der Lebensdeutung als Sinndeutung zu, und dies dezidiert im Kontext einer nach-christlichen Kultur:

> Praktische Theologie als Praxistheorie protestantischer Kultur arbeitet [...] für die Erschließung und Identifikation der Religion auch im säkularen Gewand ihres Erscheinens als Nicht-Religion. Sie erkennt die christliche Sinneinstellung bzw. die an den christlichen Glauben gestellten Anforderungen zu sinnbewußter Symbolisierung von Transzendenz in der Offenheit für Erfahrungen des Kontingenten, menschlich nicht Machbaren, von riskanten Übergängen und Schwellensituationen. Sie erkennt den christlichen Glauben in der Gestimmtheit des Vertrauens, einer Sinneinstellung, die – wenn auch verhalten – auf das Vorsehungshandeln Gottes setzt, in einer Lebensform, der in solchem Vertrauen die Freiheit gründet und die Anerkennung des anderen in seinen Rechten.[4]

2.2

Diese Aufgabe einzulösen, hilft phänomenologisch eingestellte Lebensweltanalyse weiter. Sie macht konkrete Verfahren und Prozeduren des Umgangs mit Kontingenz in nicht traditionell kirchlich geprägter Sprache ansichtig. Es mag auf den ersten Blick paradox erscheinen, dass gerade eine solche Analyse der Lebenswelt vor Unmittelbarkeitsromantik gewarnt sein muss. Wie H. Blumenberg in seiner posthum veröffentlichen „Beschreibung des Menschen“[5] in extenso entwickelt hat, gilt: Wer „Kontingenz“ sagt, setzt voraus, dass er immer schon aus der Lebenswelt herausgetreten ist. Das unmittelbare Erleben der Sache ist nicht kontingent im Sinne der Abwägung von Möglichkeiten, sondern wirklich. „Kontingenz“ markiert immer schon das Jenseits der vorvertrauten Lebenswelt, also ein gänzlich anderes Theorieprogramm von Anthropologie, das den Menschen nicht auf dem Wege zur Beseitigung von Kontingenz versteht, sondern die auch theoretisch nicht zu löschende Verstrickung in Unordnungserfahrung zur conditio humana erhebt. Eben dann lohnt der prüfende Rückblick, nicht nur auf die Selbstverständlichkeiten des Alltags, sondern zugleich auf reflexive Reduktionen allzu generalisierender Betrachtungen. Um das schärfer zu stellen, erweist sich die zunächst wenig gefällige Kombination von „Zug verpasst! – Kontingenz“ vielleicht als ertragreiches Gedankenexperiment.

Redensarten mit Be-Zug auf den Zug sind uns vertraut und gebräuchlich, man denke an Formeln wie „Auf einen fahrenden Zug aufspringen“ oder „Ein alter Mann ist doch kein D-Zug“. Sie überschreiten in der Regel nicht die Kleinigkeiten der alltäglichen Verhaltensroutine des Herrn Jedermann. Wenn aber ein Heidelberger Medizin-Professor öffentlich die Frage stellt: „Stammzellforschung: Hat Deutschland den Zug verpasst?“,[6] dann transportiert die alltagsprachliche Wendung schon keine Kleinigkeiten mehr.

Die Vertrautheit mit Zug-Metaphern im alltäglichen Leben gilt auch im Zeitalter der Stammzellenforschung. Bahnhof, Gleise, Züge, Fahrplan – all das mögen Elemente sein, deren Vorkommen und Wirksamkeit in unserer Sprache auf der Anschauungswelt einer vergangenen Epoche beruht. Aber diese Metaphern sind ungebrochen plausibel und allgegenwärtig und deshalb hochwirksam. Auch Menschen, die noch nie in ihrem Leben einen Zug verpasst haben, sagen eher „da ist der Zug abgefahren“ als „da ist das Flugzeug abgeflogen“.

Der semantische Gehalt von „Zug verpasst!“ kann auf diskursive Weise in einiger Hinsicht präzisiert werden. Eine begriffssprachliche Übersetzung von „Zug verpasst!“ etwa könnte mit dem Satz angegeben werden, dass zum gegebenen Zeitpunkt für ein Subjekt bedauerlicherweise keine Handlungsmöglichkeiten mehr offen sind. Ausdrucksvarianten sind beispielsweise „Da war für mich der Zug abgefahren“ oder die Aufforderung „Beeil dich, der Zug ist bald abgefahren!“ Nicht nur die deutsche Sprache ist reich an solcher Art bildsprachlichen Elementen. Die Metaphorik reicht historisch und kulturgeschichtlich bis weit in die Antike zurück. Trotz historischem und technischem Abstand gibt es eine semantische Schnittmenge mit dem vom Vorsokratiker Antiphon von Rhamnus (480 v.Chr.) überlieferten Satz *„Doch wie einen Zug im Brettspiel das Leben zu wiederholen, das gibt es nicht.“*[7]

Was macht die Formel „Zug verpasst!“? Und was macht sie so eingängig, dass beinahe jede Übersetzung ins Diskursive dem gegenüber unbeholfen wirkt? Sie ist eine Zwei-Wortformel, grammatisch ein unvollständiger Satz, und doch im Regelfall dem unmittelbar verständlich, der ihn sagt und der ihn hört. Dieser Satz aus der Alltagssprache, gleich ob er mit ironischem oder vorwurfsvollem Unterton verlautet, ist in aller Regel plausibel und bedarf keiner Erläuterung. Die Formel lebt vom lebensweltlich impliziten Wissen. Vorausgesetzt werden kann nämlich in unserer Kultur nicht nur, dass jeder die Gepflogenheiten eines Fahrplans mit festem Raster kennt, verlässlich, aber zugleich begrenzt und nicht vom Einzelnen zu beeinflussen. Mit gegeben ist zugleich die metaphorische Ausweitung ins Schicksalhafte. „Zug verpasst!" bringt mit eingängiger Bildsprache so eine Erfahrung auf den Punkt, indem sie vor dem Horizont der Lebensmöglichkeiten urteilt. Sie schaut dabei zugleich zurück auf ein Gewordensein, das anders hätte ausgehen können, das nun aber für den Betrachter und Sprecher – leider – irreversibel ist. Dem sprachlichen Gebrauch der Formel „Zug verpasst!" geht schon ein anderer Lebensvollzug voraus, Tun und Nicht-Tun, der Satz ist also immer reflexiv. Er nimmt Stellung zu Lebensvoll-Zügen, die eben nicht noch einmal durchgespielt werden können.

Bedeutsam ist allerdings auch, wer spricht und wem der Satz gilt. Sagt ein Subjekt vom eigenen Erleben „Zug verpasst!", so steht das Gewahrwerden störanfälliger Alltagswelt im Vordergrund. Sagt hingegen ein nicht betroffener Externer über mich, ich hätte den Zug verpasst, so präsentiert mir sein Urteil zugleich den Appell an die geregelte Welt und eher die Verdrängung des Kontingenten.

Eine erste nähere Umkreisung der Alltagsformel „Zug verpasst!" fördert Indizien für die Komplexität des einfachen vorvertrauten Umgangs mit einer simpel erscheinenden Sprachformel zutage. Mitten in der Alltagskultur greift nicht nur bewusstlos unmittelbares Verhalten Platz, sondern den alltäglichen Routinen eingelassen sind zumindest Spuren des Umgangs mit Ordnungen, des In-Ordnung-Bringens, der Distanzierung und Kontingenzbearbeitung, unterhalb jeder akademischen oder akademisch-theologischen Anstrengung. Aber die Sprachhandlung „Zug verpasst!" beinhaltet eben beides, den Versuch des In-Ordnung-Bringens und die implizite Thematisierung von deren Scheitern.

2.3

Der oben angesprochene Ansatz einer theologischen Kulturhermeneutik lebt u.a. von einem sinnhermeneutisch aufgeladenen und zugespitzten Religionsbegriff. Die Frage, ob sich Religion christlich verstanden ohne Rest auf „Sinnfindung" oder „Kontingenzbearbeitung" zurückführen lässt, führt nicht nur an das Problem der Sinnstiftungen innerhalb der Lebenswelt, sondern in gleicher Weise auch an die Frage nach dem theologischen Verständnis des Jenseits des Reiches von Sinnerklärung, des Außerordentlichen und des Un-Sinnigen. Der Horror vor solchen Denkwegen war für die mittelalterliche Schultheologie Anlass zur Konstruktion eines ontologischen Gottesbegriffs, der ganz und gar um Notwendigkeit zentriert war: „Gott als Inbegriff des notwendigen Seins". Walter Sparn hat in seinem Artikel auf die Konsequenz eines solchen Denkens aufmerksam gemacht. Konstruiert man einen Gottesbegriff so, dass Leben vor dem Zufall geschützt werden soll, so ergibt sich: „Der Preis jener Vorwegversicherung durch ein ‚ehernes Gesetz' ist die dunkle Bodenlosigkeit, in der das unglücklich gelebte Leben womöglich stoisch klaglos entsorgt wird." Solche religiöse Entsorgungspraxis ist im Denken der Gegenwart höchst populär, vom naturwissenschaftlich begründeten Determinismus bis zum Kreationismus, gleichwohl aber letztlich weder lebensfreundlich noch lebensnah.

Dann bleibt die Frage: Auf welchem Boden wachsen die Vollzüge „sinnbewußter Symbolisierung von Transzendenz in der Offenheit für Erfahrungen des Kontingenten"? Kann man die Erfahrung der Bodenlosigkeit religiös verankern, statt sie religiös entsorgen zu müssen?

Es ist bemerkenswert, wie im 20. Jahrhundert Antworten auf diese Frage nicht mehr primär im Kontext ontologischer Denksysteme gegeben werden, sondern auf dem Boden einer höchst fragil gewordenen Lebensgeschichte. Der von den Nazis ins Exil gezwungene tschechische Philosoph und Medientheoretiker Villém Flusser thematisiert gerade im Zusammenhang biografischer Erfahrung der Heimatlosigkeit, der buchstäblichen Bodenlosigkeit, „religiöse Stimmung": Er beschreibt in „Heimat und Heimatlosigkeit"[8] die Doppelgesichtigkeit dieser Erfahrung:

> In ihr sind alle Religionen entstanden, denn Religionen sind Methoden, in der Bodenlosigkeit einen festen Halt zu bieten. Aber es ist auch die Stimmung, die alle Religionen gefährdet. Denn in ihr wird der Halt, den die Religionen bieten, von der ätzenden Säure der Bodenlosigkeit zerfressen. Im Grunde sind alle unsere Probleme religiöse Probleme, jedenfalls in folgender Hinsicht: Wenn wir uns in der Stimmung der Bodenlosigkeit befinden, dann suchen wir nach einer religiösen Lösung unserer Lage, ohne sie finden zu können. Und wenn wir den sicheren Boden unter den Füßen fühlen (sei es dank einer Religion, sei es dank eines Religionsersatzes, sei es einfach dank der religiösen Kraft des uns bergenden und alles verhüllenden Alltags), dann haben wir die echte religiöse Stimmung verloren.[9]

Durch die Form der generalisierenden Rede hindurch artikuliert sich hier, wie ein Interpret gezeigt hat,[10] höchst subjektgebundene, autobiografisch-bekenntnishafte Rede.

Religion wie Lebenspraxis haben ein komplexeres Verhältnis zur Kontingenz, als ein systemtheoretisches Theorieprogramm, welches Kontingenz begrifflich erschlägt und still stellt. Theologische Kulturhermeneutik tut gut daran, die alltägliche Zerbrechlichkeit des Lebens nicht von einer ganz unbiblischen Formel der „Kontingenzbewältigung" wissenschaftlich löschen zu lassen. Vielmehr kann sie mit Gewinn für die Theologie am paradoxen Gedanken festhalten, dass Bodenlosigkeit als produktive Gefährdung religiöser Schutzmethoden gedacht werden muss – weil sie immer wieder in „gelebter Religion“ erfahren wurde und in ihr Gestalt findet. Das tut sie nicht automatisch, und deshalb ist klärende Reflexion geboten.

Den Irrungen und Wirrungen im Dickicht der Lebenswelt nachzugehen, schärft der Theologie auf alle Fälle eine bewusstere Wahrnehmung ihres Gegenstands. In dem Sinne hat sie den Weg von der Abarbeitung an einer theoretisch-begrifflichen Auffassung des Religiösen als Bearbeitung von Kontingenz hin zur der Wahrnehmung menschlicher Lebenspraxis zu gehen. Damit sie nicht den Zug des Lebens verpasst.

Hans-Günter Heimbrock

Anmerkungen

1 KORSCH, D., Theologie, in: Gräb, W./Weyel, B., Handbuch Praktische Theologie, Gütersloh 2007, 833–842, 833.

2 LUHMANN, N., Funktion der Religion, Frankfurt a.M. 1977.

3 MÖRTH, I., Kontingenz (Zufall): Religionswissenschaftlich, in: RGG[4] Bd. 4, Tübingen 2001.

4 GRÄB, W., Praktische Theologie als Praxistheorie protestantischer Kultur, in: Ders./Weyel, B. (Hg.), Praktische Theologie und protestantische Kultur, Gütersloh 2002, 35–51, 50.

5 BLUMENBERG, H., Beschreibung des Menschen, Frankfurt a.M. 2006.

6 Siehe http://www.bio-pro.de/de/region/rhein/magazin/03446/index.html?link GlossaryTerms=1 (Januar 2008).

7 Zitiert in DIEL, H., Die Fragmente der Vorsokratiker, Hamburg [8]1951.

8 FLUSSER, V., Heimat und Heimatlosigkeit, Köln 1999.

9 Ebd.

10 ERNST, C., Verwurzelung vs. Bodenlosigkeit. Zur Frage nach „Struktureller Fremdheit“ bei Villém Flusser, http://www.flusserstudies.net/pag/02/strukturelle-fremdheit02.pdf (Januar 2008).

Christian Danz/R. Ruard Ganzevoort

Beleidigung/Schuld und Versöhnung

1. Beleidigung

Beleidigungen begegnen in unterschiedlichen Formen, werden ausgesprochen, aufgeschrieben oder kommen in Zeichenhandlungen zum Ausdruck. Sie können Einzelnen oder ganzen sozialen Gruppen gelten. Dabei können Beleidigungen gewollt vorgebracht werden oder auch mitunter unbewusst und ungewollt unterlaufen. Letzteres ist etwa dann der Fall, wenn Eigenarten einer fremden Kultur oder der Code einer sozialen Gruppe nicht vertraut sind. So kann aus einer Handlung oder Geste eine Beleidigung des Anderen werden. Dabei ist es ein und dieselbe Handlung, die auf unterschiedliche Weise gedeutet wird. Deutlich ist, dass Beleidigungen bereits einen hochkomplexen Deutungsvorgang beinhalten und keineswegs so etwas wie einen gleichsam naturalen Vorgang darstellen. Eine Beleidigung stellt ein sozio-kulturelles Phänomen dar, da sie nur in einem kulturellen Deutungsrahmen als eine solche verstanden werden kann. Es müssen bestimmte sozio-kulturelle Muster bereits geprägt und angeeignet sein, damit eine Zeichenhandlung von einem Menschen als Beleidigung empfunden wird. Dabei bleibt freilich das Verstehen von Handlungen an individuelle Vollzüge der Selbstdeutung zurückgebunden. Was dem einen als die schlimmste Form einer Beleidigung erscheint, muss es für den anderen noch lange nicht sein.

Eine Beleidigung gilt dem Anderen. Ihr lebensweltlicher Ort ist die zeichenvermittelte Kommunikation. Versucht man das lebensweltliche Phänomen der Beleidigung näher zu verstehen, so wird man die kommunikative Selbstdarstellung von individuellen Subjekten in den Blick nehmen müssen. Diese ist nämlich aufgrund ihrer Vollzugsgebundenheit und Deutungsabhängigkeit äußerst fragil. Ist doch das individuelle Selbst der Vollzug einer immer schon kulturell eingebundenen Selbstbestimmung im Schnittpunkt unterschiedlicher sozialer Rollen. Das individuelle Selbst versteht sich und seine soziale Welt durch selbst geschaffene Bilder. Diese Bilder dienen der Grenzziehung und Stabilisierung des eigenen Selbst oder der kulturellen Gruppe. Sie bilden eine Art kulturelles Gedächtnis, welches sowohl die individuelle als auch die kollektive Identität formt. Das Selbstverständnis von Individuen oder Gruppen, das eine komplexe Deutungsleistung darstellt, trifft auf das symbolisch kommunizierte Selbstverständnis von Anderen, das es in Frage stellt oder von ihm in Frage gestellt wird. In jedem Fall muss sich das Selbst hierzu verhalten, sei es nun zustimmend oder ablehnend. Das Phänomen der Beleidigung in seinen unterschiedlichen Ausprägungen hat an solchen Infragestellungen des eigenen Selbstverständnisses und dessen symbolisch kommunizierter Identität seinen Anhalt.

Ein beleidigendes Wort oder eine beleidigende Handlung stellt das Selbstverständnis von Anderen in Frage. Darin kommt zum Ausdruck, dass dem Anderen die Achtung verweigert, dass er also nicht als ebenbürtig und gleichberechtigt anerkannt wird. Den Kern einer Beleidigung darf man folglich in der verweigerten Anerkennung des Anderen erblicken. Der oder die Anderen werden dann nicht als alter Ego anerkannt. Dadurch wird der Andere zum Mittel der unmittelbaren Selbstdurchsetzung der eigenen Interessen und Wünsche instrumentalisiert. Das Selbst stabilisiert sich und seine Selbstdeutung durch die Herabsetzung und Nichtanerkennung des Anderen. Eine Beleidigung des Anderen schlägt jedoch auf das sich selbst durchsetzen wollende Subjekt zurück. Warum dies so ist, ist darin begründet, dass sich ein endliches Subjekt nur in wechselseitigen Anerkennungsverhältnissen als ein solches realisieren kann. Zu der Bestimmtheit dessen, wer wir sind, gehören immer die Anderen dazu. Bestimmt ist etwas nämlich nur dann, wenn es zugleich auf Andere bezogen und von diesen unterschieden ist. Die Anderen sind deshalb ein Bestandteil unserer eigenen, nur individuell zu realisierenden Identität. Selbstsein und Anderssein bilden ein Wechselverhältnis. Der unterscheidende Bezug auf den Anderen ist somit konstitutiv für die konkrete Bestimmtheit des eigenen Selbst. Diese Funktion für den Aufbau der eigenen konkreten Identität kann der Andere jedoch nur dann wahrnehmen, wenn er gerade keine Funktion des eigenen Selbst ist. Er muss hierzu sein eigenes Selbstsein realisieren und gerade als ein solches anerkannt werden. Deshalb, weil wir nur im unterscheidenden Bezug auf Andere die sind, die wir sind, kann sich eine konkrete individuelle Subjektivität nur in wechselseitigen Anerkennungsverhältnissen konstituieren und realisieren. Eine Beleidigung verweigert das wechselseitige Anerkennungsverhältnis und darin die Anerkennung des Anderen als einer Person. Dadurch ist jedoch der Andere, durch dessen Anerkennung das Subjekt allein eine bestimmte Person sein kann, aufgehoben. Deshalb hebt das beleidigende Subjekt sich in der Beleidigung des Anderen selbst auf. Weil eine Beleidigung auf die Nichtanerkennung des Anderen als einer freien Person zielt, wechselseitige Anerkennung jedoch die Form darstellt, in der sich Freiheit allein in der sozio-kulturellen Welt realisiert, wird verständlich, dass Beleidigung einen Bestandteil der Strafgesetzgebung darstellt.

Beleidigungen sind Störungen des stets intersubjektiv verfassten Zusammenlebens. Dies kann, wie erwähnt, beabsichtigt oder auch unbeabsichtigt geschehen. Die Übergänge sind fließend. In jedem Fall ist das Zusammenleben durch ein beleidigendes Wort oder eine beleidigende Geste gestört. Störungen des Zusammenlebens müssen wiederhergestellt werden. Andernfalls zerstören sich die Subjekte selbst. Beleidigungen als verweigerte Anerkennung müssen in Anerkennungsverhältnisse überführt werden. Wie kann dies geschehen? Nur so, dass Einer dem Anderen verzeiht. Verzeihung ist das Setzen eines neuen Anfangs. Zur Eröffnung eines neuen Anfangs gehört das Eingeständnis von eigener Schuld. Diese muss in das eigene Lebensverständnis integriert werden. Der Schuldige ist jedoch unannehmbar. Annehmbar wird er nur dann, wenn ihm trotzdem verziehen wird.

Die mit der menschlichen Selbstbestimmung verbundene Verweigerung der Anerkennung stellt selbstverständlich auch ein grundlegendes Thema von Religionen dar. Die Beleidigung wird von der Religion in einen Letzthorizont gerückt. Die Unbedingtheit der Schuld wird in den Gottesgedanken aufgenommen. Durch die Verweigerung der Anerkennung durch den Menschen ist die Ordnung gestört und Gott in seiner Ehre verletzt. Die gestörte Ordnung muss wieder hergestellt werden. Der in seiner Ehre beleidigte Gott fordert zur Wiederherstellung seiner Ehre ein versöhnendes Opfer. Nur so kann er verzeihen und die Gemeinschaft mit den ihn Beleidigenden wieder herstellen. Schuld und Versöhnung sind die Motive, in denen der Kampf um Anerkennung gedeutet wird. Die alte Dogmatik hat darin die Selbstdeutung der endlichen Freiheit zu einem fragwürdigen metaphysischen Drama hypostasiert. In dieser Form ist es, wie Immanuel Kant zu Recht gezeigt hat, nicht zu halten. Die religiösen Formen gelten der Selbstaufklärung des Subjekts in seinem reflexiven Bezug auf sich selbst. Religion ist als eine kulturelle Form der Deutung des bewussten Lebens zu verstehen. Sie stellt dem Individuum Deutungsmuster zur Verfügung, durch die es sich und seine stets ambivalent bleibende Selbstauslegung verstehen und aneignen kann. Die Zweideutigkeit und Ambivalenz menschlicher Selbstauslegung wird in den religiösen Deutungen so zum Thema, dass sie in eine übergeordnete Deutungsperspektive eingerückt wird. Das Endliche wird in einen Unendlichkeitshorizont gerückt, das Kontingente in eine Notwendigkeitsdimension gestellt, die Fragmentarizität eigenen Lebens in eine Ganzheitsperspektive. Die religiösen Deutungen der Zweideutigkeiten menschlicher Selbstauslegung wären missverstanden, wollte man annehmen, sie sollen gleichsam als Opium diese zum Verschwinden bringen oder in allgemeine Harmonie auflösen. Dies ist nicht der Fall. Vielmehr werden in den Vollzügen der religiösen Selbst- und Weltdeutung die Ambivalenzen der menschlichen Selbstbestimmung artikuliert. Es geht also um eine Selbsterfassung des endlichen Subjekts in seiner bleibenden Ambivalenz und Zweideutigkeit. Religion möchte ich als ein reflexives Selbstbewusstsein endlicher Freiheit verstehen, dem die Ambivalenz seiner eigenen endlichen Selbstauslegung durchsichtig geworden ist. Die Durchsichtigkeit und die Erfassung der endlichen Freiheit in ihrer Ambivalenz und Schuldhaftigkeit ist der Zielpunkt der religiösen Thematisierung menschlichen Lebens. Zugleich geht es in der Religion aber immer auch um einen Umgang mit den Ambivalenzen menschlicher Selbstauslegung durch die Eröffnung eines neuen Anfangs trotz Missachtung, Kränkung und Beleidigung. Dies geschieht dadurch, dass Religionen Formen der Verzeihung und des Umgangs mit Schuld ausbilden und kultivieren. In der Gottesbeziehung artikuliert das endliche Subjekt die Gewissheit, dass es gerade in seiner von Gott unterschiedenen Eigenheit von Gott anerkannt ist.

Religion hat, wie die kurzen Andeutungen erkennen lassen, eine elementare lebenshermeneutische Funktion. Sie zielt auf eine Aufklärung des bewussten Lebens über sich selbst. Dies gilt auch für die christliche Religion und die von ihr geprägten Formen der Lebensdeutung. Die Deutungsmuster der christlichen Religion für den geschilderten Vorgang der Selbsterfassung des endlichen Subjekts in der Zweideutigkeit seiner Selbstauslegung sind Schuld und Versöhnung. Sie sind Beschreibungsformen des sich in der inneren Gebrochenheit seines Bezugs auf sich selbst und Andere erfassenden Subjekts. In ihnen deutet das endliche Subjekt sowohl die bleibende Zweideutigkeit seiner eigenen Lebensführung als auch die Gewissheit, in eben dieser Zweideutigkeit anerkannt zu sein. Die Unterscheidung und Zuordnung von Schuld und Versöhnung, wie sie für die christliche Religion signifikant ist, reflektiert noch einmal den Umstand, dass die schuldhafte Verletzung des Anderen nur durch ein zugesprochenes Wort der Verzeihung zu heilen ist. Auch dogmatische Topoi haben somit eine alltagspraktische Funktion, die der Aufklärung des Individuums in seinen sozialen Bezügen dient.

Christian Danz

2. Schuld und Versöhnung

Die klassischen theologischen Begriffe Schuld und Versöhnung hängen eng zusammen mit der Erfahrung von gestörten Beziehungen und den Bemühungen, diese Störungen zu überwinden. Christian Danz hat gezeigt, wie die Beleidigung als eine Störung wirkt, die beide Partner einer Beziehung trifft, weil ihrer beider Abhängigkeit von der gegenseitigen Anerkennung unterminiert und damit ihr Subjekt-Sein bedroht wird. Diese Gedanken werde ich weiterverfolgen. Was bedeutet es, in einem solchen Fall von Schuld und Versöhnung zu sprechen, und was ist dazu in der pastoralen Praxis nötig? Natürlich hängt die Antwort auf diese Frage ab von der Tiefe der Verletzung. Die Beispiele und Situationen, mit denen ich es in der Praxis in der Regel zu tun habe, gehen zumeist von einer viel stärker eingreifenden Störung aus, als es einem das Wort "Beleidigung" vor Augen führt – aber das sind graduelle Unterschiede.

Ich setze ein mit der klassischen Buß- und Beichtpraxis, die ich als eine sich im Lauf der Zeiten herauskristallisierte und durchdachte Form praktischer Lebensweisheit betrachte. Mit anderen Worten: Es geht in der Praxis als erstes um eine Möglichkeit dafür, dass Menschen ihr gestörtes Leben wieder in eine Ordnung bringen können. Das wird zugespitzt auf die Störungen in der Beziehung mit Gott, aber im Grunde geht es dort – das ist meine These – um die Symbolisierung der Beziehungsstörungen mit Anderen.

Darum verfallen wir in Eskapismus und Sublimierung, wenn wir behaupten, dass auf diesem religiösen Weg unsere Beziehungsprobleme gelöst werden können. Was das Ritual bieten kann, ist Inspiration für die harte Arbeit der Versöhnung und des Trostes für die Situationen, wo Versöhnung unmöglich ist. In meiner Beschreibung umreiße ich die zwei Positionen von ‚Täter' und ‚Opfer' idealtypisch; in der konkreten Wirklichkeit ist dies meistens nicht so eindeutig, sind beide sowohl ‚Täter' als auch ‚Opfer'. Sobald man einer von beiden ist, gilt das, was ich hier beschreibe. Ich fange beim ‚Täter' an.

In der Buß- und Beichtpraxis, wie sie am Ende des Mittelalters ihre endgültige Form bekommen hat, sind einige Bestandteile unentbehrlich. Es beginnt mit der Gewissensbefragung. Hier geht es um die Frage, ob wirklich von Schuld zu reden ist oder ob unter dem Schuldgefühl etwas anderes verborgen ist, z.B. verdrängte Ohnmachtsgefühle, Scham oder noch etwas Anderes. Das wird bei einer ehrlichen Analyse dessen, woraus die Schuld genau besteht, deutlich. Dies ist ein schmerzlicher Prozess, weil wir dem ins Auge sehen müssen, wo wir Fehler gemacht haben, nicht nach den Normen und Idealen gelebt haben, die unser Leben bedeutungsvoll machen. Die Konfrontation mit der Schuld ist der erste Schritt im Durchbrechen der Illusion unserer eigenen Heiligkeit und Macht.

Erst nach der Gewissensbefragung kann von Reue (contritio cordis) die Rede sein. Reue an sich ist zwar nicht messbar, aber für alle Beteiligten ist es nötig, den Eindruck zu haben, dass der Schuldige aufrichtige Reue zeigt. In der Reue geht es um innere Veränderung, die Bekehrung, bei der wir uns nicht länger selbst freisprechen, sondern Abstand nehmen von dem Bösen, das wir angerichtet haben. Diese aufrichtige Reue bedeutet auch, dass wir nicht zu schnell und nicht zu einfach nach Vergebung fragen sollen. Je aufrichtiger die Reue, desto stärker ist die Erkenntnis, dass Vergebung keinesfalls selbstverständlich ist.

Die Reue mündet in das Schuldbekenntnis (confessio oris). Wenn das Böse Anderen angetan wurde, muss auch das Bekenntnis der Schuld vor

Anderen ausgesprochen werden. Die Reihenfolge des Schuldbekenntnisses muss mit der Reihenfolge der Schuld übereinstimmen. Oft läuft das verkehrt. So kenne ich die Erzählung eines Mannes, der vor dem Gemeinderat seine Schuld bekannte: Er war untreu gegenüber seiner Frau, indem er Inzest beging. Leider akzeptierte der Kirchenvorstand dieses Schuldbekenntnis sofort. Die richtige Reihenfolge wäre es gewesen, zuerst gegenüber seiner Tochter, dann gegenüber seiner Frau und dann erst gegenüber der Gemeinde seine Schuld zu bekennen. Die Vergebung muss zuerst bei dem Menschen gesucht werden, dem wir geschadet haben.

Nach dem Sündenbekenntnis kommt die Bitte um Vergebung. In der römisch-katholischen Tradition wird diese durch den Priester mit der Absolution beantwortet. In der protestantischen Tradition hat man davon Abstand genommen. Die Erklärung der Vergebung Gottes ist zu groß für den Menschen. An dessen Stelle ist in der protestantischen Liturgie eine allgemeine Verkündigung der Gnade getreten. Die Frage ist, ob das besser ist, da so die Vergebung noch einfacher als Fluchtweg gebraucht werden kann. Ungeachtet der Bedeutung dieser Frage: Wir leben mit dem Bewusstsein, dass wir als Menschen nicht über Gottes Vergebung verfügen, aber dass wir ohne diese Vergebung auch nicht bestehen können.

Schließlich – und oft parallel zur Bitte um Vergebung – kommt die Genugtuung durch Taten (satisfactio operis). Dieses Element des Bußetuns ist innerhalb der reformatorischen Tradition leider verschwunden. Der Grund dafür ist, dass mit der Situation gebrochen werden sollte, in der dieses Bußetun als Machtinstrument der Kirchenleitung fungierte. Außerdem war man der Meinung, dass ein Bußhandeln durch das Mittel guter Werke die Schmälerung der Gnade bedeutet. In der Praxis zwischen Menschen scheint Genugtuung hingegen unersetzbar. Es macht die Bekehrung und die Reue sichtbar, versucht, den Schaden wieder gut zu machen, und legt die Verantwortung für die Folgen des Bösen in die Hände des Schuldigen. Damit wird ein Neubeginn ermöglicht. Auch in der Beziehung zu Gott kann diese Form des Bußetuns einen Platz bekommen bei den positiven Taten, die erlebt werden können als neue Hingabe (mit den Worten des Heidelberger Katechismus ‚Werke der Dankbarkeit').

Der Weg, den das Opfer gehen muss, um zu Versöhnung zu gelangen, verläuft dazu parallel. Um zu beginnen, muss sie oder er dem tatsächlich in die Augen schauen, was genau passiert ist und welcher Schaden zugefügt wurde. D.h., dass man sich z.B. fragen muss, was die Beleidigung genau bedeutet und warum diese Worte oder Gesten als Beleidigung aufgefasst wurden. Damit öffnet man sich gegenüber dem Schmerz der Beleidigung und der Erfahrung, als Subjekt nicht anerkannt worden zu sein. Das ist eine paradoxe Handlung, denn eigentlich möchte man den Schmerz am liebsten negieren oder mit Aggression kompensieren.

Nach dieser Gewissensprüfung folgt das Gegenstück zur Reue beim Täter, das Zuschreiben der Schuld an einen Anderen. Es geht hier um die bewusste und durchdachte Erkenntnis, dass man selbst nicht schuldig ist an der Beziehungsstörung und dass die Verantwortung ganz und gar beim Anderen liegt. Auch das ist kein einfacher Schritt, da Ohnmacht und Verletzbarkeit impliziert sind und weil man so einen Anderen als schuldig brandmarken muss.

Der dritte Schritt ist das Aussprechen dieser Schuldzuweisung in Form einer Klage oder Anklage. In gegenwärtigen Modellen der Konfliktbewältigung wird dabei betont, dass das v.a. in Ich-Botschaften passieren muss: Man beschreibt, was man als Störung empfunden hat und inwiefern das als Verletzung erfahren wurde. Implizit wird so der Andere als schuldig ausgewiesen. Die Schwierigkeit besteht darin, den schmalen Grat zu finden zwischen Aggression (zurückschlagen) und einem passiven Erleiden der Beleidigung. Das bedeutet auch, dass man dem Angriff auf die eigene Wertigkeit widerstehen muss, um würdig reagieren zu können.

Im Anschluss muss man die Bitte um Vergebung und die eventuelle Genugtuung akzeptieren, um Versöhnung zu ermöglichen. Das bedeutet erneut einen paradoxen Schritt, in dessen Vollzug man von der Zuschreibung der Schuld zum Loslassen oder Erlassen der Schuld kommt. Dieser Schritt ist wahrscheinlich nicht so schwierig wie der vorherige, da man von der gerechten Vergeltung absehen muss, um den Anderen – und damit auch sich selbst – frei zu lassen.

Ist das nun eine wirksame Strategie, um die Schuld zu nehmen? Das wäre wohl zuviel gesagt. Es sind unausweichliche Schritte, um einen Anfang von Vergebung und Versöhnung überhaupt zu ermöglichen. Gerade durch den Glauben an Gottes Reich können wir erkennen, dass es keine einfachen Lösungen gibt. Schuld bleibt in dieser Wirklichkeit im Tiefsten unauflösbar. Wir sind konfrontiert mit der Tatsache, dass wir Schaden angerichtet haben, den wir nicht wieder rückgängig machen können. Das Böse ist nicht rückgängig zu machen. Mit jeder Tat – zum Guten oder zum Bösen – verändern wir das Leben und die Welt, in der wir leben. Dieser Verantwortung können wir nicht entkommen. Worum es aber in diesen Vollzügen geht, ist auch nicht das Zurückdrehen der Geschichte oder das Ungetanmachen von Verletzungen. Das Ziel des Rituals ist Versöhnung, was heißen will das erneute Ermöglichen davon, dass Menschen mit sich selbst, mit einander und mit Gott leben können. Wo das Übel darin besteht, dass der Eine dem Anderen nicht die Existenzberechtigung zuerkannt hat, die der Andere aufgrund seines Menschseins verdient, besteht die Versöhnung darin, dass beide sich vollständig ernst nehmen. Der Verletzte muss den Verletzenden ernst nehmen als jemanden, der schuld ist an der Verletzung, der aber zugleich nicht vollends damit charakterisiert ist. Der Verletzende muss den

Verletzten ernst nehmen als jemand, der durch die Beleidigung verletzt wurde, der aber nicht vollends charakterisiert ist mit den Zuschreibungen, die in der Beleidigung anklangen. Das bedeutet, dass man jemanden ernst nehmen muss als jemand, der nicht zusammenfällt mit der Rolle eines Verletzten oder Verletzenden, ‚Opfer' oder ‚Täter'. Im Erkennen des anderen als jemand, der viel mehr ist als die eine Rolle, wird die ursprüngliche Reduktion der Beleidigung durchbrochen.

So ist sowohl bei der Beleidigung wie bei der Versöhnung von einer doppelten Transformation zu sprechen. Bei der Beleidigung verwandelt sich der Eine in Verletzten oder ‚Opfer' und der Andere in Verletzenden oder ‚Täter'. Bei der Versöhnung können beide aus der bestimmenden Rolle enthoben werden, um wieder vollständig Mensch sein zu können. Die zweite, versöhnende Transformation ist per definitionem genauso eingreifend wie die erste, und darum ist der Prozess der Versöhnung auch so komplex.

Was bedeutet das nun für den Umgang mit konkreten Beleidigungen? Ich spitze die Frage zu auf die Diskussionen über religiöse Beleidigungen, wie sie in letzter Zeit öfter vorgefallen sind. In unserer westlichen Welt wurden wir wiederholend konfrontiert mit religiösen Protesten gegen blasphemische Äußerungen, die als Beleidigung der eigenen Glaubensüberzeugungen oder der Gottheit selbst gedeutet wurden. Manchmal scheint es, dass es vor allem Moslems sind, die sich gegen Beleidigungen des Propheten wehren. Das gilt umso mehr, wenn es um visuelle Äußerungen wie Karikaturen oder Filme geht, da der Islam sich immer schon viel stärker gegen die Darstellungen wehrt als etwa das Christentum. Es gibt aber auch christliche Proteste gegen das Auftreten von Madonna, eine Werbekampagne von Coca-Cola o.ä. Warum werden solche Äußerungen als blasphemisch oder beleidigend wahrgenommen? Hat das tatsächlich mit dem zu tun, was Danz als Kern der Beleidigung andeutet, die fehlende Anerkennung?

Die Antwort auf diese Frage ist nicht so eindeutig, weil im Protest gegen die angebliche Beleidigung oder Blasphemie ein ebenso rhetorisches Element enthalten ist wie in der Beleidigung oder der Blasphemie selbst. In beiden Fällen geht es nicht um die Übertragung einer Botschaft als solcher, sondern um das strategische Setzen auf dem Schachbrett der öffentlichen Kommunikation. Indem eine Äußerung blasphemisch genannt wird, verlangt man das alleinige Recht auf eine bestimmte Sache oder Identität. Das bedeutet, dass das Label ‚Beleidigung' oder ‚Blasphemie' keine objektive Charakterisierung der Zeichenhandlung der Anderen ist, sondern ihr oder ihm das Recht entzieht, sich auf diese symbolische Weise zu äußern. Der Protest ist, genauso wie die Beleidigung, eine Form des Nichtanerkennens des Subjektseins des Anderen.

Wir können das auch noch anders formulieren: Sowohl die blasphemischen Kunst- und Kulturäußerungen wie auch die Proteste dagegen sind

Formen kollektiver Identitätspolitik, strategische Bemühungen, die eigene subkulturelle Identität zu verstärken, indem die Identität einer anderen Gruppe zur Diskussion gestellt wird. So versuchen in meinem eigenen niederländischen Kontext populistische Politiker und freie Künstler das nationale Gefühl und die Ideale der Offenheit und Toleranz zu verbreiten, indem sie gezielt die Muslime herausfordern mit blasphemischen und beleidigenden Äußerungen. Die Motivation dafür kann sehr wohl in dem Versuch liegen, etwa die Diskriminierung von Frauen und Homosexuellen öffentlich zu thematisieren. Dieser gewählten Strategie und Form der Beleidigung aber ist eine Überlegenheitshaltung inhärent, die das Subjektsein des Anderen verkennt. Umgekehrt lässt der landläufige Widerstand gegen solche blasphemischen Äußerungen aber genauso wenig Raum für das Subjektsein des Beleidigers, sodass beide Parteien sich gegenseitig gefangen halten in einer Beziehung, die dem jeweils Anderen kein Bestandsrecht gönnt. Man ist stärker konzentriert auf die Stärkung der eigenen Gruppenidentität als auf den Aufbau und die Aufrechterhaltung bedeutungsvoller Gruppenbeziehungen, und das bedeutet, dass man die Stimme des Anderen eher gebraucht als Sprungbrett für selbstverstärkende Beleidigungen denn als Anfrage, die unsere eigene Selbstgenügsamkeit zur Diskussion stellt.

Genau an diesem Punkt kann der Weg der klassischen Buß- und Beichtpraxis uns einen Schritt weiterhelfen, weil sie den angerichteten Schaden ehrlich in Augenschein nimmt, aber vor allem weil sie darauf aus ist, die Beziehung wieder herzustellen und beide so der bestimmenden Rolle von ‚Opfer' oder ‚Täter' entkommen können. Es geht in dieser Praxis darum, dass beide wieder Mensch werden können und so zu einer neuen Beziehung zu finden vermögen. Das setzt durchaus die Bereitschaft voraus, das strategische identitätspolitische Handeln zu unterlassen und die unmittelbare Verletzlichkeit im Umgang mit dem Anderen zuzulassen, und das verlangt wahrscheinlich nach nichts Geringerem als Bekehrung.

R. Ruard Ganzevoort

Literatur

BARTH, U., Religion in der Moderne, Tübingen 2003.

DANZ, C., Die Deutung der Religion in der Kultur. Aufgaben und Probleme der Theologie im Zeitalter des religiösen Pluralismus, Neukirchen-Vluyn 2008.

DANZ, C., Gott und die menschliche Freiheit. Studien zum Gottesbegriff in der Neuzeit, Neukirchen-Vluyn 2005.

DIERKEN, J., Selbstbewußtsein individueller Freiheit. Religionstheoretische Erkundungen in protestantischer Perspektive, Tübingen 2005.

GANZEVOORT, R.R., Reconstructies. Praktisch theologisch onderzoek naar verhalen van mannen over seksueel misbruik en geloof. Kampen 2001.

GRÄB, W., Religion als Deutung des Lebens. Perspektiven einer Praktischen Theologie gelebter Religion, Gütersloh 2006.

GRÄB, W., Lebensgeschichten – Lebensentwürfe – Sinndeutungen. Eine praktische Theologie gelebter Religion, Gütersloh [2]2000.

HEGEL, G.W.F., Phänomenologie des Geistes, hg. v. Wessels, H.-F./Clairmont, H., Hamburg 1988.

KANT, I., Die Metaphysik der Sitten, in: Ders., Werke Bd. 7, hg. v. Weischedel, W., Darmstadt 1983, 309–634.

KANT, I., Die Religion innerhalb der bloßen Vernunft, in: Ders., Werke Bd. 7, hg. v. Weischedel, W., Darmstadt 1983, 649–879.

KORSCH, D., Religionsbegriff und Gottesglaube. Dialektische Theologie als Hermeneutik der Religion, Tübingen 2005.

PLATE, S.B., Blasphemy. Art that offends, London 2006.

WAGNER, F., Metamorphosen des modernen Protestantismus, Tübingen 1999.

Andreas Feige/Thomas Wabel

Klischee/Hass

1. Klischee, Stereotyp und Vorurteil – Phänomene des Alltags

1.1

Als Intellektuelle lieben wir es nicht. Wir rümpfen die Nase, wenn andere es benutzen. Es findet sich in der Trivialliteratur und Popmusik ebenso wie in den ermüdenden Routinen parteipolitischer Auseinandersetzungen. Im small talk mit Arbeitskollegen benutzen wir es en passant, genauso wie es uns beim ersten Blick auf Menschen, auf ihre Körpersprache, ihre Kleidung, ihr Aussehen unbemerkt beeinflusst: das Klischee. In der ästhetischen Dimension ist es der billige Abklatsch („Heidelandschaft mit Schafstall und Birke"). In der Diskussion ist es die Denk-Schablone („Grüne Politik ist wirtschaftsfeindlich"). Und in der Beobachtung der Dinge ist es die Verallgemeinerung des Wahrnehmbaren („Dicke sind gemütlich[er]"). Wer offen ein Klischee benutzt, so denkt man gern, kann entweder intellektuell nicht anders oder er ist zu bequem für Differenzierungen; oder er verfolgt gar unlautere Absichten. Kurz: Klischees gelten dort, wo man sich ihrer Existenz bewusst ist, als mindestens unfein und deplatziert; nicht selten sind sie auch herabwürdigend. Aber der soziale Friede scheint eher noch nicht ernstlich gefährdet.

Ein ‚upgrade' auf die Ebene der explizit sozialen Unerwünschtheit macht das Klischee zum Stereotyp. In seiner semantisch häufigsten, pejorativen Lesart bezeichnet das Wort die ignorante, informations- und korrekturresistente, vor allem: differenzierungsverweigernde Klassifikations-Schablone für soziale Prozesse, Situationen, Personen und Kollektive („Hauptsache blond!").[1]

Als verhaltenspraktische Überführung vom Stereotyp ins zumindest potentiell sozial Gefährliche ist das Vorurteil anzusehen. In Gestalt des *sozialen* Vorurteils wird es als unzweifelhafter Ausdruck grober Normverletzung im Raum der sozialen Beziehungen verstanden: Man nimmt es wahr als die Negation der Differenzierungspflichtigkeit in der alltäglichen Erfahrung und der daraus (‚eigentlich') resultierenden Verhaltens- und Handlungskonsequenzen schlechthin. Es pauschaliert. Es existiert bereits vor aller Erfahrung. Und es ist massiv veränderungsresistent und hochgradig emotional, d.h. kognitiv-rational schwer beherrschbar. Vor allem aber sind Vorurteile oft moralisch hoch aufgeladen, mithin häufig verachtend; potentiell sogar vernichtend. Es gibt viele Orte, wo man das lernt, wenn man dort der ‚Fremde' ist.[2]

1.2

Was ist so bemerkenswert an der Existenz von Klischees, Stereotypen und Vorurteilen? Es ist das erklärungspflichtige Faktum, dass sie einerseits omnipräsent sind, andererseits aber als unverträglich mit den konsensuellen Normen und Werten der Gesellschaft gelten und sozial inakzeptable Bewertungsmuster darstellen.

Diese Spannung zwischen Vorhandensein und Nichtdürfen lässt aufhorchen und nachfragen. Was wäre, wenn ihre Omnipräsenz darauf verwiese, dass Klischee, Stereotyp und Vorurteil nur schwer vermeidbar sind; jedenfalls deswegen latent immer vorhanden sind, weil sie in ihrem Kern als zwingend zu den Bedingungen der prozeduralen Dimension aller Sozialität gehörend verstanden werden müssten? Oder ist die nicht zu leugnende Omnipräsenz Ausdruck einer individuell schuldhaft verursachten, groben Fahrlässigkeit, die man prinzipiell als einen Teil des ‚Bösen' in der ‚Natur' des Menschen zu verstehen hat? Die benannte Spannung zwischen faktischer Omnipräsenz und sozial durchgängig (!) geteilter Ablehnung ist ein soziales Faktum. Gemeinsam ist allen drei Begriffen, dass sie die Nicht-Existenz einer angemessenen Verarbeitung der differenzierten Wirklichkeit beschreiben. Dabei kann diese Nicht-Existenz in Gestalt bloßer Nachlässigkeit bis hin zur Figur der vorsätzlichen Verweigerungshaltung auftreten. Wichtig ist für die beurteilende Haltung zu den drei Phänomenen: Die Semantik des Begriffs ‚Verweigerungshaltung' basiert auf der Annahme, dass eine angemessen differenzierungsfähige Wirklichkeitsverarbeitung grundsätzlich möglich sei und ‚nur' gewollt werden müsse.

1.3

In der sozialpsychologischen Literatur findet sich eine wichtige Unterscheidung: die zwischen sozialen Vorurteilen mit kognitiver (a) und jenen mit nicht-kognitiver Funktion (b).[3]

(a) In der kognitionspsychologischen Sicht der kognitiven Funktionsvariante besitzt das soziale Vor-Urteil den Charakter einer Hypothese. Sie dient der vorläufigen Deutung unübersichtlicher Sachverhalte und handlungs- bzw. beziehungskomplexer Situationen. In diesen Vor-Urteilen formulieren sich konkrete Erwartungen als Folge (sozialisatorisch) gelernter Erwartbarkeiten.[4] Der Mensch agiert selbst rollendynamisch in ‚positionalen Verfestigungen' (Popitz).[5] Dabei ist er zur Realisierung jeder sozialen Interaktion darauf angewiesen, eine je neue Situation nur dadurch annehmen und in ihr erfolgreich agieren zu können, dass er ex ante Erwartungen an sie bzw. an die beteiligten Akteure, an ihr Verhalten und ihre Handlungen, buchstäblich ‚heranträgt'. Diese Erwartungen, die auch die ‚Erwartungen von Erwartungen und Erwartbarkeiten' umfassen, sind Lern- bzw. Erfahrungsprodukte – lebenslang und je individuell geprägt, aber zugleich auch sozial geteilt und tradiert. Erwartungen können ihre Brückenfunktion für prinzipiell immer kontingente, ‚neue' soziale Situationen nur erfüllen, wenn sie typisierbar bzw. tatsächlich typisiert (normiert) sind. Nur dann können sie, als eben genormte Erwartungen, auch in sehr unsicheren, kontingenten Situationen ein Minimum an Interaktions-Initiative und nachfolgend an Prozess-Stabilität ermöglichen. Typisierungen beziehen sich auf Wahrnehmbares (im weitesten Sinne). Sie müssen, um ihre Funktion erfüllen zu können, in größtmöglicher Schnelligkeit erfolgen. Somit sind sie auf Prägnanz und Kontur angelegt. Das erleichtert ihre – notwendig stereotype (!) – Anwendbarkeit.

Beispielsweise und insbesondere der kindliche Spracherwerb würde ohne „dynamische Stereotype"[6] nicht gelingen können: Die Entwicklung von Welt-Erfahrung und Welt-Aufordnung gelingt erst durch die lernende Anverwandlung von festen (= wiedererkennbaren) Formulierungsgestalten tradierter Erzählfiguren – die meisten aus der Alltagssprache, aber ebenso auch jene aus Geschichten, Märchen, Gedichten und Liedern.[7]

Generell gilt: Die Bedingung der Möglichkeit zur Genese sozialer Interaktionen, von Sozialität überhaupt, liegt in der Existenz und Tradierung von Mustern, die die unvermeidbare Komplexität sozialer Situationen zu reduzieren vermögen, um sie bestehbar zu machen. Die kognitiv-hypothetische Funktion von dem, was wir Klischee, Stereotyp und Vor-Urteil nennen, ist unhintergehbar.

(b) Das soziale Vorurteil des nicht-kognitiven Typs hat einen anderen Charakter. Gleichwohl erfüllt auch dieser Typ eine soziale (!) Funktion. Er vermeidet explizit die überprüfende Konfrontation mit dem konkreten Bezugssachverhalt. Dem, der das soziale Vorurteil praktiziert, kommt es genau nicht auf realitätsadäquate, differenzierungswillige Orientierung mit der Bereitschaft zur Handlungskorrektur an. Dennoch geht es auch hier um Orientierung: Um eine an der *ingroup*, der man sich zurechnet bzw. um eine an der Bezugsgruppe, der man sich zurechnen möchte. Deren Existenz verspricht – im Kontext archaisch strukturierter Stammesverbände ebenso wie in der heutigen sozialen Unübersichtlichkeit der nur ratio-funktional qua ‚Gesellschaft' miteinander vermittelten ‚individuierten Individuen' – eine emotional wärmende Beheimatung des Selbst, dessen Wert dadurch gesteigert, wenn nicht gar – in nicht wenigen Fällen – überhaupt erst erzeugt wird.[8]

Dieser Beheimatungsgewinn lässt sich durch Abgrenzung steigern. Abgrenzung ist, zwangsläufig, zugleich Ausgrenzung. Und Ausgrenzung meint Unterscheidung – letztlich, in der Tiefenschicht, die zwischen Gut und Böse. Dabei ist alles ‚gut', was der Existenz- und der Identitätssicherung und Stabilität der *ingroup*, der eigenen Ethnie dient. Und was existenz- und identitätssichernd ist, trägt soziale Legitimation in sich selbst. Die Zurechnung negativer Eigenschaften zur *outgroup* ist besonders dann eine mental-legitimierende Stützung der eigenen Existenzberechtigung, wenn Veränderungen im Status der *ingroup* durch Eigenanstrengungen nicht erreicht werden können. Vorurteile sind insoweit oft ein Ausdruck eines Macht- und Besitzgefälles. Die Dringlichkeit hoher Gruppenkohäsion wird in Situationen unausweichlichen Konkurrierens um knappe Güter massiv gesteigert: Seinerzeit beim Konkurrieren um fette Weidegründe im ‚Gelobten Land' ebenso wie heute z.B. um skills auf dem weltweiten Markt des software-engineering.[9]

Sicherlich ist zwischen dem mental positionierten sozialen Vorurteil und einem faktisch diskriminierenden Handeln zu unterscheiden. Deren Koinzidenz scheint empirisch weniger stark ausgeprägt zu sein, als man vielleicht annehmen möchte.[10] Gleichwohl: Dem sozialen Vorurteil, dem Stereotyp und dem Klischee ist gemeinsam, dass sie ein Urteilsmuster darstellen, das zur Bewältigung von Lebenspraxis eingesetzt wird.

1.4

Es stellen sich Fragen: Wie ist die Diagnose der Unvermeidlichkeit typisierter Erwartungen mit ihrer permanenten Gefahr, korrekturresistent zu werden, zu verstehen und wie mit ihr umzugehen? Ist das Streben nach wärmender Beheimatung in der *ingroup* und die selbstevident erscheinende soziale Legitimierung aller diesbezüglichen Stabilisierungsanstrengungen ein Konstruktionsfehler der sozialen Ordnung, weil eben zugleich mit dysfunktionalen Ausgrenzungsprozessen belastet? Kann das ‚Wir' der *ingroup* nach außen geschützt und dennoch zugleich für Einflüsse, für Wahrnehmungen von außen zugänglich gehalten werden? Was bewirkt die sozial geteilte Abscheu gesamtsystemisch, wenn diese Abscheu immer nur die Klischees, Stereotype und Vorurteile der je anderen meint? Es wird deutlich: In Frage stehen die Grenzen des ‚Ich' und des ‚Wir' angesichts der Tatsache, dass viele ‚Ich' und ‚Wir' zugleich existieren und raum-zeitlich koordiniert werden müssen. Festzustellen, dass dieses ‚die Kultur' tue, ist zwar richtig, aber an dieser Stelle des Fragens nicht weiterführend. Denn es fragt sich, durch wen oder was – und wie – die ordnungsstiftende Kultur entsteht, die es vermöchte, die ego- und ingroup-stabilisierenden, aber eben oft auch negativ wirkenden Fremdzuschreibungen zu neutralisieren und die in der Stabilisierungsleistung enthaltene soziale Energie in einen produktiven Beitrag für den Gesamtzusammenhang zu transformieren. Kann das durch ein empört-appellatives Moralisieren bewirkt werden, das von Sanktionen begleitet wird? Oder gibt es statt des Moralisierens ein *nicht* vorab ergebnisdeterminiertes Deuten des empirisch Gegebenen, das gleichwohl das Gegebene ggf. auch zu verändern vermag?

Kraft der informationsverarbeitenden Gehirnausstattung, seines Denkens, vermag sich der Mensch aus seiner biologisch-körperlichen Hier-und-Jetzt-Begrenztheit heraus zu transzendieren, sich zu sich selbst zu verhalten, mithin: geistig zu werden.[11] Über die in allen Kulturen vorhandenen ‚großen Erzählungen' über die zum Gegebenen *alternativen* Möglichkeiten des Menschseins, die – einmal externalisiert – über Tradierungsprozesse aller Art als Objektivationen wieder internalisiert werden (können), konfrontiert er sich mit ihnen auf allen Ebenen der Lebenspraxis – im Bereich des Ästhetischen, des Emotionalen und des Diskursiven. Es ist wohl nicht allein die Kontingenz seines Existierens und die Notwendigkeit, sich zum Unverfügbaren verhalten zu müssen, die ihn zum *homo religiosus* macht. Es sind wohl auch die aus den geistigen Transzendierungen resultierenden Erkenntnisse über *alternative* Möglichkeiten des Mensch-Seins auch und gerade im Blick auf seine genetisch keineswegs determinierte Typisierungskultur, die aufgehoben und aufbewahrt werden: in den ‚großen Erzählungen' ebenso wie im alltagssprachlich formulierten Kanon der täglichen Pflichten – und, nicht zuletzt, in den Tabus. Und deshalb lebt der Mensch faktisch immer in der Spannung zwischen Sein und ‚erkanntem potentiellen Können', das zum Sollen werden kann. Es ist eine Spannung, die freilich ständig thematisch gemacht werden muss. Das gilt auch und allererst für das Typisierungsverhalten in seinen prekären Varianten des Klischees, des Stereotyps und des sozialen Vorurteils. Die Typisierung ist einerseits die interaktionsermöglichende Standardausstattung unserer Lebenspraxis, andererseits ist deren Fungieren gleichwohl stets reflexiv in Frage zu stellen.

Andreas Feige

2. Klischee und Hass in der Perspektive der biblischen Überlieferungen

Andreas Feige schließt mit dem hoffnungsvollen Ausblick auf eine „Typisierungskultur“, die um die menschliche Tendenz zum Stereotyp weiß und sie reflexiv bearbeitet. Als Soziologe vermeidet er jede direkte theologische Formulierung. Doch ist unschwer zu erkennen, dass er für den Beitrag zu einer solchen Typisierungskultur auch auf die Ressourcen des Christlichen setzt. Wie aber, wenn die von ihm herausgearbeitete Unhintergehbarkeit des Stereotyps auch der Denk- und Bildwelt des Christentums innewohnte, sich in der religiösen Sprache gar derart steigerte, dass kognitive Stabilisierungsmuster in schroffe Dualismen von gut und böse, Liebe und Hass umschlagen? Prägnante Formulierungen dieser Art finden sich in den biblischen Texten genug.[12] Die Spannung von Zugehörigkeit und Nichtzugehörigkeit lässt sich nicht durch fromme Appelle an Toleranz und Nächstenliebe auflösen. Die aus dieser Spannung resultierenden Aggressionen sind konstitutiver Bestandteil der religiösen Traditionen.

2.1 Stereotype des Christlichen

Wer Religion an der Schule unterrichtet, weiß um das Phänomen des „Religionslehrer-Ich“ und die Hervorbringungen, von denen die Schüler/innen vermuten, dass der/die Religionslehrer/in sie gerne hören würde. „Miteinander reden“, „andere akzeptieren“, oder irgendwie „sozial sein“ sind solche gut gemeinten Richtigkeiten. Hier artikuliert sich die Vorstellung eines Christentums, das sich – ganz in aufgeklärter Tradition – als Religion der Nächstenliebe Vereinseitigungen widersetzt und zu Menschenliebe und Toleranz aufruft. Doch diese Klischeevorstellung erfasst weite Teile christlicher Religion nicht. Problematisch erscheinende Aspekte wie die Brutalität der Kreuzigungsdarstellungen oder das Drastische der Bilder vom Weltgericht verbleiben dabei in einem gleichsam musealen Kontext und werden so domestiziert. Sobald dagegen die christliche Sprach- und Bildwelt nicht – in beschwichtigender Absicht – als „zeitbedingt“ abgetan, sondern wenn sie ernst genommen wird, zeigt sich, dass die Bearbeitung von Hass und Gewalt, Schwarz-Weiß-Malerei und Stereotypisierungen zum Kernbestand des Christlichen gehört.

2.1.1 Muster des Erwarteten

So dokumentieren die Psalmen als klassische Texte des jüdisch-christlich geprägten kulturellen Gedächtnisses Vorgänge der Identitätsgewinnung durch Ab- und Ausgrenzung, in denen die Stereotypisierung in die Sprache des Glaubens selbst hineinzuragen scheint: Gott und der Beter auf der einen Seite, diejenigen, die Gott hassen und den Betenden anfeinden, auf der anderen.[13] Wer diesseits und wer jenseits der so vollzogenen Exklusion zu stehen kommt, ist klar.

Wäre hier nicht mehr Differenzierung und Selbstzurücknahme am Platz? Gewiss sind doch die Motivlagen der „Feinde“ und „Gotteshasser“[14] unterschiedlich. Und nicht alles, was mir gegen den Strich geht, ist ein Angriff auf Gottes Willen! Das Forderns-Insistierende dieser Texte läuft einem Humanismus zuwider, der sich doch den Grundlagen des Christlichen verpflichtet weiß.

2.1.2 Subvertierungen

Das Drastische im Erleben von Feindschaft, Hass und Rache, das in diesen Versen zum Ausdruck kommt, lässt sich nicht einfach ‚wegerklären‘. Hier wird das Böse als eine Macht erlebt, die sich der Erklärung und Domestizierung widersetzt. Gegenüber einer Macht des Bösen, die nicht lediglich durch die Abwesenheit von Gutem beschrieben werden kann,[15] bleiben moralische Appelle unter Hinweis auf eine Gegenwelt von Liebe und Sanftmut wirkungslos. Was gemeinhin als Klischeevorstellung des Christlichen im Umlauf ist, wird in den biblischen Texten selbst als unrealistisch enttarnt. Nur in der Konfrontation mit den menschlichen Grunderfahrungen von Hass und Rache innerhalb der Gebetssprache selbst ist eine wirkliche Bearbeitung dieser Erfahrungen möglich: Noch in der Verzweiflung, in die sich der Beter gestürzt sieht, hält er an der Stabilität fest, die sich in der Sprach- und Bildwelt seiner Religion konstituiert. Das eigene Ergehen, nach außen auf die Feinde projiziert, fordert Gottes Eingreifen (Ps 139,19–22). Selbst die Gottverlassenheit wird als Klage an Gott formuliert (Ps 22,2). Das erfahrene Unheil wird in das Erleben mit Gott selbst hineingenommen, erscheint so geradezu als die „beunruhigende Rückseite“ des Gottesbildes.[16] Diese Zumutung gehört zur Sprach- und Bildwelt der jüdisch-christlichen Religion unaufgebbar hinzu.

Hierin liegt der Gewinn einer religiösen Symbolisierung der Wirklichkeit. Gerade um der Differenzierung von Gefühlslagen und um der Prägnanz von Selbst- und Weltdeutung im Lichte des christlichen Gottesbegriffes willen sind die stereotyp scheinenden Formulierungen der alttestamentlichen Gebetstexte und ihr schroffer Dualismus bis hin zum Hass wichtig – so schwer erträglich sie auch erscheinen mögen. Sie von vornherein zu filtern und zu glätten, als könne man das Gottesverhältnis von diesen elementaren Grunderfahrungen freihalten, liefe auf einen Selbstbetrug hinaus.

Die Hass- und Rachepassagen der Psalmen lassen sich auch nicht vorschnell durch den Hinweis auf die Nächstenliebe (Lev 19,17f) oder gar die Feindesliebe in der Verkündigung Jesu (Mt 5,44. 22,39) relativieren. Erst angesichts des Verstörenden und Unheimlichen von Bosheit und Anfeindung[17] finden Vergebung und Feindesliebe ihre Bewährung, ohne in gut gemeinte Vagheiten abzugleiten. *Liebe und Vergebung sind nicht anders zu erreichen als durch Verletzung und Hass hindurch.* Die aggressive Sprache der Hass- und Rachepsalmen kann die Intuition hierfür wach halten.

Man kann hier also von einer *Dialektik der Klischeevermeidung* sprechen: Der Versuch, die vermeintliche Stereotypisierung aufgeklärt hinter sich zu lassen, entbirgt eine weit verbreitete Klischeevorstellung vom Christlichen, die ihrerseits der Revision bedarf. Es erfordert poimenische und liturgische Sensibilität, diese Klischeevorstellung zu subvertieren und aufzuzeigen, wie Aggressionen, die ein erlittenes Unrecht auslöst, in den biblischen Texten bearbeitet werden. Die vermeintlich fromme Scheu vor den Hass- und Rachepassagen der Psalmen, die dazu führt, dass viele Psalmgebete nur noch in schamhaft zensierter Form in das Evangelische Gesangbuch aufgenommen sind, dürfte hier der falsche Weg sein. Nur, wenn die Wirklichkeit dieser Aggressionen eine Sprache findet, kann die Rechtfertigung durch Gott als heilvolle Zu-Recht-Bringung angesichts des Unrechts erfahren werden;[18] nur so erweist sich Seelsorge tatsächlich als „Rechtfertigung von Lebensgeschichten“[19]. Der Blick auf die neutestamentliche Verkündigung revidiert diese alttestamentliche Glaubenserfahrung nicht, sondern bestätigt sie vielmehr.

2.2 „Asozial!“ – vom Vorurteil zum Hass

2.2.1 Auflösung von Eindeutigkeiten

Eine Fotografie aus der Ausstellung „I.N.R.I.“, die Bettina Rheims und Serge Bramly[20] 1998 in Berlin gezeigt haben, zeigt die Jünger Jesu, die wie eine *gang* auf einem verlassenen Gleisgelände zusammen stehen. Trotzig, herausfordernd blicken sie den Betrachter an und wirken gleichzeitig *cool* in Kleidung und äußerem Auftreten – *outcasts*, die aber ihrerseits vom Rest der Gesellschaft, aus deren Perspektive sie als ausgegrenzt behandelt werden, nicht viel halten. Die Ambivalenz von Stereotypen und gegenseitigen Ausgrenzungen, die Andreas Feige beschreibt, wird hier plastisch: ‚Uns‘ ganz klar von ‚denen da draußen‘ unterscheiden zu können, hat eine ausgesprochen entlastende Wirkung. Aber wer ist ‚wir‘ und wer sind ‚die Anderen‘?

Die vermeintliche Eindeutigkeit der Zuschreibung „asozial!“ wird hier aufgelöst. Als „asozial“ gilt gemeinhin, wer sich bestehenden Merkmalen von Zugehörigkeit und Zusammengehörigkeit widersetzt. Die Kennzeichnung „asozial!“ bringt die Differenzierung zwischen Person und Werk zum Verschwinden und suggeriert eine neutrale Ebene: Wer sich so gibt, gehört nicht zur (eigentlich ‚zu *unserer*', aber oft mitgemeint: ‚zur *menschlichen*') Gemeinschaft. Unterstellt wird dabei die universale Inklusion in einen Raum vernünftigen Diskurses unter Menschen, die zur moralischen Gemeinschaft gehören wollen.[21]

Diese Unterstellung übersieht einen Mechanismus, den Andreas Feige in seinen Überlegungen auch für Vorurteilsbildungen herausstellt. Die Abgrenzung gegenüber einer *outgroup* erzeugt Sicherheit und Beheimatungsgewinn: Wir hier – da die Anderen. Dieser Mechanismus funktioniert in doppelter Richtung: Die solcherart Ausgegrenzten verstehen sich gerade dadurch, dass sie sich erwartbaren Zugehörigkeitsmerkmalen verschließen. Auch das Stigma, als „asozial" bezeichnet zu werden, schafft Identifikation und Zugehörigkeit zu einer klar umgrenzten Gruppe.

2.2.2 Subvertierung durch Selbstanwendung

Zentrale Passagen der Jesusüberlieferung lassen sich unter der Frage lesen, wie sie Mechanismen der Ausgrenzung bis hin zum Hass bearbeiten. Die Selbstabgrenzung Israels von den anderen Völkern[22] setzt sie ebenso voraus (Mt 15,24.26) wie sie sie unterläuft (Mt 15,27f; Lk 10,25–37). Zugleich werden Mechanismen wechselseitiger Ausgrenzung demaskiert: Ausdrücklich akzeptiert Jesus diskriminierte Gruppen[23] und übernimmt mit der Missachtung identifikationsrelevanter Traditionen bewusst die Rolle eines verachteten Außenseiters[24]. In dieser „Selbststigmatisierung"[25] erfüllen Jesus und seine Anhänger die stereotypen Erwartungen, mit denen die Umwelt ihnen begegnet und suchen bewusst die Konfrontation[26]. Selbst Pietät und Familienzugehörigkeit werden dabei zum Opfer von Radikalität und Hass (Mt 8,21f; Lk 14,26).

Die Konsequenzen sind klar: Wer missachtet, was in der Gesellschaft gilt und alle Klischees des Außenseiters erfüllt, zieht den Hass der anderen auf sich. Die Hinrichtung Jesu ist so nur folgerichtig (Joh 11,50); die paulinische Interpretation des Todes Jesu als Fluchtod (Gal 3,13) dessen, der „zur Sünde gemacht" wird (2. Kor 5,21), legt den sozialen Mechanismus offen, dem Jesus zum Opfer fällt.

Zugleich aber wird dabei sichtbar, wie eine Dynamik überwunden werden kann, die sich aus dem Zusammenwirken von Klischee, Vorurteil und Hass speist. Wenn – so Andreas Feige – die Dialektik von Omnipräsenz und gesellschaftlicher Ächtung des Vorurteils ein Hinweis ist auf das Böse in der menschlichen Natur, lässt sich mit moralisierenden Appellen nichts ausrichten. Eine überraschende und entwaffnende Kultur des Umgangs mit Vorurteil und Hass demonstrieren dagegen die Verkündigung Jesu und ihre theologische Weiterentwicklung in den neutestamentlichen Schriften: Wer sich bewusst auf die Seite der *outcasts* stellt,[27] enttarnt und unterläuft den allgegenwärtigen Mechanismus wechselseitiger Ausgrenzung. Die Selbststigmatisierung erweist sich als Strategie kulturellen Wandels.[28] Ohne die Dynamik des Hasses aber, der sich an Stereotypisierungen stets selbst bestätigt, bliebe der Kreuzestod unverständlich – ein voraufklärerisches Relikt, das allein im Museum noch seinen Platz fände. Erst wenn der Fluchtod konsequent als Fluchtod verstanden und nicht als Versatzstück einer christlich-kulturellen Selbstverständlichkeit verharmlost wird, lässt sich erfassen, wie unerhört die Botschaft des Evangeliums ist. Der Schrei der Gottverlassenheit aus Psalm 22 in der Passionsgeschichte (Mk 15,34par) radikalisiert für das christliche Gottesverständnis, was auch für die Hass- und Rachepassagen aus den Psalmen gilt: Die Liebe wirkt nur durch den Hass hindurch.

2.3 Religionshermeneutische Rückwirkungen

Wie lassen sich die mit Stereotypisierungen stets verbundenen Exklusionsvorgänge nun so bearbeiten, dass sie vor Verfestigungen und Vereinseitigungen bewahren, ohne dass dabei in wirkungsloses Moralisieren verfallen wird? Die Jesusüberlieferung selbst gibt Hinweise auf eine religiöse Typisierungskultur, in der herrschende Exklusionsgrenzen neu gezogen werden.

So setzt das Gleichnis vom Pharisäer und vom Zöllner bei einer Innen-Außen-Zuschreibung ein, die im Blick auf die *outgroup* von stereotypisierenden Exklusionen[29] und von Verachtung[30] gekennzeichnet ist. Dabei hebt das Gleichnis auf die *religiöse* Dysfunktionalität dieser Typisierungen ab: Weder werden die Unterschiede geleugnet, die sich im Selbstverständnis und im Lebenswandel von Pharisäern, Räubern, Ungerechten, Ehebrechern und Zöllnern finden. Noch wird Kritik daran geübt, dass hier jemand stolz darauf ist, wer er ist und seine Identität durch Ab- und Ausgrenzung sichert. Die Pointe ist vielmehr, dass der Pharisäer in seinem Umgang mit Exklusion und Typisierungen gerade verfehlt, was er eigentlich zu erreichen sucht: vor Gott gerecht zu sein. Denn die Unterscheidung gerecht/ungerecht, die er dem Vollzug von Inklusion und Exklusion zugrundelegt, ist als *religiöse* Unterscheidung dadurch gekennzeichnet, dass weltimmanente Verhältnisse unter dem Gesichtspunkt der Transzendenz betrachtet werden.[31] Religiösem Selbstverständnis gemäß kann der Mensch alles Heil allein von Gott erhoffen (Lk 18,27) und erfährt seine Existenz als *verdankte*. So auch der Pharisäer[32] – er übersieht aber, dass sich in diesem Verdanktsein die eigene Position von Gott her bestimmt und damit der Eindeutigkeit eigener Statuszuweisungen entzieht. In seinem statisch-universalisierenden Verständnis von Exklusionsgrenzen („ich bin nicht wie die übrigen") pervertiert der Pharisäer die Grundlagen religiösen Verhaltens, auf die sich sein Selbstverständnis wie seine Exklusion der „übrigen" doch allererst gründen.

Der Zöllner dagegen setzt sich in der religiösen Deutung seines Lebens *coram deo* einer steten Labilisierung eigener Identitätszuschreibungen aus: „Gott sei mir Sünder gnädig" (Lk 18,13). Er verzichtet damit auf die scheinbare Stabilität einer eigenen Positionsbestimmung und ermöglicht zugleich die Neubestimmung von Exklusionsgrenzen: „Dieser ging gerechtfertigt hinab in sein Haus im Gegensatz zu jenem" (Lk 18,14). Diese Neubestimmung wird möglich, wenn in religiöser Kommunikation innerweltliche Typisierungen beständig unterlaufen werden.[33] In christlicher Terminologie formuliert: Gott als Gott anzuerkennen, schließt ein Selbstverständnis ein, das von der Jagd nach Anerkennung heilvoll entlastet und eben alles von Gott, nichts aus eigenen Kräften erwartet. Dass sich Anerkennung nicht aus der Verachtung des Exkludierten speise, ist dann keine moralische Forderung, sondern wird zur befreienden Konsequenz einer Selbst- und Weltdeutung, die eben auch möglich ist.

Die Haltungen des Pharisäers und des Zöllners lassen sich als unterschiedliche Umgangsweisen mit Typisierung verstehen. Steht der Pharisäer exemplarisch für Menschen, die „auf sich selbst vertrauen, dass sie gerecht seien" (Lk 18,9), so zeigt sich darin nicht nur – gemäß klassisch-reformatorischer Lesart – Selbstgerechtigkeit, sondern auch ein Umgang mit Andersheit, der diese nur in Form abwertender Stereotypisierungen wahrnimmt und so lediglich das Eigene verfestigt. In der christlich-religiösen Bearbeitung unvermeidbarer Typisierungen dagegen können tatsächlich (der Anfrage des Soziologen entsprechend) durch ein Fraglichwerden der „Grenzen des ‚Ich' und des ‚Wir'" in kulturellen Überlieferungen „*alternative* [...] Möglichkeiten des Menschseins" aufgezeigt werden.

Die Exklusionsmechanismen, die in Klischeebildung und Hass wirksam sind, lassen sich nicht leugnen oder ‚wegmoralisieren', sondern kennzeichnen auch die Sprachformen des Christentums. Die kulturelle Relevanz des Christlichen erweist sich aber in der religiösen Bearbeitung dieser Mechanismen und dem so ermöglichten Umgang mit Andersheit[34]. Die Reflexion darauf, wie sich Klischee, Verachtung und Hass in Unterricht, Predigt und Seelsorge auf das Zentrum des Christlichen beziehen lassen, ist eine religionshermeneutische Aufgabe, die herausfordernd und brisant zugleich ist. Ihre praktisch-theologische Bearbeitung darf auch dem Wirken Wilhelm Gräbs überlassen werden.

Thomas Wabel

Anmerkungen

1 Vgl. LILLI, W., Grundlagen der Stereotypisierung, Göttingen 1982.
2 Vgl. ESTEL, B., Soziale Vorurteile und soziale Urteile, Opladen 1983.
3 So bereits HEINZ, P., Soziale Vorurteile, Köln 1957.
4 Für die folgende Argumentation siehe GELLER, H., Position, Rolle, Situation, Opladen 1994, besonders 24–46.
5 POPITZ, H., Der Begriff der Sozialen Rolle als Element der soziologischen Theorie, Tübingen 1976, 10.
6 FOPPA, K., Lernen, Gedächtnis, Verhalten, Köln 1965, 40.
7 BRUMME, G.-M., Muttersprache im Kindergarten, Berlin (Ost) 1966, 209ff.
8 Dazu nach wie vor lesenswert: ADORNO, T.W., Studien zum autoritären Charakter, Frankfurt a.M. 1973 (erstmals: The authoritarian personality, New York 1950).
9 Die Wirkung von Wettbewerb ist gut beobachtbar in einem der klassischen Feld-Experimente der Sozialpsychologie: SHERIF, M., Groups in harmony and tension, New York 1953, DERS., In common predicament, Boston 1966. Wegen des Fehlens eines Kontrollgruppen-Arrangements sind die Ergebnisse freilich zumindest als nicht völlig zweifelsfrei belegt, wenn auch als sehr erfahrungsplausibel anzusehen.
10 SCHMIDT, H., Vorurteile und diskriminierendes Verhalten: Eine Meta-Analyse, in: Gruppendynamik, 1992, 23, 389–414.
11 Dazu in anschaulicher Kompaktheit: LUCKMANN, T., Die unsichtbare Religion, Frankfurt a.M. 1991, bes. Kap III, 77–87, sowie die ausführliche Einleitung von H. Knoblauch, 7–43.
12 Man denke an die Warnung Jesu in der Aussendungsrede des Matthäus: „Ihr werdet gehasst werden um meines Namens willen" (Mt 10,22) oder an die schroffe Abgrenzung von der „Welt" im Johannesevangelium (Joh 1,10.19; 7,7; 14,17.22.30; 15,18f; 16,11.20; 17,14).
13 S. beispielsweise Ps 68,2; 89,24; 25,19; 69,5.15.
14 Ps 21,9; 81,16; 83,3.
15 COLPE, C./SCHMIDT-BIGGEMANN, W. (Hg.), Das Böse. Eine historische Phänomenologie des Unerklärlichen, Frankfurt a.M. 1993, 7.
16 JANOWSKI, B., Konfliktgespräche mit Gott. Eine Anthropologie der Psalmen (2003), Neukirchen-Vluyn ^{2}2006, 124.
17 S. dazu ebd., 110–117. 131f.
18 Ebd., 131.
19 GRÄB, W., Die Kasualpraxis als Rechtfertigung von Lebensgeschichte (1987), in: Ders., Lebensgeschichten – Lebensentwürfe – Sinndeutungen. Eine praktische Theologie gelebter Religion, Gütersloh 1998, 172–202.
20 RHEIMS, B./BRAMLY, S., INRI, München 1998.
21 HABERMAS, J., Die Einbeziehung des Anderen. Studien zur politischen Theorie, Frankfurt a.M. 1999, 48.
22 Die Erfahrung des Ausgegrenzt- und Verachtetseins (Jes 49,7; 53,3) wird im Alten Testament ebenso thematisiert wie die deutliche Abgrenzung gegenüber denen, die nicht zu Gottes erwähltem Volk gehören (Dtn 5,1-8; Ps 9,16–21).
23 Zöllner und Sünder: Mt 9,10; die „große Sünderin": Lk 7,36–39. 44–48; Ehebrecherin: Joh 8,2–11.
24 Sabbathfrage: Mk 2,23–3,6par; Reinheitsgebote: Mk 7,14–23par.
25 So THEIßEN, G., Die Religion der ersten Christen. Eine Theorie des Urchristentums (2000), Gütersloh ^{3}2003, 200ff, in Aufnahme der Terminologie von LIPP, W., Stigma und Charisma. Über soziales Grenzverhalten. Schriften zur Kultursoziologie 1, Berlin 1985.
26 Tischgemeinschaft mit Zöllnern und Sündern: Mt 9,11; Auseinandersetzung mit Schriftgelehrten und Pharisäern: Mt 23,1–36par; Tempelreinigung: Mk 11,15–19par.

27 Auch die paulinische Kreuzestheologie kennt diese Pointe: Wer der Torheit des Evangeliums anhängt (1Kor 1,18–24), versteht sich selbst als „das Törichte“ und „das Schwache der Welt“, „das Unedle der Welt“ und „das Verachtete“ (1Kor 1,27f).

28 THEIßEN, Religion der ersten Christen, 201.

29 „... dass ich nicht bin wie die übrigen der Menschen: Räuber, Ungerechte, Ehebrecher oder auch wie dieser Zöllner“ (Lk 18,11).

30 Jesus „sprach ... zu einigen, die ... die übrigen verachteten, dieses Gleichnis“ (Lk 18,9).

31 LUHMANN, N., Die Religion der Gesellschaft, hg. v. Kieserling, A., Frankfurt a.M. 2000, 77.

32 „Ich danke dir, Gott ...“ (Lk 18,11).

33 Die „Sinnform der Religion“ sprengt „jede Festlegung auf Prinzipien und Kriterien“ (LUHMANN, Religion der Gesellschaft, 100).

34 MOXTER, M., Rechtfertigung und Anerkennung. Zur kulturellen Bedeutung der Unterscheidung von Person und Werk, in: Dober, H.M./Mensink, D. (Hg.), Die Lehre von der Rechtfertigung des Gottlosen im kulturellen Kontext der Gegenwart. Beiträge im Horizont des christlich-jüdischen Gesprächs, Stuttgart 2002, 20–42, 41f.

Stephan Schaede/Heinz Streib

Sprengsatz/Gewalt

1. Sprengsatz

Sprengsatz, das ist Ausdruck einer Macht- und Kraftakkumulation, die schrecklich vor Augen führt, wozu menschlicher Erfindungsgeist imstande ist. Es ist ein besonders abgründiges Phänomen. Technisch perfektioniert scheint der Sprengsatz zunächst eine kulturgeschichtlich späte Form der artifiziellen Gewaltentwicklung zu sein. Noch im 18. Jahrhundert hüllen sich die Enzyklopädien zum Stichwort „Sprengsatz" gänzlich in Schweigen. In Zedlers Universallexikon etwa ist nur von der „Sprengkanne" oder vom „Sprengwedel" die Rede. Das taugt in religiöser Perspektive für Reflexionen auf den Paradiesgarten oder auf Nutzen und Torheit wasserdurchtränkter sakramentaler Weihehandlungen jenseits der Taufe. Wie also nähert sich eine „Religionstheologie" dem Thema, die sich kulturgeschichtlich ambitioniert ihrer kulturgeschichtlichen Ursprünge versichern will? Über Pfeil, Bogen, Speer, Messer, Streitwagen und dergleichen mehr hinaus ist in der Bibel nichts auszumachen. Muss die Religionstheologie also angesichts der recht späten alteuropäischen Adaption des Schießpulvers mit den Achseln zucken? Vielleicht kann sie sich darauf verlegen, das Thema streng metaphorisch zu wenden. Sprengsatzmetaphorik ist en vogue – nicht nur in der Theologie, sondern auch in den großen Gazetten unserer Tage. Die ZEIT titelt, im Streit um das Pilotprojekt 5000 bei VW habe ein „versteckter Sprengsatz" gelegen. Spiegel-Online formuliert hart an der rhetorischen Grenze des Geschmacks entlang, der israelische Ministerpräsident Olmert habe in atompolitischem Kontext versucht, den „politischen Sprengsatz" zu entschärfen. Sprengsätze finden sich auch, wo Theologie öffentlich vermarktet wird. Wipikedia teilt mit, Luthers 95 Thesen seien ein „geistiger Sprengsatz" gewesen. Die Zeitschrift GEO hält die 10 Gebote heute noch für einen nicht zu „übertreffenden politischen Sprengsatz". Nun ließe sich das religionsphänomenologisch alles schon sinnig und kritisch zusammenfügen. Das jedoch wäre angesichts der bösen Brisanz des unmetaphorisch gelesenen Phänomens theologisch feige. Und wenn man bei Sprengsatz nicht nur an Pulverdampf und Explosionen denkt, reicht das Phänomen bis in alttestamentliche Zeit zurück.

Simson, Richter in Israel, war der erste religiöse Sprengsatz in Person. Der „Geweihte Gottes von Mutterleib an" sollte Israel „aus der Hand der

Philister" retten (Ri 13,5). Die Erzählung (vgl. Ri 13–16) rückt früh die Sprengkraft dieses Mannes in den Mittelpunkt. Wie Luther übersetzt, „gerät" auf dem Weg zur Brautschau der Geist Gottes „über ihn", und schon ist Simson in der Lage mit bloßen Händen einen jungen Löwen zu zerreißen. Es muss nicht immer gleich Schießpulver sein. Seine Gottesbegeisterung lässt Simson mit einem frischen Eselskinnbacken gleich tausend Männer erschlagen. Stricke, mit denen er gefesselt ist, zerschmelzen „wie Fäden, die das Feuer versengt hat". Zum Sprengsatz in Person wird Simson, als er, von den Philistern geblendet, während eines Opferfestes die beiden tragenden Mittelsäulen des Feierhauses wegstemmt. Viel Gestein bricht herunter und begräbt ihn gemeinsam mit der gesamten philistäischen Oberschicht unter den Trümmern. Simson ging dabei absichtsvoll selbst zugrunde. „Ich will sterben mit den Philistern!" bekennt er. Eine tieftragische religiöse und zugleich theologisch martialische Geschichte aus den frühen Schichten der Tradition, die die heiligen Schriften des Judentums und des Christentums überliefert haben. Der protestantischste aller kirchlichen Komponisten, Johann Sebastian Bach, ließ die Finger davon. Sein Zeitgenosse Georg-Friedrich Händel hingegen entdeckte darin faszinierenden Oratorienstoff. Er hat die Geschichte unter dem Titel „Samson" vertont. Sein Oratorium wird eher eine Minderheit im Ohr haben.

Allen vor Augen aber steht, dass der Sprengsatz in ganz anderer Weise und in schrecklicher Direktheit selbst aktuell von erschreckend trauriger Brisanz ist. Angst jagt er ein, bedroht das Leben, tut Familien und Biografien schlimmste Gewalt an. Sprengsatz und Person rücken viel zu eng zusammen. Geschieht dies überhaupt jenseits religionspolitischer Deklarationen im Namen der Religion? In welchem Maß ist das der Fall? Das ist aufgrund der politisch höchstkomplexen Motivlagen nur schwer zu klären. Gern wird behauptet, der „religiöse Faktor" verschärfe die gewalttätigen Konflikte. „Hegemoniale Bestrebungen" amalgamierten sich mit Intentionen religiöser Gemeinschaften. Nationalreligiöse Israelis, Anhänger eines Dschihades, amerikanische Christen, Juden und Muslime aus aller Welt drängten gemäßigte Religionsanhänger und säkulare Liberale in eine defensive Ecke. Von dem Wenigen, was gewiss ist, ist wenigstens zweierlei sicher: Beklemmender Vereinfachungsdruck sorgt dafür, dass es zunehmend schwierig wird, Religion und Politik als Grundformen menschlicher Lebensgestaltung je ganz eigener Dignität ebenso theoretisch wie lebenspraktisch zur Geltung zu bringen. Und Anschläge im Namen der Religion werden zugleich zu Anschlägen auf eine Religionsausübung, die ihre Sache ernst meint. Erst im Dezember 2007 hat der Selbstmordanschlag auf den früheren pakistanischen Innenminister Aftab Kahan Sherpao mehr als vierzig Menschen das Leben gekostet. Der Attentäter brachte seine Nagelbombe inmitten hunderter Gläubiger zur Explosion. Der Ort war eine Moschee.

Der Zeitpunkt ein Feiertagsgebet. Angesichts solcher Nachrichten ist es ein fataler sprachlicher Fauxpas, wenn Welt-Online im Dezember 2007 titelt: „Muslime als Sprengsatz in der Gesellschaft“ und diese Überschrift wie folgt kommentiert: „Seit Jahren reden wir über Integration. Jetzt kommt eine [...] Studie zu dem erschreckenden Ergebnis: Junge Muslime sind auffällig gewaltbereit. Und der Zorn richtet sich gegen die westliche Gesellschaft.“ Gewalt „gegen Andersgläubige“ ist kein Problem.

Nun fördern kulturgeschichtliche Erkundungen Merkwürdiges zutage. Ausgerechnet Theologen hatten die Hand im Spiel, als sich das Schießpulver in Europa etablierte. Obgleich behauptet wurde, dieses Pulver sei vom Teufel, war es der Franziskaner Roger Bacon, der im Jahr 1267 die erste Schießpulverrezeptur veröffentlichte. Bereits zwölf Jahre später machte der eine dem anderen Bettelorden Konkurrenz. Der Dominikaner Albertus Magnus verfeinerte das Pulver auf die heute noch gängigen Mischungsverhältnisse 75% Salpeter, 10% Schwefel und 15% Holzkohle. Was damals eine donnernde und blitzende Kuriosität war, wurde zum Sprengsatz erst in der frühen Neuzeit. Erst mussten Haken- und Orgelbüchse, Lunten und das Radschloss erfunden sein. Seitdem aber sorgen Sprengsätze für Kanonendonner – mit schrecklicher Wirkung. Zugleich wird der Sprengsatz als Mine zum Instrument subversiver Gewaltanwendung – auch und gerade in religionspolitischem Interesse. Das englische Parlament gedenkt dieser Entwicklung jährlich. „Remember, remember the 5th of November [...]“ Am 5. November 1605 sollten 36 im Keller von Westminster verbrachte Fässer Schießpulver während der Eröffnung des Parlamentes durch Jakob I. explodieren. Der König hatte die katholische Liga bitter enttäuscht, weil er, obgleich Sohn der katholischen Maria Stuart, als Nachfolger Elisabeth I. an der anglikanischen Kirchenverfassung festhielt. Die von katholischen Fanatikern angezettelte Pulververschwörung flog auf. Der Sprengsatz wurde rechtzeitig entschärft. Damit war jedoch die Usurpation von Sprengsätzen für angeblich religiöse Zwecke nicht aus der Welt, sondern machte konfessionelle Bürgerkriege zu den „schrecklichsten aller Kriege“. Ein halbes Jahrhundert später werden deshalb Staatstheoretiker wie Thomas Hobbes die aggressive Wirkung von politisch allzu aggressiv auftretender konfessioneller Religion mit systematischer Brutalität zu ermäßigen versuchen.

Aus dem Feuerwerkskörper wird eine Vernichtungswaffe. Das ist erst der Anfang. Immer wieder hat sich die Ambivalenz der menschlichen Fähigkeiten in der Ambivalenz einer technisch ausgeklügelten Kraftkultur widergespiegelt. Als 1847 der italienische Arzt Ascanio Sobrero das Nitroglycerin als blutdrucksenkendes Herzmedikament erfand, war nicht abzusehen, dass Alfred Nobel daraus über eine Kette lebensgefährlicher Experimente hinweg, die seinem Bruder Emil das Leben kosteten, genau 20 Jahre später den „sicheren“ Sprengstoff Dynamit entwickelte. Das hochexplosive

Nitroglycerin war gebändigt, indem es in Kieselgur aufgesaugt wurde. Doppelgesichtig war auch diese Erfindung, die nützlich im Bergbau, verheerend im Krieg wirkte – eine janusköpfige Einsatzgeschichte begann, die sich später bei der Entwicklung von Ammonal und TNT wiederholen sollte. Dieser Stoff, aus dem Sprengsätze gemacht sind, bescherte Nobel ein gewaltiges Vermögen. Er stiftete es für einen Preis, der, wie sein Testament festlegte, jährlich „denen zuerteilt werden" sollte, „die im verflossenen Jahr der Menschheit den größten Nutzen gebracht haben". Wer jedoch entscheidet über den Nutzen? Für die Entdeckung der Spaltung schwerer Atomkerne wurde Otto Hahn 1944 der Nobelpreis für Chemie verliehen. Die Kehrseite der Entdeckung der Kernspaltung füllt Bücher. Was in Schillers „Die Räuber" als Kraftprotzhyperbel daherkommt, nämlich „Pulver genug" zu haben, „die Erde gegen den Mond zu sprengen", rückte in Zeiten des Kalten Krieges abgründig in den Horizont des Möglichen. Diesem makrokosmischen Gewaltabgrund korrespondiert nicht weniger abgründig die mikrokosmische Perversion, dass Menschen bereit sind, als Sprengsätze ihr Leben zu lassen. Wie stark dabei die Fanatisierung wirklich religiös motiviert oder nicht vielmehr eine fürchterliche Nebengabe nackter menschlicher Verzweiflung ist, ist nach wie vor hoch umstritten. Es ist jedenfalls kein blinder Aktionismus, sondern eine ganz eigene terroristische Rationalität, die Menschen zu Selbstmordattentätern werden lässt. Wie Joseph Croitoru in seiner Studie von 2003 herausgearbeitet hat, nimmt der Märtyrerkult in Palästina deutlich zu. „Ein Großteil der palästinensischen Jugend verehrt die [...] bei Selbstmordattentaten umgekommenen Märtyrer glühend." Auch wünschen sich mittlerweise immer mehr junge Palästinenser selbst in den „Märtyrertod" zu gehen. Ohne eine gesellschaftliche Bestätigung würde sich niemals ein Individuum an einer Selbstmordkampagne beteiligen, urteilt der amerikanische Politologe Robert A. Pape, Leiter des Chicago Project on Suicide Terrorism. Die Selbstmordattentäter sehen in ihrer Tat ein Mittel, ihrer Pflicht zu entsprechen, der sozialen Gruppe zu helfen. Das Leben endet mit dem Anschlag. Aber das wird als sinnvolle Alternative zum bloßen Erdulden einer ausweglos erscheinenden Situation empfunden. Nicht soziale Isolation und Lebensmüdigkeit lassen Menschen zu Sprengsätzen werden. Dafür sorgt vielmehr eine Mischung aus Rachemotiven, sozialer Akzeptanz der Selbstmordanschläge, finanzieller Unterstützung ihrer Familien sowie religiöser Indoktrination, die behauptet, Märtyrer partizipierten nach dem Tod sogleich an himmlischen Freuden aller Art. Die terrorisierenden Organisationen profitieren am Tod der Attentäter in zynischer Rationalität. Aufwändige Fluchtwege brauchen nicht geplant zu werden. Attentäter müssen nicht versteckt werden. Trotzdem genießen sie weltweit als „eiskalte Mörder" und zugleich „tragische Opfer einer scheinbar ausweglosen politischen Situation" höchste öffentliche Aufmerksamkeit. Gipfel dieses Zynismus sind die sogenannten „Schwarzen Witwen", Frauen, die ihre Männer im Krieg verloren haben. Zum Teil werden sie auch ahnungslos in den Tod geschickt. In Tschetschenien ist dies der Fall. Die 15-jährige Sarema Inarkajewa wusste nicht, wie ihr geschah, als sie im Februar 2002 eine Sporttasche vor dem russischen Polizeirevier in Grosny deponierte. Die Sprengsätze der Schwarzen Witwen werden in der Regel fern gezündet. Nicht einmal ein fanatisches „Ich will sterben mit den anderen" bleibt da. Frauen, denen unendlich viel genommen wurde, wird das letzte mit Gewalt genommen. Menschenverachtend werden sie sterben gelassen, mit Nagelbomben.

Der Sprengsatz ist ein besonders abgründiges Phänomen, weil er anzeigt, wie Segnungen menschlicher Kultur in ihr schreckliches Gegenteil verkehrt werden können. Man stelle sich vor, ein Nagel – ein Instrument, um ungeahnt Leid und Qual zuzuführen! Einst wurde er erfunden, um Holz miteinander zu verknüpfen, um dem Menschen und den bei ihm beheimateten Tieren ein Dach über dem Kopf zu gewähren. Ursprünglich war er ein Instrument, das für Schutz, für Frieden und Behausung sorgen sollte.

Die Römer haben ihn zu einem Hinrichtungsinstrument pervertiert. Jesus von Nazareth wurde damit an ein Kreuz geheftet. Gewalt wurde ihm angetan, weil er im Namen Gottes der Gewaltlosigkeit das Wort geredet hatte. Er starb allein. Aber er starb für andere. Er starb, weil es sein erklärtes Ziel war, mit den anderen endlich einmal menschenwürdig leben zu dürfen. Mit Gewalt mundtot gemacht werden sollte er. Die ihn da mit Nägeln ans Holz geheftet hatten, haben sich geirrt. Das stumme Zeichen wurde beredt. Als unübersehbare religiöse Bitte Gottes steht es im Raum der religiösen Weltgeschichte, bittet darum, der offen ausgetragenen und verborgenen Gewalt gegen Menschen ein Ende zu machen, damit Leben sich neu gestalten kann. Gegen alle verzweifelten, verrückten, vergeblichen Versuche, mit Kraftperversionen durchzusetzen, was wahr ist, was Leben verheißt, steht er für eine überraschende Umwendung der Lebensverhältnisse ein. Diese Umwendung zerstört nicht als ein martialischer Sprengsatz das, was vorzufinden ist. Sie setzt auf Vergebung und Versöhnung. Und sie setzt neue Lebensverhältnisse ganz anders durch. Intensives Zuhören und heftige Zurede sind ihre Form. Mit der Kraft der Bitte zeichnet sie Risse in die Wände unmenschlicher gottferner und trostloser Lebensverhältnisse. So und nicht anders will sie sich durchsetzen – wird sie sich durchsetzen.

Stephan Schaede

2. Gewalt

Dass Theologie die Augen vor der Gewalt nicht verschließen darf, klingt wie eine Selbstverständlichkeit. Auch wenn nach wie vor zahlreiche Arbeiten in der Theologie vorgelegt werden, die dem Thema Gewalt Aufmerksamkeit widmen, sehe ich dennoch keine Veranlassung für beruhigtes Zurücklehnen. Beunruhigend sind nicht allein die alarmierenden Analysen und Statistiken zur Gewalt. Hinzu kommt der spezielle Blick einer Theologie, die sich – „schräg" und „von unten" – auf den „Alltag" einer von Individuen und Gruppen „gelebten" Religion der Gegenwart beziehen und dabei „empirisch" vorgehen möchte. Offenkundig ist der Mangel an Studien und Analysen zur Gewalt, die dem Profil einer empirisch-hermeneutischen Religionstheologie der Gegenwart in praktisch-theologischer Absicht entsprechen. Kritik soll konstruktiv werden; darum sollen im Folgenden über das Markieren von Desideraten hinaus Perspektiven erkennbar werden, wie sich empirische (und zugleich) praktische Theologie bei der Analyse und Überwindung von Gewalt profilieren kann.

2.1 Brennpunkt: Neue Kriege

Bei der Frage nach der Gewalt auf der Ebene, auf der die „neuen Kriege" entstehen, der Ebene nicht legalisierter Gewalt von ethnischen, politischen oder religiösen Gruppen, stehen die Religionsgemeinschaften nicht mit reiner Weste da. Hier ist die Frage, ob Religion als Quelle von Gewalt oder als Quelle von Frieden auf den Plan tritt. Empirische Theologie kann es nicht der Politikwissenschaft[1] allein überlassen, diese Frage zu untersuchen, auch wenn dabei Hervorragendes geleistet wird, vielmehr muss sie ihre Wahrnehmung schärfen und sich dabei auch selbst „ins Feld" aufmachen.[2] Die Beteiligung von Religionsgemeinschaften als Akteure der Gewaltentstehung und Gewalteskalation einerseits sowie das Engagement und die Ethik religiöser Friedensstifter andererseits können und sollen empirisch-theologischer Untersuchungsgegenstand werden.[3] Und bei solcher Analyse rücken Motivstrukturen und Einstellungsmuster ins Zentrum der Aufmerksamkeit – für beide Seiten: die Akteure, die Gewalt fördern und rechtfertigen, sowie für die Friedensstifter. Hierbei sollten die motivationalen Schemata in ihrer spezifischen Relevanz für Gewaltentstehung und -minderung feldspezifisch identifiziert werden. Aus dem Ertrag solcher empirisch-hermeneutischer Analysen können eine empirisch fundierte Friedensethik – als Alltagsethik der Friedensstifter – entstehen sowie praktisch-theologische Perspektiven zur kritisch-konstruktiven Begleitung von Menschen, die sich in Gewaltprävention und Deeskalation *mit religiöser Motivation* engagieren. Die andere Seite betrachtend: Wäre es nicht auch Aufgabe empirischer Theologie, die religiösen Einstellungen zu identifizieren, die zu Gewalt und neuen Kriegen führ(t)en?

2.2 Brennpunkt: Gewalt von Jugendlichen

Fassungslosigkeit und Empörung lösen Nachrichten und Fernsehbilder von brutaler Gewalt von Jugendlichen aus. Dies lässt sich für Wahlkämpfe instrumentalisieren, Forderungen nach einer Verschärfung des Jugendstrafrechts sollen „tough on crime"-Emotionen in Wählergunst kanalisieren – auch wenn sie kriminologischen Expertisen widersprechen.[4] Mit solchen Parolen aber ist die Gefahr verbunden, dass die Perplexität kanalisiert wird, die uns wachrütteln könnte. Der Skandal liegt im Alltag.

Jeder fünfte deutsche Jugendliche der neunten Jahrgangsstufe gibt an, im Laufe des zurückliegenden Jahres eine Köperverletzung begangen zu haben, unter männlichen Jugendlichen mit Migrationshintergrund etwa jeder Dritte.[5] Dies sind bereits in der Grundauszählung alarmierende Ergebnisse. Die Sensation dieser Schülerbefragung sehe ich jedoch in einem anderen Detail: Für eine Ursachenermittlung der jugendlichen Gewaltbereitschaft konnten neben *Schulstufe* und *Gewalterfahrungen* in der eigenen Familie als Schlüsselfaktoren vor allem *Männlichkeitsnormen* als die stärksten Prädiktoren ermittelt werden. Jugendliche mit Männlichkeitsnormen in Kopf haben eine mindestens viermal höhere Wahrscheinlichkeit, Gewaltdelikte zu begehen. Wenn man diese drei Prädiktoren in Rechnung stellt, so führt dies bei fast allen nichtdeutschen Gruppen dazu, dass deren erhöhtes Gewaltrisiko in der Statistik vollkommen verschwindet.

Wie der Einfluss der Variable *Männlichkeitsnormen* zeigt, ist die Einbeziehung von Werten und Einstellungen in die Untersuchung äußerst aufschlussreich. Gewalt entsteht im Kopf. Und die Welt der Einstellungen, Werte, Alltagsmythen, die Welt der biografisch eingravierten Erfahrungen und im Milieu verfestigten Interpretationsmuster stellen das Bedingungsfeld dar, das nicht im Dunkel bleiben darf, wenn es um die Analyse der Gewaltentstehung geht.

2.3 Analytische Annäherung: Gewaltgenerative Schemata

Bei der Entwicklung von Gewalt und Gewaltbereitschaft sind spezifische Schemata im Spiel. Hinter den *Männlichkeitsnormen,* die in die Analyse der Gewaltbereitschaft von Jugendlichen einbezogen wurden und dabei als überaus starker Prädiktor aufgetreten sind, verbirgt sich ein Bündel von

Schemata, zu dem das Wegdrängen von Gefühlen der Schwäche und des Mitleids ebenso gehört wie Respekt gebietende männliche Machtansprüche und die gewohnheitsmäßige Legitimierung des Faustrechts.

Im Blick auf den anderen oben erwähnten Brennpunkt der Gewalt und weitere Felder muss ein größeres Spektrum an gewaltgenerativen Schemata bedacht werden: das Schema *Auge-um-Auge,* das Schema *Sündenbock,*[6] das Schema *Verteufelung* sowie das dann nahe liegende Schema *Exorzismus*[7]. Freilich „funktionieren" diese Schemata nur im Verbund mit anderen, die Dynamik zwischen Eigenem und Fremdem betreffenden, Schemata: Das Schema *Dualisierung* konstruiert ein dualistisches Aufteilen von Eigenem und Fremdem, von Wir und den Anderen; *Entindividualisierung* bewirkt, dass das Gesicht des Anderen verschwindet, der Andere stereotypisiert wird. Zur Behauptung des Eigenen gehören auch *unhinterfragbare Wahrheitsansprüche,*[8] was Herkunftsmythen ebenso angeht wie heilige Texte, die – auch das gehört unabdingbar dazu – im „hermeneutischen" Schema der *Wort-Wörtlichkeit* gelesen werden.

In dieser Zusammenstellung von gewaltgenerativen Schemata, die hier nicht weiter entfaltet werden kann, steckt ein Modell. Die spezifische Kombination von Schemata sowie die Zentralität einzelner Schemata mögen je verschieden sein, deutlich dürfte jedoch sein, dass je mehr solcher Schemata zusammenkommen, desto gewaltträchtiger dürfte sich das Alltagsbewusstsein von Menschen und Gruppen entwickeln.[9] Gewalt ist eine Spirale. In der Verdichtung solcher Schemata, besonders wenn aus diesen Schemata ein fester Habitus, ein (Lebens-)Stil wird, liegt der Sprengsatz Gewalt.

Die Provokation in dieser Zusammenstellung von gewaltgenerativen Schemata besteht jedoch nicht zuletzt darin, dass sie – wenn auch mit Unterschieden – mit *Religion* zu tun haben, in Religion beheimatet sind. Auch wenn es uns Experten der Reflexion über Religion schwer fällt und wir das am liebsten verdrängen wollen: Auge-um-Auge, Sündenbock, Verteufelung, Exorzismus, aber auch quasi-„hermeneutische" Schemata wie wortwörtliches Verstehen, rigoristische Gesetzlichkeit und Absolutheitsansprüche sind eben auch dies: *religiöse* Schemata. Allzu einfach – und allzu schön – wäre es, wir könnten gewaltgenerative Einflüsse allein als *Fremdfaktoren* verstehen und den Bezirk der Religion schadlos halten.

2.4 Gegenmodelle

Ist die „seelische Krankheit" Friedlosigkeit heilbar? Unter diesem Titel hat H.-E. Richter im November 2007 im Institut für Friedenpädagogik in Tübingen einen Vortrag gehalten und darin C.F. von Weizsäckers Rede von „Friedlosigkeit als seelischer Krankheit" aufgegriffen. Erstaunlich ist, wie stark der Mediziner und Psychoanalytiker die Rolle von Religion als Friedenspotential herausstellt:

> Die Heilung braucht [...] einen fundamentalen Bewusstseinswandel, und dieser kann nur aus einer Erneuerung, aus einer Reform von innen heraus kommen, aus einer Besinnung auf eine gemeinsame grenzenlose Wertewelt, die den Kern *aller* Religionen bildet.[10]

Es ist also – nicht zuletzt – an der Religion, ihre Potentiale für die Minimierung von Gewalt zu zeigen, und eine der prominenten Aufgaben empirisch-hermeneutischer Religionstheologie der Gegenwart in praktisch-theologischer Absicht ist es darum, Gegenmodelle zur Gewalt zu profilieren. Die Friedenspädagogik, die K.E. Nipkow[11] jüngst vorgelegt hat, arbeitet Gegenmodelle unserer eigenen kulturellen Tradition heraus und entfaltet das pädagogische Profil der praktischen Arbeit an der Minimierung von Gewalt. In Nipkows Auflistung von Wegen zur Eindämmung von Gewalt und Förderung des Friedens werden Vorschläge wie „Konfliktlösung durch Ausdehnung der Familiensemantik" ebenso diskutiert wie „Erziehung zum Abbau gefährlicher maskuliner Ideologie und aggressiven männlichen Verhaltens". Besonders hervorheben möchte ich seinen Vorschlag zur Überwindung der „unheilvollen zweistelligen Logik", zum „Widerstand gegen kognitive Vereinfachungen", bzw. zur „Förderung postformalen Denkens", wofür Nipkow ausdrücklich an kognitiv-strukturelle Modelle anschließt.

2.5 Schemata der Minimierung von Gewalt

Ich möchte dies im Rahmen meiner oben skizzierten Modellierung von Schemata weiterdenken, die eng an religionssoziologische und religionspsychologische Perspektiven anschließt und darum sowohl für empirische Forschung, als auch für prägnante Inszenierung von Lernwegen und Heilungsschritten anregend sein kann. Ich formuliere also in Begriffen von ‚Schema' und ‚Stil'.[12] Die Gegenmodelle zu den gewaltgenerativen Schemata freilich scheinen auf verschiedenen Niveaus zu liegen: Schemata wie demokratische Konfliktlösung, altruistische Reziprozität und Ausdehnung der Familiensemantik könnte man unter Toleranz subsumieren. Und damit wäre schon viel gewonnen.

Entscheidend, und näher am Puls der *religiösen* Gewaltprävention, sind jedoch Schemata, die das Verhältnis von Eigenem und Fremdem anders verstehen – und dabei auf einem höheren Niveau der Gewalt diametral entgegenstehen. Freilich – aber das liegt in der Natur der Sache – ist ihre Beschreibung nicht so einfach, mit Sicherheit sind sie nicht so grobschlächtig wie die Schemata der Gewaltentstehung; denn hier geht es um Hermeneutik – und deren Radikalisierung in: Ästhetik! In E. Levinas' Entfaltung der ethischen Bedeutung der Wahrnehmung des Gesichts des Anderen ist ein Schema entworfen, das sämtlichen gewaltgenerativen Schemata widerstreitet. An B. Waldenfels[13] anschließend kann man noch einen Schritt weitergehen und die Bedeutung des Fremden als kreative Herausforderung, als „Anspruch" und „Stachel" verstehen:

> Das Fremde macht sich [...] bemerkbar als ein Überschuß, der aller Fremdbetrachtung und Fremdbehandlung vorausgeht und über sie hinausgeht. Nicht nur die Reduktion von Fremdem auf Eigenes, auch der Versuch einer Synthese zwischen beiden gehört zu den Gewaltakten, die den Anspruch des Fremden zum verstummen bringen.[14]

Daraus ergibt sich ein Schema, das man als *Xenosophie* bezeichnen kann.[15] Und wer dies übernehmen kann, hat Gewalt weit hinter sich gelassen. Genau dies haben wir als Subskala „Xenosophie/Inter-religiöser Dialog" in unsere *Religious Schema Scale* aufgenommen und damit ein Instrument für empirische Forschung vorbereitet und eine religionspädagogische Perspektive eröffnet.[16] Xensosophie widerstreitet der Gewalt aufs Äußerste. Die Bibel freilich weiß auch da um einen Komparativ, einen Fluchtpunkt, an dem das Menschenmögliche an seine Grenzen stößt: Feindesliebe. Phantastisch, wenn dies als Schema in Gebrauch käme und zum Habitus würde!

Heinz Streib

Literatur

CHAPTAL, A.J., Über künstliche Erzeugung und Läuterung des Salpeters und die zweckmäßige Art, Schießpulver zu verfertigen, Königsberg 1805.

CROITORU, J., Der Märtyrer als Waffe: Die historischen Wurzeln des Selbstmordattentats, München 2003.

HOGGE, A., God's secret agents. Queen Elizabeth's forbidden priests and the hatching of the Gunpowder Plot, London 2005.

KÜHN, F.P., Politische Partizipation der Hamas – eine Friedensstrategie für Palästina?, Heidelberg 2006.

NOBEL, A.B., Dynamit, Petroleum, Pazifismus, Leipzig 1928.

PAPE, R.A., Dying to Win. The Strategic Logic of Suicide Terrorism, New York 2005.

Anmerkungen

1 Z.B. RITTBERGER, V./HASENVCLEVER, A., Religionen in Konflikten – Religiöser Glaube als Quelle von Gewalt und Frieden, in: Zimmer, M. (Hg.), Religion und Politik im Zeichen von Krieg und Versöhnung, Tübingen 2005, 136–156.

2 Vgl. SCHÄFER, H., „Die“ Pfingstbewegung in Lateinamerika …? Zur Untersuchung des Verhältnisses zwischen religiöser Praxis und gesellschaftlichen Strukturen, Zeitschrift für Religionswissenschaft 14, 2006, 53–82.

3 Als Schritt in diese Richtung führen wir gegenwärtig an der Universität Bielefeld ein empirisches Forschungsprojekt zur Ethik religiöser Friedensstifter in Bosnien-Herzogovina durch.

4 Ignoriert werden dabei kriminologische Expertisen, dass erstens die Gewaltkriminalität von Jugendlichen seit 1990 konstant geblieben oder einen leicht Rückgang verzeichnet (DÜNKEL, F. U.A., Gewalterfahrungen, gesellschaftliche Orientierungen und Risikofaktoren von Jugendlichen in der Universitäts- und Hansestadt Greifswald, online: www.rsf.uni-greifswald.de/, accessed: 2008-01-13; HEINZ, W., Kriminelle Jugendliche – gefährlich oder gefährdet? Konstanz 2006) und zweitens Sanktionsverschärfungen nicht abschreckend wirken und Tatwiederholung nicht minimieren, viel eher die kriminelle Karriere verlängern.

5 Dies berichten Baier und Pfeiffer aus einer Befragung des Kriminologischen Forschungsverbunds Niedersachsen, in der 14.301 Jugendliche der neunten Jahrgangsstufe in neuen Gebieten der Bundesrepublik befragt wurden (BAIER, D./PFEIFFER, C., Gewalttätigkeit bei deutschen und nichtdeutschen Jugendlichen – Befunde der Schülerbefragung 2005 und Folgerungen für die Prävention, KFN-Forschungsbericht Nr. 100, Hannover 2007).

6 Vgl. die Arbeiten von R. Girard, die zugleich die weiter unten explizierte Verbindung der gewaltgenerativen Schemata zur Religion deutlich machen: GIRARD, R., Das Heilige und die Gewalt, Zürich 1987; GIRARD, R., Der Sündenbock, Zürich 1998.

7 H. Schäfer hat in seiner Analyse der Neopfingstlerischen etablierten Gruppen (NPERG) herausgearbeitet, dass das Exorzismus-Schema dort ein zentrales Handlungsschema ist und im politischen Handeln bestimmter Akteure durchaus auch das Austreiben linker Gewalt durch Napalm legitimiert (SCHÄFER, H., „Die“ Pfingstbewegung in Lateinamerika …?).

8 Vgl. dazu das Schema *Truth of Texts and Teachings (ttt)*, das wir als Subskala in der Religious Schema Scale (RSS) entwickelt und validiert haben (STREIB, H./HOOD, R.W., The Religious Schema Scale: Construction and Intitial Validation of a Quantitative Measure for Individual Differences in Religious Orientations, 2008 [in Vorbereitung]).

9 Das Schema-Modell könnte sich als tragfähig erweisen für empirische Analysen der Gewaltentstehung: etwa bei Jugendlichen, aber auch in ethnischen Gruppierungen und fundamentalistischen Bewegungen. Weiterführend – auch im Blick auf die empirische Analyse – ist es hier, von einem Modell der „Identität als Netzwerk“ auszugehen (SCHÄFER, H., Identität als Netzwerk. Ein Theorieentwurf am Beispiel religiöser Bewegungen im Bürgerkrieg Guatemalas, Berliner Journal für Soziologie 15, 2005, 259–282).

10 RICHTER, H.-E., Ist die ‚seelische Krankheit‘ „Friedlosigkeit“ heilbar? online: http://friedenspaedagogik.de, accessed: 2007-11-20.

11 NIPKOW, K.E., Der schwere Weg zum Frieden. Geschichte und Theorie der Friedenspädagogik von Erasmus bis zur Gegenwart, Gütersloh 2007.

12 Dies Vorgehen entspricht auch dem an Fowler anschließenden Modell religiöser Stile, das ich entfaltet und z.B. auch in seiner Bedeutung für inter-religiöse Lernschritte expliziert habe (STREIB, H., Faith Development Theory Revisited: The Religious Styles Perspective, International Journal for the Psychology of Religion 11, 2001, 143–158; DERS., Wie finden interreligiöse Lernprozesse bei Kindern und Jugendlichen statt? Skizze einer xenosophischen Religionsdidaktik, in: Schreiner, P./Sieg, U./Elsenbast, V. (Hg.), Handbuch interreligiöses Lernen, Gütersloh 2005, 230–243.

13 WALDENFELS, B., Der Stachel des Fremden, Frankfurt a.M. 1990.

14 WALDENFELS, B., Der Anspruch des Fremden, in: Breuninger, R. (Hg.), Andersheit – Fremdheit – Toleranz, Ulm 1999, 31–51, 50.

15 Vgl. dazu die lesenswerte Arbeit von NAKAMURA, Y., Xenosophie, Darmstadt 2000.

16 Vgl. STREIB, Wie finden interreligiöse Lernprozesse bei Kindern und Jugendlichen statt?

Elisabeth Hartlieb/Martina Kumlehn

Lernkontrolle/Persönlichkeitsentwicklung

1. Lernkontrolle

1.1 Vorgängige Überlegungen

Die Idee des Lernens setzt die Differenz zwischen einem unfertigen, mit offenen Möglichkeiten zur positiven Veränderung begabten Individuum und einem vorgängigen Gegenüber voraus, das allgemeine Konzepte, Verhaltensweisen und Standards vorgibt. Als Beispiel sei die elementare und an der allgemeinen Erfahrung orientierte Differenz von Kindsein und Erwachsenenalter genannt: Idealiter haben Erwachsene gelernt, was Kinder noch lernen sollen, und geben in angemessener Weise die Ziele des Lernens vor wie auch die Schritte und die Hilfe, um diese Ziele zu erreichen. Sie sind auch diejenigen, die prüfen und beurteilen, ob und inwieweit die Lernziele erreicht worden sind. Erwachsene entscheiden letztlich darüber, dass ein Kind von nun an zu den Erwachsenen gehört. Der Unterschied zwischen Kindsein und Erwachsensein ist ein zeitlicher, doch zugleich ist es ein sachlich-inhaltlicher: Von einem Erwachsenen werden bestimmte Verhaltensweisen, Kenntnisse und Kompetenzen erwartet, die von einem Kind nicht verlangt werden. Schließlich handelt es sich um einen normativen Unterschied: Es gibt Standards, an denen „richtiges" Erwachsensein kenntlich ist und die erreicht werden sollen. So verbindet sich grundsätzlich mit der Idee des Lernens, dass der Unterschied für die Individuen kein starrer, absoluter ist, sondern eine prinzipiell überwindbare Differenz, welche die Einzelnen auch real überwinden sollen: Ein Kind kann und soll erwachsen werden.

In diesem Sinn impliziert Lernen die Idee des Lernfortschritts, der von anderen festgestellt werden kann. Also gehört zum Lernen die Überprüfung des Gelernten an Hand eines vorgegebenen Konzepts, Ziels oder Maßstabes und letztlich auch die Idee der Bewertung und damit die Entscheidung, ob der Lernprozess gelungen ist oder nicht. Lernen impliziert damit die zeitliche Differenz von „jetzt" und „noch nicht" ebenso wie die sachlich-inhaltliche Differenz von „XY noch nicht vorhanden" und „XY erworben" und zuletzt auch die normative Differenz von „erreicht" und „nicht erreicht", von Erfolg oder Misserfolg.

1.2 Das gesellschaftliche Erfahrungsmuster: Der Lernort Schule

Im engeren Sinn als schulisches Lernen gilt Lernen als allgemeine und selbstverständliche Voraussetzung für alle und als gesellschaftliche Ordnung: „Also lautet ein Beschluß, daß der Mensch was lernen muß. [...] Daß dies mit Verstand geschah, war Herr Lehrer Lämpel da", reimt Wilhelm Busch und erinnert sein Lesepublikum an eine Erfahrung, die alle mehr oder minder teilen: die Jahre der Schulzeit. Diese Zeit hat sich im kollektiven Gedächtnis als durchaus ambivalente Zeit eingeprägt, wenn davon gesprochen wird, dass man „die Schulbank gedrückt habe".

Lernen als intentionale und geregelte Aktivität ist selbstverständlich mit der Institution Schule verknüpft. Die Erfahrung mit dieser Institution prägt unser Grundverständnis von „Lernen" in positiver wie auch in negativer Weise. Das gilt, wenngleich der Grundsatz vom „Lebenslangen Lernen" in unserer sich ständig verändernden Gesellschaft nicht nur zur selbstverständlichen Forderung im Berufsleben geworden ist, sondern als unverzichtbare Einstellung für diejenigen gilt, die sich in unserer Gesellschaft wirtschaftlich und kulturell erfolgreich behaupten wollen.

1.3 Zensuren und Zeugnisse als allgemeine Ausdrucksgestalt von Lernkontrolle und Bewertung

Mit dem gesellschaftlichen Lernort Schule ist denn auch gekoppelt, dass der Vorgang des Lernens auf Ergebnisse ausgerichtet ist, die gesellschaftlich festgelegt, überprüft und mit den Ergebnissen der Mitlernenden verglichen werden. Jeder Test, jede Klassenarbeit ist eine solche Prüfung, und jede Benotung nicht nur eine Kontrolle über den Erfolg oder Misserfolg des Lernens, sondern zugleich eine Einordnung. Das Klassenzeugnis am Ende des Schuljahres präsentiert schriftlich, amtlich und öffentlich den Stand der Einzelnen im Raster der Zensuren von sehr gut bis ungenügend und bescheinigt, ob das Klassenziel erreicht wurde und die Versetzung in die nächst höhere Klasse erfolgt oder nicht. Viele kleine Erfahrungen von Prüfung und Beurteilung verdichten sich zu einer Grunderfahrung des Beurteiltwerdens, die sich im Vorgang der Zeugnisausteilung manifestiert.

Das Austeilen der Zeugnisse ist ein spannungsgeladener Vorgang: Nun zeigt sich in der Öffentlichkeit der Klasse und durch die Worte der Lehrerin oder des Lehrers, aber auch davon unabhängig im Zeugnis selbst allen, die es zu Gesicht bekommen, das Ergebnis des Schuljahres. Lob und Tadel, Anerkennung und Ermahnung werden ausgesprochen, manifestieren sich in Zensuren, und die Schülerinnen und Schüler verspüren je nach Ergebnis

Stolz, Freude, Zufriedenheit, Enttäuschung, Scham, Wut oder Resignation. Die Zensuren des Schulzeugnisses, gar des Abschlusszeugnisses, bilden die tief in das kollektive Erfahrungsgedächtnis eingegrabene Ausdrucksgestalt des Musters von Lernen – Kontrolle – Leistungsvergleich – Einordnung auf einer Werteskala. Sie symbolisieren Leistung als quantitativ messbare, objektive Größe zur Beurteilung von Personen und ihrer Zukunftschancen.

1.4 Lernkontrolle als innerweltliche Gerichtserfahrung

Die Lehre von den „letzten Dingen", von dem, was Christinnen und Christen angesichts des Wissens um den eigenen Tod und den Grenzen alles irdischen Lebens vor Gott endgültig erwarten und worauf sie hoffen, hat in der westlichen Christenheit ausgeformte und nachhaltige kosmologische bzw. metaphysische Vorstellungen vom Gericht Gottes bzw. Christi über die Einzelperson wie vom Weltgericht hervorgebracht. Sehr deutlich ist mit dem Gedanken vom Ausgleich irdischer Leiden und Ungerechtigkeiten durch Lohn bzw. Strafe ein erzieherischer Impuls verbunden.

Neuzeitliche Philosophie und Naturwissenschaft haben die metaphysischen und kosmologischen Voraussetzungen erschüttert, auf denen diese theologischen Bilder und Vorstellungen basierten. Dies gilt für die Vorstellung eines universalen Weltgerichtes am Ende der Weltzeit wie auch für die Vorstellung über das Geschick der/des Einzelnen nach bzw. im irdischen Tod (Totenauferstehung, Gericht über die Einzelseele, Ewiges Leben in Seligkeit bei Gott oder in qualvoller Gottesferne). Diese Glaubensgehalte und Vorstellungskonzepte sind im Sinn einer aktiven, festen Erwartung bei vielen Christen und Christinnen geschwunden, teilweise werden sie bewusst abgelehnt und verworfen oder kritisiert. Das betrifft insbesondere die Vorstellung von einer ewigen Verdammnis bzw. der Hölle.

Nicht unbedingt erschüttert oder geschwunden sind allerdings die Motive und Impulse, die sich in diesen Glaubensgehalten darstellten bzw. Ausdruck fanden: Die Sehnsucht nach dem Ausgleich von erfahrener Ungerechtigkeit oder von Leid im Leben, der Protest gegen ungerechtfertigtes Leiden und Zerstörung, die Auseinandersetzung mit der Zeitlichkeit und damit Endlichkeit allen menschlichen und letztlich auch allen irdischen Lebens, die Sehnsucht nach Ganzheit und Vollkommenheit, nach Überwindung von Fragilität und Fragmentarität des individuellen Lebens, der Wunsch nach vollkommener Gottesschau, nach Harmonie zwischen Geschöpf und Schöpfer.

In der Grunderfahrung von Lernen, Prüfung als Lern- und Leistungskontrolle, Bewertung in Gestalt von Zensuren wird ein wichtiges funktionales Moment des christlichen Gerichtsgedankens abgelöst von der vorneuzeitlichen metaphysischen Kosmologie und innerweltlich erfahrbar. Zugleich wird der Gerichtsgedanke in charakteristischer Weise umgestaltet.

Die schulische Lernkontrolle in Gestalt des Jahresabschlusszeugnisses ist eine Situation der öffentlichen Beurteilung der Einzelnen nach ihrer Leistung, also nach den Werken. Gerichtetwerden wird eingeübt im Sinn der grundsätzlichen (klassen-)öffentlichen Beurteilung meiner Person an einem allgemeingültigen Leistungskatalog und mit einem Maßstab, der mir sagt, wohin ich gehöre: nach oben, nach unten oder irgendwo in die Mitte. Es handelt sich nicht um ein absolutes und unwiderrufbares Urteil, sowenig wie diejenigen, die es verkünden, göttliche Autorität und Richtergewalt über mein Leben beanspruchen können und dürfen. Drastisch genug sind allerdings die innerweltlichen Folgen, die die Schüler und Schülerinnen zu spüren bekommen, in Gestalt von Stolz und Anerkennung seitens der Eltern, in materieller Form durch Geld oder andere Belohnungen oder im Falle des Versagens durch Tadel, Beschämung, Ärger oder vielfältige Bestrafungen. Die Zensuren und Abschlusszeugnisse wiegen schwer, wenn es um Zukunftschancen, um zukünftige berufliche Möglichkeiten und Erfolg geht.

1.5 Lernkontrolle als „Gericht nach den Werken“

Der Maßstab der gerechten Beurteilung der individuellen Leistung ist der Maßstab der Verteilungsgerechtigkeit und der Gerechtigkeit eines möglichst transparenten und fairen Kontrollverfahrens, um diese Leistung zu messen. Gerechtigkeit, so lernen Schülerinnen und Schüler an ihren Noten, bedeutet *iustitia distributiva*: Die Verteilung von Lob oder Tadel erfolgt nach Leistung. Entsprechend dem Ergebnis der Prüfung wird mir eine Beurteilung zuteil nach dem Maßstab der geforderten Leistung, und es wird kontrolliert, inwieweit ich diese erbracht habe oder nicht. Ein fehlerfreies Diktat abzuliefern, verdient die Note „sehr gut“ und beweist, dass ich die Rechtschreibung auf dem geforderten Stand beherrsche. Die Gerechtigkeit des Urteils über meinen Lernerfolg liegt im allgemein gültigen, transparenten und vorher bekannten, verlässlichen Maßstab und dessen korrekter Anwendung. Gerechtigkeit der Noten verheißt Gerechtigkeit für alle auf einer Basis, die Lernen als menschenwürdig, angemessen und notwendig mit dem Gedanken von Leistung, Kontrolle und fairen Prüfungsbedingungen für alle verbindet.

Diese Form des Geprüft- und Gerichtetwerdens versetzt mich nicht in Passivität, sondern verlangt höchste Eigenaktivität bis zum Zeitpunkt der Kontrolle, und gerade auch während sie erfolgt. Zugleich tritt die Person des Richters in ihrer Bedeutung zurück zugunsten eines transparenten und fairen Kontrollverfahrens, in dem der Prüfer nur noch die Aufgabe hat, die Leistung zu messen und öffentlich zu bestätigen. So sollen alle fremden Einflussfaktoren möglichst eliminiert werden, um in den Zensuren ein reines Bild des individuellen Lernerfolges und der persönlichen Leistung zu erhalten. Mag das Bild des göttlichen Richters auch verblassen, das Zittern und Zagen vor der Verteilung der Jahreszeugnisse enthüllt, wie stark dieser Akt zu einem Urteil darüber wird, was ich geleistet habe und ob ich dadurch Anerkennung gewinne oder als Versager dastehe.

1.6 Die Grenzen der Notengerechtigkeit

Dieses Geprüft- und Beurteiltwerden kommt an seine Grenzen, wenn das Leistungsvermögen der Einzelnen grundsätzlich überfordert ist. Ein Ausgleich von Ungerechtigkeit, die nicht im Handlungsbereich der Individuen liegt, kann nicht erfolgen. So können sich eine Prüfung und die daraus resultierende Bewertung in tiefe Ungerechtigkeit verkehren. Lernkontrolle als Grunderfahrung der Bewertung und Einordnung der Person blendet die unhintergehbaren Grenzen von Eigenaktivität aus: das kontingente, vorgängige und unhintergehbare Gegebensein der Person, die grundsätzlich passive Verfasstheit des Menschseins, die theologisch als Geschöpfsein gedeutet wird und die die Bedingung der Möglichkeit von Eigenaktivität und der Dialektik von Aktivität und Passivität menschlichen Lebens darstellt. Die Ausblendung dieses Sich-Gegebenseins wirkt sich darin aus, dass Güte, Erbarmen oder Gnade idealiter keinen Ort im System einer gerechten Lern- und Leistungskontrolle haben. Sie erscheinen als Störung oder gar als Ungerechtigkeit, wie das Gleichnis von den Arbeitern und Arbeiterinnen im Weinberg (Mt 20,1–16) deutlich macht.

Die Grenzen des schulischen Lernens nach Noten zeigen sich alltäglich in kleinen und auch großen Ungerechtigkeiten, die meist zuerst, aber nicht ausschließlich von den Lernenden wahrgenommen werden, die aber auch die Lehrenden sehen. Nicht zuletzt werden die Grenzen der Notengerechtigkeit in der immer wieder aufbrechenden Diskussion um den Sinn und Unsinn von Zensuren für den Lernerfolg thematisiert. Dem entspricht eine Spannung in der theologischen Tradition zwischen dem Gedanken des Gerichts nach den Werken, der auf die Eigenaktivität der Einzelnen abhebt und einen starken pädagogischen Impuls hin auf Eigenverantwortung der Einzelnen setzt, und dem Gedanken eines Gerichts, in dem Gott den Gerechten die ausgebliebene Gerechtigkeit verschafft und erlittenes Unrecht ausgleicht.

Die biblischen Texte betonen in der Richterfunktion Gottes das Moment der ausgleichenden Gerechtigkeit und die Aufgabe, Ungerechtigkeit und

Leid zu beseitigen, dem die Einzelnen ohnmächtig ausgeliefert sind. Die zentrale Aussage der reformatorischen Theologie von der Rechtfertigung des Gottlosen aus Gnade ohne Werke spitzt diese Wahrnehmung des passiven Grundes der Person theologisch zu und präzisiert mit der Unterscheidung von Person und Werk die beiden Momente der Gerichtsvorstellung. Mit dem Bild vom Baum und seinen Früchten (Mt 12,33–36) werden sodann Person und Werk in ein Verhältnis gesetzt, das die Vorordnung der Rechtfertigung aus Glauben festhält.

Die Aussage von der Rechtfertigung des Gottlosen, die in der reformatorischen Theologie an die Gerichtssituation anknüpft und einen Begriff der göttlichen Gerechtigkeit herausarbeitet, der nicht identisch ist mit der *iustitia distributiva* oder der proportionalen Gerechtigkeit nach Aristoteles, steht derjenigen der innerweltlichen Prüfungs- und Gerichtserfahrung der Lernkontrolle konträr entgegen. Allerdings erscheint in den Erkenntnissen, dass komplexes Lernen letztlich abgelöst von einer grundsätzlichen liebevollen und zuverlässigen (Selbst-)Akzeptanz des Lernenden wenig Erfolg versprechend ist, eine alltagsdogmatische Anknüpfungsmöglichkeit auch für die Spannung von Werk und Person sowie für den Gedanken der Rechtfertigung des Gottlosen *sola gratia sine operibus*.

Elisabeth Hartlieb

2. Persönlichkeitsentwicklung

2.1 „Vorsicht – Persönlichkeitsentwicklung!“

Von einer „großen“ oder „bedeutenden“ Persönlichkeit sprechen wir, wenn jemand ein individuelles, markantes Profil erkennen lässt, wenn jemand im Verlauf oft bewegender und keineswegs geradliniger Lebensgeschichten konsequent seine Ziele verfolgt bzw. seinen Idealen treu bleibt, wenn jemand kreativ neue Ideen entwickelt und auch gegen Widerstände verwirklicht, wenn jemand aktiv die Zeitläufe mitgestaltet und seine Umwelt prägt und dabei Außerordentliches leistet, wenn jemand unter Hintanstellung des eigenen Geschicks zum Wohle seiner Mitmenschen agiert. In Anthologien berühmter Persönlichkeiten findet man folglich Religionsstifter, Philosophen, Naturwissenschaftler, Erfinder, Politiker, Sportler, Künstler und Friedensstifter. Gerade in Zeiten, in denen identitätsstiftende Gewissheiten in individueller, vor allem aber auch in gesellschaftlicher Perspektive fraglich werden, werden bedeutende Persönlichkeiten als Leitsterne und Leuchttürme der Orientierung nachgefragt. Davon zeugen Erfolge von Fernsehsendungen, die in jüngster Vergangenheit unter großer Zuschauerbeteiligung in verschiedensten kulturellen Sparten „Deutschlands Beste“ gesucht haben bzw. noch suchen. Sich das Geschick und den Einfluss der Großen bewusst zu machen, schärft den Blick für das eigene Gewordensein, für die Prägungen, die man im Kontext der eigenen Kultur empfangen hat, lenkt aber auch den Blick auf die prägenden Persönlichkeiten im eigenen engeren Lebensumfeld und die Quellen, aus denen sie für ihr Leben Kraft schöpfen, sowie auf die oft uneingelösten Sehnsüchte hinsichtlich der Entwicklung eigener Potentiale.

Der Wunsch, selbst eine starke Persönlichkeit zu werden, findet in der gegenwärtigen Leistungsgesellschaft insbesondere im Kontext der Wirtschaft nachhaltigen Widerhall und bringt einen eigenen Markt hervor, der Hilfen zur Persönlichkeitsentwicklung anbietet – verbunden mit der Verheißung, durch zielstrebige Arbeit an sich selbst Erfolg und Anerkennung zu erlangen. Ein Werbeslogan einer Persönlichkeitsagentur lautet beispielsweise: „Vorsicht – Persönlichkeitsentwicklung! Effektiver arbeiten. Mehr verstehen. Zufriedener leben“ (vgl. seminare4you.de). Selbsterkenntnisreisen sollen helfen, Antworten auf die Fragen „Wer bin ich? Wer möchte ich sein?“ zu finden und Einsichten über die grundlegenden Eigenschaften zu gewinnen, um sie mit „Mut zur eigenen Persönlichkeit“ kreativ zu entfalten. Wege zu mehr Selbstbewusstsein, Selbstsicherheit und Selbstbehauptung sollen trainiert werden. Lebensziele sollen erkannt werden, um Möglichkeiten ihrer Verwirklichung zu eruieren. Dazu gehört die Entwicklung eigener Lernstrategien, Lernmethoden und auch Lernkontrollen.

Schon diese gegenwartskulturellen Beobachtungen lassen erkennen, dass Persönlichkeitsentwicklung im Alltagssprachgebrauch niemals ohne Aspekte von Leistung bzw. ohne Lernprozesse gedacht wird. Sie kann sich nur im sozialen Kontext ereignen, im Spannungsfeld von individuellem Entwicklungsstand, angestrebter Veränderung und Idealvorstellungen „reifer“ oder „erfolgreicher“ Persönlichkeit, die kulturell bestimmt sind und entsprechend vermittelt werden.

Wenn man allerdings genauer fragt, aus welchen Quellen sich die Entwicklung der Persönlichkeit speist und worauf hin sie sich entwickeln soll und kann, wird deutlich, dass hier sehr viel komplexere Prozesse im Blick sind, als sie durch die Strukturen schulischen Lernens und deren Formen der Lernkontrolle in Gestalt von Zensuren, von Anpassung und Selektion erfassbar sind. Persönlichkeitsentwicklung ist auf umfassende Bildungsprozesse angewiesen, die das Gelernte zum eigenen Leben in Beziehung setzen und die abprüfbaren Formen des Wissens- und Kompetenzerwerbs in umfassende Sinnstrukturen integrieren, die gegebenenfalls auch mit Misserfolg und Scheitern umzugehen erlauben. Die geradezu inflationäre Rede vom „Selbst“ und seinen Komposita in den Programmen zur Persönlichkeitsentwicklung deutet diese Zusammenhänge auf der Oberfläche an und signalisiert zugleich die Gefahr, über dem Selbstbezug diejenigen notwendigen Bezüge zur Umwelt und zu den Quellen des Selbst zu vergessen, ohne die sich das Selbst gar nicht entwickeln kann. Wenn die Lernkontrolle als innerweltliche Gerichtserfahrung im Sinne einer Beurteilung nach den Werken angesprochen wird, dann wird mit Blick auf die Persönlichkeitsentwicklung die uneinholbare Erfahrung des Sich-Gegebenseins, der vorgängigen Annahme – also klassisch-protestantisch die Erfahrung des Gerechtfertigseins – sehr viel stärker religionshermeneutisch und alltagsdogmatisch herauszuarbeiten sein, um zu erfassen, wie das Phänomen der Persönlichkeitsentwicklung selbst religiöse Deutungsmuster aus sich heraussetzt bzw. inwiefern religiöse Bildungsprozesse zur Entwicklung der Persönlichkeit etwas Wesentliches beitragen können.

2.2 Persönlichkeitsentwicklung und Personalität

Unter der Persönlichkeit verstehen wir gemeinhin jene Charakteristika oder Merkmale des Menschen, die konsistente Muster des Fühlens, Denkens und Verhaltens ausbilden. Die Persönlichkeitspsychologie bzw. -theorie ringt demnach um eine angemessene, empirisch verifizierbare Beschreibung dessen, was einen Menschen in allen Wandlungsprozessen, die Körper und Geist gleichermaßen betreffen können, unverwechselbar und wiedererkennbar macht. Es geht um die Ausbildung von Individualität und Identität, die durchaus dynamisch und fragmentiert gedacht werden können, im Wechselverhältnis von eigenen Anlagen und Umwelteinflüssen. Um dem hochkomplexen Phänomen Persönlichkeit in seiner Genese auf die Spur zu kommen, werden verschiedenste theoretische Modelle und Zugänge entworfen und erprobt. Die Psychoanalyse Sigmund Freuds weist den ersten Lebensjahren, der Prägekraft des Unbewussten und den Grundtrieben des Menschen größte Bedeutung zu, phänomenologische Zugänge betonen dagegen stärker die bewussten Prozesse und heben die Bedeutung der Entwicklung eines stabilen und kohärenten Selbstkonzeptes hervor, behavioristische Modelle gehen davon aus, dass die wesentlichen Verhaltensmuster durch Lernprozesse und deren positive und negative Verstärkung durch Belohnung und Strafe erworben werden, sozial-kognitive und konstruktivistische Zugänge unterstreichen schließlich die Bedeutung der Deutungsmuster, die sich Individuen subjektiv aneignen bzw. aufgrund von Anregungen selbst konstruieren, um mit ihnen ihr Sein in der Welt pro-aktiv denkend und handelnd zu bewältigen. Je nach Ansatz werden konsequenterweise unterschiedliche Strategien vorgeschlagen, um die Entwicklung der Persönlichkeit zu unterstützen bzw. zu optimieren.

Zugleich lassen die einzelnen Theorien unterschiedliche Anschlussstellen für religiöse Deutungsmuster erkennen. Exemplarisch sei auf die verschiedenen Spielarten der Psychoanalyse verwiesen: Nach der ausgeprägten Religionskritik Freuds hat Erik H. Erikson die unterschiedlichen Entwicklungsstufen und -aufgaben der Persönlichkeitsentwicklung so beschrieben, dass sie mit religiösen Deutungsmustern durchaus konstruktiv in Beziehung gesetzt werden können: z.B. ‚Urvertrauen versus Misstrauen' und Gottvertrauen, ‚Autonomie versus Scham und Zweifel' und die Ausbildung des Gewissens, ‚Identität versus Rollenkonfusion' und die Bedeutung von umfassenden Selbst-, Welt- und Gottesbildern, die Orientierungswissen vermitteln, ‚Integrität versus Verzweiflung' und der Umgang mit der eigenen Endlichkeit. Es wird dabei deutlich, wie sehr die psychologischen Beschreibungs- und Erklärungsversuche immer schon selbst von ihren impliziten Menschenbildern und Weltanschauungen geleitet werden. Das lässt noch einmal grundsätzlicher fragen, welche Einsichten sich ergeben können, wenn man in religionshermeneutischer Absicht die Rede von der Persönlichkeit und ihrer vorausgesetzten Einheit im Wandel mit dem philosophisch-theologischen Verständnis von Personsein und Personwerden verbindet.

Die individuelle Persönlichkeit kann als das konkrete In-der-Welt-Sein einer Person verstanden werden, als gesellschaftsöffentliche Benutzeroberfläche, die durch die Maske und den Klang der Person hindurch agiert und dabei das Geheimnis des Personseins zugleich offenbart und schützt. Denn die sich individuell entfaltende Persönlichkeit nimmt das Personsein immer schon in Anspruch, ohne es selbst hervorgebracht zu haben. Niemand von uns macht sich selbst zur Person, sondern wir leben davon, dass wir von Anfang an als Personen anerkannt werden, dass uns Personsein zugeschrieben wird und diese Zuschreibung auch dann aufrechterhalten wird, wenn wir bestimmte Leistungs- und Kompetenzmerkmale nicht oder nicht mehr ausbilden können (z.B. als Säugling, bei Krankheit oder Demenz).

Dieser Sachverhalt, dass das generelle Anerkanntwerden, die Zuerkennung der Personwürde jedem einzelnen Anerkennungsakt als jemand Bestimmtes oder aufgrund von bestimmten Merkmalen und Leistungen vorangeht, kann in religiöser Perspektive als vorgängiges, kontingentes Sich-Gegebensein, als unbedingtes Gegründetsein, als Geschöpfsein gedeutet werden. Solche religiösen Deutungsperspektiven stellen damit Möglichkeiten zur Verfügung, die Grunderfahrung, sich selbst immer auch entzogen zu sein, weil der Gründungsakt in keiner Phase der Entwicklung eingeholt werden kann, sinnproduktiv zu bearbeiten. Das unauflösliche Wechselverhältnis von Selbst und Welt, das die Entwicklung der Persönlichkeit bestimmt, wird dann in Gott gegründet und von ihm in allen Wechselprozessen gehalten gedacht. Die zweistellige Relationalität der Person auf sich selbst und auf die anderen wird zur dreistelligen Relationalität erweitert, indem das Gottesverhältnis asymmetrisch das Wechselverhältnis von Selbst und Welt allererst begründet. Man könnte auch sagen, die personale Verfasstheit des Menschen ermöglicht seine Gottesbeziehung und legt es ihm zugleich nahe, Gott in personalen Strukturen zu denken.

Personsein ist – resümierend gesprochen – nicht selbstverständlich, sondern auf komplexe Deutungs- und Zuschreibungsprozesse angewiesen, die das Werden der Person und die Möglichkeiten ihrer Entwicklung ganz wesentlich mit bestimmen. Das wird vor allem da deutlich, wo die grundsätzlichen Anerkennungsprozesse kulturell nicht mehr anerkannt werden und zu den Debatten um Eugenik und Euthanasie führen, die sich in der Regel mit normativen Vorstellungen von geglückten Prozessen der Persönlichkeitsentwicklung verbinden und notwendig zur Abqualifizierung des nicht Normierbaren, Unkontrollierbaren führen.

2.3 „Es ist noch nicht erschienen, was wir sein werden"

Angesichts dieser Zusammenhänge kommt religiösen Bildungsprozessen zentrale Bedeutung zu, indem sie für das Dysfunktionale, für die Dimension des Unverfügbaren und Unverrechenbaren in der Entwicklung der Persönlichkeit auf der Basis ihres Personseins sensibilisieren. Religiöse Bildung steht dafür, das Bewusstsein für die grundsätzliche Fragwürdigkeit menschlichen In-der-Welt-Seins wach zu halten und erfahrungsbasiert Deutungsmuster anzubieten, die dem Subjekt helfen, die Spannungen zwischen Passivität und Aktivität – mit Schleiermacher gesprochen zwischen Sich-selbst-nicht-so-gesetzt-haben und Sich-selbst-setzen – auszuhalten und kreativ umzusetzen.

Dazu gehört im Durchgang durch die Traditionen eine spezifische Erinnerungskultur, die das eigene Gewordensein reflektiert und die offenen Möglichkeiten des eigenen Lebensweges zu entdecken hilft. In Zeiten, in denen der Begriff der Persönlichkeit, wie anfangs gezeigt, vor allem unter dem Druck der Selbstperfektionierung und Effizienz wahrgenommen und propagiert wird, sind in religiösen Bildungsprozessen vorrangig die Grunderfahrungen des Verdanktseins des eigenen Lebens und seiner personalen Strukturen und damit auch die Grenzen dessen, was entwickelbar ist, aufzurufen, um dann das Gestaltbare gelassen und in Freiheit dem eigenen Möglichkeitshorizont adäquat tatsächlich gestalten sowie die Erfahrungen des Scheiterns im Projekt des eigenen Lebens integrieren zu können. Die jüdisch-christliche Tradition bietet dazu in den verschiedensten Kontexten von Schöpfungsgeschichten, Weisheitsliteratur, Psalmen (insbes. Ps 139) oder der Verkündigung Jesu poetische Bilder und Interpretamente, die entsprechende Selbstauslegungsprozesse auch in gegenwärtigen Lebenszusammenhängen anregen können.

Um zur lebenslangen Entwicklung der Persönlichkeit beitragen zu können, kann auch die Religiosität selbst unter dem Gesichtspunkt ihrer Entwicklung betrachtet werden. Lebensdienlich bleibt sie vor allem dann, wenn sie an den kognitiven und emotionalen Entwicklungsprozessen teilhat. Deshalb müssen Bildungsimpulse in Familie, Schule und Gemeinde so gesetzt werden, dass religiöse Wahrnehmungs-, Ausdrucks- und Deutungskompetenzen mit zunehmenden Graden der Differenzierungs- und Reflexionsfähigkeit sowohl intensiviert und vertieft werden, als auch immer wieder durch Irritation und produktive Verunsicherung verflüssigt und neu erprobt werden. Dabei kann in religiöser Perspektive die Erfahrung des von Gott her gewährten Personseins und des offenen Zieles der eigenen Entwicklung in eschatologischer Perspektive zusammengedacht werden, im Sinne des johanneischen Diktums „wir sind schon Gottes Kinder; es ist aber noch nicht offenbar geworden, was wir sein werden." (1Joh 3,2). Dieser Vorbehalt, dass das Ziel unseres Werdens nicht in unseren Vorstellungen und Möglichkeiten aufgeht, kann zugleich davor bewahren, andere in ihrem jeweiligen Sosein festzuschreiben. Herkunft und Ziel unseres Personseins sind uns gleichermaßen entzogen und genau dies gilt es in religiösen Bildungsprozessen bewusst zu halten, um die eigene Freiheit und die Freiheit des anderen gleichermaßen in ihren endlichen Grenzen zu respektieren und zu entfalten. Dann rücken auch die Lernkontrollen und das, was an Kompetenzen messbar und zensierbar ist, in das ihnen zugehörige Maß begrenzter Aussagekraft über die Entwicklung der Persönlichkeit. Was in religiösen Bildungsprozessen mit Blick auf das eigene Personsein gelernt werden kann, muss sich ohnehin durch die Persönlichkeit und ihre Lebensgestaltung hindurch bzw. durch die Resonanzen, die sie im Lebensverlauf erzeugt, als tragfähig bewähren und findet nur da eine adäquate „Kontrolle".

Martina Kumlehn

Reiner Anselm/Kristin Merle

Umzugskarton/Abbruch und Aufbruch

1. Umzugskarton

„Lass die Profis transportieren". Mehr als 150-mal auf einer Kiste mit Büchern, Ordnern, Kleidern oder einem im Grunde undefinierbaren Gemenge aus unserem Hausstand gelesen, hat sich dieser Satz in meinem Kopf festgesetzt. Es kann gar nicht ausbleiben, dass sich Assoziationen mit diesem Slogan verbinden, zumal er sich so eingegraben hat, dass ich jetzt noch, vier Monate nach dem letzten Umzug, mir den orangefarbenen, sich quer über die Längsseite des Kartons erstreckenden Schriftzug jederzeit ins Gedächtnis rufen kann. „Lass die Profis transportieren" – je mehr Kisten ich eingepackt und gestapelt habe, desto mehr frage ich mich: Wieso machen wir das eigentlich nicht? Ist es nur falsche Sparsamkeit, um deretwillen wir entschieden haben, uns der Logik der modernen, arbeitsteiligen Gesellschaft zu entziehen und nur für das unvermeidlich Notwendige die Hilfe eines Umzugunternehmens in Anspruch zu nehmen? Sollte es das gewesen sein, so wäre ich spätestens nach dem Einpacken bereit, jeden Preis zu zahlen, wenn mir nur jemand diese rückenmordende Last abnimmt. Aber es ist nicht einfach der Preis. Es widerstrebt mir irgendwie, beim Einpacken die Hilfe fremder Packer in Anspruch zu nehmen. Wahrscheinlich ist es eine eigentümliche Furcht vor dem Voyeurismus, der einen Fremden befallen könnte. Schließlich gibt man mit seinem Hausstand vieles über sich selbst preis. Sage mir, was du in deine Kisten packst, und ich sage dir, was für ein Mensch du bist. Solchen möglichen Schlussfolgerungen will ich mich, wollen wir uns entziehen. Wahrscheinlich haben wir uns darum vier Tage lang mit dem Verteilen, Falten und Füllen der Umzugskartons abgemüht. Haben den Staub der seit dem letzten Einzug nicht mehr abgesaugten Bücher eingeatmet, die Erinnerungen, die mit vielen eigentlich unnötigen Stücken verbunden sind, noch einmal hervorgerufen. Das Ensemble des eigenen Hausstandes ist eben etwas sehr Individuelles. Erst wenn die einzelnen Teile, ihres Zusammenhangs beraubt und hinter Karton unkenntlich gemacht, gewissermaßen standardisiert und entindividualisiert übergeben werden können, wenn die leere Wohnung nur noch den vorigen Zustand erahnen lässt, macht mir die Hilfe der Möbelpacker keine Mühe mehr.

Doch ehe man aus diesem eher scheuen Respekt vor dem Individuellen eine besondere protestantische Affinität zum Umzugskarton folgert, muss man sich dessen Gewahr werden, dass dies höchstens für einen kleinen Teil des Protestantismus plausibel sein könnte: Denn wird nicht bis heute in calvinistisch geprägten Landstrichen auf das Aufhängen von Gardinen verzichtet, da es ja im Blick auf den eigenen Hausstand und die eigene Lebensführung nichts zu verbergen gebe? Es könnte also höchstens eine Affinität zu einem etwas schamhaften Luthertum geben, dass das Innere seiner Lebensführung vor neugierigen Blicken bedeckt halten möchte. Ich fühle mich ertappt. Manifestiert das Packen der Umzugskartons im Do-it-yourself-Stil möglicherweise jenen problematischen Charakterzug des deutschen Luthertums, der im Namen einer Kultur der Innerlichkeit und des Privaten seine Anhänger zu willfährigen Erfüllungsgehilfen staatlicher Obrigkeit werden ließ, weil protestantische Freiheit sich nur im Inneren zeigen könne?

Angesichts solcher Assoziationen empfiehlt es sich, einen neuen Deuteversuch zu wagen. Schließlich reimt sich Professionalisierung auf Modernisierung und beide zusammen auf Protestantismus. Umzugskartons und deren professionelle Nutzung sind zweifelsohne ein Modernisierungsphänomen. Sie verdanken sich der Rationalisierung des Transportwesens. Standardisierte Behälter ermöglichen eine effiziente Nutzung des zur Verfügung stehenden Transportplatzes. Da ihre Reißfestigkeit beschränkt ist, können sie nur bis zu einem bestimmten Gewicht beladen werden und ermöglichen so eine hohe Produktivität des Umzugspersonals – ein Sachverhalt, der durch falsche Sparsamkeit und den falschem Ehrgeiz des besonders effizienten Packens freilich mitunter konterkariert wird. Wahrscheinlich lässt sich die Geschichte der Kartonverpackung auch einzeichnen in den Prozess protestantisch induzierter Modernisierung. Auf jeden Fall aber ist die Mobilität, für die der Umzugskarton ja sinnbildlich steht, ein Phänomen der Neuzeit. Moderne Berufsbiografien sind durch Bindungen auf Zeit gekennzeichnet. Es sind Zweckbündnisse, die für eine Etappe gemeinsamen Weges eingegangen werden. Und der Wechsel des Arbeitsplatzes diktiert auch den Wechsel der Wohnungen, der in dieser akzelerierten Häufigkeit ohne ein so effizientes Hilfsmittel wie den Umzugskarton gar nicht denkbar wäre. Nicht ohne kritischen Unterton hat sich für diejenigen, die einer solchen Lebensform anhängen – oder anhängen müssen – der Begriff des „Berufsnomaden“ etabliert. Passenderweise ist ihr Verständigungsweg der Weblog, der zusammen mit der personalisierten Nummer des Mobiltelefons Konstanz garantiert: Erreichbarkeit trotz wechselnder Adressen. Die Parallele zu der Verzeitlichung familialer Verbindungen, zu der Erleichterung des Nomadentums innerhalb der verschiedenen Knotenpunkte moderner Patchworkfamilien soll dabei gar nicht erst weiter ausgeführt werden.

Damit freilich droht diese Verbindung zwischen der protestantischen Mentalität und der Rationalisierung des Umzugwesens ebenfalls in eine problematische Schieflage zu geraten. Nur scheinbar verbindet sich die Nomaden-Metaphorik bruchlos mit den biblischen Leiterzählungen vom umherziehenden Gottesvolk. Denn die Entwicklungsperspektive dieser Nomaden ist ja bekanntlich die Sesshaftigkeit, nicht die Intensivierung der Mobilität, die die Identitätsbildung erschwert und durch den fortwährenden Kontakt mit anderen Kulturen das eigene Erbe unsicher werden lässt. Der Umzugskarton steht hier bei näherer Betrachtung fast sinnbildlich für das Dilemma des Protestantismus in der Moderne: Der Erfolg seiner gesellschaftsgestaltenden Kraft droht seine eigenen Grundlagen zu unterminieren. Mobilität ist ja zweifelsfrei ein Sinnbild für Freiheit; diese Freiheit aber führt eben auch zur Entwurzelung. Das in Pfarrerskreisen geläufige Stichwort von der „Möbelwagenkonversion“, geprägt vor dem Erfahrungshintergrund konfessionell homogener Territorien, dürfte dabei häufig ein Euphemismus sein. Nur zu oft folgt dem Abschied aus dem Territorium der bisherigen Kirchengemeinde auch der Abschied von der Kirchenmitgliedschaft. Die Neuzugezogenenprogramme, wo sie denn angesichts des von den Amtsträgern fast rituell beklagten schlechten Zustands des kirchlichen Meldewesens überhaupt adäquat durchgeführt werden können, vermögen die Distanzierungseffekte, die mit einem Umzug verbunden sind, kaum zu kompensieren. Das gilt ja vor allem auch deswegen, weil die Sesshaften in der Gemeinde die Reihen immer fester schließen – gehören sie doch zu den Altmodischen, die sich den Anforderungen des modernen Berufslebens entziehen. Die Pfarrerschaft kann hier kaum glaubwürdig gegensteuern, gehört sie doch, dem romantisch-verklärenden Bild des Pfarrhauses zum Trotz, längst selbst zu den Berufsnomaden. Sie sollen oder müssen im Verlauf ihres Berufslebens mehrfach die Gemeinde wechseln, sollen den Heimatlosen Heimat geben und sind doch selbst nur befristet tätig.

Also ein dritter, letzter Versuch. Eine protestantisch-konstruktive Deutung der von den Umzugskartonagen ausgehenden Erfahrungen stellt sich vielleicht am ehesten ein, wenn man – in Aufnahme einer in der Theologie des 20. Jahrhunderts prominenten Denkfigur – vom Ende der individuellen Mobilitätsgeschichte her einen Zugang sucht und das *Ver*packen nur als Antizipation des *Aus*packens begreift, als intermittierende Verhüllung dessen, was wieder ein Hausstand werden soll. Denn in der Tat gibt es ja diesen eigenartigen Umschlagspunkt in der eigenen Stimmung, der sich zumindest bei mir bei jedem unserer Umzüge eingestellt hat: Die depressive Erschöpfung und die Trauer über den Abschied des bisher so Vertrauten weicht der Vorfreude auf den Neubeginn, auf das neue Arrangement der so verpackten Dinge. Endlich einmal die Bücher richtig ordnen, das Wichtige vom Unwichtigen trennen, sich eine Wohnung schaffen, wie man sie sich in der Vergangenheit doch so lange erhofft hatte. In dieser Perspektive wird der Karton zum Hilfsmittel, zum *instrumentum*, das schließlich das neue, individuelle Ensemble des Hausstands ermöglicht. Vielleicht ist dies die passende Verbindungslinie zur protestantischen Individualität. Das Eigene, Neue erwächst auf der Grundlage des Überkommenen. Es entsteht in der Verbindung mit dem Vergangen und bedarf geeigneter Transportgefäße ebenso wie einer entsprechend professionellen Transportpraxis. Wollte man dies alles selbst schultern, würde man sich unweigerlich selbst überheben. Aber das Vertraute wird muffig und abgestanden, wenn es nicht durch regelmäßige Neuarrangements auf der Höhe der Zeit gehalten und renoviert – oder sollte man sagen: reformiert? – wird. Vor allem aber bedarf es mitunter der Verhüllung, damit beim Auspacken der Wert eines Erbstücks neu taxiert werden kann.

Reiner Anselm

2. Abbruch und Aufbruch

Im Märchen von der Schneekönigin müssen beide Kinder eine Entwicklung durchmachen, bis sie sich wiederfinden. Bis sie sich als Erwachsene neu begegnen und lieben können. Einst in paradiesischen Verhältnissen vereint, unschuldig und von „Gottes klare[m] Sonnenschein“[1] umspielt, zieht die Schneekönigin den Jungen in ihren Bann und entführt ihn in eine andere Welt. Das Mädchen, untröstlich über diesen Verlust ihres Gefährten, macht sich auf den Weg, um ihn zurückzugewinnen. Es muss neue Welten durchschreiten, von denen es bisher nicht wusste, dass sie existieren. So widrig die Situationen auch anmuten, ja, auch wenn der eigene Tod zur Möglichkeit wird, das Mädchen besteht durch die Beharrlichkeit seiner Liebe und befreit den Jungen aus den Fängen der Schneekönigin. Beide kehren heim, wieder vereint, aber verwandelt. Beide sind nicht mehr die, als die sie losgezogen sind. Zum Schluss des Märchens heißt es:

> Sie gingen hinein [in die Stadt, in der sie wohnten; KM] bis zur Tür der Großmutter, die Treppe hinauf, in die Stube, wo alles an derselben Stelle stand wie früher und die Uhr sagte: ‚Tick, tick!‘ und der Zeiger wanderte. Aber während sie durch die Tür gingen, merkten sie, daß sie inzwischen erwachsene Menschen geworden waren.[2]

Wie es bei Märchen in der Regel so ist, werden auch hier Grundeinsichten des menschlichen Lebens symbolisiert dargeboten. Sieht man von der expliziten Theologie des Andersen-Märchens ab – die Frage nach dem Guten und Wahren ist eng an die Verknüpfung von Christentum und Kindheit, an das so genannte „Kinderevangelium“ und das entsprechende Zitat von Mk 10,15 gebunden[3] –, findet sich hier der Hinweis, dass Entwicklung nicht ohne Veränderung unter den Bedingungen der Zeit möglich ist. Die beiden

Kinder müssen aus Vertrautem und Bekanntem aufbrechen, um sich zu entwickeln. Freilich werden zwei Wege und eine Lösung dargestellt: Der Junge wendet sich von seinem bisherigen Leben ab, er verschwindet einfach, bricht den Kontakt zu allem, was ihm vorher lieb und wert war, ab (bekanntlich aufgrund der Splitter des Trollspiegels, die ihm in Auge und Herz sitzen). Das Mädchen wiederum bricht aus der vertrauten Welt auf, weil ihr ihr brüderlicher Freund so sehr am Herzen liegt. Sie zehrt in allen Episoden der Reise von Erfahrungen und deren Vergegenwärtigungen aus ihrem für glücklich befundenen Lebensabschnitt, ihrer Kindheit. Sie besteht die Widrigkeiten der Suche vor allem durch die Aktualisierung religiöser Erfahrung und des daraus resultierenden relativen Vertrauens im Umgang mit sich selbst und der Umwelt. Das, was im vorigen Lebensabschnitt tragend war, sorgt für Kontinuität auch in zukünftigen, unbekannten Situationen. Ist die konkrete inhaltliche Ausgestaltung der ‚Kontinuitätshaltung' zweitrangig, kann sie allein in formaler Hinsicht als bevorzugter Umgang mit dem Problem des Aufbruchs, welches ja letztlich kein anderes Problem als das der Umgestaltung ist, interpretiert werden.

2.1 Abbruch: absolutes Zurücklassen von Vergangenem

Anhand der „Schneekönigin" kann also das Problem des Verhältnisses von Abbruch und Aufbruch reflektiert werden. Der Topos des Abbruchs ist dabei von weitaus schwierigerer Gestalt als der des Aufbruchs. Während der Aufbruch immer schon Zukünftiges in sich trägt, auf Zukunft aus ist, wird durch einen Abbruch Bisheriges beendet – und, fasst man den Abbruch nicht als Umbruch, von der lebensgeschichtlichen Gegenwart und Zukunft abgeschnitten und der Vergangenheit übereignet. Der Abbruch einer lebensgeschichtlichen Episode trägt den Charakter eines Bannfluchs: Der Kontakt zu dem, von welchem man sich losgesagt hat, hat unter den Gesetzmäßigkeiten des eigenen aufgestellten Systems keine Möglichkeit mehr zu sein. Dass die Möglichkeit des Abbruchs faktisch keine glückliche ist, wird am Beispiel des kleinen Jungen in der „Schneekönigin" deutlich: Zwar trägt auch er, der im Schloss der Schneekönigin ein ganz anderes Leben als zuvor führt, seine Vergangenheit in sich. Doch der Abbruch, der Wille zum absoluten Zurücklassen seiner Vergangenheit, lässt ihn nur noch ein Schatten seiner selbst sein. Das Märchen versinnbildlicht diesen Zustand, indem es den Jungen als „blau vor Kälte"[4] beschreibt, „und sein Herz war fast ein Eisklumpen."[5] Dass Abbrüche Freiheit nach sich ziehen, dürfte ein Trugschluss sein. Im Grunde handelt es sich um eine einfache psychologische Grundeinsicht: Das Abdrängen von Erfahrungen in den Bereich der Negation, als letzter Konsequenz, führt zu Unfreiheit diesen Erfahrungen gegenüber – nicht zuletzt durch die Angst vor neuerlicher Heimsuchung des Abgedrängten (diese Angst wird allerdings im Märchen Andersens nicht thematisiert).

Dem Problemzusammenhang „Abbruch und Aufbruch“ ist nun das materiale, lebensweltliche Phänomen des Umzugskartons zugeordnet. Die Grenze des Bildes wird über die Reflexion der Abbruch-Kategorie deutlich, denn der Umgang mit Elementen der eigenen Lebensgeschichte ist nur bedingt mit dem Packen eines Umzugskartons vergleichbar: Während ein Umzug, das Packen von Umzugskartons, für sehr viele Umziehende einen – meist willkommenen – Anlass bietet, angehäufte Dinge zu sortieren und alten Kram wegzuwerfen, ist ein solcher Umgang mit der eigenen Lebensgeschichte kaum möglich, sofern er konstruktiv sein soll. Unerwünschte Teile der eigenen Lebensgeschichte können nicht einfach in die Restmülltonne wandern.

2.2 Aufbruch: Prüfung des eigenen Relevanzsystems

Blickt man nun auf die Kategorie des Aufbruchs, erscheint die Adaption mit Blick auf biografische Sinndeutung weniger problematisch. Aufbrüche implizieren – sofern es nicht um die unproblematische Bewältigung der kleinen und mittleren, in der Lebenswelt des Alltags angesiedelten Transzendenzen[6] geht – Kontakt mit Unbekanntem. Sie verlangen den Aufbrechenden ab, flexibel und relativ offen für neue Situationen zu sein, soll dem Aufbruch irgendwann wieder eine Ankunft, also eine lebensgeschichtliche Neuverortung, folgen. Aufbrüche erfordern insofern auch immer ein gewisses Quantum an Mut, an Zuversicht, dass die Erfahrungen mit neuen Situationen handhabbar sind, auch, dass man sich selbst nicht auf halbem Wege verliert. Aufbrüchen ist eigen, dass Vertrautes verlassen wird. Umso wichtiger ist es, Vertrautes auf den neuen Wegen mit sich zu führen. Noch einmal sei hier an die „Schneekönigin“ erinnert: Die Aktualisierung eigener lebensgeschichtlicher Erfahrungen aus der Vergangenheit sorgt im Falle des Mädchens dafür, dass sie, die sie allein auf dem Weg ist, durch alle unbekannten und zum Teil bedrohlichen Situationen hindurch nicht vergisst, welche Intentionen sich mit ihrem Aufbruch verbanden. Dabei erscheint im Märchen als Kehrseite des Aufbruchs weniger der Abbruch als vielmehr der Abschied, den das Mädchen an verschiedenen Wegstationen vollziehen muss.

Mit Blick auf einen konstruktiven Umgang mit der eigenen Lebensgeschichte passt also der Aufbruch in das Bild des Umzugs bzw. des Umzugskartons besser hinein als der Abbruch. Ja, der Umzugskarton ist sogar ein sehr gutes Bild für Aufbruchssituationen aller Art: Schließlich fordert er die Umziehenden mehr oder weniger unmittelbar dazu auf, das eigene Relevanzsystem in seiner aktuellen Gestalt zu prüfen und zu fragen „Was ist mir wirklich wichtig?“, „Worauf möchte ich in der konkreten Gestalt meines Lebensvollzugs nicht verzichten?“, „Was ist, im wahrsten Sinne des Wortes, notwendig?“[7]

2.3 Reinterpretation des Problemzusammenhangs: der Umbruch

Der Vorschlag lautet nun, mit Blick auf den Problemzusammenhang „Abbruch und Aufbruch“ den Begriff des Umbruchs einzuführen. Dieser ist in der Lage, sowohl den Begriff des Abbruchs als auch den Begriff des Aufbruchs in einer konstruktiven Weise zu integrieren. Nimmt man eine Re-interpretation des Begriffs des Abbruchs über den des Umbruchs vor, erfolgt semantisch eine Stärkung des Kontinuitätsmoments – Zelte abzubrechen ist weitaus unproblematischer als alle Brücken hinter sich abzubrechen. Zum Umbruch gehören die Eigenschaften des Aufbruchs, und zugleich ist die Verklammerung mit dem Bisherigen geleistet: Die Umbruchssituation ist eine Situation der Transformation. Altes erhält eine neue Gestalt, Bestehendes wird in einen neuen Bedeutungszusammenhang eingestellt, Bedeutungshierarchien werden unter Umständen neu konstelliert, zumindest angefragt.

Beispiele für Umbrüche finden sich auf unterschiedlichsten lebensgeschichtlichen Ebenen: Geburt des ersten Kindes, Wechsel des Arbeitsplatzes, Eintritt in den Lebensabschnitt der Berentung, Trennung von einem langjährigen Lebenspartner, Einschulung usw. Allen Umbrüchen ist der Charakter des einschneidenden Moments eigen. Sie vollziehen sich nicht unbemerkt, verbleiben nicht im Bereich des Präreflexiven. Sie fordern Aufmerksamkeit und Deutungsleistungen, die das Neue individuell zu integrieren vermögen. Die Phase des Umbruchs lässt sich wiederum, um noch einmal auf das Bild zurückzugreifen, an einer Zustandsform des Umzugskartons exemplifizieren, daran, dass noch nicht alles ausgepackt ist: Man weiß noch nicht so recht, wohin mit diesen Dingen aus früheren Behausungen, welche Rolle sie im neuen Lebensumfeld spielen sollen.

2.4 Die kirchliche Praxis: Kasualpraxis und Biografiearbeit

Die Situation des Umbruchs, der Transformation, ist nun die lebensgeschichtliche Situation, in welcher die kirchliche Praxis – und damit auch die Praktische Theologie – prominent angefragt ist. Zum einen sind es die Kasualien, also Taufe, Konfirmation, Trauung, Bestattung, anhand derer sich der Wunsch ausdrückt, in Situationen des Umbruchs von der Kirche begleitet zu werden. Zum anderen zeigt sich dieser Wunsch nach Weggenossenschaft, vielleicht auch nach Orientierungshilfe, in den unterschiedlichen Situationen, in denen Menschen begleitet ihr gegenwärtiges Leben oder vergangene Lebensabschnitte reflektieren möchten. Geht man davon aus, dass für dieses Unterfangen das Gespräch die sinnvollste Form darstellt, ist hier vor allem die Seelsorge angefragt. Auf diese beiden Felder, Kasualien und explizite Biografiearbeit, soll hier kurz im Zusammenhang der Frage von „Abbruch und Aufbruch" und vertiefend zum bisher Ausgeführten eingegangen werden.

Die Kasualien sind der präfigurierte Ort, an dem sich die individuelle Lebensgestalt(ung) und die Symbolkonzepte der christlichen Tradition mit Blick auf eine mögliche Passage der Schwellensituation begegnen. Die Kasualie als „ritualisierte Übergangspraxis" (Kristian Fechtner) bezieht sich auf Schwellensituationen, bearbeitet infolgedessen die Loslösung aus bisherigen Lebensumständen und leistet mit ihrem spezifischen Symbolgehalt ein Integrationsangebot.[8] Rituale begleiten stabilisierend Statusübergänge: ob nun die Eingliederung in den christlichen Sozialverbund (Taufe) oder die Loslösung von Verstorbenen. Gegenwärtig besitzt die Kasualpraxis der Kirche eine stabile Attraktivität im Vergleich zu vielen anderen Partizipationsformen: „Die Kasualien sind ins Zentrum praktisch-theologischer Überlegungen gerückt, weil sie ein *Herzstück gelebten Christentums* unserer Zeit darstellen."[9] Kasualien sind einerseits an bestimmte, individuell ausgestaltete Lebensthemen gebunden, andererseits integrieren sie selbst unterschiedliche soziale Bezüge und Lebensdeutungen. Die Kasualpraxis ist gefordert, in die konkrete lebensgeschichtliche Situation einzutreten und diese aus ihrer eigenen Mitte heraus zu öffnen, man könnte auch sagen: aus ihr heraus einen Raum für eine symbolische Deutung zu eröffnen, welche wiederum die Lebensgeschichten der Individuen und die christliche Tradition integrieren. Kasualien erhalten lebensgeschichtlich Sinn für die Individuen, sofern der Symbolgehalt der christlichen Tradition für die Erfahrungen der alltäglichen Lebenswelt plausibel gemacht werden kann: „Nur in der individuellen Anverwandlung des Überlieferten und Vorgegebenen, somit der tradierten symbolischen Formen, gewinnen ganzheitliche, letzte Orientierung ermöglichende Lebenssinndeutungen heute noch Evidenz",[10] schreibt Wilhelm Gräb.

Ein ähnlicher Befund ist mit Blick auf die explizite Biografiearbeit zu erheben, bei der es weniger um rituelle Begleitung als vielmehr um die Eröffnung von Reflexionsräumen geht, in welchen die Einzelnen kritische Momente ihrer Lebensgeschichte im Zusammenhang ihrer bisherigen Lebensgeschichte (neu) bedenken können. Geht es um die Frage der Integration der verschiedenen Elemente in die eigene Lebensgeschichte, sind

Situationen des Umbruchs, sieht man von Abbrüchen ab, am heikelsten. Dies sind unter Umständen die Momente, für die es über die Reflexion – zumindest über den Prozess des Erzählens – eine Kohärenz des erzählenden Subjekts hinsichtlich seiner biografischen Erfahrungen wie seines Selbst herzustellen gilt.

Die Notwendigkeit des Übergangs ist der Lebenswelt des Alltags als Ort der Subjekte im Grunde eingeschrieben: Die Notwendigkeit des Übergangs, der Transzendierung begegnet jedem Menschen als einem, der in der Welt ist, der in dieser Welt mit anderen ist. ‚In-der-Welt-Sein' bedeutet Leben an und mit Grenzen, die mit dem endlichen Dasein unvermeidlich gegeben sind, welche weder machbar noch wandelbar sind. Der Begegnung mit dem Anderen geht immer schon die grundlegende Erfahrung der Differenz, des Andersseins, des Fremdseins voraus. Die Überschreitung der Grenze fordert dabei, sofern sie bewusst wahrgenommen wird, die Revision des eigenen Selbstverständnisses heraus. Sie bietet damit die Möglichkeit, Ort des Religiösen zu sein: „[Die] Intention zur Übersteigung des Vorfindlichen scheint mir der Grundtenor des religiösen Interesses zu sein",[11] heißt es bei Henning Luther. Mit dieser Bestimmung lässt sich der Ort der Religion einerseits an herausgehobenen lebensgeschichtlichen Ereignissen konturieren – die prinzipielle Rückbindung der Grenzerfahrung an die alltägliche Lebenswelt verortet Religion allerdings auch mitten im Alltag. Aufbrüche und Umbrüche sind so gleichermaßen außeralltäglich wie alltäglich. Sie gehören zum Leben – und zur Entwicklung – notwendig dazu. Aufgabe der Praktischen Theologie ist es, für die Schwellensituationen der alltäglichen Lebenswelt zu sensibilisieren, die praktische Begleitung problematischerer Schwellensituationen systematisch zu reflektieren und in diesem Zusammenhang Sorge dafür zu tragen, dass der Symbolbestand der christlichen Tradition anschlussfähig an das Selbstverständnis moderner Individuen bleibt. Ach, ja, der Umzugskarton: Als Recyclingprodukt ist er Teil der Kreislaufwirtschaft. Na dann: guten Umzug!

Kristin Merle

Anmerkungen

1 ANDERSEN, H.C., Die Schneekönigin. Ein Märchen in sieben Geschichten, Radierungen von Lars Bo, a. d. Dänischen v. T. von Bonin, Reinbek 1968, 15.

2 Ebd., 70.

3 Finn Hauberg Mortensen spricht von dem Märchen „Die Schneekönigin" als „religiöse Erbauungsschrift": MORTENSEN, F.H., Rose, Stern und Spiegel. Eine Analyse von Andersens Märchen „Die Schneekönigin" und „Der Tannenbaum", in: Fabula 46 (2005), 67–77, 76.

4 ANDERSEN, Die Schneekönigin, 65.

5 Ebd.

6 Vgl. SCHÜTZ, A./LUCKMANN, T., Strukturen der Lebenswelt (utb 4212), Konstanz 2003 (1973), 598ff; vgl. LUCKMANN, T., Die unsichtbare Religion. Mit einem Vorwort von H. Knoblauch (stw 947), Frankfurt a.M. 1991, 167f.

7 Es ist unstrittig, dass die allermeisten Menschen in ihren Umzügen sehr viel mehr als Notwendiges mit sich führen. Davon abgesehen wird jeder eine ‚Hierarchie der Dinge' erstellen und benennen können, welche Utensilien wichtiger als andere sind. – Einen Zugang zur immateriellen Relevanz materialer Objekte wählte die Wanderausstellung „Koffer für die letzte Reise", für welche 100 Personen, Nicht-Prominente wie Prominente, darum gebeten wurden, einen Koffer für die letzte Reise zusammen zu stellen. Die Ergebnisse des Projektes hat Fritz Roth im Buch „Einmal Jenseits und zurück. Ein Koffer für die letzte Reise" (Gütersloh ^{2}2006) zusammengestellt.

8 Vgl. FECHTNER, K., Kirche von Fall zu Fall. Kasualpraxis in der Gegenwart – eine Orientierung, Gütersloh 2003, 47f; Arnold van Gennep unterscheidet als Struktur der Übergangsriten: Trennungriten, Schwellen- bzw. Übergangsriten und Angliederungsriten: GENNEP, A. VAN, Übergangsriten (Les rites de passage), Frankfurt a.M., ^{3}2005 (1909), 21; aufgenommen von: TURNER, V., Das Ritual. Struktur und Anti-Struktur, Frankfurt a.M. ^{2}2005 (1969).

9 FECHTNER, Kirche von Fall zu Fall., 21. Im Original hervorgehoben. Es sei angemerkt, dass die vierte EKD-Erhebung über Kirchenmitgliedschaft hier kritischere Töne anschlägt. So formuliert Jan Hermelink im abschließenden Kapitel: „Auch die Wahrnehmung der *Kasualien* (Hervorhebung im Original] scheint, bei näherer Betrachtung, gewisse Unschärfen zu enthalten. Zwar sind die Erwartungen an eine kirchliche Begleitung bei Taufe, Konfirmation, Hochzeit und Bestattung ausgesprochen hoch. Als Grund kirchlicher Bindung wird die kasuelle Begleitung häufig genannt, und zwar gerade von den eher distanzierten Mitgliedern. Gleichwohl lassen statistische Analysen vermuten, dass jene Erwartung nur im Verbund mit anderen Faktoren zu einer stärkeren kirchlichen Beziehung führt […]; als isoliertes Bindungsmotiv scheint sie weniger wirksam als oft angenommen." (HERMELINK, J., Die Vielfalt der Mitgliedschaftsverhältnisse und die prekären Chancen der kirchlichen Organisation. Ein praktisch-theologischer Ausblick, in: Kirche in der Vielfalt der Lebensbezüge. Die vierte EKD-Erhebung über Kirchenmitgliedschaft, hg. v. Huber, W./Friedrich, J./Steinacker, P., Gütersloh 2006, 417–435, 422).

10 GRÄB, W., Sinnfragen. Transformationen des Religiösen in der modernen Kultur, Gütersloh 2006, 205.

11 LUTHER, H., Religion und Alltag. Bausteine zu einer Praktischen Theologie des Subjekts, Stuttgart 1992, 54.

Notger Slenczka/Tõnu Lehtsaar

Handy/Fortschritt

1. Handy

Gemeinschaft ist leiblich vermittelt. Nicht nur über das Ohr. Auge, Geruchssinn, das Tasten beim Händedruck sind mitbeteiligt, wenn wir mit jemandem umgehen und sprechen. Inzwischen aber haben wir Medien entwickelt, die zwar die leibliche Vermittlung der Gemeinschaft nicht aufheben – wir sehen fern mit den Augen und kommunizieren per Email mit den Händen und Augen und hören die Stimme des Anderen mit den Ohren; wohl aber ist der Leib des Anderen nicht mehr unmittelbar präsent, sondern nur ein Teil: Der Brief, den er in der Vergangenheit mit den Händen schrieb. Sein Bild im Fernsehen. Die Stimme im Telefonhörer. Und auch unser eigener Leib und seine Sinne sind nur noch partiell engagiert: Während man früher Briefe parfümierte, um dem Empfänger neben dem Text noch einen Hauch des Geruchs des Absenders zu vermitteln; während das Fernsehen neben dem Bild auch noch den Ton wenigstens einseitig vermittelt, ist beim Telefongespräch, beim Handy nur noch ein Sinn engagiert: das Ohr.

Warum beschreibe ich, wie eben, die medial vermittelte Kommunikation als Verlust der leiblichen Präsenz – mit dem deutlichen Unterton, dass sich ein fortschreitender Verlust an ‚realer', leiblicher Gemeinschaft vollzieht? Warum deute ich mit dem Verweis darauf, dass mit dem Telefon ‚nur noch' das Ohr beteiligt sei, an, dass das Engagement in der Gemeinschaft der Ganzheitlichkeit verlustig geht? Was nötigt uns dazu, diese Art der Kommunikation als defizitär zu deuten? Warum sollte diese Kommunikation über weite Entfernungen hin und die dadurch hergestellte virtuelle Gemeinschaft nicht chancenreich sein wie die leibliche? Und warum sperrt sich etwas in mir gegen die in jüngerer Zeit immer wieder erhobene Forderung, dass auch Gemeinschaften ohne leibliche Präsenz als ‚Ort' gottesdienstlicher Gemeinschaft anerkannt und reflektiert werden sollten? Warum sollte diese Kommunikation nicht auch ‚communio sanctorum' stiften können? Warum sollte das Telefon, das Handy, das Internet nicht Kirche herstellen und damit auch für die ekklesiologische Reflexion relevant sein können? Ist das Unbehagen angesichts dieser These lediglich Ausdruck der Antiquiertheit eines Menschen, der vor der Explosion der Möglichkeiten der Telekommunikation geboren ist – oder lässt sich das Unbehagen irgendwie als sachgerecht und die ‚virtuelle' Gemeinschaft tatsächlich als defizitär gegenüber einer ‚echten' Gemeinschaft ausweisen?

Das Handy ist mehr als ein Telefon. In meinen ersten Jahren als Student hatte ich keinen Telefonanschluß; heute unvorstellbar. Damals war das, jedenfalls für mich, teurer Luxus. Ich stand – im Falle von Ferngesprächen: nach 22:00 Uhr – an der Telefonzelle. Dasselbe taten viele Menschen; man wartete also, meistens lange, bis eine der Zellen frei war. Das Telefonieren war eine Sondersituation, die Ausnahme der Kommunikation. Das galt auch für das häusliche Telefon. Seine Verwendung fügte sich nicht ein in andere Zielsetzungen und ließ sich nicht ‚nebenher' in Anspruch nehmen; wer es nicht auf dem Schreibtisch stehen hatte, musste sich Zeit nehmen, alle Tätigkeiten unterbrechen und dorthin gehen, wo das Telefon stand – in der Anfangszeit des Ferngesprächs war es an einem Ort direkt an der Wand befestigt, während später ein etwas längeres Kabel relative Bewegungsfreiheit erlaubte – wer es noch erlebt hat, erinnert sich an die hoffnungslos verdrehten Leitungen der Telefone, deren Besitzer beim Telefonieren auf- und abgingen.

Wer damals telefonierte, wollte keine Zuhörer haben, auch wenn er in der Öffentlichkeit sprach. Die Telefonzellen trugen dem Rechnung: in eine Telefonzelle passt nur eine Person; wer die Tür schließt, der ist für sich und weiß, dass von dem Gespräch relativ wenig nach außen dringt.

Das Handy schafft scheinbar eine Multipräsenz. Zunächst entgrenzt es die Situation des Ferngesprächs. Wer mit dem Mobilfon telefoniert, ist von einer bestimmten Basisstation unabhängig; es ist relativ gleichgültig, wo er ist, er ist erreichbar und kann andere erreichen. Das Telefonieren wird etwas, was ich en passant erledigen kann und was andere Tätigkeiten begleiten kann. Man sieht Telefonierende in den öffentlichen Verkehrsmitteln, man sieht sie in Restaurants, auf der Straße; man trifft an öffentlichen Plätzen auf Menschen, die vor sich hinreden, und entdeckt erst auf den zweiten Blick den ‚Knopf im Ohr' und die Freisprecheinrichtung. Damit ist das Telefonieren auch keine Sondersituation mehr, in die man eintritt um den Preis, dass man aus seiner aktuellen Beschäftigung heraustritt. Damit vervielfältigt das Handy die Kommunikationssituationen, in die ein Mensch aktuell eingelassen ist – wer über ein Handy verfügt, ist möglicher Gesprächspartner in mehreren Kommunikationsgemeinschaften. Man kann in Restaurants Pärchen beobachten, die an einem Tisch sitzend mit offensichtlich unterschiedlichen Partnern telefonieren; man sieht Pärchen oder Gruppen auf der Straße – und einige Personen aus diesen Gruppen telefonieren.

Dass dieser Eindruck der Multipräsenz aber täuscht, wird deutlich, wenn man auf eine weitere Eigentümlichkeit aufmerksam wird, die die Kommunikation per Handy begleitet: Sie scheint zu einer Senkung der Schamschwelle zu führen: Im Unterschied zur relativen Privatheit der Telefonzelle erlaubt der öffentliche Gebrauch des Handy keine Privatheit mehr, macht sie in lärmerfüllten Umgebungen auch unmöglich: Der Gesprächsteilnehmer spricht laut und für alle vernehmlich, vielfach auch deshalb, weil das Mikrofon näher am Ohr als am Mund sitzt und der Sprecher unbewusst glaubt, den Abstand durch lauteres Sprechen überbrücken zu müssen. Aber es scheint eben auch kein Bedarf an Privatheit mehr zu bestehen – ich bin selbst beispielsweise in der Bahn auf diese Weise unbeabsichtigt Zeuge des Austrags von Beziehungskrisen, des Abschlusses geschäftlicher Vereinbarungen und der Klärung von individuellen Finanzproblemen geworden.

Dabei ist es aber höchst unwahrscheinlich, dass in einer Gesellschaft plötzlich die individuelle Schamschwelle gesunken sein sollte; vielmehr offenbart dies Phänomen der Schamlosigkeit, dass der Eindruck täuscht, man nehme im öffentlichen Telefonat an zwei Gemeinschaften teil – an der unmittelbaren im raumzeitlichen Hier und Jetzt und an der fernmündlichen. Wir wählen vielmehr zwischen beiden Situationen: Wer telefoniert, versinkt in der fernmündlichen Gesprächssituation so, dass er ‚alles um sich herum vergisst' und den in der unmittelbaren Umgebung auf ihn gerichteten Blick, der Quelle der Scham ist, nicht mehr wahrnimmt. Wenn sich die unmittelbare Situation allzu aufdringlich meldet und nicht mehr ignoriert werden kann – etwa in Gestalt eines unübersehbar interessiert lauschenden Sitznachbarn, bricht man die fernmündliche Kommunikation ab oder unterbricht sie wenigstens. Das weist zumindest darauf hin: Auch das Handy erlaubt uns keine kommunikative Multipräsenz, sondern erweitert lediglich die Zahl der Kommunikations*möglichkeiten*, von denen wir aber immer nur *eine* zurzeit realisieren können. Wir bleiben Wesen *einer* Situation.

„Ich bin gerade in …“ Wer das eigene oder fremde Gesprächsverhalten beim Telefonat mit dem Handy beobachtet, wird sehr rasch auf den eigentümlichen Beginn solcher Telefonate aufmerksam. Zumeist nennen wir unseren gegenwärtigen Aufenthaltsort: „Ich bin gerade in der Bahn …“; „Ich bin gerade auf dem Weg zu …“; „Ich bin hier in …“. Diese Angabe ist für den Inhalt der Gespräche meist überflüssig; ich muss nicht wissen, wo mein Gesprächspartner ist, um verstehen zu können, was er sagt. Es besteht offenbar ein vom Inhalt des Gespräches unabhängiges Interesse daran, mitzuteilen, wo man sich befindet, und ein Interesse daran, zu wissen, wo der Gesprächspartner gerade ist; wo diese Information einmal nicht selbstverständlich angeboten wird, fragen wir nach: „Wo bist du gerade?“

Wer näher hinsieht und sich in Erinnerung ruft, in welcher Weise er jeweils den Aufenthaltsort angibt, er wird darauf aufmerksam, dass man den Ort so bezeichnet, dass er für den Gesprächspartner ohne weitere Umstände nachvollziehbar ist. Wer in derselben Stadt ist, wird den Stadtteil, das Fortbewegungsmittel oder die Straße angeben, je nachdem, ob der Ort für den anderen identifizierbar ist; wer in einer anderen Stadt ist, wird diese Stadt angeben; wer auf einem anderen Kontinent ist wird unter Umständen nur das Land oder gar den Kontinent angeben. Es geht in dieser Mitteilung also nicht um die Übermittlung eines exakten Ortes, den der Gesprächspartner ja meistens nicht kennt; sondern es geht darum, zu gewährleisten, dass der Ort durch den Gesprächspartner in der aktuellen Gesprächssituation identifizierbar ist. Es geht also darum, den Gesprächspartner in die Perspektive einzuführen, die ich einnehme, und ihm den Horizont zu erschließen, auf den ich ausgerichtet bin.

Weil, wie gesagt, diese Mitteilung keine inhaltlichen Gründe für das Gespräch hat, würde ich vermuten, dass die Teilgabe am eigenen Raum zu den Bedingungen des Gespräches gehört: Es ist offenbar ein für das Führen eines Gespräches ein unentrinnbares Bedürfnis und eine unverzichtbare Voraussetzung, den Ort, die Perspektive und den Horizont des anderen zu teilen. Ein Gespräch erschöpft sich nicht in der Rede und im Hören, sondern die Eröffnungsfloskel des Handy-Gesprächs zeigt, dass ich den anderen am eigenen Ort brauche und umgekehrt. Die Mitteilung der eigenen Perspektive, die in jedem Gespräch intendiert ist, und die ‚Horizontverschmelzung', die sich im Verstehen vollzieht, weisen damit zurück auf ein unmetaphorisches Original: auf die leibliche Präsenz an einem gemeinsamen Ort.

Das Original der leiblichen Präsenz an einem Ort prägt das ‚fernmündliche' Gespräch per Mobilfon, und die virtuelle Gemeinschaft, die durch diese Kommunikation entsteht, wird dies Original nicht los. Wie das Wechselgespräch mit dem durch das Wort gegenwärtigen Gott unter dem Vorbehalt der Einheit mit Gott in der visio beatifica steht und ausgreift auf eine Gemeinschaft jenseits von Zeit und Raum, so und nicht minder lebt unter den Bedingungen von Raum und Zeit die virtuelle Gemeinschaft unter Menschen vom Original der leiblichen Präsenz der anderen für alle meine Sinne und der gemeinsamen Perspektive auf einen Horizont. Auch als Gemeinschaft der Heiligen ist die Wirklichkeit der Kirche Kommunikation und Gemeinschaft von Leibern an einem Ort, und alle virtuelle Kommunikation geht von dort aus und führt dahin zurück.

Notger Slenczka

2. Fortschritt

Wenn die Menschheit sieben Weltwunder des 20. Jahrhunderts nominieren könnte, wäre das Mobiltelefon einer der Kandidaten. Die Größe dieses winzigen Dinges in unserer Tasche liegt darin, dass es die gesamte Welt für uns zugänglich macht. Es ist eine großartige Erfahrung, irgendwo in entlegenen Ecken des Landes oder gar in der Wildnis zu sein und sich mit seinen Freunden und Kollegen zu unterhalten. Das ‚Nokia' oder ‚Siemens' ermöglicht sogar die Kommunikation von Leuten auf verschiedenen Kontinenten.

Manchmal verbleiben die großen Wunder des Fortschritts einzig im Bereich unseres theoretischen Wissens. Wir werden bloß darüber informiert, und das ist schon alles. Das Handy hingegen ist etwas viel persönlicheres und realeres. Wir spüren sein Plastikdesign in unserer Handfläche. Es berührt unseren Geist und unser Herz; es prägt unsere Erfahrungen und unser Verhalten. Es ist die Abkürzung zu unseren Lieben. Und – um ehrlich zu sein – es verursacht negative Gefühle, wenn wir einen unangenehmen oder irritierenden Anruf erhalten. Ein Mobiltelefon ermöglicht es uns, am technischen Fortschritt teilzuhaben. Aber es gibt sogar noch einen weiteren Vorteil in der Nutzung dieses Hilfsmittels: Der Gebrauch eines Handys steht auch im Zusammenhang mit spirituellem Fortschritt.

Die Geschichte des Mobiltelefons begann mit der Erfindung des Sprechfunkgeräts. Ein solches Sprechfunkgerät wurde in Europa erstmals 1926 für Personenwagen der ersten Klasse zwischen Berlin und Hamburg eingesetzt. Zeitgleich wurden Sprechfunkgeräte auf Passagierflügen für die Sicherheit des Flugverkehrs eingeführt. Der erste voll automatische Mobilfunk, genannt MTA (Mobile Telephone System A), wurde von Ericsson entwickelt und 1956 kommerziell in Schweden auf den Markt gebracht. Das erste Modell wog vierzig Kilogramm, die zweite, besser entwickelte Version brachte noch neun Kilogramm auf die Waage. Heutzutage benutzen wir Mobiltelefone der vierten Generation, die über mannigfaltige Funktionen verfügen und wie kleine PCs funktionieren.[1] Die symbolische Bedeutung des Mobiltelefons hat sich verändert. Die alten großen schweren Statussymbole sind vergessen, und das neue Handy gehört zum Besitz vieler verschiedener Menschen auf der ganzen Welt.

Unter Fortschritt versteht man normalerweise entweder eine graduelle Verbesserung oder Entwicklung oder graduelles Wachstum; doch viele Denker haben Fortschritt auf ihre je eigene Weise definiert. Für Victor Hugo war es „Gottes Schritt vorwärts"; Aldous Huxley sagte „Fortschritt ist die Hoffnung und der Glaube, dass man etwas für nichts bekommen kann". Papst Pius XII. verstand Fortschritt in religiöser Sprache: Für ihn bedeutete Fortschritt „gewissenhaften Gebrauch von den Gaben zu machen, die wir von Gott erhalten haben, um alle Ungerechtigkeit zu vermeiden und jede

Gelegenheit zu ergreifen, gute Werke der Liebe und Güte zu tun“[2]. So kann man den Fortschritt nun sehen als die Fähigkeit, all die Funktionen und eingebauten Hilfsmittel des modernen Mobiltelefons zu nutzen. Diese Fähigkeit hängt von verschiedenen Persönlichkeitsmerkmalen ab wie Flexibilität (es ist immer möglich, irgendwelche neuen „Tricks“ an meinem Handy zu entdecken), Beständigkeit (sein Handy behalten, solange es funktioniert), gesunder Menschenverstand (brauche ich tatsächlich all diese Funktionen an meinem Handy?) oder Geselligkeit (es gibt immer jemanden, den ich fragen kann, wie man mein Handy bedient).

Vieles hat sich in unserem Leben und in unserer Seele durch die Verwendung von Mobiltelefonen geändert: Wir sind ein Teil der virtuellen Welt, physische Entfernungen verlieren ihre Bedeutung, wir können mit vielen Menschen gleichzeitig über Kontinente hinweg kommunizieren. Bald entdecken wir, dass selbst eine kurzzeitige Konversation beachtlichen Einfluss auf unser Leben haben kann. Diese Charakteristika unserer mentalen Entwicklung drücken eine Art mystische Dimension aus. Diese Dimension steht im Zusammenhang mit unserer – vergleichsweise neuen – Gewohnheit, Mobiltelefone zu nutzen.

Nun gut, aber ist die Verwendung eines Mobiltelefons tatsächlich eine mystische Erfindung? Entwickeln wir uns in einer mystischen Weise aufgrund unserer Verwendung von Mobiltelefonen? Glücklicherweise ist eines sicher: Wir können Gott nicht mit unserem Handy anrufen. Solcherlei mystische Vorfälle sollten als Erscheinungen einer kindischen oder unangemessenen psychischen Phase verstanden werden. Gleichzeitig gibt es jedoch viele Konzepte, mit denen sich der mystische Kern von Musik, Kunst oder Natur darstellen lässt. Warum dann also nicht über die Mystik eines Mobiltelefons sprechen? Man kann das Gespräch mittels Mobiltelefon mit der Hilfe psychologischer Charakteristika einer mystischen Erfahrung beschreiben. Dies ist die Herangehensweise einer Religionspsychologie, die sich einzig mit der menschlichen Seite der Mystik befasst.[3] Typische Charakteristika einer mystischen Erfahrung sind Universalität, Unbeschreiblichkeit, Jenseitsbezug, Veränderung der Person, Affektbezug, Freiheit von zeitlichen und räumlichen Begrenzungen und Einfachheit.[4]

Mystische Erfahrung ist eine universelle Erfahrung im dem Sinne, dass mit hoher Wahrscheinlichkeit jede Person irgendeine Art mystischer Erfahrung gemacht hat. Sigmund Freud legte dar, dass jeder Mensch überwältigende Erfahrungen gemacht hat, aber nur einige Leute solche Erfahrungen mit religiösen Begriffen interpretieren. Spätere Untersuchungen haben die Universalität mystischer Erfahrungen bestätigt. Innerhalb der letzten drei Jahre wurden mehr als eine Milliarde Mobiltelefone pro Jahr verkauft. Die Frage „Hast Du ein Handy?“ verliert an Relevanz; die heutige Frage lautet vielmehr: „Was für ein Handy hast Du?“

Wie auch andere tiefe Gefühle und Erfahrungen ist eine mystische Erfahrung unbeschreiblich. Es ist schwierig in Worte zu fassen, was wir in diesen Phasen durchmachen. Seit der Veröffentlichung von Rudolf Ottos Schriften ist es allgemein anerkannt, dass eine mystische Erfahrung nur denen gegenüber verständlich kommuniziert werden kann, die eine ähnliche Erfahrung gemacht haben. Ich halte es für ebenso schwierig, das Gefühl zu beschreiben, das durch die Verbindung mit dem Handy zum Rest der Welt hervorgerufen wird. Vielleicht ist es an der Zeit, einen Club der „mobile-connectors", der „mobilen Anschlüsse" zu gründen für den Austausch der Erfahrungen, mit einer großen Anzahl von Menschen in verschiedenen Teilen der Welt verbunden zu sein. Solch eine Bewegung ins Leben zu rufen würde helfen, eine Terminologie zu entwickeln, die in der Lage ist, „mobile Erfahrungen" zu identifizieren und zu beschreiben.

Mystische Erfahrungen sind Jenseits-bezogene Erfahrungen. In theologischem Verständnis begegnet man in diesen Erfahrungen einem übernatürlichen Wesen, manchmal Gott genannt. Dies ist einer der wesentlichen Unterschiede zwischen mystischen Erfahrungen und dem Gebrauch von Mobiltelefonen. Die Benutzung des Handys verbindet immer konkret mit Menschen. Wenn übernatürliche Stimmen gehört werden, muss die psychische Stabilität des Anrufers überprüft werden.

Untersuchungen zeigen, dass Menschen, die mystische Erfahrungen gemacht haben, auch behaupten, diese Erfahrungen hätten ihre Identität verändert. Sie sind nach der Erfahrung nicht mehr dieselben Menschen, die sie vorher waren. Normalerweise wird das neue Selbst als besser und höherwertig als das vorherige betrachtet. Vergleichbare Entwicklungen sind unter Handy-Nutzern auch zu beobachten. Die Möglichkeit, mit dem Rest der Welt zu kommunizieren, ist eine Erfahrung, die das Selbst verändert. Selbst die Fallen werden als besondere Ereignisse erkannt. Ein gutes Beispiel hierfür ist Tony Blairs Bekenntnis, nach seinem Rücktritt vom Posten des Premierministers Großbritanniens erstmals in seinem Leben (erfolglos) ein Handy benutzt zu haben. Selbst berühmte Persönlichkeiten können sich durch die Verwendung von Mobiltelefonen weiterentwickeln und zu neuen Identitäten finden.

Ein übliches Merkmal mystischer Erfahrungen ist ihr positiver emotionaler Einfluss. Menschen, die mystische Erfahrungen gemacht haben, berichten über einen Anstieg positiver Stimmungslagen, über höhere Widerstandskraft gegenüber Stress und über eine Verbesserung der gesellschaftlichen Einstellungen. In dieser Hinsicht sind die Daten bezüglich der Verwendung von Mobiltelefonen strittig: Die meisten Nutzer berichten über positive Erfahrungen beim Handygebrauch, doch liegen auch einige negative Berichte vor. Menschen beschweren sich über ihr Gefühl von verlorener Privatsphäre, über Konzentrationsschwierigkeiten aufgrund häufiger Unterbrechungen und darüber, auch für jene in Reichweite zu sein, die sie lieber gemieden hätten. Diese negativen Berichte zwingen uns, auch der negativen Seite mystischer Erfahrungen höhere Aufmerksamkeit zu widmen.

In relativ wenigen wissenschaftlichen Studien wurde bislang die negative Seite mystischer Erfahrungen erforscht. Dieses Phänomen wurde als die Schattenseite der Mystik bezeichnet. Solche Erfahrungen werden mit Gefühlen von Verzweiflung, Einsamkeit und Leere beschrieben; manche Autoren nennen diese Erfahrungen „existentiale Einsamkeit". Unter Mobilfunknutzern können ähnliche emotionale Verfassungen auftreten, wenn ein dringend erwarteter Anruf nicht eintrifft und das Handy still bleibt. Während diesen spannungsgeladenen Perioden des Wartens kann die Phantasie des Wartenden hunderte Interpretationen erschaffen, vom möglichen Unfall bis hin zum Racheakt. Wenn dieser lange erwartete Anruf schließlich eintrifft, bringt dies der Seele des Wartenden normalerweise Klarheit. Die positive Seite all dessen ist, dass die Forschung bestätigt, dass Menschen mit solchen Erlebnissen häufig kreativer und leidenschaftlicher sind; mit Leib und Seele dabei. Letztlich verwirklichen sie daher mehr als der „durchschnittliche" Mensch.

Das Handy ist für viele Leute zum zweiten Ich, zum *alter ego* geworden. Es kann vorkommen, dass wir von anderen nur anhand unserer Handynummer identifiziert werden. Deshalb fühlen wir uns wie „halbe Persönlichkeiten", wenn wir ohne unser Handy weggehen, und es gibt viele Bekanntschaften, für die wir nur dank unseres Handys existieren.

Während einer mystischen Erfahrung geht der Sinn für Zeit und Raum verloren. Sie wird als eine zeitlose und raumlose Art des Seins erfahren. In persönlichen Berichten bekennen Leute, dass Zeit und Raum für die Subjekte zwar immer noch existieren, diese Kategorien nun aber eine andere Bedeutung haben. Eine mystische Zeit ist sehr intensiv. Innerhalb von einigen wenigen mystischen Sekunden kann eine Person große „Blöcke" ihrer Lebensabschnitte in allen Einzelheiten durchleben. Auch scheinen Raum und Entfernung ihre Bedeutung zu verlieren. Objekte oder Orte, die geografisch oder messbar weit entfernt liegen, können subjektiv sehr nahe kommen. Die Benutzung eines Mobiltelefons kann ähnliche Erfahrungen ermöglichen, in denen Zeit und Ort ihre alltägliche physische Bedeutung verlieren. Allerdings haben viele von uns eine spezielle Situation erlebt, in der uns jemand aus einer anderen Zeitzone zwischen Mitternacht und sechs Uhr morgens anruft. Eine muntere Stimme aus einer anderen Welt zu hören, während wir noch beinahe schlafen, bewirkt nicht nur das „zutage treten" von Zeit und Raum, die in unsere „Welt" einbrechen, sondern kann auch starke negative Gefühle hervorrufen.

Normalerweise sind mystische Erfahrungen relativ kurzlebig und halten nur einige Sekunden bis einige Minuten an. Längere mystische Perioden können auch auftreten, doch sind sie verhältnismäßig selten. Dasselbe gilt auch für Gespräche mittels Mobiltelefonen. Normalerweise sind sie kurz – oder zumindest waren sie das. Dank der Kostensenkung für Handygespräche werden sie nun so gebührenfrei wie „wahre" mystische Erfahrungen. Und aus demselben Grund werden die mystischen Mobiltelefonmomente wahrscheinlich bald schon länger und länger werden.

Es gibt noch einen weiteren prinzipiellen Unterschied zwischen dem Gebrauch eines Mobiltelefons und dem Erleben einer üblicheren mystischen Erfahrung. Mystische Erfahrungen gelten als Einwegerfahrungen: Sie kommen spontan in unvorhersagbarer Weise auf. Manche Gelehrte haben gesagt, dass nicht du den Weg findest, sondern der Weg dich (obwohl es unterschiedliche Praktiken gibt, um die Entstehung mystischer Erfahrungen zu fördern, gehören diese doch nicht zum Hauptkonzept dieses Phänomens). Der Handy-Anruf mag uns in einem unerwarteten Moment erreichen, doch haben wir immer noch das volle Recht, auch selbst Anrufe zu tätigen. In dieser Hinsicht ist mobile Kommunikation doch eher Zwei- als Einwegkommunikation.

Mobiltelefone sind etwas sehr fortschrittliches. Schon im gegenwärtigen Entwicklungsstadium haben sie die menschliche Existenz in vielen verschiedenen Weisen verändert. Wir, die wir Handys besitzen, sind vollgültige Mitglieder des globalen Dorfs, in dem Zeit und Raum nur eine begrenzte Rolle spielen. Wir wissen nicht genau, in welche Richtung sich die neue Technologie entwickeln wird und was die psychologischen und spirituellen Konsequenzen dieses Fortschritts sein werden. Aber auf der Grundlage gegenwärtiger Erfahrung scheint ein Fortschreiten in der mystischen Dimension der Verwendung von Handys äußerst wahrscheinlich.

Tõnu Lehtsaar

Anmerkungen

1 Vgl. folgende Website: http://en.wikipedia.org/wiki/History_of_mobile_phones, zuletzt besucht am 24. Januar 2008.

2 Freie Übersetzung des engl. Originals: Dictionary of Quotable Definitions, hg. v. BRUSSELL, E., Engekwood Cliffs 1970.

3 Vgl. REBELL, W., Psychologisches Grundwissen für Theologen, München 1988, 151–172.

4 Vgl. SPILKA, B./HOOD, R./HUNSBERGER B./GORSUCH R., The Psychology of Religion, New York 2003, 290–340.

Andreas Mertin/Horst Schwebel

Schönheit/Performance

1. Schönheit: „Verweile doch! du bist so schön"

1958 war auf der Brüsseler Weltausstellung im Pavillon des Vatikanstaates ein lebensgroßes Bild von Brigitte Bardot zu sehen, das die Sünde und das Böse verkörpern sollte, ein Thema, das die katholischen Moraltheologen seit eh und je ebenso ausgiebig beschäftigt wie die Maler und Bildhauer. Die neue ‚Eva' erwies sich als überraschend attraktiv, weshalb man sich genötigt sah, ihr Bild wieder zu entfernen. Die Kirche sah sich von einer Allegorie verunsichert, deren sie sich seit Jahrhunderten bedient hatte. Die Macht des Bildes zwang sie zum Bildverzicht. Einmal angerufen, hatte das Bild des Filmstars eine Wirkungsmacht entfaltet, welche dem ihm zugewiesenen belehrenden Kontext sprengte: anstatt zu warnen, verführte es. Deshalb musste es verschwinden. Insgeheim gehorchten die vatikanischen Instanzen einer Bilderangst, wie sie ähnlich auch den Ikonoklasten erfasst, der sich von der Bedrohung durch das Götzenbild befreit, indem er es zertrümmert.[1]

Der Kunsthistoriker Werner Hofmann, der diese Anekdote überliefert, verweist darauf, dass schon wenige Jahre später dasselbe Bild, das gerade noch entschieden als sinnliche Verkörperung des Schönen beschrieben wurde, nun als typisch verzerrtes Frauenbild aus männlich-patriarchalischer Perspektive angesehen wurde und daher deutlichen Vorbehalten unterliege. Eben noch die Verkörperung des Schönen, nun aber feiles Idol männlicher Lustbarkeit? Offenkundig ist die Beziehung des Schönen zum Guten bzw. Bösen geschichtlichen Veränderungen unterworfen. Der Satz „heute hui, morgen pfui" gilt auch für das ästhetisch Ausgezeichnete.

Was aber ist es wert, „schön" genannt zu werden? In der Geschichte der Menschheit war das, was jeweils „schön" sein sollte, immer umstritten. So absolut die Rede vom Schönen jeweils war, so relativ war das, was sie bezeichnete. Ist die Venus von Willendorf schön oder ist es das Schlankheitsmodel Twiggy? Und wer entscheidet das? Und ist diese Art der Schönheit nicht nur oberflächlich?

In Umberto Ecos Kriminalroman „Der Name der Rose", der um die im Mittelalter kontroversen Fragen nach dem Wahren, Guten und Schönen kreist, vertritt Ubertin von Casale jene Position, die vor der Oberflächlichkeit des Schönen warnt und sich dabei der drastischen Worte des Heiligen Odo von Cluny (879–942) bedient:

> Sieh dich vor, mein Sohn [...] Die Schönheit des Leibes ist auf die Haut beschränkt. Wenn die Männer sehen könnten, was unter der Haut ist [...], sie würden erschauern beim Anblick der Frau. All diese Anmut besteht nur aus Schleim und Blut und Körpersäften und Gallert. Wenn du bedenkst, was in den Nasenlöchern, im Hals und im Bauche steckt, so findest du nichts als ekligen Auswurf. Und wenn es dich ekelt, mit den Fingerspitzen den Schleim oder Kot zu berühren, wie kannst du dann jemals begehren, die Hülle um all diesen Kot zu umarmen?[2]

Der schöne Körper der Frau ist demnach nur ein ästhetischer Schein, der die Wirklichkeit verbirgt. Natürlich diente diese Argumentation vor allem der Abwehr der Attraktivität der Frau, die man allzu deutlich spürte und der man – als Mönch – nicht erliegen durfte. Das Bild der Frau musste depotenziert und dämonisiert werden, damit es seine Wirkungsmacht verliert. Heute freilich würde sich nicht einmal mehr Pamela Anderson oder Paris Hilton als Verkörperung der schönen Sünde eignen. Der Schein weiblich inkorporierter Sünde ist durch die Werbung so alltäglich geworden, dass aller Reiz verflogen ist. Was bei Brigitte Bardot 1958 noch für Aufregung, Entsetzen und öffentliche Debatten sorgte, würde heute niemanden mehr erregen.

Die wahre Strategie, Bildern ihre Macht zu nehmen, ist weder sie zu entfernen bzw. zu zerstören, noch sie zu tabuisieren, sondern vielmehr sie zu inflationieren. Erst die Bilderflut macht das Bild der Schönheit harmlos.

Historisch konkretisiert sich das Ideal der Schönheit in unterschiedlichen Bildern. In biblischer Perspektive stellte zum Beispiel der junge David ein Bild von einem Mann dar: er ist, wie berichtet wird „des Saitenspiels kundig, ein tapferer Mann und tüchtig zum Kampf, verständig in seinen Reden und schön gestaltet, und der Herr ist mit ihm“ (1Sam 16,18). Bis in die Gegenwart ist dieser David – nicht zuletzt dank massiver Hilfestellung durch Michelangelo Buonarroti – ein männliches Idealbild geblieben.

Das Bild Christi dagegen ist – vor allem wegen der aus Jesaja 53 abgeleiteten Überlegung, er habe weder Schönheit noch Gestalt besessen – weniger prägend für das männliche Schönheitsideal geworden. Und doch ist Donato di Niccolò di Betto Bardis (Donatello) Streit mit Filippo Brunelleschi, wie Christus am Kreuz darzustellen sei, auch ein Streit um das wahre Bild menschlicher Schönheit. Donatello hatte für Santa Croce in Florenz ein Kruzifix geschaffen, auf dem Christus mit den Zügen eines Bauern dargestellt war. Er zeigt das Werk voller Stolz seinem Freund Brunelleschi. Mir scheint, so antwortet dieser, „du habest einen Bauern ans Kreuz geheftet, und nicht die Gestalt eines Christus, der zart gebaut und der schönste Mann gewesen ist, der jemals geboren wurde.“ Kurze Zeit später hat Brunelleschi dann für die Kirche Santa Maria Novella seine Version eines Kruzifixes ausgearbeitet, ein Werk, von dem Donatello geradezu überwältigt gewesen sein soll: „Dir ist vergönnt, den Heiland darzustellen, mir aber den Bauern.“[3] Was aber ist das wahre Bild (vera icon) Christi? Das eines Bauern? Oder das des schönsten Mannes, der je geboren wurde?

Auch die biblisch ausgezeichneten Frauen zeigen neben ihrer Schönheit einen ausgeprägten heldischen Zug: so etwa Ester, die quasi durch einen Schönheitswettbewerb zur Königin wird und später ihr Volk vor Nachstellungen schützt, oder Judith, die Holofern köpft und so ihr Land rettet, aber auch Bathseba, deren politisches Geschick Salomo zur Macht verhilft. Alle drei sind nicht zuletzt wegen dieser Kombination von Schönheit und Entschiedenheit bevorzugte Gestalten der christlichen Kunstgeschichte. In besonderer Zuspitzung ist dies an Artemisia Gentileschis Arbeit „Judith enthauptet Holofernes“ abzulesen.

Fast 2000 Jahre später finden wir in der Romantik mit Schneewittchen ein ganz anderes Idealbild der Frau: „so weiß wie Schnee, so rot wie Blut und so schwarzhaarig wie Ebenholz“. Sie ist das Gegenbild ebenso zur biblischen Heldin wie zum blonden, blauäugigen und braungebrannten weiblichen Idol des 20. Jahrhunderts. In Zeiten, in denen die Bräune der Haut noch ein Anzeichen dafür war, dass man arbeiten *musste*, war die weiße (= blasse) Haut eben noch ein Kennzeichen der Reichen und Schönen. Mit diesem Merkmal würde Frau heute vermutlich bei jedem Schönheitswettbewerb scheitern.

Denn lange schon ist die Schönheit sportifiziert worden. Die Frage, die sich die Stiefmutter Schneewittchens daheim im Kämmerchen stellte: „Spieglein, Spieglein, an der Wand, wer ist die Schönste im ganzen Land?“, wird heute vor laufenden Kameras landauf, landab gestellt. Und kaum ist die Schönste des Landes gekürt, heißt es auch schon: Miss Germany, Ihr seid die Schönste hier, aber Miss Kanada über den Bergen, bei den kanadischen Zwergen, ist tausendmal schöner als Ihr. Ausgehend von der Misswahl in der Diskothek über die Misswahlen einer Stadt, einer Region, eines Bundeslandes wird das Spektrum immer weiter, werden die Wahlen und damit auch die Schönheitskriterien immer globaler. Denn das unausgesprochene Credo aller weltweiten Misswahlen lautet notwendig: Menschliche Schönheit ist universal, das heißt, sie ist vergleichbar – wie sonst sollte man Miss Japan mit Miss Germany, Miss Amerika mit Miss Peru vergleichen können, wenn es nicht insgeheim einen weltweiten Maßstab des Schönen gäbe?

Die Basis dieser Vergleichbarkeit stellt seit Anfang des 20. Jahrhunderts vor allem die Traummaschine Hollywood, seit einiger Zeit aber auch die weltweite Haut-Couture her. Sie arbeiten von Film zu Film, Auftritt zu Auftritt an jenem Spiegelbild, das auf der ganzen Erde als schönstes gelten soll. Die attraktiven Seiten der Stars und Idole werden aufwendig herausgestellt und gepflegt. Im zeitgeistorientierten Internet kann man stundenlang die Galerie der Schönen auf diversen Fan-Seiten durchstöbern. Ein Verehrer hat z.B. von Cameron Diaz, „einer der 50 schönsten Menschen der Welt“, gleich tausend abrufbare Bilder bereitgestellt, damit auch jeder ihre Schönheit bewundern kann. Vom Schauspieler Brad Pitt hieß es lange Zeit, er sei der im Internet am häufigsten bestaunte Mensch, und entsprechend zahlreich waren die ihn präsentierenden Bilderwelten. Zugleich verkürzen sich die konjunkturellen Zyklen der Schönen: Wer heute noch Keanu Reeves schön findet, kann morgen schon auf Leonardo DiCaprio stehen; war es gestern noch Cindy Crawford, ist es heute vielleicht Christy Turlington.

Was aber macht die Attraktivität dieser Ikonen aus? Vielleicht wiederholen sie nur Bilder der Vergangenheit. Diese einfache, aber einleuchtende Antwort findet jedenfalls, wer beim Dessous-Hersteller Palmers nachschlägt:

> Naomi Campbell, Cindy Crawford, Nadja Auermann, Stephanie Seymour, Helena Christensen, Tatjana Patitz – die Models sind die Ikonen der Achtziger und Neunziger. Sie lösen die Filmdiven ab. Model ist Star und Kult. Palmers hat die Ikonostase der Models schon ganz früh entdeckt. Und auch damit den Diskurs mit der Kunst begonnen. Die Heroisierung des Subjektes als Kernaussage: Statt der Venus von Botticelli Nadja Auermann, statt der Maja von Goya Tatjana Patitz, statt Tizian als Maler Herb Ritts als Fotograf.

Anders als Ikonen, deren kulturelle Halbwertszeit Jahrhunderte umfasst, sind Nadja Auermann oder Tatjana Patitz aber längst schon wieder vergessen.

„Kaum eine Gottheit kann sich einer so zahlreichen und dokumentierten Theologie rühmen wie das Schöne“ schreibt Luigi Russo über „Die Fata Morgana des Schönen“.[4] Aber keine Gottheit ist auch derartigen Wandlungen unterworfen wie das Schöne. Dort, wo sie bildhaft Gestalt gewinnt, ist sie wie kaum etwas Anderes der Vergänglichkeit unterworfen. Der Höhenflug des Schönen in der abendländischen Geschichte hat nämlich auch seine Grenzen – das wird nicht erst durch die Worte der Mönche über die Vergänglichkeit der Schönheit der Frau deutlich.

Man kann die Ästhetik der Hässlichkeit als eine der großen Beiträge des Christentums zur Geschichte der Kunst bezeichnen. Die Wahrnehmung des Christusbildes verändert die Wahrnehmung aller Bilder. Dass ein ans Kreuz geschlagener Körper zum Gegenstand der Kunst und der Verehrung werden konnte, ist ein bis heute verstörender Tatbestand.[5] Selbst in der Populärkultur der Gegenwart findet sich etwa im Videoclip von Joan Osborne „One of us“ die Frage nach der Herrlichkeit Gottes, die sich *jedem* Menschen zeigt:

„What if God was one of us, just a slob like one of us, just a stranger on the bus, tryin' to make his way home?"

Schon Martin Luther hatte in seiner Auslegung des Magnifikats der Maria (Lk 1,46ff) auf Gottes eigene Sicht, sozusagen „Gottes Ästhetik" in dieser Frage verwiesen, die sich nicht um konventionelle Regeln kümmert, sondern auf die unscheinbaren und niedrigen Menschen und Dinge blickt:

> Das erfahren wir täglich, wie jedermann nur über sich, zur Ehre, zur Gewalt, zum Reichtum, zur Kunst, zu gutem Leben und allem, was groß und hoch ist, sich bemüht. Und wo solche Leute sind, denen hängt jedermann an, da läuft man hinzu, da dient man gern, da will jedermann sein und der Höhe teilhaftig werden [...] Wiederum in die Tiefe will niemand sehen. Wo Armut, Schmach, Not, Jammer und Angst ist, da wendet jedermann die Augen ab. Und wo solche Leute sind, da läuft jedermann davon, da flieht, da scheut, da lässt man sie und denkt niemand, ihnen zu helfen, beizustehen und zu machen, dass sie auch etwas sind.[6]

Dieser Haltung hat sich ein bedeutender Teil der bildenden Kunst der Neuzeit angeschlossen. Vor allem aber in der Moderne ist das Schöne zur fraglichen Größe geworden. Der Philosoph Hannes Böhringer hat deshalb zwei Wege der Kunst in der Moderne unterschieden, einen philosophischen und einen christlichen:

> Philosophisch ist ihr Versuch, das Reich des Sichtbaren und Gegenständlichen zu transzendieren, um zur Ideenschau zu gelangen, ihr Aufstieg zur großen Abstraktion und deren Erhabenheit von Malevitsch bis Newman, ihr Hang zum Konzeptuellen, sich bis zur Entmaterialisierung zu vergeistigen, während die christliche Struktur der modernen Kunst immer wieder dazu führt, dieses Jenseitige und Erhabene, die unbestimmte Fülle des göttlichen Logos gerade in seinem Herabstieg und seiner Durchdringung mit dem ihm ganz und gar Inadäquaten, dem Gewöhnlichen, Alltäglichen, Ordinären, Materiellen, Gegenständlichen, Trivialen, Kriminellen, Simplen sichtbar machen, wie es etwa von Dada, Fluxus oder der Pop art unternommen wurde. Hierzu gehört auch die Tradition der modernen Kunst, in der Kunst immer wieder auf Können, Kunst und Kunstfertigkeit, auf Vollkommenheit und Perfektion zu verzichten.[7]

Die „Verklärung des Gewöhnlichen"[8] ist eine der herausragenden Eigenschaften der Kunst seit Beginn des 20. Jahrhunderts. Statt die Schönen und Reichen ins Bild zu setzen oder sich an den Werbe-Ikonen ihrer Konsumwelt zu orientieren, macht sich die Kunst ganz arm und präsentiert andere Dessous: Plakatabrisswände.[9] Ihr ist die Warenwelt zu schön, um wahr, d.h. ästhetischer Betrachtung wert zu sein. Allenfalls in der Pop-Art wird die Konsumwelt noch ironisch gebrochen kommentiert. Die Kunst dieses Jahrhunderts lehrt uns, dass das wahre Schöne sich zurückgezogen hat und nur noch die Ware Schönheit existiert.

Die Bilder der Gegenwart fangen das Schöne nicht mehr ein. So „sprechen wir heute vom Schönen, ohne es überhaupt noch erfahren zu können.

Seines Lichtes beraubt, leben wir von seinem Schatten. Wir leben sozusagen von der Fata Morgana des Schönen.“[10]

Andreas Mertin

2. Performance

Angesichts von moderner Kunst sich des Begriffs der Schönheit zu bedienen, will nicht ganz gelingen. Dazu braucht man nicht erst auf Baselitz zu verweisen, der das Sperrig-Expressiv-Eruptive zum Erkennungszeichen gewählt hat und dies mit dem Kopfunter seiner Figuren krönt. Picassos „Guernica“ und das zeitgleich entstandene schreiende Gesicht Dora Maars und Bacons „Crucifixions“ verweigern der Schönheit ihre Referenz ebenfalls. Nein, die Kunst der Moderne lässt sich mit dem, was man gemeinhin unter Schönheit versteht, nicht in Einklang bringen. Und wer Jackson Pollocks Bilder „schön“ nennt, meint etwas Anderes als Winckelmann angesichts griechischer Statuen und die Nazarener angesichts von Raffaels Madonnen. Paul Tillich schlug daher vor, den Begriff Schönheit durch den Begriff Ausdrucksmächtigkeit zu ersetzen. Zumindest ist Ausdrucksmächtigkeit eher geeignet, mit den Spitzenwerken kompatibel zu sein, obgleich wir der Meinung sind, dass dieser Begriff ergänzungsbedürftig ist.

Andreas Mertin beschreibt in seinem Beitrag das Dispositiv, in welchem gegenwärtig Schönheit thematisiert wird. Die „Ware Schönheit“ bleibt nach Mertin dort übrig, wo der Idealismus einst vom „wahren Schönen“ sprach. Mit dem Christentum verbindet Mertin eine Umwertung des klassischen Schönheitsbegriffs und auch jenes Schönen, wie es in der Popularkultur gang und gäbe ist. „Dass ein ans Kreuz geschlagener Körper zum Gegenstand der Kunst und der Verehrung werden konnte, ist ein bis heute verstörender Tatbestand“, so Mertin. Offensichtlich hat das Christentum auf Grund der theologia crucis eine Tendenz zum Niedrigen, Inadäquaten, Gewöhnlichen und Alltäglichen, was den Goldgrund Ravennas und die Himmel der Barockkirchen verdächtig macht. Coram cruce begegnet Schönheit einzig in ihrer Kenosis. An Stelle vom Goldgrund spricht Mertin lieber von „Plakatabrisswänden“.

Mit der Aktualisierung der theologia crucis ist Mertin dem Impetus der Kunst der Moderne erstaunlich nahe gerückt. Er hat damit sogar eine Verbindung hergestellt zu Theodor W. Adorno, für den das Kunstwerk in seiner Autonomie die Negation von Verdinglichung und Verblendung bedeutet: ein Nein gegenüber dem falschen Schein mit einem Funken Hoffnung auf Erlösung.

Sollte man also auf den Begriff Schönheit ganz verzichten?

Die Schönheit einer Apollostatue, die Schönheit des Models, aber auch die der Kuppel des Petersdoms würden coram cruce unter das Verdikt fallen. Trotzdem braucht man auf den Begriff Schönheit nicht verzichten. Täte man es, hätte man für einen mit der Wahrnehmung von Kunst wesentlichen Sachverhalt kein Wort mehr. Nehmen wir als Beispiel den von Tillich bevorzugten Begriff Ausdrucksmächtigkeit. Hierbei wird das Kunstwerk als Ergebnis eines Ausdrucks eines Künstlers verstanden. Diesem Ausdruck wird eine Machtfülle, eine gewisse Intensität, bescheinigt. Eine Person, an der Tillich dies Paradigma verdeutlicht, ist van Gogh. Die Bilder von van Gogh spiegeln die Ausdrucksmächtigkeit des Künstlers.

Damit wäre die Form des Werkes, das Gestalthafte, aber auch das über das Werk auf den Betrachter Einwirkende noch nicht erfasst. Zwar handelt es sich bei einem van Gogh-Gemälde in der Tat um einen machtvollen Ausdruck einer Künstlerpersönlichkeit; doch Kunstwerk ist es deshalb, weil es über den Ausdruck hinaus zu einer gelungenen Gestalt gekommen ist. Sein Gelungensein bewirkt, dass wir die Gestalt als so und nicht anders zu akzeptieren bereit sind.

Würde man dem Ausdrucksaspekt als einzigem Beachtung schenken, könnte man sich etwas Expressives, Ausdrucksgeladenes, vorstellen, das aber trotz seiner Ausdrucksstärke den Kunstcharakter noch nicht rechtfertigen würde. Bei van Gogh ist dies kein Problem. Man würde von einem van Gogh-Bild nie sagen, es sei nur Ausdruck, aber nicht Bildgestalt. Aber ein starker Ausdruck muss nicht zu einer gelungenen Gestalt des Werkes führen. Nehmen wir ein anderes Beispiel und denken wir an den „Schrei“ von Edvard Munch, einem der bedeutendsten Kunstwerke des 19. Jahrhunderts. Gleichwohl können wir uns im realen Leben Schreie von Gefolterten vorstellen, die auf Grund ihres Realbezugs schriller, schmerzlicher, dissonanter sind als der im Kunstwerk zum Ausdruck gebrachte Schrei. Doch die wirklichen Schreie sind keine Kunstwerke wie der Munchsche „Schrei“, obgleich sie real mit Schmerz und Blut verbunden sind. Der Unterschied des Munchschen „Schreis“ zu den realen Schreien besteht darin, dass bei Munch der Schrei in einem (Kunst)Werk zu einer gelungenen Gestalt gefunden hat. Würde man auf den Begriff Schönheit verzichten, hätte man für das Gelungensein der Gestalt keinen Begriff mehr. Würde man umgekehrt die Ausdrucksmächtigkeit unberücksichtigt sein lassen, würde aus der Schönheit Design.

Um von Schönheit zu sprechen, wurde ein Weg beschritten, der vom Künstler über den Ausdruck zum gestalteten Werk führte. Dabei wurde beim Werk an ein Artefakt gedacht, ein in der Wirklichkeit anzutreffendes Ding. Seit den sechziger und siebziger Jahren begegnen Kunstströmungen – etwa Concept Art oder Performances –, bei denen kein Ding mehr den Werkbegriff rechtfertigt, weshalb er entweder aufgegeben oder verändert werden müsste. So ist bei der Concept Art nur noch die Anweisung oder das Programm der materielle Anteil am Werk, während das Werk selbst einzig in den Vorstellungswelten des Produzenten und des Rezipienten existiert. Ist es dann überhaupt noch angebracht, von einem Werk zu reden, wenn kein materielles Ding mehr vorhanden ist, dessen Gelungensein auf seine Gestalthaftigkeit beurteilt werden könnte?

Gewiss, bei der Concept Art befindet man sich in einem Grenzbereich, dessen Existenz historisch ableitbar und einsichtig gemacht werden kann. Womöglich müsste der Werkbegriff erweitert werden, so dass er auch unabhängig von der Dinghaftigkeit des Artefakts in Geltung bliebe. Man müsste das Concept zum Werk erklären. Dazu ist aber nicht jeder bereit. Ließe sich die Vorstellungsleistung des Rezipienten als dem Werk zugehörig ansehen? – Damit berühren wir einen Punkt, der die Concept Art mit der Performance verbindet.

Auch angesichts der Performance muss der Werkbegriff modifiziert werden. Denn was als Gegenstand einer Performance schließlich im Museum landet – etwa ein Filzanzug oder eine Zinkschüssel –, ist angesichts der realen Aktion nichts weiter als ein Relikt. Eine mehrstündige Aktion kann nicht durch ein solches Relikt dokumentiert werden. Denkt man an Aktionen von Magdalena Abramovic und Joseph Beuys, so ist es der eigene Körper, der in einer solchen Aktion ins Spiel gebracht wird, was bei den Anwesenden bestimmte Reaktionen zur Folge hat. Auch die Performance ist Werk; Ausdrucksmächtigkeit und gelungene Gestalt können als Kriterien herangezogen werden. Neu gegenüber den Bildern und Skulpturen ist ebenfalls ihre Realisation innerhalb einer Zeitspanne. Das Werk existiert einzig in der Zeit seiner Präsentation, weshalb es trotz seiner generellen Unterschiedenheit mit der Theateraufführung vergleichbar ist.[11]

Für unseren Diskurs kann die Performance noch einen weiteren Impuls geben. Mag bei einem Bild, einem klassischen Artefakt, der Betrachter mit dem Bild in eine Beziehung treten, so bleibt das Bild in seinem So-Sein unverändert, wie auch der Betrachter dem Kunstwerk gegenüber keine reale Handlung vornehmen wird. Dies ist bei der Performance anders. Das Publikum – sofern dieses Wort erlaubt ist – ist auch körperlich in die Performance einbezogen, es gehört zum Werk mit dazu, es ist Teil der Performance. Erika Fischer-Lichte erwähnt anlässlich einer Performance von Magdalena Abramovic, dass zum Abschluss sich die Künstlerin, die sich zuvor Verletzungen zugezogen hatte, nackt auf ein Kreuz von Eisbrocken gelegt hatte und von Zuschauern weggehoben wurde.

> Was immer die Transformationen waren, welche die Zuschauer während dieser zwei Stunden durchliefen [...], sie mündeten in den Vollzug von allgemein wahrnehmbaren Handlungen ein, die wahrnehmbare Konsequenzen hatten. Sie setzten der Qual der

Performerin und damit der Performance ein Ende. Sie verwandelten die beteiligten Zuschauer in Akteure. [12]

Bei Beuys schlug ein Provozierter dem Künstler auf die Nase, woraufhin Beuys ihm mit blutender Nase ein Kreuz entgegenhielt.

Sinn dieser Beispiele ist es, zu zeigen, dass es Formen der Kunst gibt, die den Rezipienten als Einzelnen oder als Gruppe auf neuartige Weise einbeziehen. Im Karlsruher Zentrum für Medienkommunikation ist die Mehrzahl der Kunstwerke daraufhin ausgerichtet, dass der Rezipient selbst an Hand gewisser Vorrichtungen auf die Gestalt des Kunstwerks einwirkt und damit selbst Gestalter wird. Damit soll der Fokus auf einen dritten Aspekt gerichtet werden, nämlich auf die Performativität.

Die Performativität eines Kunstwerks ist nicht mit dem Begriff Performance identisch. Performance ist eine Kunstgattung, während Performativität einem jeden Kunstwerk potentiell innewohnt. Die Verbindung zwischen Performativität und Performance besteht darin, dass es der Kunstgattung Performance zu verdanken ist, auf die Performativität aufmerksam gemacht zu haben.

Dorothea von Hantelmann, die den Begriff Performativität ins Zentrum ihrer Überlegungen stellt,[13] beruft sich dabei auf John Langshaw Austin, der in seiner Sprachtheorie eine Unterscheidung vornimmt zwischen dem, was in der Sprache ausgesagt wird und dem, was die Sprache tut, bewirkt und hervorbringt. Dieser Gedanke von Austin „How to Do Things with Words" wird von Dorothea von Hantelmann aufgegriffen und für das Kunstverstehen nutzbar gemacht.

Das Performative des Sprechens ist die Realität, die der Akt des Sprechens schafft. Das Performative eines Kunstwerks ist die Realität, die es – kraft seiner Existenz an einem Ort, in einer Situation, kraft seines Produziertseins, Rezipiertwerdens und Überdauerns – hervorzubringen vermag. Performativität bezeichnet eine Setzungsmacht, die Macht, Realität zu schaffen.[14]

Damit wird ein Aspekt angesprochen, der in bisherigen Überlegungen keine Rolle gespielt hat bzw. den man als etwas Außerkünstlerisches abgetan hätte. „Die performative Dimension bezeichnet die Teilhabe des Kunstwerks an einer Konstitution von Realität, die jedes einzelne Werk immer auch mit hervorbringt."[15]

Mit der Performativität wird damit ein Wirkungsaspekt angesprochen, einer Einwirkung des Kunstwerks auf die Realität kraft seiner eigenen Potentialität. Der Rückbezug auf die Performance und das Modell Theater im Sinne von Fischer-Lichte machen deutlich, dass das, woraufhin das Kunstwerk einwirkt, kein Draußen ist, sondern zur Werkstruktur selbst gehört. In diesem Zusammenhang sei eine Analogie aus der Theologie angeführt. Wenn in der Wort-Gottes-Theologie davon die Rede ist, dass das Wort die

Wirklichkeit schafft, die es aus- bzw. ansagt, so wäre dies hinsichtlich des Wortes Gottes seine Performativität. Analog bestünde die Performativität des Kunstwerks in dem Moment seines Wirklichkeit Setzens. Zu den beiden bisher genannten Aspekten, Ausdrucksmächtigkeit und das Gelungensein der Gestalt, käme als weiterer Aspekt die Performativität hinzu.

Angesichts dieser Ausführungen sollte nicht in Vergessenheit geraten, dass der Ausgangspunkt zu diesen Überlegungen der Begriff der Schönheit war. Hierin der neuzeitlichen Ästhetik folgend, meinten wir, uns bei der Bestimmung des Schönen vom Kunstwerk leiten zu lassen und mit dem Kunstwerk verbundene Aspekte auf den Begriff der Schönheit übertragen zu können. Nehmen wir das Kunstwerk als Modell, so lässt sich Schönheit in der oben genannten dreifachen Weise definieren: Die drei Aspekte – Ausdrucksmächtigkeit, das Gelungensein der Gestalt und die Performativität – wären auch in einem konkreten Fall heranzuziehen, wenn es darum geht, die Qualität eines Kunstwerks zu bestimmen. Aufeinander bezogen macht das Sinn. In einer splendid isolation indes kann der Ausdruck zu blanken Expression, die Gestalthaftigkeit zum Formalismus und die Performativität zum bloßen Effekt werden. Diesen hat Nietzsche mit dem an einen Kōan erinnernden Begriff definiert als „Wirkung ohne Ursache". Das Panorama, das vor unserem geistigen Auge angesichts eines möglichen Missbrauchs vorbeizieht, sollte nicht davon abhalten, an dem Erkenntnisgewinn festzuhalten, der mit dem Begriff der Performativität – richtig verstanden – verbunden ist.

Horst Schwebel

Anmerkungen

1 HOFMANN, W., Die Geburt der Moderne aus dem Geist der Religion, in: HOFMANN, W. (Hg.), Luther und die Folgen für die Kunst. Hamburger Kunsthalle, München 1983, 23–71, 24.

2 ECO, U., Der Name der Rose, [35]München 1985, 423f.

3 VASARI, G., Lebensgeschichten der berühmtesten Maler, Bildhauer und Architekten der Renaissance, [Nachdruck], Zürich 1990, 144f.

4 RUSSO, L., Die Fata Morgana des Schönen, in: Kamper, D./Wulf, C. (Hg.), Der Schein des Schönen, Göttingen 1989, 51–61.

5 TAUBES, J., Die Rechtfertigung des Hässlichen in urchristlicher Tradition, in: Jauß, H.R. (Hg.), Die nicht mehr schönen Künste. Grenzphänomene des Ästhetischen, München 1968, 169–186.

6 LUTHER, M., Das Magnificat, verdeutscht und ausgelegt, WA 7, 544–604. Vgl. dazu THAIDIGSMANN, E., Gottes schöpferisches Sehen. Elemente einer theologischen Sehschule im Anschluss an Luthers Auslegung des Magnificat, NZSTh 29 (1987), 19–38 – Gottes schöpferisches Sehen: „An Gottes Wahrnehmen der menschlichen Wirklichkeit, an seiner Sehkraft und Sehschärfe aber wird die Art und Weise des menschlichen Wahrnehmens offenbar" [19]. Und: „Das Sehen der Menschen in ihrem alltäglichen gesellschaftlichen Lebenszusammenhang ist nach Luther gegenläufig zum entdeckenden und schöpferischen Sehen Gottes" [22].

7 BÖHRINGER, H., Künstlerphilosophentheologen, in: Lischka, G.-J./ Ders. (Hg.): Philosophen-Künstler, Berlin 1986, 22f.

8 DANTO, A. C., Die Verklärung des Gewöhnlichen. Eine Philosophie der Kunst, Frankfurt a.M. 1991.

9 „Dessous“ sind in der Kunst des 20. Jahrhunderts die Freilegungen von übereinander geklebten Plakatschichten. THOMAS, K., Bis heute. Stilgeschichte der bildenden Kunst im 20. Jahrhundert, Köln [7]1986, 278.

10 RUSSO, Die Fata Morgana des Schönen, 56.

11 Zum Begriff der Performance und ihrer Beziehung zum Theater siehe FISCHER-LICHTE, E., Ästhetik des Performativen, Frankfurt a.M. 2004.

12 Ebd., 12.

13 HANTELMANN, D. VON, How to Do Things with Art, Zürich/Berlin 2007.

14 Ebd., 11.

15 Ebd., 12.

Daniël J. Louw/Wolfgang Steck

Orgasmus/Liebe

1. Orgasmus: Die Explosion des Lebens

In seinen Ausführungen zur Sexualität in Amerika bezieht sich Seidmann auf die liberale sexuelle Ideologie,[1] die Sex als ein positives, gutes, erfreuliches Phänomen betrachtet. Dies zeigt sich in persönlicher Gesundheit, Glück, Selbsterfüllung und sozialem Fortschritt. Der Sexualität kommen somit als einem Akt der Selbstentfaltung oder des Genusses unterschiedliche Bedeutungen zu, sie wird als ein Prinzip von Befriedigung und Beglückung, ein Zeichen der Zuneigung, als Liebe oder Zeugungsakt betrachtet.

Mir geht es im Folgenden um die Frage, ob christliche Spiritualität mit solch einer positiven Beurteilung von Sexualität und sexuellen Erfahrungen in Verbindung gebracht werden kann und ob es genügend theologische Grundlagen gibt, um einen solchen Denkansatz zu stützen. Zudem geht es um die erotische Erfahrung des Orgasmus. Lässt sich Theologie mit einem solchen Phänomen verknüpfen?

„Orgasmus" kommt vom griechischen *orgainein*, „anschwellen" im Sinne von „aus sinnlicher Begierde anschwellen". Ich möchte es in diesem Artikel in einem metaphorischen und sogar symbolischen Sinn verwenden, d.h. als eine lebhafte Erfahrung und erfreuliche Explosion des Lebens ohne eine Begrenzung auf den Bereich der Intimität menschlicher Liebe.

1.1 Eine Phänomenologie der orgastischen Erfahrung und Äußerung

Der Begriff „Orgasmus" verweist technisch auf den Höhepunkt des Koitus und besteht aus einer Serie unfreiwilliger Muskelkontraktionen im After, in den unteren Beckenmuskeln und den sexuellen Organen, begleitet von einer plötzlichen Ausschüttung von Endorphinen, die für ein Gefühl der Euphorie sorgen.

Im männlichen Körper beinhaltet der Orgasmus rasante rhythmische Kontraktionen der Prostata, der Harnröhre und der Muskeln an der Peniswurzel, was zur Ejakulation von Samen durch die Harnröhrenöffnung des Penis führt. Dieser Ablauf dauert drei bis zehn Sekunden.

Im weiblichen Körper gehen dem Orgasmus ein Befeuchten der Scheidenwand und eine Vergrößerung der Klitoris voraus. Die Klitoris bewegt sich nach innen unter die Klitorisvorhaut. Die Scheide schrumpft um etwa ein Drittel ihrer Größe. Es finden rhythmische Kontraktionen von Gebärmutter, Scheide und Beckenmuskulatur statt.

Sowohl für Männer als auch für Frauen drückt die Euphorie der Lust Befriedigung des Sexualtriebes oder der Libido aus. Sie wird von Phantasien und Bildern begleitet, die in Beziehung zur sexuellen Stimulation des Körpers stehen. Diese Erfahrung kann sogar die angenehme Illusion erzeugen, alle körperliche Kontrolle und Hemmungen zu überwinden. Es handelt sich damit sogar um eine Art Ideal romantischer Liebe, eines perfekten Liebesaktes und gegenseitiger intimer Bindung. Darüber hinaus spielt diese Erfahrung eine entscheidende Rolle im Zeugungsakt.

Eine Phänomenologie des Orgasmus lässt sich folgendermaßen zusammenfassen:

- Libido und Verkörperung: die zwingende Dimension der Bedürfnisbefriedigung.
- Der Höhepunkt der Sexualität: der Liebesakt (Intimität).
- Die Kommunikation der Liebe: Akzeptanz und persönliches Wissen über sich selbst und den/die Andere/n.
- Die Freude des Lebens: Frieden und Einheit.
- Hoffnung für das Leben: Wiederherstellung und Zeugung.

1.2 Die Ästhetik orgastischer Intimität. Ein praktisch-theologisches Thema?

Friedrich Schleiermacher verschob die Paradigmen für Praktische Theologie vom hierarchischen und klerikalen Paradigma zur empirischen Dimension von menschlicher Erfahrung, religiöser Erfahrung und menschlichen Handlungen. Burkhart argumentiert, Praktische Theologie sei für Schleiermacher die Kunst, die Distanz zwischen dem menschlichen Leben und dem, was sein soll, zu überwinden.[2] Kann der Orgasmus[3] helfen, das Schisma zwischen Leben und unserer körperlichen Existenz zu überwinden?

Die praktisch-theologischen Fragen sind in folgendem Bereich angesiedelt: Kann ein Orgasmus ein Ausdruck der Hoffnung sein (*fides quaerens spem*), ein Ausdruck religiöser Phantasie (der Ausdruck von Schönheit innerhalb eines Bewusstseins vom Sublimen[4]: *fides quaerens imaginem*) und der Vision (*fides quaerens visum*)[5] von Gemeinschaft, Freude und Akzeptanz?

1.3 Orgastische Sexualität als die Ästhetik der menschlichen Seele

Was Knox-Seith betrifft, so wird in der Zärtlichkeit selbst, in der Intimität, eine Grenze überschritten; von daher sollte der Orgasmus als spezifische Zutat und Komponente sexueller Liebe gesehen werden.[6]

Eine ganzheitliche Herangehensweise zu menschlicher Sexualität sollte unter anderem die folgenden Dimensionen beinhalten:

- Selbstbefreiung: die eigene positive *Selbstbestätigung* und das Verlangen nach persönlicher Weiterentwicklung ausdrücken.
- Menschliche Verkörperung und Leiblichkeit: Sexuelle Liebe ist mit *Sex* und *biologischen Trieben* verbunden (Bedürfnisbefriedigung).
- Die Schaffung von Gesundheit und einem Gefühl des Wohlbefindens: In dieser Hinsicht ist Sex eine Suche nach Vollendung der menschlichen Person durch eine intime persönliche Einigkeit durch Liebe, ausgedrückt durch körperliche Einheit.[7] Kennedy bezeichnet *gesunde, heilsame Sexualität* als die Suche nach erotischem Vergnügen im Kontext von Zärtlichkeit und Zuneigung; *pathologische Sexualität* hingegen ist motiviert durch selbstsüchtige Bedürfnisse nach Bestätigung oder Entlastung von nicht-sexuellen Spannungsursachen (Zwang und Besessenheit).[8]
- Vertrauen und Verbindlichkeit.[9]
- Die Freude und Feier des Lebens: Ein Orgasmus ist Teil der *freudigen* und überschwänglichen Wertschätzung des Geheimnisses der Liebe, der Geschenke des Lebens und der Verspieltheit von gutem Sex – das menschliche Wesen als ein *homo ludens*.
- Die Dimension von *Versöhnung* und Ethik: *Gerechtigkeit*. Sexuelle Ausdrücke setzen den Akzent eher auf gegenseitige Ermächtigung als auf Dominanz und Ausbeutung.
- Die Darstellung der *Imagination* (die Ästhetik konstruktiver Fantasien), der Schöpfung und der Zeugung.
- Liebeszentrierte Sexualität sollte spirituell sein und sich von daher der menschlichen Suche nach Bedeutung und Würde bewusst sein. Ein Orgasmus sollte *sakramental* sein, d.h. ein Ausdruck und Symbol des Friedens von Gottes Gegenwart und heiliger Gnade.[10]

Das hebräische Wort, mit dem der Sexualverkehr und die orgastische Erfahrung des Selbst in Beziehung zum anderen bezeichnet werden, ist das Konzept von *jada'*. Es verweist auf persönliche Kommunikation und gegenseitige Anerkennung. Wenn man diese Bedeutung umschreibt, dienen Sexualverkehr und Orgasmus dazu, auf der Ebene tiefer persönlicher Kommunikation eine Verbindlichkeit zu einander zu schaffen, was menschliche Würde und Identität (Selbstakzeptanz) bereichern und fördern kann.

Der *Koitus* wird pervers und vulgär (promisk) in der Form eines bloßen Paarungsakts, d.h. eine Person tut einer anderen etwas an. Eher soll ein Geschlechtsakt dazu dienen, persönliches Wissen aufzudecken[11], spirituelles Wissen (Gemeinschaft, *koinonia*); es spielt dabei eine fundamentale Rolle, „Beseelung" in der Wirklichkeit von „Verkörperung" zu schaffen. Die sexuelle Beziehung hat so mehr als bloß „Befriedigung" zur Folge; im Sexualakt ist Sexualität ein Ausdruck von Bestätigung, Liebe, Verbindlichkeit und persönlicher Zuneigung. Aus spiritueller Perspektive sollten Sexualverkehr, Orgasmus und *Geschlechtsakt* sakramental verstanden werden, d.h. als ein Ausdruck von Einheit oder Bindung, die Gottes Gnade in solcher Weise Fleisch werden lassen, dass die gegenseitige Liebe im Liebesakt ein Übereinkommen von Ehrlichkeit und Vertrauen konstituiert.

Abschließend lässt sich sagen, dass menschliche Sexualität ein Phänomen der Kommunikation ist, des körperlichen Vergnügens, der Heilung, des menschlichen *Liebe*-Machens, der persönlichen Verbindlichkeit und Identität, der erotischen Umarmung und des Vertrauens. Wenn sich Praktische Theologie unter anderem mit der symbolischen Interpretation von alltäglichen Begebenheiten befasst, einschließlich der angenehmen Erfahrungen von Lust, wird erotische Sexualität tatsächlich zum Thema für praktisch-theologische Reflexion. Es umfasst das Folgende:

Sexualverkehr als ein Ausdruck menschlicher Würde: Sexualität als persönliche Kommunikation, sowohl als Enthüllung als auch als Bestätigung menschlicher Identität (gegenseitige Bestärkung) innerhalb der Gefahrenzone von Entmenschlichung und Erniedrigung (sexuelle Manipulation).

Ekstase und das Vergnügen von Erholung und Freude: Sexualität als die Befriedigung eines Bedürfnisses und der Drang nach orgastischer Erfüllung innerhalb der Gefahrenzone von Machtmissbrauch, gewaltsamem Sex und Vergewaltigung.

Therapie und Heilung: Sexualität als heilende Erfahrung von Ganzheit und Vollendung (Dimension von Wachstum und spiritueller Reife) innerhalb der Gefahrenzone von Trennung und schmerzhafter Zurückweisung.

Die sakramentale Bedeutung von Liebe und Durchdringung (die symbolische Bedeutung von Penis und Vagina): Sexualität als Verantwortung, unbedingte Akzeptanz, sensibles Verstehen, Offenheit (Integrität), bestätigende Anerkennung und loyaler Respekt innerhalb der Gefahrenzone von Widerstand, Feindschaft und Hass.

Berufung und das Gelübde der Bindung: Sexualität als das Geheimnis der Fortpflanzung, der Pflege und des Familiengründens innerhalb der Gefahrenzone erzwungener Enthaltsamkeit, widerwilligen oder ungewollten Zölibats und künstlichen Ehelebens.

Erotische Sinnlichkeit: Sexualität als sinnliche Erfahrung, als verkörperte Einheit (die spirituelle Dimension von *shalom*); ein Ereignis gegenseitiger

Umarmung und die Verkörperung des Sinns der Zugehörigkeit innerhalb der Gefahrenzone von Promiskuität und experimenteller Kopulation.

Beständigkeit und Fortbestehen: Sexualität als Vertrauen, als Ausdruck des ethischen Ja, und die Garantie für eine Bereicherung der menschlichen Beziehungen innerhalb der Gefahrenzone von Argwohn, sexueller Freizügigkeit und Scheidung.

1.4 Promiskuität und „Pornographie“: Die Gefahrenzonen menschlicher Sexualität und Erotik

1.4.1 Promiskuität

Promiskuität weist in die Richtung eines *freien sexuellen Ausdrucks ohne irgendwelche Einschränkungen, Begrenzungen, Normen oder Werte* jenseits von Liebe und Intimität. Promiskuität stellt einen *biologischen Funktionalismus* dar, abgeleitet von Ethik und Ästhetik. Sie wird zum Versuch, Sex mittels Machtmissbrauchs und gewalttätigen Ausdrucksweisen von Zwang und Kontrolle zu manipulieren.

Promiskuität meint auch *sexuelle Unsittlichkeit und Untreue*, d.h. den falschen Gebrauch der Sexualität im Sinne unmoralischer Zwecke (*porneuō*),[12] einschließlich unerlaubten Sexualverkehrs (das Fehlen von Vertrauen und Verbindlichkeit).

1.4.2 Pornographie

In diesem Zusammenhang ist zwischen Pornographie und Obszönität zu differenzieren, auch wenn diese beiden sich bisweilen überschneiden. Pornographie stammt von zwei griechischen Wörtern, „*pornay*“ und „*graphay*“ ab.[13] „*Pornay*“ ist eine Form von „*peraymi*“, was „*verkaufen*“ bedeutet, normalerweise verwendet bezüglich des Erwerbs eines Sklavens oder um eine Dirne zu mieten. „*Graphay*“ bezeichnet das, was geschrieben, eingetragen oder abgebildet ist. Pornographie verweist äußerst speziell auf sexuelle Ausbeutung und die Entmenschlichung von Sex oder auf Güter innerhalb des Bereichs von Machtmissbrauch.[14]

Eine christliche spirituelle Interpretation von Sexualität, erotischen Erfahrungen und orgastischem Vergnügen wendet sich nicht gegen Nacktheit als solche. Vielmehr spricht sie sich aus gegen derartige Praktiken wie Inzest oder die öffentliche oder unangemessene Zurschaustellung oder Betrachtung solcher Nacktheit, die jemanden erniedrigt (Gen 3,7–11; 9,20–23; Ex 20; 26; 28; 42; Lev 28,6–30).[15]

1.5 Hin zu einer Theologie der sinnlichen und erotischen Verkörperung und des mitfühlenden, intimen Orgasmus

In extrem feministischen Kreisen führt die Betonung des männlichen Phallus (Phallizismus als Übersexualisierung des Penis) zu *Misandrie*[16] (Misandrie als eine neue Krankheit im Gesundheitsdiskurs: der Männerhass). Auch die Gefahren des gegenwärtigen „bodyism" (Körperwahns) und des „healthism" (Gesundheitswahns), die Verabsolutierung des gesunden jungen Körpers sind gegeben. Entgegen der Ausbeutung und Kommerzialisierung von *Eros* möchte ich jedoch für eine Interpretation des Orgasmus als verkörperte und mitfühlende Intimität plädieren.

Verkörperte Intimität und sinnliche Spiritualität beinhalten die folgenden Paradigmenwechsel in einer Ästhetik menschlicher Sexualität:

- Vom Körper-Seele-Dualismus zu einer *integrativen und mitfühlenden Intimität*, die bedingungslose Liebe verkörpert.
- Von Geschlechts-Leistung zu menschlicher Ermächtigung.
- Von bloßer Autoerotik zu *persönlicher Sensibilität und Sinnlichkeit.* Erotische und sinnliche Affekte und Erfahrungen (sogar Solo-Sexualität und Selbstbefriedigung) sind nicht bloß narzisstisch selbstzentriert, sondern können genutzt werden, um die persönliche Identität (ein positives Selbstbild und Selbstvertrauen) zu bestärken und zu bestätigen.
- Vom narzisstischen Phallizismus zu einer inklusiven zwischenkörperlichen Begegnung.
- Vom Köper als Tier (Körperwärme) zum *Körper als Schönheit* (die Ästhetik körperlicher Lust sowie die Morphologie der Genitalien). „For the human body, an image of the divine, contained a small part of divinity and hence of beauty."[17] Gnade ist wundervoll, weil es das Tier in einem selbst und im anderen heilt.
- Von der Beurteilung des Körpers als gefertigte Subjektivität (durch Manipulation der Medien) zum Körper als *ethische Subjektivität*, dies bezeichnet das Bewusstsein für die körperliche Verantwortung.
- Vom *Etwas* zum *Jemand.* Dieser Paradigmenwechsel handelt von der Personifikation und Beseelung des Körpers. (Die menschliche Seele ist ohne den Körper eine Abstraktion. Der menschliche Körper ist ohne die Seele ein bloßes Ding).

1.6 Fazit und Ergebnis

Ein integrativer und ganzheitlicher Zugang zur menschlichen Sexualität kann bei der Gestaltung einer praktisch-theologischen Hermeneutik des

Orgasmus behilflich sein. Innerhalb einer christlichen spirituellen Perspektive enthält er Folgendes:

- Die Förderung von Erotik und orgastischem Vergnügen.
- Die Vorbeugung gegenüber der Instrumentalisierung und Ausbeutung der Geschlechtsorgane sowie gegenüber der Trennung von Sexualität und Sex von der Vorstellung menschlicher Würde.
- Die Bereicherung des Orgasmus durch ein sakramentales Verständnis des Orgasmus als die Feier von Gnade und Dankbarkeit (Lebenserfüllung).

Daniël J. Louw

2. Liebe

‚Am Busen der unendlichen Welt' – die religiöse Grundierung der Liebe

2.1 Religiöse Valenzen der Liebe

Die Liebe ist eine Himmelsmacht. Man braucht keinen allzu ausgeprägten hermeneutischen Spürsinn, um ihre religiösen Valenzen zu entdecken. Der „geheimnisvolle Augenblick" der aufkeimenden Liebe, „flüchtig" und „durchsichtig" wie der „erste Duft, womit der Tau die erwachten Blumen anhaucht";[18] das überwältigende Gefühl der beständigen Liebe, das die Liebenden aus den „kalten Skeletthänden rationaler Ordnungen" befreit und sie über die „Stumpfheit des Alltages" erhebt,[19] die dialektische Verschmelzung von Ich und Du, in der jeder „das Bewußtsein seiner selbst" aufgibt, um „sich in einem anderen selbst zu vergessen, doch in diesem Vergehen und Vergessen sich erst selber zu haben und zu besitzen";[20] die Unverfügbarkeit des Liebesglücks, das kommt und geht und mitunter auch vom einen zum andern wandert – das alles macht die Liebe zum Ferment einer den Alltag transzendierenden Wirklichkeit, zum Sinnbild der Religion. Die Liebe verzaubert das Leben. Sie „färbt" das „Erleben des Erlebens und verändert damit die Welt".[21] Sie bringt das Leben zum Klingen „wie ein Bogenstrich, der aus zwei Saiten eine Stimme zieht".[22] Und so schwankend die Liebe auch gestimmt sein mag, sie hört nimmermehr auf. Solange wir leben, beseelt uns das „Liebesgefühl" in seinen vielfältigen „Nuancen", vom Furioso der jungen Jahre über das Andante der gemächlich fortschreitenden Liebesgeschichte „bis zum Pianissimo des höchsten Alters".[23] Selbst der Tod des Geliebten löscht die Liebe nicht aus. Denn die Liebe ist stärker als der Tod.

Kein Wunder, dass der Blick der Theologen auf der Suche nach religiösen Spuren in der säkularen Lebenswelt an der Liebe haften bleibt. Aufgrund ihres „Absolutheitsgehalt(s)“ und ihres „Ewigkeitspotential(s)“ kommt der „erotischen Liebe“ eine „religionsähnliche Wertigkeit“ zu.[24] Mehr noch: Das hermeneutisch geschulte Auge der praktischen Theologen entdeckt in der spätmodernen ‚Erlebnisgesellschaft‘ eine „von den Medien angereicherte ‚Liebesreligion‘“, die sich als „funktionale(s) Äquivalent der tradierten Religion“ auffassen lässt.[25] Der „religiöse Charakter des Liebesglaubens“ manifestiert sich einerseits in der geradezu unbegrenzten „Macht, mit der die irdische Religion der Liebe in den Herzen und Handlungen der Menschen inzwischen regiert“, und andererseits in der durch die Idealisierung der Liebe geschaffenen Verdoppelung der Wirklichkeit. Der „Widerspruch“, den die „Aufrichtung des Liebesideals zu den tatsächlichen Verhältnissen in Ehe, Familie und Elternschaft erzeugt“, setzt das in „Wünschen“ und „Hoffen“ gekleidete „Wissen um eine bessere Möglichkeit seiner selbst und seines Liebens und Lebens und damit einen der Religion vergleichbaren Glauben“ aus sich heraus.[26]

Wie der „quasireligiöse, nachreligiöse Liebeserlösungsglaube“ im „Milieu des Zweifels und der Fragwürdigkeiten“ gedeiht, „das die Moderne erzeugt“,[27] so trägt die ‚Religion der Liebe‘ die Signatur der vom Geist der Aufklärung inspirierten und von der neuzeitlichen Religionskritik geprägten Säkularreligion. „Die Liebe ist eine Utopie, die nicht ‚von oben‘ – vom Himmel kultureller Überlieferungen – heruntergeholt und gerechtfertigt, von der Kanzel herab gepredigt werden muß, die vielmehr ‚von unten‘ – mit der Gewalt und Dauer der sexuellen Antriebe, aus dem historischen Geschlechterkonflikt in den Wunschzentren der individualisierten Existenz – ihre Verbindlichkeit entfaltet. In diesem Sinne ist Liebe eine traditionslose“ und zugleich eine „kirchenlose und priesterlose ‚Religion‘“. Aber während der traditionelle Glaube, wenn er „nicht mehr gelehrt wird, zerfällt“, lebt die ‚Religion der Liebe‘ gerade von ihrer „Nichtinstitutionalisierbarkeit“ und „Institutionsunabhängigkeit“,[28] von ihrer unlösbaren Rückbindung an das autonome Individuum: „Liebe ist Subjektivitätsreligion, ein Glaube, in dem alles: Bibel, Priester, Gott, Heilige und Teufel, in die Hände und Körper, die Phantasie und Ignoranz der sich liebenden und mit ihrer Liebe marternden Individuen gelegt ist“.[29]

2.2 Inszenierungen der Liebe

Die säkulare ‚Religion der Liebe' stellt sich als eine typische Gestalt der vom Protestantismus geschaffenen, im subjektiven Gefühl verwurzelten und mit ideellen Sinngehalten angereicherten Persönlichkeitsreligion dar. Aber sie bleibt nicht in die Innenwelt des frommen Individuums eingeschlossen, sondern gießt sich in soziale und kulturelle Formen und wird dabei zu einer charakteristischen Komponente der modernen Kulturreligion. Das Motiv der Liebe bildet einerseits den Nukleus einer weit verzweigten Kultursphäre, in der sich bürgerliche Hochkultur und populäre Trivialkultur miteinander vermischen. Andererseits prägen die kommunikativen, ästhetischen und reflexiven Formen, in denen sich die religiös grundierte Kultur der Liebe entfaltet, den Erlebnis- und Handlungsstil des privaten Alltagslebens und errichten mitten in der alltäglichen Erfahrungswelt eine zweite, symbolische Sinnwelt, in der die Liebe, analog zum „religiösen Gefühl", „wie eine heilige Musik alles Tun des Menschen begleitet".[30]

a) Zu den in den privaten Alltag eingelassenen Inszenierungsmustern der Liebe sind die vielfältigen Gesten wechselseitiger Zuneigung, Blicke, Berührungen und Umarmungen, zu zählen, kommunikative Miniaturen, die den Handlungsfluss des routinierten Alltagslebens unterbrechen und als Träger von symbolischen Bedeutungen auf den untergründigen ‚Sinn' des gemeinsamen Lebens verweisen. In verbalen Liebesbekenntnissen, in den ‚berühmten drei Worten', mit denen einer dem anderen seine Liebe gesteht, oder auch in poetisch anmutenden Liebesbriefen, in denen sich die Liebenden füreinander öffnen und sich gegenseitig ihre intime Welt erschließen, finden die gestischen Liebesbezeigungen sprachlich elaborierte Ausdrucksgestalten.

Umgekehrt verdichtet sich die Liebe in vielfältigen materiellen Objekten, in denen die auf Dauer gestellte Liebesbeziehung sinnlich greifbare Gestalt gewinnt: im gerahmten Hochzeitsbild, der Zentralikone der familiengeschichtlichen Fotocollage, in den kleinen Portraitfotos des Geliebten im Portemonnaie und an Schlüsselanhängern, mit denen sich die Liebenden von der Anwesenheit des Abwesenden überzeugen, und vor allem in den wechselseitigen Geschenken, die nicht nur die Wertschätzung des anderen zum Ausdruck bringen, sondern bei ihrer späteren Betrachtung, analog zu den imaginativen Rückblenden in frühere Zeiten der Liebe, die Gedanken und Gefühle der sich Liebenden an für beide bedeutungsvolle Erlebnissituationen zurückbinden.

> Die Liebe nistet in Symbolen, die die Liebenden zur Überwindung ihrer Fremdheit mit der Geschichte ihrer Liebe selbst schaffen, als Nistplatz ihrer Gemeinsamkeit ausgestalten und in der Erneuerung von Erinnerungen zu ‚fliegenden Teppichen' tragender Realitätsträume fortweben.[31]

b) Während der diskursive Gehalt der Liebesbeziehung in deren kommunikativen und symbolischen Ausdrucksformen eher latent bleibt, gewinnt er in der reflexiven Konstruktion der gemeinsamen Biografie manifeste Gestalt. Zu den reflexiven Medien, in denen eine Liebe ihre unverwechselbaren Konturen gewinnt, gehört neben der biografischen Selbstreflexion, in der sich die nur partiell zugängliche Welt des anderen im Spiegel der eigenen Lebensgeschichte erschließt, vor allem das für die bürgerliche Lebenskultur typische intime Gespräch unter einander Vertrauten. In der kontinuierlichen (Re-)Konstruktion der privaten Sinnwelt formt sich eine originäre Version biografischer Lebensdeutung aus.[32] Unter dem Leitmotiv der ‚Liebe' werden zwei eigenständige und mit unvertauschbaren Lebenserfahrungen gesättigte Lebensgeschichten miteinander überblendet und auf teils harmonische, teils spannungsreiche Weise zu einem neuartigen biografischen Konstrukt, der Liebesgeschichte, verwoben. In die reflexive Bearbeitung der Liebe sind ritualisierte, an Kommunikationsformen des traditionellen Kirchenchristentums angelehnte Handlungsszenen eingebettet, insbesondere säkularreligiöse Gestalten von „‚Beichte' und ‚Absolution'", die als Beweise der „rückhaltlosen Begegnung" von den Liebespartnern „wechselseitig entgegengenommen und erteilt werden".[33]

c) Schließlich rankt sich um die ‚Religion der Liebe' eine vielgestaltige Festkultur. Während in den teils in den Jahresrhythmus, teils in den Lebenszyklus eingebetteten Ehejubiläen die Geschichte einer biografisch einzigartigen Liebe begangen und gefeiert wird, erweitert die an das ‚Fest der Liebe' angelagerte Weihnachtsfrömmigkeit den sozialen Bedeutungshorizont des Liebesmotivs und hebt die wechselseitige Liebe der Ehepartner in der gemeinsamen ‚Liebe zum Kind' auf. Gleichzeitig wird die ‚Liebe' auf dem Hintergrund der biblischen Weihnachtslegende mit spezifisch religiösen Bedeutungsgehalten angereichert und auf die Gottesbeziehung übertragen.

Ihre unüberbietbare Ausdrucksgestalt findet die festlich inszenierte Liebe aber in der mit großen Gefühlen befrachteten Hochzeitsfeier und insbesondere im Trauungsritual, dem glanzvollen Höhepunkt der mehrgliedrigen Hochzeitszeremonien. In der symbolischen Inszenierung der Liebe verweben sich die ästhetischen, biografischen und reflexiven Komponenten der ‚Religion der Liebe' unlösbar ineinander. Die Kernszene des dramaturgisch durchgestalteten und von vielfältiger symbolischer Ästhetik umkleideten Passageritus bildet das am Altar gesprochene ‚Ja-Wort' des Liebespaares, ein wechselseitiges Bekenntnis, in dem sowohl die vorausgegangenen als auch die noch folgenden alltagspraktischen Liebeserklärungen aufgehoben und die sinnstiftenden Szenen einer intimen Lebensbeziehung in einer rituellen Vereinigungsszene verdichtet werden. Symbolisiert der festliche Einzug des Brautpaares den Übertritt in die alltagstranszendente Sinnwelt der

Liebe, so markiert der Auszug aus der ‚Hochzeitskirche' umgekehrt die Grenzpassage in die Alltagswelt.

Die rituelle Dramaturgie der Trauungsliturgie lehnt sich zwar an die Kommunikationsstruktur der Theaterwelt an, in der die Aktivität des Publikums gewöhnlich auf die innere Anteilnahme an der aufgespielten Szenenfolge beschränkt bleibt. Gleichwohl sind die auf biografisch unterschiedliche Weise in die Geschichte des Paares verstrickten Hochzeitsgäste mit besonderer Intensität in das rituelle Drama involviert. In der imaginativen Überblendung von fremder und eigener Liebesgeschichte formt sich eine zwischen Nacherleben und Selbstreflexion pendelnde Wahrnehmungsattitüde aus, in der die dramaturgisch in Szene gesetzte Liebe des Paares als Folie für die biografische Konturierung der selbst erlebten und selbst gestalteten Liebe fungiert. In analoger Weise beziehen die Zuhörer die in der Traurede entfalteten reflexiven Gehalte der Liebe nicht nur auf die biografisch unverwechselbare Liebesbeziehung der dramaturgischen Protagonisten, sondern binden sich selbst, in einer Reflexion zweiten Grades, in den Rezeptionsprozess ein.

2.3 Die Reflexivität der Liebe

In ihren vielfältigen Inszenierungen gewinnt die Liebe reflexive Gestalt und mutiert dabei von einem ebenso diffusen wie schwankenden Lebensgefühl zu einem signifikanten „Code"[34] sozialer Wirklichkeitskonstruktion. Im „Medium" der Liebe beziehen sich die Individuen in spezifischer Weise auf sich selbst und zugleich auf den anderen und erstellen im Zuge wechselseitiger Kommunikation eine symbolisch codierte, von einer originären „Semantik"[35] geprägte Sinnwelt. Der semantische Code der in der Liebe chiffrierten Wirklichkeit „ermutigt" dazu, „entsprechende Gefühle zu bilden",[36] und setzt gleichzeitig die kommunikativen „Regeln" aus sich heraus, nach denen „man Gefühle ausdrücken, bilden, simulieren, anderen unterstellen, leugnen und sich mit all dem auf die Konsequenzen einstellen kann, die es hat, wenn entsprechende Kommunikation realisiert wird".[37] Als „symbolisch generalisiertes Kommunikationsmedium"[38] stellt die Liebe schließlich die Bedingungen für den Aufbau einer „gemeinsame(n) Privatwelt" bereit, in der „jeder die Welt des anderen mittragen kann (obwohl er selbst höchst individuell erlebt), weil ihm selbst darin eine Sonderstellung zugewiesen ist: weil er in dieser Welt des anderen vorkommt als der, der geliebt wird".[39]

Entsteht die Sinnwelt der Liebenden auch durch einen spezifischen Modus kommunikativer Wirklichkeitskonstruktion, so ist die durch die Liebe konstituierte Wirklichkeit gleichwohl nicht als eine Kreation der Interakteure aufzufassen. Der Tatbestand, dass sich die von der Liebe gesteuerten kommunikativen Aktionen nicht „individuell zurechnen“ lassen, sondern „ins Ununterscheidbare“ verschmelzen,[40] macht auf die schon in der romantischen Liebe angelegte „Reflexivität des Liebens“ und damit auf die transzendente Statur der Liebe aufmerksam, die sich als eine zweite Wirklichkeit über den Alltag legt. In einer reflexiven Schleife führt die Liebe die Liebenden über sich selbst hinaus und findet ihre Vollendung im „Lieben des Liebens“[41]. Besteht „das Ziel unserer Religion“ darin, „den Weltgeist zu lieben und freudig seinem Wirken zuzuschauen“,[42] dann gehört die Liebe zu den „Übergänge(n) ins Unendliche“, „die zwar nicht unmittelbar Religion sind, aber doch, daß ich so sage, ein Schematismus derselben“.[43]

Wolfgang Steck

Anmerkungen

1 SEIDMAN, S., Embattled Eros: Sexual Politics and Ethics in Contemporary America, London 1992, 5f. Giddens verweist auf „plastic sexuality“ als eine Sexualität, die sich von festgelegten sozialen Rollen emanzipiert hat. Es ist dezentrale Sexualität, befreit von dem Bedarf der Reproduktion (GIDDENS, A., Human Societies, Cambridge 1992, 20). Von daher sollte Sexualität von persönlicher Wahl geprägt sein. Dieser Prozess kann als Demokratisierung der Intimität bezeichnet werden (THATCHER, A., Marriage after Modernity. Christian Marriage in Postmodern Times, New York 1999, 51).

2 BURKHART, J.E., Schleiermacher’s Vision for Theology, in: Browning, D.S. (Hg.), Practical Theology, San Francisco 1983, 42–60, 56.

3 In seinem Buch „Religion als Deutung des Lebens“ tritt Wilhelm Gräb für eine praktisch-theologische Herangehensweise ein, die die alltäglichen Fragen des Lebens ernst nimmt (GRÄB, W., Religion als Deutung des Lebens. Perspektiven einer Praktischen Theologie gelebter Religion, Gütersloh 2006, 29.45). Folglich ist Praktische Theologie auf der Suche nach der Dimension des Transzendenten inmitten der existentialen Wirklichkeiten des Lebens (ebd, 27).

4 „Sublime“ ist die französische Übersetzung des griechischen peri hupsous, was wörtlich „über dem Erhöhten“ bedeutet (COVÉE, P., Aspects of Sublime and Istinnost in Contemporary Russian Poetry: the Mystic Sublime in the Poetry of Leonid Aronzon and Olga Sedakovs, in: Van den Bercken, W./Sutton, J., Aesthetics as a Religious Factor in Eastern and Western Christianity, Leuven 2005, 81–100, 83).

5 Gräb weist in seinem Artikel über Clifford Geertz’s Religionsverständnis auf die Wichtigkeit der symbolischen Bedeutung der Rituale des täglichen Lebens hin (GRÄB, W., Clifford Geertz: Religion dicht beschreiben, in: Drehsen, V./Gräb, W./Weyel., B., Kompendium Religionstheorie, Göttingen 2005, 204–215, 212). In seinem Buch über unsere menschliche Suche nach Sinn (GRÄB, W., Sinnfragen. Transformation des Religiösen in der modernen Kultur, Gütersloh 2006, 30) argumentiert er, dass selbst das Konzept „Gott“ ein Teil und Posten der symbolischen Transformation des Lebens werden könne; es kann eine lebendige Rolle in der Artikulation religiöser Erfahrungen spielen. Dann beginnen Menschen, Gott für das Geschenk des Lebens zu danken.

6 KNOX-SEITH, E., Sexuality and Death, in: One Body. North-South Reflections in the face of HIV and AIDS, Bd. 1, Copenhagen 2005, 22–27, 23. S. auch NELSON, J.B., Sexuality, Christian Theology and Ethics of Sexuality, in: Hunter, R.J. (Hg.), Dictionary of Pastoral Care and Counseling. Nashville 1990, 1154–1158, 1157.

7 ASHLEY, B.M./O'ROURKE, K.D., Health Care Ethics. A Theological Analysis, St. Louis 1989.
8 KENNEDY, E., Sexual Counseling. A Practical Guide for Non-Professional Counselors, New York 1980, 16.
9 NELSON, Sexuality, 1157.
10 VAYHINGER, J.M., Sexual Variety, Deviance, and Disorder, in: Hunter, R.J. (Hg..), Dictionary of Pastoral Care and Counseling. Nashville 1990, 1149–1151, 1149.
11 „Ein Mann und eine Frau, die einander sexuell kennen, treten in eine Gemeinschaft ein, die weit mehr als nur physischer Art ist." (CROOK, R H., An Introduction to Christian Ethics, Englewood Cliffs ²1995, 110).
12 REISSER, H., Porneuō, in: Brown, C. (Hg.), Dictionary of New Testament Theology, Bd. I, Exeter 1975, 497–501, 497f.
13 MELTON, J.G. u.a., The Churches speak on Pornography, Detroit 1989, 68.
14 Vgl. COURT, J.H., Pornography, in: Hunter, R.J. (Hg.), Dictionary of Pastoral Care and Counseling, Nashville 1990, 929–930, 929, sowie KRONDORFER, B., Introduction, in: Ders. (Hg.), Men's Bodies, Men's Gods. Male Identities in a (Post-)Christian Culture. New York/London 1996, 3–27, 12.
15 MELTON, The Churches speak on Pornography, 71.
16 Vgl. hierzu den Verweis von Krondorfer zu Patrick Arnolds Buch „Wildmen, Warriors, and Kings. Masculine Spirituality and the Bible (KRONDORFER, Introduction, 13).
17 CEYSON B. u.a., The Great Tradition of Sculpture, in: Duby, G./Daval, J.-L., Sculpture. From the Renaissance to the Present Day, Köln 2006, 698–703, 702.
18 SCHLEIERMACHER, F.D.E., Über die Religion, 1799; 73f.
19 WEBER, M., Zwischenbetrachtung, GARS I, ⁹1988, 561.
20 HEGEL, G.W.F., Vorlesungen über die Ästhetik, Bd. II, Werke Bd. 14, 1970, 155.
21 LUHMANN, N., Liebe als Passion, Frankfurt a.M. ³1996, 29f.
22 RILKE, R.M., Liebes-Lied, Gesammelte Gedichte, 1962, 238.
23 WEBER, Zwischenbetrachtung, 563.
24 GRÄB, W., Sinn fürs Unendliche, Gütersloh 2002, 203.205.
25 MEYER-BLANCK, M., Art. Liebe VII, RGG^4 Bd. 5, 2002, 347
26 BECK, U., Die irdische Religion der Liebe, in: Ders./Beck-Gernsheim, E., Das ganz normale Chaos der Liebe, Frankfurt a.M. 1990; 222–266.
27 Ebd., 231.
28 Ebd., 233.
29 Ebd., 256.
30 SCHLEIERMACHER, Über die Religion, 68.
31 BECK, Die irdische Religion der Liebe, 238.
32 BERGER, P.L./KELLNER, H., Die Ehe und die Konstruktion der Wirklichkeit. Eine Abhandlung zur Mikrosoziologie des Wissens, Soziale Welt 16 (1965), 220–235.
33 BECK, Die irdische Religion der Liebe, 231.
34 LUHMANN, Liebe als Passion, 9.
35 Ebd., 23.
36 Ebd., 9.
37 Ebd., 23.
38 Ebd., 21.
39 Ebd., 18.
40 Ebd., 32.
41 Ebd., 174f.
42 SCHLEIERMACHER, Über die Religion, 52.
43 Ebd., 153.

Johannes Schilling/Gerson Raabe

Trugschluss/Klang

1. Trugschluss

Ein gutes Ende, das ist, was wir uns gewöhnlich wünschen – „Ende gut, alles gut" lautet das Sprichwort, „Mach's nur mit meinem Ende gut",[1] die Bitte an Gott, das letzte Ende geraten zu lassen. Am Ende soll alles gut sein, hoffen die Menschen – am Ende wird alles gut werden, ist der Trost, die Verheißung auf die versprochene, noch ausstehende Zukunft. Aber bis dahin wird noch viel geschehen.

Ein Trugschluss, so kann man aus einem Musiklexikon, etwa Riemanns Musiklexikon, lernen, ein Trugschluss „entsteht dadurch, daß alle Stimmen regelrecht einen Schluß ausführen und nur der Baß eine Stufe steigt, statt vom Dominant- zum Tonikagrundton fortzuschreiten".[2] Je nach Tongeschlecht ergibt sich in diesem Prozess in Dur ein moll- und in moll ein Durakkord. Das Genus wechselt also – „fair is foul, and foul is fair", fällt mir dazu aus langer Vergangenheit ein; seit Schulzeiten habe ich ‚Macbeth' nicht mehr gelesen, damals aber mit großer Begeisterung.

Einen Trugschluss als solchen zu bezeichnen, setzt voraus, dass man den „richtigen", den regelrechten Schluss kennt, weiß, wie es ausgehen sollte, und davon ausgeht, dass die eigene Erwartung bestätigt wird. Aber sie wird nicht erfüllt, sondern betrogen. Mit dem Dur-moll-System ist ein Rahmen gegeben, in dem klar ist, was die Tonika ist, und dann ebenso klar, dass, wenn auf die Dominante nicht die Tonika, sondern eine andere Funktion folgt, die Hörerwartung betrogen wird. Dabei lässt das System unterschiedliche Trugschlüsse zu und die Komponisten haben im Lauf der Zeit die Trugschlüsse raffinierter komponiert. Zunächst folgt der Dominante die Tonikaparallele, später kann auch eine andere Tonart auf der VI. Stufe eintreten, in C-Dur also zunächst a-moll, später etwa As-Dur. Und nun denke ich an eine elementare Hörerfahrung aus Bachs Orgelbüchlein (s.u.) – doch, das war ein Trugschluss, wenn auch nur ein Durchgang, aber einer, der es in sich hatte.

Wo es keine normierten Systeme gibt, kann es auch keine Trugschlüsse geben – wenn alles fließt, in der Musik, oder im Leben, mag man sich betrogen wähnen, aber der sichere Halt des Systems funktioniert eben nicht oder nicht mehr.

Mit dem Erreichen des neuen Akkords, des Trugschluss-Akkords verbindet sich eine Umkehrung der Hierarchie – gerade eine ungewöhnliche und normalerweise nicht beabsichtigte Anwendung der Regel führt zu einer Umkehrung der Hierarchien: Der Grundton bildet nicht die Basis, und er wird auch nicht verdoppelt, etwa durch den Schlusston in der Melodiestimme. Vielmehr gewinnt derjenige Ton die Oberhand, der in der Hierarchie der Intervalle an der dritten und letzten Stelle steht, die Terz. Denn die Terz ist verdoppelt; das gibt dem Trugschluss Farbe, aber dieser Terzdominierte Charakter macht auch gerade das Trügerische aus – die Abweichung von der Regel und damit die (Ent-)Täuschung der Erwartung bringen einen unerwartet charakteristischen, aber eben „trügerischen" Klang hervor. Eine Reminiszenz in die Musikgeschichte macht bewusst, dass diese Terz, ein Intervall, dessen Proportionen weniger klar sind als die von Quarte, Quinte, Oktave oder Einklang, über lange Zeit nicht als schlussfähig galt – kein Wunder, wenn sie in einem Trugschluss nun eine Position einnimmt, die ihr „von Natur" aus nicht zugedacht war. Der Trugschluss ist ein „unnatürlicher", ein widernatürlicher Schluss – eben ein Trug-Klang. Da denkt man an Trugbilder, an eine Fata Morgana, an Elfen- und Zaubermusik, Romantisches meldet sich, eine vorbeiziehende Musik, die, eh' man's recht gehört hat, schon wieder verklungen und verschwunden ist, und die nur im Nach-Hören wieder vernommen werden kann – oder nein, die wie eine schöne Ahnung vorbeigegangen ist, die Sehnsucht weckt und doch auf ewig verloren zu sein scheint. Ein irres Sehnen könnte sich einstellen, der verlorene Klang bleibt weniger im Ohr als in einem verwundeten Herzen, in der Seele, die sich ausstreckt nach ihm und nach dem Verlorenen.

Im Trugschluss ist es der fremde Klang, der einen überrascht, das Vagierende des Akkords, und man weiß, wenn er ertönt, im Hören, dass dies das Ende nicht gewesen sein kann. Es muss, es wird weitergehen.

Es will der Schluss gewonnen sein. Das bedeutet Arbeit, musikalische Arbeit, Arbeit am Satz, kompositorische Arbeit, auch Verarbeitung des Trugschlusses.

In Robert Gernhardts Gesammelten Gedichten, dachte ich, müsse es ein „Trugschluss"-Gedicht geben. So habe ich den Dichter eingeschätzt, und deshalb habe ich bei ihm zuerst nach einem solchen Gedicht gesucht, in der Erwartung fündig zu werden. Aber das war ein Trugschluss. Und eine Konkordanz zu seinen Gedichten gibt es nicht. Irgendwo müsste bei diesem Dichter das Wort doch vorkommen, wenn schon nicht als Titel, dann wenigstens im Text. – Ein Freund belehrt mich beim Durchsehen meines Entwurfs für den vorliegenden Text: Es gibt einen Trugschluss bei Gernhardt, nicht dem Wortlaut, aber der Sache nach:

Robert Gernhardt, Bekenntnis

Ich leide an Versagensangst,
besonders, wenn ich dichte.
Die Angst, die machte mir bereits
manch schönen Reim zuschanden.[3]

Trugschlüsse können aber nicht nur in der Musik /musikalischen Kompositionen vorkommen.[4] Als Junge habe ich immer wieder, vor allem in der Konfirmandenzeit, beim Besuch der Sonntagsgottesdienste die Erfahrung von Trugschlüssen gemacht. Einer der Pfarrer in meiner Stadt, ein im Zweiten Weltkrieg verwundeter, starker Mann mit einer für seine Statur allzu matten Stimme, wollte immer und immer wieder kein Ende finden. Nach langer Anstrengung auf der Kanzel fand er dann zu einem Schluss, und durch die Gemeinde ging irgendwie ein innerliches Aufatmen, aber dann setze er wieder an, als ob er noch nicht genug geleistet hätte und die Predigt deshalb verlängern müsse. Gesagt war eigentlich alles, aber er hob nun noch einmal an und strengte sich und seine Hörer damit über die Maßen an. Wenn ich mich recht entsinne, waren die Predigtschlüsse dann häufig einfach ein Ende der kollektiven Anstrengung, und zwischen dem früheren vermeintlichen und dem späteren wirklichen Ende gab es keinen erkennbaren kompositorischen Zusammenhang.

Vor langen/vielen Jahren, ich weiß nicht mehr, wann, kann niemanden danach fragen und suche auch nicht in meinem Gedächtnis, im Wissen darum, dass ich es jetzt nicht werde ergründen können/ergründen werde, habe ich zum ersten Mal Johann Sebastian Bachs Choralvorspiel „O Mensch, bewein dein Sünde groß“ aus dem Orgelbüchlein gehört. Es mag in der Passionszeit gewesen sein, eher in einem Konzert oder einer Abendmusik als in einem Gottesdienst; ich kannte den Choral und war ganz Ohr. Das Vorspiel ist unter den Sätzen des Orgelbüchleins ohnehin eine Perle, und wenn man, wie es wohl oft geschieht, mit Zungenstimmen registriert, wird das Stück besonders farbig. Aber dieser Ces-Dur-Akkord am Ende des vorletzten Taktes hat mich damals umgehauen – das war eine Offenbarung, eine unerwartete Weitung meiner musikalischen Welt, meiner Hörgewohnheiten, meiner Erwartungen – dieses Ces-Dur hatte ich mir bis dahin schlechterdings nicht vorstellen können.

Ich bin gar nicht sicher, ob mir ein solches Tor je wieder aufgestoßen worden ist, so überraschend, so überwältigend (vielleicht auf andere Weise noch einmal in Schuberts C-Dur Streichquintett) – meine „Neue Welt“ war und bleibt dieser Ces-Dur-Akkord aus „O Mensch, bewein dein Sünde groß“. Ort und Anlass weiß ich, wie gesagt, nicht mehr zu sagen, auch kenne ich den Organisten oder die Organistin nicht mehr, ich habe kein

Programm oder einen Zettel – es ist und bleibt nichts als dieser eine Akkord.

Ein Trugschluss war das nicht, aber eine Hörerfahrung, die meine musikalische Welt verändert hat.

Der schönste Trugschluss aber ist der Tod Jesu Christi am Kreuz. Wo das Ende ein Schluss hätte sein können und sollen, erwies es sich als Trugschluss – hin auf einen Schluss, der noch aussteht. Dieser Trugschluss wurde nach Regeln erreicht, alles war sozusagen in Ordnung – so konnte man dieses Ende herbeiführen. „Farbig" war auch dieser Schluss, aber die Basis fehlte. Und wie es denselben Trugschluss in einem musikalischen Werk nicht ein zweites Mal gibt, so wird es auch diesen nicht noch einmal geben – der Schluss mag lange verweilen, immer wieder ausbleiben, aber er kommt.

Cuius toni, videtur in fine, aber eben nicht im Trugschluss.

Johannes Schilling

2. Klang

Auch der Klang unterlag dem Wandel. Innerhalb der gegenwärtig so intensiv diskutierten Romantik wurde er zum selbständigen, ästhetischen Objekt. Es war vor allem die romantische Dichtung, die diese Entwicklung insofern prägte, als sie eine Neubewertung von Instrumentalklängen veranlasste, „die den Klang als ästhetisches Objekt zu fassen vermochte, ohne auf eine musikalische Struktur rekurrieren zu müssen (u.a. Wackenroder, Tieck, E.T.A. Hoffmann, Eichendorff)"[5]. Folgt man dieser These, gerät die Selbständigkeit der Klangwelten romantischer und spätromantischer Symphonien, von Ludwig van Beethoven über Franz Schubert bis hin zu Johannes Brahms oder von Anton Bruckner über Gustav Mahler bis hin zu Dimitri Schostakowitsch in den Blick. Ob in dieser Epoche der Klang sich von seinem Verweischarakter zum tatsächlich gefühlten Gefühl wandelte?

Diese Verselbständigung des Klanges wird in diesem Zusammenhang etwa eindruckvoll deutlich an den Symphonien Anton Bruckners. Dass ein Klang da ist, bevor ein Thema erklingt, hat Egon Voss für Bruckners Symphonien diagnostiziert.[6] Vor Entfaltung des thematischen Materials erschafft Bruckner Klangsphären, die seine monumentalen Symphonien in ein nachgerade sakrales Licht tauchen.

Anders gesagt: Mit der Romantik erlangt der Klang in der Musik eine neue Qualität, eine bis dahin nicht vorhandene Eigenständigkeit. Einen wesentlichen Schritt in dieser Entwicklung kann man in der Musik Beethovens hören, man erinnere etwa den Marcia funebre (Adagio assai) der Eroica oder die klangmalende Sechste und natürlich die Neunte. Mit dieser Autonomisierung des Klangs verband sich auch eine spezifische Herausforderung an die Komponisten, galt es doch diese Autonomisierung mit den übrigen Grundphänomenen musikalischer Gestaltung auszutarieren. In diesem Sinne deute ich die 5. Symphonie von Anton Bruckner – vor allem deren gewaltiges Finale – als „die symphonische Lösung des alten polyphonen Problems, das in der Fuge seine höchste Ausdruckform fand".[7] Bruckners Fünfte kann so gesehen als kontrapunktische Bewältigung der Herausforderungen romantischer Symphonik gedeutet werden.

Das Problem, das es zu lösen galt, bestand darin, die Autonomisierung des Klangs mit der höchsten Kunst der Gestaltung klanglichen Fortschreitens zu verbinden. Diesen Höhepunkt klanglichen Fortschreitens bildet die Polyphonie, die in der Kontrapunktik ihren konsequentesten Typus findet:

> Mehrere untereinander als völlig gleichberechtigte Stimmen laufen nebeneinander her und sind harmonisch aneinander gebunden, derart, daß jede Fortschreitung der einen auf die andern Rücksicht nimmt und dadurch bestimmten Regeln unterworfen ist.[8]

So Max Weber in seiner Musiksoziologie. Entscheidend ist, dass Weber die Kontrapunktik – im Gegensatz zur „zweidimensionalen" Akkordharmonik, die vertikal zu den Notenlinien verläuft und zugleich horizontal an ihnen entlang schreitet – als „eindimensional" bestimmt, „nämlich in horizontaler Richtung und erst dann und nur insofern auch vertikal" und damit „gewissermaßen zufällig aus dem Fortschreiten der mehreren selbständigen Stimmen entstehenden Zusammenklänge der harmonischen Regulierung bedürfen."[9] Genau dies hat Bruckner mit seiner kolossalen Dreifachfuge und dem abschließenden Choral (der Choral als Mutterschoß aller Polyphonie) erreicht und hat so das „monumentalste Finale der Weltliteratur" (Furtwängler) geschaffen.

Eine interessante Frage ist in diesem Zusammenhang, ob die allmähliche Ablösung der alten Funktionsbezeichnung in der Harmonielehre, welche die Funktion von Akkorden und ihre Beziehung zum tonalen Zentrum, zur Tonika, zu erkennen suchte, durch die so genannte Stufenbezeichnung durch diese Autonomisierung des Klangs befördert wurde. Die Stufenbezeichnung will, anders als die Funktionsbezeichnung, deutlich werden lassen, in welchem Zusammenhang die Akkorde in ihrem schrittweisen Fortgang stehen. Die Stufenbezeichnung kann daher eher als am Klang orientierte Harmonietheorie gedeutet werden. Diese Beobachtung wird auch dadurch unterstützt, dass die Stufenbezeichnung als Harmonietheorie etwa von Simon Sechter vorangetrieben wurde, dem Lehrer Anton Bruckners am Wiener Konservatorium, dessen Stelle Bruckner nach dessen Ausscheiden übernahm. Unabhängig von diesen Überlegungen gilt, dass beide Harmonietheorien auf Gesetzmäßigkeiten verweisen, denen das Phänomen Klang unterliegt. So fordern bestimmte Klangkonstellationen nachfolgende Klänge.

Genau in diesem Kontext lassen sich auch die Phänomene harmonietheoretisch bestimmen, die beim Hörer eine plagale (poetisch: zweideutig, versteckt – aber auch: verkehrt, unredlich[10]) Wirkung hinterlassen. Zu ihnen gehört auch der Trugschluss, den Johannes Schilling als klanggestaltendes Stilmittel ausführlich beschrieben hat. Innerhalb der Geschichte der Kontrapunktik kann in diesem Zusammenhang möglicherweise von einem Bedeutungswandel plagaler Klanggestaltungen gesprochen werden. Während ihnen bei einem Johann Sebastian Bach primär eine hinauszögernde Funktion zugeschrieben werden kann, kommt ihnen unter der Bedingung der Autonomisierung des Klangs ein nahegerade inhaltlich gliederndes Gewicht zu (etwa in Mendelssohns Elias die Arie „Sei stille dem Herrn“ oder in Bruchs Violinkonzert im Finale, Allegro energico, die Takte 287 bis 290).

Damit ist die absolute Kunstfertigkeit plagaler Schlussgestaltungen bei Bach in keiner Weise in Abrede gestellt. Ergänzend zu Schillings Ausführungen zum Choralvorspiel „O Mensch bewein dein Sünden groß“ aus dem Orgelbüchlein und dem umwerfenden Erlebnis dieses Ces-Dur Akkordes am Ende des vorletzten Taktes sei hier auch noch an die Schlusstakte des Präludiums in h-moll aus dem ersten Band des Wohltemperierten Klaviers erinnert. Bach hängt an eine bereits in den Takten 39 bis 42 gestaltete Schlusskadenz dieses in fahler Schwebe gehaltenen, ruhig dahinfließenden, sich entfernenden und zurückkommenden Präludiums vor jener großen „langsam, seufzend, mit herben, ja schmerzverzerrten Zügen auf endlos scheinendem Pfade“[11] vorüberziehenden Fuge eine Art Coda an. Mit ihr verbindet er in mehrfachen plagalen Wendungen in genialer Weise das diatonische Präludium mit der folgenden chromatischen Fuge, indem er das für das Präludium signifikante Quartmotiv umstellt und chromatisiert. In den folgenden Takten 43 und 44 wird zudem der Bass chromatisch geführt. Diese chromatische Gestaltung wird auf die Mittelstimmen und den Sopran ausgeweitet, so dass mit der plagalen Wirkung ein Vorklang entsteht, der die Vorhaltsmotive des schmerzdurchzogenen Fugenthemas anklingen lässt.[12] Diese Klangbeschreibung verweist zudem darauf, dass sich für den Thomaskantor keinesfalls die harmonische Gestaltung in dem „linearen Ausgangspunkt“ eines Palestrinas erschöpfte, sondern dass man für seine Musik einen „ideellen harmonischen Hintergrund“ namhaft machen kann.[13] Die Lage, die Klanggestaltung betreffend, bleibt also durchaus komplex.

Neben dem „hinauszögernden“ Moment können dabei Stimmungen erlebt werden, die mit aus der Sphäre des Poetischen benannten Begriffen wie das Zweideutige, das Versteckte bis hin zu eben auch dem Eindruck des

Unredlichen bzw. Verkehrten beschrieben werden können. Die plagale Klangerfahrung bekommt so eine eigene ästhetische Qualität. In bestimmter Hinsicht können solche Erfahrungen durchaus als ein „Mehr“ beschrieben und aufgefasst werden. Denn anders als bei Wirklichkeitserfahrungen, denen etwa ein Trugschluss zugrunde liegt, sind sie ja nicht defizitäre Erfahrungen, die im Defiziterlebnis als Erfahrung eines „weniger“, „ungenügend“ oder „fehlend“ unentrinnbar qualifiziert sind, die sich gewissermaßen im Defizitären erschöpfen. Zwar kann jene Erfahrung auch als defizitäre Erfahrung gedeutet werden – sie wartet durchaus einerseits auch auf Auflösung bzw. Heilung der Täuschung – andererseits kann sie sich aber eben auch als solche Erfahrung genug sein. Plagale Klangerfahrungen können so zu ästhetischen Erlebnissen werden, die Entsprechungen in der Lebenswirklichkeit haben, die als defizitär oder gar schmerzlich empfunden werden. Sie selbst sind für sich aber nicht defizitär oder gar schmerzlich, sondern sind als ästhetische Erfahrungen Erfahrungen eigener Qualität. Dabei sind diese Entsprechungen in den weit überwiegenden Fällen inhaltlich leer, unkenntlich.

Während die Defiziterfahrungen der Lebenswirklichkeit, die nach Auflösung und Heilung drängen, so strukturiert sind, dass sie in sich nicht verharren können und wollen, können ihre Entsprechungen, die plagalen Klangerfahrungen als ästhetische Erfahrungen auch in sich verharren, sich selbst genug sein. So werden diese ästhetischen Erfahrungen gewissermaßen „Platzhalter“ oder „Repräsentationsmöglichkeiten“ von – zugespitzt gesagt – Unerträglichem. Sie werden so zur Vergegenwärtigung des Unerträglichen als Erträglichen. Der Trug kann Trug bleiben, der Schein zwickt und zwackt in bestimmter Hinsicht eben nicht mehr, sondern er ist darüber hinaus vielleicht sogar auch noch schöner Schein, faszinierender Trug.

Von hier aus kann der Blick für einen Moment geweitet werden. Musik führt zu ästhetischen Erfahrungen, die – so kann festgehalten werden – Lebenszusammenhängen Gestalt und Ausdruck verleihen. Das gilt auch für Mentales. Musik vermag auch Gedanken Gestalt und Ausdruck zu verleihen. Dabei müssen diese Gedanken keine Entsprechung in der Wirklichkeit haben. Denkt man etwa an den Finalsatz von Beethovens Neunter, kann gesagt werden, dass Ideen in der Musik in vorzüglicher Weise Gestalt und Ausdruck finden können. Wobei in diesem Zusammenhang zu Recht darauf verwiesen wurde, dass der Umstand, dass dort die Freude vor dem Ideal der Freiheit zu stehen kommt, bedenkenswert ist.

Mit Rudolf Otto können wir in diesem Zusammenhang sagen, dass wir auf diese Weise in bestimmter Hinsicht unser Leben begreifen und verstehen. Wenn man konstatiert, dass sich mir durch die beschriebenen plagalen Klangerfahrungen Defiziterlebnisse des eigenen Lebens in erträglicher Gestalt, nämlich auf ästhetische Weise darstellen, dann könnte man auch sagen, dass sich diese defizitären Lebenszusammenhänge in dieser Weise der ästhetischen Erfahrung erträglich zeigen, mithin sich mir in erträglicher Weise offenbaren. Dabei lässt sich die Unkenntlichkeit als Unerkanntheit für beide Seiten beschreiben. Zum Begreifen und Verstehen lässt sich sagen, dass dieses Offenbaren eben nicht heißt „Übergehen in vernunftmäßige Begrifflichkeit“[14]. Trotzdem kommt mir bei aller Unkenntlichkeit das Erfahrene nur allzu bekannt, allzu vertraut vor. Wie Otto eben schreibt:

> Es kann etwas nach seinem tiefsten Wesen dem Gefühle bekannt, ja vertraut, beseeligend oder erschütternd sein, wofür doch der Verstand jeden Begriff versagt. Man kann durch Gefühl tief innerlich ‚verstehen‘ ohne durch den Verstand zu begreifen, zum Beispiel Musik. Was an der Musik begrifflich-begreiflich ist, ist gar nicht Musik selbst. Kennen und begriffliches Verstehen ist nicht dasselbe, ist sogar oft in ausschließendem Gegensatz zueinander. So bedeutet das geheimnisvolle begrifflich unauflösliche Dunkel des numen nichts weniger als seine Unbekanntheit oder Unerkanntheit.[15]

Damit zu einer letzten gegenüberstellenden Betrachtung von musikästhetischer und religiöser Erfahrung: Das berühmte Diktum Max Webers, „religiös unmusikalisch“ zu sein, ist nur einer von zahlreichen Hinweisen auf eine eigentümliche Entsprechung zwischen musikalisch-ästhetischer und religiöser Erfahrung.[16] Mühelos wird der Religionskundige gerade in dieser Perspektive des Geistes zahlreiche Analogien zwischen musikästhetischer und religiöser Erfahrung nicht nur ahnen, sondern auch benennen können. Für die Vielschichtigkeit plagaler Klangerfahrungen finden sich mannigfache Äquivalente in den Symbolbeständen vor allem der christlichen Religion protestantischer Provenienz bis hin zu den zartesten Zwischentönen, die sich dem Religionstheoretiker allzu leicht entziehen, für das fromme Individuum aber wesentliches Aufbauelement sein können. Die Fülle zeigt sich einem leicht, wenn man nur etwas mit dem poetischen Konkretionen des Plagalen, zweideutig bzw. versteckt, spielt. Weisen sie nicht von sich aus darauf hin, dass die religiöse Erfahrung als solche nahegerade als plagale Erfahrung beschrieben und gedeutet werden kann? Und auch dies: Gelten diese plagalen Konnotationen auch dem von Schilling so beschriebenen schönsten Trugschluss, nämlich dem Tod am Kreuz?

Abschließend sei darauf hingewiesen, dass man die bisherige rezeptionsästhetische Perspektive natürlich auch in eine produktionsästhetische Perspektive wandeln kann. Das ist ja auch immer wieder geschehen, um nur an den Virtuosen der Schleiermacherschen Reden zu erinnern. Auch Rudolf Otto beschließt seine Überlegungen zum „Heiligen“ mit Erwägungen zu dieser Perspektive. Dabei entwickelt er seine Position dezidiert am Beispiel der Kunst, im Genaueren dann am Beispiel der Musik. Otto unterscheidet drei Ebenen: die der Rezipienten und zwei untereinander nochmals zu unterscheidende Gestalten des Schöpferischen, der Produktivität. Für die Ebene der Rezeption gilt, dass sie sich durch den gebildeten Geschmack auszeichnet, der ihr Empfänglichkeit, Nacherleben und Beurteilen ermöglicht. Auf der Ebene des Schöpferischen kehrt dies „wieder als Erfindung, Schöpfung, Komposition, als selbständige geniale Hervorbringung".[17] Entscheidend ist für Otto, dass der Unterschied zwischen Rezeption und Produktion nicht nur ein gradueller ist.

Gemeinsam ist der Rezeptionsebene und den beiden Produktionsebenen, dass sie als spezifische Gestalt des Geistes, nämlich als religiöse Gestalt des Geistes, eine allgemeine Anlage darstellen. Diese Anlage ist nichts anderes als eine mögliche Empfänglichkeit bzw. eine mögliche Erregbarkeit für Religion, welche die Fähigkeit des Zustimmens und des Beurteilens mit umfasst. Eine erste Stufe der Produktion, die nicht aus der Rezeptionsebene hervorgeht oder aus ihr abgeleitet werden kann, ist gewissermaßen durch religiöse Begabung dazu imstande die Rezeptionsebene anzuregen. Dieses Anregen erfolgt durch so etwas wie einen inneren Impuls und den Sensus, Erscheinungen des Heiligen zu erkennen und anzuerkennen. In der Verbindung beider Fähigkeiten liegt die religiöse Produktionskraft jener ersten schöpferischen Stufe. Musikästhetisch entspricht ihr die Profession des Komponisten. Im Umfeld der Religion bezeichnet Otto diese Produktionsstufe mit dem Propheten. Den Vergleichsrahmen mit der Musikästhetik überschreitend, unterscheidet Otto von dieser Stufe – wieder unableitbar – eine weitere Stufe, die zum einen „den Geist in der Fülle hat" und die zum anderen „zugleich selber in Person und Leistung zum Objekt der Divination des erscheinenden Heiligen wird […] Er ist der Sohn."[18]

Bleiben wir für unsere Zusammenhänge auf der Rezeptionsebene und der ersten Stufe religiöser Produktionskraft. Beide umfassen eine unerschöpfliche Vielfalt wechselseitiger Verweisungszusammenhänge, die sich gegenseitig Ton und Farbe oder wechselseitig Klang und Stimmung verleihen können. Das gilt wohl auch für musikalisch Unreligiöse.

Gerson Raabe

Anmerkungen

1 Nachweis EG Konkordanz.
2 Riemann Musik Lexikon, Sachteil, Mainz 1967, 999.
3 Gernhardt, R., Gesammelte Gedichte 1954–2004, Frankfurt a.M. [3]2006, 55.
4 Von den Trugschlüssen im Sinne von Fehlschlüssen handele ich nicht.
5 Maehder, J., Klang, in: Honegger, M./Massenkeil, G. (Hg.), Die Musik in Geschichte und Gegenwart, Bd. 4, Freiburg i.Br. 1978 bis 1987, 353.

6 VOSS, E:, Die Brucknerschen Symphonien, in: Ulm, R. (Hg.), Die Symphonien Bruckners. München [3]2005, 38.

7 Vgl. RAABE, G., Die Erscheinung des Heiligen in B-Dur. Eine Deutung von Anton Bruckners 5. Symphonie, in: Barth, R./Osthövener, C.-D./Scheliha, A. von (Hg.), Protestantismus zwischen Aufklärung und Moderne, FS für Ulrich Barth, Frankfurt a.M. 2005, 327ff.

8 WEBER, M., Die rationalen und soziologischen Grundlagen der Musik, Tübingen 1972, 43.

9 Ebd.

10 MENGE, H., Langenscheidts Großwörterbuch Griechisch Deutsch, Berlin/München/Wien/ Zürich [25]1984, 557.

11 Philipp Spitta zitiert nach Hermann Keller, in: KELLER, H., Das Wohltemperierte Klavier von J.S. Bach, Kassel 1965, 117.

12 Vgl. ebd., 114.

13 Vgl. JEPPSEN, K., Kontrapunkt, Wiesbaden 1980, IX.

14 OTTO, R., Das Heilige. Über das Irrationale in der Idee des Göttlichen und sein Verhältnis zum Rationalen, 45–49. Tsd., Nachdruck, München 1987, 163.

15 Ebd.

16 Vgl. dazu auch BARTH, U., Religion und ästhetische Erfahrung. Interdependenzen symbolischer Erlebniskultur, in: Ders., Religion in der Moderne, Tübingen 2003, 235–263.

17 OTTO, Das Heilige, 204.

18 Ebd.

Werner Thiede/Norbert Mette

Spiritualität und Versenkung/Lebensführung

1. Spiritualität und Versenkung

1.1

Alle reden von Spiritualität. „Ich kenne kaum ein Wort, das so viel Schabernack mit uns treibt wie das Wort Spiritualität", seufzt Fulbert Steffensky.[1] Es ist längst zu einem Containerbegriff mit vielen Sinngebungen geworden – und entsprechend unklar bzw. klärungsbedürftig.[2] Grundunterscheidungen sind hier unerlässlich, wie sie ja auch für jedwede „Alltagsdogmatik" überhaupt von Notwendigkeit sind: Spirituelle Orientierung zur Lebensbewältigung kann sie nur verschaffen, wenn sie elementare religiöse Bildung impliziert. Hierzu gehört das Verständnis für zentrale Begriffe der religiösen Lebenswelt in Gesellschaft und Kirche – eben nicht zuletzt für den der „*Spiritualität*".

Wenn dieses Wort im Alltag begegnet, kann seine besagte Unschärfe praktisch, ja gewollt, aber auch irritierend und bedenklich sein. Dabei lässt sich durchaus klären, was es mit ihm auf sich hat. In ihm steckt bekanntlich die Wurzel des lateinischen Substantivs „Geist". Weil vielfach, wenngleich keineswegs überall geglaubt wird, dass man dem wie immer gedachten Geist durch Abwendung von der Welt, nämlich durch Versenkung in die Tiefen des eigenen Selbst näherkommen könne, hat man „Spiritualität" gern mit „Versenkung" in Verbindung gebracht. Und tatsächlich hat diese Assoziation oder Korrelation ihr Recht in asiatischen Religionen oder auch mystischen Traditionen des Abendlands, sofern sie davon ausgehen, dass sich in der Tiefe des menschlichen Selbst so etwas wie ein göttlicher Geistfunke befindet, den es zu entdecken und zu erwecken gilt. Spiritualität und Versenkung gehören demgemäß überall dort zusammen, wo ein monistischer Geistbegriff vorherrscht.

Im Christentum indessen versteht sich diese Verbindung keineswegs von selbst. Dabei hat der Begriff der Spiritualität seine geistesgeschichtlichen Wurzeln zu allererst im Christentum selbst, und zwar in der altkirchlichen Mönchstradition. Von daher hat er hier bis in die Theologie unserer Tage hinein seinen Ort. Seine Bedeutung umfasst christlich-mystische Frömmigkeit in der Ausrichtung auf den heiligen Geist, der im Kontext des christlichen, also trinitarischen Gottesverständnisses die Konzentration auf die Transzendenz und die Zuwendung zur Welt miteinander zu verbinden weiß. Dabei wird vorausgesetzt, dass Gott und Welt zueinander im Verhältnis von Schöpfer und Schöpfung stehen – welches Verhältnis umspannt ist von dem trinitätstheologisch festzuhaltenden Eingehen Gottes in die Schöpfung durch seinen Sohn Jesus Christus.

Diesem Paradigma entspricht der Befund, dass es im Neuen Testament keinerlei Anleitung oder Aufforderung zu methodischer „Versenkung" gibt. Kirchengeschichtlich erläutert Bernardin Schellenberger:

> Eine Durchsicht namentlich der abendländischen Tradition erbringt insgesamt ein entmutigendes Ergebnis. In den schätzungsweise 250.000 enggedruckten Spalten der 220 Bände von Mignes Patrologie, die der Substanz nach alle bedeutenden christlichen Autoren von den Anfängen bis im 13. Jahrhundert enthalten, findet sich keine Anleitung, die auch nur annähernd das darstellt, was uns Yoga, Zen, Transzendentale Meditation und viele andere Schulen heute gebrauchsfertig anbieten.[3]

Der andere Traditionsstrang des Spiritualitätsbegriffs ist dagegen ein noch junger, moderner und weist zurück auf den neuzeitlichen Spiritualismus, der sich zunehmend von der christlichen Tradition losgelöst hat und heutzutage vor allem auf dem Feld der sogenannten Esoterik[4] grünt. Dass dieses Feld längst keinen bloßen „Rand" unserer Gesellschaft beschreibt, sollte sich mittlerweile herumgesprochen haben. Mit Recht heißt es im Vorwort des in der Reihe „Ullstein Esoterik" erschienenen „Esoterik Jahrbuchs 2006": „Aus den Ecken und Nischen der Subkultur ist die Esoterik-Bewegung heute längst im Mainstream angekommen." In diesem Kontext, vermischt mit den Intentionen einer im Westen zunehmend präsenten asiatischen Religiosität, entwickelte sich „Spiritualität" zu einem Symbolbegriff für erfahrungsbezogene Religiosität auf dem Hintergrund eines monistischen Geistbegriffs. Nicht zufällig finden sich anfängliche Verwendungen des englischen Wortes „spirituality" 1889 bei der Mutter der modernen Theosophie, Madame Helena Petrovna Blavatsky, in deren Werken westliche und östliche Okkult-Metaphysik eine grandiose Synthese eingehen. Der 2006 verstorbene Religionswissenschaftler Reinhart Hummel hat betont:

> Es wird heute häufig übersehen, daß der Begriff ‚Spiritualität', wie er heutzutage verwendet wird, nicht aus der christlichen Tradition stammt, sondern gegen Ende des vorigen Jahrhunderts im englischsprechenden Reformhinduismus bei dem Bemühen entstanden ist, der westlichen Welt das geistige Erbe des Hinduismus zu vermitteln.[5]

Bei dem entsprechenden Traditionsstrang des Begriffs „Spiritualität" wird vorausgesetzt, dass Gott als Geist und die Welt zueinander im Verhältnis von (Ur-)Sein und Entfaltung oder Entäußerung stehen, also substanziell letztlich eins oder zumindest im Kern verwandt sind, so dass die innere Einkehr des Menschen zielsicher auf die Klarheit des göttlichen Geistes stößt. Spiritualität und Versenkung gehören in diesem Paradigma aufs Engste zusammen.

Diese Grundunterscheidung im Begriff der Spiritualität kann im Alltag helfen, diverse Begegnungen mit dem Wort, aber auch mit korrelierenden Ansprüchen, durch methodische Versenkung der Wirklichkeit des göttlichen Geistes näherzukommen, einzuordnen und standpunktbezogen zu bewerten. Eine solche Fähigkeit wird im christlichen Kontext geradezu als die Geistesgabe erwartet, die Geister zu unterscheiden. Formelhaft ausgedrückt: Es ist ein Charakteristikum christlicher Spiritualität, die Spiritualitäten zu unterscheiden.

1.2

Wie es „die" Religion nur in Gestalt von Religionen gibt und die Sprache des Menschen nur in Gestalt vieler einzelner Sprachen, so kommt auch „Spiritualität" nur in Gestalt mehr oder weniger konkreter „Spiritualitäten" vor. Man sollte sich insofern daran gewöhnen, den Begriff ggf. durchaus auch im Plural zu verwenden. Der zur Mode gewordene Gebrauch in der Einzahl suggeriert eine Einheitlichkeit, die als solche gar nicht existiert.

Außerdem muss der Spiritualitätsbegriff seines Heiligenscheins beraubt werden. Wie sich unter den Religionen nicht einfach nur gutzuheißende, sondern auch ethisch problematische finden, lassen sich genauso moralisch, politisch oder religiös zwielichtige Ausgestaltungen von „Spiritualität" benennen – namentlich im Bereich des Okkultismus, speziell des Satanismus.[6] Grundsätzlich ist der Illusion entgegenzutreten, als gäbe es einen interessen- oder ideologiefreien Oberbegriff von „Spiritualität". Gerade esoterische Strebungen in Richtung eines Spiritualitätsverständnisses, das auf die mystische Einheit aller Religionen abzielt, täuschen (sich) über die Fakten hinweg: Sie verkennen oder verbergen ihre eigene Verankerung in spezifisch monistischen Traditionen. Der Religionswissenschaftler Michael von Brück weist auf diesen Sachverhalt hin:

> Wir müssen die These von der Einheit der Religionen in der Mystik sehr kritisch befragen. Denn alles, was wir davon wissen, – auch von den spezifischen Geistesschulungen, wie sie etwa im Buddhismus gelehrt werden –, zeigt an, daß die Unterschiede nicht unerheblich sind.[7]

Doch im Interesse des monistisch gebrauchten Spiritualitätsbegriffs liegt es, solche Unterschiede zu verwischen. Bereits 1893 hatte Swami Vivekananda von „Spiritualität" programmatisch im „Welt-Parlament der Religionen" in Chicago geredet und ausgerufen: „Auf, indische Spiritualität, erobere die Welt!" In Chicago trat nach hundert Jahren, also 1993, ein zweites Parlament der Weltreligionen zusammen. Swami Ghahanananda sagte dort im Sinne der meisten anwesenden Vertreter der Religionen: „Die Behälter sind verschieden, der Inhalt ist derselbe. Es gilt, von Harmonie zur Einheit voranzuschreiten.“ Diesem synkretistischen[8] Geist ist der monistische Spiritualitätsbegriff zugetan. Er verbrämt gern den Umstand, dass Spiritualitäten oft in harter Konkurrenz zueinander stehen, weil sie nämlich selten Fragen, vielmehr unterschiedliche, womöglich Paradigmen trennende Antworten transportieren können. Seine Interessenleitung ist von jenem Geist getränkt, der das Göttliche in allen Religionen wahrnimmt – nicht als eine erst noch herzustellende, sondern als bereits vorauszusetzende, spirituelle Einheit aller Religionen, wie sie insbesondere von der modernen Theosophie gelehrt wird. Auf dieser Basis ist dann zum Beispiel auch eine multiple religiöse Identität denkbar.[9]

1.3

Nicht nur heutige esoterische Religiosität mit ihren teilweise obskuren Ausformungen kennt ein monistisches Geistverständnis, sondern bereits die philosophische Tradition der neuplatonischen Metaphysik – und schon die ihr vorgängige Strömung des Gnostizismus. Beide haben spürbare Einflüsse in der frühen Kirchengeschichte hinterlassen. Und dort, wo diese Einflüsse wirksam geworden sind, hat auch der Gedanke an „Versenkung“ im Christentum immer wieder seinen Ort finden können.

Ein Beispiel hierfür wäre in Meister Eckhart (1260–1328) und seiner Lehre vom Rückweg der Seele in die göttliche Dimension des Ungeschaffenen zu finden. Geschaffener und ungeschaffener Abgrund werden demnach „ein einiges Ein“: „Da hat sich der Geist verloren in Gottes Geist; er ist ertrunken in dem grundlosen Meer.“ Das klingt nach den „ozeanischen“ Gefühlen einer Mystik, die des personalen Elements verlustig geht. Auch Johannes Tauler (1300–1361), wohl ein Schüler Eckharts, spricht demgemäß von dem „Namenlosen der Seele“ und davon, dass der Geist des Menschen am Ende seiner „Versenkung“ in die göttliche Finsternis gezogen und sogar allen Genießens beraubt werde. Tiefenpsychologisch könnte man sagen: Hier wird regressiv an embryonale Vorbewusstseinsstufen angeknüpft. Ein solcher – im doppelten Sinn – „Rückweg“ liegt indessen nicht auf der Linie christlichen Erlösungsglaubens, wohl aber auf der neuplatonischer oder gnostischer Metaphysik.

Dass christliche Mystik freilich auch ohne den Begriff oder die Praxis methodischer Selbstversenkung auskommt, lässt sich schon bei dem Kirchenvater Augustin (354–430) lernen. Tatsächlich hat der große Lateiner keine methodische, auf Versenkung bzw. Vereinigung mit der Gottheit zielende Mystik betrieben oder empfohlen. Nennenswert ist in diesem Zusammenhang auch Hildegard von Bingen (1098–1179): Ihre visionäre Schau des Menschen im Kosmos ist viel zu positiv, als dass sie in weltferne Versenkung und abstrakte Selbstverleugnung münden könnte. Gottes- und Nächstenliebe schließen für sie zwar durchaus den Impuls, sich selbst zu überschreiten, aber zugleich Selbstliebe im tieferen Sinn ein:

> Du sollst dich auf die Süßigkeit seiner Liebe konzentrieren und auch dich selbst lieben. Wie? Wenn du Gott liebst, liebst du dein Heil. Und wie du in all dem dich liebst, so sollst du auch einen Nächsten lieben.

Hier ist an keine Versenkung zu denken, die das personale Element kassieren und in regressiv bestimmte Mystik münden würde.

Bei Gerhard Tersteegen (1697–1769) schillert der Sachverhalt zunächst. Das Evangelische Gesangbuch enthält noch heute acht seiner Lieder, darunter „Gott ist gegenwärtig", in dem sich tiefe mystische Empfindung kundtut: „Luft, die alles füllet, drin wir immer schweben, / aller Dinge Grund und Leben, / Meer ohn' Grund und Ende, Wunder aller Wunder, / ich senk mich in dich hinunter." Hier klingt Versenkungsspiritualität im Sinne ozeanischer Regression an; doch lässt sich Tersteegen bei genauerer Betrachtung als ein Mystiker verstehen, dem es nicht um methodische Versenkung ging, sondern um das Hinsinken vor dem liebenden Herrn. So konnte er dichten: „O Geist, o Strom, der uns vom Sohne / eröffnet und kristallenrein / aus Gottes und des Lammes Throne / nun quillt in stille Herzen ein: / Ich öffne meinen Mund und sinke / hin zu der Quelle, dass ich trinke!" Nicht Substanz-, sondern reine Liebesmystik ist für ihn charakteristisch.

Ein aktuelles Exemplum für Versenkungsspiritualität stellt indessen der XIV. Dalai Lama dar. Der Friedensnobelpreisträger, der tiefste mystische Versenkung[10] und große Weltaufgeschlossenheit miteinander zu verbinden weiß, vertritt mit dem tibetischen Buddhismus einen Nicht-Dualismus, der besagtem Geist-Monismus genau entspricht. Walter Evans-Wentz hat diese Spiritualität in seinem Buch über „Die Geheimlehren aus Tibet" einmal trefflich „die gnostische Kirche des Buddhismus" genannt. Demnach ist der Geist die einzige Wirklichkeit, auch wenn er sich in vielen Geisteskräften offenbart: „Weder das Eine noch die Vielen können ohne einander wirklich bestehen." Die hierauf sich gründende Weisheit der „Leere" besagt:

> Ich und Welt haben keinen absoluten oder wirklichen, sondern nur einen relativen Bestand. Das Ich (die Seele) ist nicht wirklicher als die Mondspiegelung im Wasser; es ist ein von der Wirklichkeit geworfener, aus Erscheinungen zusammengesetzter Schatten […].

Wie anders sieht doch dagegen die Spiritualität eines Paulus mit ihrer Menschen- und Weltfreundlichkeit aus, die im Paradigma von Schöpfer und

Schöpfung denkt! Zwar kann auch der Apostel ausrufen: „Nicht ich!" (Gal 2,20) Und: „Tot für die Welt!" (Gal 6,14). Aber dann heißt es ja bei ihm weiter: „... sondern Christus lebt in mir!" Und: „Leben für Gott! Leben für Christus!" Sein Messias ist einer, der das Ich der Geschöpfe liebt und transformierend zur Auferstehung bringt. Paulus kennt zwar auch eine Geist-Mystik: Der an Christus Glaubende ist mit ihm „*ein* Geist" (1Kor 6,17); aber das ist keine geistmonistische, sondern eine rein liebesmystische Aussage. Dementsprechend ist seine Ethik nicht von „Gelassenheit" bestimmt, sondern vom Eifer der Liebe für den Gott, der in seinem gekreuzigten Sohn als der erkannt wird, der die Welt trotz all ihrer Übel liebt.[11] Um dieses Evangeliums willen gilt es im Alltag wie am Sonntag christliche Spiritualität zu leben – und die Spiritualitäten zu unterscheiden.

Werner Thiede

2. Lebensführung

2.1

In lockerer Anknüpfung an den letzten Satz soll im Folgenden gefragt werden, ob und wie Spiritualität und Alltag zusammenbuchstabiert werden können. Ist so etwas überhaupt möglich? Ist Spiritualität nicht per se etwas, was gerade nicht mit dem normalen Alltag zu tun hat, sondern – wenn schon – eher dem Sonntag zugehört?

Dass bei manchen spontan solche Bedenken aufkommen, ist nicht zufällig. In der christlichen Frömmigkeitsgeschichte ist es in der Tat zu der Vorstellung gekommen, dass Spiritualität – bzw. die entsprechenden Termini, die man damals dafür gebrauchte, wie z.B. „geistliches Leben" – einem normalen Christenmenschen nicht zukommt. Sie galt als jenen vorbehalten, die dafür einen besonderen Lebensstand gewählt haben, nämlich den der Ordensleute. Wer einer Ordenskommunität angehörte, hatte sich für eine Lebensform entschieden, in der Gebet, Kontemplation, Gottesdienst eine dominierende Rolle spielten und alles Übrige darum herum eingerichtet war. Das Leben hier lief gleichsam völlig gegenläufig zum Leben außerhalb der Klostermauern ab, wo viel Zeit und Kraft dafür investiert werden musste, um den Lebensunterhalt für sich und seine Familie einigermaßen zu gewährleisten, und die Zeiträume für das geistliche Leben eher knapp bemessen waren, auch wenn sie sorgfältig eingehalten wurden. Zudem war die vom Volk praktizierte Frömmigkeit schlicht und einfach gehalten, während für das im Kloster gepflegte geistliche Leben eigene und religiöskulturell hochwertige Ausdrucksformen entwickelt werden konnten. Das verstärkte nochmals den Eindruck, dass die im Kloster praktizierte Frömmigkeit in ihren vielfältigen Facetten die eigentliche Form, sozusagen die Hochform geistlichen Lebens ausmacht, im Vergleich zu der alle anderen Frömmigkeitspraktiken minderwertig sind. Bekräftigt wurde das in den mittelalterlichen Kloster- und Kathedralkirchen durch die strikte Trennung zwischen dem Bereich, der dem Klerus bzw. den Ordensleuten vorbehalten war, und dem, der den übrigen Gläubigen zugänglich war. Während hinter dem Lettner, der Trennwand zwischen den Bereichen, für das Volk nicht sichtbar, bestenfalls hörbar von den „Geistlichen" die offizielle Liturgie zelebriert wurde, wurden von den „normalen" Gläubigen je für sich die unterschiedlichsten Frömmigkeitsformen praktiziert.

Von dieser Tradition rührt es her, dass – im katholischen Raum vermutlich stärker als im protestantischen, weil hier durch die Reformation zumindest prinzipiell die Zwei-Stände-Ordnung (Klerus bzw. Ordensleute und Laien) in der Kirche abgeschafft war – die Vorstellung weit verbreitet war, geistliches Leben bzw. Spiritualität sei nur etwas für die dazu Berufenen, etwas für „auserlesene" Gläubige (Klerus) und entsprechend etwas Elitäres, an das die von den dazu nicht berufenen und gehörigen Gläubigen praktizierte Frömmigkeit nicht heranreichen könne. Entsprechend klang in der Rede von der Volksfrömmigkeit bzw. von der Volksreligiosität etwas Abwertendes und Pejoratives mit. Sie wurde keiner weiteren Beachtung für wert befunden, es sei denn, man meinte, sie einigermaßen unter Kontrolle halten und vor allem gegen Ausschreitungen magischer u.a. Art im Sinne der Orthodoxie regulierend einschreiten zu müssen.

Als im Zusammenhang des wachsenden Bewusstseins des Laienkatholizismus seit Mitte des 19. Jahrhunderts der Ruf nach einer eigenen „Laienspiritualität" aufkam, wurde dem anfangs nicht selten entgegengehalten, das Zusammenknüpfen der beiden Begriffe Laie und Spiritualität sei ein Widerspruch in sich. Vielleicht – das müsste genauer untersucht werden – sind nicht zuletzt diese Vorgänge ein Grund dafür, dass, wenn Menschen heute (ob es sich dabei um einen Trend oder gar Mega-Trend handelt, den einige meinen beobachten zu können, bleibe dahingestellt) auf Suche nach Spiritualität für ihr Leben sind, dies vielfach außerhalb der Kirchen tun, weil sie diesen gegenüber den Argwohn hegen, sie habe ihnen dazu nichts Förderliches zu bieten. Offensichtlich gibt es einen tief sitzenden Verdacht gegenüber den Kirchen, dass, wer sich allzu sehr auf sie einlasse, eher von sich selbst entfremdet würde als zu sich selbst käme. Genau das ist es jedoch, was sich mit dem Wunsch nach Spiritualität heute maßgeblich verbindet: das Wegkommen von der in allen möglichen Lebensbereichen empfundenen Fremdbestimmung, das Hingelangen zu einem authentischen Ich-Sein-Können.

Ob und inwieweit dazu die derzeit reichlich auf dem bunten spirituellen Markt feilgebotenen Angebote wirklich taugen, braucht hier nicht entschieden zu werden. Unterscheidungen vornehmen zu können, ist sicherlich hilfreich und notwendig. Aber die Kirchen müssen damit rechnen, dass sie für viele Menschen in dieser Hinsicht jeglichen Kredit verspielt haben. Sie können ihn nur zurückgewinnen, wenn sie das Gefühl vermitteln, dass sie absichtslos für die Menschen da und mit ihren Sorgen und Nöten ebenso wie mit ihren Sehnsüchten und ihrem Suchen nach einem erfüllten Leben solidarisch sind. Das beginnt damit, dass kirchlicherseits jegliches heute antreffbare Suchen nach Spiritualität, mag es von ihrer Warte gesehen noch so befremdlich sein, ernst genommen wird. Die damit verbundenen Motive müssen erkundet werden, um so die heutigen Menschen in ihren jeweiligen Befindlichkeiten besser kennen zu lernen und so gut wie möglich zu verstehen.

2.2

„Spiritualität im Alltag" ist eine Seite auf der Homepage des Lassalle-Hauses im schweizerischen Bad Schönbrunn überschrieben.[12] Dazu findet sich ein knapper Erläuterungstext:

> Spiritualität bezeichnete bis vor kurzem einen Lebensstil, der sich durch den Heiligen Geist (Spiritus Sanctus) prägen lies. Heute ist Spiritualität über den christlichen Kontext hinaus zum Inbegriff eines Lebens geworden, das sich geistig-geistlichen Quellen verdankt. Menschen suchen in der Spiritualität neu die Mitte eines fragmentierten Lebens, das Wesentliche unter den vielen Kräften oberflächlicher Zerstreuung, die geistige Vertiefung und Orientierung angesichts einer rationalisierten Welt. Das Lassalle-Haus bietet eine Reihe von Workshops, Seminaren und Tagungen an, die spirituelle Quellen für das alltägliche Leben erschließen und Hilfen bieten, um die in der Meditation geschenkten Erfahrungen im Alltag umzusetzen: in Partnerschaft und Familie, in unterschiedlichen Berufsgebieten sowie in Gesellschaft und Politik.

Es gibt im Raum der Kirchen eine Vielzahl von Einrichtungen mit ähnlichen Angeboten, teilweise in kirchlicher Trägerschaft, teilweise von Orden oder geistlichen Gemeinschaften und Bewegungen unterhalten, wovon jeweils auch das spezifische Profil bestimmt ist. Neben solchen Möglichkeiten, sich vom Alltag eine Auszeit zur Besinnung zu nehmen, um dann mit den neu gewonnenen Erfahrungen wieder in den Alltag einzusteigen und ihn möglicherweise umzugestalten, gibt es auch verschiedene Projekte, Spiritualität noch näher an den Alltag heranzubringen, in ihn zu integrieren, etwa in Form der „Exerzitien im Alltag", bei denen die Teilnehmenden ihren beruflichen o.ä. Alltagsrhythmus weitgehend beibehalten und ihn für eine bestimmte Zeit am Morgen oder am Abend oder zwischendurch unterbrechen, um gemeinsam mit anderen geistliche Übungen durchzuführen. Die große Nachfrage nach solchen Möglichkeiten, sich eine geistliche Lebensform zumindest für eine bestimmte Zeit zu eigen zu machen, dokumentiert, dass es sich nicht um vereinzelte Ausnahmefälle handelt, die ein Bedürfnis danach haben.

Gleichwohl scheint mir hierbei die Verbindung von Spiritualität und Alltag noch nicht konsequent genug angegangen zu werden. Denn die so praktizierte Spiritualität ist und bleibt etwas von der sonstigen Alltagsroutine Unterschiedenes, sie unterbricht diese gewissermaßen, und die Betroffenen zehren von diesen Unterbrechungen für ihren danach wieder mehr oder weniger routinemäßig ablaufenden Alltag. Gibt es eine Spiritualität, die noch direkter mit dem Alltag einhergeht, in ihn voll und ganz integriert ist, bzw. gibt es eine gegenseitige Durchdringung von Spiritualität und Alltag?

Entscheidend für die Beantwortung dieser Frage ist, wie Spiritualität verstanden wird. Ist sie ein Teilbereich des Lebens, in dem möglicherweise mithilfe verschiedener Praktiken das Leben in einer besonderen Weise – vielleicht mit einer besonderen Tiefenschärfe – erfahren wird? Oder ist sie durch und durch mit dem ganzen Leben verwoben?

Letzteres ist dann der Fall, wenn Spiritualität verstanden wird als das Fundament, auf dem eine Person ihr Leben gründet und das ihr Sinn und Orientierung verleiht. Anders formuliert: Spiritualität ist der Geist, von dem die Menschen sich in ihrem Leben letztlich leiten lassen. Weil jedwede Lebensführung von einem bestimmten Geist geleitet ist, kann man sagen, dass grundsätzlich jeder Mensch spirituell ist. Die entscheidende Frage ist dann nur, um welchen Geist es sich jeweils handelt und in welch unterschiedlicher Weise sich das auswirkt. So macht es beispielsweise einen Unterschied, ob eine Person nur auf das Beste für sich allein aus oder ob sie um das Gemeinwohl aller besorgt ist, ob sie nur ihr ganzes Trachten auf materielle Werte ausrichtet oder ob sie Maßstäben folgt, die sich nicht vordergründig verrechnen lassen, ob sie gegenüber dem Leid anderer gleichgültig ist und sich davon berühren lässt, ob sie sich den Sinn des Lebens durch eigene Leistung selbst erwerben muss oder ihn ihr als Geschenk gegeben weiß, ob sie – um es zusammenfassend in der Terminologie von Erich Fromm auszudrücken – ihr Leben im Modus des Habens oder im Modus des Seins gestaltet.

In der Regel ist man sich des Geistes oder der Geister, von dem oder denen man sich leiten lässt, gar nicht ausdrücklich bewusst. Man hat die jeweilige Lebenseinstellung im Laufe der Sozialisation als weitgehend selbstverständlich vermittelt bekommen bzw. man hat sich weitgehend dem in der jeweiligen Zeit tonangebenden Geist angepasst. Es kann sein, dass das ein ganzes Leben lang nie hinterfragt wird. Anders wird es, wenn man – aus welchen Gründen auch immer – aus der Alltagsroutine herausgerissen wird und man über die bisherige Weise, zu leben, und der Einstellung dazu ins Nachdenken kommt. Dann kann auf einmal das, was bisher als selbstverständlich galt, ins Wanken geraten, kann es zu einer bewussten Änderung der Lebenseinstellung und des Lebensstils kommen. Auf jeden Fall wird man sagen dürfen, dass eine als Haltung zum Leben insgesamt verstandenen Spiritualität mit den biografischen Höhen und Tiefen einer Existenz engstens verknüpft ist und damit einhergeht. In der Regel dürfte das kaum ohne Brüche und Veränderungen abgehen.

2.3

So sehr der Geist oder die Geister die je persönliche Sache dessen ist, dem er oder sie zu eigen ist bzw. sind, so finden sie ihren den Einzelnen übergreifenden Niederschlag in bestimmten Objektivationen, vornehmlich in den Religionen und Weltanschauungen aller Art. Umgekehrt können diese bei der expliziten Vergewisserung des eigenen „Lebensgeistes" auch zu dessen Vertiefung oder zur Umorientierung anregen.

Will man bei allen je existenziellen Ausprägungen ein sie verbindendes Charakteristikum christlicher Spiritualität ausmachen, so besteht es darin, dass diese aus der Erfahrung der unbedingten Annahme und Bejahung des Gottes, wie er sich der jüdisch-christlichen Überlieferungsgeschichte zufolge kundgetan hat, erwächst. Diese Annahme und Bejahung erfolgen von Gott her, ohne dass zuvor menschlicherseits eine Leistung dafür erbracht worden ist und werden muss; Gott bleibt seiner Zusage treu, auch wenn sich der Mensch in Schuld verstrickt. Dem christlichen Glauben zufolge ist das Leben jedes Menschen ein von der absoluten Liebe Gottes zuteil gewordenes Geschenk. Entsprechend will das Leben als Geschenk gelebt werden. Das macht im Kern christliche Spiritualität aus. Ihr vorzüglicher Bewährungsort ist nirgendwo sonst, als wo das Leben normalerweise gelebt wird: im Alltag.

Diese Verortung der Spiritualität im Alltag vollzieht sich so, wie normalerweise der Alltag abläuft: völlig unspektakulär. Es geht nicht darum, den Alltag spirituell verklären zu wollen und ihm damit den Anstrich des Gewöhnlichen und Unscheinbaren zu nehmen, ihn also zum Festtag zu verwandeln. Vielmehr gilt es, den Alltag gerade in seiner Alltäglichkeit anzunehmen und zu leben, die teilweise immer gleichen Verrichtungen, die ihn weitgehend ausfüllen, zu erledigen, die Spannung auszuhalten, immer wieder zwischen emotionalen Höhen und Tiefen hin und her gerissen zu sein. Karl Rahner, dem es leidenschaftlich um eine christliche Spiritualität des Alltags zu tun war,[13] hat einmal folgende kleine Phänomenologie des Alltäglichen zusammengestellt:

Die langen gleichen Stunden, die Monotonie der Pflicht, die Arbeit, die jedermann selbstverständlich findet, das lange und bittere Mühen, für das niemand dankt, das Verbraucht- und Geopfertwerden des Alters, die Enttäuschungen und Misserfolge, die Missverständnisse und die Verständnislosigkeiten, die unerfüllten Wünsche, die kleinen Verdemütigungen, die unvermeidliche Rechthaberei des Alters gegen die Jugend, die ebenso unvermeidliche Herzlosigkeit der Jugend gegen das Alter, die kleinen Beschwerden des Leibes, die Unfreundlichkeit des Wetters, die Reibungen eines engen Zusammenleben[14]

… und viele tausend andere Dinge. Nach Rahner ist es nun entscheidend, wie man diesen Alltag lebt und besteht. Man kann im Trott des Immergleichen abstumpfen, alles über sich ergehen lassen und ihn so mehr oder weniger gut zu überstehen versuchen. Bestehen des Alltags heißt dann, sich damit abzufinden, dass man sowieso einmal sterben muss. Christliche Existenz im Alltag besteht darin, sich von seiner depressiven Trödelei nicht einfach in Beschlag nehmen zu lassen, nicht zu verbittern und abzustumpfen, sondern sich von einem bloßen Darin-Verhaftetsein zu befreien und wahrzunehmen, was auch den Alltag ausmacht, aber leicht übersehen wird – Aufmerksamkeit für die vermeintlich kleinen Dinge, Gesten der Freundlichkeit und Zuneigung, die Menschen einander zukommen lassen, Rücksichtnahmen, gegenseitige Ermutigungen, unaufgeforderte Hilfeleistungen, Solidaritätsbekundungen etc., Augenblicke, in denen hier und jetzt bereits etwas von dem durchscheint, was mit der gläubigen Rede von Auferstehung gemeint ist. Es wird etwas von dem ansichtig und erfahrbar, was der Alltag als Gottes Schöpfungswerk ist und sein soll: Miteinanderleben in Güte, Geduld, Frieden und Verstehen, Langmut und Sanftmut, Verzeihen und Ertragen, selbstloser Treue[15] – kurz: gelebte Spiritualität.

Solange das nicht zum endgültigen Durchbruch gekommen ist, ist spirituelle Lebensführung allerdings vor Anfechtungen nicht gefeit, sie führt möglicherweise noch tiefer in sie hinein. Sie überspielt nicht das Fragmentarische des menschlichen Lebens, seine Zerrissenheit und Widersprüchlichkeit; sie huldigt keinem Vollkommenheitswahn. Sie kennt Skepsis, Zweifel und Verzweiflung. Mit der Realität des Leids und des Bösen konfrontiert, lässt sie sich in der Rede von einem menschenfreundlichen Gott irritieren. Phasen der Gottesfinsternis sind ihr nicht fremd – in der Hoffnung, dass Gottes Licht und Liebe einmal alles erfüllen wird, auch und gerade den Alltag, was auch immer dieser dann ist.

Norbert Mette

Literatur

BARTH, H.M., Spiritualität (BenshH 74), Göttingen 1993.
RUHBACH, G., Geistlich leben. Wege zu einer Spiritualität im Alltag, Gießen 1996.
SCHÜTZ, C. (Hg.), Praktisches Lexikon der Spiritualität, Freiburg i.Br. 1988.

Anmerkungen

1 STEFFENSKY, F., Was ist Spiritualität?, in: CHRISMON 11/2007, 38f, hier 38.
2 Vgl. bereits THIEDE, W., Der Spiritualitätsbegriff, in: Ritter, W./Rothgangel, M. (Hg.), Religionspädagogik und Theologie. Enzyklopädische Aspekte (FS W. Sturm), Stuttgart 1998, 184–205.
3 SCHELLENBERGER, B., Ein anderes Leben. Was ein Mönch erfährt, Freiburg u.a. 1980, 68.
4 Vgl. THIEDE, W., Theologie und Esoterik, Leipzig 2007.
5 HUMMEL, R., Religiöser Pluralismus oder christliches Abendland?, Darmstadt 1994, 94f.
6 Dazu mein Aufsatz „Suche nach Thrill oder nach Sinn? Zur Frage der (Be-)Deutung von Okkultismus und Satanismus unter jungen Menschen", in: Materialdienst der EZW 66 (2003), 163–175 und 243–253.
7 BRÜCK, M. VON, Tübinger Dialoggespräch: Die Pluralität der Religionen und der religiöse Pluralismus, in: Dialog der Religionen 1 (1991), 130–178, hier 173.
8 Dazu meine Ausführungen in: THIEDE, W. (Hg.), Esoterik – die postreligiöse Dauerwelle, Neukirchen-Vluyn 1995, c. IV.
9 Vgl. THIEDE, W., Multiple religiöse Identitäten, in: Materialdienst der EZW 11 (2007), 403–412.
10 Vgl. HEILER, F., Die buddhistische Versenkung. Eine religionsgeschichtliche Untersuchung, München [2]1922.
11 Vgl. THIEDE, W., Der gekreuzigte Sinn. Eine trinitarische Theodizee, Gütersloh 2007.
12 Zugriff am 02.01.2008.
13 Vgl. KLINGER, E., Das absolute Geheimnis im Alltag entdecken. Zur spirituellen Theologie Karl Rahners, Würzburg 1994.
14 RAHNER, K., Von der Not und dem Segen des Gebetes, Freiburg i.Br. 1958, 72.
15 Vgl. ebd., 74.

Markus Buntfuß/Gerhard Rau

Küchentisch/Geborgenheit

1. Küchentisch

Ich bin kein Küchentischkind, sondern ein Esszimmertischkind. Frühe Erfahrungen von Heimeligkeit an einem blank gescheuerten Holztisch in einer überheizten Küche während die Mutter den Sonntagsbraten zubereitet oder Weihnachtsplätzchen bäckt waren mir ebenso wenig vergönnt wie großfamiliäre Zusammenkünfte um das zentrale Wohnmöbel unterm Herrgottswinkel. Bei uns speiste die typische Kleinfamilie im Esszimmer und versammelte sich anschließend im Wohnzimmer. Dabei galten bürgerlich disziplinierende Anstandsregeln und eine traditionelle Rollenverteilung. Vielleicht denke ich deshalb bei dem Wort Küchentisch an Ikea-Werbung und Michel aus Lönneberga und assoziiere damit nicht nur behagliche Häuslichkeit, sondern auch ungezwungene Geselligkeit.

Unvergessen deshalb auch die ersten Erfahrungen mit einem gemeinsamen Küchentisch für alle Stockwerksbewohner/innen im Studentenwohnheim. Alle kamen und gingen wie und wann sie wollten. Es gab keinen Dresscode und keine festgelegten Essenszeiten. Man kochte entweder gemeinsam oder für sich. Trotzdem saß man dort selten allein. Irgendwer machte sich immer etwas zu essen und irgendwem stand immer der Sinn nach einem Plausch bei einer Tasse Tee oder Kaffee. Individuelle und soziale Bedürfnisse schienen sich hier scheinbar spielerisch vereinbaren zu lassen – ungezwungen und unbeengt durch cinen festen Kodex von Benimmregeln. Ganz zu schweigen von den abendlichen Zusammenkünften kontaktfreudiger und feierwütiger Studierender um den Küchentisch – so wie jede gute Party in der Küche beginnt und in der Küche endet. In meiner persönlichen Vorstellungswelt hat der Küchentisch deshalb etwas Sozialrevolutionäres und Anarchisches.

Sozialgeschichtlich steht der Küchentisch freilich weniger für Freiheit als für Arbeit. Die längste Zeit über war die Küche und ihr zentraler Tisch ein Ort der Arbeit. Das altgriechische Wort für Küchentisch (eleós) bezeichnet den Tisch, an dem das Fleisch zerteilt wird. Am Küchentisch wurden schon früh morgens Kartoffeln geschält, Fische ausgenommen, Kräuter gehackt, Gemüse gesäubert, Teig ausgerollt, Hühner gerupft und Gänse gestopft. Kein gemütlicher Ort also. Es war schmutzig und heiß, stank nach Fett und Blut, Wasserdampf hing in der Luft und der Boden war klebrig.

Vor allem in der bäuerlichen Lebenswelt, aber auch im großbürgerlichen Haushalt mit Bediensteten war und ist die Küche ein Arbeitsraum und der Küchentisch ein Arbeitstisch. Insofern ist der Küchentisch ein milieuabhängiges Phänomen. Auch in der kleinen Arbeiterwohnung oder in modernen Ein- bis Zweizimmerappartements, in denen kein Platz für ein Esszimmer oder eine separate Essecke ist, diente und dient der Küchentisch als Allroundmöbel. Hier wird gekocht, gegessen, Zeitung gelesen, gebastelt, der Urlaub geplant, werden die Urlaubsfotos angeschaut, die Hausaufgaben gemacht, die Lebensversicherung unterschrieben und der Pfarrer empfangen. In der erzählenden Literatur, in Theater und Kino fungiert der Küchentisch deshalb oft als häuslicher Lebensmittelpunkt, an dem man sich spontan begegnet, oder bewusst versammelt, an dem man alleine sitzt, liest und trinkt, oder zusammen redet, spielt, lacht, streitet, feiert und trauert. Unvergessen auch die überzeugende Darstellung von Jessica Lange und Jack Nicholson in *Wenn der Postmann zweimal klingelt,* die den Küchentisch als Ort sexueller Phantasien inszeniert und die Geburt eines Kindes auf dem Küchentisch in Alfonso Araus *Bittersüße Schokolade.*

Im Unterschied zu diesen Inszenierungen des prallen Lebens geriet die Kultur des Küchentischs im bürgerlichen Haus lange Zeit in Vergessenheit. Denn das Bürgertum verlagerte den Ort der gemeinsamen Mahlzeit in ein eigens dafür eingerichtetes Speisezimmer. Bürgerlicher Selbstinszenierung zufolge, die hier – wie in anderen Lebensbereichen auch – dem höfischen Repräsentationsbedürfnis nacheifert, wird die Arbeit der Nahrungszubereitung von dem Genuss der Nahrungsaufnahme und der freien Tischgesellschaft abgesondert. Die Mühen (der Anderen) sollen den (eigenen) Genuss nicht trüben. Von dieser Logik zehrt noch der abgedroschene Witz, in dem der Mann zu seiner Frau sagt: „Mutter, mach die Küchentür zu – ich kann nicht sehen, wie Du Dich abrackerst." In der postbürgerlich-patriarchalen Kleinfamilie transformiert sich der Standesunterschied zwischen der Herrschaft und den Hausangestellten in unterschiedlich verteilte Rollenmuster.

Es darf deshalb vielleicht auch als ein Beitrag zu Demokratisierung und Gleichberechtigung gewertet werden, wenn sich der Küchentisch inzwischen wieder verstärkter Beliebtheit erfreut und seine Renaissance in einer neu organisierten Wohnarchitektur feiert. Denn wer heute genügend Platz hat und über ausreichende Mittel verfügt, der richtet sich eine Wohnküche ein, in der dem Küchentisch wieder ein zentraler Platz und eine herausragende Funktion zukommen. Auf der Homepage von PLANA Küchenland etwa wird die Plana-Wohn-Küche folgendermaßen beworben:

> Die Küche als Zentrum des Haushalts wird immer wichtiger. Für viele Familien ist die Küche der einzige Ort, wo sich die ganze Familie zumindest einmal am Tag versammelt. Und für immer mehr Menschen ist das gemeinsame Kochen und Essen mehr als nur tägliche Routine, sondern aktive Entspannung, mit viel Spaß verbunden

und lebendiger Ausdruck von Zusammengehörigkeit. Kein Wunder, dass angesichts dieser Entwicklung die Anforderungen, die heute an Küchen gestellt werden, oft jenen gleichen, die auch für Wohnräume typisch sind. (http://www.plana.de/Wohnkueche.PLANA; 03.01.2008)

Aus der Not beengter Verhältnisse hat sich inzwischen eine Tugend neuer Lebens- und Wohnbedürfnisse entwickelt, einschließlich eines neuen Verständnisses von häuslicher Arbeit – zumindest, was die Nahrungszubereitung betrifft. Denn Kochen gilt heute nicht mehr als Arbeit, derer man sich schämt, sondern als Kunst, derer man sich rühmt. Unter dem Einfluss einer massenmedialen Großoffensive in culinaricis mit zig Koch- und Dinner-Sendungen sowie einem überflutenden Kochbuchmarkt gelten Kochkultur und slow food inzwischen als Aushängeschilder einer ehemals bürgerlich gehobenen Mittelschicht. Dabei kommt dem Küchentisch die Funktion einer Bühne für die neue kulinarische Selbstinszenierung immer breiterer Bevölkerungsschichten zu. Er steht nicht nur für nostalgischen Wohlfühlfaktor, sondern auch für eine Atmosphäre ungezwungener Geselligkeit und Wohnlichkeit. Eine Theologie des Küchentischs hat deshalb diese Dimension nicht nur kulinarischer, sondern ganzheitlich-geselliger Lebenskunst nicht als ‚neuen Küchenkult' zu kritisieren, sondern als Ausdruck einer Religion des alltäglichen Lebens zu reflektieren.

Markus Buntfuß

2. Geborgenheit

Dem Begriff „Küchentisch" in einer aktuellen Politik-Argumentation zu begegnen, überrascht und macht stutzig. So in einem Bericht des SPIEGEL (vom 7.1.2008) über den laufenden Vorwahlkampf zur US-amerikanischen Präsidentenwahl. Galt für diese spezielle Wahlschlacht zwischen den Demokraten und den Republikanern bislang der Irak-Krieg als Top-Thema, so verändert die populistische Parteipropaganda derzeit merklich ihr Gesicht, so dass der Wahlkampfmanager der Republikaner, Karl Rove, seinen Parteifreunden rät, ihre Parolen schleunigst umzuformulieren und sich dem

Themenwechsel nicht zu verweigern: Die Präsidentschaftskandidaten sollten sich von nun an ‚sichtbar, laut und kraftvoll' um jene Fragen kümmern, die ‚rund um den Küchentisch' eine Rolle spielen: die Gesundheitspolitik, die Angst vor Jobverlust, die ganze Palette der Befürchtungen, die sich aus jenem widersprüchlichen Prozess ergeben, den man gemeinhin Globalisierung nennt. (77).

Bei dem bekannten religiös-konfessionellen Pluralismus in den USA ist wohl nicht anzunehmen, dass auf eben diesen Küchentisch nicht nur die sozialpolitischen und ökonomischen Sorgen schwappen, sondern dass dort auch Luthers Morgensegen, vielleicht sogar in einer plastikverschweißten Version, bereitliegt, um die Familie am Morgen dadurch zu stärken, dass ihr von Gott „Schutz und Geborgenheit" zugesichert wird:

Das walte Gott, Vater, Sohn und Heiliger Geist! Amen
Ich danke dir, mein himmlischer Vater, durch Jesus Christus, deinen lieben Sohn, dass du mich diese Nacht vor allem Schaden und Gefahr behütet hast, und bitte dich, du wollest mich diesen Tag auch behüten vor Sünden und allem Übel, dass dir all mein Tun und Leben gefalle. Denn ich befehle mich, meinen Leib und Seele und alles in deine Hände. Dein heiliger Engel sei mit mir, dass der böse Feind keine Macht an mir finde.

Als Regieanweisung gibt Luther zusätzlich den Rat: „Des Morgens, wenn du aufstehst, kannst du dich segnen mit dem Zeichen des heiligen Kreuzes und sagen: Das walte Gott …" (Übrigens, ganz parallel ist der Abendsegen formuliert!) Zum Ende des Morgensegens lautet die Aufforderung: „Alsdann mit Freuden an dein Werk gegangen und etwa ein Lied gesungen oder was dir deine Andacht eingibt."

Der „Küchentisch" steht hier also für die Gesundheits- sowie die Sozial- und Wirtschaftspolitik des Landes und deren Auswirkungen auf das einzelne Menschenleben: ob der Körper gesund oder krank ist; ob Vater und Mutter Arbeit haben und ihre Kinder ernähren können; ob die Hoffnung auf die Zukunft berechtigt ist, weil stabile Strukturen das Risiko allen Lebens mindern. Alle diese elementaren Fragen bündeln sich regelrecht am Küchentisch und verlangen ehrliche Antworten, die für das Wagnis des Lebens Mut machen können.

Es gibt in der Kultursoziologie wunderschöne Modelle zur Abbildung von Lebensebenen, sog. Strata der Kulturentwicklung des Menschen. Ganz unten, als Basis gleichsam, wird die Befriedigung elementarer Bedürfnisse angesiedelt: körperliche und psychische wie geistige Gesundheit bzw. deren Schutz durch die menschliche Gemeinschaft.

Darauf folgt die kommunikative Einbindung des Lebens im Verhältnis zu den Eltern und Geschwistern, den weiteren Verwandten, über die außerfamiliären Gemeinschaften bis hin zum Staat und überstaatlichen Zusammenschlüssen. Die motorischen, ethischen und ästhetischen Sozialisationsleistungen schaffen dann weitere Strata, bis schließlich ein höchstes Stratum konstruiert wird, wo sich die philosophische und religiöse Sinndeutung ansiedeln lässt.

Die grundlegende Ebene, nämlich die erste als die Basis alles Weiteren, bildet als solche wohl eine gemein-menschliche religiöse Erfahrungsdimension aus, die bekannte Schutzfunktion einer Religion. Selbst bei den sich als Atheisten Bekennenden kommt es vor, dass sie in höchster Not automatisch beten oder fluchen. Das Leben bekennt sich in solchen, vom Bewusstsein kaum zu steuernden Reaktionen dazu, dass es „von Bedingungen abhängt, die es selbst nicht herstellen oder garantieren kann“ (nach einer berühmten Formulierung von Ernst-Wolfgang Böckenförde hinsichtlich einer Staats-Legitimation).

Der „Küchentisch“ als Lokalisation der Garantie von Leben durch Nahrung und durch den Schutz, den die Angehörigen einem Menschen gleichsam transmoralisch gewähren, steht damit symbolisch für Geborgenheit schlechthin. Wehe, wenn auf diesen Tisch kein Essen kommt oder wenn an ihm nur gestritten wird.

Ps 22,10: „Du hast mich aus meiner Mutter Leibe gezogen; du ließest mich geborgen sein an der Brust der Mutter. … sei nicht ferne von mir, denn Angst ist nahe; denn es ist hier kein Helfer.“

Die prophetische Verheißung respondiert, vielmehr sie ermöglicht überhaupt erst das Vertrauen in das Leben: „Ich habe mein Wort in deinen Mund gelegt und habe dich unter dem Schatten meiner Hände geborgen, auf dass ich den Himmel von neuem ausbreite und die Erde gründe und zu Zion spreche: du bist mein Volk“ (Jes 51,16).

Zum Wortfeld einer Geborgenheits-Religion gehören die Bilder vom „Sitzen im Schoße der Mutter oder in dem von Abraham“ (Paradiesesbilder!), vom Schutz unter den „Flügeln einer Henne“ oder vom Nest; die Worte Vertrauen, vor allem als Grund- oder Ur-Vertrauen; die Gefühle von Sicherheit und Schutz; die Vorfreude auf das Kommende; die Furchtlosigkeit vor Unbekanntem. Und nicht zuletzt die Ahnung von einem persönlichen Schutzengel. All das ließe sich verstehen als eine Regression auf das Elementare, wie sie auch als neue Plausibilität des Engelglaubens bei Umfragen in Erscheinung tritt.

Es war Claus Westermann, der bei seiner religionsphänomenologischen Arbeit an Texten des Alten Testaments eine Differenz zu erkennen glaubte zwischen einer prophetischen Religion, die dem ganzen Volke in seiner Geschichte gilt, und einer anderen, einer Segensreligion, bei der man darauf vertraut, dass das Mehl in der Schüssel und das Öl im Krug nicht ausgehen. Die zweite Religions-Variante entdeckte er auch im religiösen Umfeld von Israel, gleichsam als eine menschliche Urreligion, wie sie aller Offenbarung vorausgeht, wie sie allerdings vom sich offenbarenden Gott bestätigt wird als göttliche Gabe des Lebens.

Sein Schüler Rainer Albertz hat für die kirchliche Praxis daraus strukturelle Konsequenzen gezogen, indem er die Kasualpraxis der Kirche eben dieser Segens-Religion verpflichtet sieht.

Parallel zu diesen exegetischen Arbeiten am Alten Testament wurden in den 60er und 70er Jahren des 20. Jahrhunderts allgemeine religionssoziologische Arbeiten verfasst, so von Peter L. Berger oder von Thomas Luckmann sowie anderen, durch welche diese „Alltagsreligiosität" in den Grundplausibilitäten des Lebens in ihrer unmittelbaren Wahrheitsrelevanz ebenfalls wiedererkannt wurde.

Durch solche theoretischen Neuansätze bzw. Wiederentdeckungen wurde mithin die Verurteilung einer „natürlichen Theologie in aller liberalen kulturprotestantischen Theologie" insofern korrigiert, als die natürlichen Lebensbedingungen in die religiöse Sinnstruktur zurückgeholt wurden. Allerdings mit dem feinen Unterschied, dass nunmehr nicht einfach die Natur als Offenbarungsquelle restituiert, vielmehr eine „Theologie der Natur" bzw. ein „Philosophie der Natur" zur Erkenntnisaufgabe erklärt wurde.

Nicht die Natur soll zu Gott gemacht werden, eine solche Sicht hatten bereits die Urchristen in der Vorstellung eines heidnischen Vielgötter-Kosmos bekämpft, vielmehr soll durch Gott als den Vater Jesu Christi die Natur geheiligt werden. Es wäre daher völlig unsinnig, den Typos „Offenbarungs-Religion" gegen den Typos einer „Natur-Religion" auszuspielen, vielmehr kommt es auf eine neue Zuordnung beider Religionsverständnisse an.

Der Grund dafür ist ein ganz einfacher: Schon Genesis 3 (Sündenfall!) erfasst das Sachproblem sehr präzise: Die Natur ist nicht einfach identisch mit Gottes Schöpfung. Die Handlungsfreiheit des Menschen setzt dessen Wahrnehmung, dessen Verständnis von Natur, dessen Tun und Erleiden zwischen die Schöpfung und die Natur und konstruiert so einen Sinn des Lebens.

In Luthers Morgen- und Abendsegen wurde für diese Differenz eben das Wort „Segen" eingeführt. Segen ist keine objektive Größe, er ist eine Wahrnehmungs- und Deutungskategorie. Aus solcher Deutung entspringt freilich eine neue Wirkmacht, die mir alles zum Guten werden lassen kann und will, wie Paulus im Römerbrief schreibt: „Alle Dinge müssen zum Besten dienen denen, die Gott lieben" (Röm 8,28).

Die Dinge liegen also nicht so einfach, wie sie Klaus-Peter Jörns mit seinen jüngsten Veröffentlichungen gerne sähe. Seiner Meinung nach müsse die Sünden-Mentalität ausgetauscht werden gegen eine Dankbarkeits-Religion für die guten Schöpfungsgaben und für die Bewahrung des Lebens. Sicherlich rührt dieses Gegen-Programm indirekt her von der noch immer nicht zu Ende gebrachten extremen Eschatologisierung der Theologie durch die „dialektische Theologie" zu Beginn und bis über die Mitte des 20. Jahrhunderts. Eine neuerdings propagierte Abschaffung aller eschatologischen Aspekte würde jedoch jegliche Religion banalisieren und zu einem rein sinnlich-ästhetischen Luxus oder zu einem indifferenten Gefühl von schicksalhafter Geborgenheit oder Ungeborgenheit verkommen lassen. Luthers trinitarischer Ansatz in seinem Morgen- und Abendgebet – mit Vater, Sohn und Heiligem Geist – hält hingegen die Spannung zwischen der

Gabe des Lebens und dem Verlust des Lebens, zwischen dem Lebensdienlichen und dem Lebensfeindlichen in unserem Tun aus. Geborgenheitsgefühle ohne reale Verlustängste wären bloße Illusion und würden den Menschen nur zu einem Selbstbetrug verführen.

Der Küchentisch ist demnach ein Symbol für ein gelingendes Leben, das bei allen Gefahren draußen die Möglichkeit offen lässt, zurückzukehren an die Quelle der ursprünglichen Geborgenheit. Wer diesen symbolischen Küchentisch nie verliert, der wird den Segen verspüren, wie er in Luthers Morgen- und Abendsegen verheißen wird.

Dieser Segen wird uns nicht alles Schlechte und Böse, jede bittere Erfahrung ersparen, er garantiert das Gute nicht im Sinne eines Lebens ohne Leid und Leiden. Dieser Segen entspringt vielmehr dem Glauben und der Erfahrung, dass Gott auch aus „Bösem Gutes werden lassen kann" (Bonhoeffer).

Gerhard Rau

Martin Ohst/Friedrich Schweitzer

Ab ins Bett!/Familie

1. Ab ins Bett!

1.1

Das Abendessen der Familie ist beendet, und für die Kinder eröffnet der Ruf „Ab ins Bett!“ den Schlussakt des Tages: Ausziehen, Duschen/Baden, vielleicht noch etwas Fernsehen, und dann beginnt mit Vorlesen, Abendlied und Abendgebet die Zeit der Nachtruhe.

„Ab ins Bett!“ – Allabendlich signalisiert dieser Ruf, dass Kinder und Eltern sich nun voneinander distanzieren werden. Und nach allerlei Rückzugsgefechten beginnt für die Eltern – so jedenfalls die Idee! – eine Zeitspanne, die ihnen je für sich oder für einander zur Verfügung steht. Oft beginnt diese Zeit damit, dass die Eltern in Sesseln oder am noch nicht abgedeckten Esstisch einander gegenübersitzen und sich erschöpft und träge anschweigen, während langsam auch in ihnen die Turbulenzen des Tages und seiner letzten Phase abklingen. Und in den Gesprächen, die sich dann langsam entspinnen, stehen natürlich auch wieder zunächst einmal die Kinder im Mittelpunkt. Sie sind das wichtigste gemeinsame Thema, das Mann und Frau miteinander verbindet, während sie sonst ja tagsüber zumeist getrennte Wege in ganz unterschiedlichen Sphären zu gehen haben. Spätestens dann, wenn es auch für die Eltern „Ab ins Bett!“ heißt, sehen sie noch einmal gemeinsam nach den schlafenden Kindern. Und dann bezeugen sie einander, dass sie doch eigentlich ein recht harmonisches Familienleben führen.

1.2

Die Rede vom „harmonischen“ Familienleben geht allerdings an der Wirklichkeit vorbei, sofern damit ein gleichsam statisch-harmonischer Wohlklang gemeint sein sollte. „Harmonisch“ kann in Bezug auf das Leben einer Familie lediglich heißen: Akkordfolgen in Dauermodulation einschließlich kräftiger, beißender Dissonanzen.

Die Normalität des Familienlebens ist der permanente Wandel, und zwar gilt das keineswegs nur oder auch bloß vorwiegend wegen des beschleunigten gesellschaftlichen Wandels in der Moderne, der die sozialen Verhältnisse insgesamt destabilisiert und verflüssigt. Auch Familien, die nicht durch Scheidungen und Partnerwechsel auseinandergerissen und neu zusammengefügt werden und denen häufige Umzüge erspart bleiben, sind in sich höchst dynamische Gebilde. Die Verhaltensweisen, die Interessen und Neigungen der Kinder ändern sich – mal im stetigen Fluss und mal abrupt. Die Außenkontakte wechseln, von immer anderen Freundinnen und Freunden ist die Rede, oder sie kommen zu Besuch. Themen und Probleme tauchen unerwartet auf, beherrschen die Gedanken und Gespräche, und sie verschwinden ebenso schnell wieder, wie sie auf der Bildfläche erschienen sind.

Eng damit verbunden sind Verschiebungen in der familiären Gruppendynamik. Unter den Geschwistern bilden sich immer neue Konstellationen, und auch die Beziehungsgefüge zwischen den Eltern und den Kindern ändern sich: Die Tochter, die längere Zeit gern mit dem Vater und den Brüdern ins Fußballstadion ging, findet das mit einmal ‚blöd', entwickelt aber unversehens Verständnis für die musikalischen Neigungen der Mutter.

Ohne offene oder geheime Enttäuschungen gehen diese Entwicklungen nicht ab. Der Vater merkt mit einmal, dass die von ihm geplanten und veranstalteten Sonntags-Ausflüge keinen rechten Anklang mehr finden. Sicher, sie haben ihn bisweilen auch selbst ‚genervt', aber nun fällt es ihm dennoch schwer, den freien Sonntagnachmittag wirklich als Gewinn zu verbuchen.

Auch die Beziehung zwischen Mann und Frau ist Teil des gesamten Beziehungsgeflechts. Und wenngleich es heute wohl eher ungewöhnlich ist, dass Eheleute, Eltern einander als ‚Papa' und ‚Mama' ansprechen – sie nehmen einander doch in hohem Maße als Mutter bzw. Vater der gemeinsamen Kinder wahr. Als kinderloses Paar standen sie einander als Ich und Du gegenüber, nun ist ihre Zweierbeziehung entschränkt, aufgehoben in ein übergreifendes Wir hinein: Wenn die Frau an den Mann denkt, sind die Kinder immer mit dabei und umgekehrt auch.

Auch dann, wenn die Eltern es vermeiden, die Kinder in ihren Konflikten zu instrumentalisieren, bilden sich doch immer wieder neue ‚Koalitionen' im Wechselspiel der Neigungen und Interessen: Mutter und Tochter sehen zusammen mit demonstrativem Genuss einen Fernsehfilm, den Vater und Sohn/Bruder abscheulich finden; bei nächster Gelegenheit funktionieren ‚die Männer' dann das Wohnzimmer zum Fußballstadion um.

Im Sohn nimmt die Mutter Eigenschaften des Vaters wahr, die sie an diesem noch nie sonderlich geschätzt hat, in der Tochter meint der Vater die besseren Möglichkeiten seiner Frau zu erkennen.

1.3

Wenn Mann und Frau einander beim Agieren als Mutter und als Vater zusehen, werden unversehens eigene Kindheitserinnerungen wach, und es werden unwillkürlich Vergleiche angestellt. Sätze wie „Mein Vater hätte sich das nicht gefallen lassen!" oder „Meine Mutter hat sich damals mehr Zeit für uns genommen" müssen manchmal gar nicht ausgesprochen, sondern nur angedeutet werden, um für Verstimmung zu sorgen …

Die Kinder wachsen in die Familie als in ihre Welt hinein. Sie lernen ‚Ich' sagen in einem Kontext, der unverwechselbar bezeichnet ist durch das ‚Wir' der Eltern und Geschwister. Aus dem kleinen Kreis der Familie heraus wächst die Welt des Kindes allmählich ins Weite. Die Kindheitserfahrungen, insbesondere die in der Familie gemachten, bleiben lebenslang prägend. Vorlieben und Aversionen, die sich an Kindheitserinnerungen knüpfen, bringen Erwachsene in ihre eigenen Familien ein – bisweilen zum Leidwesen der Ehepartner – und geben sie an die eigenen Kinder weiter. Elterliche Verhaltensmuster bestimmen lebenslang die Kinder – indem diese sie mehr oder minder reflektiert fortführen, oder, vielfach stärker noch, indem sie sich dezidiert von ihnen absetzen.

In den Romanen des unlängst verstorbenen Walter Kempowski lässt sich das alles studieren. Zunächst hat er in romanhaft stilisierter autobiografischer Erinnerung seine Kindheits- und Jugendgeschichte im Leben mit seinen Eltern und Geschwistern dargestellt („Tadellöser & Wolff", 1971; „Uns geht's ja noch gold", 1972) und dann rückgreifend die Kinder- und Jugendzeit seiner Eltern mitsamt ihren familiären Herkunftsgeschichten in zwei weiteren Romanen hinzugefügt („Aus großer Zeit", 1978; „Schöne Aussicht", 1981). Wenn man die Romane in der Folge ihres Erscheinens liest, dann trifft man von Schritt auf Tritt alte Bekannte: Die Personen und Ereignisse, von denen jetzt erzählt wird, waren ja in den früher erschienen Romanen im Modus der Erinnerung präsent. Und so ist es ja allenthalben: Die Eltern und Schwiegereltern, die Großeltern gehören mit dazu – auch dann, wenn sie schon tot sind oder weit weg wohnen. – Vielleicht ist ja die „Kleinfamilie" doch gar nicht so klein, wie es bisweilen scheint?

Was Kempowski geschaffen hat, ist sicher auch eine Chronik deutschen bürgerlichen Lebens in der ersten Hälfte des 20. Jahrhunderts. Aber darüber hinaus hat er ebenso realistisch wie feinfühlig und humorvoll Grundmuster des Miteinanderlebens in der Familie dargestellt, die auch über die Zeit- und Kulturdifferenzen hinweg durchaus ihre Gültigkeit und Prägekraft bewahrt haben. Man sieht sich beim wiederholten Lesen dieser Bücher auf immer neue Weise im Spiegel: Zunächst als Jugendlicher und Heranwachsender, dann als junger und in die Jahre kommender Familienvater ... Das Lachen über die Eigenheiten und Schrullen der Figuren, über ihre Idiosynkrasien und Zwangsneurosen vergeht einem nicht. Aber es gilt, je länger desto mehr, auch der eigenen Person des lachenden Lesers und ihren im Laufe der Zeit immer deutlicher sich ausprägenden Absonderlichkeiten.

1.4

„Ab ins Bett!" – dieser in unzähligen Familien unzählig oft ertönende abendliche Ruf symbolisiert beides – die in keiner anderen Lebensform herrschende Dichte und Intensität des menschlichen Miteinanders in der Familie und die eben aus ihr erwachsende Notwendigkeit, dass die Mitglieder der Familie einander eben auch Möglichkeiten der Distanzierung, Freiräume gewähren.

Wenn sich die Kinder in den Betten befinden, dann können die Erwachsenen für sich und für einander da sein. Und auch die Kinder dürfen in der folgenden Phase zwischen Wachen und Schlafen ganz allein für sich sein. Anders gewendet: Sie müssen es lernen, dieses Alleinsein auszuhalten, die Distanzierungsphasen innerhalb der Gemeinschaft zu akzeptieren und zu nutzen. Es dauert ja nur wenige Jahre, bis sie ihrerseits anfangen werden, für sich immer weitere Freiräume und Distanzierungsmöglichkeiten einzufordern und zu ermessen.

Dieser ganze Lernprozess, der im Grunde mit der Geburt beginnt und ein vorläufiges Ende findet, wenn die Kinder selbst Eltern werden, ist schwierig, und deshalb folgt zunächst auf das „Ab ins Bett!" ja oft noch eine Phase weiterer Rufe: „Ich hab' Durst!", „Da ist eine Fliege in meinem Zimmer!", „Ich kann nicht einschlafen!". – Und in späteren Jahren sind es dann die Eltern, die das Alleinsein miteinander wieder neu lernen müssen …

1.5

In den ebenso anstrengenden wie trivialen Sequenzen von Alltagsszenen, welche der allabendliche Ruf „Ab ins Bett!" anspricht, verdichtet sich die einmalige Besonderheit der Lebensform „Familie": Nirgends sonst kommen sich Menschen, Mann und Frau, Eltern und Kinder, derart nahe wie hier. Keinen anderen Menschen lässt man je so nahe an sich heran wie die eigenen Kinder und deren Mutter bzw. Vater. Nirgends sonst herrscht zwischen Menschen derart blindes, frageloses Vertrauen wie zwischen Eltern und Kindern, Müttern und Vätern. Wie sonst nirgends werden hier Egoismen zugunsten der Bedürfnisse anderer zurückgestellt: In beiläufig-wortkargem, alltäglichem Heroismus stellen Eltern ihr Leben in den Dienst an einem kranken Kind. Ehemann und Kinder wachsen unversehens über sich selbst hinaus, wenn die Ehefrau und Mutter krank ist und Unterstützung braucht. Was erwachsen gewordene Kinder in der Betreuung und Pflege ihrer alten Eltern leisten, entzieht sich jeder volks- und betriebswirtschaftlichen Berechnung. Und eine Gesellschaft ohne die Tugenden, die so intensiv und selbstverständlich wie nirgends sonst im Familienleben eingeübt werden, möchte man sich nicht einmal als Albtraum vorstellen.

1.6

Aber das ist nur die eine Seite des Phänomens. Sicher, die wechselseitige Nähe von Menschen, welche allein in der Familie entsteht, können Menschen emotional und ethisch ihre besten Möglichkeiten verwirklichen. Aber es gibt eben auch eine andere Seite, und die zeigt sich in erschreckender Deutlichkeit immer wieder, wenn Meldungen über ‚Familientragödien' durch die Zeitungen gehen. Die ereignen sich besonders oft dann, wenn Familien näher als sonst zusammenrücken, etwa in der Weihnachtszeit. Mit unbezähmbarer, elementarer Wucht machen sich jahrelang angestaute, auf einem Nährboden aus Enttäuschungen und unterdrückter Wut gewachsene Aggressionspotentiale Luft: Mütter oder Väter bringen, scheinbar aus heiterem Himmel, den Ehepartner, die Kinder und sich selbst um. – Nie werde ich das Entsetzen, vergessen, das in meiner Heimatstadt herrschte, als sich eine solche Tat in den frühen 70er Jahren ereignet hatte. Solche Tragödien sind sicher monströse Einzelfälle, aber sie stehen nicht erratisch für sich: Familien sind eben auch Brutstätten von Gewalt, die Männer gegen Frauen, Frauen gegen Männer, Eltern gegen Kinder und Kinder gegen Eltern ausüben. Die Zahlen der Statistiker mögen erschreckend genug sein, aber sie können ja nur das erfassen, was irgendwie „aktenkundig" geworden ist. Was nicht justitiabel ist und deshalb verborgen bleibt, all die vorsätzlichen, aber auch die unbewussten und versehentlichen psychischen Grausamkeiten und Verletzungen, mag man sich kaum vorstellen. Ein unvoreingenommen kritischer Blick auf eigene Verhaltensweisen wird Vielen zeigen, wie unscharf die Grenzen sind und wie nahe bisweilen die Abgründe liegen …

1.7

Die intensive Nähe in der Familie ist keine sich von selbst einspielende Naturgegebenheit. Auch im Leben der Familie gibt es die schmerzliche Erfahrung, dass die Erwartung von Nähe enttäuscht wird, dass sich der Ehemann, Ehefrau oder die Kinder distanzieren, abschotten und absperren. Das wird als kränkende Undankbarkeit und Lieblosigkeit empfunden. Auf der je anderen Seite steht die Erfahrung, dass die Nähe in der Familie die Luft zum Atmen nimmt, lähmt und erdrückt. Und subjektiv als überlebensnotwendig empfundene Befreiungsschläge fügen dem Mann oder der Frau, der Mutter oder dem Vater schmerzhafte, schwer verheilende Wunden zu.

Sicher, hier sind Psychologen und Kriminologen, Juristen und Sozialarbeiter gefragt. Prävention und die Linderung der Folgen sind gleich wichtig. Aber das Nachdenken über die Ambivalenz menschlicher Nähe, wie sie in der Familie deutlicher als irgendwo sonst ans Licht tritt, eröffnet weitere Horizonte. Die wunderbare menschliche Nähe des Lebens in der Familie ist als Gegebenheit Aufgabe. Sie nötigt und ermutigt zur bewussten Gestaltung, also zur Reflexion und zu Deutungsanstrengungen. Sie lädt ein zum Bedenken der dialektischen Widerspannung von Freiheitswillen und Bindungsbedürfnis als zugleich konstruktiver und destruktiver Grundstruktur menschlicher Lebendigkeit.

Martin Ohst

2. Familie

2.1

Die voranstehende einfühlsame Beschreibung der Situation des „Ab ins Bett!“ vor dem Hintergrund der Familie kommt auf den ersten Blick fast ohne religiöse Bezüge aus. Das entspricht der auch von der Religionssoziologie zum Teil vertretenen Auffassung, dass die Familie im Zuge der allgemeinen Säkularisierung weithin aufgehört habe, „heilige Familie“ zu sein. In ihrem Alltag spiele Religion kaum mehr eine Rolle. Sie sei für die Familie kein Thema mehr, jedenfalls nicht im Sinne eines gemeinsamen Gesprächsgegenstands.

Auf den zweiten Blick lassen sich dann aber doch eine ganze Reihe von Aspekten entdecken, die implizit oder explizit religiös sind oder für die zumindest dann eine religiöse Bedeutung oder Valenz angenommen werden kann, wenn Religion nicht substantiell verengt auf bestimmte traditionelle Begriffe begrenzt, sondern funktional auf letzte („transzendente“) Bedeutungen hin ausgelegt wird.

Explizit religiös ist gleich zu Beginn natürlich der Hinweis auf „Vorlesen, Abendlied und Abendgebet“. Das gibt es nicht in allen Familien, scheint aber noch immer die am weitesten verbreitete Form von in Familien gemeinsam gepflegter Religion zu sein. Implizit religiös ist hingegen das Bestreben, ein „harmonisches Familienleben“ zu erreichen. Jedenfalls gilt dies dann, wenn sich diese Harmonie nicht in vordergründiger Konfliktvermeidung erschöpft, sondern so etwas wie menschliche Sinnerfahrung erreichen soll. Explizit, wenn auch etwas abgetönt ist die Erwähnung der „Weihnachtszeit", die allerdings vor allem in ihrem zwischenmenschliche Krisen herausfordernden Gefühlsgehalt und nicht in einem adventlichen Licht aufscheint. Implizit religiös wiederum ist die altruistische Erwartung, dass in der Familie „Egoismen zugunsten der Bedürfnisse anderer zurückgestellt" würden – ein leicht zu erkennender Ausdruck des christlichen Liebesgebots.

Gewichtiger als solche Einzelbeobachtungen könnte allerdings die Perspektive des Autors selbst sein, der hier Familie wahrnimmt und beschreibt. Gleichsam zwischen den Zeilen gibt dieser Autor zu erkennen, dass er nicht von fremden, sondern weithin von eigenen Erfahrungen schreibt. Diese Erfahrungen aber haften an einem bestimmten Subjekt, dessen Grundorientierungen und Lebensgewissheiten schon in der Erfahrung selbst und noch mehr in deren immer schon deutender Beschreibung hervortreten. Kinder können auch ganz anders wahrgenommen und behandelt werden. „Ab ins Bett!" – das muss nicht freundlich klingen, und der angehängten Drohung „Sonst setzt's was!" kommt wohl noch immer weit häufiger Realität zu, als wir Akademiker und Theologen es wahrhaben wollen. Auch mit Frauen können Männer anders umgehen. Dass in der Familie der Vater das Sagen haben muss, gilt ja schließlich nicht nur für die Kinder – oder?

Solche Kontraste lassen erst erkennen, wie tief ein bestimmtes – religiöses, christliches, weltanschaulich bestimmtes – Verständnis von Mensch und Wirklichkeit, von sozialer Interaktion und ihren Regeln, Normen und Werten in selbst eine kleine Darstellung eingelassen ist. Insofern sollte die humanisierende Funktion christlicher Ethik und Bildung nicht unterschätzt werden – ebenso wenig allerdings auch die Schwierigkeit, sie wirklich zum Tragen zu bringen.

2.2

Die religionshermeneutische Analyse muss sich nicht auf solche Einzelbeobachtungen beschränken, auch wenn die sorgfältige Wahrnehmung der subjektabhängig perspektivierten Wahrnehmungen des Familienlebens eine wichtige Aufgabe bleibt. Trotzdem ist es sinnvoll, die Analyse auch stärker zu systematisieren, um auf diese Weise Verbindungen zu weiteren Diskussionen in Politik, Kultur und Gesellschaft herstellen oder aufweisen zu können. In dieser Absicht nehme ich im Folgenden Aspekte auf, die solche weiterreichenden Interpretationen erlauben.

2.2.1

Das Ende des Tages, das Ins-Bett-Gehen oder -Bringen von Kindern, das Hereinbrechen der Nacht ist angstbesetzt. Kinder können nicht einschlafen, halten es in der Einsamkeit ihres Bettes oder Kinderzimmers nicht aus und flüchten ins Bett der Mutter – solche Erfahrungen machen viele Eltern und Kinder, und es ist bekannt, dass hier immer wieder auch als therapiebedürftig erfahrene Probleme auftreten. Je jünger die Kinder sind, desto bewusster sind sich auch die Eltern ihrer Ängste. Nicht nur die Befürchtung eines plötzlichen Kindstodes ruft in Erinnerung, dass der Tod des „Schlafes Bruder" sei und jedes Einschlafen auch ein kleines Sterben.

Das Ende des Tages und der Übergang in die Nacht, deren Finsternis auch elektrisches Licht („Bitte lass es noch brennen!", ruft das Kind, und die Eltern schaffen ewige Nachtlichter an, deren zarter Schein die akustische Verbindung via Babyphone unterstützen soll) nicht wirklich aufhebt. Hier stoßen Familien in ihrem Alltag auf eine Schwellensituation, wie sie in vielen Religions- und Ritualtheorien beschrieben wird: Der Übergang in die Nacht und in den Schlaf löst Ängste aus, deren Bewältigung von alters her am wirksamsten durch Rituale unterstützt werden kann. Die verlässlich wiederkehrende Abschlussphase am Abend – „Vorlesen, Abendlied und Abendgebet" – kann Sicherheit schenken: „Auch heute ist alles, wie es sein soll, weil es immer so ist", so scheinen es viele Kinder zu erfahren.

Rituale müssen nicht religiös sein. Man kann auch Märchen vorlesen oder einfach auf elektronische Tonkonserven zurückgreifen. Vielen Menschen wird an der Schwelle des Tages aber noch immer bewusst, dass sie das Leben – das eigene und das des Kindes – nicht in der Hand haben. Gerade hier ist es stimmig, sich an Gott zu wenden, was Kindern bekanntlich ohnehin sehr nahe liegt, nicht nur am Abend.

2.2.2

Dass Kinder ins Bett *müssen*, obwohl sie oft nicht wollen – das sei eine der miesen Erfindungen von Erwachsenen, sagen die (Anti-)Pädagogen. Der Ruf „Ab ins Bett!" bedeute recht eigentlich: „Jetzt will ich endlich meine Ruhe haben! Das hab' ich mir heute doch wirklich verdient!"

Die Gestaltung des Tagesendes versammelt in sich wie in einem Brennglas die Fragen der Erziehung, in der Familie und darüber hinaus. Welche Perspektiven des Lebens und des Umgangs miteinander eröffnet die Erziehung, was immer auch heißt: Welche werden mit den Kindern gepflegt und gemeinsam eingeübt?

Die rituelle Ausgestaltung des Übergangs in die Nacht ist nicht nur bedeutsam für den Umgang mit Ängsten an einer Schwelle, sondern auch für Erziehung und für die – wie heute endlich erkannt wird – schon in der frühen Kindheit einsetzende Bildung. Religiöse Abendrituale tragen dazu bei,

Kinder von Anfang an auch in den Dimensionen von Leben und Persönlichkeit ernst zu nehmen, die das Bildungssystem, mit dem sie in der Regel ab dem Kindergarten in Berührung kommen, eher vernachlässigt: Sinn, Werte und Transzendenz.

Gespräche mit Kindern beim Zu-Bett-Bringen sind ein bekannter Ort für die „großen Fragen" der Kinder: nach Tod und Sterben oder einfach nach Gott („Schläft Gott auch, wenn wir schlafen?", „Wie kann Gott eigentlich die Kinder verstehen, wenn so viele gleichzeitig beten?").

2.2.3

„Immer muss ich die Kinder ins Bett bringen!", „Warum schläft gerade unser Jan noch immer bei den Eltern? Liegt das vielleicht gar nicht an ihm, sondern an Dir und Deinen blöden Ängsten?", „Und was ist eigentlich aus unserer Beziehung geworden, seit wir Kinder haben?"

Familie ist ein dynamischer Ort, voller Erwartungen der Erfüllung und der Vollkommenheit, wie sie bei Festen wie Weihnachten nur besonders plastisch hervortreten. In der Familiendynamik verbinden sich zahlreiche Aspekte, angefangen bei der eigenen Kindheit der Eltern (Wann und wie mussten sie ins Bett?) über die Geschichte der Beziehung der Eltern miteinander bis hin zu den Konstellationen, die mit der Geburt von Kindern neu auftreten.

Um nur einen Aspekt herauszugreifen, der allerdings eine zentrale Rolle spielt: Familien lassen sich als soziale Systeme begreifen, in denen die Selbstbilder aller Familienmitglieder in hohem Maße miteinander vernetzt sind und miteinander interagieren. Beziehungsqualitäten und Lebensorientierungen hängen deshalb eng zusammen. Sie greifen so ineinander, dass sie nur als Zusammenhang – eben systemisch – begriffen oder gar verändert werden können.

In lockerem Anschluss an die systemische Therapie und Seelsorge lässt sich vielleicht formulieren: Familien leben immer auch religiöse Orientierungen oder jedenfalls Sinnentwürfe, so wie umgekehrt religiöse Orientierungen stets in ihrer sozialen und interaktiven Bedeutung oder Valenz begriffen werden müssen.

„Heilig" mögen die meisten Familien heute nicht mehr sein wollen, aber ob sie damit dem im gemeinsamen Leben verwurzelten Sinnüberschuss entkommen, bleibt eine andere Frage.

2.2.4

Als Spezialfall von dem bislang Gesagten zu unterscheiden ist die Form der Gewinnung von Lebenssinn, die darin besteht, eine eigene, von einem selbst mitbegründete Familie zu haben. Schon Kinder malen Lebenspläne, in denen sie als Eltern (häufig von zwei Kindern) figurieren. Im Erreichen solcher Ziele realisiert sich für viele Menschen ein sinnvolles Leben – Lebenssinn pur.

Und genau deshalb zerbricht der Lebenssinn so leicht an den Stellen, an denen der Lebens-, Ehe- und Familientraum scheitert. Aus Soziologie und Geschichtswissenschaft ist bekannt, wie ephemer die jeweiligen Familien- und Liebesvorstellungen und vor allem die heutigen Ehen sind. Das gilt für die Vorstadt-Kleinfamilie im Fertighaus-Eigenheim (mit Aufblas-Pool im Vorgarten) ebenso wie für die „Liebe als Passion", deren Reinheit keinerlei praktische oder gar materielle Motive sollen trüben können.

Familie und Erziehung als Ort des Misserfolgs und des Scheiterns, dann häufig auch der Schuld und der Schuldvorwürfe: „Was/Das hast Du falsch gemacht? Warum schaffen wir nicht, was alle anderen schaffen?"

2.3

Die Situation des „Ab ins Bett!" deckt auf, was den ganzen Tag über – implizit – gilt: Familie soll nicht mehr „heilig" sein, bleibt aber ein religiöser und religionsproduktiver Ort, nicht zuletzt mit allen Ambivalenzen immanenter und transzendenzbezogener Sinnproduktion und Sinnerfahrung.

Ob Familie und Erziehung auch religiös in einem christlichen Sinne sind oder bleiben, ist dabei offen. Die fast sprichwörtlich gewordene „Familienreligiosität" bestimmt ihr Verhältnis zur Kirche selber, nach eigenem Bedürfnis und mit oft wenig Aufmerksamkeit darauf, was Kirche oder Theologie vielleicht von ihr erwarten. Die Behauptung einer weitreichenden Säkularisierung bleibt zu einfach. Kirchendistanz bedeutet nicht Religionslosigkeit. Doch damit ist eben auch umgekehrt nicht gesagt, dass es bloß darauf ankäme, die Kirchenbindung von Familien heute einfach zu erneuern (zumal dies kaum gelingen kann).

Offen sind Familien sicher für alle Angebote, die ihnen als hilfreich, unterstützend oder entlastend erscheinen. Dass dies auch für den christlichen Glauben gelten kann, wenn er auf die Ambivalenzen von Sinn und Religion im Leben von Familien bezogen wird, scheint eine Erfahrung zu sein, die viele Menschen noch nicht gemacht haben. Daran etwas zu ändern stellt wohl gerade Pfarrerinnen und Seelsorger vor neue Aufgaben – nicht zuletzt einer *Alltagsdogmatik.*

Friedrich Schweitzer

Wolfgang Vögele/Evert Jonker

Rechts vor links!/Verkehr

1. Rechts vor links!

1.1 Homo peccator autocineti[1]

Wenn Sie am Morgen Ihre Garage öffnen und sich in Ihr Auto setzen, den Zündschlüssel umdrehen, die Handbremse lösen, den Rückwärtsgang einlegen und schließlich die Kupplung sanft kommen lassen, dann seien Sie gewahr, dass Ihnen dabei – mit Ausnahme der Alltagsdogmatiker – längst eine Reihe von Wissenschaftlern über die Schulter geschaut hat: Statistiker, Verkehrpsychologen, Sicherheitstechniker wissen ganz genau, was Sie tun, wenn Sie das Gaspedal betätigen. Autofahrer sind gläserne Wesen. Sie werden regelmäßig einer statistischen Inspektion[2] unterzogen, welche die harten Fakten des lärmenden Verkehrslebens in Europa ans Licht bringt:

In Deutschland unternehmen Autofahrer durchschnittlich drei Fahrten pro Tag, legen dabei 37 Kilometer zurück und benötigen dafür etwa achtzig Minuten. Die meisten Autofahrer nutzen das Automobil für Freizeitaktivitäten, danach kommen die Fahrten zur Arbeit und zu Geschäftszwecken. Fast drei Viertel des gesamten Verkehrsaufkommens in Europa entfällt auf die Nutzung des PKW. Radfahrer und Fußgänger machen dagegen nur fünf Prozent des Personenverkehrs aus. Durchschnittlich besitzt von 1.000 Personen jede zweite ein Auto.

Die Sicherheit ist in den letzten Jahrzehnten enorm verbessert worden. Die Zahl der Verkehrstoten ist stark rückläufig: Sie fiel bis 2005 auf 43.000 Verkehrsopfer. Zum Vergleich: Noch 1990 kamen in Europa 70.000 Menschen bei Unfällen ums Leben.

Bei aller statistischen Durchsichtigkeit bleiben blinde Flecken. Das Zählbare am Verkehr ist durchschaubar, das Andere, das Innenleben von Autofahrern bleibt den statistischen Wissenschaften oft ein Rätsel.

Polizisten bemängeln, wie unberechenbar Autofahrer sind: Sie überfahren rote Ampeln, gewähren keine Vorfahrt und machen den Weg für Einsatzfahrzeuge nicht frei; sie lassen sich durch Autoradios und Handys ablenken, schnallen sich nicht an, und die jüngeren unter ihnen veranstalten nachts auf einsamen Landstraßen gefährliche Wettrennen.

Ihre Hausstrecken kennen Autofahrer „wie im Schlaf“ und beeilen sich dann, gerade noch bei Gelb über die Kreuzung zu kommen. Die Gewohnheit wird zur Gefahr. Sie übertreten die Geschwindigkeit und wundern sich dann, wenn sie in eine Radarfalle geraten, die über das Autoradio seit dem Morgen angekündigt wurde. Hier fahre ich immer siebzig, das stört doch keinen, sagt der genervte Fahrer und zahlt stoisch das verhängte Ordnungsgeld, während der freundliche Polizeibeamte schon die Überweisung auf das Flensburger Punktekonto fertigmacht. Beides wird den Autofahrer nicht bewegen, sich in Zukunft an die Geschwindigkeitsbegrenzung zu halten.

Wieso konzentriert sich ein Autofahrer nicht besser auf den Verkehr? Wieso hält er sich nicht genauer an die Straßenverkehrsordnung, die doch dazu geschaffen wurde, dass er sicher ans Ziel gelangt? Wieso folgt er nicht den Ratschlägen der Verkehrsexperten, die doch alle nur sein Bestes wollen? Wieso befolgt er nicht den automobilen kategorischen Imperativ: Fahre so, dass deine Fahrweise zur Grundlage einer europäischen Straßenverkehrsordnung gemacht werden könnte!

Das Vorurteil lautet: Im Auto sitzen unvorsichtige, unkonzentrierte, zu Geschwindigkeitsübertretungen neigende aggressive Egoisten, die jeden Tag achtzig Minuten lang nur die eigene Vorfahrt im Auge und den Verkehrsfunk im Ohr haben. Kurz: Anthropologisch gesehen, ist der Autofahrer ein Verkehrssünder. Und dennoch halten sich die meisten (männlichen) Verkehrsteilnehmer für Kavaliere der Landstraße.

Man kann das Auto physikalisch als Blechbüchse, philosophisch als Monade begreifen. Der Autofahrer, der in dieser Monade/Blechbüchse sitzt, isoliert sich von seiner (Verkehrs-)Umwelt. Das Blech schützt ihn vor Unfällen, erschwert aber die Kommunikation mit anderen Verkehrsteilnehmern. Die ist wegen des Motorenlärms meist nur zeichenhaft möglich.

Die isolierende Blechbüchsenhaftigkeit des Autos erzeugt ernsthafte Probleme: Der Verkehrssünder meint, niemand beobachte ihn – aber das Gegenteil ist der Fall. Alle Verkehrsteilnehmer beobachten sich gegenseitig, sie achten besonders genau auf die Einhaltung der Regeln: stures Bestehen auf der Vorfahrt, Übertretung der Höchstgeschwindigkeit, Überholvorgänge an unübersichtlichen Kurven. Um hier alltagsethisch Abhilfe zu schaffen, muss der Egoismus der Verkehrssünder relationsontologisch überboten werden.

1.2 Vorfahrt gewähren

Verkehr bedeutet Bewegung, und wo sich Fahrzeuge bewegen, braucht es Regeln, die verhindern, dass sich Unterbrechungen des Verkehrs ereignen: also Unfälle. Je mehr Fahrzeuge bewegt werden, desto kompliziertere Bewegungsströme entstehen, und desto komplizierter werden die Regeln sein, die solche Verkehrsbewegungen steuern. Besonders wichtig sind Regeln und Gebote für diejenigen Fälle, in denen sich Fahrzeuge auf Kollisionskurs befinden, also aus entgegengesetzten Richtungen auf einen gemeinsamen Punkt zusteuern. Kreuzungen sind die konfliktträchtigen Knotenpunkte kollidierender Strecken. Die damit verbundenen Konflikte oder gar Zusammenstöße können Verkehrsplaner jedoch vermeiden.

Ein teurer, aber sehr sicherer Weg sind Brücken und Tunnels, Unter- und Überführungen: Die kollidierenden Strecken werden aneinander vorbeigelenkt, so dass sie sich nicht behindern. Wer dennoch von der einen auf die andere Strecke wechseln will, kann entspannt über Ab- und Auffahrten wechseln und muss sich nur in den Verkehr der anderen Straße einfädeln. Brücken und Tunnels jedoch kosten das Geld des Kraftfahrzeugsteuerzahlers. Deswegen werden in Deutschland, eine französische Idee aufnehmend, immer mehr Kreisverkehre gebaut, denn diese verlangsamen den Verkehrsfluss nur. Wer abbiegen will, biegt stets rechts ab, was aus noch zu nennenden Gründen sehr viel einfacher ist als das Abbiegen nach links.

Einfacher lässt sich Verkehr mit Hilfe von Ampeln regeln. Das Befahren der Kollisionsfläche wird über ein elektronisches Zeichensystem gesteuert. Nacheinander gibt es den Weg für Fahrer der einen oder der anderen Richtung frei. Ampeln haben den gewichtigen Nachteil, dass sie für jeweils eine Richtung den Verkehrsfluss unterbrechen. Eine Ampel allein stört noch keinen Autofahrer, aber zehn Ampeln hintereinander, die alle auf Rot stehen, erhöhen die Neigung des Autofahrers zur Verkehrssünde beträchtlich. Er ist dann geneigt, die bereits gelbe Anzeige der Fahrbereitschaft für die grüne Anzeige der Durchfahrerlaubnis zu halten. Auch darauf hat die Polizei mit Kontrollsystemen reagiert, den berüchtigten Starenkästen.

Noch billiger als Ampeln regeln Verkehrsschilder die Einfahrt in eine Kreuzung: Das Stoppschild oder das Schild „Vorfahrt gewähren“ bieten dem Autofahrer, der sich einer Kreuzung nähert, präzise Anweisungen, wie er sich zu verhalten hat. Umgekehrt können Verkehrsschilder dem Fahrer auch anzeigen, dass er sich auf einer Vorfahrtsstraße befindet und die anderen Verkehrsteilnehmer ihn darum passieren lassen müssen.

Bei manchen Kreuzungen und Einmündungen lohnen sich weder Ampel noch Brücke. An diesen Kreuzungen sind die Verkehrsteilnehmer selbst aufgefordert, die Passage der Kreuzung unfallfrei auf den Weg zu bringen. Und es hilft ihnen dabei eine einfache Regel: rechts vor links!

Treffen also zwei Fahrzeuge an einer Kreuzung zusammen, so darf dasjenige zuerst fahren, welches von rechts kommt. Auch der seltene Fall ist geregelt, dass vier Fahrzeuge aus vier Richtungen an einer Kreuzung zusammentreffen. In diesem Fall dürfte nach der Regel jeder losfahren, denn jedes Fahrzeug ist ja das, das am weitesten rechts steht – oder paradoxerweise auch nicht. In diesem Fall erwartet der Verkehrsgesetzgeber von den Verkehrsteilnehmern, dass sie sich zwanglos untereinander verständigen, wer das am meisten rechts stehende Fahrzeug steuert und losfahren darf. Dies ist vermutlich die einzige Form herrschaftsfreien Diskurses, die nur im Medium der Blicke und Gesten, aber nicht der Sprache geführt wird.

Wieso lautet die Regel eigentlich nicht: links vor rechts? Die Erklärung[3] findet sich bei den Wikingern. Wikinger waren in der Regel Rechtshänder, also bedienten sie die Steuerungsruder ihrer Schiffe auf der rechten Seite. Der Rudergänger stand mit Körper und Gesicht zur Steuerbordseite gewandt. Diese Seite hatte er im Blick, während er Backbord in seinem Rücken nicht überblicken konnte. Es war für ihn also leichter, sich mit Schiffen zu seiner Rechten zu verständigen und ihnen die Vorfahrt zu lassen, als sich umständlich umzudrehen. Man muss sich also die Limousinen, Klein- und Geländewagen der urbanen Asphaltmeere wie die Lang- und Drachenschiffe der Wikinger vorstellen. Ob Asphalt oder Wasser, Schifffahrt oder Autoverkehr, Wikinger oder Europäer – die Vorfahrt klärt sich stets nach derselben Regel.

Viel interessanter als die Frage nach dem historischen Ursprung der Regel ist jedoch die Frage nach ihrer Einhaltung oder Verletzung. Der Autofahrer sieht die Kreuzung nicht, sieht das andere Fahrzeug nicht, beachtet die Regel nicht, hält sich nicht an den herrschaftsfreien Diskurs, fühlt sich subjektiv im Recht – und es kommt zum Zusammenstoß.

1.3 Das alltagsethische Paradox: Porsche versus Fahrrad

Was motiviert einen Autofahrer, die rechts-vor-links-Regel nicht einzuhalten? Unachtsamkeit, Unkenntnis der Regeln oder aber Hochmut (superbia), Aggression? Denn hinter jedem Steuer sitzt ja, wie sich aus den Eingangsüberlegungen ergab, ein potentieller Verkehrssünder.

Im Verkehr verbinden sich bestimmte Systemvoraussetzungen, eine verkehrsgefährdende anthropologische Konstitution sowie die technischen Möglichkeiten der Automobilindustrie.

Stellen wir uns die Begegnung einer Radfahrerin mit einem 500 PS starken und 80.000 Euro teuren Porsche Cayenne Turbo[4] vor, an einer Innenstadtkreuzung ohne Ampel. Die Fahrradfahrerin kommt von rechts. Stellen wir uns weiter vor, dass in der letzten Viertelstunde sieben auf Rot geschaltete Ampeln die Weiterfahrt des Cayenne behindert haben. Der Porschefahrer muss aber unbedingt einen wichtigen Termin erreichen, der noch 15 Kreuzungen mit und ohne Ampel von ihm entfernt liegt. Es kommt also zu einer Konfrontation Porsche gegen Fahrrad. Der Porschefahrer wird vermutlich mit dem hochmütigen Gedanken spielen, Vorfahrt zu erzwingen. Es wird ihm die Frage durch den Kopf schießen, ob er nicht der aufgestauten Aggression ihren freien automobilen Lauf lässt. Lassen wir ihn mit dem emotional befreienden Gedanken spielen, dass er kurz die Hupe betätigt und dann das Gaspedal durchdrückt.

Auch das ist eine anthropologische Besonderheit von Verkehr: Das Auto behindert gelegentlich nicht nur den Fluss des Verkehrs, sondern auch den Fluss der Emotionen. Das Auto verursacht Verkehrsstaus, weil eine unübersehbare Masse an Verkehrsteilnehmern ans Ziel gelangen will. Und es verursacht genauso emotionale Triebstaus: Es lässt den Fahrer hoch angereicherte psychische Energien speichern, die sich irgendwann entladen müssen. Sollten sie sich im Auto entladen, so ist der Verkehr unfallträchtig gefährdet. Denn dem Porschefahrer sind der eigene Termindruck und das Erreichen seines Ziels wichtiger als Straßenverkehrsordnung, Recht und Höflichkeit. Nehmen wir an, dass der Porschefahrer katholisch ist. Dann kennt er vielleicht die zehn Gebote für Autofahrer. Dort hat er gelesen: „Du sollst den Menschen auf der Straße keinen Schaden zufügen, sondern mit ihnen eine Gemeinschaft bilden! [...] Du sollst dein Auto nicht als Objekt der persönlichen Verherrlichung oder als Ort der Sünde benutzen!“[5]

In diesem Dokument geht die automobile Alltagsethik über das Recht der Straßenverkehrsordnung weit hinaus. Im verkehrsalltagsethischen[6] Idealfall ergänzt die Moral das Recht, aber in der Praxis triumphieren oft Termindruck und Stress. Auch im Verkehr findet sich das alltagsethische Paradox: „Denn das Gute, das ich will, das tue ich nicht; sondern das Böse, das ich nicht will, das tue ich.“ (Röm 7,19) Der Porschefahrer muss sich entscheiden, welchem Wert er den Vorzug gibt.

In der Praxis ist es unwahrscheinlich, dass Autofahrer in solchen Konfliktfällen rationale Abwägungen durchführen oder sich gar an die Ratschläge der römischen Kurie erinnern. In der Praxis werden Autofahrer einfach ihrer Gewohnheit folgen. Die Abwägung zwischen den Werten Höflichkeit, Rechtsbefolgung und Berechenbarkeit sowie Pünktlichkeit und durchsetzungsfähige Mobilität ist stets schon durch Routine und Gewöhnung entschieden. Das aber führt weiter zu der Frage: Welche Werte bestimmen den Straßenverkehr?

1.4 Verkehrswerte

Welche Werte[7] das Verkehrssystem bestimmen, lässt sich leicht aus den in den letzten Jahren errichteten Tempelstädten des Autoverkaufs ablesen: aus der Autostadt in Wolfsburg, dem Mercedes-Benz-Museum in Stuttgart, der BMW-Welt in München. Ich halte mich an das Beispiel der ältesten dieser Tempelstädte, der im Jahr 2000 eröffneten Autostadt in Wolfsburg, die sich als eine Mischung aus Erlebnispark, Museum und Kundenzentrum für den Automobilkonzern Volkswagen versteht.

Dem Besucher, der durch die Pavillons schlendert, wird weit mehr geboten als die schlichte Werbung für Automarken wie Volkswagen, Seat oder Lamborghini. Stattdessen sucht der Autohersteller bewusst den Kontakt zu seinen Kunden. Er will Werte vermitteln, und Volkswagen legt ganz offen, welche Werte das sind: Sicherheit, Mobilität, soziales Engagement und Nachhaltigkeit. Wer einen Volkswagen kauft, erwirbt nicht nur eine Tonne Stahl, Aluminium und Lederimitat, die in fünfzehn Sekunden auf 100 Stundenkilometer beschleunigen kann, sondern legt sich auch ein symbolisch komplex besetztes Kommunikationsmittel zu. Am Blech kleben unsichtbar Werte, Gefühle und Erlebnisse. Sie dienen der Darstellung der eigenen Individualität und der Abgrenzung von anderen Verkehrsteilnehmern.

Der Familienvater, der einen sparsamen metallicfarbenen Golf Kombi erwirbt, orientiert sich an Werten, wie sie ihm Volkswagen vorgibt: Er möchte gerne ein sicheres Auto mit Airbags und den entsprechenden Kindersitzen, das ihm für die ganze Familie Beweglichkeit garantiert. Er benutzt den Golf, um in der Freizeit Ausflüge zu unternehmen, und er hat schon beim Kauf aus finanziellen und ökologischen Gründen darauf geachtet, dass der Wagen wenig Super-Benzin verbraucht und den Abgasnormen entspricht. Autofahren ist für den Familienvater weniger Vergnügen als eine verantwortungsbewusste Tätigkeit, um deren Gefahrenträchtigkeit und Sicherheitserfordernisse er sehr wohl weiß. Stünde der Golf-Fahrer an Stelle des Porsche-Fahrers an der Kreuzung, seine pragmatische Werte-Entscheidung würde ohne zeitliche Verzögerung zugunsten von Höflichkeit und Straßenverkehrsordnung ausfallen.

Daraus ist zu lernen, dass das von Volkswagen vermittelte magische Werte-Viereck des Autoverkehrs in unterschiedlichen Gewichtungen auftritt, wobei Automarke und Modell eine Art Matrix bilden: Sicherheit, Mobilität, Engagement und Nachhaltigkeit sind eben nicht gleichwertig, sondern können zu hierarchischen Mustern angeordnet werden. Die damit verbundenen Unterschiede kann sich jeder an den brillant gemachten Werbespots der Autoindustrie verdeutlichen.

1.5 Das religiöse Verkehrssystem

Dass die im Autoverkauf mittransportierten Werte einen gewichtigen religiösen Gehalt haben, kann man sich schnell vor Augen führen, wenn man einen Blick auf die Werbeslogans von Autoherstellern wirft: „Nichts ist unmöglich!“ (Toyota). Das formuliert automobile Allmachtsphantasien, enthält aber auch genügend Ironie zur Selbstrelativierung. – „Créateur d’Automobiles“ (Renault). Renault versteht sich nicht als Autobauer, sondern als „Schöpfer“ von Automobilen. Der Autobauer gleicht dem Renaissance-Künstler, der im Kunstwerk seiner Phantasie freien Lauf lässt. – „Wer Autos baut, muss Menschen kennen." (Nissan). Auto und Mensch sind komplementäre Systeme, die sich in ihren symbolischen Gehalten überlappen und gegenseitig beeinflussen.

In allen Slogans sind die bei Volkswagen hochgehaltenen Werte Sicherheit, Mobilität, Engagement und Nachhaltigkeit mindestens zu spüren, und sie werden bereichert durch zusätzliche Werte wie Zuverlässigkeit, Innovationsfähigkeit und Kreativität. Zugespitzt könnte man sagen, dass das Auto den Menschen ergänzt, möglicherweise sogar vervollständigt. Der Mensch wird dort zum Menschen, wo er Fahrer ist.

Noch deutlicher wird die Verknüpfung von Religion, Alltagsdogmatik und Automobil bei einem Slogan, mit dem Volkswagen in den USA Werbung machte: „On the road of life, there are passengers, and there are drivers." Verkehr wird damit zum Bild des Lebens schlechthin. Wer hinter dem Steuer sitzt, der nimmt sein Leben selbst in die Hand und gestaltet es. Nur beantwortet der Slogan die Frage nicht, was passiert, wenn all die *drivers* mit ihren Fahrzeugen und Biografien sich auf Kreuzungen begegnen und entscheiden müssen, wer wem die Vorfahrt gewährt.

Damit kommt die Anthropologie des Verkehrsteilnehmers wieder ins Schillern: Einerseits ist er der Verkehrssünder, der seine Mitfahrer durch Leichtsinn, Unachtsamkeit und Unkenntnis der Verkehrsregeln gefährdet; auf der anderen Seite ist er im emphatischen Sinne der *driver*, der sich zugleich mit seinem Auto ein Reservoir an Werten und Lebensstilangeboten erwirbt, die er zu gestalten und zu verwirklichen sucht. Der *driver* gestaltet sein Leben *im* Verkehr und *als* Verkehr. Verkehr ist also beides, symbol- und fehlerträchtig, und damit sind eine ästhetische und eine ethische Seite des Verkehrs gekennzeichnet, die weiterer, hier nicht mehr zu leistenden Untersuchung bedürfen.

Die Automobilindustrie hat verständlicherweise ein Interesse, die symbolische Aufladung von Automobil und Verkehr zu verstärken und die Fehlerträchtigkeit des *drivers* zu minimieren. Sie versucht, die Sünden des Verkehrsteilnehmers dadurch auszuschalten, dass sie führerlose Fahrsysteme entwickelt. In ihm zeigt sich die Tendenz, den Menschen als Fehlerquelle aus dem System Verkehr herauszuhalten. In diesem Fall würde sich das System gegenüber dem Menschen verselbständigen.

Es ist deutlich geworden: Erst die Verknüpfung von Automobil und Anthropologie erhebt den Verkehr zur religiösen Frage. Ein Auto ohne einen Menschen am Lenkrad wäre wie ein Mensch ohne Sünde und eine Gesellschaft ohne Religion. Das sollte Utopie bleiben. Oder wir werden alle wieder zu Wikingern.

Wolfgang Vögele

2. Verkehr

Wer betreibt – bewusst oder unbewusst – Alltagsethik und Alltagsdogmatik? Ein Verkehrsteilnehmer? Ein Verkehrsopfer? Ein Polizist? Ein Verkehrsplaner? Eine Autofahrerin, die auf dem Weg zu ihrer Arbeit ihr Auto als Meditationskapelle benutzt und die Welt und den Umkreis im Licht der ultimativen Sinngebung überdenkt, während sie ihr Auto doch aufmerksam durch den lebhaften Verkehr lenkt? Ein Erholung suchender Radfahrer, der auf dem Fahrrad betet (nein, nicht mit geschlossenen Augen), die Umgebung genießt, sich selbst auf den letztendlichen Wert des Lebens im Kontrast zur Gebrochenheit einstimmt und das Dasein als Geschenk erfährt? Oder der beschauliche Glaubensphilosoph auf der Suche nach den Grundfesten des alltäglichen Lebens?

Für moralische Erwägung und Gespräche über Lebensdeutung – sei es aus religiöser oder nichtreligiöser Perspektive – ist Distanz von Raum und Zeit nötig, ein Sabbat, notfalls nur zwei Stunden in einem Wohnzimmer oder einem kleinen Kirchenraum. So wie Volleyballspieler ein Time-out bekommen, um verschnaufen zu können und mit neuer Inspiration das Spiel ihres Lebens fortsetzen.

Mit der separat festgesetzten Zeitspanne vor Augen stelle ich mir aus dem Blickwinkel eines Betreuers eine Gruppe (Post)Adoleszenter vor, die in einigen Zusammenkünften die Verbindung Religion und Verkehr betrachten. Persönliche Erfahrungen, Filmfragmente und *‚rechts vor links!‘* sollen als Material dienen, um in praktisch-theologischem Sinne den Verkehr als Phänomen der Gesellschaft wahrzunehmen, zu interpretieren, zu beurteilen und Erneuerungen zu erwägen. Die Mitglieder der Gruppe selbst werden dieses praktische Theologisieren vollziehen unter dem Leitfaden:

> Sie müssen sich selbst nicht dieser Welt anpassen, sondern verändern, indem Sie Ihre Gesinnung erneuern, um so zu entdecken, was Gott von Ihnen will und was gut, vollkommen und Ihm wohlgefällig ist. (Röm 12,2)

Das wird eine Entdeckungsreise: Wer weiß im Voraus, was Gott will? Der Gedanke ist nicht, dass Christen es besser machen oder es besser wissen als Nicht-Christen. Vielleicht lebt in ihnen die Erwartung auf das Reich Gottes. Möglicherweise hoffen sie, dass ihre Auffassung des Verkehrs nicht allzu sehr gegen so etwas wie letzte Hoffnung auf Frieden, Gerechtigkeit und Liebe spricht. Den Verkehr als Form des Zusammenlebens religiös zu deuten, ist nicht einfach, manchmal sogar eine unmögliche Aufgabe für die Gruppe. Die Suche wird lehren, ob die folgenden vier Suggestionen nützlich sind.

2.1 Was Gott von Ihnen will?

Die Kamera (und damit wir als Zuschauer) steht in passender Entfernung zu einer jungen Frau. Wir sehen ihren Rücken, und vor ihren Augen geht ihr Ehemann. Er hat einen Hut auf. Er ist soeben aufgebrochen, um Häute zu verkaufen. Auf seinem Motorrad fährt er durch eine atemberaubende Landschaft. Eine Straße gibt es nicht. Verkehr auch nicht. Er sitzt auf seinem Motorrad wie auf einem Pferd und bewegt sich immer schneller durch holprige, grasige Weiden. Seine Frau hat ihm mit einer Kelle Flüssigkeit nachgeworfen, mit einer segnenden Geste. So erfüllt sie die den Frauen zustehende rituelle Aufgabe. Wir sind – über den Film *Die Höhle des Gelben Hundes* (2005, Byambasuren Davaa) – bei einer mongolischen Nomadenfamilie zu Gast. Wir sehen explizite Religion zu Anfang einer Reise.

Reisen ist von Gefahr und Unsicherheit umgeben. Der Eine verlässt kurz den Anderen. Der religiöse Ritus verhilft in dieser Situation zu einem Gefühl von Geborgenheit: Die guten Mächte werden angerufen, die schlechten gebannt. Es ist etwas wie Ergebenheit zu spüren. Diese Deutung kann wahrgenommen werden, aber können sich die Gruppenmitglieder aus unserer europäischen Welt diese aneignen? Man sieht manchmal Fische hinten auf einem Auto kleben, oder ‚I love Jesus'. Dies ist aber eher Missionsdrang als Schutz.

Trotz der von Volkswagen in Aussicht gestellten Sicherheit und Nachhaltigkeit fühlen wir uns im Verkehr verwundbar. Im Gruppengespräch kommen sicherlich als Kontrast die Ungeschütztheit und die Vergänglichkeit zu Sprache. Vielleicht kennen die Mitglieder der Gruppe Wege, um das Unglück zu bannen. Womöglich schreiben sie sich selbst Unantastbarkeit zu. Ein Unglück widerfährt schließlich immer einem Anderen.

Aber ob das Gespräch zu einer religiösen Auslegung des Verkehrs führt oder zum Glaubensbewusstsein, dass Menschen sich durch die Liebeskraft Gottes gelenkt fühlen, bleibt offen. Gottes Wille und der Verkehr: Das erweckt wahrscheinlich mehr Fragen als Trost und Vertrauen. Aber Behutsamkeit, Höflichkeit und Rücksicht auf den abwesenden Nächsten im Verkehr können in diesem Suchgespräch Vertiefung und Motivation erhalten.

2.2 Was Gott wohlgefällig ist

Die Kamera zeigt in Schwarzweiß eine zweispurige Straße mit nahezu keinem Verkehr. Wir befinden uns im Jahr 1955. Wir sehen den königlichen Palast in Soestdijk. Durch das Gitter kommen mit großer Geschwindigkeit zwei Teenager auf ihren Fahrrädern näher. Sie wollen die Straße überqueren, biegen aber schnell nach links ab, weil ein Auto kommt. Es gleicht einem Motorrad mit Beiwagen, so synchron reagieren die Radler aufeinander, als sie den plötzlichen Schwenk nach links machen. Sie radeln kurz auf der linken Seite weiter, als die Straße frei ist, überqueren sie sie effizient schräg. Einer der zwei Teenager (die heutige Königin Beatrix) ergreift noch die Gelegenheit, in die Kamera zu schauen und uns ein ebenso strahlendes wie spitzbübisches Lächeln zuzuwerfen. Wie man am Gepäck erkennt, sind sie auf dem Weg zur Schule.

Königliche Schwestern als Verkehrsteilnehmerinnen beim Verstoß gegen die Verkehrsregeln. Sie stehen, obwohl königlich, nicht über dem (Verkehrs-) Gesetz. So darf man die Straße nicht überqueren. Sie tun aber das, was alle Jugendlichen auf dem Fahrrad tun: die Freiheit nutzen und einen eigenen Weg einschlagen. Sind wir Zeuge eines Wertekonflikts? Entweder die Verkehrsregeln übertreten oder zu spät zur Schule kommen, mit möglichen Sanktionen? Sie entscheiden sich gegen die Verkehrsregeln. Blitzschnell übersehen sie, dass keine Gefahr besteht.

Die Auslegung dieser für die Gruppenmitglieder bekannten Situation wird sich um wohlverstandenen Eigennutz, Freiheit, Behutsamkeit und um die Frage drehen, inwieweit sie im Verkehr die Hüter ihrer Brüder oder Schwestern sind. Warum hat die Gesellschaft Regeln? Müssen wir ihnen allzeit diszipliniert, nahezu blindlings gehorsam sein? Eine moralische Erörterung über diese Alltagsethik kommt zweifellos in Gang.

Aber wie steht es um die religiöse Dimension? Auf der einen Seite werden die Gruppenmitglieder meinen, dass Religion mit Riten zu tun hat, die Menschen auf ihrem Lebensweg Unterbrechung im Sinne von Pause oder Kritik oder Segen zuteil lassen werden. Aber davon ist im Beispiel keine Rede. Auf der anderen Seite denken sie, dass religiöse Bedeutungen nur prämoderne Auslegungen umfassen. Aber dann erwägen sie Gräbs Begriff der Religion: ‚Die Kultur der Symbolisierung letztinstanzlicher Sinnhorizonte alltagsweltlicher Lebensorientierung'. Symbolische Bedeutung und das Alltägliche sind verknüpft. Menschen ‚bewegen' sich, so Gräb, in Gestalt und Wesen der Alltagswelt. Diese Idee der Beweglichkeit, der Offenheit und Dynamik, erscheint ein geeigneter Gedanke für eine vertiefende Betrachtung über den Verkehr zu sein. Ein Sinnhorizont, in dem Menschen sich (buchstäblich) bewegen, ist der der Mobilität. Die Gruppenmitglieder werden Chancen für die, aber auch Opfer der vom Autoschöpfer VW angebotenen – Auto gewordenen – Mobilität als ultimativem Wert besprechen. Auch der Nomade aus der Mongolei kommt nicht ohne Mobilität aus.

Verkehrsteilnahme ist religiös aufgeladen, sie ist mit Kontingenzerfahrungen verbunden, mit der fehlerträchtigen und somit moralischen Seite des Verkehrs, mit Sünde, Leiden, Störungen. Jedoch, religiöse Deutungen der Wirklichkeit drehen sich ebenso sehr um Identität, Freiheit und die Garantie der Freiheit. Etwas Ähnliches zeigen die radelnden Königskinder.

Manchmal beschreibe ich gegenüber der Gruppe das Wort Freiheit in aller Konsequenz. Dann manifestiert sich in der christlichen Narration, dass die Freiheit Gottes und die Freiheit des Menschen zusammenhängen. Sprechen über Gott symbolisiert dann die Garantie und Gabe der Freiheit für den nach einem freien und persönlichen Leben suchenden Menschen in der Ambivalenz des Lebens. Im Lachen der jungen Beatrix war kurz menschliche Freiheit, tiefe Lebensfreude und Lebenseifer zu spüren.

Das Gruppengespräch könnte auf Freiheit als wahren Raum für das Mögliche und als Klima für das Gute herauslaufen. Sprechen über und zu Gott ist Bezeugen der prinzipiellen Offenheit des Daseins und des einfach Dahingesagten. Auch im strikt reglementierten Verkehr steht die Wohltat des Guten auf dem Spiel, die Lebensmöglichkeit, das Genießen und in Weisheit Handeln können. Teilnehmen am Verkehr heißt Freiheit zu teilen in einem Bereich, der klar geregelt ist, aber doch auch in Weisheit nach Befinden der Sache zu handeln.

Freiheit beinhaltet ebenso die Freiheit zu einem tugendhaften Leben wie Höflichkeit im Verkehr. Frei ist derjenige, der nach den ihr oder ihm gegebenen Möglichkeiten handelt, der ihre oder seine Talente entfaltet und sich in Selbstbeherrschung übt, zum Beispiel im Verkehr. Und Gott? In den Geschichten über Gott kommt zum Ausdruck, dass Gott mein Heil meinem Willen entzogen und in freiem Willen aufgenommen hat, und das nicht aufgrund meiner Werke, sondern aus seiner Gnade und Barmherzigkeit hat er verheißen, mich zu erretten, bin ich sicher und gewiss, dass er treu ist und mich nicht belügen wird, außerdem mächtig und gewaltig ist, dass keine Dämonen und andere Übel imstande sein werden, ihn zu überwältigen oder mich ihm zu entreißen (M. Luther). Das ist eine Freiheit, die schon noch einiger weltlicher Interpretation und Deutung (von Dämonen beispielsweise) bedarf. Aber soviel ist klar: Gott und Mensch sind keine Konkurrenten. Und was ist, wenn sie nun beide in Freiheit die Realisierung purer Positivität anstreben?

2.3 Was gut ist

In meinem Wohnort ist kürzlich ein berühmter Verkehrssicherheitsexperte verstorben, Hans Monderman. Er arbeitete bei der Regierung. Dieser ‚Innovator des Jahres‘ (2006) hat nicht nur bei uns verkehrssichere Straßen geschaffen, sondern auch in London. Auf der ganzen Welt besteht Interesse an seinen Ideen. Regelmäßig betrachten Gruppen von Verkehrsexperten aus aller Welt unsere Verkehrssituationen. Seine Idee der ‚shared places‘ brachte Monderman die Würde eines Ehrendoktors ein. Wir haben bei uns lebhafte Kreuzungen ohne Schilderwald und ohne Ampeln, bepflasterte Stellen, wo kaum oder kein Unterschied zwischen Gehweg, Fahrradweg und Verkehrsstraße besteht.

Seine Idee ist, dass eine strikte Trennung zwischen den Verkehrsteilnehmern den Autofahrern freie Bahn gibt, sich schnell den Verkehrsampeln zu nähern, und sie dadurch gefährlicher werden. Wenn die Straßen schmaler werden, man sie farbenfroh und variiert bepflastert und wenn bewerkstelligt wird, dass Lastkraftwagen manchmal auf dem Bürgersteig fahren müssen, werden Verkehrsteilnehmer viel aufmerksamer und fahren langsamer. Seine Idee ist, die Verkehrsströme nicht voneinander zu isolieren und für Fußgänger allerlei Verkehrsinseln zu gestalten, sondern, wo es möglich ist, alle Menschen im Verkehr zu kombinieren.

Diese Art von Straßen organisiert Werte wie Behutsamkeit und Höflichkeit. Die Anzahl der Unfälle auf den Kreuzungen wird auf Null reduziert, während Radfahrer, Spaziergänger und Autos auf einer der Kreuzungen aus allen Richtungen angefahren kommen und es nie klar ist, wer Vorfahrt hat. Es ist erstaunlich, wenn man sieht, wie alle Verkehrsteilnehmer die Kreuzung „nehmen“, indem sie sehr gut aufeinander achten.

In der Gruppe der Adoleszenten können die folgenden Zitate dieses Verkehrsexperten besprochen werden:

> Die Verkehrsregeln „schließen sich jedoch selten an das an, was man als Mensch normal finden würde, an das selbstregulierende ethische Bewusstsein. Wenn ich an einem ganz normalen Tag mit meinem Auto an einer Kreuzung ankomme, und dann kommt ein Fahrrad von links, habe ich Vorfahrt. Das ist selbstverständlich. Aber wenn ich in strömendem Regen an derselben Kreuzung ankomme und von links kommt eine alte Dame auf einem Fahrrad oder eine Mutter einem Kind mit vorne und hinten auf dem Rad, bin ich naturgemäß geneigt, Vorfahrt zu gewähren. Aber wenn ich das tue, gehe ich das Risiko ein, dass ich durch das Auto hinter mir angefahren werde, das sich starr an die Regeln hält. So will man doch nicht miteinander umgehen?“

Die Organisation des Verkehrs hat mit Risikoperzeption zu tun: Man will das Risiko möglichst vermeiden. Auf Tunnel usw. trifft das oft zu. Aber Menschen fahren dadurch immer mehr mit dem Autopiloten. Monderman:

> Abgesehen von der Tatsache, dass ein Leben ohne Risiko kaum wert ist, gelebt zu werden, ist das Verringern der Risikoperzeption geradezu gefährlich. Wenn man Risiken bewusst einführt, macht man Menschen aufmerksamer und vorsichtiger, und das ist es doch, was man will.

Dies kann eine fesselnde Diskussion ergeben. Die Teilnehmer werden über das Risiko zu leben, das Teilen des Raumes und dem Anderen Vorfahrt einzuräumen, ins Gespräch kommen. Das durch Monderman befürwortete System basiert nicht auf Macht und Gehorsam (Hobbes), sondern auf Verantwortlichkeit und Behutsamkeit, dem Wert des sozialen Engagements.

In der Gruppenbesprechung wird es sich um die Humanisierung der Welt drehen. Wenn es viele Regeln gibt, verlassen Menschen sich ohne Nachdenken auf diese Regeln. „Je ruppiger die Menschen innerhalb des klassischen Regelsystems sind, umso mehr Profit haben sie durch das ‚shared space-System'", so Monderman. Seine Moral basiert eher auf Sympathie (Hume), dem Einfühlungsvermögen, dass Menschen sich in die Perspektive und das Interesse eines Anderen versetzen lassen.

Und Gott? Ich sehe eine Chance, erneut über die Freiheit und über die Berufung, den gegebenen Raum zu teilen, zu beginnen. Ein Theologisieren über die Kreuzung vor der Kirche in meinem Wohnort als Zeichen des Reichs Gottes. Ich höre die innere Stimme im Geschehen: „Adam, wo bist du?" „Kain, wo ist dein Bruder?" Ja, du bist deines Bruders Hüter. Oder ich sehe Jesus, wie er damit beschäftigt ist, jemandem zu erklären, dass sich doch jemand in das Opfer auf der Straße des Daseins versetzen muss, und sich herausstellt, dass diese Person auch noch ein überraschend Anderer ist, ein Samariter. Das Gute suchen, das die Achtsamkeit, den Hirten im Menschen zum Vorschein holt – daran hat Gott Wohlgefallen.

2.4 Das Vollkommene

Obwohl ich am liebsten öffentliche Verkehrsmittel benutze, musste ich einmal schnell zur Universität nach Nimwegen. Ich durfte das Auto unserer Nachbarn leihen: einen Citroen DS aus dem Jahr 1962. Nach meinem Geschmack das schönste Auto, das jemals gebaut wurde. Ein Zeichen des Vollkommenen. Das Design ist ein perfektes Kunstwerk. Die Luftfederung ist eine technische Glanzleistung. Das Wortspiel DS mit der französischen Déesse (Göttin) ist naheliegend. Diese Göttin fährt mich entlang an Feldern und Straßen. Ich steige auf, ich schwebe, ich sitze wohl selbst am Lenkrad, und doch: Ich werde gefahren. Viele Leute sehen dem Auto nach. Was will ein Mensch noch mehr, um glücklich zu sein: ‚rich (DS) and famous'? Ich spüre zwar immer die Ambiguität von Autos, aber ganz kurz bin ich ein gerechtfertigter ‚homo peccator autocineti'.

In der Gruppe sind Chancen für eine Diskussion über das Genießen des Schönen in einer doppeldeutigen Welt wahrzunehmen. Oder über die Nutzung des Autos als Gott oder Göttin, der oder die Verehrung findet. Bei aller Bewunderung liegt die Idolatrie auf der Lauer, nicht nur beim Auto, auch bei der Mobilität als Wert an sich, für den jährlich viele (Unfall-)Opfer gebracht werden. Abgötterei, für die alles weichen muss, kann den Autoverkehr als solchen kennzeichnen, aber auch diejenigen Menschen, die stundenlang hingebungsvoll mit dem liebevollen Restaurieren von Autos beschäftigt sind.

Erneut kann Gott zur Sprache kommen. Die Geschichten über Gott formen einen Puffer gegen jegliche Art von Vergötterung oder Verabsolutierung. Sie wenden Menschen hoffentlich von der realistischen Angst vor dem Untergang von allem im Allgemeinen und sich selbst im Besonderen ab. Als Kontrast will der Film beim Zuschauer Gedanken über Erlösung und Liebe und die Bedeutung der Landschaft auslösen. Ich muss an Heideggers Betrachtung über die Doppeldeutigkeit der Technik denken, im Guten wie im Schlechten. Wenn das Gefährliche ins Bewusstsein des Menschen durchdringt, bekommen häufig andere Gedankenwelten eine Chance. Heidegger zitiert Hölderlin: „Wo aber Gefahr ist, wächst das Rettende auch." Das sehen wir bei Monderman, und auch in diesem Film. Das Rettende ist eine Gabe, die auf die eine oder andere Weise – sicherlich aus den Geschichten von und über Gott – auf uns zukommt, uns anspricht, uns ansprechen kann im reflexiven Raum der Gruppe als Kirche, und uns von Abgötterei befreit. Laut Gräb können unsere Gruppenmitglieder dies lernen. Die christliche Religion „lässt die eigene Freiheit an der des anderen ihre Grenzen finden, weil sie sie als Gottes Geschenk für alle Menschen zu verstehen lehrt". Auf ihrer Entdeckungsreise können die Gruppenmitglieder lernen, sich das gelehrte Angebot geteilter Freude und Freiheit in ihrer Wirklichkeit anzueignen.

Evert Jonker

Anmerkungen

1 Der lateinische Ausdruck für Auto lautet „autocinetum" und nicht „automobile". Vgl. auch die entsprechenden Einträge im Lexicon Recentis Latinitatis, www.vatican.va/roman_curia/institutions_connected/latinitas/documents/rc_latinitas_20040601_lexicon_it.html (Januar 2008).

2 FUENTE LAYOS, L.A. DE LA, Mobilität im Personenverkehr in Europa, Statistik kurzgefasst Nr.87, 2007, www.eds-destatis.de/de/downloads/sif/sf_07_087.pdf (Januar 2008), sowie MAHIEU, Y., Das Wichtigste aus dem Panorama des Verkehrs, Statistik kurzgefaßt Nr.77, 2007, www.eds-destatis.de/de/downloads/sif/sf_07_077.pdf (Januar 2008).

3 Vgl. http://de.wikipedia.org/wiki/Rechts_vor_links (Januar 2008).

4 Das Nennen von Markennamen dient der Anschaulichkeit und ist nicht mit Schleichwerbung zu verwechseln. Der Verfasser fährt keinen Cayenne, sondern Ford und Fahrrad.

5 Päpstlicher Rat für die Seelsorge an Migranten und Verkehrsteilnehmern, Richtlinien für die Seelsorge im Straßenverkehr vom 19.6.2007, http://212.77.1.245/news_services/bulletin/news/20451.php?index20451&lang=ge (Januar 2008).

6 Zur Alltagsethik vgl. VÖGELE, W., Weltgestaltung und Gewißheit. Alltagsethik und theologische Anthropologie, Münster 2007.

7 VÖGELE, W., Welches Handeln folgt aus dem Glauben? Theologische Bemerkungen zu Werten, Orientierungen und Gewissheit, ZEE 48, 2004, 95–106.

Notger Slenczka/Rolf Schieder

Willkommen/Annahme

1. Willkommen

Verb. Substantiv. Adjektiv. Ein in sich widersprüchliches Wort, da es in seiner wortartunabhängigen Unbeweglichkeit seinem beweglichen Inhalt gar nicht entsprechen will.

Ein Gruß zunächst; ein Gruß im Allgemeinen ist eine Anrede, die, erfährt man im Grimmschen Wörterbuch, positiv und negativ, freundlich oder provokativ sein kann. Man kann zudem grüßen und kann gegrüßt werden; es gibt Grüße für das Ankommen oder für das Gehen.

Das ‚Willkommen!' aber ist eindeutig positiv; wiederum nach dem Grimmschen Wörterbuch: zusammengesetzt aus ‚will-': erwünscht. Begehrt. Angenehm. Und dem alten Partizip von ‚Kommen'. Damit zeichnet das Wort eine Situation vor. Jemand kommt. Jemand tritt zu einem anderen hinzu; und das ‚Willkommen!' spielt in genau dieser Situation Rollen zu: Es ist gesprochen nicht aus der Perspektive dessen, der hinzutritt, sondern dessen, der empfängt. Er empfindet das Kommen des anderen als angenehm, erfreulich. Das ‚Willkommen!' als Gruß stellt das nicht einfach fest, bringt es auch nicht nur zum Ausdruck, sondern spricht es zu. Das ‚Willkommen! ' ist performativ, es ist an einen Kommenden gerichtet, der Sprecher macht im Aussprechen sich selbst und den Ankömmling zu Gastgeber und Gast. Er definiert die Situation. Nur er kann es. Niemals kann ein Ankömmling ein Willkommen entbieten; nie kann ein Gastgeber ‚willkommen' sein.

Das wiederum weist darauf hin, dass es sich nicht um eine symmetrische Relation, kein Verhältnis der Wechselseitigkeit handelt. Es sind Rechte engagiert, und es werden Rechte gewährt oder in Anspruch genommen. Kein Willkommen ist notwendig oder auch nur möglich, wo der Empfangende nur zufällig der erste und am Ort der Ankunft nicht zu Hause ist – ein bereits früher eingetroffener Gast wird einen Nachzügler eigentlich nicht willkommen heißen, es sei denn, er steht in einem nahen Verhältnis zum Hausherrn oder zur Hausherrin. Das Willkommen nimmt das Hausrecht in Anspruch, wer es entbietet, erhebt den Anspruch, über das Gastrecht entscheiden und es gewähren zu können. Das Willkommen ist ein Akt der Souveränität, der sich selbst begrenzenden Freiheit: Mit dem gewährten Recht behauptet sich zugleich die Macht zur Rechtsgewährung.

Das den Alten zugeschriebene Bewusstsein von der Heiligkeit des Gastrechtes, das Conrad Ferdinand Meyer in ‚Die Füße im Feuer' beschreibt, weiß um die Ambivalenz des Willkommens und nimmt es darum dem Gastgeber aus der Hand. Die Situation, die Meyer darstellt, ruft eine doppelte Alternative zum Willkommen auf: Das vom Ankömmling in Anspruch genommene positive Recht des Königs auf die Gastfreiheit seinen Kurieren gegenüber: „Herbergt mich! Ihr kennt des Königs Rock"; und das höhere, göttlich verbürgte Recht des Gastes, das der Gastgeber allein als Verpflichtung erfährt: „Es stürmt. Mein Gast bist du. Dein Kleid, was kümmert's mich?" Und entsprechend ist der Gastgeber auch nicht in dem Sinne Souverän, dass er das gewährte Recht aufheben kann, denn der Gast und sein Recht ist „Dem größten König eigen! Heute ward sein Dienst mir schwer [...]" Kein ‚Willkommen!' wird am Anfang der Ballade laut, als der Reiter aus dem Sturm und der Hausherr zusammentreffen, die dann entdecken, dass sie durch die Schuld der Vergangenheit verbunden sind. Ein Willkommen würde nicht passen, nicht zum in Anspruch genommenen Recht des Königsboten, noch zum dem Hausherrn auferlegten Gastrecht Gottes. Denn das Willkommen setzt keine Verpflichtung voraus, sondern ist ein Akt der Freiheit; es ist das ungezwungene Ergreifen einer Möglichkeit, die angesichts von Alternativen wählt wird. Es stiftet ungeschuldet Sicherheit. Und es lässt die Möglichkeit offen, dass es wieder eingezogen wird, dass der Gastgeber frei anders wählt, wieder auf seiner Privatheit, dem Ausschließen anderer, besteht. Das Willkommen entspringt dem Willen – und der kann nur frei sein.

Das Willkommen setzt damit eine ursprünglichere Situation – die der Privatheit – voraus, indem sie sie aufhebt; es hält sie, weil es ein Akt der freien Willkür ist, beständig in Kraft. Das Willkommen manifestiert damit zugleich den schwankenden Boden, auf dem sich unsere Gewissheiten über die Sicherheit, die uns andere gewähren, erheben: Das Willkommen stellt unsere Sicherheit als Gäste vor dem Wolf im anderen ausschließlich auf seinen, des anderen, Willen und Wohlgefallen. Wer willkommen heißt, unterscheidet sich als Gastgeber vom Wolf, hält aber die Möglichkeit, Wolf zu werden, beständig offen.

Die Voraussetzung des im Willkommen gestifteten Gastrechts ist die Privatsphäre und das Privateigentum, der nur mir eigene und dem anderen entzogene Bereich, den ich ‚wie einen Raub' (privare – berauben; vgl. Phil 2,5) behandle. Wer sich angesichts von Gesellschaftsvertragstheorien fragt, wo jemals diese geschlossen wurden, und darauf hinweist, dass diese Theorien nicht als Rückgriff auf eine historische Situation gemeint sein können, der hat in demselben Maß recht, in dem er irrt. Die ursprüngliche Situation des Vertrags ist das Willkommenheißen in der eigenen Privatsphäre; die Fiktion des Gesellschaftsvertrags erweitert diese Situation zur Vorstellung einer grundsätzlichen und wechselseitigen Öffnung der Privatsphäre, die eine gemeinschaftliche Privatsphäre begründet, in der niemand das Recht hat, einen anderen willkommen zu heißen: Weder den Nichtbürger – jedenfalls nicht auf eigene Rechnung, denn es gibt für den einzelnen Bürger keine individuelle Entscheidung über die Rechtsgewährung. Noch den Mitbürger – denn ihm gegenüber besteht kein Verhältnis der Asymmetrie. Es wäre interessant, darüber nachzudenken, ob nicht eine Fülle von Problemen im Umgang mit den zugewanderten Inhabern eines deutschen Passes in der Gegenwart daran liegt, dass wir so tun, als ginge es darum, sie willkommen zu heißen; es könnte sein, dass es vielmehr um die Einsicht geht, dass wir genau dies Mitbürgern gegenüber nicht können und nicht wollen dürfen.

Das Willkommen hat eine dunkle Kehrseite, die immer mitgedacht sein will. Aber es hat damit auch eine helle Seite. Man wird ihrer ansichtig, wenn man sich die Zeile des Weihnachtsliedes ‚Sei willkommen, du mein Heil, dir Hosianna, du mein Teil' ins Gedächtnis ruft. Auf der einen Seite eine geradezu unglaubliche Umkehrung der oben beschriebenen Verhältnisse, wenn der, ‚der in sein Eigentum kommt' (Joh 1,11), willkommen geheißen wird; eine Darstellung der Selbsterniedrigung des Hausherrn zum Rechteempfänger. Zugleich umgekehrt ein Hinweis darauf, dass der Mensch, der hier willkommen heißt, nicht anders kann. Dass es nicht mehr darum geht, Rechte zu gewähren und teilzugeben am eigenen, sondern dass ein Willkommen dem gewaltlosen Überwältigtsein entspringen kann, dem Wunsch, gar nicht mehr anders zu sein als mit dem anderen. Der Wille, der dann im Willkommen dem anderen gegenüber engagiert ist, ist die Liebe: eine höhere Macht, unverfügbar, unerschwinglich, unberechenbar – aber eben auch nicht in der Hand dessen, der willkommen heißt. Man wird von ihr ergriffen, und heißt sie daraufhin willkommen.

Notger Slenczka

2. Annahme

2.1 Annehmen will gelernt sein

Fußballspieler wissen, dass die Annahme eines Balles gelernt sein will. Ich erinnere mich noch gut an meine ersten Jahre als Linksaußen in der Schülermannschaft des ASV Kleintettau. Der Wille, den harten und bei nassem Wetter schweren braunen Lederball gekonnt anzunehmen, den Gegner elegant auszudribbeln und dann den genialen Pass zu schlagen, war allezeit vorhanden. In den Nächten vor den Spielen wurden Tricks und Spielzüge intensiv vorgestellt – ein Art mentales Training, das freilich darunter litt, von den tatsächlichen balltechnischen Möglichkeiten zu weit entfernt zu sein. Anstatt am Fuß zu kleben, sprang der Ball weg – und nur eine zeitlang konnte man die Schuld daran dem Mitspieler geben, der wieder einmal viel zu ungenau abgegeben hatte. Spätestens die gemeine Frage: „Du hast wohl Angst vorm Ball?“ erzwang Zähnezusammenbeißen und tapferes Training. Hatte man dann herausgefunden, dass nur ein locker-entspanntes Spielbein den ankommenden Ball stoppen konnte, und freute man sich am angstfreien Ballbesitz, erhob der Trainer die nächste Forderung: „Direkt spielen!“ Konnte man den Ball schließlich annehmen, musste man lernen, ihn schnell wieder abzugeben. Selbstverliebtes Ballhalten war nicht gefragt. Die lautstarke Aufforderung „Gib endlich ab!“ gehörte zum Schülerfußballspiel wie der für parteiisch gehaltene Schiedsrichter und die Zitronenlimo zur Halbzeitpause. Lange also währte die Freude am angenommenen Ball selten, ja mit seiner Annahme fing der Ärger erst richtig an. Wild heranstürmenden und grätschenden Gegnern galt es zu entkommen, die Laufwege der Mitspieler zu erahnen, und den Ball so abzuspielen, dass damit ein Beitrag zum Spielaufbau geleistet wurde. Wer im Fußballspiel einen Ball annimmt, lässt sich auf ein Wechselspiel ein, das sich der individuellen Kontrolle entzieht. Annehmen, abgeben, sich freilaufen, schießen – man wird unweigerlich Teil eines Interaktionssystems, dessen subtile Regeln erst durch langjähriges Training und viele Erfahrungen beherrschbar werden.

2.2 Annehmen als Moment der Totalität der Gabe

Marcel Mauss hat in seinem berühmten, 1924 erschienen „Essai sur le don, forme et raison de l’échange dans les societés archaiques“[1] zeigen können, welch elementare Rolle das Geben und das Annehmen von Geschenken in archaischen Gesellschaften spielten. Der Essay beginnt mit Weisheitssprüchen aus der skandinavischen Edda:

> So gastfrei ist keiner und zum Geben geneigt,
> dass er Geschenke verschmäht,
> oder so wenig auf Erwerb bedacht,
> dass er Gegengabe hasst.

Mauss interpretiert den Spruch so:

> Danach würde der Vers auf jene Geisteshaltung anspielen, in der sich der Besucher und der Besuchte befinden: von jedem wird erwartet, dass er seine Gastfreundschaft oder seine Geschenke so anbietet, als sollten sie ihm niemals vergolten werden. Dennoch akzeptiert ein jeder die Geschenke des Besuchers und die Gegengeschenke

des Gastgebers, da es Güter sind und zudem ein Mittel zur Bekräftigung des Vertrags, dessen integrierende Bestandteile sie sind.[2]

Geschenke verpflichten – dieser paradoxe Sachverhalt scheint universale anthropologische Geltung zu haben.

Selbst beim Gabentausch mit den Göttern mahnt die Spruchdichtung der Edda zur Angemessenheit:

> Im Unmaß opfern ist ärger als gar nicht beten,
> Gabe schielt stets nach Entgelt;
> verschwendet ist schlimmer als nicht geschlachtet,
> eitel manch Opfer bleibt.[3]

Gerade weil offenbar nicht nur im Austausch zwischen Menschen, sondern auch im Verkehr mit den Göttern die implizite Regel gilt, dass die Annahme einer Gabe einen Gegengabe erforderlich macht, weist ein unangemessen großes Opfer auf eine unangemessen hohe Erwartung auf göttliche Gegengaben hin. Wer etwas schenkt, ist sich bei allem Altruismus der Größe seines Geschenkes voll und ganz bewusst – und der, der ein Geschenk oder ein Opfer an Zeit, Kraft oder Liebe annimmt, sollte die Größe dieses Geschenkes oder dieses Opfers recht einordnen. Vielleicht entstehen die größeren Beziehungskrisen ja gerade daraus: Man nimmt ein Geschenk oder auch ein Opfer an Zeit, Kraft oder Liebe von einem anderen an, ohne das Ausmaß des Angenommen richtig ermessen zu haben. Bitter stellt Joan Baez in ihrem Song *Diamonds and Rust*, einer Abrechnung mit Bob Dylan, am Ende fest: „And if you are offering me diamonds and rust: I have already paid!“. Versöhnter klingt die Jahre später gesungene Version: „I'll take the diamonds!“.

Das soziale wie das religiöse Leben ist von einem Netz von unausgesprochenen Pflichten des Gebens und des Annehmens durchzogen. Dabei ist die Gabe selbst keineswegs eine harmlose, neutrale Sache. Marcel Mauss formuliert das so:

> Die Gabe ist also etwas, das gegeben werden muss, das empfangen werden muss und das anzunehmen dennoch zugleich gefährlich ist. Das rührt daher, dass die gegebene Sache selbst eine wechselseitige unwiderrufliche Bindung schafft, vor allem dann, wenn es sich um eine Nahrungsgabe handelt.[4]

Ein Geber zeigt sich ‚erkenntlich‘, mit andere Worten: er zeigt seinen sozialen Status und erwartet von Annehmenden, dass dieser seinerseits seine Position in der sozialen Hierarchie durch seinen Umgang mit der Gabe zum Ausdruck bringt. Das heißt aber auch:

> Milde Gaben verletzen den, der sie empfängt, und all unsere moralischen Bemühungen zielen darauf ab, die unbewusste schimpfliche Gönnerhaftigkeit des reichen ‚Almosengebens‘ zu vermeiden.[5]

Unsere Wirtschaftsordnung ist auch eine Frage der Ehre. Wenn Menschen, die ihr Leben lang gearbeitet haben, im Alter arbeitslos werden, dann besteht das Entwürdigende von ‚Hartz IV' nicht so sehr in der niedrigen Höhe des Arbeitslosengeldes, sondern in der Ununterscheidbarkeit zur Sozialhilfe. Ein ausbalancierter Kreislauf des Gebens, des Nehmens und des Erwiderns ist deshalb ein so schwieriges Unterfangen, weil es sich eben nicht allein um ein ausdifferenzierbares ökonomisches Problem handelt, sondern weil die Gesellschaft als ganze betroffen ist. Das labile gesamtgesellschaftliche Gleichgewicht ist ständig bedroht, die Suche nach immer neuen Homöostasen ist eine permanente Herausforderung für die Subsysteme ebenso wie für das Gesellschaftssystem als ganzes. Marcel Mauss hat von der ‚Totalität' der Gabe gesprochen. Einen *homo oeconomicus*, der eiskalt nach *rational-choice*-Kalkül seine Entscheidungen trifft, hat er für eine grandiose Abstraktion gehalten. Den Menschen könne man nicht zur Rechenmaschine oder zum ökonomischen Tier machen. Eine Ökonomie, die sich der religiösen, kulturellen, ästhetischen, sozialen, politischen und individuellen Implikationen des Gebens und Nehmens nicht mehr bewusst ist, erzeugt soziale Probleme, auf die der *homo oeconomicus* keine Antwort weiß.

Die Annehmbarkeit, die Akzeptanz ökonomischen Handelns durch die Gesamtgesellschaft ist auch das Forschungsgebiet des Pariser Soziologen Luc Boltanski. Es interessiert ihn nicht, wie bestimmte Handlungen nachträglich legitimiert werden, ihn interessiert vielmehr, was für ein Verhalten eine Gesellschaft aus welchen Gründen akzeptiert. Er fragt nach den nichtökonomischen Bedingungen ökonomischen Handelns. Wann hört eine Gesellschaft auf, das herrschende ökonomische System zu akzeptieren?

Was einer Gesellschaft als annehmbar erscheint, unterliegt dem geschichtlichen Wandel. Ferner muss davon ausgegangen werden, dass es in einer modernen Gesellschaft eine Pluralität von Akzeptabilitätsdiskursen gibt. Sieben solcher Diskurse mit je eigenen Rechtfertigungslogiken – Boltanski nennt sie „cités" – hat er identifiziert. Bei diesen Logiken geht es nicht um individuelle Präferenzen, sondern um historisch gewachsene „principes d'équivalence", denen die Individuen in den jeweiligen Diskursen unterworfen sind. Was genießt in den jeweiligen „cités" besonders hohe Anerkennung (*grandeur*)?

Hören wir Boltanski im Original:

Nous avons appelé ces constructions des ‚cités', parce que autour de chacun de ces principes peut être établi un ordre considéré comme juste, de personnes dans une communauté reposant sur une certaine definition du bien commun. Nous avon donc une *cité inspirée* où la grandeur des personnes est définie par l'accès à un état de grâce, une *cité domestique* où la grandeur tient à une position dans une chaîne hiérarchique de dépendances personelles, une *cité de l'opinion* où la grandeur depend de l'éstime des autres, une *cité civique* où la grandeur tient au renoncement à l'état particulier, une *cité marchande* fondée sur une répartition des biens selon le principe du marché, une *cité industrielle* où la grandeur est mesurée par l'efficacité.[6]

Die siebte *cité* ist die „*cité par projet*", in der ein neuer Geist des Kapitalismus herrscht. Es ist der Geist der mobilen, flexiblen, kulturell offenen, global vernetzten Manager, deren Anerkennung mit der Menge der Projekte und der Fülle der bespielten Netzwerke steigt. Dieser neue Geist des Kapitalismus ist traditionskritisch, antibürgerlich und mit der künstlerischen Avantgarde versöhnt – es ist ein Kapitalismus, der die sich selbst für ‚links' haltenden Altachtundsechziger integriert hat.[7]

In allen *cités*, in allen diesen diskursiven Formationen gibt es ein *régime de la justice*, aber auch ein *régime de l'amour*, das das Gerechtigkeitsregime infrage stellt.

Dans l'agapé, les personnes sont installées dans le présent sans chercher à contrôller constamment quels sont les gains ou des pertes de chacun.[8]

Das Problem des Liebesregimes besteht freilich in dessen Volatilität. Während Gerechtigkeitsdiskurse auf Dauer angelegt sind, ist dies im Liebesdiskurs nicht möglich. Liebe kann in Hass und Gewalt umschlagen.

Gleichwohl, so Boltanski im Anschluss an Adam Smith, ist eine Gesellschaft ohne die grundlegende Fähigkeit des Menschen zur Sympathie unvorstellbar. Newton habe die gesamte Mechanik auf die Annahme einer universellen Anziehungskraft gegründet. Was habe Adam Smith in den Mittelpunkt seiner Gesellschaftstheorie gerückt? „Il met un homme qui souffre et un homme qui le regarde." Zwischen dem Leidenden und seinem Beobachter entsteht eine „interaction médiatisée par le regard."[9] Der Beobachter identifiziert sich mit dem Leidenden und so entsteht jene Sympathie, ohne die ein Gemeinwesen nicht überleben kann.

‚Regard' bedeutet im Englischen wie im Französischen zunächst ‚Beobachten', es schwingt darin aber ein Moment des Annehmens mit, das über die klientenzentrierte Therapie unter dem *terminus technicus* ‚unconditional positive regard' auch in die Seelsorge Eingang fand.

2.3 Annahme und Disidentifikation in der pastoralen Praxis

Der Begriff der Annahme hatte in der Seelsorge der Siebziger- und Achtzigerjahre des vergangenen Jahrhunderts einen guten Klang. Als Reaktion auf eine Seelsorgepraxis, die die seelsorgerliche Beziehung vor allem als kerygmatische und missionarische Gelegenheit gedeutet hatte, wirkte die Einsicht der so genannten Seelsorgebewegung wie eine Befreiung: ein Gespräch zwischen einem Seelsorger und seinem Gesprächspartner wird nicht dadurch zu einem seelsorgerlichen Gespräch, dass der Seelsorger biblische oder kirchliche Semantik ins Gespräch einträgt. Vielmehr kommt es auf eine annehmende Haltung des Seelsorgers gegenüber dem Seelsorgesuchenden an.

Eine systematisch-theologische Einordnung der annehmenden Seelsorge in die Ethik nahm Eilert Herms in den Neunzigerjahren vor.[10] Zum ethischen Handeln gehöre, so Herms, neben der Urteils- und Entscheidungsfähigkeit die Einsicht, dass alles Handeln Vollzug endlicher Freiheit ist. Diese Einsicht sei aber nur so zu bilden, dass das Individuum sich selber als durch sich selbst Bestimmendes bestimmt. Eben diese Einsicht müsse durch soziale Interaktion erworben werden. Die Fähigkeit zur Selbstwahrnehmung sei für ethische Urteilsfähigkeit grundlegend. Zumal die Fähigkeit, unangenehme Selbstwahrnehmungen zu ertragen, wolle gelernt sein. Die Befähigung zum Aushalten und Artikulieren unangenehmer Selbstwahrnehmungen hält Herms für den wichtigsten Beitrag der Seelsorge zum Aufbau ethisch verantwortlicher Subjektivität.

Seelsorge als Umgang mit Hemmungen der Selbstwahrnehmung erfordert nach Herms bestimmte Haltungen und Verhaltensweisen des Seelsorgers. Dem Hilfesuchenden müssen Zeit, Aufmerksamkeit und Empathie geschenkt werden. „Das seelsorgerliche Verhalten ist das Verhalten der Forderungslosigkeit und Unnachgiebigkeit."[11] Der Seelsorger solle nicht seine eigenen Urteile aufdrängen und damit die Besinnung auf die Entscheidungshemmnisse des Ratsuchenden hemmen. Das Negative der Selbstwahrnehmung solle er vielmehr dadurch erträglich machen, dass er selbst dieses Negative in der seelsorgerlichen Interaktion auszuhalten imstande ist.

Die Befähigung zum Umgang mit Negativität lässt sich auch als ein wichtiges Thema bei der Weiterentwicklung der Gesprächspsychotherapie nach Carl R. Rogers finden. Carl R. Rogers hatte den Begriff des ‚unconditional positive regard' (UPR) als eine therapeutische Haltung beschrieben, die vorschnelles Urteilen und Werten vermeidet, die den Klienten wertschätzt, die sich um ihn sorgt, ohne ihn zu vereinnahmen. Seine Gefühle, Erfahrungen und Lösungswege werden respektiert. Ziel dieser Haltung ist die Wiederherstellung eines „unconditional positive *self*-regard" des Klienten. Häufig sei durch ein negatives Feedback von signifikanten Anderen ein negatives Selbstbild und eine mangelhafte Wertschätzung der eigenen Person entstanden, die die Handlungsfähigkeit der Klienten lähmten. In der Therapie lerne der Klient sich von diesen frühen Konditionierungen zu emanzipieren und des befreienden Moments des bedingungslosen Angenommenseins inne zu werden.

Während englische und amerikanische Wörterbücher den Begriff ‚regard' mit ‚to look at attentively; to observe closely' umschreiben, geht es in der gesprächstherapeutischen Praxis zum einen um eine Haltung der Akzeptanz gegenüber den Klienten, aber auch um Kongruenz des Therapeuten mit sich selbst: Offenheit gegenüber dem Klienten (Akzeptanz) und Offenheit gegenüber den eigenen Reaktionen (Kongruenz) bedingen einander.

> The more I accept myself and am able to be present in a comfortable way with everything that bubbles up in me, without fear and defense, the more I can be receptive to everything that lives in my client.[12]

Eine bedingungslose Annahme der Handlungen eines Klienten sei unmöglich. UPR meine vielmehr, „that I keep on valuing the deeper core of the person, what she personally is and can become."[13]

Was soll man sich aber unter „the deeper core of a person" vorstellen? Seit den Achtzigerjahren gerieten Identitätskonzepte in die Kritik, die von einer unfragmentierten, konsistenten Identität ausgingen. Identität und Personalität sollten nicht mehr wie ‚Dinge' behandelt werden, die durch geeignete Interventionen des Therapeuten rearrangiert und rekonstruiert werden könnten. Identität sei vielmehr als Moment eines interaktiven Prozesses zu verstehen. Ein so genanntes Individuum befinde sich in einem steten funktionalen Austausch mit seiner natürlichen und sozialen Welt. Bereits ein Blick auf elementare Körperfunktionen wie das Atmen oder den Nahrungszyklus zeigten, wie stark ein Mensch mit seiner Welt vernetzt sei. „A starving person walks in and looks at the environment differently than a satiated one."[14] Aber auch ein Gefühl des Schmerzes ist insofern ein elementarer Ausdruck von Identität, als man einem anderen zwar mitteilen kann, dass man Schmerzen hat, der Schmerz aber Ausdruck exklusiv meiner gegenwärtigen Verfassung ist. In der Weiterentwicklung des UPR spielt deshalb der „bodily felt sense" eine wichtige Rolle.

> The bodily felt sense refers to the body's remarkable capacity, on a given occasion, under specific circumstances, to register as one holistic sense all relevant considerations and influences from the personal past and the external circumstances which comprise the meaning of the situation.[15]

Eben dieser „bodily felt sense" verdiene unbedingte positive Annahme. Bei diesem körperlich gefühlten Sinn handelt es sich um die größtmögliche Sensitivität einer Person für diejenigen Sachverhalte, die sie unbedingt angehen.

> We can say the formation of a felt sense involves the person having a certain relationship to the manifold of emotions, thoughts, physical sensations etc. involved at that moment.[16]

Das Ziel des Therapeuten besteht dann darin, die Wahrnehmung dieses körperlich gefühlten Sinns und damit die Fähigkeit zur Selbstannahme zu fördern. Der Prozess der Wahrnehmung des körperlich gefühlten Sinns ist freilich paradox: Weil man unangenehmen Gefühlen der Peinlichkeit, der

Verwirrung, der Ohnmacht, der Schuld ausweichen möchte, kommt es nun darauf an, sich diesen Gefühlen so zu nähern, dass sie die Person nicht überwältigen.

Ann Weiser Cornell hat vorgeschlagen, diese freundliche Aufmerksamkeit gegenüber den eigenen Gefühle als „disidentification" zu bezeichnen.[17] Man solle lernen, nicht mehr ein bestimmtes Gefühl ‚zu sein', sondern es ‚zu haben'. Formulierungen wie ‚Ich bin traurig!', ‚Ich bin froh!', ‚Ich bin besorgt!' implizieren eine Totalidentifikation mit den eigenen Gefühlen. Cornell schlägt stattdessen vor, die eigenen Gefühle als zwar unvermeidlich kommende und gehende innere Zustände wahrzunehmen, zu ihnen ‚Hallo' zu sagen, sie aber nur als einen Teil der Persönlichkeit zu akzeptieren. Der Therapeut kann dann zum Beispiel feststellen: ‚Da ist etwas in Ihnen, das sie wütend macht.', oder ‚Ein Teil von Ihnen fürchtet sich.' Der Klient kann sich so auch widerstreitenden Gefühlen aussetzen. Er erkennt sie an, er schenkt ihnen seine Aufmerksamkeit, aber er vermag sich von ihnen zu unterscheiden. Wer zum UPR der eigenen Gefühle fähig ist, der ist nicht mehr ihr ohnmächtiges Opfer. Die Gefühle werden noch einmal eingerahmt von einer Haltung der Annahme, die – so die Hoffnung der klientenzentrierten Therapie – die Gefühle selbst zu verwandeln imstande ist.

Wie ein solcher Transformationsprozess vor sich geht, lässt sich vielleicht immer noch am eindrücklichsten in Kierkegaards theologisch-psychologischer Untersuchung ‚Der Begriff Angst' nachlesen: Wer sich dem Schwindel der Angst aussetzt, erlebt deren Transformation in Freiheit.

2.4 Das Schlusswort: ‚Lebbe geht weida'

‚Fußball ist unser Leben' – so sang einst die deutsche Fußballnationalmannschaft mehr schlecht als recht. Aus pastoraler Sicht müsste man zur Disidentifikation raten: ‚Etwas in dir glaubt: Fußball ist dein Leben?' Nicht zu bestreiten ist freilich, dass in dem Moment, in dem man sich auf das Spiel eingelassen hat, seine – wenn auch zeitlich begrenzte – Totalität des Annehmens und Abgebens, der Selbstlosigkeit und des Eigensinns, des Erfolgs und des Scheiterns von den Spielern und den sympathisierenden und sich identifizierenden Zuschauern Besitz ergreift. Möglicherweise entwickelt das Fußballspiel im Moment des Verlierens sein größtes religionshermeneutisches Potential. Das körperlich spürbare Aushaltenmüssen von Negativität weitet den Horizont über das Spiel hinaus.

Wie lautete doch das goldene Wort des Trainers von Eintracht Frankfurt, Dragoslav Stepanovic, als sein Verein am letzten Spieltag der ersten Bundesliga im Mai 1992 die Meisterschaft verlor: ‚Lebbe geht weida!' Welch ein transzendenzträchtiger Steilpass für deutungshungrige Religionshermeneuten! Wer kann, der nehme ihn an!

Rolf Schieder

Anmerkungen

1 Auf Deutsch: MAUSS, M., Die Gabe. Form und Funktion des Austausches in archaischen Gesellschaften, Frankfurt a.M. 1990.
2 Ebd., 15f.
3 Ebd., 17.
4 Ebd., 147.
5 Ebd., 157.
6 BLONDEAU, C./SEVIN, J.-C., Entretien avec Luc Boltanski, une sociologie toujours mise à l'épreuve, in: ethnographiques.org 5 (2004), 6.
7 Ebd., 26f.
8 Ebd., 14.
9 Ebd., 16.
10 HERMS, E., Die ethische Struktur der Seelsorge, in: PTh 80 (1991), 40–62.
11 Ebd., 57.
12 LIETAER, G., Unconditional positive regard: A controversial basic attitude in client-centered therapy, in: Client-centered therapy and the person-centered approach: New directions in therapy, research, and practice, New York 1984, 44.
13 Ebd., 47.
14 IBERG, J.R., Unconditional Positive Regard: Constituent Activities, in: Rogers' Therpeutic Conditions. Evolution, Theory and Practice, Bd. 3: Unconditional Positive Regard, hg. v. Bozarth, J./Wilkins, P., Ross-on-Wye, UK 2001, 155–171, 162.
15 Ebd.
16 Ebd., 163.
17 WEISER CORNELL, A., The Power of Focusing, Oakland, CA 1996.

Christian Schwarke/Bernhard Dressler

Antragsformular/Bitten

1. Antragsformular

1.1 Das Formular wird „ausgefüllt"

Vor dem Gesetz steht ein Türhüter. Zu diesem Türhüter kommt ein Mann vom Lande und bittet um Eintritt in das Gesetz. Aber der Türhüter sagt, dass er ihm jetzt den Eintritt nicht gewähren könne. Der Mann überlegt und fragt dann, ob er also später werde eintreten können. ‚Es ist möglich', sagt der Türhüter, ‚jetzt aber nicht.'[1]

Wie der sprichwörtliche Mann vom Lande in Franz Kafkas Miniatur „Vor dem Gesetz" geht es einem manchmal, wenn man versucht, ein Antragsformular auszufüllen: Antrag auf Lohnsteuerjahresausgleich, Antrag auf Zahlungen nach dem Bundesausbildungsförderungsgesetz (BAföG), Antrag auf Arbeitslosengeld. Die Schwierigkeiten, die sich dabei ergeben, sind vielfältiger Natur:

Auf einer ersten Ebene fehlen Sachinformationen (wo ist meine Steuernummer?). Bereits die Fragen dieser Ebene weisen jedoch in die Tiefe der Sache. Denn nicht jede der verlangten Informationen gehört nach Meinung des Antragstellers zur Sache. Dass die Angaben dennoch verlangt werden, hängt an der Einordnung des Antragsgegenstandes in einen größeren Kontext, aus dem heraus der Antrag beurteilt werden soll. So lassen sich beispielsweise Berechtigung und Dringlichkeit meines Antrages besser beurteilen, wenn er mit anderen Anträgen verglichen werden kann oder meine Antragsgeschichte abrufbar ist. Das unterscheidet ein Antragsformular von einer einfach vorgetragenen Bitte: Letztere erwartet vom Adressaten der Bitte, dass er oder sie die Bitte kontextualisiert. So verfahren etwa alle Gebete um Beistand an höhere Mächte. Kontextualisierungsleistungen auf Seiten des Antragsstellers, wie sie Formulare meist mit sich bringen, haben dabei einen selbstreflexiven Effekt, der sich in der Frage äußert: Lohnt sich mein Antrag? Man bedenke, welche Auswirkungen es gehabt hätte, wenn in früheren Zeiten das öffentliche Gebet um Gottes Segen für die eigene Militärmaschinerie mit einer detaillierten Auflistung der Gründe, Hintergründe und Beweggründe, sowie mit der Angabe einer Kriegsgebetsnummer zu versehen gewesen wäre. Anhand der Nummer hätte Gott (bzw. die entsprechend nachgeordneten Stellen) per Mausklick alle früheren Staatsgebete (und deren Ausgang) aufrufen können. Das Formular verschiebt das, was weltliche Behörden nicht leisten können, zum Teil auf den Antragsteller und entspricht damit seinem Wunsche nach Autonomie. Wenn heute die Steuerbehörde selbst das Programm bereitstellt, mit dem ich mir meine Lohn- und Einkommenssteuer berechnen kann, macht sie meinen Antrag für mich berechenbar. Ein Moment der Unsicherheit wird minimiert.

Auf einer zweiten Ebene ist ungewiss, was an welcher Stelle einzutragen ist (Handelt es sich um eine geringfügige Beschäftigung oder um eine selbstständige Tätigkeit?). Fragen dieser Art betreffen nicht einfach richtige oder falsche Einträge. Vielmehr geht es im Kern um Rudimente der Steuerbarkeit, die das Antragsformular lässt. Immer dort, wo es mehrere Möglichkeiten gibt, habe ich potenziell die Chance zur Wahl des für mich Günstigeren. Zugleich eröffnet das Formular die Möglichkeit des Verlustes aus eigener Schuld. Ich kann Fehler machen, sofern der Adressat des Antrags nicht zur Korrektur verpflichtet ist. Besonders sichtbar wird dieser Sachverhalt an der Tatsache, dass kein Bewilligungsbescheid mehr gewähren darf, als beantragt wurde, selbst wenn dies möglich oder gar gerechtfertigt wäre. Die Formalisierung der Bitte, die das Antragswesen darstellt, und die das Antragsformular sinnfällig macht, belässt daher den Antragsteller in seiner Autonomie, auch wenn dies ihm zum Nachteil gereicht.

Schließlich ist nicht immer klar, was überhaupt angegeben werden sollte bzw. was einzutragen ist (welche Unterlassung könnte strafbar sein?). So kann sich bei einem Antrag auf Förderung nach dem BAföG die Frage stellen, ob zu meinem Vermögen auch die Gelder gehören, die mir nur kurzzeitig zur Aufbewahrung überlassen wurden? Die Intuition sagt: nein, das Recht sagt: ja.[2] In einem Antrag wird daher nicht allein über den Gegenstand entschieden, sondern auch über die Art und Weise der Antragstellung.

Dabei reduziert das Antrags*formular* die Schwierigkeiten bereits in beträchtlichem Umfang. Genau dafür ist es auch geschaffen worden. Würde man alle oben erwähnten Anträge frei formulieren müssen, steigerten sich die Probleme ins Unermessliche. Auf Seiten des Antragsstellers träte eine erheblich größere Ungewissheit über die richtige (und Erfolg versprechende) Antragsformulierung und -gestaltung. Welche Anrede wäre passend? Sollte der Stil eher sachlich oder eher verbindlich sein? Welche Gründe gebe ich an? Auf Seiten der bearbeitenden Behörde entstünde die Notwendigkeit zu vielerlei Nachfragen. Die Vergleichbarkeit der Anträge wäre nur schwer zu gewährleisten. Das Antragsformular schafft daher Sicherheit und Gerechtigkeit. Es entlastet die Beteiligten von individuellen Grenzen und schafft einen Raum möglichst großer distributiver Gerechtigkeit.

So betrachtet scheint das Antragsformular zu bestätigen, was die Soziologie bis vor kurzem für selbstverständlich hielt: Wenn das Antragsformular die traditionelle Bitte (an Gott oder die Obrigkeit) ersetzt, bildet sie die moderne Ablösung der Religion durch das Recht ab. Gleichzeitig steht das Formular für die Individualisierung (bei der Antragsstellung und der Verantwortung für ihre Richtigkeit) und die Rationalisierung (bei der Bearbeitung des Antrags) der modernen Gesellschaft.

Und doch: Folgt man der Spur des Religiösen in die Alltagswelt des Antragsformulars, so zeigt sich, dass sich nicht nur Rudimente vormaliger Gebetssituationen erhalten haben, sondern dass auch das Antragsformular den Antragsteller in durchaus neuer Weise mit dem Unbedingten konfrontiert. Ob man sich dessen bewusst ist, oder es gar wahr haben will, ist wie bei vielen Formen zeitgenössischer Religiosität eine andere Frage. Vielleicht gehört es sogar zu den bislang zu wenig beachteten Charakteristika moderner Religion, dass man an ihr teilhaben kann „als hätte man nicht".

1.2 Das Formular wird „über-dacht"

Wer einen Antrag stellt, bewegt sich im Raum des Rechts. Im rechtlichen Sinne stellt er keine Bitte. Daher wird dem Antragsteller auch nichts gewährt, sondern es findet eine Bewilligung oder eine Ablehnung (mit Widerspruchsbelehrung!) statt. Es geht nicht um Gnade, sondern um Gerechtigkeit. Dabei scheint es der Moderne nicht nur eine Gnade zu sein, nicht mehr um Gnade bitten zu müssen, sondern auch diese nicht annehmen zu müssen. Eindrucksvoll zu besichtigen ist diese Wendung in Lessings Drama „Minna von Barnhelm", in dem der Major von Tellheim das Stück über damit beschäftigt ist, die mögliche Gnade abzuwehren, um Gerechtigkeit zu bekommen.

Dennoch bewahrt das Antragsformular im Kern das alte Gesuch (die Bitte) an die Obrigkeit. Wie formalisiert auch immer, bleibt der Antrag eine Handlung der Bitte. Und daher bleiben die Probleme, deren Zentrum in der schlichten Wahrnehmung besteht: Ich bin abhängig.

Diese Abhängigkeit besteht nicht nur konkret, im Blick auf die Angestellten etwa der Finanzbehörde (worauf wir oft geneigt sind, die Sache zu reduzieren), sondern diese Abhängigkeit ist allgemein, weil sie eben in der Gegenüberstellung von Einzelnem und Gesellschaft besteht, für die die Behörde tätig ist. In der Regel verschafft sich die Macht, der der Antragsteller gegenüber steht, auf dem Antragsformular auch symbolisch Geltung durch die Errichtung von Tabuzonen. Mit dickem Strich umrandet, manchmal andersfarbig unterlegt, verkündet die Warnung an der Grenze: „Nur von der Behörde auszufüllen!" Inklusive Ausrufezeichen suggeriert die Markierung: Wer diese Grenze mit seiner eigenen Schrift überschreitet, hat verloren.

Es ist stets das Individuum, das sich der Gesellschaft gegenüber sieht, wie Kafka es in seiner Parabel beschreibt: Es kann – auch unter modernen Bedingungen – keinen Einlass geben, denn das hieße, die Differenz zwischen Individuum und Gesellschaft, zwischen Besonderem und Allgemeinen aufzuheben, was um beider willen diesseits des Reiches Gottes nicht zu wünschen ist. Genau deshalb ist diese Abhängigkeit durchaus als schlechthinnig zu bezeichnen, wenn sie auch nicht im Sinne Schleiermachers diejenige von Gott meint.

Es ist diese Grundsituation der Abhängigkeit, die uns das Antragsformular vor Augen führt. Daher erweist es sich als domestizierte Fassung eines bestimmten Gebetstypus. Es ist ein Recht, es ist formalisiert, entpersönlicht – keine Gnade.

Und doch bleibt dies Moment enthalten. Jeder, der jemals einen freien Antrag formulieren musste, weiß das. Und wer Anträge zu bewilligen oder abzulehnen hat, weiß um die Bedeutung der weichen Faktoren in den Formulierungen. Genau im Blick auf diese Elemente kommt einerseits zum Zuge, dass man individueller Gerechtigkeit zur Wirkung verhelfen kann: Nicht jedem das Gleiche, sondern jedem das Seine. Gleichzeitig aber wird die Tür geöffnet zur Willkür.

Die Grundsituation des Antrags ist die der Bitte. Daher liegt der Antrag trotz seiner weltlichen Gestalt dicht am Gebet. „[D]ies intendiert das Gebet: In der jeweiligen Lebenssituation will es die Grundsituation des Menschen aufsuchen und sie zur Sprache bringen“.[3] Der Mensch wird sich auch im Antrag dieser Grundsituation bewusst.

Auch die Kontingenz des Eingreifens göttlicher Mächte wird im Antragsformular abgebildet: Zwar herrscht Gerechtigkeit im Blick auf das, was angegeben wird, aber: Die Logik der Rechtslage kann eine ganz andere sein, als sie einem Laien erscheint. Ein Beispiel: Ein Staat gewährte Hilfen für Hochwasserschäden, wenn die Wohnung des Betroffenen im Erdgeschoss lag und diese überflutet war. Nun hatte ein Mensch seinen gesamten Hausrat wegen fälliger Renovierungsarbeiten aus seiner Wohnung im ersten Stock in den Keller und in ein Gartenhaus gebracht. Der Mensch war ebenso geschädigt, als hätte er seine Wohnung im Erdgeschoss, aber staatliche Hilfen mussten nicht gezahlt werden.[4]

Man kann daher ein Formular nach bestem Wissen und Gewissen ausfüllen, um aber ein angemessenes Ergebnis zu erzielen, muss man wissen, welche Maßstäbe tatsächlich angelegt werden. Diese aber sind nicht notwendig aus dem Antragsformular ersichtlich, weil die Intention der jeweiligen Frage nicht mit abgedruckt wird.

Es bleibt daher im Kern dabei: Was für das Gebet galt, trifft für den Antrag – wie immer rudimentär – noch immer zu: „Es geht um Gnade und Heil, in Bezug auf die der Mensch ein rein Empfangender ist.“[5]

Begreift man das Antragsformular als eine rationalisierte Form der Bitte im neuzeitlichen Staat, so lassen sich Gemeinsamkeit und Differenz des Religiösen zum scheinbar Säkularen bestimmen:

1. Aus der rein kontingenten Abhängigkeit des Menschen gegenüber Lebenssituationen wird im neuzeitlichen Staat (westeuropäischer Prägung) eine Lebenssituation, die zwar das Ereignis nicht verhindern kann, aber die Folgen mildert. Entweder eine Versicherung tritt ein (nachdem ein Antrag gestellt wurde) oder der Staat tritt zum Teil im Voraus zusagend (z.B. BAföG) als Regulierungsinstanz ein.

2. Gleichzeitig wendet er die ehedem notwendige Bitte in ein Recht, das jedem zusteht, der in einer entsprechende Lebenssituation steht. Nicht die Adressierung stellt also schon ein Problem dar (was an der Reduktion von früher ausufernd untertänigen Anreden und Schlussformeln direkt ablesbar ist; das Formular verzichtet ganz darauf), sondern nur die Frage der Angemessenheit des Antrags im Blick auf die prinzipiell vorab geregelte Rechtssituation.

3. Dennoch bleibt die Grundsituation erhalten. Der Einzelne sieht sich einer von ihm nicht zu steuernden Übermacht gegenüber. Was ehedem Gott war (oder die Obrigkeit), wird nun der Staat (oder eine Versicherungsgesellschaft – nicht ohne Grund fungieren sie als Prototypen Angst auslösender Kapitalgesellschaften). Letztlich steckt noch hinter jedem Antrag ein Stück Ohnmacht.

Kehren wir zu Kafka zurück: Der Mann vom Lande sitzt und wartet viele Jahre vergebens darauf, dass der Türhüter ihn einlässt.

> Der Mann, der sich für seine Reise mit vielem ausgerüstet hat, verwendet alles, und sei es auch noch so wertvoll, um den Türhüter zu bestechen. Dieser nimmt zwar alles an, aber sagt dabei: ‚Ich nehme es nur an, damit du nicht glaubst, etwas versäumt zu haben.‘[6]

Kafka schildert ein Paradebeispiel misslungener Versuche, aus dieser Situation der Ohnmacht zu entkommen. Mit feinem Gespür für das, was in der lutherischen Theologie als der Versuch bezeichnet wird, durch Werke gerechtfertigt zu werden, nimmt er dem Mann auch noch diese Hoffnung. Gleichzeitig spiegelt er ihm das Wissen um die unhintergehbare Notwendigkeit, alles versucht zu haben. Es ist daher auch beim Antrag die „Atmosphäre heilsamer Gelassenheit“[7] vonnöten, um sich durch das Antragsformular, insofern es und soweit es immer noch Bitte ist, nicht irritieren zu lassen.

Dass der Antrag Ausdruck einer innerweltlichen Verschiebung des Adressaten meiner Bitte darstellt, macht es zwar im rechtlichen Sinne leichter, aber es erschwert gleichzeitig das Eingeständnis, dass es sich um eine Bitte handelt. Eben jene Problematik diskutiert die Gesellschaft zur Zeit an der Frage der Anträge auf Arbeitslosengeld II: Denn hier wird – unterstützt durch eine gezielte öffentliche Umkodierung des Rechts auf eine Gnade – eben jene Dimension wieder eingeführt, die letztlich den Antragsteller durch Rückführung in die Rolle des Bittenden zu disziplinieren versucht. Dass man gleichzeitig in mancher Hinsicht subjektiv jeder Privatsphäre beraubt wird, verstärkt die Empfindung der Ohnmacht.

An dieser Stelle endet freilich die Analogie der Rechtfertigung. Ist im Gebet der Adressat der Bitte identisch mit dem Urheber des Ungemachs (in letzter Instanz) und dem rechtfertigenden Gott (unabhängig von der Gewährung der konkreten Bitte), so verschiebt sich dies zwangsläufig. Am Beispiel der Arbeitslosigkeit: Der entlassende Arbeitgeber, der helfende Staat und die rechtfertigende Instanz sind nicht mehr identisch. Gleichwohl bedarf der Einzelne eben jener Zuversicht der Rechtfertigung, um auch den Antrag im Bewusstsein auszufüllen, dass hier ein Anrecht besteht.

Das Antragsformular versucht, Person und Sache zu trennen. Nicht der Mensch steht zur Disposition, sondern sein Anliegen. Zweifellos humanisiert das Antragsformular die Bitte des Einzelnen an das Allgemeine, ohne doch seine Herkunft aus der unhintergehbaren Abhängigkeit des Einzelnen leugnen zu können.

Christian Schwarke

2. Bitten

2.1 Bitten und Gnade

Souverän ist der Antragsteller nicht. Er entscheidet nicht selbst über sein Anliegen. Aber er nimmt ein Recht in Anspruch. Die mit seinem Antrag eingeleitete Prozedur garantiert ein Mindestmaß an Rationalität. Nicht auf die Gnade eines Souveräns angewiesen zu sein, sondern auf einen Entscheid, der nicht willkürlich ist, weil er an Rechtsregeln gebunden ist: Das unterscheidet den Antragsteller – bei allen durchaus erkennbaren Analogien – vom Bittsteller.[8] In der Perspektive der Rationalisierung öffentlicher Angelegenheiten gehört, wenn man System und Lebenswelt so ins Verhältnis setzt wie Jürgen Habermas[9], das Antragstellen zu den Systemstrukturen und das Bitten zu den lebensweltlichen Kommunikationsbeziehungen. Es fragt sich, wie weit die Fähigkeit und Bereitschaft zum Bitten die Kolonialisierung der Lebenswelt durch Systemimperative überleben kann. Eine Ambivalenz ist zu beobachten: Verrechtlichung trocknet die Kommunikationsbeziehungen zwischen Menschen aus; als *Verrechts-staat-lichung* fördert sie aber nicht nur die Erosion lebendigen Austausches und Verständigung, sondern schützt dort, wo zuvor z.B. in der Familie oder in der Schule „besondere Gewaltverhältnisse" galten, vor Willkür.

Willkür ist die Kehrseite der Gnade. Es ist ein Fortschritt, außerhalb des Privatlebens, aber zunehmend auch im privaten Raum immer weniger von jemandes Gnade abhängig zu sein. Und doch geht mit diesem Fortschritt auch etwas verloren. Wenn im Finale von „Figaros Hochzeit" der Graf die Gräfin um Verzeihung bittet, nachdem er zuvor herrisch jede Bitte um einen Gnadenerweis abgelehnt hat, dann lässt uns, wie Ivan Nagel zeigt,[10] dieser eine *unwiederholbare* Augenblick, in dem der Willkürverzicht mit der *Bitte* des Souveräns um Verzeihung zusammenfällt, das Glück gewährter Gnade erleben. Zum Ausdruck in der beglückendsten musikalischen Schönheit drängend, vermischen sich in diesem Augenblick die Tränen tiefster Freude über den Ausgang aus der Abhängigkeit mit dem Dank über die erwiesene Gnade.

Einmal steigt der König herab von seinem Thron (1. Sam 12). Und David betet: *Verwirf mich nicht von deinem Angesicht, und nimm deinen heiligen Geist nicht von mir* (Ps 51,13). *Höre meine Stimme, wenn ich rufe; sei mir gnädig und erhöre mich! Verbirg dein Antlitz nicht vor mir* (Ps 27,7.9). Er, dessen Blick und Fingerzeig genügt, um andere in den Tod zu schicken, erbittet Gottes gnädigen Blick. Mit dieser Bitte gibt er – wenigstens für den Augenblick des Bittens – seine Macht preis. Er kann das in der Hoffnung auf die Selbstpreisgabe des sich zu ihm hinabbeugenden Gottes. Und in der Hoffnung auf einen Segen, der ihn selbst, den König, zum Anteil nehmenden Blick auf die Welt befähigt. Noch mehr: Der ihm, dem bittenden, dem um einen Augenblick bittenden König, Anteil gibt an der Würde all derer, die Menschenantlitz tragen.

Gnade ist die Kehrseite der Willkür. Die Angewiesenheit auf Gnade ist nur auszuhalten im Bewusstsein, dass die bittend von jemandem erhoffte Güte die Gerechtigkeit übersteigt – aber eben daher auch auf den Protest derjenigen stößt, für die die Gerechtigkeit von Vorteil wäre (Mt 20,1–15).

2.2 Bitten und Beten

Im Gebet kommt am deutlichsten ans Licht, was es mit dem Bitten auf sich hat. Jesus lehrt seine Zuhörer beten, indem er sie in sein Gottesverhältnis mit hinein nimmt: Er lässt uns mit ihm zusammen „Vater" sagen. Zugleich verbindet er damit eine irritierende Gewissheit, dass unsere Gebetsbitten erhört werden: „Euer Vater weiß, was ihr bedürft, bevor ihr ihn bittet" (Mt 6,8). Wieso aber dann noch im Gebet bitten? Ein Bittgebet muss sich doch gerade von einer magischen Beschwörungspraxis unterscheiden, weil sonst nicht wirklich von einer Bitte die Rede sein könnte. Zudem ist unsere Gebetserfahrung ja doch immer auch eine Erfahrung abgewiesener Bitten. Eine unredliche Ausflucht wäre der Verweis, dass Gott unsere Bitten in unserem wohlverstandenen Interesse nur in einem für uns auch bekömmlichen Maße erfüllt. Den, zu dem wir Vater sagen dürfen, würden wir uns dann ja als einen solchen bevormundenden Patriarchen vorzustellen haben, vor dessen Willkür wir uns in Acht zu nehmen hätten. Aber schon mit der Anrede Gottes als Vater erhoffen wir seine Freundlichkeit. Wir bitten um das Kommen seines Reiches, das Jesus uns in Bildern von Gastfreundschaft und Mahlgemeinschaft vor Augen gestellt hat. Die durch seinen heiligen Geist bewirkte Gemeinschaft mit Gott ist das letzte Ziel, gewissermaßen der umgreifende Horizont des Betens. Im Gebet äußern wir dann nicht nur einfach alle unsere großen oder kleinen Bedürftigkeiten, die auf ebenso viele große oder kleine Bitten hinauslaufen, sondern *die eine* Bedürftigkeit, die uns vor allem anderen auf Gott verweist: Wir können uns unser Heil nicht selbst verschaffen.

Unsere Gebetssprache kann ein Spiegel der Erfahrungen sein, die wir auch im alltäglichen Umgang mit der Sprache machen: Wir benutzen die Sprache ja nicht nur als ein Medium zur Mitteilung von Informationen. Wir benutzen Sprache auch nicht nur in dem Kalkül, jemanden durch unser Sprechen zu etwas zu veranlassen. Die Sprache des Gebets entspricht der Art, wie wir auch im Alltagsleben uns als Sprechende zu jemandem in eine Beziehung setzen. So kann der Satz „Ich vertraue dir" – „Ich wende mich mit meiner Bitte vertrauensvoll an dich" – nicht einfach als eine Mitteilung gelten. Der Satz bezieht sich nicht auf eine Wahrheit, sondern bewahrheitet eine Wirklichkeit, indem er sie herstellt. Völlig unwahr wäre dieser Satz, wenn er in einem taktischen Kalkül gemeint wäre. Im Gebet stellen wir uns vertrauensvoll unter die uns zugesagte Wirklichkeit des freundlichen Gottes.

Im Bitten zeigt sich die grundlegende Verfassung von Menschen. Wir sind Einzelne und können doch nicht allein für uns sein. Die Bitte bringt mit unserer Bedürftigkeit die grundsätzliche Unabschließbarkeit des Lebens ans Licht:

> Dass einer Bitte entsprochen wird, kann nur erhofft, nicht erzwungen werden. Damit reicht das Bitten auf die tiefste Schicht menschlichen Lebens hinab; es erweist sich auf ihr als durch und durch fragil. […] Im Aneignen der Welt und im Herstellen von Dingen kann das Leben nicht aufgehen; das Bitten ist das Eingeständnis dessen.[11]

Wenn ich bitte, bringe ich nicht nur zur Sprache, dass mir etwas fehlt, was ich mir vielleicht auch selbst verschaffen könnte. Ich erkenne vielmehr eine Situation grundsätzlichen Mangels an. Es geht nicht nur um den konkreten Gehalt einer jeweiligen Bitte, sondern um mich selbst. Wenn ich bitte, bin ich alternativlos so auf andere Menschen bezogen, dass ich deren Anerkennung gerade als jemand brauche, der auf andere angewiesen ist. In der Bitte gebe ich einen entscheidenden Unterschied zu erkennen, analog zur Unterscheidung zwischen einer Person und ihren Eigenschaften oder Leistungen: Zwischen mir selbst und dem, was ich brauche. Freilich ist Bitten eben deshalb riskant. Eine Bitte kann leicht umschlagen ins Betteln, wenn sie nicht mit der Erwartung wechselseitiger Anerkennung verbunden ist – wenn ich dich um etwas bitte, erkenne ich dich gleichzeitig als jemanden an, dem auch ich eine Bitte zu erfüllen bereit bin. Das Betteln dagegen ist beschämend, weil der, der …

> bettelt, sich darstellt als jemand, der nichts anderes mehr tun kann als allein noch bitten; sich so vorstellt, dass er nicht selbst gebeten werden kann. Das Betteln ist, so betrachtet, eine gegenseitige Erniedrigung, weil sie die wechselseitige Anerkennung ausschließt.[12]

Zum Risiko des Bittens gehört die Erfahrung von Passivität, die Anerkennung einer Grenze meines Handlungsvermögens. Umso mehr bin ich dabei auf Anerkennung angewiesen, denn Hilfe ohne Anerkennung wäre eine entwürdigende Herablassung: Ungerechtfertigte Gnade, vor allem aber Gnade ohne Güte. Sie würde den Sinn der Bitte performativ aufheben.

Wahrscheinlich hat es mit diesem Risiko zu tun, dass das Bitten weithin nicht als vorteilhaftes Verhalten gilt. Im Wort „Bittsteller“ schwingt eine gewisse Verachtung mit. Da macht sich jemand von der Gnade eines anderes abhängig. Statt zu *fordern* oder, noch besser, gleich selbst Abhilfe zu schaffen. Wer so denkt und sich so von seiner eigenen Bedürftigkeit ablöst, versteht sich selbst als Schmied seines Glücks und droht es eben damit zu verfehlen. Umso mehr ist zu bedenken, was es heißt, dass im Beten das Bitten grundsätzlich wird, indem sich darin unsere Bedürftigkeit als unsere Grundverfassung artikuliert. Im Gebet wissen wir uns über das Angewiesensein auf andere Personen hinaus prinzipiell auf eine Anerkennung angewiesen, die wir uns nicht selbst verschaffen können, die uns auch kein anderer Mensch geben kann. Indem wir beten, handeln wir so, dass wir uns als Nichthandelnde darstellen, also bereit sind, Gott an uns handeln zu lassen.

Zu unserem Glück können wir auch in der Begegnung mit anderen Menschen die Erfahrung machen, dass wir mit dem Eingeständnis unserer Bedürftigkeit und unserer Schwäche nicht immer nur Stärke provozieren: Immer dann, wenn wir geliebt werden oder wenn wir uns gütig angeblickt wissen. In das Licht eben dieser Erfahrung stellt Jesus unsere Gebetsbeziehung zu Gott. Dass wir es wagen zu bitten und damit Zuversicht auf Gottes Freundlichkeit zu riskieren, das setzt uns in ein Verhältnis zur Welt, in dem wir immer schon die Erhörten und Beschenkten sein können. In dieser

Zuversicht beten zu können – das wäre so gesehen bereits die Erhörung unserer Bitte. Damit dementiert sich die Vorstellung eines autokratischen Herrschers im Jenseits. Nur deshalb lässt sich sagen, dass in unserem Bitten selbst der Wille Gottes geschieht. Im Vorgang unseres Bittens wird Gott für uns gegenwärtig. So können wir vom Willen Gottes reden, ohne dass wir ihm dabei die Rolle eines willkürlichen Autokraten andichten müssen. Die menschlichen Redeweisen vom Willen Gottes und unsere Anrede Gottes als Person gewinnen einen Sinn, der nicht von dem Verdacht berührt wird, dass wir damit unsere eigenen Vorstellungen von Personalität und Souveränität in den Himmel projizieren. Auch Gott steigt herab von seinem Thron. Diese Erfahrung ist im Bitten und im Glück gewährter Zuwendung fundiert. Sie ist im Gebet, vor allem im öffentlichen Gebet des Gottesdienstes, wiederholbar.

Bitten zu können verhält sich reziprok zum Dankenkönnen, es ist die Voraussetzung, aber auch das Ergebnis des Danks. Jede Bitte setzt die Möglichkeit des Dankens immer schon voraus. In jedem Dank schwingt eine Bitte mit: Dass die Gabe der Anerkennung auch künftig weiter geschenkt werden möge. Es geht um das *tägliche* Brot als dem immer wieder aufs Neue gewährten Lebensnotwendigen. Im Dank findet die christliche Religion ihren Grund – im Dank für das Dasein aus unverfügbarem Grunde, in dem wir uns von der Notwendigkeit entlastet wissen, für unser Person-Sein selbst aufkommen zu müssen. Dass das Bitten uns nicht entwürdigt, liegt auch an dem Gewinn an Selbstachtung, den uns das Dankenkönnen zuspielt. In dem dabei wirksamen Selbstverhältnis erschließt sich die Bedeutung des Bittens. Wir *entscheiden* uns nicht zur Dankbarkeit – wir empfinden sie unwillkürlich, wie die Scham nach einer Bloßstellung oder wie das Glück nach einem Gelingen. So unwillkürlich diese Gefühle sind, so können sie doch Motive unseres Handelns sein, die wir uns selbst zurechnen lassen müssen. Analog geschieht es uns mit der Offenlegung unserer Bedürftigkeit, wenn wir bitten. Natürlich: Wir können uns diese Gefühle nicht nur durch andere Gefühle verstellen, sondern auch uns selbst durch kognitive Operationen dagegen abstumpfen, indem wir unsere Motive mit allerlei Gründen rationalisieren. Umso undurchsichtiger werden uns dann freilich die Antriebskräfte unseres Willens im Guten wie im Bösen.

Als Antragsteller stehen wir vor der kalkulierbaren Situation, ein Recht gewährt zu bekommen. Als Bittende riskieren wir die Hoffnung auf gütige Zuwendung.

2.3 Bitten – Lernen – Danken

Eine Szene im Religionsunterricht:[13] Die Klasse hat sich mit okkulten Praktiken beschäftigt. Auf einem an die Klassenwand projizierten Foto sind Jugendliche beim Gläserrücken abgebildet. Ihnen werden Denkblasen mit ihren vermutlichen Fragen an die Zukunft zugeschrieben. Im Schutzraum dieser Zuschreibung artikulieren die Schüler – gleichsam „über die Bande" – ihre eigenen Erwartungen. Manches sagt sich auf diese Weise leichter. Dennoch stellt sich rasch jene Langeweile ein, die immer dann droht, wenn der Unterricht nur die eigenen Erfahrungen verdoppelt und keine kognitiven Dissonanzen zumutet. Ehe das Gespräch in seinen Redundanzen kollabiert, kommt ein Impuls von der Lehrerin: „Nun formuliert die Fragen mal in Bitten um!" Noch während sie ihre neuen Sätze bilden, wird den Schülern klar, dass mit dieser kleinen, unspektakulären grammatischen Verschiebung der semantische Gehalt sich grundlegend transformiert: „Das werden ja jetzt Gebete!" In der Sprachform der Bitte erscheint eine andere Umgangsweise mit Kontingenz als in der magischen Praxis, die auf Berechenbarkeit abzielt. In der Perspektive des Bittens konstituiert sich ein neuer Modus der Weltwahrnehmung. Es zeigt sich keine andere Welt, aber diese Welt als eine andere – und darin die bittenden Subjekte als solche, die, indem sie auf Anerkennung und Erfüllung hoffen, sich von den Leistungen zu unterscheiden lernen, von denen sie im künftigen Lebenslauf Erfolg erwarten: „Du darfst sein, der du bist".[14] Ob diese Lernerfahrung sich zu einer Lebenserfahrung stabilisiert, ob sie sich zu einer konsistenten Selbstdeutung verdichtet, die die Brüche des Lebenslaufes zu bestehen hilft, wird nicht auf pädagogischem Felde entschieden. Aber in solchen religiösen Lernprozessen können Menschen für jene Erfahrungen sensibilisiert werden, die uns in unserer Lebenspraxis begegnen, wenn wir bitten oder gebeten werden, wenn wir danken oder uns gedankt wird. Im Modus der Bitte können wir uns als Wesen erfahren, die sich nicht sich selbst verdanken müssen.

Bernhard Dressler

Anmerkungen

1 KAFKA, F., Vor dem Gesetz, in: Ders.: Das Urteil und andere Erzählungen, Frankfurt a.M. 1952, 117–119, hier 117.

2 Entscheidung des Bay. OVG vom 05.04.2007, Aktenzeichen 12 ZB 07.66.

3 EBELING, G., Dogmatik des christlichen Glaubens, Bd. 1, Tübingen ^{3}1987, 197.

4 Entscheidung des VG Dresden vom 02.07.2007, Aktenzeichen 1 K 1821/04.

5 EBELING, Dogmatik., 199.

6 KAFKA, Vor dem Gesetz., 119.

7 GRÄB, W., Du darfst sein, der du bist, in: Perspektiven Religion, Göttingen 2000, 169.

8 Ein Grenzfall ist die Petition. Sie räumt das Recht ein, gehört zu werden, aber nicht das Recht, dass das vorgetragene Anliegen auch geprüft und oder gar bewilligt wird.

9 HABERMAS, J., Theorie des kommunikativen Handelns, Bd. 2: Zur Kritik der funktionalistischen Vernunft, Frankfurt a.M. 1982, 522ff.

10 NAGEL, I., Autonomie und Gnade. Über Mozarts Opern, München/Wien 1985.

11 KORSCH, D., Dogmatik im Grundriss, Tübingen 2000, 198.

12 Ebd., 200.

13 Vgl. DRESSLER, B., Religion ist mehr als Wort sagen können, in: Glaube und Lernen 1/1998, 57f.

14 GRÄB, Du darfst sein, der du bist.

Jörg Dierken/Christian Nottmeier

Weihnachtsgeschenke/Danken

1. Weihnachtsgeschenke

Weihnachten könnte ein Geschenk sein – wenn nicht die Geschenke wären. Eine Pause im Getriebe, wiederkehrend und erwartbar, gerade darum entlastend von den permanenten Erwartungen des Alltags. Freilich: Die Weihnachtspause füllt sich regelmäßig mit der Erledigung von Altlasten. Schreibschulden sind abzuarbeiten, überfällige Klausuren zu korrigieren. Und doch bringt Weihnachten die ersehnte Unterbrechung.

Weihnachtsgeschenke unterlaufen dies. Sie bringen neue Pflichten eigener Art. Das Ritual des Beschenkens erzeugt erhöhten Erwartungsdruck. Geschenke sollen passend sein. Der Beschenkte soll positiv überrascht sein. Seine Erwartungen dürfen dennoch nicht durchkreuzt werden. Gradmesser für das antizipative Ausloten von Erwartungen ist der auf den Empfänger und nur ihn zugeschnittene Charakter des Geschenks. Es soll kreativ und persönlich zugleich sein, angemessen und doch ein klein wenig schräg. Seine Originalität wird zum Indikator für die Wahrnehmung der Individualität des Empfängers – und darf doch nicht im Widerspruch zu seiner Rolle im Verhältnis zum Schenkenden stehen. Zudem muss es der Beurteilung von anderen standhalten. Weihnachtsgeschenke werden zumeist im Beisein mehrerer übergeben. Sie müssen der im Geschenk symbolisierten Balance von Individualitätswahrnehmung und Rollenentsprechung irgendwie zustimmen, wenn es nicht peinlich werden soll. Mit der Angemessenheitsbeurteilung werden Vergleichbarkeitserwartungen geweckt. Auch sie sind zu bedienen. Geschenke müssen im Rahmen bleiben. Dies betrifft nicht nur den investierten Geldwert, sondern auch die investierte Kreativität und Phantasie. Die Parameter werden im Nu von verschiedenen Seiten abgeglichen und lassen den Wert schnell abschätzen. Das Geschenk, das gerade den für Tausch und Kauf signifikanten Zusammenhang von Wert und Preis zu durchbrechen scheint, unterliegt ihm – nur in komplexerer, unbeherrschbarer Weise. Als Medium symbolischer Kommunikation in einem hochritualisierten Kontext, der gleichwohl von der Suggestion unmittelbarer Begegnung lebt, verdichtet sich im Geschenk der Abgleich von Erwartungen und Gegenerwartungen zu einer stummen Artikulation von persönlicher Wertschätzung durch Gabe einer Sache mit ihrer Gegengabe als Horizont. Zumindest die Beteiligten müssen das Spiel irgendwie mitspielen. Der

Austausch von Weihnachtsgeschenken wird zum Tauschverhältnis – und zwar einem unübersichtlicheren, schwerer taxierbaren als gewöhnliche Geld- und Warengeschäfte. Es ist nicht ohne Risiko – gerade angesichts seiner Ritualität.

Man kann sich dem auf zwei Weisen zu entziehen suchen: Die eine besteht darin, dass vereinbart wird, es werde nichts geschenkt. Das erspart dem Schenkenden den Abgleich von Erwartungserwartungen, dem Beschenkten das Erfordernis, ggf. auch gute Miene zum bösen Spiel zu machen und Enttäuschung zu verbergen. Doch die Vereinbarung wird in der Regel irgendwie unterlaufen, und insgeheim wird dies vielleicht auch erhofft. Die andere Weise, sich dem Risiko zu entziehen, geschieht durch generalstabsmäßige Planung: Wunschlisten werden erstellt, frühzeitig wird verteilt, wer wem was schenkt, Rückgabe- und Umtauschrechte werden eingeplant und zugesichert. Die Kaufhäuser sind nach Weihnachten voller als zuvor. Das minimiert böse Überraschungen, aber auch die Vorfreude am Reiz des Unbekannten. Und es verschiebt das Problem ins Vorfeld der Wunschlistenerstellung und ihrer Abarbeitung. Der Empfänger muss seinen Krawatten- und Schalbestand mustern, den Platz für Nützliches in der Wohnung abschätzen und den Bedarf an überflüssigen, aber netten Dingen des Alltags feststellen. Er verantwortet, dass sich die Kartons auf dem Speicher mit Nippes und Kitsch nach Weihnachten nicht weiter füllen. Und er verhindert, dass schlimmstenfalls „Willi, die singende Forelle" zum an Scheußlichkeit unüberbietbaren Gag des Abends wird. Immerhin, seine Schrägheit würde den Beschenkten von der Pflicht zu dankbarer Freude entlasten, die auch die abgeglichene Erwartungserfüllung begleitet. Zumindest im Negativ könnte hierdurch erfüllt werden, was in der kalkulierten Symmetrie des Schenkens und Empfangens untergründig mitschwingt und die Beteiligten verbindet: die Durchbrechung ebendieses Kalküls – sei es in der unerwarteten Symbolisierung der Individualität eines Beteiligten, sei es in der Abweichung von der Erwartungsnorm nach oben oder unten.

Während die Weihnachtswelt der Erwachsenen von der Dialektik des Symmetrie-Kalküls und seiner Durchbrechung bestimmt ist, kennt die der Kinder legitime Asymmetrien. Der von der schwarzen Pädagogik der Rute gereinigte, freilich damit auch zunehmend biedere Weihnachtsmann repräsentiert solche Asymmetrien als symbolische Leitfigur. Wenn er die Stelle eines Gebers aller Geschenke einnimmt, wird deren Herkunft in uneinholbare mythische Ferne gerückt. Wie auch immer die Zuständigkeiten in der unübersichtlichen Personalstruktur des mythischen Weihnachtskosmos beschaffen sein mögen: Dass bei durchschnittlichem Betragen Geschenke vom Weihnachtsmann oder seinem Umfeld zwischen Christkind und Knecht Ruprecht zu erwarten sind, ist nicht mit der Erwartung verbunden, die Perspektive des Schenkenden einzunehmen und zu berücksichtigen. Sie braucht den kindlichen Empfänger nicht zu interessieren. Kein Dank ist abzustatten und keine Verstellung ist nötig, falls das Geschenk enttäuschend ausgefallen sein sollte. Im Optimalfall der passgenauen Wunscherfüllung genügt bloße Freude bei der Inbesitznahme des Geschenks. Die komplexen Wege bei der Übermittlung der Wünsche an das mythische Weihnachtspersonal erlauben kommunikative Kommentierung des Grades der Wunscherfüllung, sie ermöglichen Distanzierung im Enttäuschungsfall, aber auch Anerkennung des feinen Gespürs bei hoher Erfüllung. Die Erwachsenen spielen dieses Spiel – in Komplementärrollen – mit. Sie helfen, wenn erforderlich, bei der kommunikativen Deutung. Sie freuen sich mit, wenn das Geschenk Gefallen findet, sie leiden mit, wenn es enttäuscht, ihre eigene Enttäuschung verbergend. Die tatsächliche Herkunft des Geschenks wird mit indirekter Zustimmung der Schenkenden ins Unerforschliche verschoben. Schon um dieses Entlastungseffekts willen kann von beiden Seiten aus Aufklärung abgeblendet werden, selbst wenn sie sich aufgedrängt hat. Ein stillschweigender Pakt lässt den Weihnachtsmann vielleicht noch eine Zeit gewähren, auch wenn ihn das kindliche Forschen bereits vertrieben hat.

Gewiss: Auch Kinder haben Weihnachtspflichten. In den Erziehungsinstitutionen wird Selbstgebasteltes in Serie produziert. Undenkbar für mich als Kind, ein Mitglied der Weihnachtsrunde nicht zu beehren und einen ungeschriebenen Weihnachtspflichtenkodex zu verletzen. Mein Sohn ist hier großzügiger. Vielleicht ist dies eine Gegenreaktion gegen die Professionalitätssteigerung, die das Weihnachtsgeschenkwesen nicht nur im kommerziellen Bereich durchmacht. Vielleicht ist es auch eine Aufnahme der mehr und mehr mitlaufenden Kritik am alle einschließenden Weihnachtsgeschäft. Vermutlich ist sein Sog nur mit einer gewissen Generosität gegenüber allzu großem Eifer zu ertragen. Dies betrifft auch den Umgang mit Geschenken, beginnend beim Wunschabgleich und endend bei der Dankadresse. Coolness bei Jugendlichen oder eine gewisse ironische Brechung bei Älteren verhelfen zu der Distanz, die im Kalkül der Symmetrie des Schenkens und Empfangens zu seiner Durchbrechung hilfreich ist.

Zum gelingenden Schenken gehört die Überraschung. Man gibt oder erhält etwas, was sich nicht gänzlich der Erwartung fügt. Das Geschenk manifestiert etwas Außergewöhnliches. Darin sprengt es die kalkulierte Symmetrie. Es enthält, wenn es gut geht, ein asymmetrisches Moment. Darum hebt es sich zugleich von einem Element im wohlkalkulierten Tauschgeschäft ab. Das Überraschende, Nichterwartete des Geschenks evoziert beim Beschenkten Dankbarkeit, beim Schenkenden leisen Stolz. Im Tausch haben sich beide der Logik der Äquivalenz irgendwie ein wenig entzogen. Freilich: Das Außergewöhnliche bedarf des Gewöhnlichen als Maß. Überraschungen sind nur möglich vor der Folie des abgestimmt Erwarteten. Die

Asymmetrie der herkunftslosen Geschenke aus dem Sack des Weihnachtsmanns und seiner Helfershelfer setzt voraus, dass die Mythologeme um das Weihnachtspersonal bei Kindern wie Erwachsenen kommunikativ in Umlauf sind. Ohne die ritualisierte Wechselseitigkeit des weihnachtlichen Gebens und Nehmens fehlte der Ort für Überraschendes und Außergewöhnliches. Ohne Erwartungssicherheit gewährende Fundierung in Mutualität schlägt Überraschung in Bedrohung um, ohne Gewöhnlichkeit wird das Außergewöhnliche zur Gefahr. Weihnachtsgeschenke stehen im Idealfall dafür, das asymmetrische Jenseits der kalkulierten Symmetrie des Gabentauschs in dessen diesseitigen Vollzug einzustellen, sozusagen als permanente kleine Grenzverletzung. Sie muss klein bleiben, schon um Überraschung und Außergewöhnlichkeit nicht durch Maßlosigkeit zugrunde zu richten. In diesem Sinne kann auch das Überflüssige nette Seiten zeigen, Nippes zur Erheiterung führen, Nützliches Befriedigung verleihen. Auch wenn man weiß, dass jeder an jeden denken muss, ist es gut, wenn ein vielleicht banales Geschenk symbolisiert, dass ebendieser Geber auch an mich gedacht hat.

Weihnachten ist ein kalendarisch fixierter, mit Sicherheit wiederkehrender Termin. Der Austausch von Geschenken ist ein festes Ritual mit begrenzten Variationsmöglichkeiten. Gerade darin liegt die Möglichkeit einer Integration der Dialektik von Tauschsymmetrie und ihrem asymmetrischen Jenseits in den gemeinsamen Lebenslauf. Eine Garantie fürs Gelingen ist damit nicht verbunden. Gleichwohl erlauben es die weihnachtlichen Rituale, dass sich die Akteure jeweils darin positionieren. Dass sie dies aus dem Nichts heraus vermögen, ist höchst unwahrscheinlich. Anlasslose Geschenke sind eher selten; zwischen Überraschung und Irritation liegt ein oft nur schmaler Grat. Das ritualisierte Weihnachtsfest stellt für alle Beteiligten einen Anlass zum Schenken dar, über den nicht vorab im Diskurs konsensuell Einigkeit erzielt werden muss. Natürlich kann dieser Anlass in Frage gestellt werden. Doch auch dazu muss er bereits gegeben sein.

Zur Dialektik von Schenken und Dank gehören das Jenseits von Erwartung und Gewöhnlichem und deren Diesseits hinzu. Das Asymmetrische macht sich am Symmetrischen geltend. Der Ort solcher Dialektik ist das Diesseits mit seinen ganzen Routinen. Hier ist auch der Ort gelebter Individualität, die über das Geschenk irgendwie symbolisiert und sozial dargestellt werden soll. Der mit Geschenken verbundene Erwartungsdruck zeigt, dass die Individualität des Anderen sich auch dort entzieht, wo sie gut getroffen ist. Gleiches gilt umgekehrt für die eigene Individualität in der Optik des Anderen. Darin sind Schenkender und Beschenkter verbunden. Und darum sind ihre Geschenke auch davon entlastet, das Ganze der Person zu betreffen. Dafür können Schenkender und Beschenkter dankbar sein – und zwar nicht nur im Falle des suboptimalen Geschenks. Auch wenn das Geschenk alle Erwartungen übertrifft, wenn es in seiner Originalität eine intime persönliche Kommunikation öffentlich symbolisiert ohne zu nahe zu treten, wenn es den Empfänger in den Vorlieben seiner Eigenart trifft und zur Realisierung verhilft, umfasst das Geschenk nicht das Ganze der Person. Davon schwingt im Dank etwas mit, insofern gerade der aufrichtigste Dank in der Hoffnung geäußert wird, dass der Andere ihn mit Freude aufnehmen möge. Erzwingen lässt sich solche Freude nicht – ebenso wenig wie der Dank für das schönste Geschenk.

Jörg Dierken

2. Danken

Weihnachten könnte ein Geschenk sein – wenn nicht die Geschenke wären, so beginnt Jörg Dierken seine Ausführungen. In der Tat: Die viel beklagte und manchmal wohl eine Spur zu lamoryante Klage über die Kommerzialisierung des Festes – leider ein gängiges Stereotyp weihnachtlicher Predigten – könnte sich rasch gegen den Brauch des Schenkens überhaupt wenden. Die Erwartungszwänge und die nahezu unmögliche Möglichkeit, mit einem Geschenk gerade doch die eigentlich nur schwer fassbare je eigene Individualität des Beschenkten angemessen zum Ausdruck zu bringen, stellen den Brauch als ganzes in Frage. Wäre da nicht manchmal das von Dierken herausgearbeitete asymmetrische Moment des Schenkens, das sich gerade im Überraschenden, im Nichterwarteten des Geschenks manifestiert.

Weihnachtsgeschenke symbolisieren das tägliche Ineinander von Geschenk und Dank in inszenierter Außeralltäglichkeit. Ihren ursprünglichen Sinn haben sie wohl am meisten in der seit dem 16. Jahrhundert nachweisbaren Bescherung der Kinder bewahrt, die im protestantischen Bereich durch die Vorstellung von der Bescherung durch das Christkind zugleich christologisch konzentriert wurde. Entscheidend ist, dass diese Bescherpraxis ihnen gegenüber in der Gestalt des Christkindes oder später des Weihnachtsmannes anonymisiert wird. Das Schenken ist nicht gegenseitiger Kommunikationsakt, sondern einseitige Bescherpraxis, die seitens der Beschenkten allenfalls durch das Bravsein mit einer Gegenleistung erwidert werden kann bzw. soll – eine Vorstellung, die mittlerweile durch die Reformpädagogik glücklicherweise weithin überwunden worden ist. Insofern führt die Praxis des Bescherfestes Weihnachten durchaus zu einem angemessenen Verständnis des Dankes. Das Geschenk ist nämlich seinem Wesen nach etwas, das unverdient empfangen wird. Es kann nicht ohne weiteres eingefordert, erworben oder verdient werden und geht damit über die Notwendigkeiten der Wechselbeziehungen hinaus. Das Geschenk ist seinem Wesen nach etwas „Überflüssiges". Das Geschenk ist erst dann wirklich Geschenk, wenn es sich gleichsam über die Sphäre der sittlichen Freiheit, das Gebotene zu tun, zu einer „wahrhaft schenkenden Freiheit" erhebt, wie Otto Friedrich Bollnow formuliert hat:

> Erst, indem ich über das Verdiente hinaus schenke, einfach aus überquellender Güte heraus, erhebe ich mich in die Sphäre dieser Freiheit. Und diese ist es dann, die dem Geschenk eine besondere menschliche Würde gibt. Nur wo ich zu schenken vermag, bin ich im vollen Sinne Mensch.

Entwickelt man das Wesen des Dankes aus jenen Überlegungen über das Wesen des Geschenkes heraus, dann ist für den Dankenden das Geschenk gerade nicht etwas selbstverständlich Erwartetes, das allenfalls eines konventioneller Höflichkeit geschuldeten Dankes bedarf. Sondern indem ich danke und mich als unverdient Beschenkten erfahre und anerkenne, setze ich mich zu jener höheren Dimension menschlicher Freiheit in Beziehung, die mir eine eigentümliche Würde verleiht.

Solcher Dank liegt freilich jenseits der aus der Philosophiegeschichte bekannten Tugend- und Pflichtenkataloge, in denen Dankbarkeit (*gratitudo*) als Verpflichtung (*debitum*) verhandelt wird. Dem Dank im hier explizierten Sinn ist vielmehr eine Spontaneität, eine innere Freiheit und eine Leichtigkeit eigen, die sich mehr noch als am deutschen Wort Dank am griechischen Wort *charis* erkennen lässt, das ebenso Dank und Dankbarkeit wie Gunst oder Gnade und sogar Anmut und Liebreiz bezeichnen kann.

Der Dank hat aber noch eine weitere, nicht zu übergehende Dimension. Denn indem ich danke, gestehe ich zugleich ein, dass der Schenkende mir – wenn auch nur für einen Moment – überlegen gewesen ist, indem er mit seinem Geschenk einen Punkt meines eigenen Daseinsverständnisses getroffen, mir vielleicht sogar erst neu erschlossen hat. Insofern bedeutet Dank auch die Anerkennung jener Überlegenheit, aber nicht im Sinne devoter Unterwürfigkeit, sondern unter Wahrung der eigenen Freiheit. Der Dank akzeptiert eben jene Duplizität von Abhängigkeit und Freiheit, die zur Grundstruktur des eigenen Selbst- und Weltverhältnisses gehört. Ja, in der dem Dank innewohnenden Selbstdistanz überschreitet der Dankende diese Doppelverfasstheit seiner selbst für einen Augenblick.

Solcher Dank mag sich an einem konkreten, vielleicht auch einem unter dem Christbaum liegenden Geschenk einstellen. Mehr gilt er aber jenen Geschenken, die nicht käuflich erworben oder selbst gebastelt werden. Sie sollen ja allenfalls das Eigentliche des Weihnachtsfestes, nämlich die Geburt des Kindes, in dem Gott Mensch geworden und so „uns des Lichtes Kinder macht" (Luther, EG 23,4) sinnlich-materiell darstellen. Die Geschenke sind nicht mehr als ein Abglanz jenes einen Geschenkes des Kindes, in dem alle Menschen Gotteskinder werden können. Weihnachten –

nicht nur als Kinderfest – ist so das Fest der eigenen mündigen Gotteskindschaft, die ebenso Gabe wie Aufgabe ist. „Was wir sonach feiern“, so heißt es in Schleiermachers „Weihnachtsfeier“ in einem der Gesprächsgänge, „ist nichts anderes als wir selbst, wie wir insgesamt sind, oder die menschliche Natur, oder wie ihr es sonst nennen wollt, angesehen und erkannt aus dem göttlichen Prinzip“. Gefeiert wird mithin das Geschenk eines Kindes, in dessen Schicksal sich dem Anspruch nach das Leben des Menschen aus und in Gottes Liebe paradigmatisch verdichtet.

Als Bescherfest in diesem Sinne konzentriert sich im Weihnachtsfest in allenfalls mit dem individuellen Geburtstag vergleichbarer Weise die Erfahrung des Geschenktseins des eigenen Lebens wie seiner Erhaltung. Weihnachten macht diese Gabe noch einmal in besonderer Weise bewusst, es fokussiert dabei aber ebenso die Dankbarkeit für dieses Geschenk als etwas Überflüssiges und Unverdientes in grundsätzlicher Dankbarkeit für das Dasein selbst. Nicht zufällig parallelisiert Matthias Claudius daher in einem Gedicht mit dem bemerkenswerten Titel „Täglich zu singen“ den Dank für das eigene Dasein samt seiner unverwechselbaren Individualität mit der weihnachtlichen Bescherung an die Kinder:

Ich danke Gott und freue mich
Wie's Kind zur Weihnachtsgabe,
Daß ich bin, bin! Und dass ich dich,
schön menschlich Antlitz habe,

Daß ich die Sonne, Berg und Meer
Und Laub und Gras kann sehen
Und abends unterm Sternenheer
Und lieben Monde gehen,

Und dass mir denn zu Mute ist,
Als wenn wir Kinder kamen
Und sahen, was der heilge Christ
Bescheret hatte, Amen!

Der so beschriebene Dank, der über alle Formen des zwischenmenschlich-kommunikativen Austausches und kalkulierter Nützlichkeitserwägungen hinausgeht, meint eine Art der Dankbarkeit, die sich einem nicht mehr menschlich bestimmten Grund des Lebens zuwendet. Dieter Henrich stellt fest:

> Es gibt eine solche Erfahrung von Dankbarkeit, die spontan und diesseits jeder möglichen Berechnung aufkommt und die einem Gelingen gilt, das von keiner Wohltat hätte eingeräumt werden können. Sie hat als eine Grundstimmung im Verhältnis zur Welt und zum eigenen Leben verstanden werden können.

Jener Dank, der weder in berechenbaren Tauschgeschäften oder Herrschaftsverhältnissen noch in zwischenmenschlichen Beziehungen aufgeht, bildet einen wesentlichen Grund menschlicher Transzendenzerfahrung. In solchem staunenden Dank, wie ihn Claudius beschreibt, liegt eine der Hauptquellen der Religion überhaupt.

Nun lässt sich solcher Dank mit Henrich noch einmal zweifach unterscheiden. Da ist einmal der „kommunale Dank", der in Entsprechungsverhältnisse eingebunden ist. Dank ist hier Antwort in einem Entsprechen, sei es gegenüber Menschen, sei es gegenüber einem personal gedachten Gott. Davon zu unterscheiden, wenn auch nicht grundsätzlich zu trennen, ist der „kontemplative Dank". Er nimmt ein Moment auf, das auch jedem kommunalen Dank zu Eigen ist, nämlich das der Selbstdistanz, auf das bereits verwiesen wurde. Es ist jener Dank, der der grundsätzlichen Distanz zur Welt im Akt des Dankens inne wird und so das eigene Welt- wie Selbstverhältnis überschreitet.

Dieser Dank bleibt nicht beim affirmativen „ich bin! bin!" von Claudius in dem Sinne, dass ich in gleichsam unmittelbarer Freude mich in der Welt beheimatet weiß. Sondern indem ich in solchem Dank mein eigenes Selbst- und Weltverhältnis überschreite, mich in Distanz zu mir selbst und der Welt setze, dann aber aus dieser Distanz wieder zurückkehre, gewinne ich ein neues Verhältnis zur Welt wie zu mir selbst. Solche kontemplative Dankbarkeit entspringt in Formen des kommunalen Dankes, und darin am ehesten wohl im Dank für mich selbst, der jene in jeder Form des kommunalen Dankes in verschiedener Abstufung enthaltene Selbstdistanz am stärksten beinhaltet. Es ist dabei der kontemplative Dank, der ganz vom Denken umgriffen ist, das Henrich zufolge einer „letzten Verankerung" dient, an der das „Gerechtfertigtsein unseres Lebens" hängt.

Es ist hier nicht der Ort, die philosophiehistorischen Bezüge der Henrichschen „Gedanken zur Dankbarkeit" – etwa die Auseinandersetzung mit Heidegger – zu thematisieren. Deutlich dürfte freilich die Nähe von Henrichs Konzept eines sich in letzten Gedanken sammelnden Denkens, das das eigene Selbst- und Weltverhältnis in ein durchaus mit erbaulichen Tönen beschriebenes Gefühl der Dankbarkeit einmünden lässt, zu einem Verständnis des Christentums sein, das neben kultischen und rituellen Vollzügen eben jene sich spontan einstellenden Momente der Nachdenklichkeit über das eigene Leben ernst nimmt. In diesen Momenten scheint der „Sinn fürs Unendliche" unter den Bedingungen der Erlebnis- und Mediengesellschaft zuallererst auf.

Nimmt man die Bedeutung von Momenten des Lebensdankes als Kristallisationspunkt der religiösen Fragen der Menschen ernst, dann wird man zugleich aber das Problem der Adressierung des Danks benennen müssen. Zu Recht betont Henrich deshalb in seinen Überlegungen, dass wohl der kommunale, nicht aber der kontemplative Dank notwendigerweise eines personal gedachten Gegenübers bedarf. Zwar kann auch die kontemplative

Dankbarkeit einer solchen personalen Adresse zugewandt sein als ein „Grund, dem Züge der Persönlichkeit zugedacht werden können“, aber auf diese personale Adressierung, die das Kennzeichen des Danks des monotheistischen Gottesglaubens ist, nicht unbedingt angewiesen ist. Wie solcher Dank sich im Strom alltäglicher Gedanken entzünden kann, ohne dabei um einen konkret benennbaren Adressaten wissen zu müssen, zeigt ein Gedicht Hans Magnus Enzensbergers mit dem bezeichnenden Titel „Empfänger unbekannt – Retour à l’expediteur“:

> Vielen Dank für die Wolken.
> Vielen Dank für das Wohltemperierte Klavier
> Und, warum nicht, für die warmen Winterstiefel.
> Vielen Dank für mein sonderbares Gehirn
> Und für allerhand verborgne Organe,
> für die Luft, und natürlich für den Bordeaux.
> Herzlichen Dank dafür, dass mir das Feuerzeug nicht ausgeht,
> und die Begierde, und das Bedauern, das inständige Bedauern.
> Vielen Dank für die vier Jahreszeiten,
> für die Zahl e und das Koffein,
> und natürlich für die Erdbeeren auf dem Teller,
> gemalt von Chardin, sowie für den Schlaf,
> für den Schlaf ganz besonders,
> und, damit ich es nicht vergesse,
> für den Anfang und das Ende
> und die paar Momente dazwischen
> inständigen Dank,
> meinetwegen für die Wühlmäuse im Garten auch.

Der inständige Dank ist auch hier, allen ironischen Brechungen zum Trotz, eine umfassende Freude über all das, was zwischen „Anfang und Ende“ liegt. Er bricht auf an den in unterschiedlicher Dichte beschriebenen Phänomen des Lebens mit seinen Alltags-, aber auch dem ihn inhärenten Transzendenzerfahrungen. Er wird sich dessen inne, dass sich die „paar Momente“ des eigenen Lebens zwischen Anfang und Ende des Selbst wie der Welt nicht dem eigenen Tun verdanken. In fast kindlicher Freude wird Natürliches und Kulturelles, Bedeutsames und scheinbar Belangloses aneinander gereiht und dabei für diese besondere Bescherung des eigenen Lebens einem unbekannt und ortlos gewordenen Adressaten gedankt. Allenfalls, dass sich dieser Dank beim Blick in die Wolken entzündet, lässt noch ein himmlisches Gegenüber erahnen. Es ist jedoch nicht ausgemacht, dass dieser Dank je einen Adressaten erreicht.

Eine religionstheoretisch fundierte Alltagsdogmatik kann einem solchen auch religiös deutbaren Dank nicht ohne weiteres einen Ort zuweisen. Sie nimmt aber in dichten Beschreibungen eben jene Phänomene eines sich seiner umfassenden Gründung vergewissernden Nachdenkens wahr. Und sie kann dann auch die symbolischen Gehalte des christlichen Glaubens mit den an Alltagsphänomen aufscheinenden Transzendenzerfahrungen scheinbar religiös unmusikalisch gewordener Menschen „versprechen“ (Ernst Lange). Gelingt das, dann könnte auch Weihnachten wieder ein Geschenk sein, wenn denn eine religiöse Deutung die Geschenke im Modus der dankbaren Nachdenklichkeit über das eigene Leben auf jenes eine Geschenk des eigenen Gegründetseins in „Gott“ hin durchsichtig macht – und vielleicht sogar durch alltagsdogmatisch geschulte und so die religiöse Autonomie ihrer Hörerinnen und Hörer ernst nehmende Predigerinnen und Prediger am Heiligabend.

Christian Nottmeier

Literatur

BARTH, U., Letzte Gedanken. Dieter Henrichs Umformung der Metaphysik in Lebensdeutung, in: Ders., Gott als Projekt der Vernunft, Tübingen 2005, 465–489.

BOLLNOW, O.F., Die Dankbarkeit, in: Ders., Neue Geborgenheit. Das Problem einer Überwindung des Existentialismus, Stuttgart/Köln 1955, 121–136.

CLAUDIUS, M., Sämtliche Werke, hg. v. Perfahl, J., München 1976, 149f.

ENZENSBERGER, H.M., Kiosk, Frankfurt a.M. 1995, 124.

HENRICH, D:, Gedanken zur Dankbarkeit, in: Ders., Bewusstes Leben. Untersuchungen zum Verhältnis von Subjektivität und Metaphysik, Stuttgart 1999, 152–193.

MORGENSTERN, M., Weihnachts-Christentum. Moderner Religiosität auf der Spur, Gütersloh ²2003.

SCHLEIERMACHER, F.D.E., Die Weihnachtsfeier. Ein Gespräch, in: KGA I/5: Schriften aus der Hallenser Zeit 1804–1807, hg. v. Patsch, H., Berlin/New York 1995, 39–100.

Insa Meyer/Thomas Erne

Dehnungsübung/Leere erfahren

1. Dehnungsübung

Sportlich gesehen dient die Dehnungsübung der Flexibilität: Muskeln werden gereinigt und geschmeidig gehalten. Dehnungsübungen verringern Muskelkater und sorgen dafür, dass antrainierte Kraftpakete vielseitig einsetzbar sind. Denn darum geht es ja beim Muskelaufbau: dass der Körper lebenstauglich ist und bleibt, den physischen und geistig-psychischen Alltagsanforderungen gewachsen.

Natürlich kann Muskelaufbau auch aus anderen Gründen betrieben werden, z.B. um ästhetische Vorstellungen zu verwirklichen oder gar als reiner Selbstzweck. In jedem Fall jedoch gilt: Wer sich nicht dehnt, wird unflexibel, sei er noch so sportlich.

Dieser Satz nun kann über den leiblich-physischen Bereich hinaus gedehnt werden, ausgeweitet in das Reich des Geistes. Denn auch hier gilt: Wer sich nicht dehnt, wird unflexibel. Der Aufbau geistiger Muskelmasse ist zwar auch als Selbstzweck legitim; als lebensförderlich erweist er sich aber nur, wenn er im Blick auf konkrete Lebenssituationen hilfreich ist, und das heißt: zur Problembewältigung tauglich.

Leben heißt ja in Bewegung zu sein und zu bleiben. Denn Leben vollzieht sich als permanente Interaktion, als gelingender oder fehlgeschlagener Umgang mit sich selbst, der dinglichen Umwelt, lebendigen und vernunftbegabten Lebewesen. Wer lebenstauglich sein will, muss dafür sorgen, flexibel, beweglich zu bleiben.

Wer lebenstauglich sein will, muss aber auch wissen, wohin die Lebensbewegung führen soll, muss Klarheit darüber haben, unter welchen Bedingungen die permanente Interaktion, als die Leben sich vollzieht, gelingt. Wer lebt, ist gezwungen zu handeln – und diesem Handeln implizit oder explizit Kriterien zugrunde zu legen.

Diese Handlungskriterien sind nicht einfach abstrakt wählbar, sondern ergeben sich aus kulturell und gesellschaftlich vermittelten Orientierungssätzen, die – offensichtlich oder versteckt – unhintergehbare Grundannahmen über die Verfasstheit der Welt und des Selbst enthalten. Diese Grundannahmen können hinterfragt und begründet, aber eben nicht widerlegt oder bewiesen werden. Sie stellen also einerseits Grundüberzeugungen dar, die sich in jeder menschlichen Einzelhandlung abbilden, und sind damit für jedes menschliche Leben unabdingbar. Andererseits entziehen sie sich menschlichem Zugriff, indem sie sich auf unverfügbare Weise „einbilden", in dem sie überzeugen und so für jede menschliche Regung richtungweisend werden.

Eine wichtige menschliche Dehnungsübung besteht daher darin, sich der Verfasstheit des eigenen Selbst bewusst zu werden, sich Rechenschaft abzulegen über die Grundannahmen oder Grundgewissheiten, die das eigene Handeln leiten, und zu prüfen, ob diese Überzeugungen sich in eine Gesamtperspektive integrieren lassen. Denn nur unter dieser Bedingung ist gewährleistet, dass das eigene Leben nicht auseinanderfällt. Um eine Dehnungsübung handelt es sich dabei, weil das reflektierende Ich sich einerseits selbst dehnt, indem es sich sich selbst zum Gegenstand macht, sich also von sich unterscheidet. Indem das Ich dabei die unhintergehbaren Gewissheiten reflektiert, die sein eigenes Handeln leiten, dehnt es sich noch einmal – über sich selbst hinaus in den Bereich des Absoluten, auf das es keinen Zugriff hat, von dem es sich aber doch schlechthin abhängig weiß, weil es der Inbegriff der unhintergehbaren Gewissheiten ist.

Wer sich dieser Dehnungsübung nicht aussetzt, sei es aus Angst, sei es aus Bequemlichkeit, der muss damit rechnen, bewegungsunfähig, das heißt lebensuntüchtig zu werden, weil sich verschiedene Grundannahmen entweder gegenseitig blockieren oder so widersprechen, dass sie das Ich zu zerreißen drohen.

Daher kann eine Dehnungsübung, die sich als Auseinandersetzung mit den Grundannahmen versteht, die das eigene Leben leiten, sich jedoch auf unverfügbare Weise „einbilden", insofern als lebensnotwendig bezeichnet werden, als sie die geistige und leibliche Flexibilität erhält, die menschliches Leben als permanente Interaktion auszeichnet.

Diese Dehnungsübung wiederum hat zwei Seiten: die Beschäftigung mit dem „dogmatischen" Material, mit den Inhalten der Grundgewissheiten, die expliziert werden müssen, aber nicht bewiesen werden können, und das Sich-Verhalten zum Zustandekommen dieser Überzeugungen. Ersteres lässt sich – je nach Verfasstheit der Grundgewissheiten – als philosophischer oder theologischer Diskurs fassen. Das Zweite umschreibt einen religiös-spirituellen Vollzug, der sich mit dem unverfügbaren Akt des Zustandekommens der Grundüberzeugungen auseinandersetzt, immer mit dem Ziel einer existentiellen Vergewisserung. Diese existentielle Vergewisserung ist darum unentbehrlich, weil sich die Grundüberzeugungen nicht objektiv beweisen lassen, sondern immer nur subjektiv einleuchten. Der philosophisch-theologische Diskurs dient dabei einer intersubjektiven Verständigung über die Grundgewissheiten und ermöglicht auch eine Bewertung.

Wenn nun diese doppelseitige Dehnungsübung als eine Leben schaffende und erhaltende, also als eine schöpferische Maßnahme verstanden werden kann, stellt sich die Frage, was dieser Gedankengang für den Gegenstand der Grundgewissheiten, christlich gesprochen: für Gott als Inbegriff allen Lebens bedeutet. Braucht Gott auch Dehnungsübungen? Die Antwort auf diese Frage hängt davon ab, für wie sportlich, d.h. für wie beweglich und bewegungsbedürftig man Gott hält.

Wenn Gott in theistischer Weise als der Welt gegenüberstehend gedacht wird, bedarf er keiner Dehnungsübung (mehr): Entweder hält er sich nach einem einmaligen schöpferischen Kraftakt, der alles Leben nach Naturgesetzen regelt, nun aus dem Lauf der Dinge heraus. Oder er greift gelegentlich in das Weltgeschehen ein. Im letzteren Fall stellt sich eine Dehnungsübung jedoch eher als eine Zerreißprobe dar, denn der als einheitlich vorausgesetzte Gottesbegriff droht auseinanderzufallen, wenn Gott sein eigenes Handeln korrigiert oder präzisiert.

Verbindet man Gott und Welt in pantheistischer Weise miteinander, stellt Gottes Leben eine permanente Veränderung dar. Denn jede Lebensäußerung der Welt ist eine Lebensäußerung Gottes. Wenn Gott in der Welt aufgeht, ist er zwar dauerhaft in Bewegung, aber von einer Dehnung kann nicht gesprochen werden. Denn Dehnung setzt ein Einheitsmoment voraus, das sich verändert, aufweitet, und zwar ein solches, das mehr ist als die Gesamtheit der Teile.

Fasst man die Beziehung von Gott und Welt als ein dialektisches Verhältnis auf, in dem Gott und Welt sich aneinander und miteinander verwirklichen, dann erweist sich das Leben Gottes als eines, das ohne Dehnungsübung nicht auskommt. Denkt man Gott als das Absolute, dann liegt auf der Hand, dass dieses Absolute sich konkretisieren muss, um nicht abstrakt zu bleiben. Ein reines, ein „absolut Absolutes“ ist leer. Es kann sich nicht einmal auf sich selbst beziehen. Um dies nämlich zu können, müsste es sich von sich unterscheiden, sich also selbst bestimmen und damit konkret werden, allerdings ohne in dieser Konkretheit aufzugehen. Diese Denkfigur macht die Plausibilität eines trinitarisch verfassten Gottesbegriffs deutlich: Damit das Absolute nicht leer bleibt, sondern sein kann, was es ist, braucht es eine Konkretion, der gegenüber es absolut sein kann. Diese Konkretion kann aber nicht von außen an das Absolute herangetragen werden, sonst wäre es ja nicht mehr absolut, sondern sie muss von ihm selbst gesetzt werden – als freie Selbstbestimmung. Der Prozess, in dem das Absolute durch die Konkretion hindurch zu sich selbst kommt und in dem umgekehrt auch das Konkrete sich nur durch das Absolute hindurch als Konkretes bestimmen kann, bildet das dritte Relat.

Gott oder das Absolute muss sich also dehnen, ausweiten, sich von sich unterscheiden ohne sich von sich zu trennen, um es selbst, um im qualifizierten Sinne lebendig sein zu können.

Dieser Gedankengang kann als intellektuell-theologisches Gehirnmuskeltraining aufgefasst werden, das seinen Reiz in sich hat. Setzt man ihn allerdings seinerseits einer Dehnungsübung aus, zeigt sich auch seine Tauglichkeit zur Bewältigung der Lebensaufgabe, die darin besteht, zu werden wer man ist.

Gott als das Absolute lässt sich nicht auf den geistigen Bereich beschränken, sondern muss den materiellen Bereich, d.h. die vorfindliche Welt mit einschließen. Sie und besonders der Mensch als Geistwesen, das sich – wie Gott selbst – bestimmen muss, kann als Materialisierung der Konkretion des Absoluten verstanden werden. Auf diese Weise ergibt sich eine Angewiesenheit Gottes auf den Menschen: Er braucht ihn, um lebendig zu sein, um zu werden, der er ist. So kann man sagen: Gottes Dehnungsübung ist die Menschwerdung.

Das Andere des Absoluten, seine Konkretion, darf allerdings nicht auf ein Einzelnes, etwa einen einzigen Menschen, reduziert werden. Denn die Konkretion muss der Komplexität und dem Reichtum des Absoluten entsprechen. Die Konkretion, das Andere des Absoluten unterscheidet sich nur dadurch von diesem selbst, dass es von ihm gesetzt ist. Deshalb muss man das Andere des Absoluten einerseits mit dem umfassenden Begriff Welt bezeichnen; weil sich aber die im Absoluten selbst angelegte Geistfigur in der Verfasstheit des menschlichen Geistes abbildet, ist es andererseits legitim, den Begriff der Welt auf den des Menschen zu reduzieren. Gottes Dehnungsübung ist die Menschwerdung, denn nur durch den Menschen hindurch wird Gott, der er ist, vollzieht sich Gottes Leben.

Umgekehrt allerdings bedarf auch der Mensch der Dehnungsübung um lebendig zu sein, zu sich zu kommen, er selbst zu werden. Analog zu Gott tut er dies, indem er sich an und in dem Anderen seiner selbst bestimmt.

Die Dehnungsübung des Menschen ist daher das Gebet. Hier lebt er sich im Gegenüber zu Gott in die Position ein, die ihm zugedacht ist. Im Bitten und Danken, im Klagen und Loben erkennt er Gott als das Absolute an, das ihn selbst in Freiheit als sein Gegenüber gesetzt und dazu bestimmt hat, im dialektischen Bezogensein auf sein Anderes es selbst zu werden.

Im Gebet verbinden sich so in vorzüglicher Weise die beiden Seiten der Dehnungsübung, weil es sich um einen existentiellen Vergewisserungsakt handelt, der zwar eine inhaltliche Überzeugung davon voraussetzt, mit wem man es im Gebet zu tun hat, die Beziehung zwischen Beterin und Gott aber so verändern kann, dass Selbst- und Gottesverständnis sich mit verändern. Insofern kann man vom Gebet als *der* menschlichen Dehnungsübung sprechen.

Blickt man von hier aus noch einmal auf die eingangs genannten Alternativen zu dieser als dialektisches Verhältnis vorgestellten Gott-Mensch-Beziehung, so hätte der Mensch im pantheistischen Denkmodell keinerlei Dehnungsübung zu leisten, denn er wüsste Gott in sich und allen Menschen und Dingen, so dass es keinen Gewinn brächte, sich auszustrecken.

In der deistischen Variante des theistischen Modells verspräche eine Dehnungsübung seitens des Menschen ebenfalls wenig Erfolg. Denn Gott ist unerreichbar, und des Menschen Leben erfüllt sich darin, den Gesetzen der Schöpfung gemäß zu leben.

Wird Gott so gedacht, dass er in das Weltgeschehen eingreift, gerät nicht nur die göttliche, sondern auch die menschliche Dehnungsübung zur Zerreißprobe, denn es ist des Menschen Aufgabe, Gott zu wunderbarem Handeln zu bewegen, um dem Guten in der Welt aufzuhelfen und so die eigene und Gottes Güte unter Beweis zu stellen. Gelingt dies nicht, wird der Mensch seiner Bestimmung nicht gerecht, und es stellt sich die Frage, ob der Gottesbegriff zerfällt oder der Begriff des Menschen, der seiner Bestimmung zu entsprechen versucht und es doch nicht kann.

Gott und Mensch bedürfen also der Dehnungsübung, um lebendig zu sein – Gott in Gestalt der Menschwerdung, der Mensch in Gestalt des Gebets.

Die Gewähr dafür, dass auch diese Überlegungen mehr sind als ein bloßes theologisches Muskelspiel, dass sie vielmehr gelingendes Leben vorabbilden, übernimmt die Zentralfigur des christlichen Glaubens: Jesus Christus. Hier fallen göttliche und menschliche Dehnungsübung in idealer Weise zusammen. In Jesus Christus sind beide wahrhaft lebendig und sie selbst: Gott und Mensch. In Jesus Christus dehnt Gott sich bis über die Schmerzgrenze hinaus, indem er sogar den Tod als äußerstes Gegenteil seiner Lebendigkeit durchleidet und als überwundenen in sein eigenes Leben aufnimmt. Hier wird deutlich, dass Gott sich wirklich vollständig in die Hände des Anderen seiner selbst begibt, das Risiko des Selbstverlustes voll auf sich nimmt. Nur so kann er nämlich sein, was er ist: das Absolute, das nicht einmal durch das Nichts begrenzt wird, sondern das Nichts, den Tod, die vollkommene Leere als überwunden in sich begreift.

Umgekehrt dehnt der Mensch Jesus sich ebenso über die Schmerzgrenze hinaus, indem er seine ganze Person ungeteilt in den Dienst Gottes stellt. Im Gegenüber zu Gott und in der Hingabe an ihn lässt er sich los und wird gerade so er selbst. Denn menschliche Selbstverwirklichung misslingt, wenn sie das Ziel der Verwirklichung selbst vorgibt, wenn sie missachtet, dass das menschliche Selbst nicht absolut ist, sondern sich dem Absoluten verdankt. Nur indem es sich selbst als dessen Konkretion versteht und annimmt, kann es sein, was es ist: Mensch. Die menschliche Dehnungsübung besteht also darin, sich selbst auf Gott hin zu verlassen, um sich so zu finden. Sie schließt das Nichts, den Tod, die Leere nicht in sich, sondern wird durch diese hindurch bewahrt in der Lebendigkeit Gottes.

Insa Meyer

2. Leere erfahren

Ein, aus, ein, aus, ein, aus – 23.000 Mal. So oft atmet ein Mensch im Durchschnitt an einem Tag und bewegt dabei rund zwölfeinhalb Kubikmeter Luft. Jeder Atemzug weitet den Brustkorb, spannt das Zwerchfell, dehnt die Lungenflügel und lässt sie beim Ausatmen wieder zusammensinken. Kontinuierliches Ausdehnen und Zusammenziehen, Expansion und Kontraktion sind die lebenslangen Dehnungsübungen von Lunge und Herz. Atem und Puls rhythmisieren so das Leben in der Zeit, und zugleich markieren sie seinen Beginn und sein Ende, das erste Ein- und das letzte Ausatmen. In jeden der Millionen von Atemzügen, die ein Mensch im Lauf seines Lebens macht, wie auch in jeden Herzschlag ist dieses Moment des Stillstandes eingeschrieben. Jeder Atemzug wird durch einen kurzen Moment unterbrochen, ein Augenblick der Leere im unentwegten Dehnen und Schrumpfen der Lungenflügel, ein Moment der völligen Ruhe auch bei jedem Herzschlag. In die elementaren Rhythmen der Lebendigkeit scheint die Leere als Erinnerung an ihr Ende eingeschrieben zu sein. In jedem Atem findet sich eine Vorwegnahmen des letzten Atemzugs, ein Ausgleiten in einen kleinen Augenblick der Stille, die irgendwann einmal endgültig sein wird. In Begriffen wie Odem für die Seele und Pneuma für den Geist des Menschen schwingt dieser physiologische Befund mit, dass Leben ein unentwegtes Strömen des Atems ist, aber es ist eine leibliche Dehnübung über Unterbrechungen hinweg. Der Atemstrom ist perforiert.

Weder der Gedanke an diese Leere noch sein leibliches Spüren in jedem Atemzug ist jedoch für den Vollzug des Leben zwingend. Die Bewegung des Atems ist weitaus weniger ein Bild für die Vergänglichkeit als ein Bild für die Vitalität des Lebens. Kein Mensch kann seinen Atem ohne Training willkürlich länger anhalten als zwei Minuten. Dann zwingt ihn der Körper wieder Atem zu holen. Dieser unaufhaltsame Rhythmus demonstriert die Zähigkeit vitaler Körperfunktionen, einen triebhaften Willen zum Dasein, wie Schopenhauer sagen würde, auf den sich ein Mensch verlassen kann, aber unter Bedingungen einer technischen Moderne mitunter bis an die Grenzen des Erträglichen auch verlassen muss, nämlich immer dann, wenn nicht er selbst, sondern eine Maschine für seinen Atemrhythmus sorgt.

Bill Violas Videoinstallation, Nantes Triptych, eine Arbeit von 1992, die in der Frankfurter Heilig-Geist-Kirche zu sehen war, macht dies auf verstörende Weise spürbar:

Auf der linken Tafel sieht man eine Frau, die ein Kind gebiert, und man hört ihre Geburtswehen. Es ist Violas Frau. Auf der rechten Tafel sieht man eine alte Frau sterben. Es ist Violas Mutter. Auf der mittleren Tafel bewegt sich in einem gurgelnden Wasserstrudel ein Männerkörper. Verstörend bis an die Grenze des Erträglichen ist das wuchtige Geräusch, das die Expansion und Kontraktion des Gerätes erzeugt, mit dem die sterbende Frau beatmet wird.

Aber ebenso wenig lässt sich eine mögliche Bezugnahme auf die Leere zwingend und dauerhaft aus den alltäglichen Lebensvollzügen ausschließen. In jeder Lebenslage kann der menschliche Geist die Banalität dehnen und die Normalität strecken, bis sie beide die Fassung verlieren. Wenn der Mensch so über das Selbstverständliche eine Selbstverständigung herbeiführt, Rechenschaft ablegt über ein sich seiner selbst bewusstes Leben und das selbstverständlich in Geltung Stehende auf seine Gründe befragt, dann wird die Theorie zwar der Leere als Grenze des Begriffs ansichtig, so wie Begriffe ohne Anschauung leer sind (I. Kant) oder Formeln leer sein können und gerade deshalb attraktiv, weil sie ein Maximum an Bedeutung versprechen, ohne einen angebbaren Inhalt. Aber das Denken der Leere und die Leere in Gedanken können die Leere im Gefühl nicht erfassen, diejenige, die wir erfahren, weil sie auf unsere Seele wirkt. Diese Leere, die sich dem Denken entzieht, zeigt sich dem ästhetischen Sinn, etwa in einer intensiven Wahrnehmung der Serie von inhaltsleeren, lichtleeren, zeitleeren, bewegungsleeren schwarzen Bildern, die Ad Reinhardt ab 1960 ausschließlich malt. Diese Leere, die sich im ästhetischen Sinn einstellt, ist eine Hemmung des Begehrens, eine Störung des intentionalen Bewusstseins, eine Leerintention, deren Horizont unbesetzt bleibt angesichts einer von Ad Reinhardt gemalten schwarzen Fläche, die kein bestimmtes Objekt mehr angeben kann, auf das sich ihr Aufmerksamkeitsstrahl richten könnte. Im Ausbleiben einer verlässlichen Versorgung des Bewusstseins mit Kenntlichkeit nimmt das Erlebnis der Nichtigkeit des Daseins seinen Anfang. Es kann zur Leere der Langeweile werden, einer namenlosen Leere, die schon deshalb nicht ins Denken fällt, weil sie den Menschen ohne Grund ergreift und durch Gründe nicht vergeht.

Nichts scheint den modernen Menschen mehr zu schrecken als diese Leere, die er in völliger Ruhe fühlt, ohne tätig zu sein, ohne Leidenschaft, ohne von etwas affiziert zu werden, und vor allem, ohne die Möglichkeit sich abzulenken. Zerstreuung ist daher in der Moderne medial potenziert. Die digitalen Medien bieten einen lückenlosen Schutzschirm affektiver Stimulation. Immer und überall ist ein Bildschirm. Zwar wird dieser Schutz vor Langeweile mit einem „kultisch dimensionierten Sinnverzicht“[1] auf primären Sinn bezahlt. Aber die Abwehr der Angst vor einer leeren Monotonie des Daseins, in der auch das längste Leben unversehens verfliegen würde, legitimiert für die Mehrzahl der Zeitgenossen den immensen technischen Aufwand. Als Abwehrzauber verweisen die digitalen Medien so auf eine „kryptoreligiöse Tiefenschicht“[2] der modernen Mediengesellschaft.

Die Zuspitzung auf das Phänomen der Langeweile, des Überdruss und Lebensekels erfasst allerdings noch nicht die ganze Ambivalenz, die der

Leere eigentümlich ist. Leere kann zur Angst, zur Lähmung des Lebens führen. Sie kann aber auch eine Quelle der Unruhe sein. Ein Motiv für neue Tätigkeit, wie man im „Negativen überhaupt den Grund des Werdens“[3] sehen muss. Leere, die es nur in Beziehung auf eine Fülle gibt, die sie vernichtet, kann daher nicht nur Anlass für einen horror vacui werden, sondern auch Anstoß zu gestalten und die Leere neu mit Formen zu füllen. In diesem Sinn einer Unbestimmtheit, die die Bestimmtheit eines einmal erreichten Ausdrucks einem erneuten Risiko aussetzt, ist Leere eine Kategorie kreativer Erneuerung. Ein Fortschritt im Selben, wie es für die christliche Traditionsbildung charakteristisch ist, kann es nur geben, wenn nicht Festigkeit und Unerschütterlichkeit das Maß aller religiösen Dinge sind. Es bedarf auch einer Restitution von Unbestimmtheit, von Ungewissheit und Zweifel, um der christlichen Religion neue Chancen für ihre Themen zu verschaffen. Etwas muss vergehen, wenn Neues entstehen soll. Als Kategorie kreativer Prozesse erscheint Leere in der semantischen Leerstelle im Konzept der Textanthropologie: „Die Leerstellen [...] stimulieren den Leser zu einer projektiven Besetzung des Ausgesparten. Sie ziehen den Leser in das Geschehen hinein und veranlassen ihn, sich das Nicht-Gesagte als das Gemeinte vorzustellen.“[4] Die Leere fungiert als leerer zeitlicher Verlauf in John Cages Komposition ohne Töne 4’33 von 1952, als „Empty Space“[5] in der Theaterarbeit. Dort meint Empty Space ein Leerräumen der inneren wie äußeren Bühne, damit die Inszenierung der bekannten Sprachspiele klassischer Theaterstücke nicht in mechanischer Wiederholung endet. Dazu bedarf es eines Entzugs der Kenntlichkeit. Das Leerwerden des Bedeutungsraumes ist die Bedingung dafür, dass ein Inhalt, eine Rolle zur eigenen Erfahrung des Schauspielers werden kann. Alles, was mit Inhalt, Bedeutung und Ausdruck zusammenhängt, erwacht erst zum Leben, wenn es in diesem Leerraum wieder unbestimmt wird, um als unverbrauchte Erfahrung neu gewonnen zu werden.

Dehnt sich nun der menschliche Geist und streckt er sich über das Maß der Normalität hinaus, dann wird auch die Leere zu seiner Erfahrung. Nun kann er, ohne es zu müssen, seine Erfahrung der Leere im Horizont des Unbedingten, also religiös deuten. Dann wird auch die Ambivalenz der Leere, einerseits Abgrund, Konfrontation mit Kontingenz zu sein und andererseits mitgesetzter Hintergrund und Grund des Werdens, zum Thema religiöser Selbstdeutung – und das heißt, sie begegnet in der abschließenden Symbolisierung dieser Deutungen: in Gott.

So wird in der Mystik Gottes Sein im Menschen als gegenläufige Bewegung von Leere und Fülle beschrieben. Der Sonnenuntergang des menschlichen Geistes ermöglicht die Morgenröte Gottes. In dem Maße wie der Mensch innerlich leer wird, eine gefühlte Leere im Begehren im Unterschied zur physikalischen Leere des Vakuums, kommt Gott in ihm zur

Fülle. Ein Herz, das voll ist mit der Welt und aller Kreatur, ist leer an Gott, und umgekehrt, ist es entleert von der Welt, dann wird es voll werden mit Gott. Auch die Herzensfrömmigkeit des frühen Pietismus kennt diese Bewegung. Auch sie verbindet Negation mit Neuwerden, die Entleerung des Eigensinns mit dem Werden Gottes im menschlichen Herzen. „Ich in dir, du in mir, laß mich ganz verschwinden, dich nur sehn und finden."[6]

Die mystische Verschränkung von Leere und Leben, Selbstvernichtung zugunsten der Gegenwart des Absoluten im menschlichen Bewusstsein, würde Sören Kierkegaard noch als eine subtile Form der Selbstermächtigung kritisieren. Denn diese Selbstentleerung ist zwar nicht vollkommen verkehrt, aber doch eine Leistung des Selbst, das sich selbst entleert und damit das Absolute durch menschliche Leistung bedingt. Um die Macht der Selbsterhaltung und die Projektion eigener Bedürfnisse im Bild des Absoluten zu unterbinden, steuert Kierkegaard auf eine entleerte Leere, ein voided void, wie Daniel Libeskind die Leerräume im Jüdischen Museum Berlin nennt, die weder zugänglich sind noch einsehbar. In dieser totale Diskontinuität, ein Blick in die leeren Augenhöhlen des Universums und in den unendlichen Abgrund des Nichts, der sich mitten im Daseins auftut, gibt es keine Brücke, keine Vermittlung und kein Werden – es sei denn, man spränge hinein. Der riskante Bruch mit der Immanenz ist für Kierkegaard der Weg in die Transzendenz. Die Ambivalenz in der Erfahrung von Leere, einerseits Langeweile und Kontinuität im Nichts, andererseits Moment kreativer Erneuerung, wird so miteinander verschränkt. In der totalen Diskontinuität, im Sprung in den Abgrund, ist das Selbst dabei neu zu werden, was es nicht mehr ist, ganz von Gott her. Es ist die Leere als Abbruch, die den Aufbruch, ein Neuwerden im Absoluten verspricht.

Die Leere erhält so ihren Sinn in Gott. Sie ist seine Selbstzurücknahme, eine contractio dei, seine Anwesenheit im Entzug, in der sich Gott der direkten Kenntlichkeit entzieht. Die Dramaturgie des Kirchenjahrs setzt diesen Sachverhalt in eine Bildfolge zweier Szenen: Der Sohn muss gehen an Himmelfahrt, damit der Geist an Pfingsten kommen kann. Nur so, im Durchgang durch die Leere der Kenntlichkeit, kann das in Christus extra nos konstituierte Heil in nobis, in der religiösen Kommunikation der Gemeinde, so anwesend sein, dass das Ich authentisch sich selbst in Gott werden kann, im primären Sinn beheimatet und nicht zur Regression in infantile Identitätsmuster verführt. Die Leerstelle, die Gott in die menschliche Kommunikation einschreibt, birgt zwar das Risiko in indirekter Kommunikation Gott zu übersehen, aber zugleich die Chance, dass der Mensch so die Wahrheit des Absoluten (gen. obj.) auch in der Wahrheit des Absoluten (gen. subj.) aneignet.

Die Erfahrung der Leere bindet die Selbstwerdung des Menschen in der Menschwerdung Gottes an Strukturen einer indirekten Kommunikation.

Das hat praktische Folgen für die Darstellung und Mitteilung des Evangeliums. Die Kommunikation der christlichen Religion muss sich dann in Formen entwickeln, die ein „Zugleich von Bestimmtheit und Unbestimmbarkeit"[7] zum Ausdruck bringen, wie etwa der Humor oder die ungegenständlichen Kunst der Moderne. Auch ein gelungener Kirchenraum macht im Sichtbaren ein Unsichtbares sichtbar, im Gebauten ein noch nicht oder nie zu Bauendes. Wie die Kunst bezeugt die Kirche einen Sinnüberschuss, der zu dieser Welt gehört, aber in ihr nur als Einheit von Gegensätzen kommuniziert werden kann. Auch die Kirche muss sich dehnen, mitunter über ihre Schmerzgrenze hinaus, will sie diese Spannung in einer Öffentlichkeit aufrecht erhalten, die eindeutige Botschaften von ihren Mitspielern verlangt.

Thomas Erne

Anmerkungen

1 HÖRISCH, J., Ende der Vorstellung. Die Poesie der Medien, Frankfurt a.M. 1999, 222.
2 Ebd., 219.
3 HEGEL, G.F., Sämtliche Werke Bd. 4, hg. v. Glockner, H., Stuttgart 1958, 194.
4 ISER, W., Der Akt des Lesens. Theorie ästhetischer Wirkung, München [4]1994, 264.
5 BROOK, P., The Empty Space, New York 1968.
6 TERSTEEGEN, G., EG 165, 5.
7 LUHMANN, N., Funktion der Religion, Frankfurt a.M. 1977, 17.

Melanie Mordhorst/Ute Zöllner

Intensivstation/Schmerz

1. Intensivstation

Zwei Ärzte stehen ratlos vor dem Bett und schauen den Patienten an. Sie haben mit allen Mitteln um das Leben dieses Menschen gekämpft – 24 Stunden lang. Dreimal haben sie ihn am offenen Herzen operiert. Es gab Komplikationen, einen plötzlichen Herzstillstand, später starke Blutungen. Alles musste sehr schnell gehen. Herz-Lungen-Maschine, Bypässe, Bluttransfusionen. Ein Kampf gegen die Zeit, ein Kampf gegen den Tod. „Ich bin noch nicht dran", hatte der Patient vor der Operation gesagt, obwohl er wusste, wie ernst es um ihn stand. Schließlich war der Patient nach der OP so weit stabil, dass er auf die Intensivstation verlegt werden konnte. Aber über den Berg ist er damit noch lange nicht. Von ihm selbst ist nicht viel zu sehen vor lauter Schläuchen und Kabeln, die zu großen, rhythmisch klopfenden Maschinen führen, die ihn am Leben erhalten, oder zu Monitoren, die ununterbrochen Kurven und Zahlen anzeigen. Seine Werte sind sehr schlecht. Er verliert noch immer viel Blut – und die Quelle dafür ist nicht auszumachen. „Nochmal aufmachen übersteht er nicht", resigniert der eine Operateur. Also bekommt er noch eine Transfusion mit Thrombozyten, dem Bestandteil des Blutes, der die Gerinnung bewirkt. Vielleicht hilft das, es ist die letzte Chance.

Obwohl der Arzt hundemüde ist nach der langen Operation und in diesem Moment auch nichts weiter für den Patienten tun kann, fällt es ihm schwer, sich von ihm zu lösen. „Ich fühle mich für ihn verantwortlich", erklärt er. „Wenn man einmal angefangen hat, dann kann man nicht mehr aufhören. Wir hätten diese Operation ablehnen können, weil das Risiko einfach zu groß ist. Dann wäre der Patient kurz darauf gestorben. Aber wir haben uns entschlossen, es zu versuchen. Und nun kämpfen wir mit allen Mitteln." Das ist ein großes Dilemma in der Intensivmedizin: Der Beginn ist meist klar indiziert – beispielsweise nach einem Unfall oder nach einem Herzinfarkt. Aber wo sind die Grenzen? Wann kann, wann darf eine einmal begonnene Behandlung beendet werden? Es gibt zwar ausgeklügelte Bewertungs- bzw. Score-Systeme, die statistische Anhaltspunkte für die Überlebenswahrscheinlichkeit eines Patienten liefern. Jedoch muss in jedem einzelnen Fall entschieden werden (und dies zum Teil sogar mehrmals am Tag), welche Therapieform dem derzeitigen Gesundheitszustand angemessen ist und Aussicht auf Erfolg hat. Sollen die medizinischen Möglichkeiten voll ausgeschöpft oder eingeschränkt werden? Soll das Therapieziel verändert werden – z.B. indem einem nicht mehr heilbaren Patienten durch palliativmedizinische Maßnahmen ein Sterben in Würde ermöglicht wird? Wie kann der (mutmaßliche oder in einer Patientenverfügung dokumentierte) Patientenwille Berücksichtigung finden? Die letzte Verantwortung für die Behandlung – und damit die Last der Entscheidung – trägt immer der Arzt/die Ärztin. Sind die Ärzte also doch ‚Halbgötter in Weiß', die über Leben und Tod entscheiden?

Wenn man bedenkt, welche medizinischen und technischen Möglichkeiten inzwischen zur Verfügung stehen, um Menschenleben zu retten, kann dieser Eindruck leicht entstehen. In den 1930er bis 1950er Jahren wurden in den USA die ersten Intensivstationen entwickelt: zunächst handelte es sich v.a. um ‚postanesthesia rooms' (‚Aufwachstationen') zur Betreuung von Patienten nach größeren Operationen. Durch intensive medizinische Maßnahmen und eine lückenlose 24-stündige Überwachung konnten viele Schwerkranke gerettet werden. So erhielten die ‚Intensiv Care Units' (ICUs, zu Deutsch Intensivstationen), wie sie heute hauptsächlich genannt werden, in den 1950/60er Jahren auch in Europa Einzug und wurden seitdem immer weiter fortentwickelt und spezialisiert.

Besonders bei Frühgeborenen werden die Grenzen des Machbaren immer weiter hinausgeschoben. Galten in Deutschland noch vor einigen Jahren Kinder mit einem Geburtsgewicht von unter 1.500 Gramm als sicher dem Tod geweiht, haben heute sogar schon ‚Frühchen' mit nur 500 Gramm eine Überlebenschance. Doch der dafür zu zahlende Preis ist sehr hoch, und zwar nicht nur derjenige, der sich in Euro ausdrücken lässt. Der kleine Körper ist einfach noch nicht ‚fertig' und kann sich durch die unnatürlichen Bedingungen außerhalb des Mutterleibs oft auch nicht ‚normal' entwickeln. Schwere Behinderungen sind die häufige Folge.

Je leistungsfähiger die Medizin wird, desto deutlicher zeigt sich: Menschen haben zwar sehr vieles, aber eben nicht alles in der Hand. In extremen Situationen – wie zum Beispiel bei einer schweren Operation oder auf der Intensivstation – ist dies in besonderer Weise zu spüren. „Ich bete oft vor Operationen", gesteht der Herzchirurg. „Meine Erfahrung, die ruhige Hand, das eingespielte Team – das sind wichtige Voraussetzungen für das Gelingen der OP. Aber ob die Patienten tatsächlich überleben, gerade nach komplizierten Eingriffen am Herzen, das steht letztlich nicht in unserer Macht."

In diesem Grenzbereich zwischen Leben und Tod ist die Intensivmedizin oftmals in der Lage, das Leben eines Menschen künstlich aufrecht zu erhalten. Diese Lebensverlängerung kann jedoch auch eine Leidensverlängerung bedeuten.

„Ich möchte einmal nicht so liegen müssen!“ erklärt die Intensiv-Schwester, und blickt auf ‚ihren‘ Patienten, der im Koma liegt und um den sie sich in den nächsten acht Stunden kümmern wird. „Das ist doch kein Leben mehr.“ Fünf lebenswichtige Organsysteme sind ausgefallen, eins nach dem anderen wurde ‚ersetzt‘. Ein Kardiotechniker überwacht das große künstliche Herz: eine komplizierte Maschine, die neben dem Bett steht und über dicke Schläuche den Blutkreislauf in Gang hält. Den Patienten selbst beachtet er kaum; sein Augenmerk richtet sich allein auf das einwandfreie Laufen der ‚Pumpe‘. Im wörtlichen wie im übertragenen Sinne verschwindet der Mensch beinahe hinter den Maschinen.

In solchen Situationen ist es besonders wichtig, dass die Angehörigen kommen, um mit dem Patienten zu sprechen. Auch wenn er im Koma liegt und nicht klar ist, wie viel ein Mensch in einer solchen Situation mitbekommt. „Ich bin mir ganz sicher, dass er mich versteht!“, ist die Tochter überzeugt. Sie spricht liebevoll mit ihm, streichelt seine Hand, und muss aufpassen, dass sie dabei nicht an die vielen Infusionsnadeln und Zugänge stößt.

Für viele ist es ein großer Schock, den geliebten Menschen so hilflos an Schläuchen und Maschinen hängen zu sehen. Schwer zu ertragen ist auch, dass er nach der Operation so anders aussieht: Im Gewebe hat sich Wasser eingelagert, das den Patienten aufschwemmt. Gestern war er noch ein schmächtiger Mann von 65 Kilogramm, heute sieht er aus wie ein aufgeblasener Ballon; das Gesicht ist aufgedunsen und kaum wiederzuerkennen. Dennoch versuchen die Angehörigen zu helfen, so gut sie können. „Manchmal kommen Angehörige aufgeregt zu mir und melden, dass der Patient so kalte Füße hat“, berichtet der leitende Oberarzt der Intensivstation. „Es ist ja auch gut, wenn sie das wahrnehmen und dem Patienten helfen wollen. Aber dabei verstehen sie oft gar nicht, was das eigentliche Problem des Patienten ist, wie ernst es um ihn steht, und was wir alles für ihn tun, um ihn überhaupt am Leben zu erhalten.“

Für die Patientinnen und Patienten ist die Behandlung auf der Intensivstation extrem belastend. Sofern sie bei Bewusstsein sind, klagen viele über Schmerzen.[1] Eine räumliche Trennung zwischen Männern und Frauen ist häufig überhaupt nicht, die Wahrung der Privatsphäre oft nur eingeschränkt möglich. Noch negativer wirken sich jedoch die massive Störung des Schlaf- und Wachrhythmus und die durch künstliche Beatmung verursachte Beeinträchtigung der Kommunikationsmöglichkeiten aus. Sie führen zu Stress, Verwirrtheit, Desorientierung, Angst und Panik bis hin zu schweren psychischen Störungen, dem sogenannten „ICU-Syndrom“. Zudem müssen Patienten schon ‚hart im Nehmen‘ sein, wenn während des Frühstücks die Verbände gewechselt werden – wobei zum Teil nicht sehr appetitliche Wunden zum Vorschein kommen …

Die Arbeitsbelastungen für Ärztinnen und Ärzte, Schwestern und Pfleger auf Intensivstationen sind hoch. Die Anspannung ist enorm, zugleich wird volle Konzentration gefordert. Vieles geschieht auf Zuruf, nur im Team können die Patienten optimal versorgt werden. Bei den Dosierungen und Medikamenten dürfen sie sich keine Fehler erlauben, weil diese tödliche Konsequenzen haben könnten. Ständig passieren unvorhergesehene Dinge. Und das nicht nur, wenn gerade ein Notfall versorgt werden muss. Unzählige Male am Tag schlagen die Überwachungsgeräte Alarm. In Sekundenschnelle muss reagiert werden: Was ist das Problem? Wie ernst ist die Lage? Wie ist der Patient zu stabilisieren? Alle müssen so viele Entscheidungen treffen, so viele Dinge gleichzeitig im Blick und im Kopf haben. Zeit für eine richtige Mittagspause bleibt fast nie, manchmal reicht sie ja kaum, um ‚mal schnell auf die Toilette' zu gehen. Die Minuten, in denen sich einige Team-Mitglieder gemeinsam hinsetzen können, um einen Kaffee zu trinken, sind selten – und doch so wichtig. „Solche Momente geben mir Kraft!", sagt ein Pfleger und atmet tief durch. Es sind die ersten ruhigen Minuten seit Stunden. Ein intaktes Umfeld in der Familie und im Freundeskreis federt viel ab – genauso wie ein guter Kontakt zu den Kolleginnen und Kollegen auf der Intensivstation. „Es tut gut, mal kurz zu sitzen, für einen Moment die Augen zu schließen und zu wissen, dass jetzt jemand anders nach ‚meinen' Patienten guckt. Diese Verantwortung lastet schon schwer auf meinen Schultern." Es ist so wichtig, miteinander zu reden, zu scherzen und gemeinsam Erlebtes verarbeiten zu können. In solchen Momenten wird Freud und Leid miteinander geteilt: Privates, aber auch das, was die Station betrifft. Ärzte und Pfleger sprechen über Patienten, die es ‚geschafft' haben und zurück ins Leben gehen konnten, über Lieblingspatienten und über den ‚Stinkstiefel' hinten links, der immer nur meckert. Sie erinnern sich auch an die, die es nicht geschafft haben. Bei denen sie den Kampf verloren haben, die gestorben sind. Manchmal noch nach Monaten, Jahren. „Es gibt Bilder, die brennen sich ein, die wird man sein Leben lang nicht mehr los", gesteht einer. Aber der Tod ist nicht unbedingt das größte Problem. Alle wissen, dass er zum Leben dazugehört, und dass alle Patientinnen und Patienten, die auf dieser Station liegen, ohne die intensiven Maßnahmen schon gar nicht mehr am Leben wären. „Für manche Patienten ist der Tod auch eine Erlösung", gibt eine Krankenschwester zu bedenken.

Die Intensivstationen gehören mit fünf bis zwanzig Prozent des gesamten Krankenhausetats zu den kostenintensivsten Abteilungen. Ein Behandlungstag auf der Intensivstation kostet in Deutschland durchschnittlich etwa 800 Euro pro Patient, kann aber je nach Erkrankung und erforderlicher Therapie auch über 2.800 Euro betragen.[2] Häufig sind die Räume baulich nicht optimal: zu eng und eher dunkel. Am gravierendsten ist jedoch der Personalmangel. Um die Versorgung der Patienten optimal gewährleisten zu können, müsste wesentlich mehr medizinisches und pflegerisches Personal eingestellt werden. Dies gilt auch deshalb, weil die Mitarbeitenden auf Intensivstationen aufgrund der enormen Arbeitsbelastung selbst überdurchschnittlich oft krank sind. Die Folge ist, dass die anderen noch mehr arbeiten müssen – ein Teufelskreis. Überstunden sind an der Tagesordnung. Hinzu kommt die oftmals sehr strenge hierarchische Struktur im Krankenhaus. Die Klinikdirektoren müssen ihre Bilanzen im Blick behalten, erst recht bei den Häusern, die privatisiert wurden, und geben den Druck an die einzelnen Abteilungen und deren Ärztinnen und Ärzte, Schwestern und Pfleger weiter. Wer hier bestehen will, braucht ein dickes Fell. Wer das nicht hat, verbittert entweder oder sucht sich über kurz oder lang ein anderes Tätigkeitsfeld – oder wandert in skandinavische Länder aus, wo die Arbeitsbedingungen besser sein sollen. Ohne hohe Arbeitsmotivation und die Bereitschaft zu Schichtdienst geht ohnehin gar nichts: Es wird immer gearbeitet, Tag und Nacht, an Werktagen genauso wie an Sonn- und Feiertagen.

Und dann, nicht nur den finanziellen Engpässen geschuldet, die furchtbare Frage der Auswahl: Wer soll das letzte Bett auf der Intensivstation bekommen: der 18-jährige Motorradfahrer mit Polytrauma, die 42-jährige Mutter dreier Kinder mit akuter Entzündung und Organversagen oder der 65-jährige Rentner nach Herzinfarkt? Aufgrund welcher Kriterien kann diese sogenannte ‚Triage-Entscheidung' gefällt werden? Trotz aller Unsicherheiten muss im Ernstfall blitzschnell entschieden werden.

Auch im Umgang mit Patienten und Angehörigen stoßen Ärzte und Pflegekräfte oft an ihre Grenzen. Eigentlich bräuchten sie zusätzlich zu ihren Fachqualifikationen noch eine psychologische Ausbildung, um schlechte Diagnosen oder Todesnachrichten adäquat überbringen und um angemessen mit den Reaktionen der Betroffenen umgehen zu können. Wer Glück hat, kann von erfahrenen Mitarbeitern etwas lernen oder sich im Rahmen einer Fortbildung damit auseinandersetzen. Die Regel ist es allerdings nicht. Zudem bleibt für diese Gespräche nicht viel Zeit, und auch ein ruhiger Ort ist nicht immer vorhanden. Die Mediziner belastet darüber hinaus die Furcht, dass Angehörige sie wegen ‚Behandlungsfehlern' anklagen. Darum werden sämtliche Untersuchungen, Diagnosen, Arzneigaben genauestens dokumentiert. Dies macht ja auch medizinisch Sinn; die Folge ist jedoch, dass noch weniger Zeit für die eigentliche Behandlung und für persönliche Gespräche bleibt.

Bei alldem kann die Frage aufkommen, ob sich der ganze Aufwand überhaupt ‚lohnt'. „Für manche Menschen schon!", ist der Oberarzt überzeugt. Er tritt an das Bett eines Patienten, der gerade von der Intensivstation auf eine normale Station verlegt wird. „Dieser hier zum Beispiel ist auferstanden von den Toten. Eineinhalb Stunden haben wir ihn wiederbelebt, anschließend lag er noch lange an Maschinen. Aber er hat sich prächtig erholt." Der Patient und seine Frau bedanken sich herzlich für das neu ‚geschenkte' Leben. „Auf Wiedersehen!", verabschieden sie sich, munter winkend. „Nein, hoffentlich nicht!", lacht der Arzt. Und der Pfleger erklärt: „Hier sagt man nie ‚Auf Wiedersehen!'. Wir wünschen ihnen ja, dass sie nicht wiederkommen müssen. Deshalb verabschiedet man sich auf der Intensivstation immer mit dem Wort ‚Tschüss'!"

Melanie Mordhorst

2. Schmerz

„Ich bin noch nicht dran", sagt der Patient zu seinem Operateur kurz vor seiner schwerwiegenden Herz-OP, bei der es um Leben oder Tod geht. Eindringlich beschreibt Melanie Mordhorst, welchen körperlichen und seelischen Einsatz die Ärzte für das Weiterleben des Mannes aufbringen und dass dies nur mit aufwendiger Medizintechnik möglich ist. Sie hoffen, wie der betroffene Patient selber, dass sein Leben noch nicht dem Tod geweiht ist.

„Warum bin ich noch nicht dran? Hat mich denn Gott vergessen?" Die Stimme der alten Frau ist klar und fest, aber kaum zu verstehen. Ich sitze am Sterbebett von Frau B. Die Schwiegertochter der 95-jährigen Frau hatte mich an das Bett der Moribunden gerufen. „Bitte, kommen sie", meint sie am Telefon, „die Mutter will unbedingt die Pfarrerin sehen." Wir beten; ich singe ihr vor: ‚Wenn ich einmal soll scheiden, dann scheide nicht von mir'. Frau B. kennt die Liedstrophe, bewegt die Lippen und singt in Gedanken mit mir mit. Danach schaut sie mich mit riesengroßen Augen an – ich fühle mich in ein irdisches Jenseits versetzt. Ich halte dem Blick stand: „Ja, das glauben wir."

Als ich mich verabschiede, erzählt die Schwiegertochter in der Flurtür unter anderem von ihrem Ärger, den sie tags zuvor hatte: „Wissen Sie, jetzt bekommt die Mutter Morphium, da geht es besser. Aber vor zwei Tagen hat sie stundenlang vor Schmerzen geschrien. Ich konnte es nicht mehr ertragen, es war fürchterlich. Am Nachmittag kam dann der Arzt. Solange habe ich schon darum gebeten. Warum das sein muss, habe ich zu ihm gesagt. Glauben sie mir, ich hab' ihm Bescheid gesagt."

An der Grenze zwischen Leben und Tode verschließen wir uns nicht, wir sind berührbar, lassen uns emotional erreichen. Die Grenze zwischen Leben und Tod unterbricht den Alltag, auch für die, zu deren Alltag er gehört. Wir empfinden Mitgefühl, besonders, wenn der Mensch, um den es geht, starke Schmerzen hat. Dem Schmerz ist zu eigen, dass er natürliche Distanzen abbaut, er nimmt uns in seine Welt auf. Müssen wir die Schmerzen anderer mit ansehen, reagieren wir so, als ob wir selber den Schmerz erlebten. Die bloße Berichterstattung von der Wurzelextraktion beim Zahnarzt löst Bedauern und eigenes Schmerzempfinden aus. Wir leiden mit und möchten etwas tun, irgendetwas dazu beitragen, dass der Schmerz endlich aufhört. Gelingt das nicht, löst dies unweigerlich ein Gefühl von Ohnmacht aus. Wenn gar die eigenen Kinder vom Schmerz befallen sind, dann wünschen sich die Eltern, dass doch lieber sie als die Kinder leiden sollten. „Dich leiden sehen und nicht helfen können war unsere größte Not", so zu lesen über Traueranzeigen – wobei das ‚Mitleid' selber im Zuge der Alltagspsychologie in Misskredit geraten ist, hält es den Leidenden doch in einer Rolle eines Objektes meines guten Willens fest, der zwar gut gemeint, aber nicht wirklich hilfreich sein kann. Eher sprechen wir davon, ‚Mitgefühl' für den anderen zu empfinden, so bleiben Selbständigkeit und Souveränität stärker erhalten.

Der Schmerz setzt Widerstandskraft frei oder er untergräbt sie. Man kann ihn erdulden, hinnehmen und ertragen oder aber gegen ihn ankämpfen, aufbegehren und ihn bezwingen wollen. Die Persönlichkeit des Betroffenen, seine Erziehung, die Kultur, in der er lebt, sowie die impliziten Normen und Verhaltensweisen beeinflussen das Schmerzerleben selber und den Umgang damit. Schmerz ist ein Prozess, der im Körper stattfindet, aber von anderen Faktoren mit bestimmt wird. Der Schmerz hat eine appellative Botschaft und ist im Verhältnis des Individuums zu sich selber und zu seiner Umgebung kommunikativ strukturiert. Entsprechend sind die Antworten, die der Leidende auf seine Klage erhält. Mal werden die Beschwerden beschwichtigt oder gar bagatellisiert, mal wird der Kranke ermutigt, ihm wird Hoffnung auf baldige Besserung in Aussicht gestellt oder er wird zu größerer Tapferkeit aufgerufen. Die Anwesenheit eines anderen Menschen hilft, aber Einfühlungsvermögen ist vonnöten. Das beinhaltet die Fähigkeit, sich abgrenzen zu können. Gerade die Erosion der Distanz, die vom Schmerz ausgeht, macht es nötig, nicht völlig im Schmerzerleben des Betroffenen aufzugehen. Es kommt immer auf die Dosis der Aufmerksamkeit und des Zuspruchs an, die ich dem Betroffenen schenke und zuteil werden lasse. Empathisches Verhalten ist wichtig und hilfreich, aber noch kein Wert an sich. So kann ich einem Menschen, der ein gesteigertes Bedürfnis nach Zuwendung hat, durchaus freundlich fragen, ob es in diesem Moment wirklich so unerträglich ist.

Der Schmerz in körperlicher Erscheinung oder auch als Seelenqual führt an Grenzen. Er kann sich wild und machtvoll darstellen, aber auch von einer leise andauernden Penetranz sein. Gleich, ob er von seelischer oder körperlicher Qualität ist: Der Schmerz zeigt, dass der Mensch sein Leben nicht völlig in der Hand hat – zeigt es dem Betroffenen selber wie auch denjenigen, die Anteil nehmen. Er führt in die Abhängigkeit – von medizinischer, menschlicher und sozialer Hilfe. Gerade diese Abhängigkeit und die mit ihr verbundenen Ängste sind vielleicht ein Moment, was die rechtzeitige und ausreichende Versorgung mit Schmerzmitteln verhindert, respektive verhindert hat.

Die intensive Forschung in der Schmerztherapie führte in jüngerer Vergangenheit zu einer veränderten Einstellung: Schmerzen sollen nicht mehr länger heroisch ertragen werden müssen, zumal die frühzeitige Medikation zu verbesserten Heilungsaussichten und -er-gebnissen beiträgt. Aber Schonung allein wäre die falsch verstandene Alternative. Lebenszuversicht und Bewegung stärken die Betroffenen und helfen, das ‚Schmerzgedächtnis' zu überschreiben. „Tango statt Fango" lautet das Motto, mit dem der Schmerzforscher Walter Zieglgänsberger seinen Patienten Mut machen will.

Angst verstärkt den Schmerz und führt zu einer Spirale der Angst vor der Angst. Patienten, die ausreichend informiert werden und denen geholfen wird, ihren Schmerz einzuordnen und verstehbar zu machen, leiden weniger stark und finden leichter zu einer veränderten positiven Haltung dem Schmerz gegenüber. Die Angst lässt nach und bestimmt das Erleben nicht mehr ausschließlich; der Schmerz wird als weniger bedrohlich empfunden.

Ein geläufiges Beispiel dafür ist die Geburtshilfe. Der Amerikaner Dick-Read informierte die werdenden Mütter und versuchte ihnen mit Hilfe von Atemtechnik zu einer souveräneren Art der Mithilfe beim Geburtsvorgang zu helfen. Das Ergebnis waren wesentlich leichtere und unkompliziertere Geburtsverläufe. Der Arzt wird um seiner Fähigkeit geliebt, die Ursache des Schmerzes benennen und seine Qual lindern zu können – das wusste bereits Galenus von Pergamon, der griechische Arzt in der römischen Antike. „Es ist göttlich, den Schmerz zu lindern."

Der Schmerz an sich ist zunächst eine Tatsache, eine Realität. Schmerz, der als sinnlos erlebt wird, lässt die Frage nach dem „Warum" entstehen. Was habe ich getan, was gelassen, dass ich jetzt so leiden muss?

Ein Schmerz, der eine Bedeutung erhalten hat, dessen Ursache erklärt und eingeordnet wurde, lässt sich wesentlich besser ertragen als einer, dessen Sinn nicht verständlich gemacht werden kann. „So ist das Leiden älter als der Schmerz, an dem wir leiden, der Schmerz älter als das Gefühl des Schmerz-Habens, das Gefühl älter als sein empfindungsartiger Inhalt, wie ihn Psychologie und Physiologie schließlich abstrahiert haben." (Viktor von Weizsäcker) Die Intensität des Schmerzempfindens korreliert mit der Deutung, die er erfährt:

> Die wichtigste Verteidigung gegen den Schmerz (oder die Krankheit), liegt in der Bedeutung, die man ihm entgegensetzt. Wenn da nichts ist, was ihn mit der Schicht eines Sinns oder Wertes versieht, dann ist man ihm schutzlos ausgesetzt, und er kann

mit seiner ganzen Zerstörungskraft ansetzen und den Patienten in Mutlosigkeit und Depression stürzen.[3]

Die Ursache für den Schmerz im eigenen Verhalten zu suchen, die sich dem Leidenden geradezu aufdrängt; der nachlässige Umgang mit dem eigenen Körper, hat nun diese Krankheit mit ihren Schmerzattacken zur Folge. Bei einer regelmäßig durchgeführten Vorsorgeuntersuchung hätte der Krebs keine Chance gehabt; ohne die ständigen Glimmstängel wäre die Lunge in einem besseren Zustand, ein ausgeglichenerer Berufsalltag mit weniger Disstress hätte den Herzinfarkt verhindern können. Die Lebensführung wird zur entscheidenden Quelle für Gesundheit oder aber als Auslöser und Verursacher von Krankheit und Leid dingfest gemacht, als dessen Zuspitzung sich der Schmerz geriert.

Die Ursache wird aber nicht nur im Umgang mit dem eigenen Körper gesucht und gefunden, vielmehr rückt die seelische Verfasstheit zunehmend in das öffentliche Bewusstsein, ein psycho-somatischer Zusammenhang wird erkannt und in die Deutung mit einbezogen. Redewendungen und Sprichwörter werden zur Plausibilität herangezogen: ‚Der Liebeskummer hat ihm das Herz gebrochen', oder: ‚Es hat ihm die Sprache verschlagen'.

So einleuchtend diese Deutungen sein mögen, es haftet ihnen doch eine gewisse Unbarmherzigkeit an, da zusätzlich zum Ertragen des Schmerzes nun auch noch die eigene Verantwortung für das Übel getragen werden soll und muss. Und: was bleibt zu sagen, wenn keine Antwort auf die Ursache zu finden ist?

Eine Horizonterweiterung stellt sich für die Betroffenen auf diesem Weg nicht von selber her, zumal, wenn es sich bei den Antworten um Zuschreibungen handelt. Zu fragen ist, ob es sich bei diesen Deutungsmustern, wenn sie eindimensional bleiben, nicht nur um eine moderne Variante der Vorstellung handelt, nach der Schmerz und das Leid die Folgen für begangenes Unrecht und also eine ‚gerechte Strafe' darstellen. Die Leistung solcher verkürzt eingesetzten Erklärungsversuche kann wohl darin gesehen werden, dass ihnen innere Prozesse vorangingen, bei denen der unbewusst gebliebene Ärger verarbeitet werden konnte. Wenn Schmerz Ohnmacht auslöst, dann sind Zorn und Wut unvermeidliche und unausweichliche seelische Antworten auf seine überwältigende Macht, die er entfaltenden kann. Weder lässt sich die Komplexität des Schmerzerlebens allein auf biologische, physische oder emotionale Prozesse reduzieren – erst eine Zusammenschau erfasst die Ursachen. Bei Lichte besehen handelt es sich auch eher um Erklärungen und weniger um Deutungen des Geschehens.

Eine Deutung, die dem von Schmerz geplagten Menschen seine Situation in einem anderen Licht erscheinen lässt, muss zunächst von diesem selber gesucht und gewollt werden. Er muss nicht nur fragen, sondern die Antworten auch wirklich suchen und hören wollen. Deutungen, die zum Selbstverstehen beitragen, brauchen den Trost wie die Provokation. Aber die Wahrheit taugt nicht als Keule, sondern entfaltet ihre Kraft eher in der Form eines Mantels, in den der Patient gehüllt wird.

Der Wunsch, den Schmerz verstehen zu wollen, sich auf die Suche nach seinem verborgenen Sinn zu begeben, und ein Gegenüber, das auf diesen Wunsch einzugehen versteht, müssen zu einem guten Miteinander finden, damit sich eine Horizonterweiterung einstellen kann und es zu einem vertieften Verstehen kommt. Eine pädagogische Abzweckung ist weder notwendig noch förderlich auf diesem Weg. So wie der Schmerz vereinzelt, so sehr schärft er auch die Frage nach dem, was überhaupt trägt. Darum kann der Betroffene nur selber am Ende eines Prozesses zu tragfähigen Antworten finden. Ermutigendes Reden hilft bei der ‚Schmerzarbeit', die zu leisten ist – sowie die Suche nach dem verborgenen Sinn, der das, was auszuhalten und zu ertragen ist, ins Positive wendet. Der Unbedingtheit des Schmerzes hält am Ende nur die Unbedingtheit Gottes stand. Schmerz, der sinnlos erscheint, wird es trotzdem weiterhin geben, aber immer auch die Hoffnung, Antworten zu finden und Möglichkeiten, ihnen „A - Dieu" zu sagen.

Ute Zöllner

Anmerkungen

1 Siehe den respondierenden Artikel „Schmerz" von Ute Zöllner. Vgl. hierzu und zum Folgenden auch BERES, W., Randomisierte, kontrollierte Studie mit Parallelgruppen zur Ermittlung der Lebensqualität und deren Beeinflussbarkeit auf der cardiochirurgischen Intensivstation. Inaugural-Dissertation, Marburg 2005.

2 Vgl. MOERER, O./PLOCK, E. u.a., A German national prevalence study on the cost of ICU care: an evaluation from 51 ICUs, Critical Care, H. 11:R69 (2007). Online verfügbar unter http://www.divi-org.de/pdfs/kosten/Kosten %20der%20Intensivmedizin.pdf, zuletzt geprüft am 13.03.2008.

3 BRETON, D. LE, Schmerz, Zürich 2003, 79.

Joachim von Soosten/Volker Gerhardt

Aussichtsturm/Hoffnung

1. Aussichtsturm

Wir denken an *steigendes* Glück. So hatte Rilke formuliert. Aus der Tiefe kommen wir herauf. Nur noch wenige Treppen sind zu überwinden. Oben angekommen, stehen wir über den Dingen. Für einen Augenblick genießen wir das Gefühl der Souveränität. Wir sind einzigartig. Der Blick gleitet über die Dächer der Stadt. Ein Horizont eröffnet sich, wie wir ihn selten gesehen haben. Wir staunen über das Labyrinth der Straßen, wir wundern uns über die Kleinteiligkeit des Treibens, wir reiben uns die Augen über die Geschäftigkeit der Szenen unter uns. Für einen Moment sind wir dem Alltag entronnen. Möglicher Frust, der dort wartet, kann uns nichts mehr anhaben. Jedenfalls nicht für diesen Augenblick. Nun schwer können wir uns wieder lösen. Eigentlich müssten wir noch ein Zeichen hinterlassen: dass wir hier gewesen sind. Emporgekrümmte sonst, Enthobene hier. Für diesen einen Moment haben wir die Welt unter uns gelassen. Es stimmt. Türme üben eine magische Anziehungskraft auf uns aus. Und immer ist die Enttäuschung groß, wenn wir am Fuße des Turms auf das Schild treffen „Betreten zurzeit leider nicht möglich." Schade.

Freilich kann ein Aufstieg, ist er erst einmal begonnen, zur Qual werden. Der Aussichtsturm kennt kein Verzeihen. Jeder Abschnitt kostet Überwindung. Meistens komme ich nur langsam voran. Ich prüfe jeden Schritt und klammere mich an das Geländer. Jetzt bloß nicht nach unten schauen. Hinter mir drängt man nach. Das kann ich gar nicht haben. Wenn man mich jetzt zur Eile zwingt. „Sie haben Angst," sagt auf einmal ein Mann hinter mir, als ich mich bei strahlendem Sommerwetter auf den Turm des Hamburger Michel wage. Ich weiß auch nicht, was mich da geritten hatte. Statt den Fahrstuhl zu nehmen, wollte ich die Treppen laufen. Goethe soll seine Höhenangst dadurch kuriert haben, dass er in immer wieder neuen Anläufen auf das Straßburger Münster stieg. Ich weiß nicht, ob diese Therapie für mich in Frage käme. Der Mann hinter mir hatte es jedenfalls getroffen. Ich hatte Angst. Fast lähmend legte sie sich auf mich. Ich kam immer langsamer voran. Der trittsichere Fremde meinte es gut: „Sie dürfen nie nach unten schauen."

Dem Wunsch nach Souveränität korrespondiert die Höhenangst. Warum? Um der Höhenangst auf die Spur zu kommen, legt es sich nahe, das

Begehren der Souveränität intensiver zu befragen. Der Wunsch nach Höhe und der Übersicht, die sie gewährt, wächst, so ließe sich vermuten, auf der Grundlage einer gewissen Angst. Insofern wird unsere Sehnsucht nach Höhe und der Erhebung über die Dinge angetrieben von der Sorge, im unübersichtlichen und grauen Dickicht des Alltags hängen zu bleiben. Mehr noch: Die Sehnsucht nach Erhöhung lebt geradezu von der Angst, ins Leere zu fallen. Wenn sich im Aufstieg ein leichter Schwindel meldet und Absatz um Absatz, Stufe um Stufe, Treppe um Treppe schleichend Besitz von mir ergreift, dann gibt mir mein leibkörperliches Gefühl einen Hinweis. Souveränitätsbegehren und Höhenangst haben sich offenkundig ineinander verschränkt. Aber ist es wirklich Höhenangst? Habe ich denn Angst vor der Höhe? In Wirklichkeit fragt die Tiefenangst, die von mir Besitz ergreifen will. Wenn diese Überlegung etwas trifft, dann würde sich meine Höhenangst in Wahrheit als Tiefenangst herausstellen. Zur These verdichtet: In der Höhenangst manifestiert sich Tiefenangst. Ihr Zeichen ist das Schwindelgefühl. Nicht jeder kann Dachdecker werden.

Aus Japan wird berichtet, dass dort auf den Aussichtstürmen immer das Schild anzutreffen wäre „Bitte nicht springen". Ich habe diese Berichte nicht überprüfen können, aber das Schild leuchtet mir intuitiv ein. Aus dem Schwindel spricht der Abgrund, der nach mir ruft. Würde ich auf diesen Ruf antworten, so würde ich mich in die Tiefe stürzen. Aus Zwang? Oder aus Freiheit? Folgen wir dem Hinweis, auf den wir durch die freundliche wie dringliche Warnung vor dem Sprung in die Tiefe aufmerksam werden, kommen wir in der Diagnose der Höhenangst und des Schwindelgefühls einen weiteren Schritt voran. Nicht nur der Abgrund der Tiefen unter mir und die Gefahr, auf der Treppe auszugleiten und hinabzustürzen, lösen die Höhenangst aus, sondern auch die Faszination, die vom Blick in die Tiefe ausgeht und eben darin die Möglichkeit der Freiheit, hinab zu springen. Oder auch nicht. Solchermaßen ist die Angst der „Schwindel der Freiheit", der aufkommt, wenn die Freiheit „in ihre eigene Möglichkeit hinunterblickt", schreibt Kierkegaard in seiner unnachahmlichen Analyse über den Zusammenhang von Angst und Freiheit.

Im Schwindel überkommt mich die Angst *um* die eigene Freiheit. Wo mich diese Angst zu fesseln beginnt – in der Lähmung auf der Treppe wird diese Angst aufdringlich –, erweitert sich die Angst um die eigene Freiheit zur Angst *vor* der Freiheit. In der Konsequenz führt diese Vergrößerung der Angst zu dem Ergebnis, dass ich mich hinter meiner Höhenangst verstecke und mich lieber unten am Turm mit einer Postkarte der Panoramaaufnahme von oben begnüge. Ich versorge mich mit einem Ausblick von dem Aussichtssturm, auf dem ich nie gewesen bin. Aus Angst vor der eigenen Freiheit? Die Nervenärzte versichern, dass das Schwindelgefühl keinerlei körperliche Ursachen habe. Es liegt weder am Alter noch an den Ohren. Vielmehr sei es die Angst um Kontrollverlust, der zum Gefühl des Schwindels führt. Dieser Befund verweist aber zurück auf meinen Ausgangspunkt am Grund des Turmes: das Begehren von Souveränität.

Abgrund und Souveränität verweisen aufeinander. Souveränität und Tiefenangst stehen nicht in einem Gegensatz, sondern das Begehren *unmittelbarer* Selbstmacht und Souveränität bildet vielleicht genau den Abgrund, der mich zu verschlingen droht. Das Schwindelgefühl wäre dann ein leibkörperlicher Hinweis auf die Dialektik der Freiheit. In der psychischen Grammatik der Freiheit stoßen wir auf das Phantasma der Souveränität, das als Zugleich von Höhenwunsch und Tiefenangst zu lesen wäre.

Alfred Hitchcock hat dieses Phantasma in einem ungemein komplexen Geflecht von Motiven zu einer Filmerzählung verdichtet. „Vertigo" mit James Stewart und Kim Novak in den Hauptrollen handelt in einer dreigliedrigen psychischen wie filmischen Ökonomie vom Schwindel und der Angst, ins Leere zu fallen. Bereits im Prolog des Films wird der Zuschauer mit seinem Helden fast in die Tiefe gerissen. Dreimal wiederholt sich das Absturztrauma, jeweils zum Ende der drei Teile des Films. Der erste Teil endet mit dem selbstmörderischen Sprung von Madeleine in der Bucht von San Francisco. Der zweite Teil endet mit dem vergeblichen Versuch James Stewarts, Madeleine am Sturz vom Kirchturm der Juan-Battista-Mission zu hindern. Der dritte Teil schließlich endet mit dem nun tatsächlichen Absturz Judy-Madeleines. James Stewart kann zwar seine Höhenangst überwinden, aber die angsterfüllte Judy rutscht aus und stürzt in die Tiefe. Zwischen diese dramatischen Höhepunkte ist mit mehreren Windungen und Drehungen, die den Zuschauern fast schwindelig werden lassen, die Geschichte einer Liebe und des Versuches hinein geschoben, das Bild einer Toten in der Gestalt einer lebenden Frau zum Leben zu erwecken. Am Ende von „Vertigo" ist James Stewart zwar von seiner Höhenangst kuriert – aber um den Preis der Mortifizierung des geliebten Objekts. Angstabwehr gegen den zentralen Abgrund, der Stewart anzieht wie zu verschlingen droht, gelingt nur in der Vernichtung des Abgrundes selbst: der Anderen als Objekt des Begehrens. So könnte man Hitchcocks bitterbösen Humor über die Dialektik der Souveränität entziffern, in deren Inszenierung er sein ganzes cineastisches Genie hineingesteckt hat.

Muss die Tiefe abgewehrt werden? Die Angst? Könnte man sich ihr nicht vielmehr auch anvertrauen? Sich gleichsam an sie verschenken? In der Topik des Christentums begegnet eine mögliche Antwort darauf in der Geschichte von der Versuchung Jesu (Matthäus 4,5–7). Jesus wird ein Panorama von außerordentlicher Faszination geboten. Diese Aussicht kann man sich leisten, wenn man noch *über* dem Tempel und der Schrift steht, also, von der Topik her besehen, noch oberhalb jeder Religion. Jeder Religion? In der Schrift und den Möglichkeiten ihrer Auslegung kann man versinken. Man nehme allein die klassische Lesehaltung: Die Blicke versenken sich in die Schrift. Ebenso deutlich ist, dass eine Position inmitten einer heiligen Stätte wie einem Tempel die Blickweisen so lenkt, dass selbst aufgeschlagene Augen sich mit den Brechungen und Möglichkeiten eines Raumes begnügen müssen, der das Überirdische in den Grenzen irdischer Gestaltungskräfte auszusagen vermag. Die Blickrichtung folgt einem Richtungssinn umgekehrt zur Lesehaltung: Die Blicke erheben sich. Von irdischen Orten geht der religiöse Blick immer von unten nach oben. Der souveräne Blick, den der Versucher Jesus eröffnet, geht aber von oben nach unten. Mit dem Angebot der Herrschaft über alle Reiche: in einer Perspektive, in der auch das scheinbar Entfernteste noch in potentiell erreichbarer Nähe zu liegen scheint. Wie auf einem Aussichtsturm.

Die Wendung, mit der Jesus das verlockende Angebot der Herrschaft über alle Reiche dieser Welt ausschlägt, ist bekannt. Im Kern gründet seine Absage darin, dass er dem Versucher vorhält, ein vollkommen falsches Verhältnis zur Tiefe zu besitzen. Wirkliche Souveränität, so lässt sich die Absage deuten, weiß mehr von Tiefenangst, als sich das Phantasma der Erhabenheit über alle Tiefe überhaupt nur träumen lässt. Wirkliche Höhe bestimmt sich im Christentum über die Treue zur Tiefe. Die religiöse Investition in das Programm der Souveränität läuft im Christentum über die Operation des Menschensohnes, durch die Höhe und Tiefe in ihren Positionen vertauscht werden. Das religiöse Symbol dieser Inversionen nennt das Christentum Passion. Die religiöse Pointe liegt dabei darin, dass die Kluft zwischen Höhe und Tiefe aufgehoben wird. Um sich in göttliche Höhen zu erheben, müssen die Ängste um den Absturz nicht weiter verdrängt oder bekämpft werden. Wenn der Abgrund sich alles unterbeugt, hat die Angst nicht mehr das letzte Wort.

Wieder unten. Glückliche Gesichter strahlen mich an. Sagenhaft. Alle schwärmen von der wunderbaren Aussicht. Und sie begeistern sich über den Aufstieg. Echt krass. Alle Treppen waren von Rost zerfressen. Alles begann zu schwanken. Die Leitern waren morsch. Von Höhe und Tiefe geht eben auch eine Lust auf Abenteuer aus. Leichter Schwindel einbegriffen. In der Tat: Im Menschen behauptet sich beides, „Tiefster Abgrund und Höchster Himmel", so hatte Schelling in seiner Freiheitsschrift formuliert. Aber nicht immer müssen beide Pole in einem ruinösen Verhältnis der Rivalität stehen oder der destruktiven Dynamik des Begehrens zwischen Abgrund und Liebeshimmel, wie von Hitchcock vorgeführt, ausgesetzt sein. Manchmal verbinden sich beide Positionen auf eine geradezu spontane Weise: wie ein zufallendes Glück, in dem das, was uns anzieht, nicht mehr auf vertrackte Weise überformt, abgewehrt oder mortifiziert werden muss.

Wer nur an steigendes Glück denkt, verfehlt unter Umständen den wichtigsten Punkt. Glück erfahren wir in der Hauptsache in den Momenten, die nicht in unserem Bewirken stehen. Glück fällt zu. Es ist eher das, was quer steht, was die Pläne und das Machen fröhlich durchkreuzt. Wer permanent die Fallhöhe abwägt, von der er stürzen könnte, beweist seine mögliche Fitness und Trittsicherheit in Alltagsgeschäften. Wie an den Gerüsten, an denen er gerade seine neuesten Projekte emporzieht. Da wäre ein Fallen natürlich mehr als ein Unglück. Freiheit und wirkliche Souveränität hätten wir erst dann, wenn uns etwas zufällt, vor dem wir keine Angst mehr haben müssen.

Es gibt ein Alter, das irgendwo zwischen Kind und Erwachsensein liegt. An eine bestimmte Lebensphase ist dieses Alter nicht gebunden. In diesem eigentümlichen Alter erleben wir uns weder an die Erde gefesselt und an den Boden der Tatsachen verbannt noch erleben wir uns als völlig losgelöst, als wären uns unsere Träume zu Kopf gestiegen. Klar: Manchmal liegt die Überwindung des Schwindels in der Steigerung unserer Selbstbestimmung. Mehr noch jedoch wartet sie im zufallenden Glück, das uns mit Leichtigkeit die Stufen und Treppen zur Aussicht nehmen lässt. Zufallende Freiheit? Vielleicht kuriert die Erinnerung an die zufallende Freiheit mein Michaelis-Turm-Syndrom. Die zufallende Freiheit lässt mich nicht mehr schwindeln. Von hier aus besehen, endet die Elegie von Rilke mit den Schlussversen über das Glück doch weniger schwer, als sie nach dem ersten Eindruck klang. „Und wir, die an *steigendes* Glück denken, empfänden die Rührung, die uns beinah bestürzt, wenn ein Glückliches *fällt*."

Joachim von Soosten

2. Hoffnung – ein intelligibles Gefühl

Kleiner Baustein zu einer rationalen Theologie

2.1 Ablenkung von der Gegenwart?

Was ist das für ein Dasein, das der Hoffnung bedarf, um erträglich zu sein? Kann man das Leben des Menschen stärker disqualifizieren als durch die sprichwörtliche Vertröstung durch etwas, das es noch gar nicht gibt und das sich nur in seltenen Fällen so einstellt, wie es erhofft worden ist? Wie miserabel muss die Gegenwart des Menschen sein, dass sie der Hoffnung auf Künftiges bedarf, um in ihr zu bestehen?

Vielleicht haben das die Alten gewusst und der *Hoffnung* die *Liebe* und den *Glauben* beigegeben. Zwar können sich auch Liebe und Glaube auf Kommendes richten; aber dann geht ihnen schon die Hoffnung voraus. Für sich gesehen erfährt und erfüllt sich die Liebe in der Gegenwart, und der Glaube muss sich auf etwas gründen, das allgegenwärtig ist. Sind sie gegeben, eröffnet die Hoffnung auch ihnen den Horizont der kommenden Zeit, in der sie Bestätigung, Befriedigung und Erfüllung finden.

Auch dabei weist die Hoffnung über die Gegenwart hinaus, so dass der Argwohn berechtigt erscheint, sie lenke nicht nur vom gegebenen Mangel, sondern auch von der erfahrenen Fülle ab. Dem Unzufriedenen stellt sie kommende Befriedigung in Aussicht, und dem Zufriedenen lässt sie das Glück des Augenblicks gering erscheinen, weil sie Größeres in Aussicht stellt. Kann man das tröstlich finden? Muss man sich die Hoffnung nicht verbieten, wenn man die Gegenwart, das Einzige, das wir wirklich haben, nicht gering schätzen will?

Die Frage ist berechtigt. Aber sie geht von einer Alternative aus, die sich im Leben nicht stellt. Denn Gegenwart und Zukunft lassen sich nicht gegeneinander setzen. Das eine verwandelt sich unablässig in das andere und bleibt als Vergangenes stehen; nur ein artifizieller Akt der Reflexion kann sie voneinander trennen. Dabei erweist sich die Gegenwart als logischer Punkt, dem man noch nicht einmal einen Ort im Raum zuweisen kann. Ihm kommt auch keine zeitliche Erstreckung zu. Er ist, genau genommen, weder im Raum noch in der Zeit. Nur die erlebte Gegenwart, der Augenblick, hat eine subjektive zeitliche Erstreckung, die von Psychologen als Zeitspanne von bis zu sechs Sekunden gemessen wird. Spätestens dann ist die gerade noch gegebene Gegenwart zur Vergangenheit geworden und hat sich aktuell in die soeben noch bevorstehende Zukunft vorgeschoben. So ist die Gegenwart nicht mehr als ein Sprung aus der Vergangenheit in die Zukunft – zu kurz und zu schnell, um sich in ihr zu behaupten.

Doch der Augenblick reicht aus, um ihn mit Hoffnung zu füllen. Wenn es richtig ist, dass wir Entscheidungen im Präsens fällen, wenn sie, selbst von dem, der sie lange vorbereitet und vielleicht noch länger hinausgeschoben hat, *jetzt* getroffen werden müssen, muss auch die Hoffnung gegenwärtig sein. Setzen wir hinzu, dass sich jede erlebte Gegenwart immer schon als Übergang zum Kommenden erfährt, ist sie stets auf dem Weg zu dem, was die Hoffnung in Aussicht stellt.

So schieben sich erfahrene Gegenwart und erhoffte Zukunft unablässig ineinander. Für die Hoffnung kann man daraus schlussfolgern, dass sie der Bewegung auf dem Zeitstrahl zugehört. Sie hat Ursachen und Anlässe in der Vergangenheit, treibt die Gegenwart über sich hinaus und kommt, wenn sie Recht behält, in der zur Gegenwart gewandelten Zukunft zum Ziel. Hoffnung überbrückt die Zeit mitten in der Zeit.

2.2 Die innere Einheit der Zeit

Die Hoffnung nimmt den möglichen Lauf der Dinge vorweg und schöpft Kraft aus der Vergegenwärtigung des Kommenden. Sie greift auf bevorstehende Situationen aus und lässt uns Ziele erwarten, in denen wir ganz und gar gegenwärtig sind. Für jenen erhofften Moment am Ende einer mehr oder weniger langen Kette von Ereignissen wollen wir, dass die Zeit – wenigstens eine Weile lang – stille steht. Hoffnung ist ein Gefühl, das uns im unaufhaltsamen Lauf der Zeit auf einen bleibenden Zustand rechnen lässt. In ihm wünschen wir, mit der Welt und mit uns selbst einig zu sein.

Damit hat die Hoffnung die Struktur eines Bedürfnisses, das uns im Verlangen nach Befriedigung weiter treibt – bis zu jenem nahen oder fernen Zeitpunkt, in dem keine Wünsche mehr offen sind. Wie das Bedürfnis gehört die Hoffnung der Gegenwart *und* der Zukunft an: Sie bewegt uns *jetzt* in Richtung auf ein Künftiges. Gehen wir davon aus, dass sie, wie das Bedürfnis, auch ihre Ursachen und Auslöser hat, gestehen wir ihr darüber hinaus die Erinnerung zu. Mit ihr bindet sie nicht nur im Ausgang, sondern auch in der erwünschten Erfüllung das Vergangene ein, das man nicht vergessen haben darf, wenn der erreichte Zustand, wenigstens in der Annäherung, verheißungsvoll bleiben soll.

Der Anteil der Erinnerung tritt zudem darin hervor, dass in dem von vielen erhofften definitiven Ende nicht nur die Vergangenheit, sondern auch die Gegenwart und die Zukunft zu Ende sind. Im Nirwana hört auch die Hoffnung auf. Man könnte denken, sie sei am Ziel. Aber dieses erwünschte Ende der Zeit spiegelt nur den Wunsch nach einer nicht mehr endenden Erfüllung wider. Wer die Unruhe der immer wiederkehrenden Bedürfnisse kennt, wer der Betriebsamkeit des Lebens müde ist und endlich nicht mehr gestört werden möchte, der versteht das Verlangen nach Ruhe. Aber er kann auch wissen, dass der Wunsch nach Ruhe immer noch Ausdruck des Lebens ist, ohne dessen selbst erzeugten Mangel es kein Verlangen, auch nicht das nach Abschluss, Schlaf und ewigem Frieden gäbe. So trägt uns das Leben noch über die Hoffnung nach dessen Ende hinaus.

Die Hoffnung lässt sich als Anwalt der Zukunft in der Gegenwärtigkeit des Daseins begreifen. Sie stellt mehr oder weniger ferne Ziele als erreichbar vor. Unter dem Titel der Utopie scheinen sie den einen schon zum Greifen nahe zu sein, während andere damit die Gefahr der illusionären Verblendung beschwören. Beiden Seiten geht es um die Bewältigung einer Realität, von der sie zugestehen müssten, dass sie ohne Vorgriff auf Kommendes, ohne Idee, ohne Vision noch nicht einmal ertragen werden kann.

Wenn dies so ist, gehört die Hoffnung notwendig zur bewussten Ausrichtung auf das Kommende. Sie ist der Exponent der Gegenwart angesichts einer offenen Zukunft. Denn die Hoffnung zeichnet bestimmte Folgen aus, indem sie *jetzt* bestehenden Ansprüchen den Vorzug gibt. Da sie die Ansprüche nur unter Berufung auf anerkannte Bedürfnisse und Interessen des Menschen rechtfertigen kann, hält sich auch das Vergangene gegenwärtig. So ist die Hoffnung der in jeder Gegenwart erneuerte Brückenschlag vom Gewesenen in das Kommende. In ihr setzt der Mensch auf einen eigenen Anteil im Prozess des Werdens, in dem er annehmen darf, einen ihm zugehörigen Platz zu haben. Hätte er ihn nicht, wäre er nicht das geworden, was er ist.

2.3 Einheit von Selbst und Welt

Es ist, wie man sieht, kein Einwand gegen die Hoffnung, dass sie von der Gegenwart in die Zukunft drängt. Die Gefahr der Ablenkung von der Gegenwart wird dadurch aufgewogen, dass sie ein vorhandenes Übel erträglich machen kann und somit erlaubt, entschieden dagegen an oder darüber hinaus zu gehen. Hoffnung kann der Gegenwart Kräfte zuführen, die nicht allein durch den Trieb, auch nicht bloß durch die mit ihm verbundene Erinnerung mobilisiert werden können. Sie richtet den Menschen in einer sachhaltigen Weise auf Künftiges aus. Sie ist sowohl auf mögliche Zustände der Welt als auch auf eine gewünschte Verfassung des Selbst bezogen. In ihr sind Selbst und Welt mehr oder weniger ausdrücklich miteinander verknüpft.

Mit Blick auf das Bedürfnis, ohne das es keine Hoffnung gibt, tritt die Welthaltigkeit der Hoffnung deutlich hervor. Sie ist auf Situationen gerichtet, die sich benennen und auf die Verfassung des hoffenden Individuums beziehen lassen. So vage manche Erwartungen etwa auf einen beruflichen Erfolg, auf das gute Ende einer riskanten Unternehmung, auf eine erfüllte Liebe oder einen festen Glauben auch sein mögen: Sie müssen in einen begrifflich ausweisbaren Zusammenhang eingebunden und in nachvollziehbarer Weise auf künftige Lebenslagen von Individuen bezogen sein.

Das ist der Punkt, den es zu beachten gilt: Die Hoffnung ist ein Gefühl. Als Gefühl steht sie unter dem Vorbehalt der Subjektivität. Und in der Tat kann es bei verschiedenen Personen ebenso wie in unterschiedlichen Situationen höchst unterschiedlich ausgeprägt sein. Es mag sein, dass einer noch hofft, wo ein anderer bereits aufgegeben hat. Und dennoch ist die Hoffnung so stark mit der intellektuellen Verfassung des Menschen verbunden, dass sie nicht einfach auf die Gegenseite der Objektivität gestellt werden kann. Hoffnung ist vielmehr eine durch und durch intellektuell gewirkte Emotion, die auf das Engste mit dem Zeiterleben des Menschen, mit seiner bewussten Ausrichtung auf Fragen und Probleme sowie mit seinem Wissen von sich und der Welt verbunden ist.

Außerdem muss man wissen, dass nicht nur in evolutionärer, sondern auch in epistemischer Perspektive die Subjektivität nicht das Erste ist. Das sich äußernde Bewusstsein muss man als die ursprüngliche Öffnung eines Individuums gegenüber seinesgleichen ansehen. Diese gibt es gewiss auch im Bereich des tierischen Verhaltens. Aber die Besonderheit des menschlichen Bewusstseins besteht darin, dass es sich über Sachverhalte vermittelt. Es ist in seiner artikulationsfähigen Form auf Dinge und Ereignisse bezogen, über die es sich anderem Bewusstsein mitteilt. Darin ist es ganz und gar auf Objektivität eingestellt. Es sind die gemeinten Sachverhalte, in denen ein Bewusstsein mit einem anderen in sachhaltiger Verbindung steht.

2.4 Die Objektivität des Geistes

Die trianguläre Struktur des Bewusstseins, in dem sich ein seiner selbst bewusstes Ich über Sachverhalte anderen selbst bewussten Wesen mitteilt, findet sich in jedem auf Einsicht und Erkenntnis angelegten Bewusstsein. Es ist „soziomorph“, weil es in die soziale Leistung sachhaltiger Mitteilung eingespannt ist und sich ohne klaren Unterschied zwischen „innen“ und „außen“ in dem mit Anderen geteilten Feld gemeinsamer Wahrnehmung bewegt. Erst unter diesen Bedingungen kann Subjektivität entstehen – und zwar als Folge der Erfahrung einer individuellen Differenz zwischen eigenem Erleben und dem Erleben von seinesgleichen.

Erst im Fall einer erfahrenen Differenz von seinesgleichen ist ein Individuum auf sich selbst verwiesen und muss die Abweichung als Folge des eigenen Standorts, der eigenen Geschichte oder der eigenen Interessen anerkennen. Dann behält es unter Umständen etwas für sich, weil es mit den Ansichten anderer nicht übereinstimmt. Oder es äußert sich mit seiner abweichenden Ansicht. In diesem Fall tritt die Subjektivität des einzelnen Bewusstseins hervor. Sie ergibt sich somit erst nachträglich, d.h. nach Ausbildung der zugrunde liegenden Objektivität des Selbstbewusstseins, das unter den Bedingungen eines objektiv geteilten Wissens entsteht. Subjektivität ist Ausdruck einer *reservatio mentalis*, die stets die objektive Geltung bewusster Leistungen voraussetzt.

Diese auf das gemeinsame Wissen von Sachverhalten gegründete Leistung des Bewusstseins geht von einer ursprünglichen Einheit von Selbst- und Fremdbezug aus. Es gibt noch keine Trennung zwischen „Innen-“ und „Außenperspektive“ der Wahrnehmung, auch das Bewusstsein Anderer ist unmittelbar gegenwärtig. In seiner soziomorphen Verfassung erfährt es sich über Anderes in Anderen. Das ist für die Selbsterkenntnis des Menschen von erheblicher Bedeutung. Die Tatsache, dass die Erkenntnis nicht länger an der eindimensionalen Subjekt-Objekt-Beziehung hängt, gibt aber nicht nur dem sozialen Raum einen eigenen Erkenntniswert; auch die affektiven und emotionalen Momente erhalten einen intelligiblen Rang. Der sich allein auf die Selbstreferenz des individuellen Bewusstseins stützende Zweifel an der Realität der Außenwelt entfällt und die Hoffnung wird vom Bann bloßer Subjektivität befreit. Die ursprüngliche Objektivität des Bewusstseins verleiht auch dem Glauben eine höhere epistemische Dignität.

2.5 Die kognitive Leistung des Gefühls

Aus der Perspektive der Evolution menschlichen Verhaltens könnte man es als Kuriosität ansehen, dass die Gefühle als subjektiv gelten. Alles spricht dafür, dass sie zur frühen, mit höher entwickelten Tieren geteilten Erbschaft des Menschen gehören. Denn im Gefühl sind die Individuen ursprünglich miteinander verbunden; es dient der Verhaltenssteuerung im sozialen Verband und trägt wesentliche Leistungen der Kommunikation. Es hat einen hohen intersubjektiven Erkenntniswert, denn es zeigt die situative Verfassung an, in der sich ein Individuum befindet. Gefühle stellen somit eine Vorstufe sozialer Wahrnehmung dar und dürfen schon deshalb den intellektuellen Leistungen des Begreifens und Verstehens nicht entgegengesetzt werden.

Fügen wir hinzu, dass auch die kognitiven Funktionen des Verstandes in der Regel von Gefühlen ausgelöst, begleitet und (insbesondere im beruhigten Verstehen) abgeschlossen werden, dann läuft es auf eine bedenkliche Unterschätzung der Gefühle sowie auf eine gedankenlose Überschätzung des Denkens hinaus, wollte man beide in Opposition zueinander bringen. Sie stehen vielmehr in einem Wechselverhältnis – und zwar in zunehmend individualisierter Weltbewältigung von Kollektiven, die der Aufgaben- und Arbeitsteilung bedürfen, um sich als lebendige soziale Einheit zu erhalten.

In der operativen Verbindung von Gefühl und Verstand steht das Gefühl eher auf der Seite der kollektiven Erbschaft, während erst der Verstand die Trennschärfe individueller Unterscheidungen aufbringt. Er grenzt eindeutig unterscheidbare Sachverhalte aus, die als solche von verschiedenen Individuen aus höchst unterschiedlicher Perspektive als „gleich“ begriffen werden können. Erst im Licht der Objektivität erzeugenden Leistungen der Begriffe erhalten die an individuelle und situative Befindlichkeiten gebundenen Gefühle den Charakter des Subjektiven. Daraus zu schließen, dass sie für die auf Erkenntnis und begriffliche Verständigung gegründete Lebensbewältigung des Menschen unerheblich oder gar gefährlich seien, wäre ein fern von aller Selbstkenntnis des Menschen gezogener Trugschluss.

2.6 Hoffnung stärkt das Handeln

Übertragen wir die gewonnene Einsicht auf das Gefühl der Hoffnung, dann wird man sagen dürfen, dass sie der Festigung von Verhaltenserwartungen gerade auch angesichts schwieriger Lebenslagen dient. Sie gibt die Zuversicht, die man bei jeder sich nicht schon im ersten Zugang auflösenden Problemstellung benötigt. Will man sich nicht durch jeden Fehlschlag entmutigen lassen, muss man die Erwartung haben, dass weitere Versuche (vielleicht auch nur ein geduldiges Abwarten) zu einer Lösung führen. Angesichts existenzieller Probleme drückt sich diese Erwartung in Hoffnung aus, die den individuellen Charakter der Zuversicht verstärkt.

Wie eng die Hoffnung mit der Leistung des begrifflichen Wissens zusammenhängt, tritt darin hervor, dass man die Schwierigkeit einer Lage erkannt haben muss, um gleichwohl auf einen guten Ausgang zu hoffen. Wo keine Erkenntnis vorliegt, bedarf es auch keiner Hoffnung. Deshalb kann man die problematische Aussage wagen, dass Tiere, die nicht zur begrifflichen Erfassung objektiver Sachverhalte genötigt sind, auch der Hoffnung nicht bedürfen. Man muss hoffen können, wo immer man auf etwas ausgerichtet ist, das sich nur in Welt- und Selbstkenntnis erfüllt, wo aber die Erkenntnis noch nicht langt, um sicher zu sein, dass und wie man diesen Zustand erreicht.

Ein von der Gegenseite stammender Hinweis kann den Zusammenhang von Hoffen und Erkennen aus der Perspektive des Wissens hervortreten lassen: Lässt sich ohne Hoffnung wissen? Kann man auf eine Einsicht oder Erkenntnis setzen, ohne die Erwartung, dass sie von Vorteil ist? Gewiss, es gibt Informationen, von denen wäre man lieber verschont – aber das auch nur, weil sie andere Kenntnisse, auf die wir vertrauen, stören. Üblicherweise ist schon mit der einfachen Aufmerksamkeit die präsente Erwartung verbunden, dass es günstig ist, von einer Gefahr oder einer Gunst frühzeitig zu wissen.

Das Gleiche gilt für den Aufwand, den wir betreiben, um in Lehre und Studium Wissen zu erwerben, das uns im Leben nützlich ist. Man hofft so lange zu leben, dass man auf den Nutzen des erworbenen Wissens hoffen kann. Die Systeme des Wissens, die Konstruktionen der Theorie sowie die Archive der Erinnerung werden von der Hoffnung geführt. Man hält sich für eine noch unbekannte Zukunft bereit, rechnet damit, dass mit dem aktiv Erworbenen weitere Aktivitäten möglich sind, die ihrerseits Chancen für mindestens eine Bewältigung, vielleicht aber auch eine Verbesserung der dann gegebenen Lage bieten.

Das klingt nach Forschrittsideologie. Doch wer diesen Eindruck hat, weiß offenbar nicht, dass bereits das Wissen selbst auf Erweiterung und Wachstum angelegt ist; es kann von dem Vertrauen auf eine Verbesserung persönlicher Leistungen, sozialer Verständigung und technischer Steuerung gar nicht abgelöst werden. Die Hoffnung ist dem Wissen inhärent. Deshalb muss es nicht wundern, dass sie nicht nur im Wissen wirksam, sondern überall unverzichtbar ist, wo das Wissen an seine Grenzen stößt, das Verlangen auf eine mit unserem Welt- und Selbstverständnis übereinstimmende Lösung aber dennoch gegeben ist.

Man sagt daher nicht zuviel, wenn man die Hoffnung als Element unseres intelligiblen Weltverhältnisses bezeichnet. Sie hat teil sowohl an der kognitiven Beziehung zu den Dingen als auch am rationalen Verhältnis zu uns und unseresgleichen. Sie kommt nicht erst hinzu, wenn wir unsicher sind und dennoch handeln wollen, sie tritt auch nicht erst auf den Plan, wenn es ausdrücklich um die Zukunft geht. Sie ist schon im Spiel, wenn wir uns für vernunftbegabt und zurechnungsfähig halten.

2.7 Erhaltung und Entfaltung der Lebensform

Die exemplarische Reflexion über ein sich allererst im Medium des Wissens entfaltendes Gefühl kann damit vorerst abgebrochen werden. Sie deckt auf, dass die Hoffnung auf ein gutes Ende nicht in den Bereich des rein Subjektiven oder gar des Irrationalen gehört. Es ist vielmehr ursprünglich mit den rationalen Leistungen des Begreifens und Verstehens verbunden. Die Hoffnung verweist auf jenen Ort, den Verstand und Vernunft im Leben haben, und sie zeigt die ihnen zukommenden Aufgaben an. Diese Aufgaben dienen der Erhaltung und Entfaltung jener Lebensform, die mit der menschlichen Gattung möglich geworden ist. Die Gattung aber hat ihren Garanten in jedem einzelnen seiner Exemplare, dies umso mehr als es sich bei diesen Exemplaren um Personen handelt.

Die Lebensform des Menschen ist Moment in einem Prozess, der durch die interne Dynamik des Lebens in Gang gehalten wird. Die innere Unruhe des Lebens korrespondiert mit den unabsehbaren Wechselfällen der Außenwelt bereits dadurch, dass sie deren Vielfalt erhöht. Also fordert sich das von Außen zur Vielfalt genötigte Leben immer auch selbst heraus. Es ist in seiner Entwicklung so unabsehbar wie der weitere Verlauf des kosmischen Geschehens.

Das Ende ist dadurch offen, dass jeder Mensch durch seinen individuellen Beitrag den Widerstreit der Kräfte verstärkt und so seinen Anteil an der Erhöhung der Komplexität des Ganzen hat. Daran ändert sich durch die integrierende Leistung von vorgestellten Zielen und Zwecken nichts. Zwar verschaffen sie dem Handelnden eine Übersicht, erlauben Planung, Absprachen und nachträgliche Rechenschaft, in der Sache aber kommt durch jeden Akteur eine Vielzahl neuer Impulse hinzu, die eine Berechnung des künftigen Verlaufs des Geschehens noch schwieriger – und am Ende unmöglich – machen.

Es ist der Lauf der Natur, in dem durch die Vielfalt der beteiligten, sich wechselseitig verstärkenden, behindernden oder aufhebenden Kräfte das Kommende unberechenbar ist. Es ist der Gang des Lebens, der diese Unsicherheit nur noch größer macht. Aus der Perspektive des Lebens stellt der Mensch einen zusätzlichen Risikofaktor dar. Und da der Mensch durch sein Bewusstsein erstmals eine Vorstellung von der bestehenden Offenheit der Zukunft hat, darf er die Hoffnung als Kompensation der erfahrenen und durch ihn erhöhten Ungewissheit begreifen.

Also ist es die auf Erfolg angelegte Disposition eines jeden, die einen guten Ausgang des Handelns erwarten lässt. Da jeder sein Leben nach Art eines fortgesetzten Tuns erlebt, liegt es nahe, dass er es nach Art einer eigenen Leistung ansieht, die bei günstigen Umständen erfolgreich zu Ende geht. Darauf ist die Hoffnung angelegt. Und da ein Mensch nichts ohne die Mitwirkung Anderer vermag, spricht auch nichts dagegen, für alle, die daran mitwirken – und dazu gehört letztlich nicht nur die menschliche Gattung, sondern die ganze Natur – ein Ziel zu erhoffen, das von allen als gut angesehen werden kann.

In der auf begründete Ziele ausgerichteten Erwartung kommt im Individuum, im Kollektiv und in der Gattung das Verlangen nach der Erhaltung der menschlichen Lebensform zum Ausdruck. Das, was dem Menschen wichtig ist, möchte er sich und seinesgleichen bewahren.

2.8 Die Selbsttranszendenz des Lebens

Das Denken erlaubt uns, begrifflich über das Leben hinauszugehen, obgleich es ihm in Anlass, Anlage und Ablauf, vermutlich sogar in seiner Funktion, zugehört. Wir können einen Begriff des Ganzen konzipieren, in dem das Tote neben dem Lebendigen steht und das Organische im Anorganischen nur einen Teilbereich umfasst. Dieses Ganze nennen wir All, Kosmos, Sein, Welt oder Wirklichkeit. Es lässt sich nach Art eines umfassenden Gegenstandes denken, der alles einschließt – mitsamt unserer selbst.

Wir wissen freilich, dass der Begriff des Ganzen in Widersprüche führt, sobald wir ihn als Einheit oder Vielheit, mit Anfang und Ende, mit räumlichen Grenzen, als Wirkung einer Ursache oder als Ursache seiner selbst zu denken suchen. Kant hat von „Antinomien" gesprochen, die sich theoretisch nicht auflösen lassen, praktisch aber dennoch von Bedeutung sind, weil sie den Anspruch an das Individuum verstärken, angesichts des nicht gegenständlich gegebenen Ganzen in *sich selbst* eine Einheit zu sein.

Dieser Anspruch ist mit der Hoffnung verbunden, dass ihm im Ganzen etwas entspricht. Die Hoffnung ist auf die Korrespondenz der personalen Einheit mit dem Ganzen der Welt gerichtet. Was man an sich selbst als Zusammenhang erfährt, muss dem Zusammenhang der Umwelt entsprechen. Da keine Umwelt unabhängig von anderen Umwelten ist, die wiederum in der Welt ihre Bedingung und ihre Grenze haben, ist es nur vernünftig, von einem Kontinuum zwischen Selbst und Welt auszugehen. Sofern es denkt, liegt der Ausgangspunkt im Individuum, denn die Ausrichtung auf das Ganze ist begrifflich verfasst. Die praktische Hinwendung des Ganzen der Person auf das Ganze des Daseins aber erfolgt durch die begrifflich angeleitete Hoffnung.

Worauf ist sie gerichtet? Darauf, dass sich im nicht näher bestimmbaren Ganzen ein Sinn ergibt, der dem Sinn eines vernünftig begründeten Handlungsganzen entspricht. In ihm sind unzählige Ansprüche und Erwartungen vereinigt, die ihren Ursprung und ihre Richtung dem Sinn entnehmen, der einzelne Worte, Sätze und Handlungen verständlich macht. Versuchen wir den Sinn des Ganzen zu ermessen, müssen wir eine mögliche Kongruenz der überzeugenden Sinngehalte in unserem Sprechen und Tun zu fassen suchen. Und wenn dieser Sinn Gegenstand einer das Ganze einschließenden Hoffung ist, soll er, so maßlos es klingt, eine insgesamt größtmögliche Befriedigung erbringen. Man möchte sich fühlen wie nach überstandenen Strapazen – wenn alles gut gegangen ist. Einem solchen Zustand, der im fortschreitenden Leben prinzipiell unmöglich ist, unterstellt man, dass er, gleichsam abschließend, als befriedigend erfahren werden kann.

Die auf das Ganze gerichtete Hoffnung erscheint wie eine unüberbietbare Illusion. Wie soll das Ganze, das man nicht kennt, auch nur einem einzigen Menschen, dessen Zustand niemand vorhersagen kann, Ruhe und Glück bedeuten? Wie kann man allen Menschen Befriedigung in Aussicht stellen, wo man doch weiß, wie unersättlich die Menschheit ist und wie oft das Glück der einen auf dem Unglück der anderen beruht? Läuft nicht jede Hoffnung, die, wenn auch in bester Absicht, alle Anderen einschließt, auf einen Terror des Glücks hinaus, der letztlich jeden abschrecken muss?

Die Konsequenz ergibt sich, solange man Universalität und Individualität als Antagonisten versteht und nicht erkennt, dass es Individuelles nur in der Perspektive des Generellen, das Universelle aber nur auf der Basis des Individuellen gibt. Also ist, wenn man von einer Hoffnung für alle spricht, der Ausgangspunkt in der Hoffnung eines jeden Einzelnen zu beachten.

2.9 Der humane Impuls der Hoffnung

Ein formaler Gesichtspunkt kommt hinzu: Wenn es überhaupt möglich ist, in der aus unendlich vielen, keineswegs einheitlichen und aus zahllosen sich widerstreitenden Kräften bestehenden empirischen Realität einen Zusammenhang als zweckmäßig zu erleben und ihn unter dem Anspruch unserer Vernunft als sinnvoll zu verstehen, dann ist es nicht ausgeschlossen, einen solchen Zweck als Sinn des Ganzen zu unterlegen, der unserem Leben einen sich ins Ganze des Daseins fügenden Sinn verleiht. „Nicht ausgeschlossen" heißt, dass der Sinn des Ganzen sich ohne Widerspruch denken, wenn auch nicht gegenständlich ausweisen lässt. Umso mehr kann, ja, muss er ein Gegenstand unserer Hoffnung sein, weil anders sich der Sinn unserer einzelnen Handlungen im Ganzen verliert.

Im fortgesetzten Leben, dass dürfte offenkundig sein, ist jeder als abschließend gedachte Zustand ein Widerspruch in sich. Hier kann es keine definitiven Erfolge und auch keine auf Dauer befriedigenden Zustände geben. Also zielt die aus dem Leben stammende, ihm Kraft und größere Reichweite verleihende Hoffung immer dann, wenn sie alles integrierende Ziele unterstellt und abgeschlossene Zustände erreichen will, über das Leben und damit über das uns bekannte Dasein hinaus.

Dabei mag sie kindlich und naiv erscheinen. Gleichwohl zieht sie nur die Konsequenz aus der Tatsache, dass wir überhaupt lebenslange und Generationen übergreifende Ziele verfolgen. Die integrative Kraft der Zwecke setzenden Vernunft ist selbst in ihren auf partielle Momente des Lebens ausgerichteten Leistungen auf eine totalisierende Perspektive gegründet. Sie muss von „Wirklichkeit", „Leben", „All" und „Welt" sprechen, um deren Teile anzusprechen, zu denen wir selbst gehören. Wenn dies in epistemischer Einstellung unvermeidlich ist, können wir die praktische Rückwirkung auf uns selbst nicht ausschließen. Ihr also haben wir uns – aus purer Konsequenz, und insofern auch aus intellektueller Redlichkeit – zu stellen. Eben dies geschieht in einer auf das ganze Dasein ausgreifenden Hoffnung.

Die darin offenbar werdende tragische Verfassung des menschlichen Lebens ist nicht zu leugnen. Schon im Begriff einfacher Sachverhalte unterstellt der Mensch die Totalität einer Weltsicht, der sein Begriffsvermögen nicht gewachsen ist. Er sieht sich genötigt, von umfassenden Einheiten zu sprechen, nimmt Individualität und Universalität in Anspruch und muss sich auf das Ganze seiner Person, seines Daseins oder seiner Welt beziehen, ohne dass er sich Rechenschaft über den Grund, den Gehalt und die Grenzen seiner Begrifflichkeit zu geben vermag. Die Logik seines Verstehens zwingt ihn, etwas anzunehmen, das den Kriterien genauen Verstehens nicht genügt. Im Namen der Vernunft beruft er sich auf Zusammenhänge, die zu verstehen seine Vernunft nicht in der Lage ist.

Die sympathische skeptische Empfehlung, unter diesen Bedingungen auf die Vernunft oder die Erkenntnis zu verzichten, führt in einen Selbstwiderspruch. Denn der Grund für den Verzicht auf die Erkenntnis kann immer nur eine Erkenntnis sein. Will man also an Vernunft und Erkenntnis festhalten, ohne mit ihnen in die Maßlosigkeit eines metaphysischen Objektivismus abzugleiten, bleibt nur eine auf Erkenntnis beruhende Hoffnung, die etwas für möglich hält, obgleich es nicht Gegenstand einer Erkenntnis sein kann. Darin liegt die wichtigste Voraussetzung einer rationalen Rede über Gott, der wirklich sein kann, ohne empirisch gegeben sein zu müssen.

Jeder im ersten Zugang so bescheiden und daher auch sympathisch anmutende Verzicht, den Horizont des Ganzen zum Thema zu machen, läuft am Ende auf ein doktrinäres Denkverbot hinaus. Will man es vermeiden, muss man die Perspektive auf das Ganze der Welt epistemisch offen halten. Das geschieht, indem man die Einsicht so weit wie möglich treibt und zugleich den in jeder Erkenntnis wirksamen praktischen Erwartungen Rechnung zu tragen sucht. Das geschieht, ohne die Grenzen unserer Einsicht zu überschreiten, im einsichtigen Gefühl der Hoffnung, das seinen Ausgangspunkt im bedürftigen Individuum nicht verleugnet und schon dadurch deutlich macht, dass ihm das Diktat einer für alle gleichermaßen geltenden Verheißung zuwider läuft. Hoffnung, die in ihrem Ausgangspunkt durch und durch menschlich ist und deren Intelligibilität sie für Kritik offen macht, hat auch in ihren auf alle Menschen gerichteten Zielen menschlich zu sein.

2.10 Die Intelligibilität der Liebe

Lebendig ist auch der Zusammenhang, in dem die Hoffnung mit dem Gefühl der Liebe steht. Die Liebe bindet das lebendige Wesen aus eigenem Impuls an seinesgleichen. Die komplexe Steigerung der Individualisierung, die jeder Organismus mit seiner Entstehung vollzieht, wird durch die Geschlechtlichkeit an die Individuen der eigenen Gattung zurückgebunden. In der Liebe wird daraus ein personal erfahrener Impuls, der in seiner Verwirklichung mit der Erfahrung der Freiheit verknüpft ist. So zwanghaft das Gefühl der Attraktion in einzelnen Fällen empfunden werden mag: In der Zuneigung zu einem bestimmten Individuum liegt, wenn sie als Liebe erfahren wird, ein Moment der Freiheit, in der man über den Anderen auch zu sich selber findet. Dies ist eine ideale Beschreibung, deren praktische Bedeutung in der Hoffnung liegt, der Liebe im alltäglichen Leben möglichst nahe kommen zu können.

Es ist vornehmlich das Verlangen nach Liebe, das uns auf eine intime Beziehung zu unseresgleichen hoffen lässt. Das Gefühl stellt uns eine hoch individualisierte Einheit vor, die mit der Hoffnung schon dort Kraft verleiht, wo sie noch nicht verwirklicht ist. Hoffnung und Liebe also sind auf das Engste verbunden. Das gilt nicht nur für das unerfüllte Verlangen, das auf Veränderung der Lage setzt, sondern auch für die erfüllte Liebe, die sich Dauer wünscht.

Die Prüderie vergangener Zeiten hat die Liebe immer wieder auf die Gegenseite der Vernunft zu bringen versucht. Dort aber ist sie am falschen Platz, wie nicht allein die generativen Folgen sexueller Beziehungen zeigen, sondern die Steigerung aller menschlichen Leistungen im Erwartungshorizont des Erotischen. Man darf es als Tatsache ansehen, dass die Liebe konstitutiv für das menschliche Leben gerade in seinen kultivierten Formen ist. Also kann man sie zu den Voraussetzungen vernunftgeleiteten Verhaltens rechnen.

Das wird evident, wenn wir die Liebe nicht allein auf erotische Beziehungen beschränken, sondern auch die Eltern-, Kinder- oder Freundesliebe einbeziehen. Selbst die Liebe zum Wahren, Schönen und Guten hat hier ihren Platz. In diesem weiten Feld beruht jede Entwicklung individueller Eigenschaften, jede Begabung und jedes große Werk auf der Zuneigung und Hingabe des Menschen an Andere und anderes seiner selbst. Da die für günstige Bedingungen sorgenden Folgen der Liebe wohl nie ohne Hoffnung für den geliebten Menschen oder die begeistert betriebene Sache sind, können wir die Liebe als eine die Hoffnung verstärkende Kondition der Humanität ansehen.

Darin liegt, rein systematisch gesehen, ein Vorzug der christlichen Botschaft, der die zu allem Glauben gehörende Hoffnung durch die Botschaft der Liebe verstärkt. Man muss sich vergegenwärtigen, wie umfassend das Liebesgebot Christi ist: Es spricht von der Liebe Gottes zu seinem Sohn, der stellvertretend nicht nur für seinen Vater, sondern auch für die Menschen steht. Im Sohn werden nicht nur alle Menschen, sondern zugleich auch alle Kreaturen geliebt. Dem Menschen aber fällt die ausdrückliche Aufgabe zu, mit dem Sohn zugleich den Vater zu lieben. Dieser Akt schließt auch vom Menschen her die Liebe zur Kreatur, vornehmlich aber zu seinesgleichen, ein.

Damit ist das Terrain bezeichnet, in dem sich die Hoffnung auf eine sinnerfüllte menschliche Existenz entwickeln kann. Die im Leben mögliche Liebe stellt den Akt, den Weg und das Ziel eines sinnlich gegenwärtigen Sinns vor Augen, der mit der Vernunft zusammenstimmt.

2.11 Die intelligible Kraft des Glaubens

Glauben ist ein „Fürwahrhalten“, wie Kant gesagt hat. Man könnte streiten, ob es überhaupt als Gefühl bezeichnet werden kann. Es könnte auch ein noch nicht festgelegtes Verhalten sein, das zwar mehr eine als ungefähre Ahnung, aber weniger als eine sichere Erkenntnis ist. Kennzeichnend ist, dass der Glaube mit dem Bewusstsein subjektiver Gewissheit bei fehlenden objektiven Beweisen verbunden ist. Da der Glaube mindestens die „Zeugnisse“ oder „Offenbarung“ genannten Beweise benötigt – also etwas, von dem die Gewissheit ausgehen kann –, dürfte der kognitive Anteil am Glauben unstrittig sein. Er tritt auch in dem Gewicht symbolischer Mitteilung hervor, ohne die religiöse Zusammenhänge nicht denkbar sind.

Man kann den Glauben auch als Gefühl einer Verbindlichkeit bezeichnen, die nur von der Verlässlichkeit logischer Schlüsse und durch das Zeugnis der Sinne überboten wird. Er ist das intelligible Gefühl einer Verpflichtung gegenüber dem, auf das es sich richtet. Es geht nur insofern um die Existenz der göttlichen Macht, als sie Bedeutung für den Menschen hat. Wer an Gott glaubt, ist überzeugt, dass er ihn braucht. Und wenn es so ist, dass er sich ohne Gott nicht angemessen verstehen kann, ist die Frage nach dem Dasein Gottes geklärt. Also schließt der Glaube die Erwartung ein, dass man das höchste Wesen anerkennt und ihm seine Schuldigkeit erweist. Das wiederum setzt das Bewusstsein elementarer Einigkeit voraus. Vor einer überlegenen Macht aus einer anderen Welt kann man sich nur fürchten. Wer es schafft, kann ihr natürlich mit Neugier begegnen. Im Glauben an Gott als Grund der Welt, zu der ich selbst gehöre, ist hingegen eine gemeinsame Welt unterstellt. Gott ist der, der mich und alles andere trägt. Nur deshalb hat er eine Bedeutung, die mich in meinem Innersten berührt.

Im Glauben sind die drei Strukturmomente des menschlichen Bewusstseins auf markante Weise ausgeprägt: *Erstens* käme der Glaube nicht auf den Weg, wenn da nicht das seiner selbst bewusste, bedürftige und (zumindest mit Blick auf das Ganze auch) bange *Individuum* wäre. Es sucht nach Sinn und eigener Bedeutung. In diesem Bewusstsein aber kann es gar nicht nur auf sich gerichtet sein. Es ist vielmehr immer schon auf Andere bezogen, in denen es sich versteht, sofern es von ihnen verstanden werden kann. Zum Glauben also gehört das seiner selbst bewusste Ich. Das „ich glaube“ muss alles Welt- und Selbstverstehen begleiten können. Das *zweite* Moment des Glaubens wird in *Gott* gefunden, der in seiner Verfassung dem lebendigen Gegenüber entspricht, wie wir es aus der bewussten Verständigung mit unseresgleichen kennen.

Es mag einer eingehenden theologischen Erörterung vorbehalten bleiben, welche Attribute dem Göttlichen zukommen müssen, damit es geglaubt werden kann. Aber dass es *wissend* und *selbstbewusst* zu sein hat, kann aufgrund der intelligiblen Beschaffenheit des Glaubens außer Zweifel stehen. Anders könnte man nicht unterstellen, dass der Gott das eigene Sinnverlangen versteht; anders haben auch die Gläubigen keine Chance, irgendetwas als spezifisch göttlich zu begreifen. Der intelligible Glaube kann nur in einem intelligiblen Gott seine Ruhe finden.

Integraler Bestandteil der Beziehung des gläubigen Ich auf das geglaubte Andere ist die *Welt.* Damit ist die *dritte* Position der soziomorphen Verfassung des menschlichen Bewusstseins gegeben. Ein Glaube muss, wie ein Wissen, sach- und welthaltig sein, anders wäre er ohne Anlass und ohne Inhalt. Die Tatsächlichkeit des Weltzusammenhangs, auf den der Glaube in allen seinen Akten bezogen sein muss, gehört dazu. Wer nicht mit seiner auf Unbedingtes und Unendliches bezogenen Vernunft unter endlichen Bedingungen leben muss, hat den Glauben nicht nötig. Wer ihn aber braucht, der ist auch auf die Hoffnung angewiesen.

2.12 Glaube, Liebe, Hoffnung

Der Glaube, so haben wir gesagt, muss sich auf etwas gründen, das allgegenwärtig ist. Gott ist dasjenige Wesen, das diese Bedingung erfüllt. Und dort, wo sie als gegeben erfahren wird, stellt sich der Glaube ganz von selber ein: als die Überzeugung, in ihr das zu haben, was den Sinn des Ganzen trägt. Wozu bedarf es dann noch der Hoffnung?

Die Antwort findet sich in der Tatsache, dass die Liebe die Hoffnung nicht überflüssig macht. Liebe ist das Gefühl, in dem die Hinwendung zu einem Anderen als Glück erfahren wird. In ihr kann sich ein langes Werben und Hoffen erfüllen. Im erlebten Glück aber stellt sich die Hoffnung auf den Bestand der Liebe ein. Die Liebe soll nach Möglichkeit nicht vergehen. Wenn jedoch nicht zu vermeiden ist, dass sie schwindet, muss sich die Hoffnung auf neue Ziele richten. Mit der nicht erfüllten Liebe stellt sich die Hoffnung umso stärker ein. Die Liebe also lässt hoffen, ganz gleich, ob man sich nach ihr sehnt, ob man in ihr lebt oder ob sie verloren ist.

So ist es auch mit dem Glauben, den man nicht schon hat, wenn man als Kind in ihm aufgewachsen ist. Unter der Last des Daseins stellt sich der ernsthafte Glauben erst nach dem Verlust des kindlichen Weltvertrauens ein. Zwar wird man ihn niemandem absprechen wollen, der in frageloser Kontinuität mit seinen ersten Überzeugungen lebt, aber ob es wirklich ein Glaube ist, der sich im selbstverständlichen Anschluss an die kindliche Zuversicht erhalten hat, lässt sich nur bei erwiesener Festigkeit gegenüber Widerständen sagen. Der Glaube bewährt sich, wie man sagt, in der „Versuchung“. Zu seiner Semantik gehört die Möglichkeit seines Verlusts. So, wie man sich kein Wissen ohne Nicht- oder Unwissen vorstellen kann, so kann man auch vom Glauben nur sprechen, wenn er sich gegen den Zweifel behauptet. Dem Glauben ist somit die Hoffnung eingeschrieben – zumindest die, dass er einem erhalten bleibt. Damit wiederum ist der Wunsch verbunden, auch in schweren Stunden sich und seine Überzeugungen wahren zu können.

Mit dieser Erwartung gehört die Hoffnung dem Glauben so notwendig zu, wie der Glaube der Hoffnung. Dass man ohne Überzeugung von der Zuträglichkeit der Erfüllung nicht hoffen kann, dürfte sich von selbst verstehen. Wer auf ein gutes Ende hofft, muss glauben, dass es tatsächlich gut für ihn ist. Wer aber glaubt, der lebt nicht nur in der Gegenwart eines erfahrenen Sinns, sondern er setzt darauf, dass sich der Sinn unter allen Umständen erfüllt. Vielleicht hofft er darauf, dass der Sinn am Ende für jeden offenkundig und für ihn zur unumstößlichen Gewissheit wird.

In der Perspektive der Zeit durchdringen sich Glaube und Hoffnung wechselseitig. Und das Paradigma der Sinnerfüllung, das sie beide belebt, ist die fraglose Gegenwart des Sinns, wie er einem selbstbewussten Wesen wohl nur in der Liebe begegnet. Also sind Glaube, Liebe und Hoffnung miteinander verbunden. Das hat Folgen für das Göttliche, auf das sich der Glaube richtet.

Darüber wird später einmal zu sprechen sein. Aber so viel sei vorab gesagt: Das Göttliche muss der Trias entsprechen, die bereits in der Struktur des Bewusstseins vorgebildet ist. Es muss der Sinnerwartung entgegenkommen, die an es gerichtet ist. Und es muss die Liebe erwidern, die jeder schon aufbringt, wenn er in der Welt, so wie sie ist, überhaupt die Kraft zum Glauben hat. Glaube, Liebe, Hoffnung können nur im Vertrauen auf die Stärke des Menschen gerechtfertigt werden. Nur wo dies gelingt, können sie uns in unserer Schwäche helfen.

Volker Gerhardt

Lars Charbonnier/Georg Pfleiderer

Rentenbescheid/Alter

1. Rentenbescheid

Die Zeiger der großen runden Uhr über der Tür rücken in dem ihnen vorgeschriebenen Tempo voran. Es ist 16:59 Uhr, und außer dem mechanischen Ticken ist es im Raum mucksmäuschenstill. Die Wände sind kahl, nur in einer Ecke steht eine größere Anzahl von Archivkartons mit der Aufschrift „Warren Schmidt". Im Schreibtischstuhl sitzt der 66-jährige Warren Schmidt, den Blick starr auf die wandernden Zeiger der Uhr gerichtet. 56, 57, 58, 59 – um Punkt 17:00 Uhr steht Schmidt auf, nimmt seinen abgewetzten Aktenkoffer, zieht den Mantel vom Bügel hinter der Tür ab und verlässt, nicht ohne noch einmal zurückzuschauen und das Licht auszuknipsen, zum letzten Mal *sein* Büro. Hinter ihm liegen Jahrzehnte eines geregelten Arbeitslebens als Fachmann für die Risikokalkulation bei Lebensversicherungen. Vor ihm liegt der Ruhestand, für den er auf Wunsch seiner Frau Helen schon ein riesiges Wohnmobil gekauft hat.

Eine Bedeutung, eine wirkliche Bedeutung, Warren, hat die Erkenntnis, sein Leben etwas Sinnvollem gewidmet zu haben. Produktiv gewesen zu sein, für ein gutes Unternehmen gearbeitet zu haben […]. Eine wundervolle Familie gegründet und ihr ein schönes Heim erbaut zu haben. In der Gemeinde geachtet zu werden. Tiefe, dauerhafte Freundschaften aufgebaut zu haben. Und wenn am Ende seiner Laufbahn ein Mann sagen kann „Ich habe es geschafft! Ich habe meine Arbeit getan!", dann kann er sich zufrieden zurückziehen und die Reichtümer genießen, die sich ihm jenseits materiellen Wohlstands bieten. Also, Ihr jungen Leute, schaut ihn Euch genau an, und Ihr wisst, wie ein reicher Mann aussieht!

Diese Rede seines (vermeintlich) besten Freundes muss Warren Schmidt auf seiner ‚Happy Retirement'-Verabschiedungsveranstaltung hören. Dass er selbst sich als in diesem Sinne reichen Mann betrachtet, scheint nicht der Fall. In einem ersten Brief an sein neues Patenkind Ndugu, ein sechsjähriger Junge in Tansania, schreibt er sich seinen Frust von der Seele: Seine Frau ist für ihn zu einer Fremden geworden, die ihn eher anekelt als Freude hervorruft. Seine einzige Tochter Jeannie will einen Mann heiraten, der Wasserbetten verkauft und für Warren den Typus des Totalversagers vortrefflich repräsentiert. Schließlich hat ihm ein Besuch bei seinem Nachfolger gezeigt, dass sein Rat in der Firma nicht mehr gefragt ist – so fühlt er sich selbst wie die alten Archivkartons mit seinem Namen, die er bei den

Müllcontainern in der Einfahrt der Firma entdeckt hat. „Ich kann kaum glauben, dass ich das bin!“ stellt er schließlich in Anbetracht seiner eigenen Situation über sich selbst fest. Dabei wollte er „einer dieser Männer werden, über die man etwas liest“, jemand, der „zumindest halb so wichtig ist“ wie „Walt Disney oder Henry Ford“. „Aber irgend wie hat es nicht so geklappt“, muss er feststellen. Alles ändert sich, als seine Frau Helen am nächsten Tag plötzlich stirbt.

Schmidt probiert notgedrungen das Leben allein, muss aber schnell einsehen, dass er kaum in der Lage ist, dieses zu meistern. Deshalb macht er sich auf, die nun wichtigste Mission seines Lebens zu erfüllen: seine Tochter Jeannie von der Hochzeit abzuhalten. Die vertröstet ihn auf eine Woche später, daraufhin geht Warren mit dem großen Wohnmobil auf Reisen. Er besucht die wichtigsten Orte seines Lebens: sein Elternhaus und sein College. Ihm wird auf der Reise klar, wie viel er an seiner Helen hatte, und dass er es war, der sie vernachlässigt hat, nicht umgekehrt. Wenigstens bei seiner Tochter will er das nun ändern. Als er ihr vehement verbietet, den Wasserbett-Verkäufer zu heiraten, muss er einsehen, dass er auch das Leben Jeannies zu lange vernachlässigt hat: Sie lässt sich nicht von ihrem Plan abbringen. Die Gedanken Warrens erfährt der Betrachter dabei jeweils aus den Briefen, die er an Ndugu schreibt. Schließlich quält sich Warren durch die Hochzeit und fährt einsam nach Hause. Es ist ein erster Brief Ndugus, der am Ende des Films ein anderes Zeichen setzt: Ein selbst gemaltes Bild, das nach Angabe der Betreuerin ihn und Ndugu darstellen soll, zeigt einen kleinen Jungen und einen großen Mann, Hand in Hand, beschienen von der Sonne. Warren Schmidt beginnt zu weinen …

Der Film „About Schmidt“ (USA 2002) mit Jack Nicholson in der Hauptrolle erzählt ebenso anschaulich wie berührend, wie das Leben für jemanden aussehen kann, der plötzlich zu den Rentnern zählt. Waren jahrzehntelang der Tagesablauf und die überwiegende Zahl der Sozialkontakte sowie die Themen, mit denen man (diese Situation ist in der Tat vor allem bei Männern zu beobachten) sich überwiegend beschäftigt, klar definiert, gilt es nun, sich völlig neu zu orientieren. Der Film zeigt keinen Idealtypus eines erfolgreichen Ruheständlers, und macht gerade so höchst anschaulich deutlich, was die Schwelle ausmacht, die zu überschreiten man herausgefordert ist, wenn einen der Rentenbescheid ereilt.

In Deutschland passiert dies zurzeit überwiegend im Alter von 55 bis 67 mit einem klaren Schwerpunkt auf den Jahren von 60 bis 65. Sozialpolitisch ist in den letzten Jahren mit Blick auf das Renteneinstiegsalter ein Paradigmenwechsel zu beobachten: Aufgrund des demografischen Wandels ist die Finanzierbarkeit der gesetzlichen Rentensysteme gefährdet. Zugleich werden die Potentiale und Ressourcen auch der älteren Arbeitnehmer wieder mehr geschätzt, sodass ein längerer Verbleib im Erwerbsleben als sinnvoll erachtet wird. Das zeigt sich nicht nur im neuen Renteneinstiegsalter von 67 Jahren, sondern vor allem auch in der sinkenden Zahl an Frühverrentungen, die noch bis in die 90er Jahre ein probates Mittel nicht nur der Personalreduzierung von Unternehmen waren. Die Möglichkeiten, in den Ruhestand überzutreten, sind damit heute höchst vielfältig geworden, was nicht zuletzt auch mit der Pluralisierung und Differenzierung von Lebensstilen und damit auch Lebensentwürfen der älter werdenden Menschen selbst zusammenhängt.

Angesichts der demografischen Entwicklung werden die Menschen im Alter von sechzig und mehr Jahren bereits in wenigen Jahrzehnten rund ein Drittel der deutschen Bevölkerung ausmachen. Schon heute sind diese Renterinnen und Pensionäre längst nicht mehr auf dem ‚Abstellgleis des Lebens' zu finden, wie es lange Jahre die gesellschaftliche Wahrnehmung war – das Defizitmodell des Alterns gilt als wissenschaftlich und mittlerweile auch durch die Lebenserfahrung vieler widerlegt. Als ‚Mallorca-Senioren' besiedeln die Ruheständler nicht nur diese eine Mittelmeerinsel in den kalten deutschen Wintermonaten. Weltweit touren ‚Rentnergruppen' durch die Sehenswürdigkeitslandschaften. Selbst das Internet ist zunehmend eine genauso interessante Domäne für die ‚Silver-Surfer' wie für die Grundschüler. Gerade für die öffentlich-rechtlichen Fernseh- und Rundfunkanstalten ist die Altersgruppe ‚55plus' eine feste Bank in den Einschaltquoten-Rankings. Spät, aber dafür immer ausgefeilter hat auch die (Werbe-)Wirtschaft diese Zielgruppe für sich entdeckt: Der ‚Golf Plus' ermöglicht das Ein- und Aussteigen auch dann, wenn das Bücken schwerer fällt. Und dass man auch beim Reisen ohne lästigen Harndrang auskommen kann, weiß jeder, der schon einmal direkt vor der ICE-Toilette das Werbeplakat mit dem freundlich lächelnden älteren Herrn wahrgenommen hat.

Die Zeit der Rente wird damit für viele noch einmal zu einem Land der unbegrenzten Möglichkeiten. Endlich ist die Zeit da, ohne Verpflichtungen in Job oder bei der Erziehung der Kinder das zu tun, was man schon immer mal tun wollte. Meistens macht die Gesundheit mit – die Lebenserwartung liegt in Deutschland bei beiden Geschlechtern mittlerweile bei fast achtzig Jahren, wovon erst ab fünfundsiebzig mit größeren gesundheitlichen Beeinträchtigungen zu rechnen ist. Meist stimmen außerdem die ökonomischen Ressourcen: Nie zuvor in Deutschland war das Vermögen der privaten Haushalte so groß, und diese Summen stehen zunächst denen zur Verfügung, die sie sich erarbeitet haben.

Zugleich, und das ist die Kehrseite dieser Situation, gibt es kaum eine Lebensphase, die stärker von Armut bedroht ist als das Alter. Dass die Renten nicht sicher sind, musste mittlerweile selbst der nun als Kabarettist durch das Land tingelnde ehemalige Arbeitsminister Norbert Blüm einsehen. Und so ist für manchen der Rentenbescheid weniger eine Verheißung als viel mehr eine erschreckende Drohung. Nach jahrzehntelanger Arbeit folgt nicht die erwartete Gelassenheit im Umgang mit den Fragen der Existenzsicherung, sondern – manchmal ganz konkret – der Umzug in die Sozialwohnung. Während auf der einen Seite die ökonomischen Ressourcen dazu verhelfen, auch die sozialen und kulturellen Ressourcen aufzubauen, zu vertiefen, neu zu erschließen, dreht sich für diese Rentner der Kreislauf in die andere Richtung. Mit der plötzlichen Armut im Alter wachsen Scham und Neid, damit nimmt das Interesse an Gemeinschaft ab, Vereinsamung und Lebensunzufriedenheit werden wahrscheinlicher.

Doch zurück zum Renteneintritt selbst: Egal wie die Ausgangslage ist, mit der Freisprechung von beruflichen Verpflichtungen geht die Aufgabe einher, die nun frei werdende Zeit zu nutzen. Neue Strukturen müssen gefunden werden, um den neuen Alltag leben zu können. Spätestens jetzt ist es deshalb nötig, sich darüber Gedanken zu machen, was das vor einem sich nun ausbreitende dritte Lebensalter einem bringen soll. Prioritäten müssen gesetzt, Sehnsüchte erkannt werden. Automatisch gerät damit das bisherige Leben in den Blick, eine Bilanz wird gezogen: Was habe ich erreicht? Was war gut? Was war nicht gut? Was wollte ich eigentlich? Wo stehe ich jetzt? Entscheidungen werden überdacht, Beziehungen noch einmal in ein anderes Licht gerückt. Der Sinn des Lebens wird entdeckt, angezweifelt, neu entworfen. Damit ist der Übergang vom Erwerbstätigen zum Rentner ein potentiell religionsproduktiver Ort.

Um stimmungstechnisch nicht in das ‚Rentenloch' zu fallen – was übrigens gar nicht so häufig passiert, wie langläufig vermutet werden könnte – ist es deshalb wichtig, schon vor der Verrentung genügend Ressourcen erarbeitet zu haben, die mit dem Wegfall der Erwerbstätigkeit genutzt werden können. Die Lebenszufriedenheit im Alter, das zeigen viele Studien, hängt weniger vom tatsächlichen materiellen Wohlstand ab als viel mehr von den sozialen und kulturellen Ressourcen sowie der eigenen Einstellung zum Leben. Diese sind aufzubauen, zu vermehren, zu entwickeln. Wer frühzeitig einen Kreis von Menschen aufbaut, mit denen gemeinsame Unternehmungen möglich sind und Gespräche über das Leben an sich und das eigene Dasein geführt werden können, wer frühzeitig Interessen ausbildet und Hobbys entwickelt, die aktiv und selbstbestimmt gelebt werden können, wer sich ehrenamtlich in Verantwortung begibt, und auch, wer es schafft, schon vor dem Ausstieg aus der Arbeitswelt andere Werte als die ökonomischen für wichtig zu erachten, der wird die Schwelle zum Ruhestand relativ mühelos überwinden können. Insofern hat der Redner auf der Verabschiedung von Warren Schmidt recht: Wichtiger als die materiellen Güter sind intakte soziale Beziehungen, ein zufriedener Blick auf das eigene Leben, das Gefühl, dem Leben einen Sinn gegeben zu haben und, das ist eine wichtige Ergänzung: noch geben zu können. Was das heißt, gilt es allerdings am und im eigenen Leben je individuell nachzuvollziehen. Warren Schmidt muss selbst erfahren, was er versäumt, nur vermeintlich erreicht und schließlich unhintergehbar verloren hat. Aber auch, was er trotz dessen tun kann, um Sinn im „neuen Leben“, das „mit sechsundsechzig Jahren“ anfängt, zu entdecken. Einem Leben im Ruhestand, das gerade nicht ein Leben in ständiger Ruhe bedeutet sollte.

Diese Situation kann von der Kirche und ihren Gemeinden konstruktiv für die alternden Menschen ebenso wie für sich selbst genutzt werden. Kirchliche Seniorenarbeit muss dazu vom ‚Betreuungsparadigma‘ à la Kaffeetrinken mit Dia-Vortrag und Nachmittagsausflug ins Heide-Café zum ‚Aktivierungsparadigma‘ wechseln. Die alten Menschen müssen ernst genommen und wertgeschätzt werden in ihrem je eigenen, wie in allen Generationen auch ganz individuellen religiösen Stilen und Überzeugungen. Statt diese mit genormten Formaten ohne großen Aufwand ‚abzudecken‘, müssen Kirche und Gemeinden sich als Orte zu gestalten lernen, an denen Gemeinschaft innerhalb und unter den Generationen erfahren werden kann und an denen die Sinnfragen des Lebens gerade im zunehmenden Alter gestellt und besprochen werden können. Die Gemeinden müssen Freiräume bieten, die es den alternden Menschen erlauben, selbst aktiv zu werden. Verantwortung zu übernehmen, und damit auch Gemeindeleben zu gestalten. So erfahren sie sich als selbstbestimmt alternde Menschen, die ihre Fähigkeiten und Ressourcen sinnvoll einsetzen, Tätigkeiten neu finden oder ausweiten, die sie interessieren, ausfüllen und ihnen deutlich machen, wie wichtig sie für das Leben in der Gemeinde und der Gesellschaft sind. Kirchengemeinden, die das Priestertum aller Gläubigen so auch mit Blick auf die Rentner ernst nehmen, werden auf diese Weise neue Felder der gemeindlichen Arbeit erschließen, neue Angebote und Schwerpunkte entwickeln und damit vielleicht für die gesamte Gemeinde ungeahnte neue Orientierungen und Möglichkeiten gewinnen. Aus dem ‚Handeln an‘ wird ein ‚Handeln von‘ alten Menschen. So könnte der oft beklagte ‚Ruhestand‘ vieler Gemeinden gerade auch mit Ruheständlern überwunden werden.

Lars Charbonnier

2. Alter

Die bildliche Darstellung der menschlichen Lebensalter, die selbst uralt ist und alle kulturellen Erneuerungs- und Alterungsprozesse der Moderne stets überstanden hat, ist das Bild der Treppenpyramide:[1] In Zehnerschritten geht es hinauf bis zum Lebenshöhepunkt, der zumindest beim Mann stets bei fünfzig Jahren (bei der Frau oft schon bei dreißig) gesehen wurde, danach geht es wieder abwärts; zwar ist „mit sechsundsechzig Jahren“, für viele, die es bis dahin geschafft haben, „noch lang noch nicht Schluss“, aber jenseits der siebzig steigt die Wahrscheinlichkeit dafür dann doch sprunghaft an. „Unser Leben währet siebzig Jahre, und wenn’s hoch kommt, so sind’s achtzig Jahre“ (Ps 90,10).

Auch wenn die statistische Lebenserwartung in den letzten hundert Jahren dank der eminenten Erfolge der modernen Medizin und gesünderer Lebensweisen enorm in die Höhe geschnellt ist und das wohl auch noch weiter tun wird – an der absoluten Lebenserwartung des Menschen hat sich relativ wenig geändert. Die Wahrscheinlichkeit, die letzte, unterste Treppenstufe der Menschenalterpyramide zu erreichen und hundert Jahre alt zu werden, liegt wie eh und je im Promillebereich.[2] Und auch schon lange vor dem 20. Jahrhundert hat es immer wieder einzelne spektakuläre Wundermenschen gegeben, die es – angeblich – auf über 150 Jahre brachten, wie zum Beispiel im 16. Jahrhundert den sprichwörtlich berühmten Old Thomas Parr aus Shropshire in England.[3] Auch solche ‚Ausreißer‘ bestätigen jedoch auf ihre Weise durchaus die Regel der biblischen Vorgaben: „Mein Geist soll nicht immerdar im Menschen walten, denn auch der Mensch ist Fleisch. Ich will ihm als Lebenszeit geben hundertundzwanzig Jahre“ (Gen 6,3).

Der Mensch ist Fleisch, Organismus. Auch wenn die eigentliche Ursache organischer Alterungsprozesse immer noch erstaunlich unaufgehellt ist, so ist doch klar: Alt werden wir alle. Den Jungbrunnen haben trotz immenser Fortschritte und Anstrengungen auch die moderne Medizin und Ernährungsphysiologie noch nicht erfunden. Und nach wie vor ist das Erreichen von Lebensaltern über hundert Jahre für die allermeisten Menschen nicht nur äußerst unwahrscheinlich, sondern, wenn es doch eintritt, überwiegend mit durchaus unerfreulichen Begleitumständen verbunden.

Alle wollen älter werden, keiner will alt sein. Darum heißen ältere Menschen nicht „Alte“, sondern „Seniorinnen“ und „Senioren“, und darum versuchen viele Ältere sich und andern diese Wahrheit möglichst lange zu verschweigen und müssen sie sich dann nicht selten von andern gesagt sein lassen. Auch das wusste schon die Bibel: „Als du jünger warst, gürtetest du dich selbst und wandeltest, wo du hin wolltest; wenn du aber alt wirst, wirst du deine Hände ausstrecken, und ein anderer wird dich gürten und führen, wo du nicht hin willst.“ (Joh 21,18). Die Angst vor dem Alter ist die Angst vor dem Verlust der Selbstbestimmung. Darum zögern so viele den Auszug aus den eigenen vier Wänden in ein Altenheim hinaus, bis es nicht mehr anders geht und aus Sicht der Heimleitungen, die nicht nur Pflegefälle brauchen können, viel zu spät ist.

Zu den unerfreulichen Bedingungen des Alters gehören auch die sozialen und wirtschaftlichen Begleitumstände, die es häufig mit sich bringt. Die Hospitalisierung der Hochbetagten ist eine viel geschmähte, aber eben auch nicht hoch genug zu lobende Errungenschaft der Moderne, doch ihre Wurzeln sind christliche, die bis in die Pflegehäuser der Spätantike zurückreichen. Die Gründe dafür liegen denn auch weniger in dem Zerstörungsdruck, den die Moderne auf die familiären Ligaturen ausübt, als im karitativen Erbe des Christentums, das der neuzeitliche Sozialstaat angetreten hat. Vor Einrichtung der entsprechenden Institutionen lebten die Alten, die keine familiäre Unterstützung bekamen, von Almosen oder vom Bettel. Altersarmut war das Schicksal von sehr vielen unter den sehr wenigen, die dieses Lebensalter überhaupt erreichten.

Solche Altersarmut war nicht selten auch familiär bedingt. In Ländern, deren Recht oder gesellschaftlicher Usus ein Abtreten des Vermögens oder Erwerbsbesitzes der Alten an die Jungen zeitig vor deren Tod vorsahen, gehörte zu den häufigsten Ratschlägen kluger Altersvorsorge derjenige, dieses möglichst zu vermeiden oder solange wie irgend möglich aufzuschieben. Schon im Standardwerk alteuropäischer Altersweisheit, in Marcus Tullius Ciceros „Cato der Ältere über das Alter“,[4] ist die Anekdote des 90-Jährigen Sophokles nachzulesen, den die eigenen Söhne per Gerichtsbeschluss entmündigen lassen wollten, um an sein Vermögen zu kommen. Den Beweis seiner unverminderten Handlungsfähigkeit soll der greise Dichter ad hoc vor Gericht durch die auswendige Rezitation der 1779 Verse seiner letzten Tragödie (Ödipus auf Kolonos) erbracht haben.[5]

Die wesentlich von Ciceros Text mitbestimmte Geschichte alteuropäischer Altersphilosophie ist die Geschichte einer Gegenwehr. Ihre wichtigste Waffe ist das Argument der geistigen Leistungen, zu denen – bei entsprechendem Training – auch ältere Menschen noch fähig sein können. Ciceros Text selbst ist dafür ein schlagender Beleg,[6] und unterstrichen werden soll mit der intellektuellen Potenz die Bedeutung wirtschaftlicher und alltagspraktischer Selbständigkeit im Alter. Dass die probatesten Mittel gegen die negativen psychosozialen Mitgifte des Alters in dem Erhalt bzw. der Übung wirtschaftlicher, rechtlicher, physischer und vor allem mentaler – weil durch geistige, bevorzugt wissenschaftliche Tätigkeit zu übender – Selbstständigkeit liegen, ist durch Ciceros klassischen Text dem gebildeten abendländischen Altersdiskurs ebenso eingeschrieben wie die damit zusammenhängende Auffassung, dass das Alter insgesamt eine bewusst und aktiv zu gestaltende Lebensphase sei. Von den heutigen Altersratgebern unterscheidet sich der antike Stoiker lediglich vor allem in seiner Meinung, dass ein Hauptgewinn des Alters im Nachlassen der sinnlichen Begierden und körperlichen Leidenschaften liege. Und das „Fehlen des Verlangens [solcher Genüsse]“ sei entschieden „[…] angenehm[er]“[7] als diese selbst.

Von Cicero aus gesehen erweist sich die moderne gerontologische Aktivitätstheorie[8] mit ihrem Grundgedanken der aktiven Selbsterhaltung der eigenen Gesundheit und möglichst umfassenden Leistungsfähigkeit als

Nachfahrin eines stoisch-römischen Konzepts der *patria potestas*: So ist man nämlich im Alter ehrenhaft, wenn man sich selbst verteidigt, wenn man sein Recht behauptet, wenn man seine Vollmacht keinem anderen übertragen hat und wenn man bis zum letzten Atemzug über die Seinen herrscht.[9]

Die eigene Natur und das unmittelbare soziale Umfeld werden in ihm als oikonomische Verfügungsmasse oder zumindest als Werkzeug verstanden, das es nutzbar zu machen bzw. zu halten gilt „usque ad ultimum spiritum". Denn „pugnandum tamquam contra morbum sic contra senectutem"[10] – „Kämpfen muss man gegen das Alter wie gegen eine Krankheit." Und die Quintessenz ist die, dass man in ihm „[richtig] lebt [...], solange man zur pflichtgemäßen Erfüllung und Einhaltung seiner Aufgabe und dabei doch zur Verachtung des Todes imstande ist."[11]

Die andere moderne Alterstheorie ist die sogenannte „Disengagementtheorie".[12] Sie besagt,

> dass Wohlbefinden [im Alter] durch Reduzierung der sozialen Kontakte hervorgerufen wird, dass gerade das Zurückziehen aus verantwortlichen Tätigkeiten für die älteren Menschen wichtig ist und dass jede Belastung nur ein neues Spannungsverhältnis bzw. Unzufriedenheit hervorruft. Der ältere Mensch könne sich mit dem Ende seines Lebens nur dann positiv auseinandersetzen, wenn er sich rechtzeitig aus allen Verpflichtungen zurückziehe.[13]

Auch diese Theorie kann man, wenn man möchte, auf antike Wurzeln zurückführen. Es ist ein platonisches Mußekonzept, das hier im Hintergrund steht. Ansatzweise ist es auch bei Cicero präsent, wenn er unerachtet seiner Hochschätzung der Aktivität einen dosierten Umgang mit den urbanberuflichen Pflichten empfiehlt und im Alter lieber ein Lob des Landlebens singt, das sich im Einklang mit dem Werden und Wachsen der Natur zu sehen versucht. Die rechte Einsicht in die Naturalität des Lebens erlaube es auch, trotz allen nötigen Kampfes gegen die missliebigen Begleiterscheinungen des Alters, den Tod, dessen Vorbote es ist, schlussendlich ohne Klagen anzunehmen. Zur Weisheit des Alters gehört auch die Akzeptanz seines Endes.

Passivität, nämlich Endlichkeitsbewusstsein und aktive Selbsterhaltung werden im integralen klassisch-abendländischen Alterskonzept ebenso zusammenzubringen versucht, wie eine nüchterne, gleichsam säkulare weltimmanente Deutung des menschlichen Lebens und ein philosophischer Transzendentalismus, ein philosophischer Glaube an die Unsterblichkeit der Seele. Und dieser wiederum dürfe nicht als religiöse Alternative zu irdischem Ruhm und sozialem Ansehen, also zu ‚auctoritas',[14] verstanden werden, sondern gewissermaßen als Ermöglichungsgrund von deren Bedeutungsresonanz. Denn das Streben nach Ruhm und Ansehen ist für den griechisch gebildeten Römer per se ein ideales, ein auf transzendente Werte gerichtetes Streben, das darum in der Bewunderung und Wertschätzung empirischer Subjekte nur ein Angeld seines wahren Lohnes habe.

Das abendländisch-europäische Konzept des Alters – wenn man denn in dieser Abbreviatur von einem solchen sprechen möchte –, das bei Cicero vor- und in den modernen Altersdiskursen differenziert nachgebildet und entfaltet wird, ist ein integrales, auf dem Gedanken der Selbsterhaltung basierendes Konzept, das auf seiner Grundlage die fundamentalen Spannungen des menschlichen Lebens – Leben und Tod, Aktivität und Passivität, Rationalität und Sinnlichkeit, Individualität und Sozialität, Kulturalität und Naturalität – unter der Dominanz der jeweils erstgenannten Elemente dieser Spannungspaare auszubalancieren und gewissermaßen ins Ziel zu retten versucht.

Es ist ein idealistisches, ein heroisches, ein – auch in seiner Passivitätsaspekten maskulin codiertes – und ein elitäres Konzept. Heroisch und idealistisch stellt es sich der rauhen Wirklichkeit der *condition humaine* entgegen, die es zu gestalten, partiell zu akzeptieren, aber mehr noch durch Selbstgestaltung zu überwinden versucht. Sein Geheimnis ist die Erzeugung eines Sinnüberschusses, der sich in der eigenen Vita reflektiert, gerade auch in deren End-Zeit, ohne in ihr auch dann verzehrt, konsumiert zu werden. Das Erbe des eigenen Lebens wird nicht verprasst, aber auch nicht weitergegeben vor der Zeit, sondern solange bearbeitet, bis es aus der Hand sinkt und so den Nächsten in den Schoss fällt, die aufgefordert sind, es mit ihm genauso zu halten.

Maskulin codiert und elitär ist das Konzept, weil es zu seiner adäquaten Umsetzung in der Regel einer materiellen Selbstständigkeit und eines Bildungsstandes bedarf, welche unter vormodernen Wirtschaftsbedingungen die Aneignung fremder Arbeit, in der Antike: von Sklaven- und später jedenfalls von Frauenarbeit, faktisch erforderlich macht. Gewiss ist das Konzept unter Umständen auch in eine asketische und/oder weibliche Lebenspraxis zu übersetzen und etwa von Gelehrten oder gebildeten Nonnen praktizierbar und zu allen Zeiten auch praktiziert worden, aber damit wird es gewissermaßen spiritualisiert und um seine güterethische Substanz gebracht.

Lange und vielleicht bis in die Gegenwart hinein konnte es erscheinen, als sei mit der Moderne das Goldene Zeitalter dieses alteuropäischen Alterskonzepts, das ein Lebenskonzept ist, angebrochen. Denn die Moderne scheint nun endlich jene strukturelle sozialethische Schwäche des Konzepts korrigieren zu können, die ihm in die Wiege gelegt ist: seine soziale Partikularität und versteckte Dependenz von der Arbeit anderer. Die gesamtgesellschaftliche Arbeitsleistung scheint gleichsam von selbst jene Rahmenbedingungen hervorzubringen, die, wenn immer noch nicht für alle, so doch für sehr viel mehr Menschen als zu irgendeiner anderen Zeit in der Geschichte, eine selbstbestimmte Gestaltung des Alters, ermöglicht.

Der moderne Sozialstaat hat das Alter entpauperisiert, er hat endlich die Bedingungen dafür geschaffen, im Alter nicht mehr abhängig zu sein von der zweifelhaften, weil meist nicht auf Rechtsansprüche, sondern auf Moral begründeten Gunst der eigenen Kinder.[15] Aber der moderne Sozialstaat hat sich diese Verrechtlichung und Egalisierungsleistung buchstäblich teuer erkauft. Der um 1950 erfundene ‚Generationenvertrag' der gesamtgesellschaftlichen Existenzsicherung des Alters wird in den westlichen europäischen Industrieländern und insbesondere in Deutschland, wo er dereinst im Ansatz erfunden wurde, wohl nur zwei oder drei Generationen halten, etwa bis 2020. Danach wird die staatliche oder kommunale Alterssicherung wohl wieder nur ein Grundniveau der Fürsorge abdecken können, auf dem, wenn es denn nicht durch private Vorsorgeleistungen ergänzt wird, ein im ciceronischen oder auch landläufig-modernen Sinne selbstbestimmtes Leben im Alter für die meisten nur in Ansätzen möglich sein dürfte. Gewiss steht ein Rückfall in die Zeiten der Anfänge moderner kollektiver Altersversorgung, in denen etwa in England alte Ehepaare in geschlechtsgetrennten Alten- bzw. Armenhäusern untergebracht wurden, nicht zu befürchten. Und doch ist schwer einzuschätzen, wie die Lebensverhältnisse derer sein werden, die es heute aus welchen Gründen auch immer versäumen oder es sich nicht leisten können, für die Ergänzung ihrer kargen Renten selbst Vorsorge zu treffen.

Die staatliche Flexibilisierung und Individualisierung der Umgangsweisen mit dem Alter und seinen sozialen Folgen ist in sehr viel engeren Grenzen als erwartet und häufig auch nur um den Preis von Maßnahmen möglich, die mit kontraproduktiven Effekten verbunden sind. Deutlich zeigen sich die entsprechenden Grenzen auch in den Debatten über Mittelallokation im Gesundheitswesen. Zynisch wäre es allerdings, die stagnierenden oder bereits wieder sinkenden Lebenserwartungsraten in den einkommensschwächeren Schichten mancher Industrieländer stillschweigend gleichsam als naturgegeben und womöglich als Beitrag zur Lösung des Problems zu betrachten. So faktisch unmöglich es offenbar ist, allen Menschen eines Staates oder gar auf der Welt die gleiche maximale Alters- und Gesundheitsversorgung zu garantieren, so wenig darf sich die Allgemeinheit um die Aufgabe der Definition und Sicherung von Standards der Mindestversorgung drücken.

Im Urchristentum spielte die Sicherung von Altersversorgung anscheinend eine relativ geringe Rolle; Alte als solche gehörten nicht zu den Gruppen sozial Benachteiligter, wie Witwen und Waisen. Das könnte daran liegen, dass Alte weniger zahlreich und außerdem eine zu heterogene Gruppe waren, um sie in den karitativen Blick zu bekommen. Alter ist eben keine Krankheit und für sich genommen auch keine Notlage. Am Alter kommt ganz einfach die *condition humaine* zum Vorschein, die eine Kondition der *nephesch chaia*, der bedürftigen Seele, ist. Der Mensch ist das Wesen, das sich zu seiner Bedürftigkeit zu verhalten und diese in der Tat zu gestalten vermag. Das ist seine Größe und seine Grenze. Überschritten wird diese Grenze nicht erst dort, wo dies sichtbar auf Kosten anderer geschieht, sondern immer auch schon dort, wo Menschen einem abstrakten Konzept von Selbsterhaltung huldigen, welches „das Jenseits" nur als gleichsam fossilen Brennstoff diesseitiger Lebenssinnproduktion, aber nicht immer auch als dessen begründende Grenze zu erkennen bereit ist. Im Alter zeigt sich eben letztlich auch, ob wir mit der begrenzten Ressource unserer individuellen Sinnstiftungskapazität Haus zu halten vermögen. Möglicherweise stellt sich aber auch Sinn erst ein, wenn unsere Energien verbrannt sind und wir dann vielleicht erfahren, dass wir trotzdem noch nicht ‚gar aus' sind.

Georg Pfleiderer

Literatur

BLASBERG-KUHNKE, M./WITTRAHM, A. (Hg.), Altern in Freiheit und Würde. Handbuch christliche Altenarbeit, München 2007.

FÜRST, W. u.a. (Hg.), „Selbst die Senioren sind nicht mehr die alten …" Praktisch-theologische Beiträge zu einer Kultur des Alterns, Münster 2003.

KUNZ, R. (Hg.), Religiöse Begleitung im Alter. Religion als Thema der Gerontologie, Zürich 2007.

TESCH-RÖMER, C. u.a. (Hg.), Altwerden in Deutschland. Sozialer Wandel und individuelle Entwicklung in der zweiten Lebenshälfte, Wiesbaden 2006.

Anmerkungen

1 Die dekadische Gliederung der Lebensphasen auf eine Gesamtdauer von hundert Jahren hat sich in Nordeuropa Anfang des 17. Jahrhunderts durchgesetzt, vgl. BOTELHO, L.A., Das 17. Jahrhundert. Erfüllter Lebensabend – Wege aus der Isolation, in: Thane, P. (Hg.): Das Alter. Eine Kulturgeschichte. Aus dem Englischen von Oetzmann, D./Langer, H.M., Darmstadt 2005, 113–174, 119. Vgl. in diesem Band verschiedene Abbildungen von Lebensalterpyramiden auf den S. 120f, 198, 260, 276.

2 Zwar ist die Zahl der Hundertjähren seit 1960 um etwa das Vierzigfache gestiegen; gleichwohl ist die durchschnittliche Lebenserwartung der 95-Jährigen in den letzten fünfzig Jahren immer ungefähr dieselbe gewesen und geblieben, sie bewegt sich zwischen 2,5 und 3 Jahren.

3 TROYANSKY, D.G., Das 18. Jahrhundert. Rückhalt in Familie und Gemeinde, in: Thane, Das Alter, 175–210, 189. Wahrscheinlich hat „Old Parr" jedoch sein eigenes Geburtsalter mit demjenigen seines Vaters verwechselt (vgl. Botelho, Das 17. Jahrhundert, 153), was man ihm angesichts seines Alters nachsehen mag …

4 CICERO, T., Cato maior de senectute. Cato der Ältere über das Alter. Lateinisch/Deutsch. Übersetzt und hg. v. Merklin, H., Stuttgart 2003.

5 Vgl. WEIGANDT, P., Bilder des Alters von Abraham bis Augustinus, in: Schwarzwäller, K./Ders., Vom Leben im Alter. Tatsachen – Träume – Horizonte, Neuendettelsau 2007, 11–62, 35.

6 Cicero schrieb das Büchlein mit 62 Jahren und widmete es seinem vier Jahre älteren Freund Atticus. Beide waren also im Alter der „senectus".

7 CICERO, Cato maior, 69.

8 Vgl. TARTLER, R., Das Alter in der modernen Gesellschaft. Stuttgart 1961.

9 CICERO, Cato maior, 57.

10 Ebd., 54.

11 Ebd., 95.

12 Vgl. CUMMING, E./HENRY, W.E., Growing old. The Process of Disengagement, New York 1961.

13 LEGATIS, G., Art.: Gerontologie, in: TRE Bd. XII (1984), 524–532, 526.

14 CICERO, Cato maior, 82.

15 Dass die Moral der Kinder im allgemeinen ein schwankendes Fundament der Alterssicherung ist, lässt im Grunde auch schon die Bibel durchblicken, wenn sie das Gebot der Elternehre im materialethischen Kanon des Dekalogs ganz voranstellt und im übrigen im Buch Leviticus den sakralrechtlichen Auslösungspreis des Mannes zwischen 20 und 60 Jahren auf 50 Schekel, den des älteren Mannes jedoch nur noch auf 15 Schekel taxiert (die Frauen sind jeweils billiger).Vgl. Lev. 27,1–8; vgl. dazu WEIGANDT, Bilder des Alters, 15.

Petra Bahr/Mary Elizabeth M. Moore

Abschiednehmen/Trauern und Sterben

1. Abschiednehmen

Für gute Abschiedsszenen braucht man Nebel. So steht es im Handbuch „Filmisches Inszenieren I“, mit dem Studenten an Filmhochschulen lernen, das „Voneinanderlassenmüssen“ zu einem sinnlichen Ereignis werden zu lassen. In der Tat leben die großen Abschiedsszenen der Filmgeschichte von der Technik des „fadings“, bei der der Wasserdampf gute Dienste tut. Der Geliebte verschwindet allmählich aus dem Bild, untermalt von den akustischen Tricks sinfonischer Gefühlssteigerung. Ein innerlicher Zustand verschafft sich so ein Bild. Durch die Filmgeschichte wird es variiert, gesteigert oder ironisiert. Abschied, das ist kein abruptes Geschehen, das ist eher der Vollzug einer Handlung und eines Gefühls mit vielen Facetten. Nebel hilft immer. Noch intensiver wirkt die Szene, wenn ein Bahnhof die Kulisse ist. Zischend und stöhnend entfernt sich der Zug. Die roten Lichter verschwinden im Dunst der Nacht. Zurück bleibt der Verlassene. Der verhangene Blick des Protagonisten im Abschiedsschmerz gehört zu den Bildikonen der Moderne. Ummalt wird er von elegischen Tönen, in der die Tonkünstler der Studios alle Register der musikalischen Emotionalisierung ziehen. Nie war Abschied schöner.

Daran hat sich nicht viel geändert. Wer auf der Spur nach authentischen Abschieden ist, die alle irgendwie wie Hollywoodkino aussehen, der flaniere am frühen Sonntagabend über die Fernbahnsteige des Berliner Hauptbahnhofs. Unter die aseptische Architektur aus Glas und Beton kriecht der Nebel nicht so schnell. Die Wartesäle sind hell ausgeleuchtet und die weißlackierten ICEs fahren beinahe geräuschlos in den Bahnhof hinein und wieder hinaus – schlechte Voraussetzungen für eine ordentliche Abschiedsszene. Die Fenster in den Hochleistungszügen sind verspiegelt, so dass alles Winken nichts nutzt. Kaum sieht man noch die berüchtigten „Gleisläufer“; die neben dem ausfahrenden Zug laufen, bis ihnen die Puste ausgeht. Und dennoch sieht man sie hier, die innige Umarmung zweier, die sich nicht loslassen wollen. Sie flüstern einander Versprechungen und Beteuerungen ins Ohr. „Ich vergesse Dich nicht“. Bei den einen fließen Tränen. Andere scheinen routiniert mit der Bewältigung des Abschieds. Die Pathosformeln des Kinos beherrschen auch sie, die Wochenendpendler in Sachen Liebe. Die Eltern, die ihre Kinder auf den Weg in den fernen Studienort bringen, die jungen Familien, die den Vater verabschieden. „Bis nächsten Freitag. Und ruf an!“ Es gibt auch Abschiede, die wirken wie herbeigesehnt. Ein lakonisches „bis dann“, während sich die, die sich da trennen, schon auf dem Absatz umgedreht haben. Oder ein förmlicher Handschlag zwischen künftigem Schwiegersohn und den Eltern der Freundin. Wie sie da so stehen, die vier, an Gleis 13, sieht man ihnen an, dass die Erschöpfung den Abschied geradezu herbeisehnt. „Endlich geschafft!“ Das sagt natürlich niemand laut.

Abschiede gehören zu den wenigen Ritualen, deren Verlust noch keiner beklagt hat, der ansonsten die guten alten Zeiten beschwört. Abschiede gehören zu den Alltagsinszenierungen, um die niemand herumkommt und auch keiner herumkommen will. Und wer dann selbst am Sonntagabend um 19 Uhr im ICE Platz nimmt, der wird Zeuge einer eigenwilligen Stille, die sich für einige Minuten in den Abteilen breit macht. Versonnene Blicke. Verstohlen streichen Hände über die Augen. Der Abschied ist an der Bahnsteigkante noch nicht genommen. Er braucht seine Zeit, weil jeder Abschied eine Passage ist, eine Reise und kein Schnitt. Die Abschiede am Reiseknotenpunkt machen es nur offensichtlich. Abschiednehmen hat unterschiedliche Stationen. Deshalb können wir ohne gestaltete Abschiede auch nicht leben. Abschiede sind deshalb so unverzichtbar, weil sie die Trauerarbeit um Trennung und Verlust schon enthalten. Die Bewältigung der Trennung wird im Abschied kultiviert und der Ausnahmezustand des Herzens gebändigt durch die Sprache des Gefühls. So dachte es das 18. Jahrhundert, das in der Etikette noch keine verlogene Äußerlichkeit vermutete, sondern die Sprache der Seele, die ohne Form stumm und verloren wäre. Durch Gesten und Worte, die immer wieder authentisch angeeignet werden, auch wenn sie tausendmal zitiert wurden. Von außen wirkt das manchmal komisch. Von innen dehnt sich der Moment zu einer intensiven Zeiterfahrung, die alles andere vergessen macht. Abschiednehmen versteht sich dabei nicht einfach von selbst. Es soll sogar Menschen geben, die glauben, sie könnten sich den Abschied ersparen. „Ich hasse Abschiede“, sagt ein Freund von mir immer. Deshalb muss seine Freundin immer alleine zum Flughafen fahren. Die Trennung bleibt beiden so natürlich nicht erspart. Der Freund erspart sich nur Gefühlsregungen im öffentlichen Raum. Er fühlt sich hilflos und ist es auch in diesem Ausweichmanöver. Abschiednehmen ist schwer, weil sich im Augenblick der Trennung oft Schmerzen zeigen, von denen sich nicht vorher kalkulieren lässt, ob das Gegenüber sie teilt. Abschiede brauchen Gesten und Worte, und sie brauchen die Fähigkeit, Gefühle zu zeigen und zu dosieren, um das Gegenüber nicht zu überfordern. Man stelle sich die Mutter vor, die ihr Kind mit ihren Heulanfällen dauerhaft daran hindert, von zuhause wegzugehen. Abschiednehmen kann unter Umständen ein hohes Maß emotionaler Disziplin verlangen. Denn Abschiede sollen ja auch neue Wege eröffnen, sie rechnen fest mit dem „point of no return“, von dem es kein Zurück gibt. Wer Abschied nimmt, begibt sich so zwangsläufig in eine Hochrisikozone, in der Kontrollverlust möglich ist. Außerdem lässt sich in der Gegenwart des Anderen nur schwer errechnen, wie sich die Abwesenheit und der Verlust wirklich anfühlen. Was nach dem Abschied sein wird, lässt sich auch nach Tausenden vollzogener Abschiede nie wirklich prognostizieren. Jeder Abschied führt also nicht nur zur Trennung, sondern auch in einen unbekannten Raum. Eine leere Wohnung, ein leerer Beifahrersitz, ein leeres Bett.

Seit Jahrhunderten haben Künstler und Dichter über diese hochaffektive Grundszene des menschlichen Lebens nachgedacht. Und sie tun es immer noch. Ohne die künstlerische Bewältigung des Abschiedes wäre die Lyrikabteilung des Abendlandes sehr viel kleiner, die CD-Regale bräuchten nur noch die Hälfte des Platzes, die meisten Opernaufführungen müssten ausfallen. Abschiede sind attraktiver als Ankünfte, Trauer ist nachhaltiger als Freude und Melancholie offenbar die hartnäckigere Stimmung. „Ein Klagelied im Munde des verlorenen Geliebten ist herrlich“, dichtet schon Friedrich Schiller, der Experte für die hohe Kunst des Sentimentalen. Und Schiller gibt auch einen Hinweis, warum der noch so kleine Abschied in sich mehr birgt als das starke Gefühl. Abschiede tragen in sich ein Moment der Reflexion, weil in ihnen nicht nur das konkret Verlorene zum Thema wird. Ein bestimmter Verlust weitet sich schnell aus zur Idee der allgemeinen Vergänglichkeit. Zeit und Frist, Verlust und Unwiederbringliches verselbstständigen sich als Themen und Stimmungen. Deshalb kommt es nicht von ungefähr, wenn sich die Philosophen der Jahrhunderte den Liebesschmerz des Abschieds als Gleichnis für die Reflexion der Endlichkeit schlechthin gewählt haben. Keine Elegie ohne Metaphysik, keine verflossene Geliebte ohne das verflossene Leben, kein verlorener Moment ohne Reflexion der eigenen Verlorenheit.

Und dann geschieht etwas Merkwürdiges. In unterschiedlichen Wendungen und den zeitbedingten geistigen Horizonten entsprechend schleicht sich in die Reflexion über Abschied und Verlust ein Moment der Ewigkeit. Der Name der Geliebten wird auf ewig nicht vergessen, die Seelenqual auf Dauer kultiviert und zur künstlerischen Produktion gewendet – zum Beispiel durch das Schreiben eines Gedichtes oder einer SMS. Überhaupt scheint der Abschied die Einbildungskraft zu reizen. In der Liebestrauer haben schon die härtesten Kerle zum Briefpapier gegriffen. Wenn die Gegenwart *in corpore* beendet ist, kann sie *in spiritu* wieder hergestellt werden. Der Traum tritt an die Stelle der Wirklichkeit. Die Sehnsucht setzt sich auf den Platz der Gegenwart. Hier stört kein Fehler das Idealbild des Vermissten. Und das, was vorher selbstverständlich und unter Umständen sogar anstrengend und schwierig war, wird nun leicht und wertvoll. In den Abschied schleicht sich ein durchaus ambivalentes Gefühl: die Schmerzlust. Und manchmal ist die Sehnsucht leichter zu ertragen als die Gegenwart. Das sagen nicht nur Fernbeziehungsroutiniers. Das ganz große Gefühl ist unter dem Modus der Sehnsucht leichter zu gewinnen als in der Emphase der Verschmelzung. Zumindest hält die Sehnsucht nach dem Abschied länger …

Kein Wunder, dass der Abschied zur Pathosformel der Moderne erkoren wurde. Karl Heinz Bohrer will im Abschied Grund und Motivation moderner Lebenserfahrung ausgemacht haben. Er reiht sich ein in die, die sich suhlen in Verlusten und Untergängen. Das Abendland hat sich verabschiedet, die Werte und die gute Erziehung, die bürgerlichen Tischsitten und die Rolle der Frau, der Patriotismus und das Ehrgefühl, so heißt es dann. Was bei den einen in veritablen Kulturpessimismus führt, in der die guten Dinge immer schon verloren sind, wird bei den anderen zu einer Grundhaltung der schlechten Laune. Die gibt es auch philosophisch oder gar theologisch beglaubigt. Das, was man nicht mehr hat, ist das, was zu Ende ist, war das, was Grund zur Freude gab. Was nun bleibt, ist die Trauer. Wer auf diese Weise „abschiedlich" lebt, ist wie jemand, der sich emotional immer im Zustand eines Frühsonntagabends an Gleis 13 fühlt, ohne genau zu wissen, wen oder was er eigentlich gerade verabschiedet hat. Ein Gefühl, das immer mal wieder schick ist, als Retromode und als intellektuelle Neuerfindung. Man sollte der Inszenierung dieses Abschiedsgefühls allerdings nicht zu schnell auf den Leim gehen. Auf dem Berliner Hauptbahnhof kann man nämlich auch sehen, wohin die Abschiedsszenen führen. Sie führen nicht in eine nihilistische Grundstimmung. Wer nach den Minuten der Abschiedsstille im ICE-Abteil ausharrt, wird merken, wie sich allmählich eine heitere Melancholie ausbreitet. Die Großeltern holen die Fotos der Enkelkinder hervor. Der Freund schickt eine SMS, in der er sich für die tolle Nacht im angesagtesten Club von Berlin bedankt, die junge Frau schließt die Augen und lässt noch einmal jede Berührung des Geliebten ihren Körper Revue passieren. Das junge Paar bricht in Richtung Zugrestaurant auf. Auf das erste Wochenende bei den Schwiegereltern braucht es jetzt ein kühles Bier. Und der durchtrainierte Wochenendpendler fährt sein Laptop hoch, um schon mal die Sitzung für Montag vorzubereiten. Nur wer sich verabschiedet hat, kann aufbrechen.

Petra Bahr

2. Trauern und Sterben

In seiner Position auf dem Schnittpunkt von Systematischer und Praktischer Theologie hegt Wilhelm Gräb ein natürliches Interesse an der Anthropologie. Dieser Band mit seiner Orientierung am Alltagsleben und dem dialogischen Charakter der Beiträge schlägt eine Schneise in das anthropologische Denken. Petra Bahr bietet einen interessanten Kommentar zu einem Film in Beziehung zu Tod und Trauern. Von Ihrer Schwerpunktsetzung ausgehend, werde ich einige biografische Portraits vorstellen, die durch Interviews, narrativ oder biografisch-erinnernd, gesammelt wurden. Ziel ist es, ein Bild des Phänomens der Trennung im menschlichen Leben zu skizzieren sowie Erkenntnisse in Blick auf Theologie und religiöse Praxis aufzuzeigen.

2.1 Leidenschaften in den Blick nehmen

Wenn Menschen, egal ob jung oder alt, den Augenblick des bevorstehenden Lebensendes erreichen, ob aufgrund von Krankheit oder einem plötzlichen Unfall, finden sie sich oft dabei wieder, ihr Leben mit einem besonderen Blick auf die ihnen wichtigen Leidenschaften wahrzunehmen. Ein Mann fiel bei einem Hubschrauber-Absturz auf ein brennendes Hausdach. Er dachte sofort an seine Frau und seine zwei Kinder, und dass er deshalb bestimmt war zu leben. Er rollte sich vom Dach ab, fiel hart auf den Boden, brach sich dabei mehrere Knochen, rollte sich aber auf dem Gras ab, um das Feuer zu löschen. Trotz seiner schnellen Reaktionen erlitt er schwere Verbrennungen von den Schultern bis zu den Füßen. Die dem Tod trotzenden Handlungen dieses jungen Mannes waren motiviert von einem Bild, das ihm immer und immer wieder durch den Kopf schoss – seine Familie.

In narrativen Interviews haben wir im Rahmen eines Forschungsprojektes über „mündliche Geschichtsschreibung“ (oral history) die gleiche Konzentration auf Leidenschaften in solchen Augenblicken des bevorstehenden Lebensendes gefunden. Eine Interviewte, Rose Thomason, war mit dem bevorstehenden Ende ihres Lebens aufgrund einer Krebserkrankung konfrontiert, die nach einer Phase von Verbesserungen wiedergekehrt war. In ihren letzten Monaten beschreibt sie die Leidenschaften ihres Lebens:

> Zuerst entwickelte ich eine Leidenschaft für Gerechtigkeit. Das Thema begleitete mich durch mein ganzes Leben. Ich setzte meine feministische Brille in den frühen 70er Jahren auf und sehe die Welt seit dem mit diesem Blick. [...] Seitdem ich in eine Strand-Gemeinschaft gezogen bin, deren Landschaft nach wie vor sehr wild ist mit Vögeln, Schlangen, Fischen, Walen, Delfinen, Schmetterlingen und Schildkröten,

habe ich die Leidenschaft für den Schutz unserer Erde, auf der wir leben, entwickelt. Ich glaube nach wie vor an die himmlische Gastfreundschaft. Die heutigen Argumente für den Ausschluss Schwuler oder Lesben klingen für mich sehr nach den Argumenten für den Ausschluss Schwarzer, sehr nach den Argumenten für den Ausschluss von Frauen. Ich kann dieses „sie und wir"-Spiel nicht verstehen. Ich bin sehr froh, dass Gott mir diese Leidenschaft für Gerechtigkeit geschenkt hat, und ich bin froh, dass ich den Mut hatte, dieses Geschenk immer wieder auch anzunehmen.

Frau Thomason vergewisserte sich ihrer Leidenschaften und lebte sie immer mutiger aus, je näher sie dem Zeitpunkt des Todes kam.

Beide, Rose Thomason und der junge Mann, der sein Leben aufgrund der Leidenschaft für seine Familie rettete, offenbaren theologisch die Kraft von *Gottes Geist, der unseren Geist inspiriert*. Diese Betonung des Geistes folgt aus dem *Leben aus der eigenen Lebens-Mitte heraus, wo Gottes Geist aktiv ist.* Theologisch resoniert diese Idee bei Ignatius von Loyola, der glaubte, dass wir dem Wissen um den Willen Gottes am nächsten kommen, wenn wir die tiefsten Wünsche unseres Herzens kennen.[1] Diese Praxis spiegelt auch eine biologische Wahrheit wider, wie es der Professor für Chirurgie an der Universität Yale, Sherwin Nuland, beschreibt:

Altern beinhaltet nicht nur das Vermögen, unsere Gedanken zu konzentrieren, sondern auch unsere Energien, denn es sagt uns, dass nicht mehr alles möglich ist, und der Reichtum des Lebens muss viel stärker entnommen werden aus dem nachlassenden, aber nichts desto trotz noch üppigem Vorrat, der einem bleibt.

Nuland beschreibt diese Qualität des Alterns als „nicht-gestreuten Fokus"[2]. Solche Erkenntnisse erklären, warum Menschen am Ende ihres Lebens oft nach Gottes intensivster Handlung in ihrem Leben suchen.

2.2 Die Wahrheit aussprechen

Die Übereinstimmung mit tiefen Leidenschaften kann Menschen auch dazu motivieren, die Wahrheit auszusprechen. Als meine Mutter bei ihrer letzten Krankheit ins Krankenhaus musste, habe ich mit ihr sechs Wochen lang im Krankenhaus zusammengelebt. In Momenten, in denen niemand sonst in der Nähe war, in Momenten des Wartens auf die nächsten Röntgenaufnahmen oder mitten in der Nacht, wenn sie nicht schlafen konnte, hat sie viele Familiengeheimnisse mit mir geteilt. Sie erzählte von einer Tante, die Alkoholikerin war. Sie erzählte mir, wie sehr sie mich liebte, wie sehr sie meinen Vater liebte. Sie redete über ihre tiefsten Überzeugungen und ihren intensivsten Glauben. Sie übergab mir ihre Lebensweisheit, bevor sie starb.

In den 34 narrativen Interviews des Emory University's Oral History Project waren wir überrascht festzustellen, dass Frauen im dritten oder vierten Viertel ihres Lebens überdeutlich stolz auf schwierige Momente ihres Lebens sind. So erzählten sie manchmal Geschichten von Konflikten, Zweifeln, Ängsten und Verfehlungen, aber als sie die Möglichkeit bekamen, einige Teile ihrer Erzählungen vor der Veröffentlichung streichen zu können, hat dieses keine der Frauen getan. Eine sagte: „Ich möchte, dass meine Geschichte authentisch ist, komplett, mit den schweren Zeiten." Die letzte Hälfte im Leben eines Menschen, ebenso wie die Momente, in denen Menschen dem Tod ins Auge sehen (in welchem Alter auch immer), sind oftmals Gelegenheiten, die Wahrheit auszusprechen.

Diese „mündlichen Geschichtsschreiberinnen", wie meine Mutter, offenbaren theologisch die Kraft *spiritueller Wahrheit, die begraben liegt in den Trümmern menschlichen Lebens – Wahrheit, die wertgeschätzt werden muss, wie fragmentarisch und schmerzhaft sie auch immer sein mag*. Theologisch kann insofern gesagt werden, dass menschliche Leben eine Wahrheit verkörpern, die auf die größere Wahrheit Gottes verweist. Eine solche theologische Behauptung ermutigt zu einer weiteren religiösen Handlungsweise: *mutig zu reden und zu leben*, oder in Treue zu der Wahrheit zu leben, die man als solche für sich erkannt hat. Dies erfordert in vielen Fällen Ermutigung. Für mich war es ein Segen, die letzten Wochen im Leben meiner Mutter mit ihr verbringen zu dürfen, und das Oral History Project hat vielen Frauen die Gelegenheit ermöglicht, ihre Geschichten mit denen, die nach ihnen kommen, zu teilen. Religiöse Gemeinschaften können genauso Möglichkeiten schaffen, damit Menschen ihre Wahrheiten erzählen können, wenn sie fertig und dazu in der Lage sind, am Ende ihres Lebens. Sie können darüber hinaus Menschen einladen, sich in mutigen Taten zu engagieren und ihren Einsatz als ein Erbe für die Zukunft zu teilen.

2.3 Durch den Nebel hindurch sehen

Ein anderer Aspekt menschlichen Lebens, der häufig am Lebensende zutage tritt, ist eine spezielle Fähigkeit zu erkennen, oder durch den Nebel hindurch zu sehen, um das Bild von Petra Bahr aufzunehmen. Ein Mann, der dem Tod nach 50 Lebensjahren ins Auge schaute, hatte hart um sein Leben gekämpft. Als sich der Kampf dem Ende und damit dem Tod näherte, sagte er zu seiner Frau und seinen Kindern: „Ich möchte, dass Ihr wisst, dass ich einen Frieden entdeckt habe, den ich nie zuvor gekannt habe. Bitte lebt Euer Leben, wenn ich fort bin, in der Erinnerung daran, wie sehr ich Euch liebe." Dieser Mann sah in seinen letzten Tagen das Leben in aller Klarheit vor sich. Ein ähnliches Gefühl findet sich bei der mündlichen Geschichtsschreiberin Rose Thomason. Während ihres Kampfes mit dem Krebs schreibt sie „Die Seele verdeutlichen":

Dem Tode gegenüberzustehen
konzentriert den Betrachter
verdeutlicht die Seele
und bringt feine Schwingungen zu Gehör
zwischen Geist und Substanz.

Frau Thomason hat durch den Nebel hindurch gesehen und dabei einen Wandel erfahren im Klang ihres Lebens. Sie sagte: „Mit dem Alter wurde ich eine sanftmütige Person."

Die Theologie, die hinter solchen Erkenntnissen und Änderungen eines Lebens zu finden ist, ist die *Möglichkeit, göttliche Aktivitäten klarer zu erkennen in den gesteigerten Momenten des Lebens und des Todes.* Die korrespondierende religiöse Praxis ist das *Ruhen in Frieden*, ermöglicht durch das intensive Gefühl göttlicher Präsenz, das es Menschen erlaubt, mit Gott in Kommunikation zu treten, welche Weise dabei auch immer gerade für sie nötig ist. Die Gemeinschaft hat dann die Möglichkeit, *Räume der Ruhe zu schaffen*: Menschen zu ermutigen, Gott zu vertrauen und mit ihm zu kommunizieren; ihre Geschichten und Visionen zu teilen, selbst wenn diese getrübt sind von entkräftenden physischen und neurologischen Schäden; und das Leben gehen zu lassen, wenn der Augenblick dazu gekommen ist. Diese religiöse Praxis ist nicht nur für Menschen in religiösen Gemeinschaften relevant, sondern auch für jene, die niemanden haben, der sie auf der Reise zum Tode begleitet, eine Wahrheit, die Mutter Theresa wohl vertraut war, wenn sie ihren Dienst tat mit Menschen, die in den Straßen Kalkuttas starben.

2.4 Das Leben wertschätzen

Psychoanalytiker und Entwicklungspsychologen beschreiben seit der Mitte des 20. Jahrhunderts das Ende des Lebens als eine Zeit, in der das eigene Leben reflektiert und bewertet wird.[3] Wenn Menschen ihr Leben mit Zufriedenheit bewerten und als kostbar akzeptieren, wie sehr auch immer es von Verletzungen und Fehlern gezeichnet ist, dann leben sie in der Regel auch weiterhin ein zufriedenes Leben. D.h. ein Mensch, der den Wert seines Lebens liebevoll anerkennt und schätzt, wird auch die letzten Jahre seines Lebens wahrscheinlich mit einem hohen Grad an Integrität und Lebensfreude verbringen.

Die Seelsorge-Literatur zeigt die Herausforderungen auf, vor die das Wertschätzen des eigenen Lebens in den Jahren des Alters stellt, insbesondere in Gesellschaften, in denen der Respekt für alte Menschen rapide gesunken ist und Menschen, die ihre physischen oder mentalen Fähigkeiten verlieren, unabhängig vom Alter oftmals in spezielle Heime mit wenig

Außenkontakten abgesondert werden.[4] Karen Scheib betitelt ihr Buch über ältere Frauen *Die Unsichtbarkeit herausfordern.* Sie beginnt mit den Worten einer der Personen, die sie interviewt hat: „Alte Frauen sind unsichtbar. Wussten Sie das nicht?“[5] Eine andere Interview-Partnerin sagte: „Wenn man älter wird, hört man in den Augen von jüngeren Menschen auf zu existieren; man wird unsichtbar. Niemand scheint interessiert daran, wer man ist oder was man tut.“[6]

Diese zwei Frauen sprechen darüber, wie es ist, von anderen nicht wertgeschätzt zu werden. Natürlich kann dieses Problem auch ein Problem der eigenen Persönlichkeit sein. In den letzten Jahren ihres Lebens nahm meine Mutter wahr, wie die Welt sich um sie herum verändert hatte, den Frauen mehr Möglichkeiten eröffnete, ihren eigenen Träumen zu folgen. Meine Mutter hinterfragte daraufhin den Wert ihres eigenen Lebens als Hausfrau. Sie wollte ihr Leben wertschätzen, aber brauchte dafür Versicherungen von außen. Für sie war die morgendliche Andacht ein Ankerpunkt. In der ruhigen Zeit des Gebets erneuerte sie ihren Sinn dafür, dass Gott sie wertschätzt genauso wie alle Menschen, die sie liebt. Die Freunde meiner Mutter waren für sie ebenfalls sehr wichtig, da sie hingerissen waren von ihrer sprühenden Art, das Leben anzunehmen, ihrer Direktheit, und ihrer klaren Bedürftigkeit ihrer Liebe und Bewunderung. Die Freunde halfen ihr zu begreifen, dass sie selbst besonders war.

Diese Skizzen offenbaren die theologische Wahrheit von *Gottes guter Schöpfung* und die kraftvolle religiöse Praxis, *alles Seiende zu lieben, auch sich selbst.* Bilanzierung ist ein natürlicher Bestandteil am Ende des Lebens, ganz gleich ob man viele vitale Jahre als Rentner verbracht hat oder einen frühen Tod stirbt. Bilanzierung ist ein Bemühen, das eigene Leben wertzuschätzen, ein Prozess, der dicht verzahnt ist mit dem Wertschätzen anderer und der Wertschätzung durch andere. Vollzüge der Leidenschaft für einen selbst und für andere können so das eigene Gespür für Gottes gute Schöpfung intensivieren.

2.5 Das Leben festhalten und loslassen

Portraits von Menschen kurz vor dem Lebensende zeigen noch ein weiteres gemeinsames Muster, und zwar das Wechseln zwischen einem starken und schwachen Festhalten des Lebens und einem Loslassen desselben. Die zuerst beschriebene Geschichte des Mannes, der einen Hubschrauber-Absturz überlebte, zeigt die Kraft an, die das starke Festhalten des Lebens entwickelt. Er war bestimmt, der Unvermeidlichkeit des Todes nicht zu erliegen, und rettete sein Leben durch seine Handlungen. Auf der anderen Seite sterben Menschen jeden Tag bei Verkehrsunfällen, in Kriegen oder anderen tödlichen Auseinandersetzungen, denen sie nicht entkommen können. Diese Menschen, in einer Tragödie gefangen, sind manchmal gesegnet, wenn sie ihre letzten Tage oder Momente mit ihren Lieben verbringen können. In diesen Augenblicken reden sie oft über ihre Entschiedenheit, am Leben festzuhalten, ihrer Bereitwilligkeit zu sterben, wenn der Tod unausweichlich ist, oder ihre Offenheit, loszulassen und das Leben aus ihren Körpern ziehen zu lassen. Manchmal hängen die Menschen kurz vor dem Tod am Leben, bis einer ihrer Lieben eintrifft, manchmal hängen sie am Leben, bis einer ihrer Lieben ihnen die Erlaubnis zu sterben erteilt. Meine Mutter hielt am Leben fest, bis sie der ganzen Familie und ihren Freunden Lebewohl gesagt hatte, dann bis sie ein letztes Gespräch mit ihrem Pfarrer gehabt hatte, dann bis jeder außer mir den Raum verlassen hatte. Wir hielten einander, und sie starb in meinen Armen. Solche Lebens-Momente am Ende des Lebens offenbaren theologisch, dass *das Leben gut ist.* Darüber hinaus unterstreichen sie die religiöse Praxis, *das Leben zu leben und zu lieben als eine Möglichkeit, die Gottebenbildlichkeit zu leben.*

Zusammenfassend ist die menschliche Anthropologie charakterisiert von den komplexen Dynamiken des Konzentrierens auf die Leidenschaften, des Aussprechens von Wahrheit, des Sehens durch den Nebel, des Wertschätzen des Lebens sowie des Festhaltens und Loslassens des Lebens. Das legt nahe, dass das Ende des Lebens eine reiche Lebenszeit ist, die wertgeschätzt werden sollte nicht nur in der religiösen Praxis von Menschen kurz vor dem Tod, sondern ebenso in der Praxis derer, die mit ihnen auf dieser Reise unterwegs sind. Die Portraits in diesem Beitrag zeigen theologische Wahrheiten auf, genauso wie Praxisvollzüge, die zum Segen für Menschen werden, die dem Tod ins Auge sehen. Die Liste ist nicht vollständig, aber sehr gehaltvoll, da sie den Wert von fünf Verhaltensweisen aufzeigt: das Leben aus der eigenen Lebensmitte; das aufrechte Reden und Leben; das Ruhen in Frieden; die Liebe zu sich selbst und zu anderen; schließlich das Leben in Fülle. Diese Verhaltensweisen können über die Zeiten gelehrt und kultiviert werden, um die Menschen auf das Ende des Lebens und die Möglichkeit des Sinns darin vorzubereiten.

In einem letzten Portrait schildere ich die Geschichte einer Frau, die an Krebs gestorben ist. Niemand aus ihrer Familie noch der Arzt wollten ihr sagen, dass sie bald sterben müsse. Sie wusste aus reiner Intuition die Wahrheit, aber sie wollte das ihrer Familie nicht sagen, weil sie Angst hatte, sie damit zu beunruhigen. Einige Tage lang wichen also sowohl die Frau als auch ihre Familie der Tatsache des Todes aus. Eines Tages kam ein junger Priester, ganz neu in seiner Rolle, zu Besuch. Er trippelte unsicher von einem Fuß auf den anderen und betrieb einige Minuten ungeschickte Kommunikation. Schließlich nahm er das Gebetbuch seiner Konfession aus der Tasche und las das Gebet für die Kranken. Sein Lesen war ebenso unbeholfen wie sein Reden zuvor, aber der Körper der Frau entspannte sich. Sie hörte vertraute Worte, die ihre Krankheit akzeptierten und ihr Leben segneten.

Dieses Portrait zeigt wie die anderen in diesem Beitrag, dass der Tod als Teil des Lebens wertgeschätzt werden kann. Die Herausforderung für Menschen, die mit dem Tod konfrontiert sind, besteht darin, die komplexen Bedeutungen des Todes anzuerkennen und das Leben in seiner Fülle auszukosten durch den Prozess des Sterbens hindurch, sei er lang oder kurz. Die Herausforderung für religiöse Gemeinschaften besteht darin, die natürlichen Verhaltensweisen von Menschen, die dem Tode ins Auge schauen, zu ehren und anzunehmen, Menschen auf diese Schwelle des Lebens vorzubereiten, wenn eine Vorbereitung möglich ist, bei ihnen zu sein beim Übergang über die Schwelle, und ihnen Raum zu gewähren, um Verhaltensweisen auszuleben, die ihnen Kraft geben. Das verlangt viel von religiösen Gemeinschaften, aber es verlangt vor allem, dass Gemeinschaften das menschliche Leben ehren, die Erzählungen des Lebens wertschätzen, und präsent sind bei den Menschen in ihrem Leben zum Tode.

Mary Elizabeth M. Moore

Anmerkungen

1 PUHL, L. (Hg.), Spiritual Exercises of St. Ignatius, Westminster, MD 1959, 141–150.

2 NULAND, S.B, The Art of Aging: A Doctor's Prescription for Well-Being, New York 2007, 10.

3 Frühe Beispiele sind: ERIKSON, E., The Life Cycle Completed: A Review, New York 1998, 1982; DERS./KIVNICK, H.O./ERIKSON, J.M., Vital Involvement in Old Age: The Experience of Old Age in Our Time, New York 1994, 1986; BUHLER, C., From Birth to Maturity, Oxford 1999, 1968.

4 CLEMENTS, W.M. (Hg.), Ministry with the Aging, Binghamton, NY 1989; DERS., Religion, Aging, and Health, Binghamton, NY 1989; ESTES, C. (Hg.), Social Policy and Aging: A Critical Perspective, Thousand Oaks, CA 2001.

5 SCHEIB, K.D., Challenging Invisibility: Practices of Care with Older Women, St. Louis 2004, 1.

6 Ebd.

Dietrich Korsch/Hans Martin Dober

Todesanzeige/Tod

1. Todesanzeige

Wie sie wohl aussehen wird, meine Todesanzeige? Ich werde sie nicht lesen können, aber wahrscheinlich wird es eine geben. Eine, in der mein Ableben in der Zeitung öffentlich gemacht wird; nicht auf den Redaktionsseiten, sondern unter den Anzeigenrubriken. Da wird stehen, wann ich geboren wurde und wann ich gestorben bin. Aber gewiss sind diese Daten auch mit einem Kommentar versehen, begleitenden Worten, die sich auf mich beziehen, mein Geschick in einen Zusammenhang stellen, mich über den Tod hinaus mit anderem und anderen verbinden wollen. Gewiss wird auch ein Stück des Lebenszusammenhangs sichtbar, meine Familie jedenfalls, die die Anzeige ausgewählt und aufgegeben hat, Freunde haben sich vielleicht angeschlossen. Ob sie mir recht wäre, meine Todesanzeige? Ich weiß es nicht und ich werde dazu nichts sagen können. Ich könnte aber auch dem Versuch nichts abgewinnen, auf deren Form vorab Einfluss zu nehmen. Nicht nur, weil mir mein Todesdatum entzogen ist, auch weil ich mich eines deutenden Kommentars zum eigenen Leben enthalten möchte, von den Haltungen und Stimmungen der Angehörigen ganz abgesehen, die ich ja nicht für sie imaginieren kann. In dieser Entzogenheit zeigt sich, dass in der Todesanzeige das Risiko des Lebens sich noch einmal bündelt. Das Ende des Lebens markiert, wie die öffentliche Anzeige belegt, dass ich über die abschließende Sinndeutung meines Lebens nicht verfüge.

Die Todesanzeige bringt es an den Tag: Das individuelle Leben vollendet sich in einem öffentlichen Rahmen. Das Sterben ist, gerade als *finis* und *telos* des Lebens, eine Art Rückkehr ins Allgemeine. In aller Regel tun wir uns ja groß darin, unser Leben durch Akte der Deutung zu begleiten, ja es allererst deutend zu empfinden. Da begleitet ein Sinnhorizont mehr oder weniger ausgesprochen unser Existieren. Was ist, wenn das nicht mehr möglich ist? Die Todesanzeige unterstreicht: Auch dann ist das – nun zu Ende gegangene – Leben nicht ohne eine Gegenwart von Sinn. Nur dass der jetzt nicht mehr selbst gestiftet und gepflegt wird, sondern uns von anderen zugedacht. Ganz entsprechend geschieht es unserem Leib, unserem Leichnam, der ja auch versorgt und zur Ruhe gebettet werden muss – in einem sozialen Akt des Begräbnisses, wie immer sich dieser gestalten mag. Die Reichweite dieses Überindividuellen ist unterschiedlich. Aus Italien etwa kennen wir die kleinen *annunci mortuali*, die im Wohnviertel an den Hauswänden oder an Weggabelungen angebracht sind, oder die österreichischen *Partezettel* mit derselben Funktion; hier ist der Umkreis knapper, aber auch präziser bestimmt als in den bei uns in Deutschland üblichen Zeitungsanzeigen. Ein Weg ins Allgemeine ist es allemal.

Todesanzeige: Zum ersten Mal sind, gleich nach dem Ableben, Zeit und Ort eines gelebten Lebens fixiert. Der Geburtstag und Geburtsort wird mit dem Sterbetag und Sterbeort konfrontiert. Das war der Zeitraum, mehr gibt es nicht; zwischen diesen Orten ist das Leben gelebt worden; gewiss an anderen auch, vielen anderen möglicherweise, aber jetzt ist es eben hier zu Ende gegangen. Und es wird seiner dann auch an einem bestimmten Ort erinnert werden, durch Grab und Grabstein erkennbar: zur Ruhe gebettet. Öffentlich wahrnehmbar, von jedem Menschen, der über den Friedhof geht. Zurück ins Allgemeine. Die Einladung zum Begräbnis ist die Einladung zur Teilnahme an dieser Rückkehr. Eine Bestattung „im engsten Familienkreis", die gar schon stattgefunden hat, ist der Versuch, diesen Weg aus der individuellen Geschichte in die Öffentlichkeit zu privatisieren; ein Versuch, der doch misslingt, wie die Grabstelle zeigt. Und er misslingt erst recht bei sogenannten „anonymen" Grabstätten. Die unmittelbare Einzelheit des Toten, die darin zum Ausdruck kommen soll, geht so in ein namenloses Allgemeines über, das Individuelle wird mit Macht negiert, das Verschwinden selbst inszeniert.

Die nackten Daten, harten Fakten der Lebensspanne und des Lebensraumes, sie sind aber umfangen von sozialen Beziehungen, in denen das Leben stand, von Ehepartnern und Kindern, von Angehörigen und Freunden. Sie zeigen selbst schon an, dass der Tod ein Verlust ist, das Wegnehmen aus einem Zusammenhang, eine Lücke im Gefüge, das sich, so oder so, eingespielt hatte. Die Namen auf der Todesanzeige, sie lassen nach den Beziehungen fragen, in denen der verstorbene Mensch stand. Sie rufen Imagination hervor, stehen selbst schon da wie Sinnbilder, Anzeichen verborgener Verhältnisse. Wer seinen Namen auf die Todesanzeige setzt, bekundet Verbundenheit über den Tod hinaus. Wie jemand seinen Namen dort stehen lässt, besagt selbst schon einiges für die Beziehung, die es gab. Manchmal muss man raten, kann zu rekonstruieren versuchen, wie der Tote mit den anderen verbunden gewesen sein mag. Manchmal kommt die Verbundenheit auch aufdringlich daher; adelige Familien erliegen dieser Versuchung am stärksten, wenn sie über den Tod hinaus die Genealogie des Geschlechts abzubilden versuchen. Bei Kindern und Enkelkindern öffnet sich der Blick auf die Heiratsbeziehungen; wer ist mit wem verheiratetet, welche Kreise hat diese Familie gezogen?

Die Namen sind Namen der Trauernden. Sie zeichnen nicht nur die Familiengeschichte in nuce nach, sie signalisieren auch gelebte Anteilnahme.

Darum kommt kaum eine Traueranzeige ohne das Aussprechen von Gefühlen aus. In den Gefühlen, Trauer und Dank, Unverständnis und Zorn, Aufbegehren und Einwilligen, erscheint eine Verbundenheit, die auf gelebtes Leben zurückweist, auf gemeinsame Hoffnungen, Pläne, Lebensentwürfe, Schicksale. Trauer ist Einhalten im Lebensvollzug. Erschütterung, die das Leben neu zu ordnen verlangt. Darum muss sie auch ausgesprochen werden. Oft treten, veranschaulichend, die Umstände des Todes hinzu, als müsse man das unwidersprechlich Gewisse, aber doch Unbegreifliche des Todes verständlich machen, auf Krankheit oder Unfall zurückführen. Denn in ihnen öffnet sich in dem nun zu Ende gegangenen Leben die Ahnung einer Geschichte, die so oder auch anders hätte verlaufen können.

Damit ist dann auch die Frage nach Deutungen des Todes gestellt. Nach solchen, die die Zäsur des Todes in einen Zusammenhang rücken, weil das Leben ja für die Hinterbliebenen weitergeht. Manche Deutungen bleiben ganz formelhaft, halten sich in der bloßen Bekundung der Trauer auf. Man weiß dann: Es wird dieses Empfinden sein, das die Dauer anzeigt; und es wird vergehen, wenn man realistisch bleibt. Immerhin haben die knappen Formeln den Vorzug, explizite Vorstellungen vom Verhältnis zwischen Leben und Tod zu vermeiden. Sie lassen im Ungefähren, was man nicht wissen kann. Unwissenheit aber ist nicht gerade tröstlich und wird auch dem individuellen Leben nicht gerecht. Sich auf dieses Leben, das nun zu Ende gegangen ist, zu beziehen – und doch eine Deutung vorzunehmen, die über die unmittelbare Individualität hinausgeht, das ist die riskante Aufgabe, die sich den Deutungen stellt, nach denen die Todesanzeige ruft.

Das Individuelle wird allgemein – auch und gerade in den Deutungen, die dem Tod verliehen werden. Daher sind auch diese Deutungen selbst nicht bloß individuell, sondern verdanken sich ihrerseits mehr oder weniger bewährten Mustern. Das ist der Grund dafür, dass es inzwischen eine Vielzahl von Angeboten für deutende Sinnsprüche auf Todesanzeigen gibt, jede Lokalzeitung verfügt über entsprechende Internetseiten. Durchmustert man die Angebote, die sich untereinander nicht signifikant unterscheiden, dann lassen sie sich leicht verschiedene Kategorien zuordnen – in der gemeinsamen Absicht, die Todesschwelle deutend zu übergreifen.

Da sind die Deuteworte, die sich auf eine Wertschätzung des zu Ende gegangenen Lebens beziehen. „Wer so gewirkt wie du im Leben, / wer so erfüllte seine Pflicht / und stets sein Bestes hergegeben, / der stirbt auch selbst im Tode nicht.“ Treue Hingabe an die Pflicht, steter Dienst für die Seinen – das gilt hier und in anderen Formulierungen als der Lebenssinn, der über die Todesschwelle reichen soll; ein schlichter, etwas eudämonistisch verzerrter Kantianismus, bei dem man über die Bedingungen der Fortdauer nichts erfährt. „Eine Stimme, die vertraut war, schweigt. / Immer sind irgendwo Spuren deines Lebens. / Sie werden uns an dich erinnern.“

Weiterleben in den Lebensspuren, aufgehoben in der Erinnerung. Oder ein Übergang ins Kosmische: „Du bist nicht gestorben. / Du lebst im wunderbaren Wehen der Winde. / Du lebst in den Liedern der Vögel. / Du lebst in der strahlenden Sonne. / Du lebst auf einem Stern, der am Himmel steht. / Du lebst in den Wellen des Meeres. / Du lebst im Duft von Blumen und Gras. / Du lebst im Schmerz meines Herzens. / Du bist nicht tot, nur etwas weiter weg.“ Und die Natur sorgt für das Kontinuierliche. Immer werden Gemeinsamkeiten benannt, die die Lebenden und die Toten verbinden: die Pflicht, die Lebensspuren, der Kosmos. Sie wirken hinüber auf die Lebenden, als Vorbild der Pflicht, lebendige Erinnerung, umfassender Lebenshorizont.

Nicht selten aber sind es auch die letzten Zeiten im Leben des Verstorbenen, die eine besondere Deutung fordern, schwere Krankheit und jäher Tod insbesondere. Dann tritt das Motiv der Erlösung von diesem Leben in den Vordergrund: „Weinet nicht an meinem Grabe, / gönnet mir die ew’ge Ruh, / denkt, was ich gelitten habe, eh’ ich schloß die Augen zu.“ So jedenfalls wird es der Verstorbenen in den Mund gelegt. „Dich leiden sehen und nicht helfen können, / war für uns der größte Schmerz.“ Da kommt heraus, dass es das Leiden auf beiden Seiten war, das nun ein Ende gefunden hat. Verstorbene und Trauernde verschmelzen – im Ende des Leids.

Und die Dichter werden bemüht, Goethes „Du bist nun frei und unsere Tränen wünschen dir Glück“, Eichendorffs „Und meine Seele spannte weit ihre Flügel aus“, Rilkes „Herr, es ist Zeit …“ – Übergänge allzumal. Übergänge ins Allgemeine, anknüpfend ans individuelle Leben und es dann doch auflösend. Was im endlichen Leben Bestand hat, es überhaupt nur mit dem Tod soll aufnehmen können, das zehrt vom Allgemeinen.

Spezifisch anders ist es mit den christlichen Deutungen: „Meine Zeit steht in deinen Händen“ (Ps 31,16), „Ich lebe, und ihr sollt auch leben.“ (Joh 14,19), „Wir leben oder sterben, so sind wir des Herrn.“ (Röm 14,8). Das Individuelle des Lebens findet sich nicht im Blick auf sich selbst gewürdigt, nicht in seiner Selbstaufhebung ins Allgemeine betrachtet, sondern das Verhältnis Gottes zum individuellen Leben rückt ins Zentrum. Das sind freilich Deutungen im Umweg, Abstand nehmend von der aus sich selbst gestifteten Identität, sich vergewissernd eines Selbstseins von woanders her, das Individuelle in diesem Sinne aber immer schon gemeint. Gottesnähe, die dem Verstorbenen zukommt, im Leben und im Gestorbensein: „Mein Gott, ich hoffe auf dich.“ (Ps 25,2) Das Individuelle wird allgemein, indem es sich mit seiner Individualität im Absoluten weiß – und im Absoluten als Individuelles aufgehoben wie anerkannt ist. Doch solche Worte finden sich nur dann auf unseren Todesanzeigen, wenn diese Überzeugung den Verstorbenen wie den Hinterbliebenen gemeinsam war – und wenn sie zudem der Auffassung sind, diese Verbundenheit der Orientierung auch öffentlich machen zu sollen. Immerhin ist das eine Weise, den Weg des Lebens in den Tod, der unvermeidlich das Individuelle ins Allgemeine bringt, so zu gestalten, dass Ort und Zeit dieses Lebens, seine sozialen Kontexte, die Abgründigkeit der Gefühle und die Kontingenz der Geschichte bis zu diesem nun eingetretenen Tod bewahrt und erinnert werden und gerade so in die Ewigkeit eingehen.

Wie wohl meine eigene Todesanzeige aussehen wird?

Dietrich Korsch

2. Tod

Der Tod lässt sich nur aus der Perspektive der Lebenden anzeigen. Er begrenzt das Leben, für das Bewusstsein bleibt er das Andere. „Seiner Immanenz überlassen gedacht, besitzt es die Idee der Endlichkeit nicht."[1] Schon Epikur hatte diese von der Phänomenologie bestätigte Einsicht in den Witz gefasst: „Das schauerliche Übel, der Tod, geht uns nichts an. Denn solange wir da sind, ist der Tod nicht da; und wenn er da ist, sind wir nicht da."[2]

Es bedarf einer intersubjektiven „Fremderfahrung" (Blumenberg), die die Immanenz des Bewusstseins übersteigt, um einzusehen, was der am Grabe viel zitierte 90. Psalm in solche Worte gefasst hat, die nicht alt werden. Weil ich von meinem Tod nichts weiß, wie es in I. Bergmanns „Das siebte Siegel", einer filmischen Studie zum Thema, treffend heißt, und ihn selbst auch nicht anzeigen kann, bedarf es der anderen. Der Tod sprengt die Kreise des Selben, um all das, was die Individualität eines zu Ende gekommenen Lebens ausgemacht hat, der Erinnerung, dem Gedenken und der Verantwortung der anderen anzuvertrauen.

Wenn er nicht im Alter die Fülle der Jahre vollendet, bricht der Tod meist als das Fremde und Unerwartete in das alltägliche Leben ein. Am 4.2.1982 notiert P. Noll:

> Die Frage ist, wie nahe und ob überhaupt das Leben sich an den Tod herandenken kann [...] Es bleibt höchstens das ‚totaliter aliter'. Doch damit kann man gar nichts anfangen [...] Alle diese Versuche, über die Grenze zu schauen, mögen anregend sein, doch muss man zugeben, dass man wirklich nichts sieht. Ich meine daher, dass dies auch nicht die Beschäftigung ist, die der Tod von uns verlangt. Vielmehr geht es ausschließlich um […] das Leben mit dem Tod [...] Da wird alles sehr viel einfacher und klarer. Die zeitliche Begrenzung – dass die Uhr abläuft: das ist erfahrbar. Der Tod bleibt sich gleich, aber das Leben wird anders. Die Sinnoasen suche ich mir sorgfältiger aus als früher. Manches wird zur Sinnoase, an dem ich früher achtlos vorbeigegangen bin.[3]

An dieser Notiz ist *erstens* bemerkenswert, dass die Schwelle zum Tod durchaus einen Raum intensivierten Erlebens darstellen kann, auch wenn diese Grenze unüberschreitbar ist. *Zweitens* kommt es in einer solchen Schwellenerfahrung darauf an, den Tod in die Perspektive des Lebens zu stellen. Das setzt aber voraus, dass der je eigene Tod als ein unvermeidbares und in Bälde bevorstehendes Ereignis realisiert wird. Diese Einsicht hat auch E. Tugendhat neuerdings in seinen anthropologischen Erwägungen bestätigt, die er im Ausgang von der *Angst* vor dem Tode entfaltet. Diese Angst kann mehrere Motive haben. Das eine ist die Angst davor, dass das Leben *bald* zu Ende sein könnte, dass es „aufhört". Dass Menschen irgendwann einmal sterben müssen, weiß jeder. Es ist nicht diese allgemein anerkannte Einsicht, die schon Angst hervorruft. Wäre es so, müsste die Todesangst das ganze Leben beherrschen. Sie tritt also in der Nähe des Todes auf, doch sie kann auch ein zweites Motiv haben. Wenn nur noch wenig Zeit zum Leben bleibt, stellt sich nämlich auch die Frage, ob ich mit je meinem bisherigen Leben zufrieden, ob ich im Einklang mit Erfolgen und Misserfolgen, Erreichtem und Nicht-Erreichtem sein kann.[4] *Drittens* besteht für die menschliche Erfahrung ein Zusammenhang zwischen Tod und Praxis. Der Tod wird erst bewusst, wenn er nicht mehr zu übersehen (und in gewisser Weise auch nicht mehr zu verdrängen[5]) ist. Die Handlungsanforderung, von ihm zu reden, entsteht angesichts des Todes der anderen sowie der Trauer derer, die unter der Macht des Todes leiden. Aus dieser knappen Beschreibung des Zusammenhangs von Tod und Praxis ließe sich der vielleicht immer noch öffentlichkeitswirksamste Teil des „Kerngeschäfts" von Pfarrerinnen und Pfarrern begründen, die Hinterbliebenen im Trauerfall zu begleiten in persönlichen Gesprächen, in der Wahrung angemessener Rituale und in der rednerischen Würdigung der Individualität des Verstorbenen als einer „Rechtfertigung" und „Heiligung" von Lebensgeschichten[6], die außerhalb eines theologischen Deutungsrahmens sinnvollerweise nicht statthaben kann. Denn „wahre Versöhnung gibt es in der Tat nur mit Gott."[7]

Mit Kierkegaard wird festzuhalten sein, dass der dem Tod gebührende Ernst am Grabe entsteht, und d.h. in der Erfahrung, dass der andere gestorben ist. M. Kaleko hat einen dichterischen Ausdruck dafür gefunden:

> Vor meinem eignen Tod ist mir nicht bang, / Nur vor dem Tode andrer, die mir nah sind. / Wie soll ich leben, wenn sie nicht mehr da sind? – Allein im Nebel tast ich todentlang / Und lass mich willig in das Dunkel treiben. / Das Gehen schmerzt nicht halb so wie das Bleiben. – Der weiß es wohl, dem gleiches widerfuhr; / – Und die es trugen, mögen mir vergeben. / Bedenkt: den eignen Tod, den stirbt man nur, / Doch mit dem Tod der andern muss man leben.[8]

Es kann sein, dass im Angesicht des Todes alle Selbstverständlichkeiten zerbrechen, über die man sich vorher keine Gedanken machen und über die man auch nicht sprechen musste. Immer spielen auch die Erinnerungen derer, die am Grabe stehen, in die aktuelle Situation hinein.

Jede christliche Aussage über den Tod des Todes[9] oder über den besiegten Tod (1Kor 15,55) oder über die Auferstehung von den Toten muss sich der harten Realität stellen, die am Tod des anderen oder in der Nähe des je eigenen Todes erfahren wird. In der Erfahrung „stärkster Negativität“ (Hegel) wird alle leichtfertige Rede von einem Leben, das weiter geht, oder von einer Hoffnung, die zuletzt stirbt, oder sonst einer „frommen Verkündigungsfloskel“[10] als Schall und Rauch vergehen. Wie empfindlich die Betroffenen darauf reagieren, hat etwa der Dichter R. Gernhardt unter dem Titel „Sonntagmorgenandacht“ festgehalten: „‚Bis hierher hat uns / Gott gebracht in / seiner großen / Güte‘ – vielleicht sollte / mal jemand dem Chor / im Haus-Sender stecken, / dass er vor Krankenhausinsassen singt.“[11]

Nur solche Worte werden Bestand haben, die auch den Riss anerkennen, der im Leben bleibt, wenn die Wunden der Vergangenheit wieder aufbrechen, Worte, die durch die theologische Reflexion hindurchgegangen sind. Welche Wege aber führen vom Tode ins Leben? Es sind nicht nur Wege des Wortes und des Denkens, sondern auch solche der Gesten und des Rituals, recht unterschiedlicher symbolischer Formen jedenfalls.

Einer breit rezipierten soziologischen These zufolge besteht die Funktion der Religion auch und gerade unter moderngesellschaftlichen Verhältnissen darin, zur Bewältigung von Kontingenz einen relevanten Beitrag zu leisten. Ist der Tod aber unter der Kategorie der Kontingenz schon zureichend begriffen? Es gibt den Tod, der am Ende „lebenssatt“ gestorben wird (Gen 25,8; Hiob 42,17), aber auch den plötzlich und viel zu früh einbrechenden Tod durch Unfall oder Krankheit. Ja, es gibt so viele Möglichkeiten individuellen Sterbens wie Individuen, den sog. „Freitod“ von eigener Hand eingeschlossen wie die Lebensverlängerung mit Hilfe von Apparaten. Individuell hätte es je und je auch anders kommen können, doch das ist eine weniger weit reichende Aussage wie die, dass der Tod einmal für jeden unausweichlich ist, dass er „eine Art Rückkehr ins Allgemeine“ (D. Korsch) darstellt im Sinne des alten *ad plures ire*.

Als Individuum widerfährt dem einzelnen im Tod etwas Allgemeines, doch dieses Allgemeine muss die Individualität eines Menschenlebens nicht zunichte machen, auch im Nachhinein nicht. Prägnant ist dieses unauflösliche Wechselverhältnis im ersten Satz von M. Luthers berühmter Invokavit-Predigt aus dem Jahr 1522 zusammengefasst: „Wir sind allesamt zu dem Tod gefordert, und keiner wird für den andern sterben, sondern jeder in eigener Person für sich mit dem Tod kämpfen.“[12] Und weil die Individualität des Menschen immer gefährdet ist, wird Rilkes Bitte ohne weiteres zuzustimmen sein: „O Herr, gib jedem seinen eigenen Tod, / Das Sterben, das aus jedem Leben geht, / Darin er Liebe hatte, Sinn und Not.“

D. Rössler hat auf eine eindrückliche Weise gezeigt, wie das Ritual der Bestattung beide Gesichtspunkte aufeinander bezieht: die Individualität eines Lebens, das im Tod sein Ende findet, und die Allgemeinheit des Sterbenmüssens als schicksalhafter Bestimmung des Menschen. Das von den verfassten Religionen für den Fall des Todes bereitgestellte Ritual „umfängt und trägt den Trauernden mit feststehenden und bekannten Formen".[13] So vermag es einer Sicherheit im Verhalten der Betroffenen den Weg zu bereiten, auch wenn in deren Selbst- und Weltverhältnis angesichts des erlittenen Verlusts nichts mehr sicher zu sein scheint. Insgesamt ist das Ritual als eine symbolische Form zu begreifen, die den Ausdruck von für die menschliche Situation typischen Erlebnissen ermöglicht, als eine *Sprache*, „in der die extreme individuelle Erfahrung sich zu äußern vermag".[14] Dieser in eine sprachliche Form gebrachte individuelle Ausdruck hat schließlich eine Darstellungsfunktion, die das Individuelle transzendiert. Denn „der Ritus stellt das individuelle Schicksal als das allgemeine und gemeinsame dar".[15] In dieser „Kommunikationsform der Ausnahmesituation"[16] liegen immer wieder neu auszuschöpfende Potentiale der Deutung und der Interpretation.

Doch das Ritual spielt in einer ihm eigenen Ambivalenz. Auf den Begriff gebracht findet sie sich in der neueren Theorie,[17] mit Anschauung gefüllt ist er dargestellt im Film. So zeigt etwa „Moonlight Mile", dass das Ritual einerseits notwendig ist, andererseits aber auch hilflos bis zur Lächerlichkeit sein kann.[18] Der Leichnam muss bestattet werden, denn die Verstorbene braucht einen Ort, um ruhen zu können. Auch kann die Bestattung nicht einsam über die Bühne gehen. Doch man weiß nicht genau, was man sagen soll: Die üblichen Höflichkeitsformeln klingen schal und hohl. Der Alltag will sich auch im Außeralltäglichen durchsetzen, doch das Außeralltägliche erweist sich als stärker. In diesem Film wird der Leichenschmaus nach dem Vorbild einer Party begangen, doch es ist alles andere als eine Party.

Nur in einem wachen Bewusstsein ist es möglich, den Gebrauch der Rituale in Freiheit und Angemessenheit zu regulieren. Diese protestantische Grundeinsicht erfordert aber, die Symbolisierungsfunktion des Rituals auf die gedanklichen Gehalte hin zu befragen, die hier Gestalt gewonnen haben. Und man wird zugestehen müssen, dass die ritualisierte Praxis als solche dem Tod noch nicht seinen Stachel nehmen kann.

Einem Wort des Angelus Silesius zufolge kann man ein auf das Wesen der Dinge, des Menschen und Gottes sich besinnendes Denken als Bewältigung der Kontingenz auffassen: „Mensch, werde wesentlich: denn wenn die Welt vergeht, so fällt der Zufall weg, das Wesen, das besteht."[19] Die abendländische Philosophie ließe sich in ihren Hauptströmungen „von Ionien bis Jena" hinsichtlich ihrer praktischen Funktion insgesamt nach diesem Muster begreifen. Zu Beginn seines Hauptwerkes „Der Stern der Erlösung" hat es F. Rosenzweig damit aufgenommen. Die Erfahrung massenhaften Sterbens im Ersten Weltkrieg hatte die Einsicht hervortreten lassen, dass der Tod unausweichlich ist und in seinem Angesicht Angst entsteht, denn es wird eng mit der Zeit. Seit der griechischen Antike sucht die Philosophie das Problem der Veränderung durch Zufälle, die sich nicht vorhersehen lassen, in den Griff zu bekommen, indem sie nach dem unveränderlichen Wesen der Dinge fragt.[20] Demgegenüber wendet Rosenzweig die Einsicht in das endliche Wesen des Menschen gegen eine Philosophie, die bis hin zum Deutschen Idealismus die Kontingenz der Welt und des (zufällig begrenzten) menschlichen Lebens in ihr dadurch zu bewältigen suchte, dass sie alles in Begriffe fasste, die mit dem Anspruch auftraten, die Erfahrung überhaupt vorstrukturieren, ja „vorsehen“ zu können, sei doch ihre individuelle Kontingenz in der Allgemeinheit ihres Wesens immer schon gut aufgehoben. Auch für die christliche Theologie ist die von Rosenzweig im Anschluss an Kierkegaard, Schopenhauer und Nietzsche derart problematisierte „Philosophie des All“ eine stete Versuchung.

Was vermag an die Stelle solcher gedanklicher Kontingenzbewältigung zu treten? Man kann auf andere Gestalten der Philosophie verweisen, die ihren Ausgang von der Phänomenologie genommen haben und das menschliche *Dasein* unter dem Gesichtspunkt eines „Vorlaufens zum Tode“ beschrieben (wie Heidegger) oder die in produktiver Auseinandersetzung mit der analytischen Philosophie kritisch über Heidegger hinausgegangen sind (wie Tugendhat). Auch Rosenzweig bleibt ja Philosoph. Sein Weg führt „vom Tode“ „ins Leben“ einer von ihm neu entdeckten Religionspraxis. Um die symbolischen und ritualisierten Formen von Juden- und Christentum in ihrem Sinn zu begründen, geht er auf die nur durch Erfahrung zu bestätigende Wahrheit des Satzes aus dem Hohen Lied (8,6) zurück, dass stark wie der Tod die Liebe sei. Nach Rosenzweig werden die liturgischen Ordnungen dieser religiösen Gemeinschaften von der – über eine bloß gedankliche Kontingenzbewältigung hinausgehende – *Erfahrung* eines Glaubens getragen, für den die Liebe – mit Paulus gesprochen – die größte ist.

Auch in dieser jüdischen Religionsphilosophie bewährt sich die Einsicht christlicher Theologie, dass der entscheidende Unterschied darin besteht, „ob der Mensch im Tode vom Nichts begrenzt wird oder von Gott“,[21] der *als Liebe* zu denken ist. Im Licht der Gnade und Barmherzigkeit Gottes (um diese alten biblischen Worte zu gebrauchen, auch wenn sie vielen Zeitgenossen fremd geworden sind) kann dann auch die Angst vor dem Tod relativiert werden, die aus Dissonanzen zwischen Selbstbild und tatsächlich gelebtem Leben hervorgeht. Nicht der werden zu können, auf den hin man sich angelegt hat,[22] mag zwar auch noch in der Nähe des Todes ein Stachel sein. Aber das Vertrauen, vom *gnädigen* Gott begrenzt zu werden, und nicht vom ungnädigen Anspruch anderer oder von der Macht eines orientierenden Ideals, leistet dem Stich dieses Stachels Widerstand, so dass er den

Sieg nicht davontragen muss. Erst durch die Anfechtung hindurch gewinnt der Glaube Kraft. So kann die Erfahrung ihn stützen und umgekehrt der Glaube die Erfahrung leiten. In einem solchen Wechselverhältnis, das für jede theologisch angemessene Alltags-Dogmatik zu fordern ist, findet sich dann auch eine bloß gedankliche Bewältigung des kontingent betreffenden Todes auf eine Praxis des Lebens hin erweitert.

Kann der Glaube im Angesicht des Todes ewiges Leben erfahren? Unabhängig von der Erfahrung der Zeit wird Ewigkeit nicht zu denken sein. Der Tod stellt aber das Ende eines Lebens in der Zeit dar. Danach bleibt nur das Leben der hinterbliebenen Anderen, die für alles weitere verantwortlich sind: die Todesanzeige, das Bestattungsritual, das Gedächtnis. Das Leben geht dann weiter – ohne den Verstorbenen.

Ewiges Leben? Es deutet sich an in der Erfahrung der Zeit, im Innehalten, im Verweilen, in der Freiheit, ja der möglichen Erlösung von der Herrschaft der vergehenden Zeit. Es deutet sich an auf der Schwelle der Trauer vom Tod ins Leben. Inkorporation, Erinnerung und Gedächtnis sind hier die Begriffe, die den Weg weisen. In erfüllten Augenblicken, und sei es im Gebet am Grabe, kann eine erlöste Zeit in die Gegenwart vorfallen, und wir erfahren in ihr die Erlösung von der Zeit. Doch solche Augenblicke, in denen „die Unsterblichkeit der Religion“ erlebbar wird, weil wir für einen Moment lang „eins sind mit dem Unendlichen mitten in der Endlichkeit“[23] – auch solche Augenblicke vergehen, bis wir denn im Rhythmus des Lebens die Chance zur Wiederholung ergreifen.

Für den Glauben aber hat sich „eine andere Perspektive im Blick auf diese irdische Welt“ aufgetan, in der es über den Tod hinaus neues Leben zu sehen gibt,[24] weil und insofern auch über den Tod Jesu neues Leben den Sieg davongetragen hat. Mit Bezug auf diesen Ursprung des christlichen Glaubens sprechen wir Ewigkeit dem angeredeten Du zu, dem wir im Horizont des Unendlichen alles Endliche anvertrauen, um so das Zeitliche zu segnen. „Du ewiger Gott: / lass uns nicht entfallen / von des rechten Glaubens Trost.“[25] Ewiges Leben kann sich nur dem Ewigen verdanken, der das Leben spendet, der es gibt und nimmt, „gelobt sei der Name des Herrn“ (Hiob 1,21). Dem Ewigen befehlen wir jedes menschliche Leben an, wenn es sein Ende gefunden hat, sei es von mehr oder weniger Erfolg gekrönt, von mehr oder weniger Glück erfüllt, mehr oder weniger rechtschaffen geführt worden. Und wir tun das mit den Worten „Er sei ihm / ihr gnädig im Gericht und nehme sie / ihn auf in sein ewiges Reich“: Gott, den wir vertrauensvoll anreden mit den Worten „Vater unser“.

Hans Martin Dober

Literatur

ECKKRAMMER, E.M., Die Todesanzeige als Spiegel kultureller Konventionen. Eine kontrastive Analyse deutscher, englischer, französischer, spanischer, italienischer und portugiesischer Todesanzeigen, Bonn 1996.

HOSSELMANN, B., Todesanzeigen als memento mori? Eine empirische Untersuchung von Todesanzeigen der Gegenwart, Altenberge 2003.

JÄGER, M., Todesanzeigen. Alltagsbezogene Bedeutungsaushandlungen gegenüber Leben und Tod, Diss. Zürich 2003.

LAGE-MÜLLER, K. VON DER, Text und Tod. Eine handlungstheoretisch orientierte Textsortenbeschreibung am Beispiel der Todesanzeige in der deutschsprachigen Schweiz, Tübingen 1995.

SCHINDLER, R., Zeit, Geschichte, Ewigkeit in Franz Rosenzweigs „Stern der Erlösung“, Berlin 2007.

Anmerkungen

1 BLUMENBERG, H., Lebenszeit und Weltzeit, Frankfurt a.M. 2001, 90.
2 Zit. nach JÜNGEL, E., Tod, Gütersloh 1985, 18.
3 NOLL, P., Diktate über Sterben und Tod mit Totenrede von Max Frisch, Zürich 1984, 74f.
4 TUGENDHAT, E., Anthropologie statt Metaphysik, München 2007, 159–175.
5 Die These von der Verdrängung des Todes in der modernen Gesellschaft ist von U. Roth gründlich diskutiert worden (ROTH, U., Die Beerdigungsansprache. Argumente gegen den Tod im Kontext der modernen Gesellschaft, Gütersloh 2002, 149–219).
6 Vgl. GRÄB, W., Lebensgeschichten – Lebensentwürfe – Sinndeutungen. Eine praktische Theologie gelebter Religion, Gütersloh 1998, 231–250.
7 BENJAMIN, W., Gesammelte Schriften I/1, Frankfurt a.M. 1978, 184.
8 „Memento“, Zit. nach: Eschbacher Textkarte 410 „Regenschleier“.
9 Vgl. JÜNGEL, Tod, 145–171.
10 M. Josuttis, zit. n. LUTHER, H., Tod und Praxis. Die Toten als Herausforderung kirchlichen Handeln. Eine Rede, in: ZThK 88 (1991), 407–426, 413.
11 GERNHARDT, R., Gedichte 1954 – 1997, Zürich 1999, 635.
12 Zit. nach: LUTHER, M., Ausgewählte Schriften Bd. 1, hg. v. Bornkamm, K./Ebeling, G., Frankfurt a.M./Leipzig 1995, 271.
13 RÖSSLER, D., Die Vernunft der Religion, München 1976, 31.
14 Ebd., 34.
15 Ebd., 37.
16 Ebd., 36.
17 Vgl. BAHR, P., Ritual und Ritualisation. Elemente zu einer Theorie des Rituals im Anschluss an Victor Turner, in: ThPr 2/1998, 143–158; ZILLEßEN, D., Ritual oder Theater im Spiel des Lebens, in: IJPT 2/1999, 229–250.
18 „Moonlight Mile“ (USA 2003, Regie: B. Silberling). In witziger Verfremdung ist dies auch in „About Schmidt“ (USA 2002, Regie: A. Payne) zu sehen.
19 Zit. nach GRASS, G., Beim Häuten der Zwiebel, Göttingen 2006, 288.
20 Rosenzweig spielt im genannten Zusammenhang auf Platons Phaidon 250a an (ROSENZWEIG, F., Der Stern der Erlösung, Frankfurt a.M. 1930, 7).
21 JÜNGEL, ebd., 166.
22 S. Anm. 4.
23 SCHLEIERMACHER, F.D.E., Über die Religion. Reden an die Gebildeten unter ihren Verächtern, Berlin 1799, 133.
24 Vgl. GRÄB, W., Predigtstudie B zu Johannes 9,1–7, in: PrSt V/2 (1994/95), Stuttgart 1995, 170.
25 EG 518,3 (M. Luther).

Birgit Weyel

Den Sinn ausdrücklich machen

Skizzen zum unabschließbaren Projekt der Alltagsdogmatik

Denkbar weit ist der Alltag gespannt. Er reicht vom Leben zum Tod, vom Aufstehen zum Schlafengehen, von der beiläufigen Kommunikation per Handy bis zur ewigen Liebe. Facettenreich ist der Alltag. Er setzt das Individuum der Zumutung einer Beleidigung aus, fordert von ihm, durch eigene Anstrengung ein Anderer zu werden (Fitnessstudio) und schreibt ihm die Himmelsrichtung seiner Bewegungen vor (rechts vor links!). Der Alltag, das zeigt die Lektüre des Buches, ist gewiss kein Ort der wohligen Routine, auch wenn Langeweile an der Tagesordnung sein kann. Der Alltag ist ein Ort, der den ganzen Menschen herausfordert, ihm zur Lebensaufgabe wird. Gelebt wird hier und jetzt, gestorben wird – hoffentlich noch nicht – hier und jetzt: im every-day-life, das doch zugleich jede Sekunde unverwechselbar neu ist.

„Ein unvollendetes Projekt" lautet der Untertitel von Wolfgang Stecks Aufsatz zur Alltagsdogmatik.[1] Der Autor macht damit darauf aufmerksam, dass Alltagsdogmatik nur zu einem je und je vorläufigen Abschluss gebracht werden kann. Was für die Dogmatik grundsätzlich gilt, dass sie eine stets neue Denkbewegung darstellt, die sich mit den Aussagen des christlichen Glaubens beschäftigt, ist in gesteigertem Maße für eine Alltagsdogmatik zur Geltung zu bringen. Der Alltag ist der Ort, an dem – um nur einige wenige potentielle Spannungsfelder anzuzeigen – Routinen und Irritationen, Rollenzumutungen und Identitätsentwürfe, Realitäts- und Lustprinzip das Subjekt dazu herausfordern, sich der Lebensbewältigung durch gesteigertes Nachdenken zu widmen. Eben dieses Nachdenken ‚über Gott und die Welt' geschieht emphatisch mitten im Alltag: provoziert durch den Alltag und in Beziehung auf den Alltag als dem Ort, der die Notwendigkeit zur denkenden Bewältigung generiert.

Ein Schlusswort oder gar ein Nachwort zu einer Alltagsdogmatik wäre unangemessen. Weder würde es der Offenheit der in diesem Buch versammelten Beiträge gerecht werden noch dem Wesen einer Dogmatik, die sich programmatisch im Alltag situiert, entsprechen können. Es sollen daher nur einige Gedankensplitter angeschlossen werden, die in sich keine Geschlossenheit beanspruchen.

1. Alltagsdogmatik – was ist das?

Der Alltag ist der Ort gelebter Religion. Er wird damit zum Kriterium für die Relevanz des christlichen Glaubens. Die gelebte Religion greift immer schon auf den Referenzrahmen zurück, den der Alltag selbst bereitstellt. Die Pointe des Konzepts der Alltagsdogmatik liegt darin, dass der Alltag nicht nur der Ort ist, an dem die Wahrheitsansprüche normativer Lehrsätze überprüft würden – das wohl auch –, sondern, dass die Alltagskultur selbst in der Form von Alltagswissen, Verhaltensmustern und symbolischen Formen Angebote der Lebensbewältigung bereitstellt, auf die sich die gelebte Religion bezieht. „[D]ie gelebte Religion ist die in die Alltagskultur integrierte Religion. [...] Sie ist gelebte Religion gewissermaßen genau deshalb, weil sie zur Alltagskultur und deren symbolischen Formen gehört.“[2]

Die Alltagsdogmatik wäre so wesentlich eine Lebenskunst, damit das Gegenmodell zu einer anderen Dogmatik – aber zu welcher? Oder anders gefragt: Wie wäre das Wesen einer Alltagsdogmatik zu bestimmen, die sich nicht von einem Zerrbild von Dogmatistik als weltabgewandte Gerinnung verstaubter Traditionen mit dickköpfiger Beharrungskraft abzusetzen bestrebt ist? Einer Dogmatik, die ihrer alltagssprachlichen Konnotation Rechnung tragen würde, es handele sich um etwas, von dem man sich nur abgrenzen möchte. Alltagsdogmatik steht einer Dogmatik als Korrektiv gegenüber, die den Alltag und das konkrete einzelne Leben ausschließlich als Applikationsfeld kirchlicher Lehrsätze betrachten würde. Denn dass Dogmatik immer auch auf den Alltag zielt, ist hinlänglich gezeigt worden. „Schon die lutherische Orthodoxie erhob den Anspruch, eine Richtschnur zur Orientierung menschlichen Lebens zu bieten.“[3] Alltagsdogmatik sieht sich selbst wesentlich durch den Alltag herausgefordert. Sie bestimmt die Herausforderungen des Alltags präzise und präpariert genau diejenigen Brüche und feinen Risse in der Lebenswelt der Moderne heraus, an denen auch große religiöse Fragen aufbrechen können. Die Theologie kommt nicht erst dann ins Spiel, wenn es um Katastrophen und das Extraordinäre geht, sondern immer schon dann, wenn in den Alltag die Fragen nach den letzten Dingen einbrechen. Das kann auch an der Kasse des Supermarkts der Fall sein, wenn man sich in eine unfreiwillige Denkpause hineingeworfen sieht. Alltagsdogmatik basiert auf einer Auslegung des Alltags, die diesen auf seine religionsgenerierenden Sollbruchstellen hin abzusuchen versteht und ihn damit in das richtige Licht rückt. Überspringt man diese Form der Auslegung des Alltags und macht sich mithin nicht die Mühe, die religiösen Signaturen des Alltags zu bestimmen, bleiben die eigentlichen Fragen, auf die die Theologie eine Antwort zu suchen hat, unberührt.

Der Alltag wäre aber auch dann unterschätzt, wenn man die ihm inhärenten Sinnstiftungen nicht ebenfalls einer genauen Wahrnehmung unterziehen würde. Der Alltag ist immer auch schon ein Alltag der Auslegung.[4] Kulturhermeneutik fordert eine Auslegung der Kultur als der sinnstiftenden Ordnung des Alltags, die diesen immer schon alteriert und durch Rituale und Symbole das Nichtalltägliche im Alltäglichen präsent hält.

> Kulturen sind [...] Glanzleistungen sozialen Handeln und Bedeutens. Es ist indes kein echtes Gold, das in Kulturen glänzt; es sind sinngebende Weltanschauungen, die profane Dinge und Taten mit einem heiligen Schein umgeben indem sie ihnen symbolische und rituelle Bedeutungen geben.[5]

Dass es sich allerdings tatsächlich um unechtes Gold und nur den schönen Schein als Gegenbild zum Wahren und Guten handelt, kann nicht pauschal unterstellt werden. Gewiss bildet die Alltagskultur mit ihren eigenen Gesetzen der populären Bedeutungsgenerierung, der erhöhten Elastizität und Schmiegsamkeit von religiösen Gehalten und der Flüchtigkeit von Sinnkonstruktionen keinen in sich konsistenten und kohärenten Heiligen Kosmos; gerade darin aber liegen ja auch ihre Stärke, ihr Facettenreichtum, ihre Zeitgemäßheit und ihre Anpassungsfähigkeit an individuelle Lebensstile und ästhetische Präferenzen. Die kulturkritische Pointe der Religionssoziologie bleibt in dem Sinne zu beachten, als sich eine Kulturhermeneutik der gelebten Religion zwischen der Skylla einer vorbehaltlosen Kulturseligkeit und der Charybdis eines eingefleischten Kulturpessimismus überzeugend hindurch bewegen sollte. Dogmenkritik wäre somit durchaus auch gegenüber der Alltagsdogmatik in Anschlag zu bringen.

> In der Kultur verehren wir sowohl unsere Möglichkeiten und Phantasien als auch eine von uns entworfene Welt, in der wir heimisch werden könnten, wenn wir nicht wüßten, auf welch unsicherem Boden eine letzte Bindung an etwas steht, das wir selbst konstruiert haben – mit Mitteln, deren Begrenztheit wir kennen. ‚Weltfrömmigkeit' löst die Jenseitsfrömmigkeit ab und wird zur Ausdrucksgestalt von Kultur als Diesseitsreligion.[6]

Alltagsdogmatik betreibt daher immer schon Dogmenkritik, weil sie die religiösen Gehalte der Alltagskultur auf ihre Sinnhaltigkeit untersucht und sie in Beziehung setzt zu den überlieferten Sinngehalten. Oder anders gesagt: Die Alltagsdogmatik hält Diesseits- und Jenseitsreligion in Kontakt. Alltagsdogmatik ist – anders als die Statik des Begriffs vorgibt – eine ständige Denkbewegung, die im Fluss gehalten sein will, weil die gelebte Religion Anteil an den Veränderungsprozessen des Lebens hat. In diesem Zusammenhang wäre dann auch ein „undogmatisches Christentum" (Ernst Troeltsch) jedenfalls in dem Sinne abzuweisen, dass auch die gelebte Religion sich auf ihre impliziten Gehalte hin befragen lassen kann und muss.

2. Die doppelte Denkbewegung

Die hier angedeutete doppelte Denkbewegung hat Walter Benjamin, auch wenn er mit der Dogmatik nichts im Sinn hatte, in einem Essay über den Surrealismus auf den Punkt gebracht.

> Jede ernsthafte Ergründung der okkulten, sürrealistischen, phantasmagorischen Gaben und Phänomene hat eine dialektische Verschränkung zur Voraussetzung, die ein romantischer Kopf sich niemals aneignen wird. Es bringt uns nämlich nicht weiter, die rätselhafte Seite am Rätselhaften pathetisch oder fanatisch zu unterstreichen; vielmehr durchdringen wir das Geheimnis nur in dem Grade, als wir es im Alltäglichen wieder finden, kraft einer dialektischen Optik, die das Alltägliche als undurchdringlich, das Undurchdringliche als alltäglich erkennt.[7]

In diesem Zitat von Benjamin ist das Anliegen, den verborgenen Sinn durch das Projekt einer Alltagsdogmatik aufzuspüren, sehr gut wiedergegeben. Es geht um eine Denkbemühung, die ernsthafter Natur ist. Die Alltagsdogmatik hält somit an dem Projekt einer Dogmatik fest, *articuli fidei* ausdrücklich zu formulieren. Keine überzeitlichen allgemeinen Sätze, die nicht in Frage gestellt werden dürften, sondern das Dogma ist in dem Sinne zu verstehen, in dem Christian Wolf den Begriff für die Philosophie der Aufklärung zurückgewonnen hat. Demnach ist das Dogma „ein universaler Satz, dessen Erkenntnis zur Seligkeit des Menschengeschlechts nützlich ist“[8]. Die Vernunftgemäßheit des Glaubens ist demnach durchaus auch gegen solche Spiritualitätsansinnen zur Geltung zu bringen, die den Glauben jenseits des Denkens und ohne das Denken zu pflegen bemüht sind, die mit dem Argument der Ganzheitlichkeit gegen eine Religion des ganzen Menschen das Vorurteil vom angeblich verkopften Protestantismus in Anschlag bringen. Wenn er denn tatsächlich so intellektuell wäre! Dogmatik als Denkbewegung würde also tatsächlich das Denken, die Vernunft der Religion nicht nur als historisch kontingente Erscheinung, sondern als unhintergehbares Programm stark zu machen versuchen. Einer rationalistischen Engführung wäre aber gewehrt: Das Geheimnis will durchdrungen sein, ohne dass es als Geheimnis aufgelöst würde. Es wird eben so weit wie möglich enträtselt, um seinen eigentlichen Kern, das Jenseitige im Diesseits, freizulegen und seine eigentlichen Bedeutungsgehalte aus sich zu entlassen. Alltagsdogmatik wäre somit eben diese doppelte Denkbewegung, die das Rätselhafte aufspürt, es prüft auf seine Rätselhaftigkeit hin, ohne es aufzulösen und ohne das Rätselhafte ins Unermessliche steigern zu wollen. An eine romantische Herzensreligion kann nur dann fruchtbar angeknüpft werden, wenn zum Herzen auch der Verstand kommt.

Benjamin gibt darüber hinaus auch einen wichtigen Hinweis darauf, wie im Alltag das Rätselhafte und damit der verborgene Sinn gesucht und gefunden werden kann. Der Blick ist die Haltung des Glaubens, das unaufhörliche Gebet des Flaneurs.

3. Der gnädige Blick

Benjamin bringt mit dem Hinweis auf den Blick die großstädtische Lebensart zur Geltung. Er knüpft etwa an Franz Hessel um 1900 an, der das Flanieren in Berlin zur literarischen Gattung erhoben hat, als

> eine Art Lektüre der Straße, wobei Menschengesichter, Auslagen, Schaufenster, Café-Terrassen, Bahnen, Autos, Bäume zu lauter gleichberechtigten Buchstaben werden, die zusammen Worte, Sätze und Seiten eines immer neuen Buches ergeben. [...] Ich möchte beim Ersten Blick verweilen. Ich möchte den Ersten Blick auf die Stadt, in der ich lebe, gewinnen oder wiedererfinden.[9]

Was Hessel den „Ersten Blick" genannt hat, spielt zumindest teilweise an das von Benjamin anvisierte Wahrnehmungsmodell einer „dialektischen Optik [an], die das Alltägliche als undurchdringlich, das Undurchdringliche als alltäglich erkennt". Der Schriftsteller Wilhelm Genazino hat diesen Blick den „gedehnten Blick" genannt: „[E]rst dann, wenn das gemeine, das verallgemeinerte Auge die Oberflächenstruktur eines Bildes fixiert und das Bild damit ‚erledigt', das heißt, registriert ist, erst dann beginnt die Arbeit des gedehnten Blicks."[10]

> Wir sehen etwas, was wir nicht mit der gewünschten Klarheit und Eindeutigkeit verstehen, das heißt einordnen, hinnehmen und gelten lassen können, und sind deswegen perplex, das heißt verdutzt, überrumpelt, sprachlos. Die Perplexion ist das Gefäß für die Mannigfaltigkeit der Erfahrung, die wir mit dem gedehnten Blick machen und machen müssen. Die Perplexion ist das allmähliche Vertrautwerden mit der uns melancholisch stimmenden Zumutung, daß wir immer nur Splitter und Bruchstücke von etwas verstehen. [...] Wir geben, mit anderen Worten, der Außenwelt die Rätsel zurück, die uns bei ihrer Wahrnehmung nicht erspart geblieben sind, und zwar auf der Ebene des Austauschs von Blicken. Wir haben jetzt selbst einen gelernt rätselhaften Blick.[11]

Diese Art des Sehens ist wesentlich ein Widerfahrnis. Die Bedeutung, die sich während des gedehnten Blickes urplötzlich einstellt, hat epiphane Züge. Im Anschluss an James Joyce hat Wilhelm Genazino diese Fähigkeit zur permanenten perplexen Verdutztheit als das „Bedeutungstheater des Epiphanikers" bezeichnet.

Man entfernt sich ein Stück weit von sich selbst und kehrt dann, mit neuartigen Bildern beschenkt, zu sich selbst zurück. Das Sehen ist eine Form der Selbsttranszendierung und darin der Alltagsbewältigung, eine distanzierende Haltung, sich so in ein Verhältnis zum eigenen Leben, zu sich selbst und zu anderen zu setzen, dass der bedeutungsgenerierende Blick ein nicht nur distanzierender, sondern auch barmherziger Blick wird. Dem Humor kommt als Distanzierungsstrategie eine wesentliche Rolle zu. Er ist eine Form der Alltagsweisheit.[12]

Die großen Dogmen werden zu Alltagsminiaturen und entfalten gerade darum ihre sinnstiftenden Valenzen. Religion ist nicht einfach vorhanden; sie muss aufgespürt und erkannt und in ihrer individuellen Gestalt prägnant beschrieben werden. Religion verschwindet nicht, sondern sie erscheint wesentlich gewandelt.

Religion bedarf daher immer der Kommunikation, die den verborgenen Sinn ausdrücklich macht. Peter Sloterdijk bemerkt über den Schriftsteller:

> Es ist eine „offenlegende Gebärde vonnöten, ein Sieg über die Atemnot, ein Nachvornegehen, ein Herausstellen, ein Offenlegen und Zuhörengeben, ein Opfer an Heimlichkeit zugunsten von Öffentlichkeit, ein Verzicht auf Privatnacht und -nebel zum Vorteil eines Aufklarens unter gemeinsamen Himmeln".[13]

Erst in der interpretativen Gebärde wird die Religion daher als solche sichtbar gemacht. Religiöse Sprache und Symbole werden nicht nur gebraucht, um den Alltag mit Bedeutung aufzuladen. Die Alltagskultur setzt eine Wahrnehmungsoffenheit und ein phantasievolles Spiel mit Bedeutungen frei, das sich als religiöse Praxis entpuppt. Religion hat hier ihren Ort, mitten in lebensweltlichen Bezügen. Ihr außeralltägliches Potential liegt nicht in einem fernen Nirgends, einer abgesonderten Sphäre, sondern in der funktionalen Verwendung. Religion *ist* nicht, sondern sie wird künstlerisch ausgeübt – als ein kreativer Akt des einzelnen Subjekts: spielerisch, absichtslos, lustvoll.

Die Verbindung zwischen der individuellen Religiosität des Alltags und der öffentlichen Kommunikation gemeinschaftlich ausgeübter Religion kann auf vielfältige Weise gehalten werden. Als ein prominenter Ort ist die Predigt zu benennen, in der – in aller Freiheit – biblische Überlieferungen ausgelegt werden, freilich so und nur so, dass „das biblische Offenbarungszeugnis [...] seine religiöse Orientierungskraft im gegenwärtigen Bewußtsein der Menschen zu erfüllen vermag."[14]

In diesem Sinne wären Prediger und Predigerinnen mit Flaneuren vergleichbar, die das eigene Auge zur Wahrnehmungsgenauigkeit und detaillierten Betrachtungsweise anhalten, um in der öffentlichen Kommunikation, dem publice docere, exemplarische Sichtweisen zu vermitteln, die sich oberflächlichen Blicken entziehen. Der Welt, wie sie ist, wird nicht die Aura des Heiligen verliehen, sie wird nicht glorifiziert, sondern das Leben wird offen gehalten für Transzendenz. Ziel religiöser Kommunikation ist es, den verborgenen Sinn ausdrücklich zu machen.

Anmerkungen

1 Steck, W., Alltagsdogmatik. Ein unvollendetes Projekt, in: PTh 94 (2005), 287–307.
2 Gräb, W., Religion als Deutung des Lebens. Perspektiven einer Praktischen Theologie gelebter Religion, Gütersloh 2006, 33.
3 Holz, S., Theologie und Alltag. Lehre und Leben in den Predigten der Tübinger Theologen 1550–1750, Tübingen 1993, 372.
4 Soeffner, H.-G., Auslegung des Alltags – Der Alltag der Auslegung. Zur wissenssoziologischen Konzeption einer sozialwissenschaftlichen Hermeneutik, Frankfurt a.M. 1989.
5 Honer, A./Kurt, R./Reichertz, J., Vorwort, in: Dies. (Hg.), Diesseitsreligion. Zur Deutung der Bedeutung moderner Kultur, Konstanz 1999, 11–14, 11.
6 Soeffner, H.-G., Das Ebenbild in der Bilderwelt – Religiosität und die Religionen, in: Sprondel, W.M. (Hg.), Die Objektivität der Ordnungen und ihre kommunikative Konstruktion, Frankfurt a.M. 1994, 291–317, 305.
7 Benjamin, W., Der Sürrealismus. Die letzte Momentaufnahme der europäischen Intelligenz, in: Gesammelte Schriften Bd. II.1, Frankfurt a.M. 1980, 295–310, 307.
8 Elze, M., Art.: Dogma, in: Historisches Wörterbuch der Philosophie, Bd. 2, Basel 1972, 276.
9 Hessel, F., Ein Flaneur in Berlin. Neuausgabe von ‚Spazieren in Berlin' (1929), Berlin 1984, 7.
10 Genazino, W., Der gedehnte Blick, in: Ders., Der gedehnte Blick, München/Wien 2004, 39–61, 42. Das ästhetische Konzept Genazinos habe ich ausführlicher entfaltet in: Der gedehnte Blick. Wilhelm Genazinos poetisches Konzept als Inspiration für ein homiletisch-ästhetisches Sehen, ZGP 1 (2008), 40–42; und: Predigt und Alltagskunst. Wilhelm Genazino und der poetische Blick auf das Leben, in: Gräb, W./Herrmann, J./Kulbarsch, L./Metelmann, J./Weyel, B. (Hg.), Ästhetik und Religion. Interdisziplinäre Beiträge zu Identität und Differenz von ästhetischer und religiöser Erfahrung, Frankfurt a.M. u.a. 2007, 205–216.
11 Genazino, Der gedehnte Blick, 51f.
12 Bühler, P., Humor als Alltagsweisheit, BThZ 24/2 (2007), 278–289.
13 Sloterdijk, P., Das tätowierte Leben, in: Ders., Zur Welt kommen – Zur Sprache kommen. Frankfurter Vorlesungen, Frankfurt a.M. 1988, 20.
14 Gräb, W., Religion als Deutung des Lebens. Perspektiven einer Praktischen Theologie gelebter Religion, Gütersloh 2006, 26.

Autorinnen, Autoren und Herausgeber

Reiner Anselm, geb. 1965, Dr. theol., Professor für Ethik an der Theologischen Fakultät der Georg-August-Universität Göttingen, Geschäftsleiter am Zentrum für Religion, Wirtschaft und Politik an der Theologischen Fakultät der Universität Zürich.

Petra Bahr, geb. 1966, Dr. theol., Kulturbeauftragte des Rates der EKD in Berlin.

Frank Thomas Brinkmann, geb. 1961, Dr. theol., Privatdozent für Praktische Theologie an der Evangelisch-Theologischen Fakultät der Ruhr-Universität Bochum und Pfarrer in Dortmund.

Markus Buntfuß, geb. 1964, Dr. theol., Professor für Systematische Theologie an der Theologischen Hochschule Augustana in Neuendettelsau.

Lars Charbonnier, geb. 1977, Dipl.-Theol., Wissenschaftlicher Mitarbeiter am Lehrstuhl für Praktische Theologie (Prof. Dr. W. Gräb) an der Theologischen Fakultät der Humboldt-Universität zu Berlin.

Johann Hinrich Claussen, geb. 1964, Dr. theol., Propst im Kirchenkreis Alt-Hamburg und Hauptpastor an St. Nikolai, Privatdozent für Systematische Theologie am Fachbereich Evangelische Theologie der Universität Hamburg.

Peter Dabrock, geb. 1964, Dr. theol., M.A., Juniorprofessor für Sozialethik/Bioethik am Fachbereich Evangelische Theologie der Philipps-Universität Marburg.

Christian Danz, geb. 1962, Dr. theol., Professor für Systematische Theologie an der Evangelisch-Theologischen Fakultät der Universität Wien/Österreich.

Jörg Dierken, geb. 1959, Dr. theol., Professor für Systematische Theologie mit den Schwerpunkten Ethik und Religionsphilosophie am Fachbereich Evangelische Theologie der Universität Hamburg.

Hans Martin Dober, geb. 1959, Dr. phil., Pfarrer der Evang. Landeskirche in Württemberg und apl. Professor für Praktische Theologie an der Evangelisch-theologischen Fakultät der Eberhard Karls Universität Tübingen.

Bernhard Dressler, geb. 1947, Dr. phil., Professor für Praktische Theologie/Religionspädagogik am Fachbereich Evangelische Theologie der Philipps-Universität Marburg.

Thomas Erne, geb. 1956, Dr. theol., Professor für Praktische Theologie und Direktor des EKD-Instituts für Kirchenbau und kirchliche Kunst der Gegenwart am Fachbereich Evangelische Theologie der Philipps-Universität Marburg.

Andreas Feige, geb. 1942, Dr. disc. pol. et phil. habil., Dr. theol. h.c., Professor für Soziologie an der Technischen Universität Braunschweig, Honorarprofessor am Fachbereich Evangelische Theologie der Johann Wolfgang Goethe-Universität Frankfurt am Main, emeritiert 2007.

R. Ruard Ganzevoort, geb. 1965, Dr. theol., Professor für Praktische Theologie an der Freien Universität Amsterdam/Niederlande und Professor für Theologie an der University of Applied Sciences, Windesheim, Zwolle/Niederlande sowie Präsident der International Academy of Practical Theology.

Volker Gerhardt, geb. 1944, Dr. phil., Professor für Praktische Philosophie, Rechts- und Sozialphilosophie am Institut für Philosophie der Humboldt-Universität zu Berlin.

Elisabeth Gräb-Schmidt, geb. 1957, Dr. theol., Professorin für Systematische Theologie am Institut für Evangelische Theologie der Justus-Liebig-Universität Gießen.

Elisabeth Hartlieb, geb. 1959, Dr. theol., Krankenhausseelsorgerin in Donaueschingen, Privatdozentin für Systematische Theologie am Fachbereich Evangelische Theologie der Philipps-Universität Marburg.

Hans-Günther Heimbrock, geb. 1948, Dr. paed., Professor für Praktische Theologie am Fachbereich Evangelische Theologie der Johann Wolfgang Goethe-Universität Frankfurt am Main.

Jan Hermelink, geb. 1958, Dr. theol., Professor für Praktische Theologie an der Theologischen Fakultät der Georg-August-Universität Göttingen.

Jörg Herrmann, geb. 1958, Dr. theol., Leiter der Evangelischen Akademie der Nordelbischen Evangelisch-Lutherischen Kirche und Privatdozent für Praktische Theologie an der Theologischen Fakultät der Humboldt-Universität zu Berlin.

Evert R. Jonker, geb. 1946, Dr. theol., Professor für Praktische Theologie an der Protestantse Theologische Universiteit (PThU), Locatie Kampen/ Niederlande.

Isabel Klaus, geb. 1977, Dipl.-Theol., Vikarin der Bremischen Evangelischen Kirche.

Thomas Klie, geb. 1956, Dr. theol., Professor für Praktische Theologie an der Theologischen Fakultät der Universität Rostock.

Dietrich Korsch, geb. 1949, Dr. theol., Professor für Systematische Theologie am Fachbereich Evangelische Theologie der Philipps-Universität Marburg.

Martina Kumlehn, geb. 1966, Dr. theol., Professorin für Praktische Theologie/Religionspädagogik an der Theologischen Fakultät der Universität Rostock.

Martin Kumlehn, geb. 1965, Dr. theol., Religionslehrer an der ev. Christophorusschule in Rostock und Privatdozent für Praktische Theologie an der Theologischen Fakultät der Humboldt-Universität zu Berlin.

Martin Laube, geb. 1965, Dr. theol., Professor für Systematische Theologie an der Evangelisch-Theologischen Fakultät der Rheinischen Friedrich-Wilhelms-Universität Bonn.

Jörg Lauster, geb. 1966, Dr. theol., Professor für Systematische Theologie und Religionsphilosophie am Fachbereich Evangelische Theologie der Philipps-Universität Marburg.

Tõnu Lehtsaar, geb. 1960, Dr. phil. (Pädagogik), Dr. phil. (Religionspsychologie), Professor für Praktische Theologie an der Theologischen Fakultät der Universität Tartu/Estland.

Detlef Lienau, geb. 1967, Pastor und Theologe an der Ev. Tagungsstätte Schloß Beuggen, Rheinfelden.

Matthias Lobe, geb. 1962, Dr. theol., Lehrbeauftragter am Fachbereich Evangelische Theologie der Universität Hamburg, Pastor in Hamburg.

Daniël J. Louw, Dr. theol., Professor für Praktische Theologie am Department of Practical Theology and Missiology der University of Stellenbosch/ Südafrika.

Inken Mädler, geb. 1963, Dr. theol., Stiftspfarrerin im Augustinum München Nord und Privatdozentin für Praktische Theologie an der Johann Wolfgang Goethe-Universität Frankfurt am Main.

Kristin Merle, geb. 1974, Wissenschaftliche Angestellte am Lehrstuhl Praktische Theologie III (Prof. Dr. B. Weyel) der Evangelisch-theologischen Fakultät der Eberhard Karls Universität Tübingen.

Andreas Mertin, geb. 1958, Dr. phil. h.c, Kurator und Publizist, Hagen.

Jörg Metelmann, geb. 1970, Dr. phil., Center for Social Enterprise an der Universität Sankt Gallen/Schweiz.

Norbert Mette, geb. 1946, Dr. theol., Dr. theol. h.c., Professor für Religionspädagogik/Praktische Theologie am Institut für Katholische Theologie an der Technischen Universität Dortmund.

Insa Meyer, geb. 1974, Dr. theol., Gemeindepfarrerin in Baunatal-Altenbauna.

Michael Meyer-Blanck, geb. 1954, Dr. theol., Professor für Praktische Theologie/Religionspädagogik an der Evangelisch-Theologischen Fakultät der Rheinischen Friedrich-Wilhelms-Universität Bonn.

Mary Elizabeth M. Moore, geb. 1945, Ph.D., Professorin für Religionspädagogik und Direktorin für den Bereich „Frauen in Theologie und Gemeinde“ an der Candler School of Theology, Emory University/USA.

Melanie Mordhorst, geb. 1977, Promotionsstudentin in der Systematischen Theologie am Fachbereich Evangelische Theologie der Philipps-Universität Marburg.

Christian Nottmeier, geb. 1974, Dr. phil., Assistent am Evangelischen Institut für Kirchenrecht an der Universität Potsdam und Pfarrer in Berlin-Nikolassee.

Martin Ohst, geb. 1957, Dr. theol., Professor für Historische und Systematische Theologie im Fachbereich A (Geistes- und Kulturwissenschaften) der Bergischen Universität Wuppertal.

Claus-Dieter Osthövener, geb. 1959, Dr. theol., Professor für Systematische Theologie im Fachbereich A (Geistes- und Kulturwissenschaften) der Bergischen Universität Wuppertal.

Georg Pfleiderer, geb. 1960, Dr. theol., Professor für Systematische Theologie/Ethik an der Theologischen Fakultät der Universität Basel/Schweiz.

Gerson Raabe, geb. 1960, Pfarrer an der Erlöserkirche in München-Schwabing.

Gerhard Rau, geb. 1934, Dr. theol., Lic. rer. reg., Professor em. für Praktische Theologie und Kirchensoziologie an der Theologischen Fakultät der Ruprecht-Karls-Universität Heidelberg.

Hartmut Ruddies, geb. 1947, Dr. theol., lehrt Systematische Theologie in Halle, Göttingen und St. Petersburg/Rußland.

Stephan Schaede, geb. 1963, Dr. theol., Arbeitsbereichsleiter Religion und Kultur an der FEST in Heidelberg.

Arnulf von Scheliha, geb. 1961, Dr. theol., Professor für Systematische Theologie am Institut für Evangelische Theologie der Universität Osnabrück.

Rolf Schieder, geb. 1953, Dr. theol., Professor für Praktische Theologie/Religionspädagogik und Religionsdidaktik an der Theologischen Fakultät der Humboldt-Universität zu Berlin.

Johannes Schilling, geb. 1951, Dr. theol., Dr. phil., Professor für Kirchen- und Dogmengeschichte an der Theologischen Fakultät der Christian-Albrechts-Universität zu Kiel.

Christian Schwarke, geb. 1960, Dr. theol., Professor für Systematische Theologie am Institut für Evangelische Theologie der Technischen Universität Dresden.

Horst Schwebel, geb. 1940, Dr. theol., Dr. theol. h.c., Professor für Praktische Theologie und Direktor des EKD-Instituts für Kirchenbau und kirchliche Kunst der Gegenwart am Fachbereich Evangelische Theologie der Philipps-Universität Marburg, emeritiert 2006.

Friedrich Schweitzer, geb. 1954, Dr. theol., Professor für Praktische Theologie/Religionspädagogik an der Evangelisch-theologischen Fakultät der Eberhard Karls Universität Tübingen.

Notger Slenczka, geb. 1960, Dr. theol., Professor für Systematische Theologie/Dogmatik an der Theologischen Fakultät der Humboldt-Universität zu Berlin.

Sergio Sorrentino, geb. 1942, Dr. theol., Dr. phil., Professor für Religionsphilosophie an der Philosophischen Fakultät der Università degli studi di Salerno/Italien.

Joachim von Soosten, geb. 1957, Dr. theol., Privatdozent an der Ruprecht-Karls-Universität Heidelberg, zurzeit Vertretungsprofessor für Systematische Theologie am Fachbereich Evangelische Theologie der Universität Hamburg.

Walter H. Sparn, geb. 1941, Dr. theol., Professor für Systematische Theologie I (Dogmatik) an der Theologischen Fakultät der Friedrich-Alexander-Universität Erlangen-Nürnberg, emeritiert 2007.

Wolfgang Steck, geb. 1940, Dr. theol., Professor für Praktische Theologie an der Evangelisch-Theologischen Fakultät der Ludwig-Maximilians-Universität München, emeritiert 2005.

Heinz Streib, geb. 1951, Ph.D., Professor für evangelische Theologie und ihre Didaktik (Religionspädagogik / Ökumenische Theologie) an der Universität Bielefeld.

Werner Thiede, geb. 1955, Dr. theol., apl. Professor für Systematische Theologie an der Theologischen Fakultät der Friedrich-Alexander-Universität Erlangen-Nürnberg und Theologischer Referent beim Regionalbischof im Kirchenkreis Regensburg.

Wolfgang Vögele, geb. 1962, Dr. theol., Privatdozent für Systematische Theologie an der Theologischen Fakultät der Humboldt-Universität zu Berlin.

Thomas Wabel, geb. 1966, Dr. theol., wissenschaftlicher Assistent für Systematische Theologie an der Theologischen Fakultät der Humboldt-Universität zu Berlin.

Birgit Weyel, geb. 1964, Dr. theol., Professorin für Praktische Theologie an der Evangelisch-theologischen Fakultät der Eberhard Karls Universität Tübingen.

Folkart Wittekind, geb. 1963, Dr. theol., Privatdozent für Systematische Theologie an der Evangelisch-Theologischen Fakultät der Ruhr-Universität Bochum.

Ute Zöllner, geb. 1954, Dekanin des Kirchenkreises Frankenberg (Hessen).